JONES & BARTLETT LEARNING

INFOMATION SYSTEMS SECURITY & ASSURANCE SERIES

정보시스템 보안개론

Fundamentals of Information Systems Security

DAVID KIM AND MICHAEL G. SOLOMON 저 | 원동호·이영숙·김지연 역

SECOND EDITION

(ISC)²®

SYSTEMS SECURITY CERTIFIED PRACTITIONER

SSCP

Includes (ISC)²® Authorized Materials

홍릉과학출판사

Fundamentals of Information Systems Security, Second Edition

by KIM and SOLOMON

ORIGINAL ENGLISH LANGUAGE EDITION PUBLISHED BY

Jones and Bartlett Publishers, Inc.
5 Wall Street
Burlington, MA 01803

Translated Edition ISBN : 979-11-5600-531-5

Translated by HongReung Publishing Co.
Printed in Korea

저자 소개

David Kim은 필라델피아 수도권 외곽에 위치한 SEI(Security Evolutions, Inc. www.security-evolutions.com)의 대표이다. SEI는 전 세계적으로 공공 부문과 민간 부문의 고객에게 거버넌스, 위험 및 컴플라이언스 컨설팅 서비스를 제공한다. SEI의 고객으로 의료 기관, 금융 기관, 정부, 국제공항이 있다. SEI의 IT 보안 컨설팅 서비스는 보안 위험 평가, 취약점 평가, 컴플라이언스 감사, 기업을 위한 계층화된 보안 솔루션 설계 등이다. 또한 가용성 서비스는 업무 연속성과 재해 복구 계획을 개발하는 것이다. David Kim은 28년 이상의 기술 공학, 기술 관리 및 영업 및 마케팅 관리의 IT와 IT 보안 경험이 있다. LAN/WAN, 인터네트워킹, 기업 네트워크 관리, 음성, 비디오 및 데이터 네트워킹 기반구조를 위한 IT 보안에 경험이 있다. David Kim은 미국 전역의 학생들에게 사이버보안을 가르치는 것을 즐기는 훌륭한 저술가이자 겸임교수이다.

Michael G. Solomon (CISSP, PMP, CISM)은 개발 및 평가 보안 주제를 전문으로 하는 전업 보안 강사, 컨설턴트, 저술가이자 전 대학 강사이다. 그는 IT 전문가이자 컨설턴트로서 1987년 이후 100개 이상의 주요 회사와 조직을 위한 프로젝트를 수행하였다. 1998년부터 2001년까지 그는 케네소 주립 대학교 컴퓨터과학과 와 정보과학과에서 강사를 역임하였다. 그는 소프트웨어 프로젝트관리, C 프로그래밍, 컴퓨터구조, 데이터통신을 강의하였다. Solomon은 에모리 대학교에서 수학, 컴퓨터과학 학사 학위를(1998), 케네소 주립 대학교에서 컴퓨터과학 석사학위(1987)를 받았다. 그는 현재 에모리 대학교에서 신뢰되지 않는 클라우드 환경에서의 기밀성 보증에 중점을 둔 연구를 수행하면서 컴퓨터과학과 정보과학의 박사 과정에 있다. 또한 그는 "Security Strategies in Windows Platforms and Applications (Jones & Bartlett Learning, 2011)", "Auditing IT Infrastructures for Compliance (Jones & Bartlett Learning, 2011)", "Computer Forensics JumpStart, 2nd Edition (Sybex, 2011)"를 포함한 다양한 보안 관련 책을 저술하였다. 또한 Solomon은 "Information Security Illuminated (Jones and Bartlett, 2005)", "Security1 Lab Guide (Sybex, 2005)", "PMP ExamCram2 (Que, 2005)"를 공동으로 저술하였고 "LearnKey's CISSP Prep"과 "PMP Prep"의 온라인 교육 과정을 저술하고 카메라로 촬영하여 제공하였다.

역자 서문

4차 산업혁명은 기술 및 산업 간 융합을 통해 산업구조를 변화시키고 '새로운 스마트 비즈니스 모델을 창출'시키며 지능정보기술이 사회에 체화되면서 새로운 구조의 산업생태계를 생성하고 있다.

이러한 4차 산업혁명은 '초연결성'과 '초지능화'의 특성을 갖는다. 이러한 사물간의 초연결성 특성을 갖는 사회로 진입할수록 정보 보안의 중요성도 커진다. 즉, 정보 보안이 전제되지 않으면 하나의 사물을 통한 정보의 유출은 이와 연결된 사회 전반에 영향을 미칠 수 있다. 이제는 IT 보안 분야뿐만 아니라 IT가 적용되는 여러 산업 분야 전반에 보안을 반드시 고려해야 한다.

이러한 보안의 중요성의 인식이 증대되면서 보안 전문가에 대한 사회적 수요도 증가하고 있다. 보안 전문가 양성을 위해 국내에서는 정보보안기사와 정보보안산업기사 등의 자격증 제도를 운영하고 있다.

이 책은 정보보호 관련 분야의 학부 또는 대학원생 또는 정보보안 분야의 실무자들이 정보시스템 보안의 전반적인 사항을 습득할 수 있는 교재로 사용될 수 있으며 나아가 정보보안기사 등의 자격증을 준비하는 지침서로 활용될 수 있다고 생각한다.

이 책을 번역할 때 원서의 뜻을 살리는 데 최대한 노력하였으며, 전문 용어를 우리말로 표기하는 것을 원칙으로 하였으나 의미 전달을 위해 필요한 경우에는 원어를 그대로 사용하였다. 나름대로 최선을 다했지만 부족한 점이 있다고 생각하며 앞으로 보다 나은 책이 될 수 있도록 노력할 것이다.

끝으로 이 책을 완성하는 데 많은 도움을 주신 분들과 홍릉 출판사에 깊은 감사의 마음을 전한다.

2017년 1월

역자 일동

서문

본 책의 목적

본 책은 Jones와 Bartlett 학습(www.jblearnig.com)의 정보시스템 보안과 보증 시리즈(ISSA, Information Systems Security & Assurance Series)의 일부이다. IT 보안, 사이버보안, 정보 보증, 정보시스템 보안의 강좌와 교육과정으로 설계된 이 시리즈는 이 분야의 핵심 주제에 관한 최근 경향을 포괄적이고 일관되게 다루고 있다. 이 시리즈에는 실생활의 응용과 사례와 함께 기본적인 정보 보안 원칙을 포함하고 있다. 국제 공인 정보시스템 보안 전문가(CISSP, Certified Information Systems Security Professional)가 저술한 이 시리즈에는 정보 보안의 모든 분야에 대한 포괄적인 내용을 담고 있다. 이 분야의 선도적인 기술 전문가들이 정확히 글자 그대로 검토한 이 책들은 현재뿐만 아니라 미래를 고려함으로써 현재뿐만 아니라 향후의 사이버보안 이슈들도 해결할 수 있도록 한다.

정보 보안의 기본 사항에 관한 본 책의 1부에서는 디지털 세계로의 전환과 연관된 새로운 위험, 위협, 취약성에 중점을 두고 있다. 개인들, 학생들, 교육자, 기업, 조직 및 정부의 통신 방법과 사업 방식은 변화되고 있다. 우리의 일상생활에 인터넷 및 광대역 통신이 통합됨으로써 디지털 혁명이 생겨났고 정보 시스템 보안이 필요하게 되었다. 조직이 개인정보를 보호하고 안전하게 하고 의무를 감소시키기 위해 준수하여야 하는 법과 함께 정보 시스템 보안에 대한 인식이 그 어느 때보다도 고조되어 있다.

2부는 공식 $(ISC)^2$ SSCP® CBK® 스터디 가이드에서 발췌하였다. 2부에서는 시스템 보안 공인 실무자(SSCP) 인증의 7개 영역의 높은 수준의 개요를 제시한다. SSCP 전문가 인증을 위해서는 접근 통제, 암호기술, 악성코드와 활동, 모니터링과 분석, 네트워크와 통신, 위험, 대응 및 복구, 그리고 보안 운영과 관리 등을 숙달할 필요가 있다.

본 책의 3부에서는 독자와 학생들에게 정보 보안 표준, 교육, 전문가 인증과 최신 법 동향에 관한 정보를 제공한다. 이 내용은 정보시스템 보안에서의 교육적이고 직업적인 기회에 관한 추가적인 정보를 원하는 학생과 실무자개인에게 이상적이다.[1)]

학습 특징

본 책은 실무 중심으로 기술하였다. 정보 보안 개념과 절차의 단계별 사례를 본 책 전반에

1) 역자 주 : 본 번역서의 3부에서는 정보 보안 표준에 대한 사항만을 담고 있다.

제시하였다. 각 장의 첫 부분에 학습 목표를 기술하였으며 그림을 이용하여 이해를 돕고자 하였다. 참고, 팁, FYI, 주의 등을 이용하여 독자에게 해당 주제와 관련된 도움이 되는 정보를 제공하였다. 또한 각 장의 마지막 부분에 연습문제를 넣었다.

각 장의 요약을 통해 배운 내용을 검토할 수 있도록 하였으며, 이 부분은 독자들이 관련된 개념의 중요성을 이해하는 데 도움이 될 것이다.

대상

본 책은 학부 또는 대학원 컴퓨터 과학 전공자나 정보 과학 전공자, 기본적인 기술 배경을 가지고 있는 학생들 또는 IT 보안의 기본적인 이해와 지식을 확대하고자 하는 독자들에게 적합하다.

차례

1부

정보보안의 필요성

Information Systems Security

1장 정보시스템 보안

소수의 대학과 정부 기관을 연결하던 인터넷은 기술이 발전하면서 이제는 20억 이상의 사용자들을 연결시키는 세계적 규모의 네트워크로 확대되었다. 인터넷이 확대되면서 사람들 간에 통신하는 방법과 사업 수행 방법도 변화되었다. 이 과정에서 여러 기회와 이익이 발생하였다. 또한 아직도 인터넷은 새롭고 다양한 방법으로 성장하고 확대되고 있다. 인터넷은 IP 이동성 및 스마트폰 연결과 같은 새로운 서비스도 지원한다. 우주 공간과 같이 성숙된 인터넷은 새로운 세계이다. 인터넷에는 인터넷 정부도 중앙 기관도 존재하지 않는다. 여기에는 도전과 의심스러운 행동으로 가득차 있다.

오늘날 우리가 아는 인터넷은 1969년에 미국 국방부(DoD, Department of Defense)가 만든 ARPANET(Advanced Research Projects Agency Network)이라 불리는 컴퓨터 네트워크에 그 뿌리를 두고 있다. 그러나 사람들이 인터넷을 이용하는 방법은 새롭고 다양하다. 오늘날 사이버 공간에서 일하는 사람들은 인터넷 속에서 새롭고 계속 진화하는 위협을 반드시 처리해야 한다. 왜냐하면 지능적이고 공격적인 사이버 범죄자들과 테러리스트와 사기꾼들이 어둠 속에 도사리고 있기 때문이다. 컴퓨터나 장치를 인터넷에 연결하면 바로 공격자들에게 노출된다고 생각하면 된다. 사람들은 이러한 공격으로 인해 인터넷 사용에 좌절감과 곤란을 느끼기도 한다. 특히 개인 정보를 도난당한 사람은 누구나 이러한 어려움을 토로한다. 더 안 좋은 것은 컴퓨터와 네트워크로 연결된 장치에 대한 공격은 **전자상거래**에 의존하는 국가 경제에 위협이 된다는 것이고 보다 중요한 것은 사이버 공격으로 인해 국가 안보가 위협받을 수 있다는 것이다. 예를 들어, 테러리스트 공격으로 인해 전기 시설이 정지되고 군 통신 시설이 파괴될 수 있다.

이러한 상황에서 컴퓨터-시스템 보안을 이해하고 범죄자와 테러리스트들로부터 컴퓨터와 네트워크를 보호할 수 있는 사람들이 필요하다. 본 장에서는 정보시스템 보안 개념의 전반적인 사항과 여러 공격을 이해하는 데 필요한 용어들을 살펴보도록 한다.

1장 주제

본 장의 주요 주제는 다음과 같다.

- 정보시스템 보안
- 정보시스템 보안의 원칙
- IT 기반구조의 7개 영역
- IT 기반구조의 가장 약한 연결 부분
- 위험을 감소시키는 IT 보안 정책 프레임워크
- 데이터 분류 기준의 영향 및 IT 기반구조 보안의 필요성

1장 학습 목표

본 장의 학습 목표는 다음과 같다.

- 가용성, 무결성 및 기밀성 요구사항의 영향 정도와 전형적인 IT 기반구조의 7개의 영역 간의 관계성을 설명
- 7개 영역에서 일반적으로 발견되는 위협과 취약점을 설명
- 7개 영역 전반에 걸친 계층화된 보안 방법을 식별
- 일반적인 위협과 취약점으로부터 위험을 감소시키기 위한 IT 보안 정책 프레임워크를 개발
- 데이터 분류 기준이 7개 영역에 영향을 미치는 정도를 설명

정보시스템 보안

오늘날 인터넷은 20억 이상의 사용자가 연결된 세계적 규모의 네트워크이다. 지구상의 거의 모든 정부, 기업 및 조직이 인터넷으로 연결되어 있다. 많은 사용자들을 하나의 네트워크인 인터넷으로 연결했다는 것만으로 삶이 변화되는 것은 아니다. 사용자들은 컴퓨터에 있는 문서와 자원을 서로 연결하기 위해 특정한 형태의 메커니즘을 필요로 한다. 다시 말해서 컴퓨터 A의 사용자는 컴퓨터 B에 있는 문서를 열기 위한 쉬운 방법이 필요하다. 이로 인해 네트워크 머신 상의 문서와 자원을 어떻게 연관시킬 것인지를 정의하는 시스템이 나타났다. 이 시스템이 **월드와이드웹**(WWW, World Wide Web)이다. 어떤 사람들은 이를 **사이버공간** 또는 단순히 웹으로 알고 있다. 웹 연결 방법을 생각해 보자. 인터넷을 통해 통신 네트워크가 서로 연결되고 웹을 통해 웹 사이트, 웹 페이지 및 네트워크로 연결된 컴퓨터 내 디지털 콘텐츠가 연결된다. 이렇게 연결된 모든 사용자들, 네트워크, 웹 페이지 및 어플리케이션이 사이버공간에 존재하게 되는 것이다.

불행히도 사용자의 컴퓨터가 사이버공간에 연결되면 사용자는 수많은 공격자들과도 연결된다. 공격자는 사용자를 찾아서 사용자의 정보를 훔치고 싶어 한다. 인터넷에 연결된 모든 컴퓨터는 위험하다. 그러므로 모든 사용자들은 반드시 자신의 정보를 공격자로부터 지켜야 한다. **사이버보안**(cybersecurity)은 국가 안보를 보장하고자 하는 모든 정부의 의무이다. 또한 정보를 보호하고자 하는 모든 조직의 책임이다. 그리고 자신의 데이터를 보호하고자 하

그림 1-1

사이버공간 : 새로운 세계

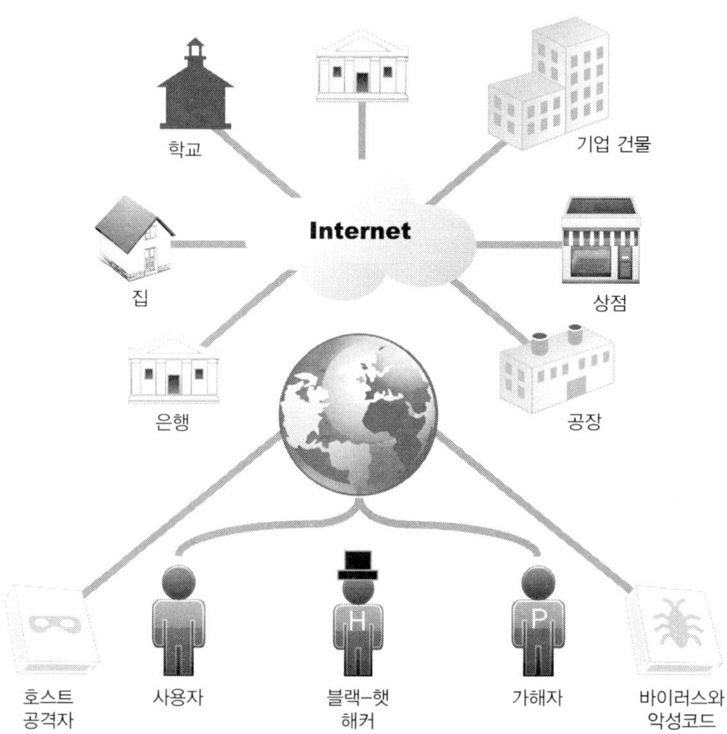

는 사용들의 업무이다. (그림 1-1)은 이러한 사이버 공간을 보여준다.

사이버 공간을 구성하는 요소는 자동적으로 안전하지 않다. 이러한 구성 요소에는 컴퓨터가 인터넷 연결에 이용하는 케이블, 물리적 네트워크, 운영체제 및 소프트웨어 어플리케이션이 포함된다. 문제의 핵심은 TCP/IP 통신 프로토콜에는 보안이 부족하다는 것이다. TCP/IP 프로토콜은 인터넷에서 통신할 때 컴퓨터가 가장 일반적으로 사용하는 언어이다. (프로토콜은 통신을 위한 규칙과 방법 목록이다.) TCP/IP는 실제로는 여러 프로토콜로 구성되어 있다. TCP/IP는 두 컴퓨터가 네트워크를 이용하여 통신할 수 있도록 같이 동작하는 **전송 제어 프로토콜**(TCP, Transmission Control Protocol)과 인터넷 프로토콜(IP, Internet Protocol), 두 개의 프로토콜로 구성된다. TCP/IP는 메시지를 청크나 패킷으로 나눈 후 네트워크에 연결된 다른 컴퓨터로 전송한다. 문제는 누구나 IP 패킷 내의 데이터를 읽을 수 있다는 것이다. 이러한 메시지를 평문(cleartext)이라 한다. 그러므로 데이터를 좀 더 안전하게 전송하기 위해 TCP/IP 패킷으로 전송되는 데이터를 반드시 숨기거나 암호화해야 한다. (그림 1-2)는 TCP/IP 패킷 구조 내 데이터를 보여준다.

그렇다면 왜 사람들은 이렇게 안전하지 않는 인터넷에 열광을 하면서 접속을 하였을까? 그 이유는 1990년 중반부터 2000대 초까지 웹이 급격히 성장했기 때문이다. 인터넷에 연결하면 누구나 바로 웹과 많은 자원에 접근할 수 있었다. 무엇보다도 연결하기가 쉬워서 사람들은 만족을 했다. 이러한 만족감과 인터넷 연결의 확대로 고속 통신에 대한 비용도 낮아졌다. 그리고 무선 연결이 점점 더 일반화되고 가격이 낮아지면서 장소에 상관없이 연결이 유지되는 것도 쉬어졌다.

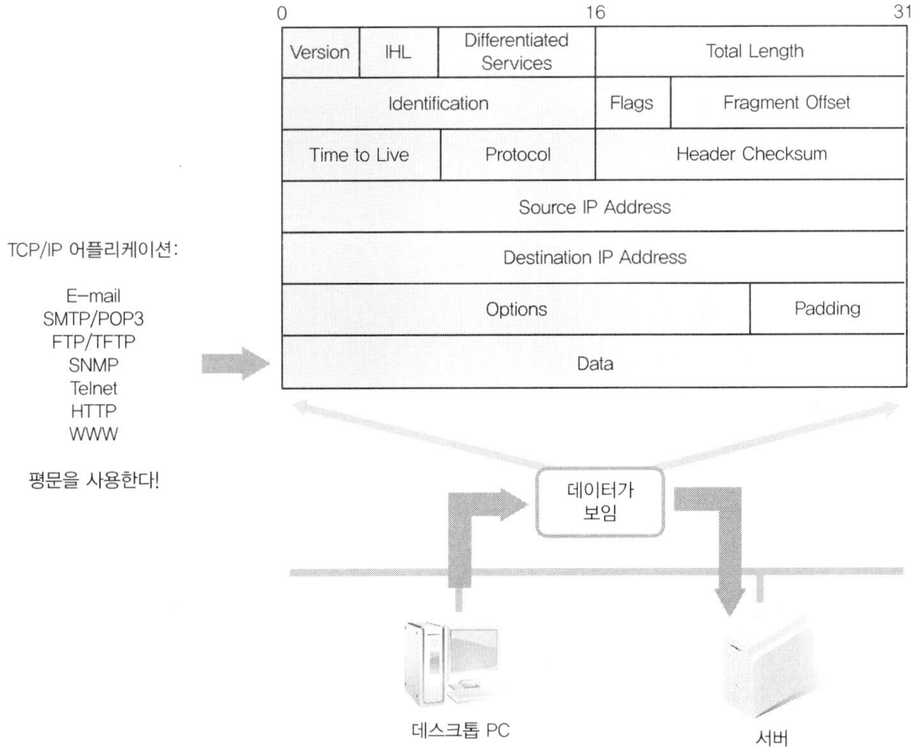

그림 1-2 TCP/IP 통신은 평문으로 전송됨

또한 세대 간의 차이도 인터넷 성장이 주원인이다. 베이비 붐 세대가 은퇴하면서 Y **세대**의 문화가 자리를 잡았다. 이러한 새로운 세대는 휴대폰, **스마트폰** 및 인터넷 접속이 "항상 가능한" 상태에서 성장하였다. 이러한 장치들은 실시간 통신을 가능하게 한다. 오늘날 개인 통신으로 VoIP(Voice over IP), 문자 메시지, IM(Instant Messaging)과 채팅, 음성 및 비디오 회의가 포함된다. 이러한 실시간의 세션 개시 프로토콜(SIP, Session Initiation Protocol)이 가능한 어플리케이션을 일반적으로 통합 통신(unified communication)이라 한다. SIP는 실시간 통신을 지원하는 데 사용되는 신호 처리 프로토콜이다. SIP는 존재 여부, 가용성, IM 채팅, 음성 회의, 비디오 회의 및 협력과 같은 통합 통신 어플리케이션에서 사용된다.

사이버공간은 만나고 교제하고 생각을 공유하는 새로운 장소이다. 사이버공간을 통해 사람들은 어디에서나 친구, 기업에 도움이 되는 사람들과 대화를 나눌 수 있다. 그러나 여기에는 위험도 존재한다. 자신이 실제로 누구와 대화하는지를 알 수가 없다. 거짓말쟁이와 도둑들은 쉽게 자신의 신원을 숨길 수 있다. 사이버공간을 통해 사람들은 손가락 끝으로 쉽게 사람들과 정보에 접근할 수 있는 반면 이로 인해 많은 위험과 위협도 발생한다.

정보보안 전쟁은 치열하다. 사이버공간은 전쟁터이고 적들이 이미 문 안에 들어와 있다. 더 안 좋은 것은 적이 전세계 어디에나 존재한다는 것이다. 그러므로 정보 기술 기반구조에 대한 적절한 보안 통제가 필요하다. 이러한 상황에서 정보시스템 보안과 정보 보증 전문가가 더 많이 필요하다. 이들은 국가 안보와 기업의 이익을 보호하기 위한 새로운 형태의 사이버전사이다.

위험, 위협 및 취약점

이 책에서는 사이버공간의 위험을 소개하고 이러한 위험을 어떻게 해결할 것인지를 살펴볼 것이다. **정보시스템**과 IT 기반구조에서 위험을 어떻게 식별하고 대응할 것인지를 설명하도록 한다. 컴퓨터를 좀 더 안전하게 하는 방법을 이해하기 위해서는 우선 위험, 위협 및 취약점을 이해할 필요가 있다.

위험은 자산에 대해 나쁜 일이 일어날 가능성이다. 위험은 자산에 영향을 미치는 특정 이벤트에의 노출이다. IT 보안 측면에서 자산은 컴퓨터, 데이터베이스 또는 정보가 될 수 있다. 위험의 예는 다음과 같다.

- 데이터의 손실
- 재난으로 인해 건물이 파괴되는 경우의 사업상의 손실
- 법 및 규정의 미준수

위협은 자산에 피해를 줄 수 있는 행위이다. 정보시스템은 자연 위협과 사람으로 인한 위협에 직면한다. 조직은 홍수, 지진 또는 심한 폭풍의 위협에도 사업을 지속적으로 운영하고 복구할 수 있도록 계획을 수립해야 한다. **업무연속성계획**(BCP, Business Continuity Plan)을 통해 조직은 지속해야 하는 업무에 대한 우선순위를 정한다. **재해복구계획**(DRP, Disaster Recovery Plan)에는 화재나 허리케인과 같은 재난 후 기업이 업무를 복구하는 방법이 정의된다. 컴퓨터 시스템에 대해 사람이 발생시키는 위협으로는 바이러스, 악성코드 및 비인가된 접근 등이 있다. **바이러스**는 시스템, 어플리케이션 또는 데이터에 피해를 주도록 작성된 컴퓨터 프로그램이다. **악성코드**는 하드 드라이브를 삭제하는 것과 같은 특정 활동을 수행하도록 작성된 컴퓨터 프로그램이다. 이러한 위협은 개인, 기업 또는 조직에게 피해를 준다.

취약점은 위협이 자산에 영향을 미치게 하는 약점이다. 취약점이 무엇인지를 이해하기 위해 불을 붙이는 것을 생각해 보자. 불을 붙이는 것이 항상 나쁜 것은 아니다. 요리를 하는 경우에는 그릴에 불을 붙여야 한다. 그릴은 불을 사용하도록 설계되어 있어 적절하게 사용하면 위험하지 않다. 그러나 컴퓨터 데이터센터에 불을 내는 것은 피해를 발생시킬 것이다. 그릴은 불에 취약하지 않지만 컴퓨터 데이터센터는 불에 취약하다. 위협은 그 자체로 항상 위험을 야기하는 것은 아니다. 위협이 위험이 되려면 취약점이 있어야 한다.

취약점으로 인해 종종 법적 책임이 생기기도 한다. 취약점으로 인해 위협이 실현되면 법적인 사항과도 관련된다. 컴퓨터에는 반드시 유용한 소프트웨어가 동작하고 사람이 소프트웨어를 만들기 때문에 소프트웨어 프로그램에는 오류가 있을 수 있다. 그러므로 소프트웨어 업체는 EULA(End-User License Agreement)를 이용하여 자체 취약점에 대한 법적 책임으로부터 자신을 보호해야 한다. EULA는 사용자가 패키지를 열고 그 소프트웨어를 설치할 때 효력이 발생된다.

모든 소프트웨어 업체는 EULA를 이용한다. 이것은 IT 시스템과 데이터를 보호하는 부담이 내부의 정보시스템 보안 전문가들에게 있음을 의미한다.

EULA(End-User License Agreement)

EULA는 사용자와 소프트웨어 업체 간의 라이센스 계약이다. EULA는 불완전한 소프트웨어로부터 발생하는 청구로부터 소프트웨어 업체를 보호한다. 전형적으로 EULA에는 보증 거부가 포함된다. EULA는 해커가 악용할 수 있는 소프트웨어 버그와 취약점으로부터의 책임을 제한시킨다.
다음은 자사 소프트웨어에 대해 "제한된" 보증만을 제공한다고 기술된 마이크로소프트사의 EULA로부터 발췌한 것이다. 또한 EULA는 소프트웨어 제품이 "있는 그대로 그리고 오류를 가지고 있는 상태로" 제공된다는 것도 권고한다.

"**보증 거부**. 위에 나타나는 제한된 보증은 다른 문서나 포장지의 명시적 보증 대신 귀하에게 제공되는 유일한 명시적 보증이다. 제한된 보증을 제외하고 관련법에서 허용하는 최대 범위 내에서 마이크로소프트와 공급업체는 소프트웨어 제품 및 지원 서비스를 있는 그대로 그리고 오류를 가지고 있는 상태로 그리고 이로써 다른 보증과 조건을 거부하는 상태로 제공합니다."
또한 마이크로소프트의 EULA는 소프트웨어의 비용 또는 $5(US) 중 큰 쪽으로 자사의 채무를 제한한다.

"**책임 제한**. 어떤 이유에서건 (제한이 없고 위와 같은 모든 손해 그리고 직접적이거나 일반적인 손해를 포함) 고객이 받을 수 있는 모든 손해에도 불구하고 구제책과 본 EULA의 규정에 따른 마이크로소프트와 제공 업체의 전체 책임과 앞에서 언급한 모든 것에 대한 고객의 독점적인 구제책(한정 보증의 위반에 따라 마이크로소프트가 선택한 보수 또는 대체의 구제책은 제외)은 소프트웨어 제품에 고객이 실제로 지불한 금액과 $5 중 큰 금액으로 제한된다.
(위의 9절, 10절, 11절을 포함하여) 앞서 언급한 제한, 제외 및 거부는 모든 구제책이 핵심 목적을 달성하지 못한다 하더라도 관련법에서 허용되는 최대 범위 내에서 적용해야 한다."

정보시스템 보안의 정의

정보시스템은 하드웨어, 운영체제 및 어플리케이션 소프트웨어로 구성되고 데이터를 수집하고 처리하고 저장하기 위해 함께 동작한다. **정보시스템 보안**은 정보시스템과 정보시스템에 저장된 데이터를 보호하는 여러 활동들의 집합이다. 현재 미국과 국제적인 법에는 이러한 종류의 보안 보증이 요구되고 있다. 그러므로 조직은 반드시 이러한 요구를 적극적으로 해결해야 한다. (그림 1-3)은 IT 기반구조에서 흔히 볼 수 있는 정보시스템을 보여준다.

정보시스템 보안에 관한 미국의 관련 법

사이버공간은 사람과 조직에게 새로운 위협이다. 사람들은 사이버공간에서 자신의 프라이버시를 보호할 필요가 있다. 아울러 기업과 조직은 자신의 지적 재산과 자신이 처리하는 개인정보를 보호해야 할 책임을 갖는다. 조직이 보안 통제를 이용하여 개인정보와 기밀정보를 보호하도록 하는 다양한 법이 규정되어 있다. 정보보안과 관련된 미국의 법은 다음과 같다.

- FISMA(Federal Information Security Management Act) : 2002년에 통과된 FISMA에는 연방 정부기관이 연방 업무를 지원하기 위해 자원에 대해 보안 통제를 제공하도록 정해져 있다.

그림 1-3

보호 대상

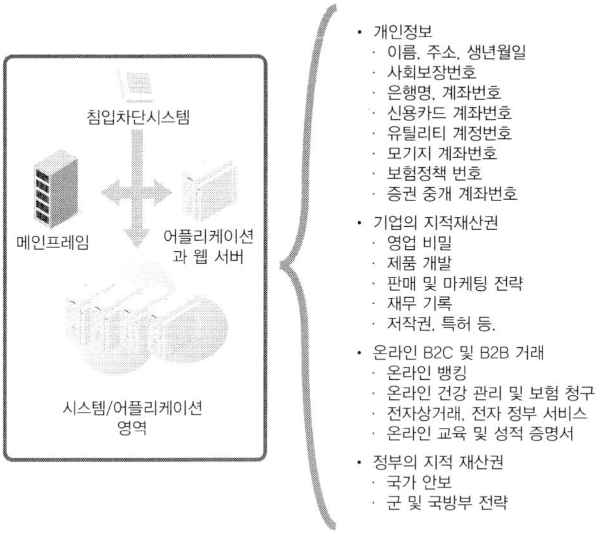

- SOX(Sarbanes–Oxley Act) : 2002년에 통과된 SOX에는 기업이 정확하고 신뢰성 있는 금융 보고를 공개적으로 제출하도록 정해져 있다. 이 법에는 개인정보를 안전하게 하도록 규정되어 있지 않으나 보고서 자체의 기밀성과 무결성을 보호하기 위해 보안 통제를 사용하도록 정하고 있다.
- GLBA(Gramm–Leach–Bliley Act) : 1999년에 통과된 GLBA에는 모든 형태의 금융 기관이 고객의 금융정보를 보호하도록 규정하고 있다.
- HIPAA(Health Insurance Portability and Accountability Act) : 1996년에 통과된 HIPAA는 의료 관련 조직이 환자의 프라이버시를 보장하기 위해 보안 및 프라이버시 통제를 구현하도록 규정하고 있다.
- CIPA(Children's Internet Protection Act) : 2000년에 통과된 CIPA에는 공립학교와 공립 도서관에서 인터넷을 안전하게 이용하는 정책을 사용하도록 규정하고 있다. 이 정책에는 반드시 다음의 사항이 포함되어야 한다.
  - 인터넷의 부적절한 사이트에 대한 아이들의 접속 제한
  - 이-메일, 채팅방 및 기타 전자통신 수행 시 아이들의 보안 보장
  - 온라인에서 아이들의 해킹 및 기타 불법적인 활동 제한
  - 허가 없는 아이들에 관한 개인 정보 유출 및 배포 제한
  - 해로운 자료에 대한 아이들의 접속 제한
- FERPA(Family Educational Rights and Privacy Act) : 1974년에 통과된 FERPA에는 학생의 개인정보와 학교 기록을 보호하도록 규정되어 있다.

(그림 1-4)는 정보시스템 보안과 관련된 미국 법에 대한 사항을 보여준다.

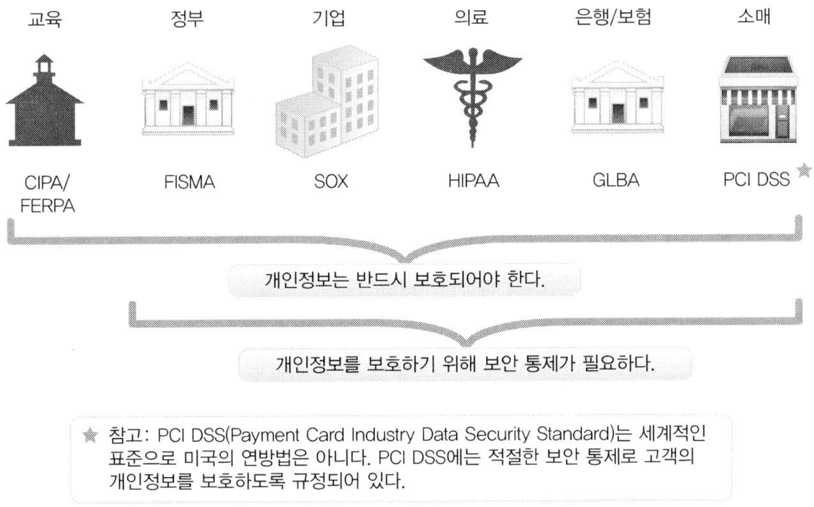

그림 1-4 정보시스템 보안과 관련된 미국 법

정보시스템 보안 원칙

많은 사람들이 개인정보를 안전하게 보호해야 한다는 것에 동의한다. 그러나 "정보를 안전하게 보호한다는 것"이 실제로 무슨 의미인가? 안전해야 하는 정보는 정보의 3대 원칙 또는 성질을 만족해야 한다. 이러한 3대 원칙을 보장하면 안전한 정보의 요구사항을 만족시키는 것이다. 3대 원칙은 다음과 같다.

- 기밀성(confidentiality) : 오직 인가된 사람들만이 정보를 볼 수 있다.
- 무결성(integrity) : 오직 인가된 사람들만이 정보를 변경할 수 있다.
- 가용성(availability) : 인가된 사람들이 정보를 요청할 때마다 정보에 접근할 수 있도록 한다.

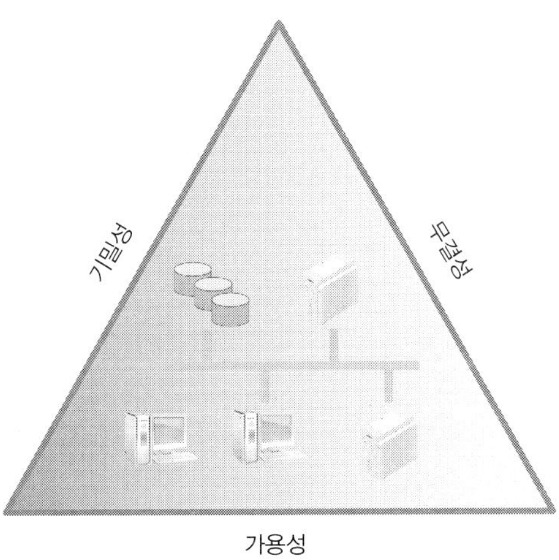

그림 1-5 정보시스템 보안의 3대 원칙

기술적 팁

어떤 시스템 보안 전문가들은 미국 CIA로 알려진 중앙첩보기관(Central Intelligence Agency)과 혼동되지 않게 3대 원칙을 A-I-C로 표현하기도 한다.

(그림 1-5)는 정보시스템 보안의 3대 원칙을 보여준다. 보안 통제를 설계하고 이용할 때 이러한 3대 원칙 중 하나 또는 그 이상을 해결해야 한다.

보안 이슈에 대한 해결책을 구할 때에는 반드시 C-I-A를 이용해야 한다. IT 기반구조에 대한 이러한 3대 원칙을 이용하여 조직 보안의 기본 목적을 정의해야 한다. 일단 기본 목적이 정의되면 이러한 목적은 보호하고자 하는 데이터 형태를 기반으로 보안 통제와 요구사항으로 구현된다.

기밀성

기밀성은 정보에 권한이 있는 사람을 제외한 나머지 사람으로부터 정보를 보호한다는 것을 의미한다. 기밀성을 유지해야 하는 정보는 다음을 포함한다.

신원 도용(Identity Theft)

신원 도용은 매년 약 1,000만 미국 시민들에게 영향을 준다. 신원 도용은 미국 소비자에게 주 위협이다. 많은 요소들이 개인의 신원을 구성한다. 여기에는 다음이 포함되나 제한되지는 않는다.

- 성명
- 메일 주소
- 생년월일
- 사회 보장 번호
- 은행명
- 은행 계좌 번호
- 신용 카드 계좌 번호
- 유틸리티 계좌 번호
- 모기지 계좌 번호
- 보험 정책 번호
- 증권 투자 계좌 번호

사기꾼이 단순히 이름, 집 주소 그리고 사회 보장 번호를 이용하여 여러분의 계좌에 접근할 수 있다. 이러한 위협은 재정적 손실을 넘어서 확장될 수 있다. 신원 도용은 FICO 개인 신용 등급에 피해를 줄 수 있다. 신원 도용으로 인해 은행 대출, 모기지 또는 신용 카드를 못 얻을 수 있다. 또한 개인이 신용 기록을 정화시키는 데 몇 년이 걸릴 수 있다. FICO는 미국에서 3개의 가장 큰 소비자 신용 보고 기관인 에퀴팩스(Equifax), 엑스페리안(Experian), 트랜스유니온(TransUnion)에서 사용되는 정보를 제공하는 상장 회사이다.

- 개인정보
- 기업의 지적 재산
- 국가와 정부의 국가 안보

국민의 개인정보를 보호하는 미국의 법에는 기업과 조직이 기밀성을 보장하기 위해 적절한 보안 통제를 수행하도록 규정한다.

전자상거래가 성장하면서 더 많은 사람들이 신용 카드를 이용하여 온라인에서 구매를 한다. 이 경우 사람들은 전자상거래 웹 사이트에 자신의 개인정보를 입력해야 한다. 고객은 신원정보와 개인정보를 보호하기 위해 신중해야 한다.

법에는 조직이 보안 통제를 이용하여 고객의 개인정보를 보호하도록 하고 있다. 보안 통제는 조직이 위험을 감소하기 위해 수행하는 것이다. 통제의 예에는 다음과 같다.

- **직원을 위해 매년 보안 인식 훈련 수행** : 훈련을 통해 직원에게 개인정보를 적절하게 처리해야 한다는 것을 상기시킨다. 또한 조직의 보안 정책, 기준, 절차 및 가이드라인에 대한 인식을 높일 수 있다.
- **IT 보안 정책 프레임워크를 적절하게 배치** : 정책 프레임워크를 통해 전반적으로 보안 통제가 사용되어야 하는 곳이 식별되도록 한다.
- **IT 기반구조에 대한 계층화된 보안 대책 설계** : 개인정보와 지적 재산을 보호하는 계층이 많을수록 공격자가 개인정보와 지적 재산을 찾기가 어렵다.
- **웹사이트와 IT 기반구조에 대한 주기적인 보안 위험 평가 및 취약점 진단 수행** : 이것은 보안 전문가들이 보안통제가 적절하게 구축되어 있음을 검증하는 방법이다.
- **보안사고 및 인터넷 접속 지점에 대한 이벤트 모니터링 수행** : 이것은 현미경을 이용하여 무엇이 입력되고 출력되는 지를 보는 것과 같다.
- **자동화된 워크스테이션과 서버 백신과 악성 소프트웨어 보호 이용** : 이를 통해 컴퓨터를 바이러스와 악성 소프트웨어로부터 지킬 수 있다.
- **민감한 시스템, 어플리케이션 및 데이터에 대한 로그인 ID와 패스워드 이외의 좀 더 강화된 접근 통제 이용** : 로그인 ID와 패스워드를 이용하는 경우 사용자 인증을 한 번만 수행하는 것이다. 훨씬 민감한 시스템 접근에 대해서는 사용자 신원을 확신하기 위해 두 번째 테스트를 수행하여야 한다.
- **컴퓨터와 서버에 대해 소프트웨어 패치 업데이트를 통해 취약점 최소화** : 이것은 운영체제와 어플리케이션 소프트웨어의 업데이트를 유지하는 방법이다.

> **⚠ 주의**
>
> 이메일에 절대로 평문으로 개인정보를 입력하지 않아야 한다. 이메일 트래픽은 인터넷을 통해 평문으로 전달된다는 것을 기억하도록 한다. 또한 웹 사이트가 전화나 다른 수단으로 확인될 수 있는 신뢰된 사이트가 아니라면, 해당 웹 사이트에 개인정보를 절대로 입력하지 않아야 한다.
> 절대로 개인정보를 암호화를 사용하지 않는 웹 사이트나 웹 어플리케이션에 입력하지 않아야 한다.

개인정보를 보호하는 것은 데이터 기밀성을 보장하는 것이다. 조직은 반드시 적절한 보안 통제를 이용해야 한다. 그러한 보안 통제의 예는 다음과 같다.

- 기밀 데이터를 보호하기 위해 조직 규모의 정책, 표준, 절차

그림 1-6
암호화

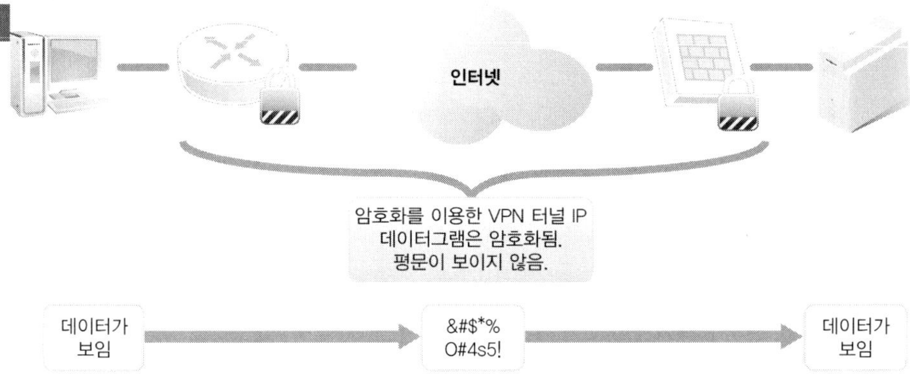

및 가이드라인 정의 : 이것은 개인정보를 어떻게 처리하는 지에 대한 명령이다.

- **IT 기반구조 전반에서 데이터를 처리하는 방법을 정의한 데이터 분류 기준 채택** : 이것은 데이터를 안전하게 하기 위해 어떤 통제가 필요한지를 식별하는 지침이다.
- 기밀 데이터를 인가된 사람만이 사용할 수 있도록 시스템과 어플리케이션에 대한 접근 제한
- 기밀 데이터를 숨기고 비인가된 사용자들은 볼 수 없도록 암호기술 사용
- 인터넷을 통해 전송되는 데이터 암호화
- 데이터베이스와 저장 장치에 저장되는 데이터 암호화

네트워크를 통해 데이터를 다른 컴퓨터로 전송할 때 비인가된 사용자로부터 기밀 데이터를 보호하기 위해 특별한 처리를 해야 한다. **암호기술**은 데이터를 숨기고 비인가된 사용자로부터 보호하기 위해 사용되는 방법이다. **암호화**는 평문을 **암호문**으로 바꾸는 과정이다. 평문은 누구나 읽을 수 있는 데이터이다. 암호문은 평문을 암호화한 결과인 데이터이다. (그림 1-6)은 암호화의 예를 보여준다.

무결성

무결성은 데이터의 유효성과 정확성을 다룬다. 무결성이 부족한 데이터 즉, 정확하지 않거나 유효하지 않은 데이터는 쓸모가 없다. 어떤 조직에서는 데이터와 정보는 지적 재산이다. 지적 재산으로는 저작권, 특허, 비밀 공식 및 고객 데이터베이스 등이 있다. 이러한 정보는 가치가 높다. 비인가된 변경은 데이터 가치를 떨어뜨린다. 이것이 바로 무결성이 시스템 보안의 원칙인 이유이다. (그림 1-7)은 데이터 무결성에서 중요한 점과 데이터가 유용한지를 확인함을 보여준다. 데이터 무결성에 대한 방해 및 파괴 행위는 조직에 대한 심각한 위협이고 데이터가 기업 업무에 매우 중요한 경우 특히 그렇다.

가용성

가용성은 일상생활에서 중요하다. 예를 들어 사람들은 인터넷 서비스, TV 서비스, 휴대폰 서비스의 가용성에 주목을 한다. 정보보안 측면에서 가용성은 일반적으로 사용자가 시스템,

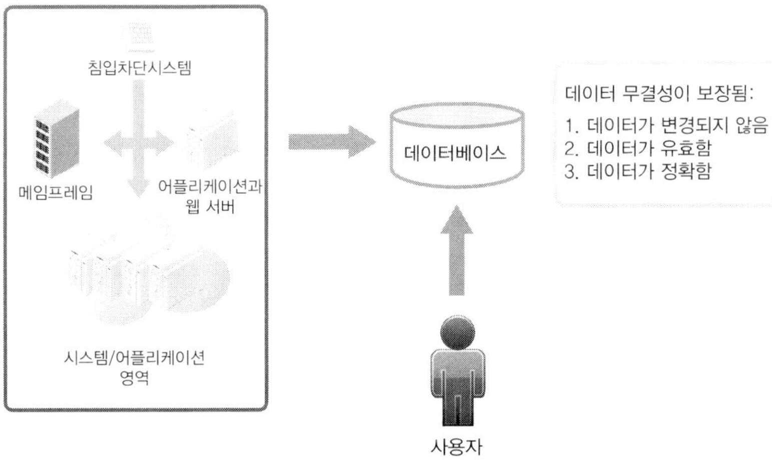

그림 1-7 데이터 무결성

어플리케이션 및 데이터를 이용할 수 있는 시간으로 표현된다. 일반적인 가용성 시간 측정에는 다음을 포함한다.

- 가동시간(uptime) : 가동시간은 시스템, 어플리케이션 및 데이터에 접근할 수 있는 총시간이다. 가동시간은 보통 한 달 기준 초, 분, 시간 단위로 측정된다.
- 정지시간(downtime) : 정지시간은 시스템, 어플리케이션 및 데이터에 접근할 수 없는 총시간이다. 정지시간도 한 달 기준 초, 분, 시간 단위로 측정된다.
- 가용성 : 가용성 A = (총 가동시간)/(총 가동시간 + 총 정지시간)이다.
- 평균 장애 시간(MTTF, Mean Time To Failure) : MTTF는 특정 시스템에 대한 장애 간 평균 시간이다. 반도체와 전자기술은 고장이 없어 MTTF가 매우 길다(25년 이상 등). 연결 장치, 케이블, 팬, 전력 공급과 같은 물리적 부품의 경우 MTTF가 훨씬 짧다(5년 또는 그 이하).
- 평균 복구 시간(MTTR, Mean Time To Repair) : MTTR은 시스템, 어플리케이션 또는 구성요소를 보수하는 데 걸리는 평균 시간이다. 시스템 백업을 신속하게 수행하는 것이 목적이다.

월 단위 가용성을 계산하는 방법

30일에 대한 총 가동시간은 다음과 같다.

30일 × 24시간/일 × 60분/시간 = 43,200분

(2월인 경우) 28일에 대한 총 가동시간은 다음과 같다.

28일 × 24시간/일 × 60분/시간 = 40,320분

가용성 공식 (총 가동시간)/(총 가동시간 + 총 정지시간)을 이용하면, 다음과 같다. 단, 해당 월에 30분의 미리 정해진 정지시간이 존재한다고 가정한다.

가용성 = (43,200분)/(43,200분 + 30분) = .9993 또는 99.93%

- **복구 목표 시간**(RTO, Recovery Time Objective) : RTO는 장애 후 시스템, 어플리케이션 및 데이터를 복구하여 이용 가능하도록 하는 데 걸리는 시간이다. 일반적으로 사업 연속성 계획에 주요 업무에 사용되는 시스템, 어플리케이션 및 데이터 접근에 대한 RTO를 정의한다.

통신과 인터넷 서비스 제공자는 고객에게 **서비스 수준 협의**(SLA, Service Level Agreement)를 제공한다. SLA는 WAN(Wide Area Network)과 인터넷 접속 링크에 대한 월 단위로 이용 가능한 최소 서비스를 보장하는 계약이다. 가용성은 월별 가동시간 서비스 수준으로 측정된다. 30일에 정지시간 30분이 있을 경우 99.993%의 가용성이 계산된다. 서비스 제공자는 일반적으로 99.5%에서 99.999% 범위 내 가용성을 보장하는 SAL를 제안한다.

전형적인 IT 기반구조의 7개 영역

IT 기반구조에서 시스템 보안의 3대 원칙은 어떤 역할을 할까? 우선 IT 기반구조가 어떤지 살펴보도록 한다. 소기업이든 대기업이든 또는 주식 공개기업이든지 간에 대부분의 IT 기반구조는 (그림 1-8)에서와 같이 7개의 영역으로 구성된다.

IT 기반구조에는 보통 7개의 영역이 존재한다. 각 영역은 적절한 보안 통제가 필요하다. 이러한 통제는 C-I-A의 요구사항을 반드시 만족해야 한다. 7개 영역과 오늘날 IT 기반구조에서 흔히 볼 수 있는 위험, 위협 및 취약점을 살펴보도록 한다.

그림 1-8

IT 기반구조의 7개 영역

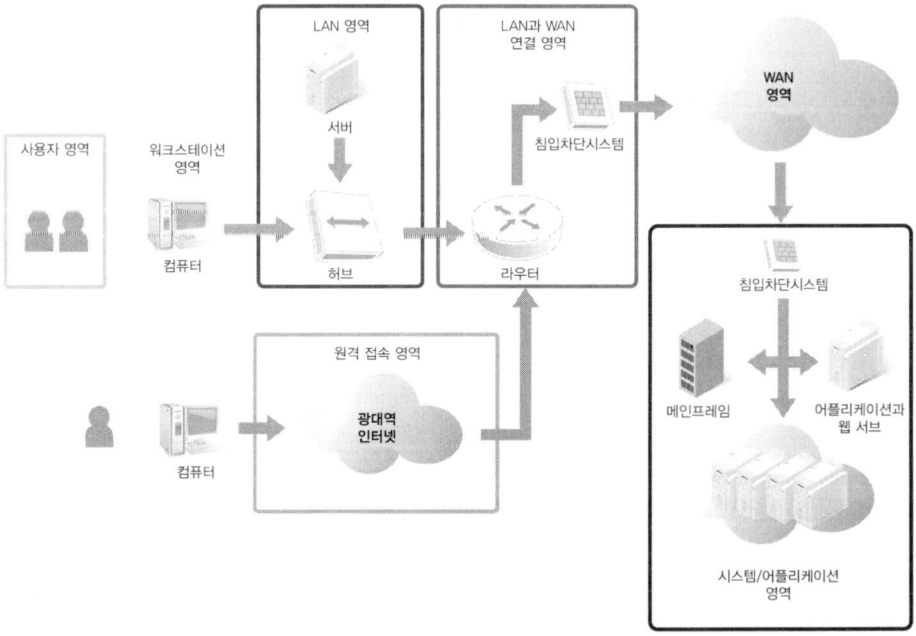

사용자 영역

사용자 영역은 조직의 정보시스템에 접근하는 사람들로 정의된다.

사용자 영역 역할, 책임 및 책임추적성

- 역할 및 업무 : 사용자들은 정의된 권한에 따라 시스템, 어플리케이션 및 데이터에 접근할 수 있다. 직원들은 반드시 직원 매뉴얼과 정책을 따라야 한다. 사용자 영역에는 허용 가능한 사용 정책(AUP, Acceptable Use Policy)이 존재한다. AUP는 조직 소유의 IT 자산을 처리할 때 허용되는 것과 허용되지 않은 것을 정의한다. AUP는 직원이 반드시 따라야 하는 규칙서와 같다. 이러한 규칙을 위반할 경우 해고 사유가 될 수 있다. 계층화된 보안 전략에 대한 방어의 첫 번째 계층은 여기가 시작점이다.
- 책임 : 직원은 IT 자산 사용에 책임을 진다. 새로운 법률은 대부분의 조직에서 AUP를 도입하는 데 모범 사례가 된다. 조직은 직원, 계약자 또는 기타 제3자가 정보의 기밀을 유지하겠다는 협의에 서명하도록 한다. 어떤 조직은 민감한 업무에 대해서는 범죄 경력을 확인하기도 한다. 일반적으로 부서장 또는 인사 부서의 장이 직원이 AUP를 서명하고 따르도록 하는 데 책임을 진다.
- 책임추적성 : 일반적으로 조직 내 인사 부서가 직원의 신원을 조사하는 데에 책임을 진다. 이것은 민감한 데이터에 접근하는 개인에 대해 수행되어야 한다.

사용자 영역에서 흔히 볼 수 있는 위험, 위협 및 취약점

사용자 영역은 IT 기반구조에서 가장 약한 고리이다. 컴퓨터 보안을 책임지는 사람은 무엇이 조직의 시스템, 어플리케이션 또는 데이터를 손상시키도록 하는 지를 반드시 이해해야 한다. [표 1-1]은 사용자 영역에서 흔히 볼 수 있는 위험, 위협 및 취약점과 이를 방지하기 위해 사용할 수 있는 계획을 보여준다.

워크스테이션 영역

워크스테이션 영역을 통해 사용자와 IT 기반구조가 연결된다. 워크스테이션은 네트워크에 연결된 데스크톱 컴퓨터나 다른 장치이다. 다른 장치로는 PDA(Personal Digital Assistant), 스마트폰 또는 특정 목적의 터미널이 있다. 모바일 기기에 관한 보다 상세한 사항은 "원격 접속 영역"에서 찾아볼 수 있다.

워크스테이션 영역 역할, 책임 및 책임추적성

- 역할 및 업무 : 직원은 업무를 처리하기 위해 시스템에 접근해야 한다. 이러한 업무에는 하드웨어를 설정하고 시스템의 안전성을 강화하고 안티바이러스 파일을 검증하는 것이 포함된다. 시스템의 안전성을 강화한다는 것은 적절한 통제를 이용하여 알려진 모든 위협을 처리한다는 것이다. 활동을 강화한다는 것은 모든 컴퓨터에 가장 최신의 소프트웨어와 보안 패치 및 시스템 설정이 포함되도록 하는 것이다. 또한 워크스테이션

표 1-1 사용자 영역에 대한 위험, 위협, 취약점 및 대책

위험, 위협 또는 취약점	완화 대책
사용자 인식 부족	보안 인식 훈련을 수행하고 보안 인식 포스터를 공지하고 직원에게 배너 또는 이메일 전송 등을 통해 보안을 재인식시킨다.
정책에 대한 사용자의 무관심	매년 보안 인식 훈련을 수행하고 AUP를 실행하고 직원 매뉴얼과 핸드북을 갱신하고 실행을 검토한다.
보안 정책 위반	보안 정책 위반자를 보호 대상으로 두고 AUP와 직원 매뉴얼을 검토하고 실행을 검토한다.
사용자의 개인 사진, 음악 및 비디오가 저장된 CD 및 USB 드라이브 삽입	내부 CD 드라이브와 USB 포트를 비활성화한다. 삽입된 매체 드라이브, 파일 및 이메일 첨부에 대한 자동화된 백신 스캔을 활성화한다. 백신 스캐닝 시스템은 사용자 컴퓨터 하드 드라이브의 새로운 모든 파일을 검사한다. 첨부파일이 있는 이메일에 대한 백신 스캐닝을 수행하도록 설정한다.
사용자의 사진, 음악 및 비디오의 다운로드	이메일 첨부에 대한 콘텐츠 필터링과 백신 스캐닝을 활성화한다. 콘텐츠 필터링 네트워크 장치가 설정되어 AUP 정의에 따라 특정 도메인-이름을 허용하거나 거부하도록 한다.
사용자의 시스템, 어플리케이션 또는 데이터 파괴	사용자가 자신의 업무를 수행하는 데 필요한 시스템, 어플리케이션 및 데이터에만 접근하도록 제한한다. 데이터 소유자에게만 쓰기/삭제할 수 있도록 허가를 최소화한다.
불만 있는 직원의 조직에 대한 공격 또는 방해 행위	직원의 비정상적인 행동, 불규칙한 업무 수행 및 근무시간 외 IT 기반구조의 사용을 추적하고 모니터링 한다. AUP 모니터링과 준수여부를 기반으로 IT 접근 통제 폐쇄 절차를 시작한다.
나쁘게 끝난 직원의 연애	직원의 비정상적인 행동과 근무시간 외 IT 기반구조의 사용을 추적하고 모니터링 한다. AUP 모니터링과 준수여부를 기반으로 IT 접근 통제 폐쇄 절차를 시작한다.
직원의 협박 및 강탈	직원의 비정상적인 행동과 근무시간 외 IT 기반구조의 사용을 추적하고 모니터링 한다. 직원의 민감한 업무와 접근에 대해 침입탐지시스템/침입방지시스템(IDS/IPS) 모니터링을 활성화한다. IDS/IPS 보안기기는 인바운드와 아웃바운드 트랙픽에 대한 IP 데이터 스트림을 검사한다. IDS/IPS 내 설정에 따라 알림 기능은 비정상적인 트래픽을 식별하고 정책 정의에 따라 IP 트래픽을 차단한다.

영역에도 추가적인 방어 계층이 필요하다. 또 다른 방어 계층은 IT 기반구조로의 출입을 보호하기 위해 워크스테이션 로그인 ID와 패스워드를 구현하는 것이다.

- **책임** : 데스크톱 지원 그룹이 워크스테이션 영역에 책임을 진다. 사용자 워크스테이션과 데이터의 무결성을 보장하기 위해 정의된 기준을 시행해야 한다. IT 보안 운영자는 반드시 워크스테이션 영역의 통제를 보호해야 한다. 일반적으로 인사 부서는 직원에 대한 적절한 접근 통제를 그들의 업무를 기반으로 정의하고 이후 IT 보안 운영자는 이 정의를 기반으로 시스템, 어플리케이션 및 데이터에 대한 접근 권한을 부여한다.
- **책임추적성** : 일반적으로 IT 데스크톱 관리자는 직원이 워크스테이션 영역을 최대한 사용하도록 허용할 책임을 진다. IT 보안 임원이 워크스테이션 영역에서 정책이 준수됨을 보장할 책임을 갖는다.

워크스테이션 영역에서 흔히 볼 수 있는 위험, 위협 및 취약점

워크스테이션 영역에서는 엄격한 보안과 접근 통제가 필요하다. 이 영역은 사용자가 처음으로 시스템, 어플리케이션 및 데이터에 접근하는 영역이다. 워크스테이션 영역에서는 접근

표 1-2 워크스테이션 영역에 대한 위험, 위협, 취약점 및 대책

위험, 위협 또는 취약점	완화 대책
워크스테이션에 대한 비인가된 접근	접근에 대한 워크스테이션의 패스워드 보호를 활성화한다. 비활동 시간동안의 자동화면 잠금 활성화 수행. 사용자에 대한 시스템 관리자 권한을 비활성화한다.
시스템, 어플리케이션 및 데이터에 대한 비인가된 접근	엄격한 접근 통제 정책, 기준, 절차 및 가이드라인을 정의한다. 접근을 획득하기 위해 사용자 권한을 검증하는 2단계 테스트를 구현한다.
PC 또는 노트북 운영체제 소프트웨어 취약점	워크스테이션 운영체제 취약점 윈도우 정책 및 기준을 정의한다. 취약점 윈도우란 워크스테이션이 알려진 취약점에 노출된 시점과 패치될 때까지의 차이이다. 보안 운영의 일부로 빈번한 취약점 평가 스캔을 수행한다.
PC 또는 노트북 어플리케이션 소프트웨어 취약점 및 소프트웨어 패치 업데이트	워크스테이션 어플리케이션 소프트웨어 취약점 윈도우 정책을 정의한다. 어플리케이션 소프트웨어와 보안 패치를 정의된 정책, 기준, 절차 및 가이드라인에 따라 갱신한다.
사용자 워크스테이션 또는 노트북의 바이러스, 악성코드 등 감염	워크스테이션 안티바이러스와 악성코드 정책, 기준, 절차 및 가이드라인을 사용한다. 적절한 보호를 이용해 개별 워크스테이션을 스캔하고 갱신이 자동화된 백신 솔루션을 활성화한다.
조직 내 사용자의 컴퓨터에 CD, DVD 또는 USB의 삽입	모든 CD, DVD 및 USB 포트를 비활성화한다. 삽입된 CD, DVD 및 USB 썸드라이브(thumb drive)에 대한 자동화된 안티바이러스 스캔을 활성화한다.
사진, 음악 또는 비디오의 인터넷을 통한 사용자 다운로드	인터넷 접속 시 콘텐츠 필터링 및 안티바이러스 스캐닝을 이용한다. 새로운 모든 파일에 대해 워크스테이션 자동-스캔을 활성화하고 알려지지 않은 파일 형태에 대해 자동화된 파일 격리를 수행한다.
조직 IT 기반구조에 대한 보안 위험을 만드는 AUP에 대한 사용자 위반	모든 직원 대상의 연간 보안 인식 훈련을 의무화한다. 일년 내내 보안 인식 캠페인과 프로그램을 정립한다. [표 1-2] 워크스테이션 영역에 대한 위험, 위협, 취약점 및 대책

에 대한 로그인 ID와 패스워드가 필요하다. [표 1-2]는 워크스테이션 영역에서 흔히 볼 수 있는 위험, 위협 및 취약점과 이를 방지하기 위해 사용할 수 있는 대책을 보여준다.

LAN 영역

근거리 통신망(LAN, local area network)은 서로 연결되거나 공통의 연결 매체에 연결된 컴퓨터들의 집합이다. 네트워크 연결 매체로는 유선, 광케이블 또는 전파 등이 있다. 일반적으로 LAN은 기능별 또는 조직 단위로 구성된다. 일단 연결된 컴퓨터는 시스템, 어플리케이션 또는 인터넷 및 데이터에 접근할 수 있다. IT 기반구조의 세 번째 요소가 LAN 영역이다.

LAN 영역의 물리적인 구성요소는 다음과 같다.

- 네트워크 인터페이스 카드(NIC, Network Interface Card) : 컴퓨터와 LNA의 물리적 매체 사이의 인터페이스로 네트워크 인터페이스 카드(NIC)는 6바이트의 유일한 하드웨어 식별자인 MAC(Media Access Control) 주소를 갖는다.
- 이더넷 LAN : 10/100/1000Mbps 이더넷 네트워킹에 대한 IEEE 802.3 CSMA/CD(Carrier Sense Multiple Access/Collision Detection) 표준 기반의 LAN 솔루션으로 이더넷은 가장 대중적인 LAN 표준이다. 오늘날 LAN 표준은 IEEE(Institute of

Electrical and Electronics Engineers) 802.3 CSMA/CD이다. 이더넷은 10-Mbps, 100-Mbps, 1-Gbps, 10-Gbps, 40-Gbps가 가능하며 이제는 캠퍼스와 메트로 이더넷 백본 연결에 대해 100-Gbps까지 가능하다.

- **비차폐 트위스트 페어(UTP, Unshielded Twisted-Pair) 케이블** : RJ-45 커넥터를 이용하고 물리적으로 100Mbps/1Gbps/10Gbps 이더넷 LAN 스위치에 연결된 워크스테이션 케이블로 오늘날 조직은 카테고리 5 또는 카테고리 6 UTP 전송 매체를 이용하여 고속의 데이터 통신을 제공한다.
- **LAN 스위치** : 워크스테이션을 물리적 이더넷 LAN에 연결시키는 장치로 스위치는 스위치와 서버에 전용 이더넷 LAN 연결을 제공한다. 스위치는 각 워크스테이션에 대해 최대 처리량과 성능을 제공한다. 두 종류의 LAN 스위치가 있다. **계층 2 스위치**는 MAC 계층 주소를 검사한 후 MAC 계층 주소 테이블을 기반으로 전달을 결정한다. **계층 3 스위치**는 네트워크 계층 주소를 검사한 후 라우팅 프로토콜 경로 설정 결정을 기반으로 패킷을 전송한다. **계층 3 스위치**는 라우터와 동일하다.
- **파일 서버 및 프린트 서버** : 파일 공유와 부서 내 사용자를 위한 데이터 저장소를 제공하는 고성능의 컴퓨터로 프린트 서버는 부서 내에서 공유된 프린터 사용을 지원한다.
- **무선 접속지점(WAP, Wireless Access Point)** : 무선 LAN(WLAN, Wireless LAN)에서 WLAN NIC으로부터 무선 접속지점(WAP)으로 IP 패킷을 전송하기 위해 송수신기가 사용된다. WAP은 모바일 노트북에 대해 WLAN 신호를 전송한다. WAP 뒷단은 UTP 케이블을 이용하여 LAN 스위치에 연결된다.

일반적으로 이더넷 스위치는 각 워크스테이션에게 100-Mbps 또는 1-Gbps 연결을 제공한다. 오늘날 이더넷 LAN 스위치는 컴퓨터에 대해 100-Mbps와 1-GigE의 속도를 지원하고 10-Gbps와 40-Gbps의 속도로 백본에 연결된다. 백본 연결에는 주로 광케이블을 사용한다.

LAN 영역의 논리적 구성요소는 다음과 같다.

- **시스템 관리** : 로그인 ID와 패스워드 접근 통제(즉, 사용자 로그인 정보)를 이용하여 사용자 LAN 계정을 설정하는 것이다.
- **디렉토리와 파일 서비스의 설계** : 서버, 디렉토리 및 폴더에 사용자가 접근할 수 있도록 한다.
- **워크스테이션과 서버 TCP/IP 소프트웨어와 통신 프로토콜의 설정** : IP 주소, IP 기본 게이트웨이 라우터, 서브넷 마스크 주소 등. IP 기본 게이트웨이 라우터는 LAN으로의 출입문이다. 서브넷 마스크 주소는 IP 네트워크 수와 IP 호스트 수를 정의한다.
- **서버 디스크 저장 공간, 백업 및 사용자 데이터 복구의 설계** : 사용자 데이터 파일에 대한 LAN 디스크 저장소 영역을 제공한다. 이 영역에 데이터가 백업되고 매일 보관된다. 데이터가 손실되거나 손상되면 데이터 파일은 백업된 파일로부터 복구된다.
- **가상 LAN(VLAN, virtual LAN)의 설계** : 계층 2와 계층 3 LAN 스위치를 이용해 이더넷 포트는 물리적으로 서로 다른 LAN에 연결되더라도 동일한 VLAN에 존재하도록 설정

될 수 있다. 이것은 워크스테이션과 서버가 동일한 이더넷 LAN 또는 브로드캐스트 영역에 있도록 설정하는 것과 같다.

사용자는 부서의 LAN과 업무에 따라 어플리케이션에 접근할 수 있다.

LAN 영역 역할, 책임 및 책임추적성

- 역할 및 업무 : LAN 영역에는 물리적인 네트워크 구성요소와 사용자를 위한 서비스의 논리적인 설정이 포함된다. 물리적 구성요소의 관리는 다음을 포함한다.
  - 케이블
  - NIC 카드
  - LAN 스위치
  - 무선 접속지점(WAP)

  LAN 시스템 관리에는 사용자 계정과 접근 권한의 마스터 목록을 유지, 관리하는 것이 포함된다. LAN 영역에서는 2단계 인증이 필요하다. 2단계 증명은 사용자가 두 번에 걸쳐 자신임을 확인시켜야 하는 이중문과 같다.
- 책임 : LAN 지원 그룹이 LAN 영역에 책임을 진다. 여기에는 물리적인 구성요소와 논리적인 요소가 포함된다. LAN 시스템 관리자는 반드시 부서 파일과 프린트 서비스를 관리하고 사용자에 대한 접근 통제를 설정해야 한다.
- 책임추적성 : LAN 관리자의 임무는 LAN 영역 내 데이터의 사용과 무결성을 최대화하는 것이다. 일반적으로 IT 보안 부서장은 반드시 LAN 영역에서 정책이 준수됨을 보장해야 한다.

LAN 영역에서 흔히 볼 수 있는 위험, 위협 및 취약점

LAN 영역에서도 강력한 보안과 접근 통제가 필요하다. 사용자는 LAN 영역으로부터 기업 규모의 시스템, 어플리케이션 및 데이터에 접근할 수 있다. LAN 영역은 전체 IT 기반구조에서 방어의 세 번째 계층이다. [표 1-3]은 LAN 영역에서 흔히 볼 수 있는 위험, 위협 및 취약점과 이를 방지하기 위해 사용할 수 있는 대책을 보여준다.

LAN과 WAN 연결 영역

LAN과 WAN의 연결 영역은 IT 기반구조가 광역 통신망과 인터넷에 연결되는 부분이다. 불행히도 인터넷에 연결되는 것은 공격자로 연결되는 것과 같다. 인터넷은 개방적이며 누구나 쉽게 연결될 수 있다. 대부분의 인터넷 트래픽은 평문이다. 즉, 누구나 볼 수 있으므로 프라이버시가 보장되지 않는다. 네트워크 어플리케이션은 TCP(Transmission Control Protocol)와 UDP(User Datagram Protocol)의 두 개의 전송 프로토콜을 사용한다. TCP와 UDP 둘 다 어플리케이션이나 기능을 식별하기 위해 포트 번호를 이용한다. 이러한 포트 번호는 TV 채널과 같은 기능을 수행한다. TV 채널은 시청자가 보고자 하는 방송국을 의미한다. 패킷이 TCP와 UDP를 통해 전송되면 패킷 헤더에 포트 번호가 나타난다. 이것은 전 세

표 1-3 LAN 영역에 대한 위험, 위협 취약점 및 대책

위험, 위협 또는 취약점	완화 대책
LAN에 대한 비인가된 접근	데이터센터, 전산실 등 보호 구역이 안전하도록 보장한다. 적절한 ID가 없는 사람의 접근을 허용해서는 안 된다.
시스템, 어플리케이션 및 데이터에 대한 비인가된 접근	엄격한 접근 통제 정책, 기준, 절차 및 가이드라인을 정의한다. 민감한 시스템, 어플리케이션 및 데이터에 접근하기 위해 2단계의 신원 확인을 구현한다. 사용자의 LAN 폴더로의 접근과 필요에 따라 특정 문서에 대한 읽기/쓰기/삭제 권한을 제한한다.
LAN 서버 운영체제 소프트웨어 취약점	서버/PC/노트북 취약점 윈도우 정책, 기준, 절차 및 가이드라인을 정의한다. 소프트웨어 갭을 발견하기 위해 주기적인 LAN 영역의 취약점 평가를 수행한다. 취약점 평가는 소프트웨어에서 버그나 오류를 식별하기 위한 소프트웨어 검토이다. 이러한 버그나 오류는 소프트웨어 패치를 업로드할 때 삭제되고 교정된다.
LAN 서버 어플리케이션 소프트웨어 취약점 및 소프트웨어 패치 업데이트	신속한 소프트웨어 패치에 필요한 엄격한 소프트웨어 취약점 윈도우 정책을 정의한다.
WLAN에 대한 악의적인 사용자의 비인가된 접근	무선 접속에 패스워드를 요구하는 WLAN 네트워크 키를 이용한다. WAP에 대한 브로드캐스팅을 비활성화한다. WLAN 접속을 승인하기 전에 2단계 인증을 요구한다.
WLAN을 통한 데이터 전송의 기밀성 손상	워크스테이션과 WAP 사이에 기밀성을 유지하기 위해 암호화를 구현한다.
서로 다른 하드웨어, 운영체제 및 소프트웨어를 이용하는 LAN 서버 : 관리하기가 어려움	LAN 서버와 설정 기준, 절차 및 가이드라인을 구현한다. [표 1-3] LAN 영역에 대한 위험, 위협, 취약점 및 대책

계에 자신이 전송하는 있는 것을 광고하는 것과 같다.

일반적인 TCP와 UDP 포트 번호의 예는 다음과 같다.

- **포트 80** : HTTP(Hypertext Transfer Protocol) : HTTP는 웹 브라우저와 웹 서버 사이의 통신 프로토콜로 데이터는 평문으로 전송된다.
- **포트 20** : FTP(File Transfer Protocol) : FTP는 파일 전송을 위한 프로토콜이다. FTP는 연결 지향의 데이터 전송으로 TCP를 이용하고 평문으로 전송된다. 연결 지향이란 개별 패킷에 번호를 매기고 파일 전송의 무결성을 증대시키기 위해 패킷이 수신되었다는 확인을 받는 것을 의미한다.
- **포트 69** : TFTP(Trivial File Transfer Protocol) : TFTP는 파일 전송을 위한 프로토콜이다. TFTP는 비연결형 데이터 전송으로 UDP를 이용하나 평문으로 전송된다. TFTP가 개별 패킷 배송을 보장하지 않는다는 것을 고려하여 작고 신속한 파일 전송에 사용된다.
- **포트 23** : Telnet(Terminal Network) : Telnet은 다른 장치에 대한 원격 터미널 접속을 수행하는 네트워크 프로토콜이다. Telnet은 TCP를 이용하고 데이터를 평문으로 전송한다.
- **포트 22** : SSH(Secure SHell) : SSH는 다른 장치에 대한 원격 터미널 접속을 수행하는 네트워크 프로토콜이다. SSH는 통신의 기밀성을 유지하기 위해 데이터를 암호화한다.

0부터 1023까지의 잘 알려진 포트 번호는 IANA(Internet Assigned Numbers Authority)에서 관리된다. IANA는 전 세계 도메인-이름 서비스, IP 주소 할당 등도 관리한다. 잘 알려진 포트 번호는 IANA 웹사이트(http://www.iana.org/ assignments/service-names-port-numbers/service-names-port-numbers.xml)에서 찾아 볼 수 있다.

LAN과 WAN 연결 영역 역할, 책임 및 책임추적성

- 역할 및 업무 : LAN과 WAN 연결 영역에는 물리적인 부분과 서비스 기기의 논리적인 설계가 포함된다. 이 영역은 IT 기반구조 중 가장 복잡한 영역 중 하나이다. 사용자에게 가능하면 많은 접근을 허용하면서 보안을 유지해야 한다. 물리적 부분은 서비스에 쉽게 접근하도록 관리되어야 한다. 보안기기는 반드시 정책 정의를 준수하도록 논리적으로 설정되어야 한다. 이렇게 함으로써 가용성을 최대한 활용하고 데이터 무결성을 보장하고 기밀성을 유지할 수 있다. LAN과 WAN 연결 영역에서 필요한 역할과 업무는 다음을 관리하고 설정하는 것이 포함된다.
  - IP 라우터 : IP 라우터는 인터넷 또는 WAN 사이에 IP 패킷을 전송하는 네트워크 장치이다. 경로 설정 결정을 통해 IP 패킷을 전달한다. IP 라우팅 및 접근 통제 목록(ACL, Access Control List)이 설정되어야 한다. ACL은 필터와 같이 트래픽을 허용하고 거부하는 데 사용된다.
  - IP 상태보존 침입차단시스템(IP stateful firewall) : IP 상태보존 침입차단시스템은 IP, TCP, UDP 패킷 헤더에 대해 설정된 다양한 ACL 정의를 기반으로 인바운드 IP 패킷을 필터링하는 보안기기이다. 상태보존 침입차단시스템은 필터링을 위해 IP, TCP 또는 UDP 헤더를 검사한다.
  - 비무장지대(DMZ, DeMilitarized Zone) : DMZ는 LAN과 WAN의 연결 영역에서 인바운드와 아웃바운드 IP 패킷에 대한 버퍼 지역으로 동작하는 LAN 영역이다. 웹서버, 프록시 서버 및 이메일 서버와 같은 외부 서버가 내부 네트워크와 분리되고 IP 트래픽 조사를 위해 DMZ 내에 있다.
  - 침입탐지시스템(IDS, Intrusion Detection System) : IDS는 일반적인 공격과 악성 패턴에 대한 IP 데이터 스트림을 검사한다. IDS는 수동적이며 경보를 울리도록 설정된다.
  - 침입방지시스템(IPS, Intrusion Prevention System) : IPS는 IDS와 동일한 일을 수행하나 악성으로 식별된 IP 데이터 스트림을 차단할 수 있다. IPS는 실제의 통신 세션을 종료시키고 출발지 IP 주소로 필터링하고 공격 대상이 되는 호스트에 대한 접근을 차단할 수 있다.
  - 프록시 서버 : 프록시 서버는 워크스테이션과 외부의 목적 시스템 사이의 중간 역할을 한다. 트래픽은 프록시로 동작하는 중간 서버에 전송된다. IT 기반구조로 전송이 허용되기 전에 데이터는 프록시 서버에서 분석되고 적절성이 검사된다.
  - 웹 콘텐츠 필터 : 이 보안기기는 도메인-이름 또는 도메인-이름 내 키워드의 필터링을 기반으로 IT 기반구조로 콘텐츠가 유입되는 것을 방지할 수 있다.
  - 이메일 콘텐츠 필터 및 격리 시스템 : 이 보안기기는 적절한 안티바이러스 검사 및 격

리실행을 위해 이메일 또는 잘 모르는 파일 첨부 내 콘텐츠를 차단할 수 있다. 검토 후 이메일과 첨부 파일이 사용자에게 전달된다.
  - 보안 정보 및 이벤트 관리 : 기밀성, 무결성 및 가용성을 최대화하기 위해 LAN과 WAN 연결 영역의 인터넷 입력/출력 지점에서 모니터링 되고 보안사고 및 특정 이벤트로 인한 알람 생성을 모니터링 한다.
- 책임 : 네트워크 보안 그룹이 LAN과 WAN 연결 영역을 책임진다. 이 책임에는 물리적인 구성요소와 논리적 요소가 포함된다. 그룹 구성원은 정의된 보안 통제의 적용을 책임진다.
- 책임추적성 : 조직의 WAN 네트워크 관리자는 LAN과 WAN 연결 영역을 관리할 임무를 갖는다. 일반적으로 IT 보안 부서장은 LAN과 WAN 연결 영역의 보안 정책, 기준, 절차 및 가이드라인이 준수됨을 보장해야 한다.

LAN과 WAN 연결 영역에서 흔히 볼 수 있는 위험, 위협 및 취약점

LAN과 WAN 연결 영역에서는 인터넷 연결의 위험과 위협을 고려할 때 엄격한 보안 통제가 필요하다. 이 도메인의 모든 데이터가 IT 기반구조 쪽으로 그리고 IT 기반구조로부터 이 도메인으로 데이터가 전송된다. LAN과 WAN 연결 영역은 전체 조직에 대한 인터넷 접근을 제공하고 WAN에 대한 출입지점이다. 이 영역은 인터넷 출입지점으로 알려져 있다. LAN과 WAN 연결 영역은 방어의 네 번째 계층이다. [표 1-4]는 LAN과 WAN 연결 영역에서 흔히 볼 수 있는 위험, 위협 및 취약점과 이를 방지하기 위해 사용할 수 있는 대책을 보여준다.

WAN 영역

WAN 영역은 원격지로 연결된다. 네트워크 비용이 낮아지면서 조직은 인터넷과 WAN 연결을 제공할 수 있게 되었다. 오늘날 통신 서비스 제공자는 다음을 판매한다.

- 국가 규모의 광 백본 : 광 백본은 사설 광 백본 네트워크를 설치한다.
- 단-대-단 IP 전송 : 서비스 제공자의 IP 네트워킹 기반구조를 이용한 IP 서비스와 연결
- 다중 사이트 WAN 클라우드 서비스 : MPLS(Multiprotocol Label Switching) WAN 서비스와 같이 다중 사이트 연결을 제공하는 IP 서비스와 연결. MPLS는 라벨 또는 태그를 이용하여 WAN 내 종단점 사이의 가상 연결을 가능하게 한다.
- 대도시 이더넷 LAN 연결 : 도시 지역 네트워크에 제공되는 이더넷 LAN 연결
- 전용 인터넷 접속 : 광대역 인터넷 통신 링크는 일반적으로 조직들 사이에 공유된다.
- 관리되는 서비스 : 라우터 관리 및 보안장비 관리로 365일 7일 24시간(24×7×365) 서비스된다.
- 서비스수준협의(SLA, Service Level Agreement) : 가용성, 패킷 손실, 장애처리 시간 등과 같은 월간 서비스 제공에 대한 계약서

WAN 영역은 전체 IT 기반구조에서 방어의 다섯 번째 계층이다. WAN 서비스에는 전용

표 1-4 LAN과 WAN 연결 영역에 대한 위험, 위협, 취약점 및 대책

위험, 위협 또는 취약점	완화 대책
비인가된 네트워크 조사 및 포트 스캐닝	LAN과 WAN 연결 영역 내 외부의 모든 IP 장치에 대한 ping, 조사 및 포트 스캐닝을 비활성화한다. ping은 ICMP echo-request와 echo-reply 프로토콜을 이용한다. 조사와 스캐닝과 IDS/IPS를 이용한 모니터링에 사용되는 IP 포트 번호를 허용하지 않는다.
LAN과 WAN 연결 영역에 대한 비인가된 접근	침입탐지 및 보안에 대해 엄격한 보안 모니터링 통제를 적용한다. 인바운드 IP 트래픽 비정상 및 악의적인 트래픽을 모니터링 한다. 악의적인 트래픽을 즉각적으로 차단한다.
IP 라우터, 침입차단시스템 및 네트워크기기 운영 운영체제 소프트웨어 취약점	엄격한 제로데이 취약점을 정의한다. 보안 교정 및 소프트웨어 패치를 이용하여 장치를 즉각적으로 갱신한다.
IP 라우터, 침입차단시스템 및 네트워크기기 설정 파일 오류 또는 취약점	LAN과 WAN 연결 영역 내 계층화된 보안 솔루션의 사후 설정 침투 테스트를 수행한다. 인바운드와 아웃바운드 트래픽을 시험하고 교정한다.
조직의 기반구조에 접근하고 민감한 데이터를 다운로드 하는 원격 사용자에 대한 능력	조직의 데이터 분류 기준을 적용하고 시행한다. 접근통제목록 내 송신지 IP 주소를 이용하여 아웃바운드 트래픽을 거부한다. 원격 다운로딩이 허용될 경우 암호화를 수행한다.
알려지지 않은 송신지의 알려지지 않은 파일 타입의 첨부파일 다운로드	알려지지 않은 송신지로부터의 알려지지 않은 파일 형태에 대해 파일 전송 모니터링, 스캐닝 및 알람을 적용한다.
로컬 사용자로부터 수신된 알려지지 않은 이메일 첨부 및 내재된 URL 링크	알려지지 않은 파일 형태에 대해 이메일 서버와 첨부 파일 안티바이러스 및 이메일 격리를 적용한다. 콘텐츠 필터링 정책을 기반으로 도메인-이름을 이용한 웹 사이트 접근을 중단한다.
로컬 사용자의 웹 서핑 및 업무 미집중으로 인한 생산성 손실	인터넷 연결 접속 지점에 도메인-이름을 이용한 콘텐츠 필터링을 적용한다.

인터넷 접속 및 고객의 라우터 및 침입차단시스템에 대한 관리되는 서비스가 포함될 수 있다. 일반적으로 가용성과 정전에 대한 대응 시간에 관한 관리를 협의한다. 네트워크, 라우터 및 장비에 대해 지속적인 모니터링과 관리가 필요하다.

WAN 영역 역할, 책임 및 책임추적성

- **역할 및 업무** : WAN 영역에는 물리적인 부분과 라우터와 통신장비의 논리적인 설계가 포함된다. 이 영역은 기반구조의 두 번째로 복잡한 영역이다. 무엇이 전송되든 간에 안전해야 하고 사용자가 가능하면 최대한 접속할 수 있어야 하는 것이 목적이다. WAN 영역에서 필요한 역할과 업무는 다음을 관리하고 설정하는 것이다.
  - **WAN 통신 링크** : 전자 또는 광서비스가 조직의 설비에 연결될 때 제공되는 물리적 통신 링크이다. 광대역 연결 속도 범위는 다음과 같다.
    - 전자서비스에 대해 DS0(64 Kbps)에서 DS1(1.544 Mbps), DS3(45 Mbps)까지
    - 광서비스에 대해 OC-3(155 Mbps)에서 OC-12(622 Mbps), OC48(2,488 Mbps)까지

- 물리적 거리에 따른 10/100/1000 Mbps 메트로 이더넷 LAN 연결

- IP 네트워크 설계 : 이것은 IP 네트워크와 주소할당(addressing) 스킴의 논리적 설계이다. 네트워크 엔지니어링, 대체 경로 설계 및 IP 라우팅 프로토콜의 선택이 필요하다.
- IP 상태보존 침입차단시스템 : 이것은 IP 패킷을 필터링하고 원하지 않는 IP, TCP, UDP 패킷 타입이 입출력되는 것을 차단하는 보안기기이다. 침입차단시스템은 워크스테이션, 라우터 또는 LAN 세그먼트를 보호하는 독립된 장치에 설정될 수 있다.
- IP 라우터 설정 : 원격지의 IP 연결에 사용되는 WAN 백본과 종단 라우터에 대한 실제 라우터 설정 정보이다. 반드시 IP 네트워크 설계와 주소할당 스킴에 기반을 두고 설정하여야 한다.
- 가상 사설망(VPN, Virtual Private Network) : VPN은 한 지점에서 다른 지점으로의 전용의 암호화된 터널이다. VPN 터널은 공개 인터넷과 VPN 라우터 또는 안전한 브라우저와 SSL-VPN(Secure Sockets Layer Virtual Private Network)을 이용하여 원격 워크스테이션 사이에 생성된다.
- 다중프로토콜 레이블 스위칭(MPLS, Multiprotocol Label Switching) : 고객들이 성능을 최대화하도록 하는 WAN 소프트웨어 특성이다. MPLS는 지정된 종단 사이의 가상 터널을 통한 빠른 전송을 위해 IP 패킷에 표시를 한다. 이것은 계층1/계층3 오버레이 네트워크의 형태이며 일단 오래 지속되는 흐름이 설정되거나 동적으로 결정되면 라우팅 함수의 경로 결정 과정을 우회한다.
- SNMP 네트워크 모니터링과 관리 : SNMP(Simple Network Management Protocol)는 네트워크 장치 모니터링, 알람 생성 및 성능 분석에 사용된다.
- 라우터 및 장치 유지 : 하드웨어와 펌웨어 갱신 수행, 새로운 운영체제 소프트웨어의 업로드 및 라우터와 필터 설정을 위해 필요하다.

- **책임** : 네트워크 공학자 또는 WAN 그룹이 WAN 영역을 책임진다. 이 책임에는 물리적인 구성요소와 논리적 요소가 포함된다. 네트워크 공학자 및 보안 실무자의 정의된 정책에 따라 정의된 보안 통제를 설정한다. 현재 IP 네트워크 설계의 복잡도로 인해 많은 그룹은 WAN과 라우터의 관리를 서비스 제공자에게 아웃소싱하기도 한다. 이러한 서비스에는 시스템이 이용 가능하고 문제가 신속하게 해결됨을 보장하는 SLA가 포함된다. WAN 연결이 중단되면 고객은 무료로 서비스 제공자의 네트워크 운영 센터(NOC, Network Operation Center)로 전화를 한다.
- **책임추적성** : 조직의 IT 네트워크 관리자는 WAN에 대해 유지하고 갱신하고 기술 지원을 수행해야 한다. 일반적으로 IT 보안 부서장은 회사가 WAN 영역에서 보안 정책, 기준, 절차 및 가이드라인을 만족시켜야 한다.

어떤 조직은 공개 인터넷을 WAN 기반구조로 사용한다. 가격이 저렴한 반면 인터넷은 배송 또는 보안을 보장하지 않는다. [표 1-5]는 인터넷 위험, 위협 및 취약점과 이를 방지하기 위해 사용할 수 있는 대책을 보여준다.

표 1-5 WAN 영역(인터넷)에 대한 위험, 위협, 취약점 및 대책

위험, 위협 또는 취약점	보안 대책
원하는 누구나 연결할 수 있는 개방형, 공개적으로 쉽게 접근 가능함	"RFC 1087: 윤리와 인터넷"에 따른 허용 가능한 사용 정책(AUP)을 적용한다. 시스템에 대한 비인가된 접근과 IT 기반구조에 대한 공격 및 악의적인 정전으로 인한 재정적 손실과 관련한 새로운 법을 제정한다.
대부분의 인터넷 트래픽은 평문으로 전송됨	암호화 및 VPN 터널이 없는 사설 통신을 위한 인터넷 사용을 금지한다. 데이터 분류 기준이 존재하면 정책, 절차 및 가이드라인을 따르도록 한다.
도청에 취약함	단-대-단의 안전한 IP 통신을 위해 암호화와 VPN 터널을 사용한다. 데이터 분류 기준이 존재하면 정책, 절차 및 가이드라인을 따르도록 한다.
악의적인 공격에 취약함	계층화된 LAN과 WAN 연결 보안 대책, IP 상태보존 침입차단시스템이 존재하는 DMZ, 보안 모니터링을 위한 IDS/IPS 및 알려지지 않은 이메일 파일 첨부의 격리를 사용한다.
서비스 거부(DoS, Denial of Service), 분산형 서비스 거부(DDoS, Distributed DoS) 및 IP 변조 공격에 취약함	TCP SYN "개방형 연결(open connections)"과 ICMP(echo-request) ping 패킷을 차단하기 위해 외부 IP 상태보존 침입차단시스템과 IP 라우터 WAN 인터페이스에 대해 필터를 적용한다. 인터넷 서비스 제공자(ISP)에게 CERT Advisory CA-1996-21에 따라 IP 라우터 WAN 인터페이스에 적절한 필터를 사용한다. CERT Advisory CA-1996-21은 http://www.cert.org/advisories/CA-1996-21.html에서 찾아볼 수 있다.
정보 및 데이터 파괴에 취약함	IP 데이터 전송을 VPN으로 암호화한다. 시험된 복구 절차에 따라 별도의 원격의 데이터 저장소(온라인으로 연결되거나 물리적인 데이터 백업 장치)에 데이터를 백업하여 저장한다.
내재적으로 안전하지 않은 TCP/IP 어플리케이션(HTTP, FTP, TFTP 등)	데이터의 적절한 처리 및 TCP/IP 어플리케이션의 사용을 위한 데이터 분류 기준을 참조한다. 기밀 데이터에 대해 암호화 기능이 없는 TCP/IP 어플리케이션을 절대로 적용하지 않도록 한다. 네트워크 관리 VLAN을 생성하고 네트워크 관리를 위해 사용되는 TFTP와 SNMP 트래픽을 격리해야 한다.
해커, 공격자 등의 트로이 목마, 웜 및 악성 소프트웨어의 이메일	LAN과 WAN 연결 영역에서 형태, 안티바이러스, 악성소프트웨어 대해 모든 이메일 첨부를 스캔한다. 추가적인 보안 검토가 수행될 때까지 알려지지 않은 파일 첨부를 격리한다. 직원에게 포함된 URL 링크와 모르는 객체로부터의 이메일 첨부와 같은 위험을 상기시키고 링크를 클릭하고 첨부 파일을 열 때 조심하도록 보안 인식 훈련을 제공한다.

WAN 영역(인터넷)에서 흔히 볼 수 있는 위험, 위협 및 취약점

통신 서비스 제공자는 단-대-단 통신을 위한 WAN 연결을 제공하는 사업을 수행한다. 서비스 제공자는 우선 자신의 네트워크를 안전하게 할 책임을 가져야 한다. WAN 통신 서비스에 가입한 고객들은 반드시 서비스 계약 내 조항, 조건 및 책임제한 사항을 검토해야 한다. 조직들은 이러한 조항 내에 라우터 관리와 보안 관리와 관련한 자신들의 의무가 어디서부터 어디까지인지를 반드시 분명히 규정하기 때문에 중요하다.

WAN 서비스 계약의 가장 핵심은 서비스 제공자가 고장처리, 네트워크 관리 및 보안 관리 서비스를 어떻게 제공하느냐이다. WAN 영역은 방어의 다섯 번째 계층이 필요하다. [표 1-5]는 WAN 영역의 인터넷 부분에서 흔히 볼 수 있는 위험, 위협 및 취약점과 이를 방지하기 위해 사용할 수 있는 대책을 보여준다.

통신 서비스 제공자는 WAN 연결 서비스를 판매한다. 어떤 제공자들은 보안 관리 서비스도 제공한다. 다음 절은 WAN 연결 서비스에서의 위험, 위협 및 취약점과 위험을 감소하는 전략을 보여준다.

표 1-6 WAN 영역(연결)에 대한 위험, 위협, 취약점 및 대책

위험, 위협 또는 취약점	완화 대책
동일한 서비스 제공자 라우터와 기반구조 상에 WAN IP 트래픽이 혼합되어 전송	서비스 제공자 WAN에서 VPN 터널을 이용하여 기밀 데이터 전송을 암호화한다.
고속의 WAN 서비스 가용성 유지	WAN 서비스 가용성 SLA를 획득한다. 100 퍼센트 가용이 필요할 경우 여분의 인터넷과 WAN 연결을 배치한다.
WAN 성능과 처리량의 최대화	원격시스템, 어플리케이션 및 데이터에 접근할 때 WAN-최적화와 데이터-압축 솔루션을 적용한다. 정책을 유지하기 위해 아웃바운드 라우터 WAN 인터페이스에 접근통제목록(ACL)을 활성화한다.
SNMP 네트워크 관리 어플리케이션과 프로토콜(ICMP, 텔넷, SNMP, 운 등)을 악의적으로 사용	별도의 WAN 네트워크-관리 VLAN을 생성한다. LAN과 WAN 연결 영역을 통한 SNMP 관리자와 라우터의 IP 주소를 허용하는 엄격한 방화벽 ACL을 사용한다.
SNMP 경보 및 보안 모니터링 24×7×365	보안 운영과 모니터링을 위탁한다. 서비스를 확장하여 관리되는 보안이 포함되도록 한다.

WAN 영역(연결)에서 흔히 볼 수 있는 위험, 위협 및 취약점

통신 회사들은 고객의 IP 트래픽을 전송할 책임을 갖는다. 때때로 조직 규모의 공유된 광대역 접근이 가능할 때 이러한 IP 트래픽과 전용 인터넷 접근이 추가로 제공된다. 조직이 WAN 기반구조를 위탁하면 관리와 보안에 반드시 서비스 제공자까지도 포함되어야 한다. 조직은 반드시 보안 정책을 정의해야 하고 관리되는 보안 제공자는 이를 적절하게 구현해야 한다. [표 1-6]은 WAN 영역의 연결 부분에서 흔히 볼 수 있는 위험, 위협 및 취약점과 위험을 감소하는 전략을 보여준다.

원격 접속 영역

원격 접속 영역은 원격 사용자가 조직의 IT 구조에 연결되는 영역이다. 원격 접속은 현장 또는 집에서 근무하는 직원(예, 외부 판매직원, 기술 지원 전문가, 건강관리 전문가 등)에게 중요하다. 전역 접근으로 인해 Wi-Fi(Wireless Fidelity) 핫스팟을 찾을 수 있는 곳, 어디에서든 인터넷, 이메일 및 그 외 어플리케이션에 쉽게 접근할 수 있다. 원격 접속 영역이 있는 것이 중요하긴 하나 위험할 수 있다. 이 영역은 인터넷으로부터 많은 위험과 위협이 발생한다.

오늘날 모바일 근무자들은 다음에 의존한다.

- **가용성이 높은 휴대폰 서비스** : 모바일 근무자들은 사무실과 연락하고 팀을 지원하기 위해 휴대폰 서비스가 필요하다.
- **중요 통신을 위한 실시간 접근** : 휴대폰으로 문자 송수신 또는 IM(Instant Messaging) chat을 이용하면 짧은 질문에 신속하게 대응할 수 있고 사용자는 자신이 하던 일을 완전히 중단할 필요가 없다.
- **휴대폰으로 이메일에 접근** : 이메일과 휴대폰, 스마트폰, PDA 또는 블랙베리 장치의 결합으로 중요한 이메일 메시지에 대해 신속한 응답이 가능하다.

- **광대역 Wi-Fi 인터넷 접근** : 특정한 국가규모의 서비스 제공자는 현재 Wi-Fi 광대역 접근 카드를 제공한다. 서비스 제공자는 주요 도시 지역에 무선 접속을 허용한다.
- **로컬 Wi-Fi 핫스팟** : Wi-Fi 핫스팟은 공항, 도서관, 커피숍, 가게 등에 매우 많이 존재한다. 대부분이 무료로 사용할 수 있는 반면 일부는 사용자가 서비스에 대한 비용을 지불해야 한다.
- **본사로의 광대역 인터넷 접근** : 재택근무 직원들은 광대역 인터넷 접근이 필요하다. 이것은 보통 VoIP 전화 서비스와 디지털 TV 서비스와 결합되어 제공된다.
- **회사의 IT 기반구조로의 안전한 원격 접근** : 원격에 있는 직원은 공공 인터넷을 통해 IP 데이터를 전송할 때 모든 IP 데이터 전송을 암호화하는 안전한 VPN 터널이 필요하다. 이것은 개인정보가 원격으로 접근될 때 중요하다.

이 영역의 범위는 인터넷과 IP 통신을 통한 원격 접근으로 제한된다. 원격 접속 영역의 로컬 설정은 IP 네트워크 공학과 VPN 솔루션이 필요하다. 본 절에서는 개별의 원격 접속과 많은 원격 사용자를 위한 큰 규모의 원격 접속을 살펴보도록 한다. 원격 접속 영역은 일반적인 IT 기반구조에서의 여섯 번째 방어 계층이다.

원격 접속 영역 역할, 책임 및 책임추적성

- **역할 및 업무** : 원격 접속 영역에서 모바일 사용자들은 공공 인터넷을 통해 IT 시스템과 연결된다. 모바일 사용자는 반드시 인터넷에 연결할 수 있는 원격 IP 장치를 가져야 한다. 이러한 장치로는 스마트폰, PDA 또는 노트북 등이 있다. 현재 모바일 장치에서 전화, 음성 메일, 이메일, 문자 메시지 및 웹 브라우징이 가능하다.

  원격 접속 영역에서 필요한 역할과 업무는 다음을 관리하고 설계하는 것을 포함한다.

  – **휴대폰, 스마트폰, PDA, 블랙베리 장치** : 회사가 발급한 장치는 최신 펌웨어, 운영체제

백도어 아날로그 전화선과 모뎀으로 인한 위험

어떤 유지 관리 업체는 장비에 접속하기 위해 아날로그 전화선과 모뎀을 사용한다. 즉, 업체는 IP나 SNMP 프로토콜을 사용하지 않는다. 이것이 편리할지 모르나 이로 인해 IT 시스템에 대한 안전하지 않은 백도어가 허용된다. 공격자는 툴을 이용하여 아날로그 모뎀 패스워드를 알아낼 수 있다. 백도어 아날로그 전화선에 연결된 아날로그 모뎀을 갖춘 사용자 워크스테이션에 대해 경고를 하도록 한다. 회사는 IT 직원과 소프트웨어 개발자가 이러한 백도어를 설정했는지를 모를 수 있다. 일반적으로 아날로그 모뎀에는 보안 통제가 거의 없기 때문에 위험하다. 다음은 이러한 위험과 위협을 감소시키는 최선의 방법이다.

- PBX나 VoIP 전화 시스템을 통과하지 않는 단일 아날로그 전화선을 설치하지 않는다.
- 단일 아날로그 전화선이 설치되지 않았음을 확신하기 위해 현지(로컬) 전화 서비스 회사와 협력한다.
- 식별되지 않은 전화를 차단하여 회사의 전화 시스템으로 입력되지 않도록 한다.
- 악의적인 전화번호와 비정상 전화 패턴을 식별하기 위해 PBX와 VoIP 전화 시스템으로부터의 통화 데이터 기록(CDR, Call-Detail Recording)을 주시한다.

및 정의된 정책에 따른 패치를 설치해야 한다. 정책은 이 장치를 사용할 때 패스워드를 사용하도록 규정해야 한다.

- 노트북 VPN 클라이언트 소프트웨어 : 조직은 LAN과 WAN 연결 영역과 원격 사용자 노트북 사이에 VPN 터널을 이용할 때 반드시 조직의 특화된 요구조건을 만족하고 다른 소프트웨어와 작동하는 VPN 소프트웨어를 선택해야 한다.
- 안전한 브라우저 소프트웨어 : HTTPS(Hypertext Transfer Protocol Secure)를 사용하는 웹 페이지는 안전한 브라우저가 필요하다. HTTPS는 안전한 브라우저와 안전한 웹 페이지 사이에서 전송되는 데이터를 암호화한다.
- VPN 라우터 또는 VPN 침입차단시스템 : 원격 접근 VPN 터널은 LAN과 WAN 연결 영역의 VPN 라우터 또는 VPN 침입차단시스템까지 구축된다. VPN 클라이언트(원격 컴퓨터)와 VPN 라우터 또는 침입차단시스템 사이의 모든 데이터는 암호화된다. 이를 터널이라 한다.
- SSL(Secure Sockets Layer)/VPN 웹 서버 : SSL은 안전한 HTTPS 웹 페이지와 안전한 브라우저 사이에 128비트 암호화를 이용한다. 암호화된 VPN 터널은 원격의 웹 페이지 데이터 공유에 대한 단-대-단 프라이버시를 제공한다.
- 인증 서버 : 원격 접속을 하는 사용자를 검증하기 위해 2단계 인증을 수행하는 서버.

- 책임 : 보통 네트워크 공학자 또는 WAN 그룹이 원격 접속 영역을 책임진다. 이 책임에는 물리적인 구성요소와 논리적 요소가 포함된다. 네트워크 공학자 및 보안 실무자가 정책에 따라 보안 통제를 적용할 책임을 갖는다. 여기에는 하드웨어를 관리하고 갱신하고 고장 수리와 원격 접속 영역에 대한 원격 접속 연결이 포함된다. 또한 다음의 관리도 포함된다.
  - IP 라우터
  - IP 상태보존 침입차단시스템
  - VPN 터널
  - 보안 모니터링 장치
  - 인증 서버
- 책임추적성 : 조직의 WAN 네트워크 관리자가 원격 접속 영역에 대한 책임을 갖는다. 일반적으로 IT 보안 부서장은 반드시 원격 접속 영역 보안 계획, 기준, 방법 및 가이드라인이 사용됨을 보장해야 한다.

원격 접속 영역에서 흔히 볼 수 있는 위험, 위협 및 취약점

모바일 근무자들에게 필요한 원격 접속은 위험하다. 외부 판매직원, 컨설턴트 등과 같은 모바일 노동자에 의존하는 조직이라면 더욱 그렇다. 조직은 비용을 절감할 때 직원에게 재택근무를 하도록 한다. 이러한 조직에서 WAN 영역은 공공 인터넷이다. 이러한 연결을 안전하게 하는 것이 가장 최우선 작업이다. 사용자를 검증하고 데이터를 암호화하기 위해 조직의 엄격한 데이터 분류 기준을 사용해야 할 것이다.

원격 접근 보안 통제는 반드시 다음을 이용해야 한다.

- 신원확인 : 사용자 이름, 로그인 ID 또는 계좌 번호와 같은 신원 확인 정보를 제공하는 과정
- 인증 : 원격 사용자가 자신이 누구라고 주장하고 바로 그 사람임을 증명하는 과정으로 가장 일반적으로 사용되는 인증 방법은 패스워드를 제출하는 것이다. 많은 조직들은 토큰(하드웨어 또는 소프트웨어), 생체인식 지문 리더기 또는 스마트카드와 같은 2단계 검증 서비스를 이용한다. 토큰은 난수를 전송하는 하드웨어 장치이거나 사용자에게 숫자를 문자로 보내는 소프트웨어 토큰이다. 생체인식 지문 리더기는 사용자의 지문이 시스템에 저장된 지문과 일치할 경우에만 접근을 허용한다. 스마트카드는 토큰과 비슷하게 동작하는 신용카드와 같다. 스마트카드에는 스마트카드 리더기와 사용자를 검증하는 마이크로프로세서 칩이 존재한다.
- 인가 : 특정 사용자에게 조직의 IT 자산, 시스템, 어플리케이션 및 데이터를 이용할 권한을 허용하는 과정
- 책임추적성 : 사용자의 행위를 기록하는 과정. 기록된 정보는 종종 사용자와 사용자 이벤트를 연결하는 데 사용된다.

[표 1-7]은 원격 접속 영역에서 흔히 볼 수 있는 위험, 위협 및 취약점과 위험을 감소하는 전략을 보여준다.

표 1-7 원격 접속 영역에 대한 위험, 위협, 취약점 및 대책

위험, 위협 또는 취약점	완화 대책
사용자 ID와 패스워드에 대한 무작위 탐색 공격	주기적인 변경(즉, 30일 또는 60일)을 명시하는 사용자 ID와 패스워드 정책을 구축한다. 패스워드가 반드시 사용되어야 하고 패스워드는 8문자 이상이어야 하고 사용자는 반드시 숫자와 문자를 혼합해야 한다.
여러 로그인 시도 및 접근통제 공격	로그인 재시도에 대해 자동 차단(예, 3번의 로그인 시도 실행 후 사용자 접근을 차단)을 설정한다.
IT 시스템, 어플리케이션 및 데이터에 대한 비인가된 원격 접근	민감한 시스템, 어플리케이션 및 데이터에 대한 원격 접근 시 1단계(예, 사용자 ID와 패스워드)와 2단계(예, 토큰, 생체인식, 스마트카드) 보안을 적용한다.
원격의 개인정보 또는 기밀 데이터의 손상	데이터베이스 또는 하드 드라이브 내의 모든 개인정보를 암호화한다. 데이터가 도난당해도 데이터가 암호화되어 있기 때문에 공격자는 해당 데이터를 사용할 수도 없고 팔수도 없다.
기존 데이터 분류 기준의 위반으로 인한 데이터 노출	LAN과 WAN 연결 영역에 데이터 노출 보안-모니터링 툴과 조직의 데이터 분류 기준에 따른 추적 등을 포함하는 보안 대책을 적용한다.
모바일 근무자의 노트북 도난	사용자가 개인정보 또는 기밀 데이터에 접근 시 하드 드라이브 내 데이터를 암호화한다. 사용자가 노트북을 손실하거나 도난당했을 경우 실시간 잠금 규칙을 적용한다.
모바일 근무자 토큰 또는 기타 다른 인증 수단의 도난	토큰이 손실되거나 장치가 손상될 경우 실시간 잠금 절차를 적용한다.

기술적 팁

보안 통제는 개인정보와 지적 재산을 안전하게 한다. 데이터를 암호화하면 악의적인 사용자로부터 데이터를 보호할 수 있다. 데이터를 찾는 해커들은 데이터를 숨긴 곳과 데이터를 찾는 방법을 알고 있다. 데이터베이스와 저장소 내의 데이터를 암호화하면 추가적인 보안 계층을 제공한다.

시스템/어플리케이션 영역

시스템/어플리케이션 영역에는 업무에 중요한 모든 시스템, 어플리케이션 및 데이터가 존재한다. 인가된 사용자들은 이 영역 내 많은 구성 요소에 접근할 수 있다. 안전한 접근을 위해 2단계 확인이 필요하다.

2단계 인증이 필요한 어플리케이션의 예는 다음과 같다.

- **인력과 급여 대상자 명단** : 급여 서비스 업무를 수행하는 직원만이 이러한 개인 정보와 기밀 정보에 접근할 필요가 있다.
- **회계와 재정** : 경영 관리자는 건전한 사업 결정을 위해 회계와 재정 데이터에 접근할 필요가 있다. 재정 데이터를 안전하게 하기 위해서는 재정 데이터에 대한 접근을 필요로 하는 사람으로 제한하는 것이 유일한 보안 통제이다. 주식공개 회사는 SOX(Sarbanes-OXley) 법을 준수해야 한다.
- **고객–관계 관리(CRM, Customer–Relationship Management)** : 고객 서비스 판매 대리인은 고객 구매 히스토리와 개인정보를 포함하는 정보에 실시간으로 접근할 필요가 있다.
- **판매–주문 입력** : 판매 직원은 판매-주문 입력과 주문-추적 시스템에 접근할 필요가 있다. 고객의 개인정보는 반드시 안전하게 보호되어야 한다.
- **미국 군사 정보 및 전략** : 전투에서 결정을 해야 하는 미국 군 사령관은 매우 민감한 정보를 이용한다. 이러한 정보에 대한 접근은 반드시 미국 국방부(DoD) 데이터 분류 기준을 만족해야 한다.

시스템/어플리케이션 영역은 방어의 7번째 계층을 나타낸다.

시스템/어플리케이션 영역 역할, 책임 및 책임추적성

- **역할 및 업무** : 시스템/어플리케이션은 하드웨어, 운영체제 소프트웨어, 어플리케이션 및 데이터로 구성된다. 이 영역에는 하드웨어와 하드웨어의 논리적 설계가 포함된다. 조직의 임무 수행에 중요한 어플리케이션과 지적 재산, 자산이 이 영역에 포함된다. 이러한 자산들은 물리적으로 그리고 논리적으로 반드시 보호되어야 한다. 위험을 축소하기 위해 시스템/어플리케이션 영역의 범위를 제한하도록 한다. 이 영역에 다음이 포함된다.
  - **전산실, 데이터센터 및 배선실에 대한 물리적 접근** : 직원의 보호구역 출입절차를 수립한다.

- 서버 구성 : 서버 블레이드와 랙을 이용하여 서버들을 결합하고 비용을 절감할 수 있는 집중화된 서버 설계를 적용한다.
- 서버 운영체제 및 핵심 환경 : 소프트웨어 갱신과 패치를 이용하여 운영체제 소프트웨어가 공격에 노출되는 시간을 감소한다.
- 가상화된 서버 : 물리적이고 논리적인 개별 가상 환경을 구성하여 계층화된 보안 솔루션을 클라우드까지 확대한다. 가상화를 통해 하나의 물리적 서버를 이용하여 메모리에 많은 운영체제와 어플리케이션이 로딩 되도록 한다.
- 어플리케이션 서버의 시스템 관리 : 사용자를 위해 사용 중인 서버와 시스템 관리를 제공한다.
- 데이터 분류 기준 : 데이터의 적절한 처리를 위한 데이터 분류 기준, 절차 및 가이드라인을 검토한다. 개인정보를 전송하고 저장할 때 안전하게 유지한다.
- 소프트웨어 개발 생명 주기(SDLC, Software Development Life Cycle) : 소프트웨어를 설계하고 개발할 때 안전한 소프트웨어 개발 생명주기 전략을 적용한다.
- 시험 및 품질 보장 : 보안 문제와 취약점을 해결하기 위해 건전한 소프트웨어 시험, 모의 해킹 테스트, 품질 보증을 적용한다.
- 저장, 백업 및 복구 절차 : 데이터 분류 기준에 설정된 것과 같이 데이터 저장, 백업 및 복구 계획을 따른다.
- 데이터 보관 및 유지 : 전자 저장 및 유지 수요에 맞추어 정책, 기준, 절차 및 가이드라인을 조정한다.
- 업무 연속성 계획(BCP, Business Continuity Plan) : 업무 영향 분석(BIA, Business Impact Analysis)을 수행하고 어떤 컴퓨터 사용이 가장 중요한지를 결정한다. 시스템별로 RTO를 정의한다. 사업을 유지하는 데 가장 중요한 것들을 중점으로 하여 BCP를 준비한다.
- 재해 복구 계획(DRP, Disaster Recovery Plan) : BCP를 기반으로 재해 복구 계획을 준비한다. 우선 가장 중요한 시스템에 대한 DRP 구성요소를 작동시킨다. DRP 팀과 원격 데이터센터를 구성한다.

● 책임 : 시스템/어플리케이션 영역의 책임은 시스템과 어플리케이션의 책임자와 소프트웨어 개발 책임자에게 있다. 다음 사항이 포함된다.
  - 서버 시스템 관리
  - 데이터베이스 설계 및 관리
  - 시스템과 어플리케이션에 대한 접근 권한 설계
  - 소프트웨어 개발
  - 소프트웨어 개발 프로젝트 관리
  - 소프트웨어 코딩
  - 소프트웨어 시험
  - 품질 보장
  - 제작 지원

- **책임추적성** : 시스템과 어플리케이션 및 소프트웨어 개발 책임자가 조직의 생산 체계와 사용을 책임진다. 일반적으로 IT 보안 부서장이 시스템/어플리케이션 영역의 보안 정책, 기준, 절차 및 가이드라인이 준수됨을 보장할 책임을 갖는다.

시스템/어플리케이션 영역에서 흔히 볼 수 있는 위험, 위협 및 취약점

시스템/어플리케이션 영역은 조직의 데이터가 존재하는 곳이다. 이 데이터는 보물과도 같다. 이것은 고객의 개인정보, 지적 재산 또는 국가 안보에 대한 정보일 수 있다. 또한 이것은 IT 시스템 내에서 공격자가 찾고자 하는 대상이다. 이러한 보물을 보호하는 것은 모든 조직의 목적이다. 데이터 손실은 시스템/어플리케이션 영역에서 가장 큰 위협이다.

데이터 분류 기준을 이용하여 데이터의 형태는 그룹별로 구분될 수 있다. 데이터가 중요할수록 더 깊이 숨겨서 저장해야 한다. 오랫동안 저장되는 데이터의 경우 암호화를 수행할 것을 고려한다. [표 1-8]은 시스템/어플리케이션 영역에서 흔히 볼 수 있는 위험, 위협 및 취약점과 위험을 감소하는 전략을 보여준다.

표 1-8 시스템/어플리케이션 영역에 대한 위험, 위협, 취약점 및 대책

위험, 위협 또는 취약점	완화 대책
데이터센터, 전산실 및 배선실에 대한 비인가된 접근	보안구역을 출입하는 직원과 방문자에 대한 정책, 기준, 절차 및 가이드라인을 적용한다.
유지관리를 수행하는 서버들의 정지시간	서버, 저장소 및 네트워킹을 필요로 하는 시스템을 생성한다.
서버 운영체제 소프트웨어 취약점	서버 운영체제 환경에 대한 취약점 윈도우를 정의한다. 안전성이 강화된 서버 운영체제를 유지한다.
기본적인 안전하지 않은 클라우드 컴퓨팅 가상 환경	가상화 침입차단시스템과 별도의 VLAN에 서버 분할을 구현한다. 가상화 침입차단시스템은 가상 환경에서 사용되는 소프트웨어 기반의 침입차단시스템이다.
클라이언트/서버 및 웹 어플리케이션의 취약점	서비스 개시 전 엄격한 소프트웨어와 웹 어플리케이션 시험과 모의 해킹 테스트를 수행한다.
시스템에 대한 비인가된 접근	2단계 인증의 엄격한 사용과 관련하여 데이터 분류 기준을 따른다.
개인정보의 손상	개인정보를 다른 데이터베이스에 저장하고 보관 목적으로 데이터베이스와 저장소 장치 내 데이터를 암호화한다.
데이터 손실 또는 손상	일별 데이터 백업과 데이터 보관을 위해 월단위로 원격으로 떨어진 곳에 데이터를 저장하도록 한다. 정의된 RTO를 기반으로 데이터 복구 절차를 정의한다.
백업 매체 재사용 시 백업 데이터의 손실	장기간 저장을 위해 모든 데이터를 전자 데이터로 변환한다. 정의된 RTO를 기반으로 원격으로 떨어진 데이터 보관소로부터 백업을 유지한다.
사용하는 데 잠재적으로 시간이 많이 걸리는 중요한 사업 기능 복구	임무 수행에 중요한 어플리케이션에 대해 운영의 가용성을 유지하기 위한 전략적 단계를 제공하는 사업 연속성 계획을 개발한다.
재난 후 장시간의 IT 시스템의 정지시간	운영 유지를 위해 임무 수행에 중요한 어플리케이션과 데이터의 복구에 특화된 재난 복구 계획을 개발한다.

IT 기반구조의 보안 내 가장 약한 연결 부분

사용자는 보안의 가장 약한 연결 부분이다. 정보시스템 보안 실무자조차도 실수를 한다. 사람의 실수가 조직에 대한 주 위험과 위협이다. 사람의 행동을 완전하게 통제하는 조직은 없다. 이런 이유로 모든 조직은 반드시 악의적인 사용자, 훈련이 안된 사용자 및 부주의한 사용자에 대비하여야 한다.

다음 전략은 위험을 감소시키는 데 도움이 된다.

- 업무를 수행할 직원에 대해 신중하게 신원조사를 수행한다.
- 직원에 대해 정기적인 평가를 수행한다.
- 민감한 시스템, 어플리케이션 및 데이터에 대한 접근은 서로 다른 직원으로 교대로 진행한다.
- 건전한 어플리케이션과 소프트웨어 시험을 수행하고 품질을 검토한다.
- IT 시스템의 7가지 영역 전반에 대해 정기적으로 보안 계획을 검토한다.
- 매년 보안 통제 감사를 수행한다.

책임감 있는 직업군을 형성하기 위해 정보시스템 보안 전문가들은 반드시 윤리적이어야 하고 관련된 행동수칙을 준수해야 한다. 본 절에서는 윤리가 정보보안 직업의 기본이 되는지를 살펴보도록 한다.

윤리와 인터넷

항공 교통 통제사가 없어 비행기가 자유롭게 비행한다고 생각해 보자. 이착륙을 시도하는 것은 매우 위험하며 아마 사고도 훨씬 더 많이 발생할 것이다. 또한 이런 상황은 큰 혼란을 야기할 것이다.

믿을 수 없을 정도로 사이버공간에는 항공 교통 통제사와 같은 기능을 하는 기관이 존재하지 않는다. 더 나쁜 것은 인간의 온라인 활동은 종종 정상적인 사회적 환경보다는 덜 성숙되어 있다. 사이버공간은 오늘날 악의적인 사람들의 새로운 주 활동무대가 되고 있다. 이로 인해 시스템 보안 전문가들을 찾는 수요가 급격하게 증대하고 있다.

미 정부와 인터넷 아키텍처 위원회(IAB, Internet Architecture Board)는 미 국민에게 적합한 인터넷의 허용 가능한 사용 정책을 정의하였다. 그러나 이것은 법도 아니고 의무사항도 아니다. 또한 사이버공간은 경계가 없이 전 세계에 걸쳐 있기 때문에 이 정책이 시행되기도 어렵다. 이 정책의 사용 또는 시행 여부는 상식과 개인의 성실성에 달려 있다. 다음의 별도로 표시한 내용은 윤리와 인터넷에 대한 IAB의 표준을 보여준다.

$(ISC)^2$: Information Systems Security Certification

보안 전문가들을 인증해주는 가장 유명한 조직 중 하나가 국제정보시스템 보안 인증 컨소시움(International Information System Certification Consortium)이다. 보통 $(ISC)^2$로 알려져

RFC(Request for Comment) 1087 – 윤리와 인터넷

IAB 정책 성명서

인터넷은 국가 설비이다. 인터넷이 유용한 것은 광범위하게 사용되고 접근할 수 있기 때문이다. 이러한 주요 자원을 무책임하게 사용하다 보면 관련 기술 단체가 지속적으로 운영되기 매우 어렵다. 이 시스템에 대한 미국 정부는 국민이 정부 자원을 현명하고 효과적으로 할당할 수 있도록 하는 책임을 갖는다. 국민들이 이 시스템을 오남용하면 지원할 타당성이 없어진다. 인터넷에 대한 접근 및 사용은 특권이며 이러한 특권은 이 시스템의 모든 사용자에게 부여되어야 한다.

IAB는 네트워크, 통신 연구 및 기반구조의 국가 과학 재단 부서의 부서 자문 패널(Division Advisory Panel of the National Science Foundation Division of Network, Communications Research and Infrastructure)의 관점을 강력하게 지지한다. 여기에서 표현된 비윤리적이고 허용할 수 없는 활동은 다음과 같다.

(a) 인터넷 자원에 대한 비인가된 접근을 획득하려고 시도한다.
(b) 인터넷의 사용을 방해한다.
(c) 여러 활동을 통해 자원(사람, 수용력, 컴퓨터)을 낭비한다.
(d) 컴퓨터 기반의 정보의 무결성을 파괴한다.
(e) 사용자의 프라이버시를 손상시킨다.

있다.

SSCP® Professional Certification

$(ISC)^2$의 인증을 받기 위해서는 반드시 $(ISC)^2$의 윤리 규정에 동의해야 한다. $(ISC)^2$에는 두 개의 인증서가 있다. 첫 번째가 시스템 보안 인증 실무자(SSCP®, System Security Certified Practitioner)이다. 다음의 영역에 대한 실무 능력을 요구한다.

- 접근 통제
- 보안 운영 및 관리
- 악성 코드 및 활동
- 모니터링 및 분석
- 암호기술
- 네트워크 및 통신
- 위험, 대응, 복구

이 인증은 보안 실무자로 1년의 업무 경력이 있어야 하고 시험에 합격해야 한다.

CISSP® Professional Certification

인증된 정보시스템 보안 전문가(CISSP®, Certified Information Systems Security Professional)는 전 세계적으로 인정되고 많은 시스템 보안 전문가들이 추구하는 권위 있는 인증이다. CISSP가 되고자 하는 사람은 반드시 어렵고 포괄적인 인증 시험에 합격해야 하고 최소한 5년의 전문적인 정보보안 경력이 있어야 한다. CISSP 인증을 유지하기 위해서는 행동수칙을 따라야 한다. 다음의 영역에 대한 실무 능력을 요구한다.

- 접근 통제
- 어플리케이션 개발 보안
- 사업 연속성 및 재난 복구 계획
- 암호기술
- 정보보호 거버넌스 및 위험 관리
- 법, 규정, 조사 및 준거성
- 운영 보안
- 물리적 (환경적) 보안
- 보안 구조 및 설계
- 정보통신 및 네트워크 보안

추가적인 정보는 $(ISC)^2$의 웹 사이트(http://www.isc2.org)를 참조하도록 한다.

윤리 규정 서문

영연방의 안전, 원칙에 대한 의무와 서로 간의 의무로써 우리는 가장 높은 윤리 기준의 활동을 준수해야 하고, 준수하는 것이 보여야 한다. 따라서 인증을 받기 위해서는 이 규정을 엄격하게 준순하여야 한다.

윤리 규정 기준

사회와 국가와 기반구조를 보호한다.
명예롭고, 정당하고, 공정하고, 책임감 있고, 합법적으로 행동한다.
인증된 존재에 대한 근면하고 합법적인 서비스를 제공한다.
전문성을 개선시키고 보호하도록 한다.

윤리 규정

$(ISC)^2$에서 인증 받은 모든 정보시스템 보안전문가는 "그러한 인증은 반드시 자격이 되어서 인증을 받았고 유지해야 하는 권한"이라는 것을 알아야 한다. 이 원칙에 따라 $(ISC)^2$ 모든 회원은 윤리 규정("규정")을 지원하는 데 전심을 다해야 한다. 고의로 또는 다 알고도 규정 내 조항을 위반하는 $(ISC)^2$ 회원은 이 행동에 대해 $(ISC)^2$의 검토 후 인증이 취소될 수 있다. $(ISC)^2$ 회원은 규정을 위반하는 $(ISC)^2$ 회원의 행동을 관찰하기 위한 윤리에 맞는 절차를 준수한다. 그렇게 하지 않으면 기준 IV에 따른 기준 위반으로 간주될 수 있다.
규정에는 4개의 의무 기준만이 있다. 필요에 의해서 그러한 높은 수준의 지침은 전문가의 윤리적 판단을 대체하기 위한 것은 아니다.

(ISC)² 윤리 규정

별도로 표시된 상자의 내용은 (ISC)²의 윤리 규정 서문과 기준을 보여준다. 규정에는 직무와 개인의 성실성의 범위가 정의되어 있다.

IT 보안 정책 프레임워크

사이버공간은 사용자 보안이 보장되지 않고는 계속해서 번창할 수 없다. 현재 여러 법에서는 조직이 개인정보를 보호하도록 규정되어 있다. 기업은 누구나 데이터를 훔칠 수 있는 인터넷을 효과적으로 운영할 수 없다. 조직의 생존력에서 IT 보안이 중요하다. 본 절에서는 IT 보안 정책 프레임워크를 살펴보도록 한다. IT 보안 정책 프레임워크는 위험과 위협을 감소시키는 정책, 기준, 절차 및 가이드라인으로 구성된다.

정의

IT 보안 정책 프레임워크는 4개의 구성요소를 포함한다.

- **정책** : 정책은 조직을 담당하는 사람들이 행동 또는 추진 방침으로, 짧게 문서로 기술된 성명서이다. 정책은 고위 경영진이 만들고 전체 조직에 적용된다.
- **기준** : 기준은 하드웨어와 소프트웨어에 대한 상세하게 문서로 기술된 정의이다. 기준을 통해 보안 통제가 일관되게 IT 시스템에서 사용될 수 있다.
- **절차** : 정책과 기준을 이용하는 방법을 문서로 기술된 지시이다. 절차에는 보안통제의 활동, 설치, 시험 및 감사에 관한 계획이 포함된다.
- **가이드라인** : 가이드라인은 정책, 기준 또는 절차를 사용하기 위해 권고하는 활동들이다. 가이드라인은 사용에 따라 특화되거나 유연하게 운영될 수 있다.

(그림 1-9)는 계층화된 IT 보안 정책 프레임워크의 예를 보여준다. 정책은 전체 조직에 적용되고 기준은 정책에 특화된다. 절차와 가이드라인은 사용을 지원한다. 각 정책과 기준에서 IT 기반구조의 7개의 영역에 대한 영향을 식별한다. 이것은 역할, 책임 및 책임추적성을 정의하는 데 도움을 준다.

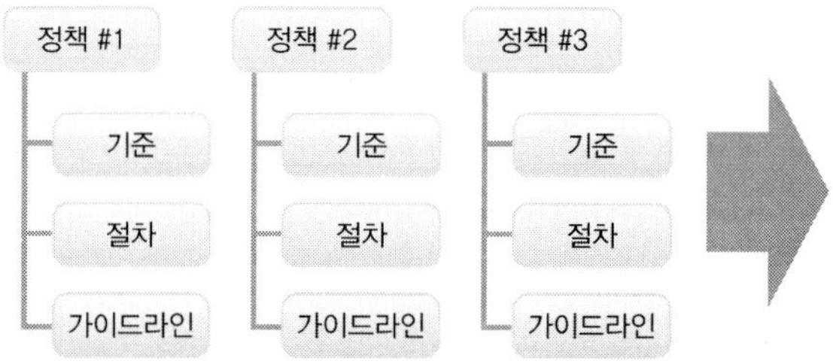

그림 1-9
계층화된 IT 보안 정책 프레임워크

기본적인 IT 보안 정책

조직의 IT 보안 정책 프레임워크는 위험, 위협 및 취약점에의 노출을 감소시키는 데 중점을 둔다. 정책 정의와 표준을 실용적인 설계 요구사항과 연관시키는 것이 중요하다. 이러한 요구사항은 가장 좋은 보안 통제와 대책에 적절하게 적용하게 된다. 정책 성명서는 반드시 제한적이며 기준, 절차 및 가이드라인을 참조하도록 한다. 정책은 법과 규정을 준수하기 위해 보안 통제와 대책이 얼마나 잘 사용되어야 하는 지를 정의한다.

특정한 IT 보안 정책의 예에는 다음이 포함된다.

- 허용 가능한 사용 정책(AUP, Acceptable Use Policy) : AUP는 조직 소유의 IT 자산의 사용과 관련하여 허용된 활동과 허용되지 않은 활동을 정의한다.
- 보안 인식 정책 : 이 정책은 모든 직원이 보안과 정책을 따르는 행동의 중요성을 인식시키기 위한 방법을 정의한다. 이 정책은 사용자 영역과 조직적 보안 인식 활동의 변화가 필요할 경우에 필요하다.
- 자산 분류 정책 : 이 정책은 조직의 데이터 분류 기준을 정의한다. 이 정책에는 어떤 IT 자산이 조직의 임무를 수행하는 데 중요한지를 정의한다. 일반적으로 조직의 시스템, 사용 및 데이터 우선순위를 정의하고 IT 기반구조의 7개 영역에서의 자산을 식별한다.
- 자산 보호 정책 : 이 정책을 통해 조직은 임무 수행에 중요한 IT 시스템과 데이터의 우선순위를 정의한다. 이 정책은 조직의 사업 영향 분석(BIA)과 일치하고 재난 후 운영을 지속할 수 있는 조직의 능력을 위협하는 위험을 처리하는 데 사용된다.
- 자산 관리 정책 : 이 정책에는 IT 기반구조의 7개 영역의 모든 IT 자산의 보안 운영 및 관리가 포함된다.
- 취약점 평가 및 관리 : 이 정책에는 운영체제와 어플리케이션 소프트웨어에 대한 조직 규모의 취약점이 정의된다. 이 정책에 따라 조직 규모의 취약점 평가와 관리 기준, 절차 및 가이드라인이 개발된다.
- 위협 평가 및 모니터링 : 이 정책에는 조직 규모의 위협 평가 및 모니터링 권한이 정의된다. 이 정책에는 LAN과 WAN 연결 영역과 AUP 준거성과 관련된 상세한 사항들도 포함되어야 한다.

조직은 자신의 IT 보안 정책 프레임워크를 환경에 맞출 필요가 있다. 많은 조직들은 자신들의 IT 구성에 대한 보안 평가를 수행한 후에 정책을 미비점과 노출에 따라 조정한다. 일반적으로 정책은 이를 수행하는 임원과 법률 고문단의 검토와 승인이 필요하다.

데이터 분류 기준

데이터 분류 기준의 목적은 조직이 서로 다른 형태의 데이터를 처리하고 안전하게 하는 방법에 대한 일관된 정의를 제공하는 것이다. 보안 통제를 통해 다양한 형태의 데이터를 보호한다. 이러한 보안 통제는 IT 기반구조의 7개 영역 내에 존재한다. 절차와 가이드라인에는 반드시 데이터 보안을 보장하기 위해 IT 기반구조의 7개 영역에서 데이터를 처리하는 방법이 정의되어 있어야 한다.

기업과 조직은 최근의 관련법에 따라 데이터 분류 기준에 다음을 포함한다.

- 개인정보 : 반드시 프라이버시를 유지해야 하는 사람에 관한 데이터. 조직은 반드시 법에 따라 적절한 보안 통제를 사용해야 한다.
- 기밀 : 조직 소유의 정보 또는 데이터로 기밀 데이터의 예로 지적 재산, 고객 목록, 가격 정보 및 특허 등이 있다.
- 내부용 : 조직 내부에서 공유되는 정보 또는 데이터. 기밀 정보는 아니지만 조직 외부에 공개되어서는 안 되는 정보이다.
- 공개 영역 데이터 : 웹 사이트 콘텐츠, 백서 등과 같이 공개되는 정보 또는 데이터

조직의 데이터 분류 기준에 따라 저장소 장치나 하드 드라이브에 저장된 매우 민감한 데이터를 암호화할 필요가 있을 수 있다. 예를 들어 원격 접속을 위해 인터넷을 이용할 때 암호화와 VPN 기술이 필요할 수 있다. 그러나 내부 LAN 통신과 시스템, 어플리케이션이나 데이터에 접근할 때에는 암호화를 사용할 필요가 없다.

그리고 사용자는 고객 개인정보에 대한 접근 제한을 받아 일부의 데이터에만 접근이 가능할 수 있다. 고객-서비스를 하는 직원은 모든 고객 개인정보를 모르고 고객 서비스를 제공한다. 예를 들어, 고객 서비스를 하는 직원은 고객의 전체 사회 보장 번호나 계좌번호를 볼 수 없을 수 있다. 마지막 4자리만 보이게 할 수 있다.

미국 연방 정부 데이터 분류 기준

대통령령(Executive Order) 13526에 따라 미 정부는 국방부(DoD)를 포함한 모든 연방 정부 기관에 적용되는 데이터 분류 기준을 정의한다. 2009년 12월 9일 Barack Obama 대통령이 이 대통령령에 서명하였다. US 정부와 시민이 자유롭게 정보를 유통할 수 있으나 정보를 안전하게 하는 것이 국가 안보, 국방 또는 군 활동에 핵심이다.

다음은 US 연방 정부 데이터 분류 기준을 정의한다.

- 일급비밀(top secret) : 노출 시 국가 안보에 매우 심각한 손해를 야기하는 정보에 적용된다.
- 비밀(secret) : 노출 시 국가 안보에 심각한 손해를 야기하는 정보에 적용된다.
- 기밀(confidential) : 노출 시 국가 안보에 손해를 야기하는 정보에 적용된다.

공개-도메인 정보는 기밀이 아니고 데이터 분류 기준에서 제외된다.
미 정부에는 기밀이 아니고(노출 시 국가 안보에 위협이 되지 않음) 통제되는 기밀이 아닌 정보(공식적으로 사용되어야 하고 민감하지만 기밀이 아니고 접 시행에 민감한 정보)에 대한 규칙이 존재한다. 이러한 정보들은 대통령령 13562의 대상은 아니며 이전 George W. Bush 행정부 기준에 기반을 둔다.

기술적 팁

조직은 우선 자산 분류 기준을 정의함으로써 IT 보안 정책 프레임워크를 정의해야 한다. 이후 이 정책은 점차적으로 데이터 분류 기준과 일치하도록 조정된다. 이 기준에는 조직이 데이터를 안전하게 보호하는 방법이 정의된다. 모든 개인정보나 기밀 정보가 전형적인 IT 기반구조의 7개 영역 내에서 어디로 전송되는지를 평가할 필요가 있다. 데이터를 분류하고 사용하는 방법에 따라 IT 기반구조 전반에 적절한 보안 통제를 적용할 필요가 있다.

요약

본 장에서는 정보시스템 보안 및 시스템 보안 직업에 대해 살펴보았다. 전형적인 IT 기반구조에 대한 일반적인 정의를 살펴보았다. 7개 영역에서의 위험, 위협 및 취약점에 대해 살펴보았다. 각 영역에서 위험, 위협 및 취약점을 감소시키기 위한 전략이 필요하다. IT 보안정책 프레임워크를 이용하여 조직이 신뢰성 있는 정책을 정의함으로써 위험을 어떻게 감소시키는지를 살펴보았다. 또한 조직이 다양한 형태의 데이터를 처리하는 방법에 대한 전반적인 사항을 정의하는 데이터 분류 기준에 대해 살펴보았다.

보안통제와 대책을 구축하기 위해서는 자격이 있는 시스템 보안전문가가 필요하다. 보안전문가들은 반드시 가장 높은 무결성과 윤리 의식을 가져야 한다.

핵심 용어

- AUP(Acceptable Use Policy) : 허용 가능한 사용 정책
- availablity : 가용성
- biometric : 생체인식
- BCP(Business Continuity Plan) : 업무 연속성 계획
- BIA(Business Impact Analysis) : 업무 영향 분석
- CISSP(Certified Information Systems Security Professional) : 인증된 정보시스템 보안 전문가
- CIPA(Chidren's Internet Protection Act) : 아동인터넷보호법
- ciphtetext : 암호문
- cleartext : 평문
- confidentiality : 기밀성
- content filtering : 콘텐츠 필터링
- cryptography : 암호기술
- cybersecurity : 사이버보안
- cyberspace : 사이버공간
- data classification standard : 데이터 분류 기준
- DMZ(DeMilitarized Zone) : 비무장 지대
- DRP(Disaster Recovery Plan) : 재해 복구 계획
- downtime : 정지시간

- E-commerce : 전자상거래
- encryption : 암호화
- EULA(End-User License Agreement) : 최종 사용자 라이센스 협정
- ethernet : 이더넷
- FERPA(Family Educational Rights and Privacy Act) : 가족의 교육적 권리 및 사생활 보호법
- FISMA(Federal Information Security Management Act) : 연방 정보보안 관리법
- FICO
- FTP(File Transfer Protocol) : 파일 전송 프로토콜
- Generation Y : Y 세대
- GLBA(Gramm-Leach-Biley Act) : GLB법
- hardening : 안전성을 강화시킴
- HIPAA(Health Insurance Portability and Accountability Act) : 건강보험 양도 및 책임에 관한 법
- HTTP(Hypertext Transfer Protocol : 하이퍼텍스트 전송 프로토콜
- HTTPS(Hypertext Transfer Protocol Secure) : 안전한 하이퍼텍스트 전송 프로토콜
- IEEE 802.3 CSMA/CD(Carrier Sense Multiple Access/Collision Detection)
- IM(Instant Messaging) chat : IM 채팅
- information security : 정보보안 또는 정보보호
- information system : 정보시스템
- information system security : 정보시스템 보안
- IEEE(Institute of Electrical and Electronics Engineering) : 전기전자기술자 협회
- integrity : 무결성
- (ISC)2(International Information System Security Certification Consortium) : 국제 정보시스템 보안 인증 컨소시엄
- Internet : 인터넷
- IP(Internet Protocol) : 인터넷 프로토콜
- IDS/IPS(Intrusion Detection System/Intrusion Prevention System) : 침입탐지시스템/침입방지시스템
- IP default gateway router : IP 기본 게이트웨이 라우터
- IP stateful firewall : IP 상태보존 침입차단시스템
- IT security policy framework : IT 보안 정책 프레임워크
- layer 2 switch : L2 스위치
- layer 3 switch : L3 스위치
- LAN(Local Area Network) : 근거리 통신망
- malicious code : 악성코드
- MTTF(Mean Time To Failure) : 평균 장애 시간
- MTTR(Mean Time to Repair) : 평균 복구 시간
- MPLS(Multiprotocol Label Switching) : 다중 프로토콜 레이블 스위칭
- NIC(Network Interface Card) : 네트워크 인터페이스 카드
- network keys : 네트워크 키
- NOC(Network Operations Center) : 네트워크 운영 센터
- PAD(Personal Digital Assistant)
- ping
- protocol : 프로토콜
- proxy server : 프록시 서버
- RTO(Recovery Time Objective) : 목표 복구 시간
- "RFC 1087 : Ethics and the Internet" : RFC 1087 : 윤리와 인터넷
- risk : 위험
- SOX(Sarbanes-Oxley Act) : SOX법
- second-level authentication : 2단계 인증
- SSL-VPN(Secure Sockets Layer Virtual Private Network) : 안전한 소켓 계층 가상 시설망
- SLA(Service Level Agreement) : 서비스 수준 협의
- SNMP(Simple Network Management Protocol) : 간이 네트워크 관리 프로토콜
- smartphone : 스마트폰
- software vulnerability : 소프트웨어 취약점
- subnet mask address : 서브넷 마스크 주소
- (SSCP®, System Security Certified Practitioner) : 시스템 보안 인증 실무자
- Telnet(Terminal Network)
- threat : 위협

- token : 토큰
- TCP/IP(Transmission Control Protocol/Internet Protocol) : 전송 제어 프로토콜/인터넷 프로토콜
- TFTP(Trivial File Transfer Protocol)
- trojan : 트로이 목마
- uptime : 가동시간
- VLAN(virtual LAN) : 가상 LAN
- VPN(Virtual Private Network) : 가상 사설망
- virus : 바이러스
- vulnerability : 취약점
- vulnerability a ssessment : 취약점 평가
- vulnerability window : 취약점 윈도우
- WAP(Wireless Access Point) : 무선 접속지점
- Wi-Fi(Wireless Fidelity)
- WLAN(Wireless LAN) : 무선 LAN
- www(world wide web) : 월드와이드웹
- worm : 웜

연습문제

1. 정보보안은 정보를 안전하게 하는 데 특화되는 반면 정보시스템 보안은 정보를 저장한 시스템의 보안에 중점을 둔다.

A. 그렇다.
B. 아니다.

2. 다음 중 소프트웨어 제작자가 소프트웨어를 판매할 때 자신의 법적 책임을 한정하기 위해 이용하는 것은 무엇인가?

A. 최종 사용자 라이센스 협정(EULA, End User License Agreement)
B. 기밀 협정(Confidentiality agreement)
C. 소프트웨어 개발 협정(Software development agreement)
D. 오류 없는 소프트웨어 및 코드를 개발하여 법적 책임이 없음
E. 정답이 없음

3. 정보시스템 보안의 (   ) 원칙은 목표 복구 시간과 관련된다.

A. 기밀성
B. 무결성
C. 가용성
D. 위의 보기 셋 다 정답임
E. 정답이 없음

4. 저장 장치 또는 하드 드라이브 내 데이터를 암호화하는 것은 데이터 무결성을 보장하기 위한 주 전략이다.

A. 그렇다.
B. 아니다.

5. 조직에서 고객 서비스 상담원이 고객의 개인정보에 접근할 필요가 있을 경우 다음 중 어떤 보안 통제를 이용하면 고객의 프라이버시를 가장 잘 보호하면서 다른 고객 데이터에 쉽게 접근할 수 있도록 할 수 있는가?

A. 고객 서비스 상담원이 고객의 개인정보에 접근할 수 없도록 함
B. 고객의 개인정보의 상세 사항에 대한 접근을 차단하고 사회보장번호 또는 계좌 번호의 마지막 4자리에만 접근하도록 함
C. 모든 고객 데이터를 암호화함
D. 고객 데이터베이스에 접근할 때 2단계 인증을 구현함
E. A, B, C, D 모두 정답임

6. (   )은 IT 기반구조에서 가장 약한 링크이다.

A. 시스템/어플리케이션 영역
B. LAN 대 WAN 영역

C. WAN 영역
D. 원격 접속 영역
E. 사용자 영역

7. 다음 중 악의적인 이메일 첨부 위협을 완화시키는 보안 통제는 무엇인가?

A. 이메일 필터링 및 격리
B. 이메일 첨부 안티바이러스 스캐닝
C. 이메일 송신지 평판이 좋다는 것에 대해 사용자를 검증함
D. 모르는 첨부를 갖는 수신하는 모든 이메일을 중단시킴
E. A, B, C, D 모두 정답임

8. 다음 중 기밀성을 보장하기 위해 구현해야 할 방법은 무엇인가?

A. 허용 가능한 사용자 정책
B. 데이터 분류 기준
C. IT 보안 정책 프레임워크
D. 원격 접속을 위한 가상사설망
E. 안전한 접근 통제

9. 공개 인터넷을 통한 이메일 메시지 내에 기밀 정보를 보내고자 한다면 이메일 통신을 암호화하여야 한다.

A. 그렇다.
B. 아니다.

10. 보안 정책, 기준, 절차 및 가이드라인을 이용하면 조직은 위험과 위협을 감소시킬 수 있다.

A. 그렇다.
B. 아니다.

11. 데이터 분류 기준은 일반적으로 어떤 정책의 일부인가?

A. 자산 보호 정책
B. 허용 가능한 사용자 정책
C. 위협 평가 및 관리 정책
D. 보안 인식 정책
E. 위협 평가 및 모니터링 정책

12. 다음 중 SSCP 전문가 인증에 적합한 직위는 무엇인가?

A. IT 보안 실무자
B. IT 보안 관리자
C. IT 보안 부서장
D. 최고정보보안책임자(CSO, Chief Security Officer)
E. IT 보안 컨설턴트

13. 가용성을 최대화하는 것은 주로 (   )을 최소화하는 것과 관련된다.

A. 시스템 또는 어플리케이션에 대한 정지시간
B. 시스템 또는 어플리케이션을 복구하는 평균시간
C. 사업 연속성 계획 구현으로 인한 정지시간
D. 목표복구시간
E. A, B, C, D 모두 정답임

14. 다음 중 미국에서 준수해야 할 법이 아닌 것은 무엇인가?

A. CIPA
B. FERPA
C. PISMA
D. PCI DSS
E. HIPAA

15. 평문인 인터넷 IP 패킷을 암호화한 결과는 무엇인가?

A. 기밀성
B. 암호문
C. 가상사설망
D. 암호 알고리즘
E. 정답이 없음

사람과 기업 통신방법의 변화

전화는 통신에 혁신을 일으켰다. 전화의 영향은 이후의 컴퓨터 혁명의 전조가 되었다. 거의 모든 집과 사무실에서 전화를 두면서 점점 더 보편화되었고 전화는 가장 일반적인 통신 방법이 되었다. 실제로 1980년대 중반까지 개인과 기업은 다음과 같은 3개의 통신 방법을 사용하였다.

- 전화 : 사람들 사이의 실시간 음성 통신에 사용
- 자동 응답 머신 및 음성사서함 : 저장 후 전달하는 음성 통신과 검색에 핵심으로 사용
- 팩스 : 아날로그 전화선을 통해 문서에 대한 실시간의 데이터 전송

1980년대에 전화는 아날로그 장치에서 디지털 장치로 변화되었다. 전화와 음성사서함 시스템이 디지털화되었다. 이후 1990년대 인터넷 연결이 확산되면서 통신방법은 다시 변화되었다. 조직이 WWW(World Wide Web)에 연결되고 이러한 새로운 방법을 이용하여 업무를 수행하였다. 인터넷 연결로 인해 전자 메일(이메일)이 가능하게 되어 인터넷은 하루아침에 개인과 기업의 확실한 통신 방법이 되었다. 그리고 오늘날 노트북, 스마트폰 및 PDA 장치를 이용하면서 이메일 통신은 거의 실시간 통신으로 이용되고 있다.

오늘날 VoIP와 **통합 통신(UC, Unified Communications)**에는 다음을 포함한 여러 가지 실시간 통신 방법이 제공된다.

- 음성 통신 : VoIP를 통해 내재된 음성 통신을 이용하는 단대단 전화 서비스
- 가용성/상태 알림 : IM(Instant Messaging) 채팅 창 내 상태 갱신 메시지
- IM 채팅 : 단순 질문에 대한 신속하게 응답할 수 있는 메시지 교환
- 회의 : 회의를 위한 오디오와 비디오 회의
- 협력 : 생산적인 회의를 위한 문서 공유

2장 주제

본 장의 주요 주제는 다음과 같다.

- 1990년대에서 2000년대까지 아날로그에서 디지털과 VoIP까지의 음성 통신의 진화 방법
- VoIP와 SIP(Session Initiation Protocol) 어플리케이션에 대한 위험, 위협 및 취약점
- 개인과 기업 통신이 인터넷을 통해 TCP/IP 세계로 변환되는 방법
- 다중 모드 통신
- 오프라인 거래부터 전자상거래까지의 업무의 진화 방법
- 기업이 인터넷 마케팅 전략이 필요한 이유
- 사람, 기업 및 조직에 미치는 웹의 영향
- IP 이동성의 중요성

2장 학습 목표

본 장의 목적은 다음과 같다.

- 아날로그에서 디지털, VoIP 및 통합 통신까지의 음성 통신의 진화를 설명
- 실시간 통신에서부터 저장 후 전달하는 통신을 설명
- 사람과 기업이 통신하는 방법에 대한 인터넷의 영향을 인식
- VoIP와 SIP 어플리케이션에 대한 위험 감소 전략을 설명
- 오프라인 거래 사업이 전자상거래 모델로 어떻게 변화되었는지를 이해
- 보다 작고 보다 휴대성이 좋은 장치와 BYOD(Bring Your Own Device) 정책을 포함하는 IP 이동성의 중요성을 설명

음성 통신의 진화

1984년 1월 1일까지 AT&T(American Telephone and Technology)는 미국에서 전화 통신 산업을 독점했다. 1984년 전에는 AT&T에 대한 어떠한 경쟁사나 시장압력이 없었다. AT&T는 미 사법부와 여러 개의 지역 벨 운영회사(RBOC, Regional Bell Operating Company)로 분리하기로 협의하였다. 이를 벨 시스템(AT&T라 알려짐)의 기업 분할이라 한다.

이때까지도 전화 고객을 위한 변화는 거의 없었다. 발신음도 동일했다. 그러나 새롭게 경쟁하는 구조의 통신 산업에서 AT&T의 시장점유율은 잠식되었다. 이는 통신을 변화시킨 하나의 사건이었다. 이로 인해 광대역 시대가 열리기 시작했다.

특히 기업분할로 인한 결과는 다음과 같다.

- 7개의 지역 벨 운영회사(RBOCs : Regional Bell Operating Company) : 각 RBOC는 지역에 다양한 전화 운영 회사를 할당했다.
- 통신 서비스에 대한 경쟁적 구도 : RBOC가 해당 지역 외부에서 판매할 수 있는 장애물이 제거되어 RBOC는 자신의 지역 외부에서도 서비스를 제공할 수 있게 되었다.
- 치열한 경쟁의 장거리 전화 서비스 : RBOC와 통신 서비스 제공자들은 처음으로 장거리

전화에 대해 서로 경쟁하게 되었다.

- **구내교환(PBX, Private Branch Exchange) 전화 시스템** : 이제 고객이 건물 내 구내교환 전화 시스템과 배선을 책임지게 되었다.
- **아날로그 교환국(CO, Central Office) 스위치의 디지털 교환국 스위치로의 전환** : 1980년대 후반과 1990년 초반에 서비스 제공자들은 자신의 교환국의 핵심 스위치를 아날로그 교환국 스위치에서 디지털 교환국 스위치로 전환하였다.
- **디지털 통신 서비스** : 음성 신호가 아날로그에서 디지털로 전환되었을 때 음성과 데이터 통신이 동일한 회로를 통해 전달할 수 있게 되었다.
- **광섬유 백본 네트워크와 파장 분할 다중화로 시작된 광대역 시대** : 국가규모의 광섬유 백본 연결로 광대역 인터넷이 가능하게 되었고 WAN 회로 비용이 절감되었다. **고밀도 파장 분할 다중화 방식(DWDM, Dense Wavelength Division Multiplexing)**로 인하여 하나의 광섬유로부터 대역폭을 최대화하면서 동일한 광섬유 경로로 많은 데이터 스트림들을 전송할 수 있게 되었다.
- **광대역 IP 백본 네트워크를 이용한 인터넷 접근** : 조직은 전용 인터넷 접근이 가능한 IP 네트워킹을 기반으로 하는 WAN을 설치한다.
- **네트워크 관리 및 관리된 서비스** : IP 네트워크 복잡도가 증대하면서 라우터와 보안 장비의 관리를 서비스 제공자에게 아웃소싱하는 것이 기업 입장에서 좋다.

(그림 2-1)은 기업분할부터 현재까지의 미국 통신 산업의 발전을 보여준다.

아날로그에서 디지털까지

광섬유 전에 대부분의 전화선은 구리선이었다. 이것은 아날로그 전송을 할 수 있는 전송 매체이었다. 아날로그 통신의 특징은 다음과 같다.

- **아날로그 통신은 지속적으로 생성되는 전기 신호에 기반을 둔다** : 아날로그 전송에는 지속적이나 변하는 전기 신호(양의 신호, 음의 신호 등)가 필요하다.
- **아날로그 통신은 오류에 취약하다** : 아날로그 통신은 디지털 통신보다 훨씬 높은 **비트 오류율**이 존재한다. 아날로그 통신 내 비트 오류율은 전송되는 1,000 비트마다 한 개의 오류가 발생한다. 디지털 통신에서 비트 오류율은 전송되는 1,000,000 비트마다 한 개의 오류가 발생한다.

그림 2-1 미국 통신 산업의 발전

FYI

시간 분할 다중화(TDM)는 음성, 비디오 및 데이터 통신 스트림의 융합을 지원하는 기술이다. 타임 슬롯은 채널을 여러 세그먼트로 나눈다. 각 슬롯 또는 세그먼트는 통신 링크 내 음성, 비디오 또는 데이터를 전달한다. TDM은 음성, 비디오 또는 데이터 트래픽을 지원하기 위해 대역폭을 공유한다. 모든 통신 타입이 TDM을 이용하여 대역폭을 공유할 수 있기 때문에 새로운 기술을 이용하면 WAN 연결 관리를 쉽게 할 수 있다.

- **아날로그 통신은 전기 간섭과 잡음에 취약하다** : 아날로그 통신은 간섭과 잡음으로 인해 속도와 처리량이 떨어진다. 통신선이 정적이고 잡음이 많으면 오류율이 높아진다.
- **아날로그 통신은 느리다** : 아날로그 전송은 최대 속도가 56 Kbps까지 가능하나 실제 속도는 9.6 Kbps에서 38.4 Kbps 사이이다.
- **아날로그 통신은 대역폭을 제한시킨다** : 인간의 귀로 감지할 수 있는 소리의 범위는 0 KHZ에서 3 KHz이다. 전화 시스템은 이 주파수 내에서 운영된다.

시간이 지나면서 아날로그 전화선과 팩스 선이 점차 사라지기 시작하였고 디지털 PBX 시스템이 아날로그 전화 시스템을 대체하기 시작했다. 음성과 데이터 통신이 융합된다. 디지털 통신을 이용하여 음성, 비디오 및 데이터가 동일한 대역폭을 공유할 수 있다. WAN 통합을 통해 관리가 단순해지고 운영비용이 낮아졌다. 이로 인해 많은 조직들이 개선된 디지털 통신을 사용할 수 있게 되었다. (그림 2-2)는 음성, 비디오 및 데이터 통신의 융합을 보여준다.

시분할다중화(TDM, Time Division Multiplexing)을 이용하여 음성, 비디오 및 데이터 통신이 동일한 대역폭을 공유한다. 이러한 통합으로 운영비용이 낮아졌고 혼합된 통신 관리와 구현 및 지원이 용이해졌다. (그림 2-3)은 음성, 비디오 및 데이터 통신의 결합의 예를 보여준다.

전화통신의 위험, 위협 및 취약점

컴퓨터와 같이 PBX(Private Branch Exchange) 시스템은 블랙-햇 해커의 악성코드에 취약하다. 일반적으로 이러한 공격은 컴퓨터나 다른 전자 장치에 대한 비인가된 접근을 획득하는 형태로 나다닌다. 이러한 공격의 목적은 무엇인가? PBX 시스템에서 공격자는 종종 무료

그림 2-2
음성, 비디오, 데이터 통신의 융합

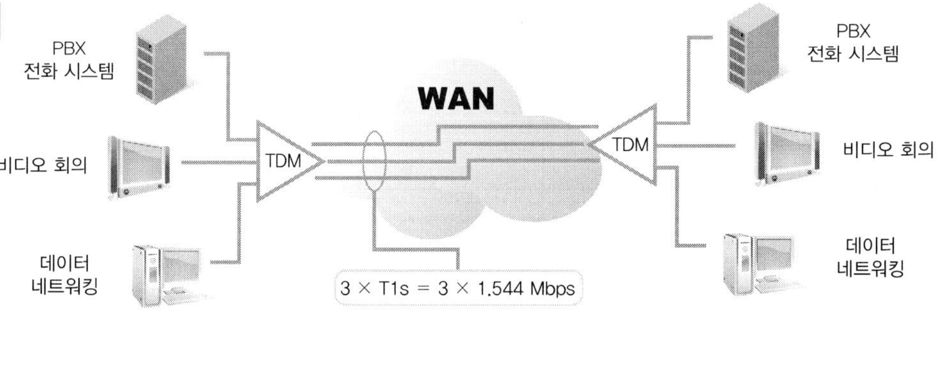

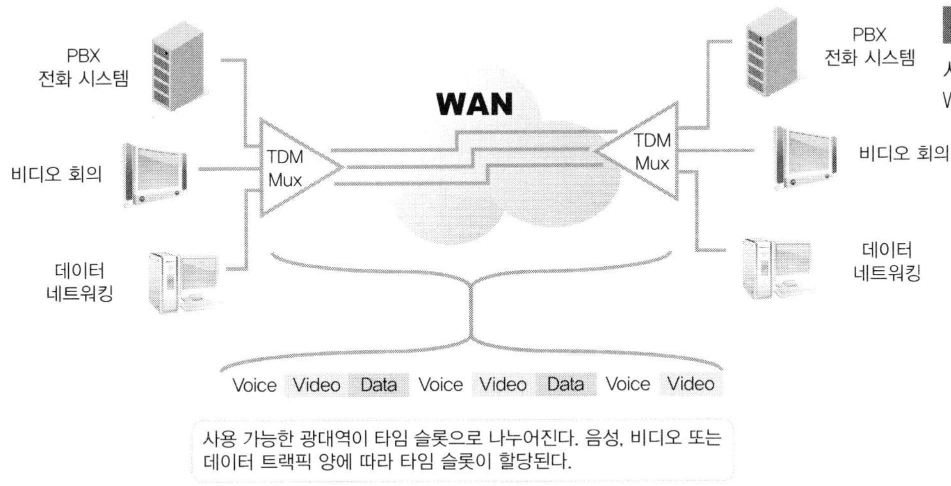

그림 2-3
시분할 다중화 WAN

로 그리고 익명으로 장거리 전화를 하거나 더 나쁜 것은 네트워크로 연결된 다른 컴퓨터에 익명으로 접근하여 다른 공격을 할 수도 있다. 즉, PBX를 손상시키는 사람은 그 시스템을 이용하여 공격을 개시할 수 있다. 이 때 공격은 손상된 PBX로부터 발생한 것처럼 보인다.

기업 분할로 인해 고객이 전화 시스템을 임대하거나 구매하게 된 이후 PBX 해커가 존재했다. 처음에는 조직이 자신의 전화 시스템을 관리하고 유지해야 했다. 보안에 대한 관심이 생기기 전에 많은 PBX 시스템이 설계되었다. 그래서 PBX 시스템에는 적절한 보안 통제가 부족했다. 종종 기업들은 AT&T가 이전에 자신의 통신 시스템을 설치하기 위해 수행된 작업의 대부분을 수행하는 시스템 통합 업체를 고용했다. 이로 인해 외부의 사용자가 전화나 음성사서함 시스템을 통해 서비스를 이용하게 되는 가능성이 존재하게 되었다. (그림 2-4)는 PBX 시스템이 블랙-햇 해커의 공격을 받을 수 있는 방법을 보여준다.

보통 이러한 공격자는 범죄자나 마약상이나 무료 장거리 권한이나 다른 컴퓨터에 연결하기 위해 사용할 수 있는 접근지점을 원하는 사람들로 구성된다. 이러한 공격자가 시스템을

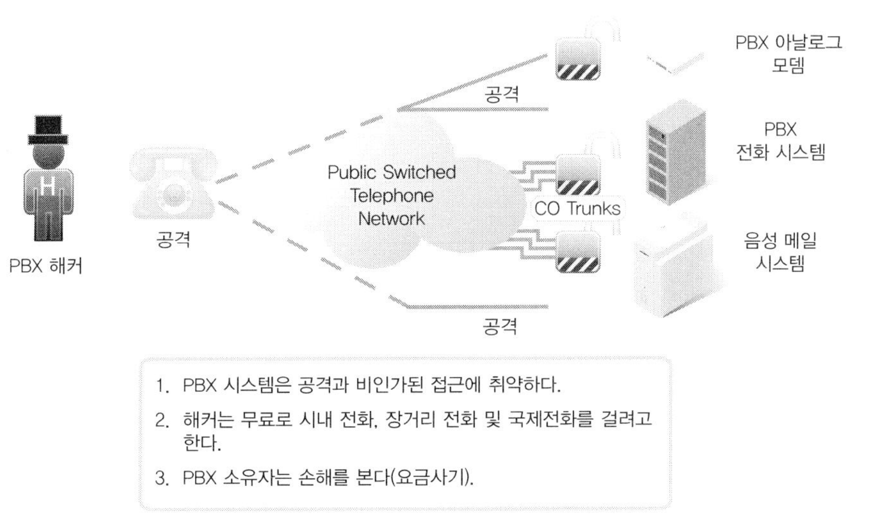

그림 2-4
PBX 시스템 공격

침입하면 공격자는 다른 사람에게 접근을 판매하거나 시스템 자체를 사용할 수 있다.

AT&T가 해산되면서 조직은 자신의 전화 시스템을 임대하거나 구매할 것을 결정해야 한다. 두 경우 모두 조직은 반드시 이 시스템을 관리하고 유지할 직원을 고용해야 한다. 컴퓨터와 같이 전화 시스템에도 위험과 위협 및 취약점이 존재한다. [표 2-1]은 PBX와 주요 전화 시스템에서 주로 발견되는 위험, 위협 및 취약점을 보여준다.

전화통신의 보안 실행 지침

전화통신 시스템은 컴퓨터 시스템과 마찬가지로 공격에 개방되어 있다. 조직이 직면하는 위험에 대해 공격이 성공하지 못하도록 적절한 보안 통제가 필요하다. 위험에 대해서는 [표

표 2-1 PBX와 주요 전화 시스템에 대한 위험, 위협, 취약점 및 완화 계획

위험, 위협 또는 취약점	완화
제조자의 기본 패스워드가 여전히 존재한다.	자주 패스워드를 변경한다. 강력한 패스워드 길이와 문자 집합을 사용한다.
사회공학(순진한 사람에게 사기를 치거나 조정하는 행동)이 이용된다. 아날로그 모뎀에는 전화 시스템에 대한 백도어 접근이 존재한다.	사기 기술과 전화 기술자로 위장하는 사기꾼에 관해 직원들을 교육시킨다. 아날로그 모뎀의 원격 접속을 제거한다. 보안 통제와 다이얼 백 모뎀 전화걸기를 활성화한다.
자동 다이얼 장치는 발신음에 접근하기 위해 주 전화번호와 수신전용회선(DID, Directed Inward Dialed) 전화번호를 탐색한다.	스위치 내부에서 외부선에 접근하는 것을 방지하기 위해 내선 직접 호출 시스템(DISA, Direct Inward System Access)을 비활성화한다.
서비스 종류(COS, Class Of Service)가 안전하지 않다.	서비스 종류(COS) 설정은 특화된 전화 확장이나 DID 번호에 유일하여야 한다. COS 설정을 이용하면 서로 다른 허가를 갖는 사용자 프로파일을 생성할 수 있다. COS 설정은 전화 시스템을 통한 접근을 제한한다. 다소 명확하지 않은 COS 설정을 무시하는 중계 접근을 비활성화한다.
중계선군 접근 제한(TGAR, Trunk Group Access Restriction) 설정은 안전하지 않다.	TAGR 설정에는 특정 음성 회선(내선이나 음성사서함)이 아웃바운드 전화가 가능한 외부 전화 회선에 접근할 수 있는지를 정의한다. 외부 전화 회선 접근을 차단하기 위한 보안 통제를 설정한다.
외부 발신자는 전화시스템에서 음성사서함으로 그리고 다시 전화시스템으로 이동할 수 있다.	발신자가 전화시스템으로 왔다갔다 이동하지 못하도록 일방향 그리고 외부 전화에 대해 응답하지 않는(out-call-not-answered) 결정 경로를 구성한다.
외부 발신자가 음성사서함으로부터 발신음을 얻을 수 있다.	중계선군 접근을 완전히 비활성화한다. 음성 사서함의 전화-내선에 대한 접근을 비활성화한다.
외부 발신자는 사용자 내선으로부터 발신음을 얻을 수 있다.	중계선군 접근을 완전히 비활성화한다. 일단 발신자가 음성-사서함 시스템으로 전환하면 전화 시스템으로 다시 접근하는 것을 차단한다.
내부 발신자는 데스크톱 전화에서 장거리나 국제적인 장거리 전화를 직접 걸 수 있다.	COS 형태에 따라 장거리 전화를 비활성화한다. 국가 코드와 국제 아웃바운드 전화를 완전히 비활성화한다. 장거리나 국제 전화가 필요한 직원에 대해 필요 시 인가 코드를 사용한다.
외부 발신자는 일단 시스템을 통해 발신음에 접근할 수 있으면 장거리 전화와 국제 장거리 전화를 직접 걸 수 있다.	국가 코드와 국제 아웃바운드 전화를 완전히 비활성화한다. 장거리나 국제 전화가 필요한 직원에 대해 필요 시 인가 코드나 비밀번호를 사용한다.

2-1]을 참조하도록 한다.

조직은 전화통신 보안을 간과하곤 한다. 이제 IP 패킷으로 전송된 음성으로 인해 동일한 위험, 위협 및 취약점이 음성과 데이터 시스템에 적용된다. 반드시 TCP/IP로 발생하는 위험에 대해 전화통신 시스템의 보안을 강화해야 한다.

전화통신과 음성 통신 보안을 강화하기 위한 가장 좋은 방법은 다음과 같다.

- **전화통신 시스템 정책을 설정하고 사용하도록 한다** : 반드시 적절한 정책, 기준, 절차 및 가이드라인을 설정해야 한다. 여기에는 전화사용과 장거리 통화에 대한 인가에 대한 허용 가능한 사용 정책(AUP, Acceptable Use Policy)이 포함된다.
- **물리적 보안을 시행한다** : 모든 배선실과 전화 스위치실에 안전장치를 한다. 모든 케이블과 교차 연결을 문서화한다. 새롭거나 변화되는 신규 장비와 장비 위치의 변경사항을 모두 문서화한다.
- **아날로그 모뎀 포트를 통한 원격 접근을 비활성화한다** : PBX 원격 접속 포트는 보안에 적절하지 못하다. 이러한 포트의 비활성화를 고려한다.
- **갱신된 소프트웨어 패치를 이용하여 운영체제의 안전성을 강화한다** : 노출을 최소화하기 위해 가능하면 사용가능한 모든 소프트웨어 패치를 설치한다.
- **사용자에 대한 서비스 종류를 확실하게 정의한다** : 정책에 사용자 형태별 서비스의 종류를 정의하여야 한다.
- **중계선군 접근 제한을 강화한다** : 정책에 중계선이나 전화선에 누가 어디로부터 접근하는 것을 허용할 것인지를 정의하여야 한다.
- **음성사서함으로부터의 중계선 접근을 비활성화한다** : 절대로 음성사서함에서 외부 전화선으로의 접근을 허용해서는 안 된다.
- **시스템 로깅과 전화-상세사항 기록을 활성화한다** : 이는 반드시 보안 운영과 관리의 일부가 되어야 한다.
- **주기적 감사와 전화 상세사항 기록 검토를 수행한다** : 보안 운영과 관리의 일부로 국내 전화와 장거래 전화를 감사하여야 한다.

디지털에서 VoIP까지

AT&T가 RBOC로 해체된 이후 15년 동안 음성 통신은 아날로그에서 디지털로 바뀌었다. 이 시기에 다중화 기술을 이용하여 음성, 비디오와 데이터 통신이 통합되었다. 2000년 이후 10년 동안은 인터넷과 TCP/IP 프로토콜이 전 세계적으로 사용되면서 또 다른 변화가 일어났다. 음성 통신이 디지털 PBX 시스템에서 VoIP(Voice over IP)로 변환되었다. 이제 음성은 근거리통신망(LAN)과 광역통신망(WAN)을 통해 데이터와 함께 전송되는 것이 일상적이다. 음성 통신의 이러한 급격한 변화로 인해 보안 문제가 발생하고 다음과 같이 거의 모든 정보기술(IT) 조직이 영향을 받았다.

- **디지털 PBX에서 VoIP로의 변환 전략이 필요하다** : 일부 PBX 업체는 기본 PBX 기술에

서 IP-PBX 하이브리드 기술(VoIP 기능을 갖는 디지털 PBX)로의 변환 전략을 개발하였다.

- **통신과 데이터 네트워크 수행 부서가 통합되었다 :** 음성과 데이터 조직 간의 장애물이 없어지고 정치적으로 승리한 조직이 남았으나 규모는 축소되었다.
- **관리와 지원책임이 통합되었다 :** IT 조직은 음성과 데이터 기반구조에 대한 관리 통합으로 운영이 단순해졌다.
- **LAN과 WAN이 가장 최신 버전으로 갱신될 필요가 있다 :** VoIP는 전용의 스위치에 연결된 이더넷 LAN 연결성이 필요하다. 사용자는 LAN을 GigE(Giga Ethernet) 또는 10GigE로 개선시킬 때 스위치는 반드시 음성과 데이터 트래픽을 지원해야 한다. PoE(Power over Ethernet) 스위치는 워크스테이션 콘센트에 직접 RJ(Registered Jack)-45 8 핀 단자에서 IP 전화기에 대한 전력을 제공한다.
- **WAN 링크에 서비스 품질 보장(QoS, Quality Of Service)이 필요하다 :** VoIP 트래픽이 혼잡이 있는 WAN을 통해 전송된다면 QoS가 필요하다. QoS는 VoIP나 (SIP를 사용하는) 통합 통신과 같은 시간에 민감한 어플리케이션에 대해서는 일부 대역폭을 비축해 둔다. 네트워크 장치는 VoIP와 SIP IP 패킷을 더 잘 지원하기 위해 트래픽 우선순위(traffic prioritization)를 구현하고 호 단절(전화 통화 중 연결이 끊어지는 현상)과 지연을 줄일 수 있다.
- **음성과 데이터 IP 트래픽이 동일한 LAN과 WAN 기반구조로 융합된다 :** VoIP와 통합 통신 트래픽은 64 바이트와 128 바이트 IP 패킷을 사용한다.
- **음성과 데이터 가상 근거리 통신망(VLAN, Virtual Local Area Networks)은 반드시 음성과 데이터 트래픽을 필요 시 분할하도록 설정되어야 한다 :** 음성과 데이터 트래픽은 여러 VLAN으로 분리되어야 한다. 이는 VoIP 트래픽을 데이터 트래픽과 분리하고 작은 IP 패킷을 큰 IP 패킷과 분리하여 관리함으로써 중재하기 더 쉽게 한다.
- **100Mbps 또는 GigE 워크스테이션 LAN 연결은 VoIP와 데이터 트래픽을 지원할 수 있게 구현하여야 한다 :** 워크스테이션에 광대역 LAN을 연결함으로써 VoIP와 데이터 트래픽이 동일한 LAN에서 LAN 스위치까지 공존할 수 있다. LAN 스위치에서 VoIP와 데이터 트래픽은 분할될 수 있다.
- **음성과 데이터 트래픽은 여러 백본 링크에서 분할되어야 한다 :** 성능을 최적화하기 위해 음성과 데이터 트래픽은 별개의 GigE 또는 10GigE 광섬유 트렁크에서 분할하도록 한다.

그림 2-5
음성 통신의 발전

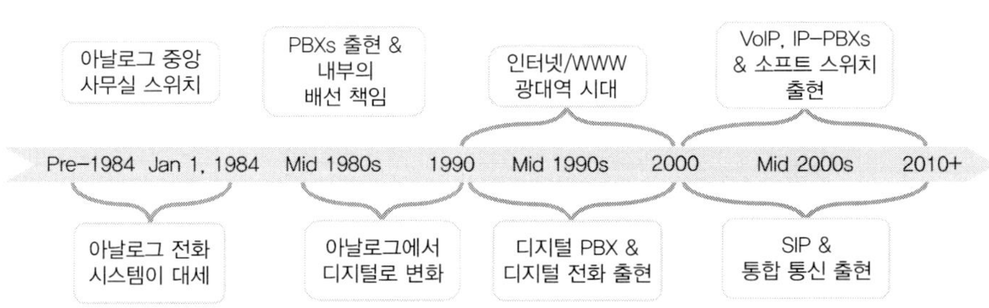

- **네트워크는 64 바이트 VoIP와 SIP 패킷을 지원하도록 확장되어야 한다** : VoIP와 통합 통신은 둘 다 실시간 어플리케이션이다. 통합 통신은 SIP를 이용하며 SIP는 IP 패킷 내부에 존재한다.
- **LAN과 WAN에서 VoIP와 SIP를 보호하기 위한 보안 통제가 구현되어야 한다** : VoIP와 SIP(Session Initiation Protocol) 프로토콜은 안전하지 않다. 반드시 보안 통제를 이용하여 관련된 위험, 위협 및 취약점을 감소시켜야 한다.

(그림 2-5)는 아날로그에서 디지털, VoIP와 통합 통신까지의 발전을 보여준다.

VoIP와 SIP의 위험, 위협 및 취약점

VoIP와 통합 통신은 실시간 지원이 필요하다. "실시간"이란 어떤 일이 일어났을 때 즉각적이라는 것을 의미한다. VoIP는 음성 통신을 지원한다. 통합 통신은 SIP 멀티미디어 통신 프로토콜을 사용한다. SIP는 다음의 통합 통신 어플리케이션을 지원한다.

- **존재/가용성** : IM 채팅 상자 내에서 기업, 개인, 가족 연락처를 나열할 수 있고 연락처의 현재 가용성 상태를 얻을 수 있다.
- **인스턴트 메시지 교환(IM) 채팅** : 이런 형태의 실시간 통신은 신속한 질문에 대한 신속한 대답을 위해 사용된다.
- **오디오 회의** : 오디오 회의는 VoIP 발신자에 대한 소프트웨어 기반의 실시간 오디오 회의 솔루션이다.
- **비디오 회의** : 이는 소프트웨어 기반의 실시간 비디오 회의 서비스이다.
- **협력** : 협력을 통해 소프트웨어 기반의 실시간으로 여러 명의 문서와 어플리케이션 공유가 가능하다. 이 경우 IM 채팅, 오디오와 비디오 회의 기능을 이용한다.

VoIP가 좀 더 개선된 형태의 통신이긴 하나 VoIP 전화 시스템도 디지털 PBX 시스템과 동일한 위험 및 위협에 취약하다. 그리고 VoIP와 통합 통신은 TCP/IP 계열의 프로토콜을 사용하기 때문에 TCP/IP 어플리케이션과 동일한 위험, 위협 및 취약점이 존재한다. [표 2-2]는 VoIP 전화 시스템과 SIP 어플리케이션에서 주로 발견되는 위험, 위협 및 취약점 그리고 위험-완화 전략을 보여준다.

VoIP와 SIP 보안 실행 지침

앞에서 설명했듯이 VoIP와 SIP는 안전한 프로토콜이 아니다. IT 기반구조 설계에 계층화된 보안 방법을 사용하는 보안 인력이 VoIP와 SIP에서의 C-I-A를 달성해야 한다. 계층화된 보안 방법이란 IT 기반구조의 여러 영역에 보안 대책을 두는 것이다. 또한 음성과 통합 통신은 64 바이트 IP 패킷을 사용하는 실시간 어플리케이션이다. 이러한 작은 크기의 많은 패킷이 네트워크를 통해 전송된다. 이러한 전송은 보다 큰 IP 패킷을 공유할 때 LAN과 WAN 스

표 2-2 VoIP 전화 시스템과 SIP 어플리케이션에 대한 위험, 위협, 취약점 및 완화 계획

위험, 위협 또는 취약점	완화
도청 : 비인가된 객체가 허가 없이 대화를 들음	배선실을 잠그고 스위치 LAN 공격 포트를 잠그고 데이터센터에 VoIP 서버를 둔다. VoIP 트래픽에의 접근을 최소화하기 위해 별개의 음성 VLAN을 둔다. 정책으로 의무화된 경우 VoIP 패킷을 암호화한다.
비인가된 접근을 획득하게 도움이 되는 호 통제(VoIP 서버 통제), 호 패턴 및 호 사용을 알게 되는 공격자	도청에 대한 완화 전략과 함께 VoIP 시스템에 대한 강력한 보안 통제를 사용한다. VoIP 시스템에 대한 모든 시스템 관리자 접근에 대한 지속적인 감사와 로그 기록을 활성화한다. VoIP 호 서버를 자체 침입차단시스템으로 보호되는 VLAN에 두고 호 통제를 암호화한다.
VoIP 전화에 대한 접근을 획득하기 위해 인가된 사용자를 가장하는 공격자	요금 사기(toll fraud)와 장거리 전화와 국제 전화의 비업무용 사용을 방지하기 위해 VoIP 전화에 대한 접근 통제를 사용한다. VoIP 전화에 대해 2단계 인증을 활성화한다.
요금 사기 또는 VoIP 전화의 비인가된 사용	사용자에게 장거리 전화와 국제 전화에 접근을 위한 인가 코드를 제공한다.
VoIP 전화 시스템과 전화에 대한 무작위 패스워드 공격	패스워드 변경 주기(30/60/90일) 정책이 필요하다. 긴 패스워드와 알파벳과 숫자 문자를 사용하도록 한다.
서비스 거부(DoS) 공격과 분산 서비스 거부(DDoS) 공격	VoIP 호 서버를 IT 기반구조 안쪽에 위치시켜 ping이나 ICMP 패킷이 IP 네트워크를 통해 전송될 수 없도록 한다. 악의적인 IP 송신지 주소로부터의 ping이나 ICMP 패킷을 중단시킨다. ping 공격을 차단하기 위해 인터넷과 연결되는 곳에 IDS/IPS를 구현한다.
빈약한 네트워크 성능과 처리량으로 인한 호 단절	음성과 데이터 별로 개별의 VLAN을 사용한다. 음성 트래픽을 VoIP 서버를 갖는 동일한 VLAN에서 분할한다. 데스크톱으로 GigE 또는 10GigE 스위치에 연결된 VLAN 연결성을 사용한다. 혼잡이 발생할 경우 WAN 라우터에서 QoS를 활성화한다.
핵심 사업 기능을 중단시키고 방해하는 서버들	두 개의 다른 물리적 위치에 있는 예비 VoIP 호 서버를 사용한다. 서로에게 백업으로 동작한다.
VoIP와 데이터가 공유되기 때문에 비밀 데이터의 노출	부서별 VoIP와 데이터 VLAN을 분리시킨다. 기밀 정보를 전송하는 VLAN을 안전하게 하기 위해 VoIP와 SIP 침입차단시스템을 활성화한다. SSH(Secure SHell)을 통해 VoIP 시스템에 원격으로 접근한다.

위치의 일이다. 설계 방법으로 고려할 수 있는 것 중 하나는 음성과 데이터에 대해 개별의 VLAN을 사용하는 것이다. 네트워크 트래픽을 분할함으로써 성능과 운영 관리가 쉬워진다. (그림 2-6)은 음성 패킷을 데이터 패킷으로부터 분리하는 것을 보여준다.

프로토콜이 안전하지 않다는 것을 아는 조직은 VoIP와 통합 통신을 어떻게 사용할까? 동일한 방법으로 조직은 데이터 네트워킹을 이용한다. 적절한 보안 통제를 통해 반드시 장거리 전화를 포함하여 조직의 음성 자산을 보호해야 한다. VoIP와 SIP 는 전형적인 IT 기반구조의 7개 영역을 통해서 흐른다는 것을 기억하도록 한다. VoIP와 SIP 어플리케이션에 영향을 줄 수 있는 위협과 취약점에 대한 위험 평가가 필요하다. (그림 2-7)은 VoIP와 SIP가 전형적인 IT 기반구조의 7개 영역을 통해 전송되는 방법을 보여준다.

VoIP 보안 연합(VoIPSA, VoIP Security Alliance)은 비영리 조직이다. 이 조직은 VoIP 보안을 위한 개방형 포럼을 제공한다. VoIP는 공개된 문서 "VoIP Security and Privacy Threat Taxonomy, Release 1.0, October 24, 2005"에서 정의된다. 이 문서에서 VoIP에 대한 일반적인 위협이 정의되어 있으며 이를 감소시키는 가장 좋은 방법이 설명되어 있다. VoIP 보안 툴

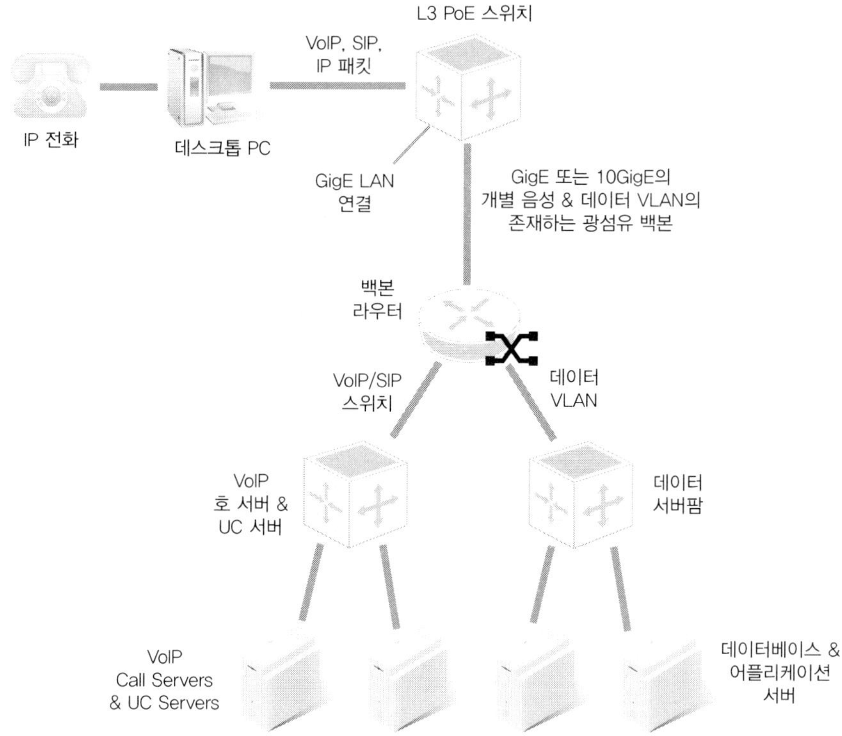

그림 2-6

IP 데이터 패킷과 분할된 VoIP와 SIP 패킷

과 어플리케이션 목록은 조직의 웹 사이트 http://www.voipsa.org에서 찾아볼 수 있다.

공개 서비스의 일부로 VoIPSA는 이러한 보안 실행지침(모범사례)과 유용한 백서를 공유한다. 무료 소프트웨어 재단(Free Software Foundation)은 오픈 소스 저작권을 제공하여 누

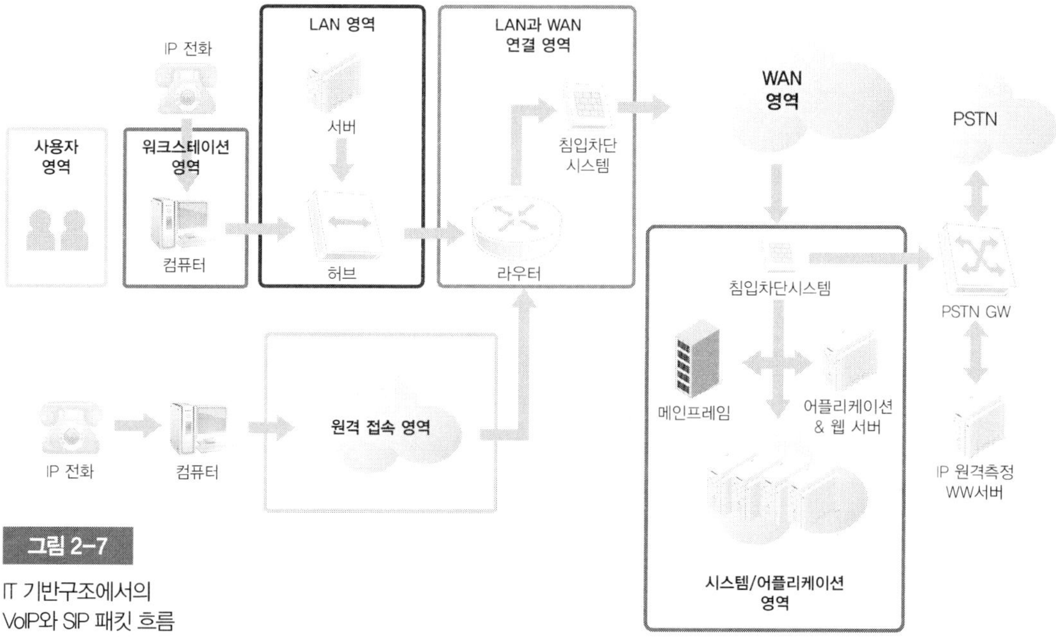

그림 2-7

IT 기반구조에서의 VoIP와 SIP 패킷 흐름

구나 모든 소프트웨어와 문서 등을 얻을 수 있도록 한다. 무료 소프트웨어 재단(http://www.fsf.org)은 GNU 무료 소프트웨어 저작권과 문서 사용권을 정의한다. GNU에 대한 URL은 http://www.gnu.org이다. 웹 사이트에 다음과 같은 공개적인 사용권의 복사본이 있다.

- LGPL(Lesser GNU Public License) v3
- GFDL(GNU Free Documentation License) v1.3

안전성을 위한 VoIP와 SIP 실행 지침을 생각할 때 C-I-A가 이러한 시스템에 어떻게 영향을 미칠 것인지를 조사해야 한다. VoIP와 SIP 패킷이 IT 기반구조를 통해 전송될 때 C-I-A를 유지하는 것이 어려울 수 있다. 앞에서 기술한 위험-감소 전략을 통해 VoIP와 SIP를 이용하는 실행 지침을 살펴보자.

- 종단 보호
  - 누구라도 발신음을 얻기 전에 IP 전화는 반드시 논리적으로 IP 네트워크에 연결되어야 한다. 이후 사용자는 반드시 자신의 신원을 증명해야 한다.
  - IP 전화 세트와 특별한 전화 내선에 필요한 최소의 기능을 활성화하고 작동시킨다.
  - IP 전화에 대한 발신음을 승인받기 전에 비밀번호나 PIN이 필요하다. 사용자는 장거리 전화에 대해 반드시 유효한 코드를 입력해야 한다. 이것이 너무 복잡하면 IP 전화를 사용할 때 발신음을 얻기 전에 최소한 사용자는 반드시 신원을 증명하도록 한다.
- 물리적 보안
  - 전화 스위치 룸과 배선실 및 케이블 시스템의 모든 문을 잠근다.
  - 전화 스위치 룸과 배선실 및 케이블 분배 지점에 대해 엄격한 물리적 접근 통제를 이용한다.
- 네트워크 기반구조 보안
  - 음성과 데이터에 대해 개별 VLAN을 설계하고 이용한다.
  - 적절한 격리와 보안을 위해 개별 VLAN의 전화 서버와 시스템을 이용한다.
  - 최신의 보안 패치 갱신을 통해 서버 운영체제와 어플리케이션 소프트웨어의 안전성을 강화한다.
  - 단일 VLAN에서 전화 서버를 격리시킬 수 없다면 전화 서버 신호를 암호화한다.

FYI

전화시스템에 항상 통화 데이터 기록(CDR, Call-Detail Recording)을 켜 놓도록 한다. CDR 보고서는 전화 시스템의 사용에 관한 포렌식 정보를 제공한다. 이 정보는 매달 전화 청구서와 장거리 사용을 감사하고 직원의 전화 오용을 식별하는 데 중요하다. CDR은 전화 확장으로부터 인바운드와 아웃바운드 전화걸기를 캡처하기 위한 가장 좋은 방법이다. 이 수준의 상세 사항 보고를 통해 전화 시스템 사용에 관한 모든 것을 알 수 있다. CDR 보고서는 전화 시스템, 전화 청구서 및 직원의 장거리 사용에 관한 감사를 수행하는 데 도움이 된다. 또한 비용 통합을 통해 운영비용을 절감하고 장거리 전화걸기 계획을 개선하는 데 도움이 된다.

- 보안 운영 및 관리
  - 전화 서버, VoIP 시스템 및 IP 전화에 대해 엄격한 패스워드 통제를 사용한다.
  - 전화 서버와 VoIP에 대한 원격 접속과 관리를 위해 암호화(VPN, SSH, HTTPS 등)를 사용한다.
  - 조직의 사업 연속성 계획의 일부로 필요한 만큼 백업 전원 또는 디젤 발전기를 제공한다.
  - 서버에 시스템 로그인을 수행한다. 사용자 확장, 인바운드 아웃바운드 전화걸기 및 장거리 통화(toll call)를 주기적으로 감사하기 위해 통화 데이터 기록을 활성화한다.

TCP/IP로의 전환

어떻게 이메일은 개인과 기업의 가장 상위의 통신 툴이 되었을까? 휴대폰과 인터넷과 TCP/IP 통신 세계는 Y 세대에 얼마나 영향을 미쳤는가? 이러한 변화가 기업에 어떤 영향을 주었는가? 짧게 말하자면 디지털 세계로의 전환으로 생활방식이 변경되었다. 사람, 가족, 기업, 교육자 및 정부 모두, 거의 모든 사람이 인터넷에 쉽게 접근하기 이전의 통신과는 다르다. (그림 2-8)은 인터넷과 TCP/IP로 인해 삶이 변화되는 방법을 보여준다.

그룹별 통신 방법

[표 2-3]은 여러 유형의 사용자들의 통신 방법을 보여준다.
통신을 위한 두 가지 기본 방법이 존재한다.

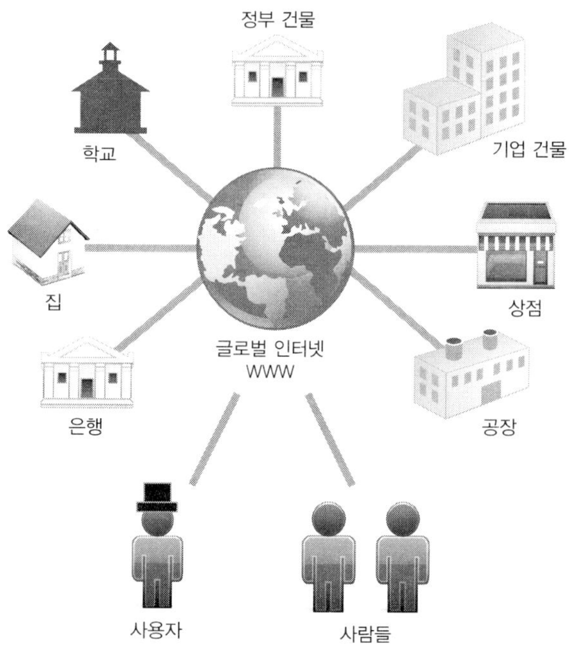

그림 2-8

인터넷과 TCP/IP로 인해 삶이 변화되는 방법

월드 와이드 웹이 존재하기 전

인터넷이 널리 사용되기 전(약 20년 전)에 사람들은 전화로 대화하고 아날로그 장비를 이용하는 TV를 시청하는 것에 만족하였다. 뉴스는 신문이나 텔레비전이나 라디오를 통해 알 수 있었다. 실시간으로 대화하기 위해서는 전화를 이용해야 했다. 무선호출기(삐삐)와 음성 메시지 전송 시스템을 이용하여 실시간 접근과 정보를 저장한 후 전달하는 것이 가능하였다. 결과적으로 휴대폰이 무선호출기를 대신했고 사람들은 어디에 있건 누구와도 연락할 수 있게 되었다.

1990년대 중반 인터넷과 월드 와이드 웹의 사용이 일반화되면서 정보 고속도로를 통한 접근으로 인해 삶의 변화가 시작되었다. 사람과 사람 사이의 통신은 상거래가 가능한 인터넷으로 바뀌었다.

- 실시간 통신 : 누군가와 바로 대화할 필요가 있을 때 실시간 통신이 선호된다. 실시간 통신을 통해 생명의 위협이 있는 상황에 반응을 보이거나 주식이나 담보 구매와 같은 금융 거래를 수행하거나 보안 침해에 대응한다.
- 저장 후 전달 통신 : 전화나 이메일을 통해 누군가에게 연락을 한 후 바로 대답이 필요 없을 때 저장 후 전달 통신이 이용될 수 있다. 음성 메일과 이메일은 저장 후 전달 통신의 예이다. 저장 후 전달 통신을 실시간으로 만들 수 있다. 통합 통신이 그렇다. 통합 통신은 음성 메시지를 이메일로 전송될 오디오 파일로 변환한다. 이것은 오디오 WAV 파일을 재생하는 것과 같다. 음성과 이메일 메시지에 즉각적으로 접근하면서 이메일을 스마트폰, PDA 장치나 블랙베리 장치로 다운받을 수 있다.

1990년대의 광대역 붐

인터넷에서는 TCP/IP 계열의 프로토콜이 사용된다. 초고속 정보통신망을 이용하여 사람, 가족, 기업, 조직 및 정보가 연결된다. 1990년대에 구축된 광섬유 통신 네트워크로 인해 초고속 정보통신망으로의 변화가 가능했다. 이러한 네트워크를 통해 고속의 광대역 인터넷 접

표 2-3 유형별 통신 방법

구분	음성	문자 메세지	이메일	존재/가용성	IM 채팅	오비오/비디오 회의	협력
10대 학생	하	상	중	상	상	하	하
대학생	하	상	상	상	상	하	하
부모 – Y 세대	중	상	상	상	상	하	하
부모 – 베이비 붐	상	하	중	하	하	하	하
판매/마케팅/기술 종사자	상	중	상	상	상	상	상
판매/마케팅/기술 관리자	상	중	상	중	중	상	상
경영진	상	하	상	하	하	상	상

하: 적게 사용, 중: 중간 사용, 상: 많이 사용

속이 가능했다.

인터넷 접속에 대한 수요가 빠르게 증대되면서 1990년대에는 광대역 구축도 증대되었다. 수백만 명의 전화 사용자들이 광대역을 사용하기 시작했다. AOE(America Online), EarthLink, AT&T 등의 전화 인터넷 서비스 제공자(ISP, Internet Service Provider)가 이러한 변화를 주도하였다. 전화 접속 시대 동안 서비스 제공자들은 전국 규모의 광섬유 백본 케이블을 구축하였다.

1990년대 초부터 중반까지 인터넷 서비스 제공자들은 아날로그 전화 접속 서비스를 이용하여 연결하였다. 최대 연결 속도는 33.6 Kbps부터 56 Kbps 내였다. America Online은 인터넷 변화의 선두 업체 중 하나였다. 주거 고객까지의 직접적인 인터넷 접속이 실용적인 모델임이 입증되면서 수백만 명의 사용자는 AOL의 전화 접속에 가입하였다. 이를 바탕으로 전화 접속 인터넷 서비스 제공자(ISP)가 증대되었다.

전화 회사는 인터넷 접속에 기존 구리선 케이블을 이용하기 위한 새로운 방법을 발견하였다. **디지털 가입자 회선**(DSL, Digital Subscriber Line) 서비스는 고속의 인터넷 접속을 제공한다. **비대칭 디지털 가입자 회선**(ADSL, Asymmetric Digital Subscriber Line)은 일반적인 DSL 서비스이다. ADSL을 이용하는 광대역은 다운스트림 트래픽과 업스트림 트래픽에 대한 속도가 다르다. 서로 다른 주파수를 이용하는 전화선을 통해 데이터를 전송할 때 기존 구리선 설비를 이용하여 384 Kbps에서 20 Mbps 다운스트림의 속도를 지원한다. 업스트림의 속도가 훨씬 더 느리다. **대칭 디지털 가입자 회선**(SDSL, Symmetric Digital Subscriber Line)은 업스트림과 다운스트림 통신에 동일한 광대역을 이용하여 양방향 통신을 제공하는 광대역 방식이다. (광대역은 물리적 거리, 회선 상태 및 DSL 형태, 전송 기술에 따라 다르다.)

케이블 TV는 차세대 브로드밴드의 진화를 가져왔다. 미 **연방 통신 위원회**(FCC, Federal Communications Commission)는 음성, 인터넷, 케이블 TV 및 데이터 연결을 위한 시장을 개방하였다. 일부 사람들은 이러한 결정으로 인한 장기간 영향을 예측했다. 이제 케이블 TV 제공자, 인터넷 서비스 제공자 및 전화 회사는 다음을 제공할 수 있다.

- **음성 통신 서비스** : 시내 및 장거리 전화 서비스
- **인터넷 접속** : 서비스 수준 협정(SLA)을 이용한 전용 인터넷 연결
- **케이블 TV 서비스** : 유료 주문 형 영화와 지역 케이블 TV 서비스
- **주거 및 기업 고객 서비스** : 주거 및 기업 고객을 위한 다양한 고객 서비스 부문

이러한 개방성으로 인해 광대역 서비스에 대한 경쟁 구도가 만들어졌다. 오늘날 주거 및 기업 고객들은 통신 방법을 선택할 수 있다. 고객들은 하나의 월별 청구로 합쳐지는 단일 서비스 제공자의 여러 서비스를 사용한다. 서비스 제공의 새로운 방법의 또 다른 장점은 제공자 측면에서 여러 서비스를 받은 고객은 업체를 바꾸기가 어렵다는 것이다. (그림 2-9)는 전화 접속부터 광대역까지의 인터넷의 진화를 보여준다.

그림 2-9

전화 접속부터 광대역까지의 인터넷의 진화

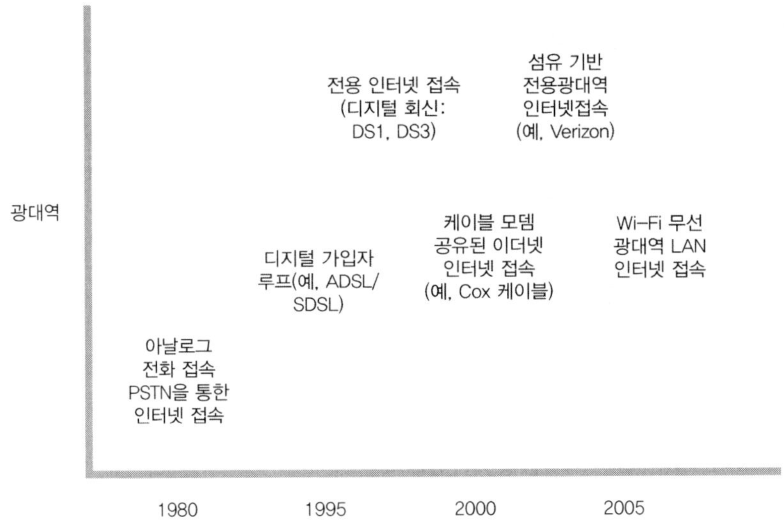

통신 서비스 제공자의 IP 변화

전화 회사와 서비스 제공자는 새로운 시장 기회를 활용하기 전에 극복해야 할 이슈들이 있었다. 전화 회사와 서비스 제공자는 기존 회선 교환 네트워크를 차세대 광대역 네트워크로 변경해야 했다. 이러한 광대역 네트워크는 광섬유 백본과 IP 네트워킹을 이용한다는 것이 좋은 점이다. 나쁜 점은 광대역 네트워크를 설치하였으나 1990년대 초에 아직 이용되지 못했다는 것이다. 기업 분할 이후 구리선 기반의 네트워크가 광섬유 네트워크로 변경되었다. 광섬유 백본 네트워크가 이용되면서 광대역 연결 비용도 낮아졌다. 동일한 물리적 경로를 이용하여 더 많은 데이터를 전송할 수 있기 때문에 메가비트 당 비용이 낮아졌다

서비스 제공자는 경쟁적으로 기존 네트워크를 차세대 광대역 네트워크로 변경하였다. 이와 같은 변화를 위해 다음과 같은 변경이 필요했다.

- **구리선 케이블의 재사용의 극대화** : 케이블을 재사용하는 것은 서비스 제공자가 디지털 통신 시스템으로 가기 위한 핵심 변화 단계이다.
- **구리선 케이블을 광섬유 케이블로 대체** : 오늘날의 광대역 네트워크를 지원하는 광섬유 케이블이 구리선을 대체하였다.
- **회선 교환을 패킷 교환으로 변화** : 프레임 중계 및 비동기 전송 모드(ATM)와 같이 WAN 연결성을 지원하는 패킷 기반 네트워크가 출현하였다.
- **패킷 교환으로부터 IP 네트워킹으로 변화** : 인터넷 접근이 대중화되면서 IP 네트워킹도 대중화되었다.

1990년대 초에 새로운 서비스 제공자가 출현하였다. 이러한 차세대 광대역 서비스 제공자는 국가 규모의 광섬유 백본 네트워크를 구축하였다. 구축된 후 IP 백본 네트워크가 인터넷 접속과 IP 연결을 지원하였다. 전통적인 전화 회사와 서비스 제공자는 아날로그 스위치를 디지털 스위치로 바꿔야 했지만 이는 쉽지 않았다. 변경을 수행한 서비스 제공자가 여전

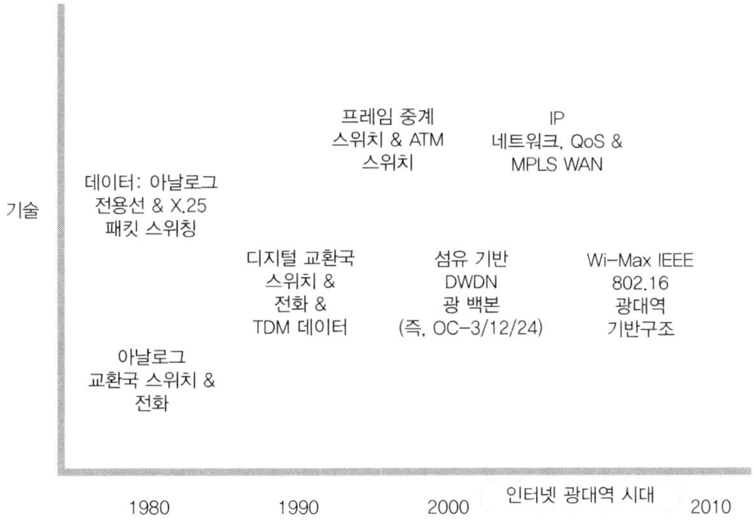

그림 2-10
서비스 제공자 네트워크의 진화

히 사업을 하고 있다. 변경을 수행하지 않는 서비스 제공자는 생존할 수 없었다. (그림 2-10)은 서비스 제공자 네트워크의 진화를 보여준다.

1970년에서 1984년(기업 분할) : 아날로그 통신의 지배

이 시대의 특징은 다음과 같다.

- 케이블 기반구조가 구리선 기반이었다.
- 통신 시스템이 아날로그였다.
- 아날로그 전송에 높은 비트 오류율이 존재하였다.
- 음성 통신은 아날로그 스위치와 전화 시스템으로 지원되었다.
- 데이터 통신은 아날로그 전용선과 X.25 패킷 네트워크로 구성되었다.
- 광대역의 속도는 물리적 라인의 질에 따라 9.6 Kbps에서 56 Kbps까지이다.

기업 분할 전에는 음성과 데이터에 대해 아날로그 통신이 사용되었다. 데이터를 전송하는데 아날로그를 이용할 때 문제는 아날로그 통신의 비트 오류율이 높다는 것이다. 이로 인해 광대역 속도가 9.6 Kbps에서 56 Kbps까지이다. 대부분의 경우 회선 품질은 38.4 Kbps에서 광대역이 최대화된다. X.25 패킷 스위치는 디지털과 광대역 서비스가 사용되기 이전의 1970대와 1980년대에 사용된 WAN 기술에서 일반적이었다.

기업 분할부터 1980년 후반 : 디지털 세계로의 변화

이 시대의 특징은 다음과 같다.

- 구리선 기반의 케이블 기반구조가 재사용되었다.
- 아날로그 시스템이 디지털 스위치로 대체되었다.
- 장거리 전화 업체들이 생겨났다.

- 디지털 통신으로 인해 비트 오류율이 낮아졌다.
- 56 Kbps의 DS0 연결, 이후 T-1(1.544 Mbps)이고, 이후 T-3(45 Mbps)가 이용되었다.
- 음성, 비디오 및 데이터 통신의 융합이 지원되었다.
- 광대역을 공유함으로써 WAN 연결 확장에 경제적 이익을 가져왔다.

AT&T의 분할로 통신의 혁신이 생겼다. 서비스 제공자들은 아날로그에서 디지털 스위치로 변경되었다. 이로 인해 오류율은 낮아지고 빠른 속도가 가능해졌다. 디지털 광대역은 56 Kbps 이상으로 확장되어 45 Mbps에 이르렀다. 1990년대에 T-1 또는 1.5444 Mbps의 디지털 회선이 대중화되었다. 디지털 통신은 음성, 비디오 및 데이터를 통합하였다. TCP/IP와 인터넷의 대중화로 네트워크 방식이 변경되었다.

1980년대 후반에서 1990년 중반 : 차세대 WAN 서비스

이 시대의 특징은 다음과 같다.

- 구리선 기반의 케이블 기반구조가 재사용되었다.
- 디지털 통신이 고정된 광대역을 지원하나 확장성이 높지 않았다.
- 일 대 다 및 다 대 다 원격 연결이 필요했다.
- 프레임 중계 스위치가 적절한 광대역을 제공하는 데 사용되었다.
- 프레임 중계 WAN 서비스는 주문형 광대역을 제공하였다.
- ATM 스위치가 구리선 기반의 T-1(1.544 Mbps) 또는 T-3(45 Mbps) 최종 객체 접속이 가능한 광섬유 백본(OC-3, OC-13 등)을 이용한 고속의 백본 네트워킹을 제공하기 위해 설치되었다.
- ATM은 음성과 비디오와 같은 실시간 어플리케이션을 지원하는 사전 IP 솔루션이었다.

이 시기에 서비스 제공자가 프레임 중계와 ATM WAN 서비스를 제공하기 시작했다. 프레임 중계는 패킷 기반의 WAN 서비스이며 일 대 다 및 다 대 다 WAN 연결을 지원하고 클라우드 서비스를 제공한다. 즉, 조직은 가장 가까운 최종 객체에서 클라우드나 네트워크에 연결하여 서비스 제공자의 백본 네트워크를 이용할 수 있다. 프레임 중계는 고객에게 보장된 정도의 광대역을 제공하기 때문에 특별하다. 광대역의 보장된 정도는 **인정 정보 속도**(CIR, Committed Information Rate)라고 하는 조절판으로 정의된다. CIR은 자동차의 자동 주행 속도 유지 장치와 같다. 자동 주행 속도 유지 장치를 속도 제한에 설정하면 자동차 속도는 해

그림 2-11 프레임 중계 CIR이 동작하는 방법

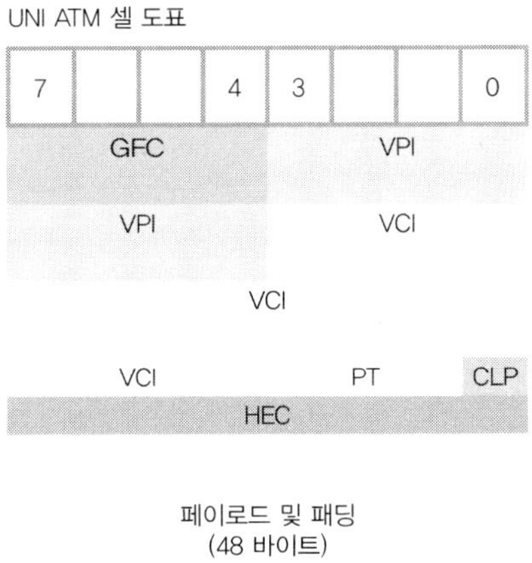

그림 2-12

비동기 전송 모드(ATM)와 53 바이트 셀의 사용

당 속도까지 올라간다. 마찬가지로 프레임 중계는 보장된 CIR 또는 처리량을 제공할 때까지 대량의 트래픽을 지원한다. CIR은 프레임 중계가 고객 라우터의 가상 회선을 통해 제공할 수 있는 보장된 대역폭의 양이다. 예를 들어, (그림 2-11)에서와 같이 CIR은 이러한 안정 광대역 이상을 지원하면서 256 Kbps까지 보장된다. (그림 2-11)은 프레임 중계 CIR이 동작하는 방법을 보여준다.

오늘날까지 데이터 네트워크는 음성과 비디오와 같은 시간에 민감한 어플리케이션을 지원할 수 없었다. 데이터 네트워킹이 패킷 교환 형태의 구조로 변경되었다. 데이터 네트워킹은 프레임 중계에서 비동기 전송 모드(ATM), IP 네트워킹으로 진화되었다. IP 네트워킹에서의 진보로 인해 VoIP와 통합 통신(UC, Unified Communication)가 같은 실시간 어플리케이션을 지원할 수 있게 되었다. UC 어플리케이션은 **세션 개시 프로토콜**(SIP)을 이용한다.

ATM에서 음성, 비디오 및 데이터 통신을 지원할 수 있기 때문에 서비스 제공자는 ATM을 선호한다. ATM은 53 바이트 셀 또는 패킷을 이용하고 광 광대역 속도를 지원할 수 있다. ATM은 1990년 후반 인터넷과 IP 네트워킹 붐 이전에 서비스 제공자 네트워크에서 가장 많이 사용되는 기술이었다. (그림 2-12)는 ATM 셀의 포맷을 보여준다.

다중모드 통신

오늘날 사람들은 여러 종류의 다양한 통신 방법을 사용한다. Y 세대들은 휴대폰이나 스마트폰을 통한 텍스트 메시지를 선호한다. 베이비 붐 세대는 전화를 걸어 다름 사람들과 직접적으로 대화하는 것을 더 선호한다. 개인은 온라인으로 VoIP나 IM 채팅을 이용한다.

어떤 통신 방법을 사용해야 하는가? 이것은 통신으로 하고자 하는 것에 따라 다르다. 개인용 통신은 보통 거리가 짧고 신속하다. 기업용 통신은 거리가 짧거나 길다. 여러 사람과 통신을 해야 한다면 전화 회의를 고려한다. 기업은 종종 서로 간 문서를 공유한 후 검토하는 기능이 필요하다. 본 절에서는 기업의 여러 요구사항을 만족시키기 위해 **다중모드 통신**

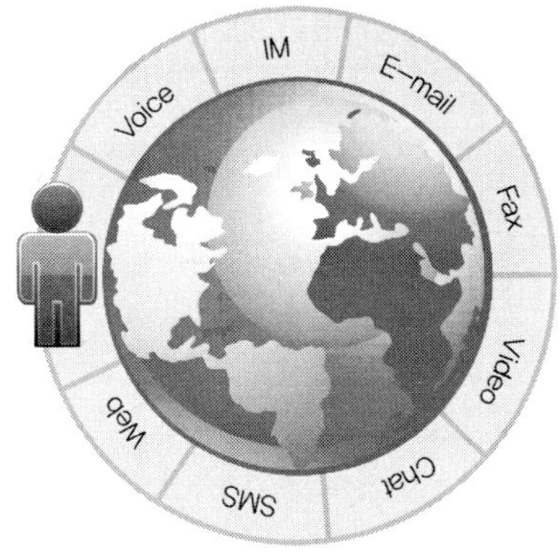

그림 2-13
다중모드 통신

(multimodal communication)이 동작하는 방법에 대해 살펴보도록 한다.

현재 개인과 기업은 통신을 위해 여러 방법을 사용할 수 있다. 여러 요소에 따라 가장 좋은 통신 방법을 선택한다.

- 통신 종단 장치로 무엇이 사용되는가? : 종단 장치에 따라 통신 형태가 결정된다. 오늘날 휴대폰, 스마트폰 및 PDA 장치는 이동하는 작은 컴퓨터와 같다.
- 핵심 인력에 대해 실시간 접근이 필요한가? : 경찰, 소방관, 의료진과 같은 비상시에 대응하는 인력이 실시간으로 주요 인력과 연락을 해야 한다.
- 실시간 접근이 필수인가? : 상황에 따라 저장 후 전달 통신이 좋을 수도 있다.
- 생산성 향상이 필요한가? : 기업 사용자들은 오디오와 비디오 회의 어플리케이션 혜택을 누릴 수 있다.

기업은 항상 고객을 찾고 관리하는 새로운 방법을 식별하여야 한다. 그러한 방법은 기업이 고객과 통신하는 방법에 따라 다르다. 베이비붐 세대는 주로 전화를 이용한다. Y 세대는 일반적으로 텍스트 메시지, 이메일, IM을 통한 채팅을 선호한다. 기업은 고객의 성향을 알아서 적절히 대처할 필요가 있다. 고객이 자체 서비스를 수행하는 웹 사이트를 이용할 수 있도록 하면 비용을 줄일 수 있다. 이러한 웹 사이트는 24×7×365시간 "항상" 고객 서비스 제공이 가능하다. 기업은 고객 서비스를 개선시키기 위해 VoIP와 SIP 프로토콜과 어플리케이션이 필요하다. (그림 2-13)은 다중모드 통신의 여러 구성 요소를 보여준다.

VoIP

2000년 초에 전통적인 PBX 기술에서 VoIP로 바뀌었다. 그 원인은 무엇이었을까? IP 패킷과 IP 네트워킹은 실시간 음성 통신을 어떻게 지원하는가? TCP/IP가 안전하지 않다면 VoIP도 안전하지 않은가? 처음에 VoIP는 적절치 않아 보였다. 이러한 인식이 어떻게 바뀌었는가? 전통적인 PBX로부터 변화를 이끈 원동력이 무엇인가?

사용자를 VoIP로 이끈 1990년 중반부터 2000년 초까지 기업이 직면한 상황은 다음과 같다.

- **통신 환경이 TCP/IP로 변하고 있었다** : 인터넷으로 인해 사람과 기업은 어플리케이션과 어플리케이션에 접속하는 방법을 변경하였다.
- **PBX는 오직 제한된 데이터 기능으로만 음성을 전송할 수 있다** : 레거시 음성 PBX 시스템은 데이터와의 융합을 지원할 수 없었다.
- **음성, 비디오 및 데이터의 융합을 위해서는 IP 네트워킹으로의 갱신이 필요했다** : 음성과 비디오는 VoIP, 회의, 협력과 같이 시간에 민감한 어플리케이션을 지원하기 위해 WAN과 광대역의 데스크톱 연결성이 필요했다.
- **통합을 통해 운영 및 유지 관리 비용을 낮추었다** : 융합을 통해 음성, 비디오 및 데이터 통신을 통합시켰다. 모든 통신은 TCP/IP를 이용하게 되었다.
- **VoIP는 안전하지 않다** : TCP/IP와 마찬가지로 VoIP와 신호처리 프로토콜은 안전하지 않다. 이로 인해 계층화된 보안 방법이 필요하다.
- **SIP는 통합 통신의 기본이다** : SIP는 IM 채팅, 회의 및 협력과 같은 실시간 어플리케이션이 사용하는 프로토콜이다.

VoIP는 데이터와 동일한 물리적 네트워크를 이용하기 때문에 VoIP는 지속적으로 중·소 및 대기업에서 가장 많이 사용되는 방법이다. 데스크톱으로 연결된 광대역을 이용하여 VoIP와 워크스테이션 연결은 동일한 LAN 연결을 공유하다. VoIP는 융합을 지원한다. 융합은 음성, 비디오와 데이터 통신을 합친다. 여기에는 **프로토콜 융합(protocol convergence)**, **기반구조 융합(infrastructure convergence)** 및 **어플리케이션 융합(application convergence)**이 포함된다.

- **프로토콜 융합** : TCP/IP는 다중모드 통신에 대한 가장 밑단의 공통 요소가 된다. 많은 어플리케이션은 네트워크 계층 프로토콜로써 IP를 사용한다.
- **기반구조 융합** : 동일한 4쌍, 비차폐 트위스트 케이블, 100 Mbps 또는 GigE을 이용하여 워크스테이션은 동일한 물리적 케이블 연결을 공유하는 IP 전화에 연결할 수 있다. 음성과 데이터 IP 트래픽은 혼합되어 공유된 워크스테이션 케이블을 통해 전송된다. 개별의 음성과 데이터 VLAN을 통해 트래픽은 배선실과 건물의 백본 네트워크로 나누어진다.
- **어플리케이션 융합** : 어플리케이션 통합을 통해 생산성을 개선시킨다. 통합 통신이 그 예이다. 통합 통신은 기록된 음성 메시지를 이메일에 통합시킨다. 이렇게 함으로써 사용자는 이메일로 전송된 오디오 파일과 마찬가지로 원격으로 음성 메시지를 재생할 수 있다.

왜 VoIP와 융합에 관해 대대적으로 광고를 할까? 융합되지 않으면 음성을 데이터 통신에 절대로 통합시킬 수 없다. 오늘날 VoIP는 향상된 음성 통신 서비스와 실시간 메시지 교환을 통합하는 것에 대한 기본을 제공한다. VoIP는 음성 전화와 오디오 회의를 지원한다. (그림 2-14)는 기업의 IP 전화 기반구조를 보여준다.

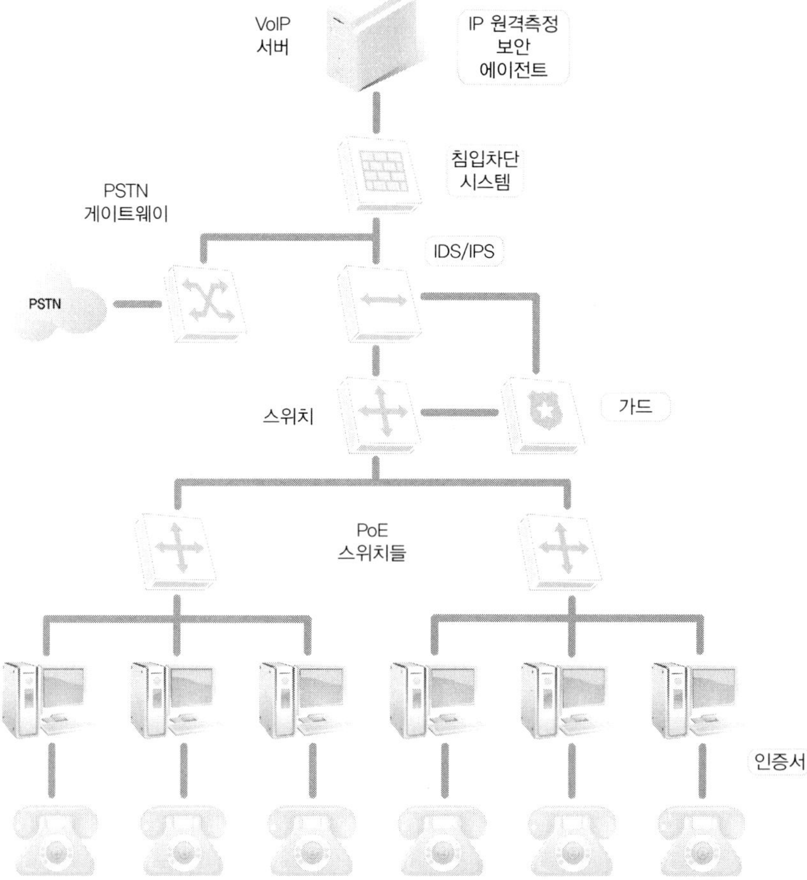

그림 2-14

기업의 IP 전화 기반구조

통합 통신(UC, Unified Communication)

VoIP가 개인과 기업 통신에 미치는 영향에 대해 생각해 보자. 인터넷으로 인해 사용자가 VoIP를 사용하면 장거리 전화를 무료로 사용할 수 있게 된다. VoIP는 음성 통신을 지원하기 위해 가장 많이 사용되는 인스턴트 메시지 교환 어플리케이션이다. Yahoo! Instant Messenger와 Microsoft Windows Live와 Skype에서는 VoIP와 SIP를 사용한다. 오늘날 데스크톱 컴퓨터, 노트북 및 넷북에는 마이크와 웹캡이 내장되어 있다. 이러한 VoIP와 SIP 사용이 가능한 툴과 어플리케이션은 실시간으로 멀티미디어 통신을 지원한다.

아날로그에서 디지털 전화시스템으로 진화는 단순한 포맷 변경 이상의 더 많은 것이 변화되었다. 워크스테이션 연결이 광대역 속도로 가능해지면서 VLAN을 이용하여 음성 트래픽을 데이터 트래픽과 구분할 수 있게 되었다. 그동안 WAN은 시간에 민감한 사용을 지원하기 위해 개선될 필요가 있다. 여기에는 트래픽 우선순위를 설정하는 QoS의 도입도 포함된다. IP 네트워크는 대량의 VoIP 트래픽에 적응하였다. VoIP는 통합 통신의 기본을 제공하였다. UC는 여러 실시간 통신 솔루션을 제공하며 기업은 각 솔루션을 이용하여 직면한 문제를 해결하였다.

통합 통신이란 무엇인가? UC는 생산성을 증대시키고 통신을 지원하는 실시간 통신 어플리케이션의 집합이다. 이제 UC는 새로운 것이 아니다. 인스턴트 메신저가 나온 이후 UC는 존재하였으며, Y 세대 사용자는 소셜 네트워킹 툴로 UC를 사용한다. 이제 기업은 UC를 이용하여 생산성을 개선시킨다. UC 어플리케이션은 다음의 특성을 제공한다.

- 존재/가용성 : UC는 24시간, 인터넷에 상시 접속한 연락처(상대방)를 제공한다.
- 인스턴트 메시지 교환(IM) 채팅 : IM 채팅은 실시간 메시지 교환과 신속한 질의/응답에 가장 좋다. 사용자가 접속되어 있으면 즉각적으로 응답을 얻을 수 있다. 접속되어 있지 않으면 메시지는 수신자에게 전송되고 해당 사용자가 다음에 로그인할 때 검색된다.
- 오디오 회의 : UC는 여러 사용자들이 컨퍼런스 전화에 참여할 수 있는 오디오 회의 서비스를 지원한다.
- 비디오 회의 : UC는 여러 사용자들이 비디오 컨퍼런스 전화에 참여할 수 있는 비디오 회의 서비스를 지원한다.
- 협력 : UC는 원격 사용자들 사이에 협력을 위한 실시간 어플리케이션 공유를 지원한다.

다중모드 통신을 이용하여 여러 방법으로 고객과 통신할 수 있다. 이러한 방법으로는 전화, 팩스, 이메일 등이 있다. 예를 들어, 누군가에게 전화를 한 후 수신자가 전화를 받지 않으면 음성 메시지를 남길 수 있다. 이것은 이메일과 같은 저장 후 전달 통신의 예라 할 수 있다. UC는 메시지를 남기는 것에 중점을 두는 것이 아니라 실시간으로 통신하는 것에 중점을 둔다. 조직은 반드시 최상의 고객 서비스를 제공하면서 비즈니스 파트너와 고객이 조직에게 연락할 수 있는 방법을 정의하여야 한다. 다중모드 통신을 이용하여 고객에게 조직과 연락할 수 있는 방법을 알려주어야 한다.

다음 절에서는 UC를 이용하여 내부와 외부의 기업 문제를 어떻게 해결하는지를 살펴보도록 한다. UC를 통해 사용자들은 실시간 접속과 통신이 가능하다. 조직은 스마트폰, PDA 장치, 데스크톱 컴퓨터를 포함하여 UC를 지원하는 다양한 장치를 선택할 수 있다.

통합 통신을 이용한 기업 문제 해결

비즈니스 프로세스 재설계(business process reengineering)는 의사 결정 과정에서 인간 대기시간을 제거하여 비즈니스 프로세스를 간소화하기 위한 용어이다. 인간 대기시간(human latency)은 입력이나 서신을 고려하고 행동을 취한 후 대응하는 시간이다. 이것은 더 나은 쥐덫을 설치하는 것과 같다. 비즈니스 프로세스를 재설계하기 위해서는 계속해서 결정이나 인가가 필요한 프로세스 지점을 식별한 후 해당 결정을 내리기 위해 프로세스를 간소화하기 위한 변화를 제안한다. UC를 통해 주요 인력과 실시간으로 연락하여 대화하도록 함으로써 인간 대기시간을 해결한다. UC는 음성 메일과 이메일과 같은, 저장 후 전달 통신과는 반대되는 개념이다. 이러한 상황에서 음성 메시지나 이메일 메시지를 남기는 것을 생각해 보자.

- 고속도로에서 출구로 나가려고 운전을 하고 있다고 하자. 친구에게 길을 알려달라고 전화를 했는데 음성 메일박스로 연결될 수 있다.

표 2-4 통합 통신의 사례

비효율적인 비즈니스 프로세스	UC 활용
응급실에서 의사나 간호사를 찾을 수 없는 경우	응급실 의료진은 UC가 가능한 휴대폰, 스마트폰, PDA 장치 또는 태블릿 컴퓨터를 이용하여 "상시 인터넷에 접속"되어 있다. IM이 가능한 실시간 존재/가용성이 가능하다.
판매 관리자가 협의된 할인으로 대량 주문을 승인할 수 없는 경우	판매 관리자와 외부 판매 직원 모두 UC에 연결된다. 실시간 존재, 가용성 및 IM 채팅이 활성화된다.
고부가 가치 고객이 즉시 서비스를 위한 현장출동 경비원과 연락이 닿지 않는 경우	우수 고객을 위한 현장출동 경비원이 고객 서비스 콜 센터에 UC로 연결된다. VIP 고객이 전화하면 우수 고객을 위한 현장출동 경비원에 대한 실시간 접속이 활성화된다.
적기 공급 생산 방식의 제조 프로세스에서 생산 이슈를 처리하는 공장 관리자를 찾을 수 없어 배송 일정이 지연되는 경우	생산 관리자와 현장 관리자 모두 UC로 연결된다. 원격 토론을 위해 실시간 존재와 가용성, IM 채팅, 회의 및 협력이 활성화된다.
주식 중개인과 거래자가 대량의 구매/판매 주문을 승인과 관련하여 상관과 연락할 수 없어 금융 거래가 지연되는 경우	주식 중개인과 거래자 모두 필요시 상관으로부터 실시간 승인을 받기 위해 UC로 연결된다.
은행 판매 직원이 금융 보험업자, 대출담당직원과 위험 평가자와 함께 반드시 대출 서류를 공유해야 하는 경우	UC로 연결된 대출담당직원, 금융 보험업자 및 위험 평가자는 대출 승인 결정을 위해 실시간으로 협력할 수 있다.

- 자동차 사고로 다쳤다고 하자. 911 교환원이 실시간으로 구급차와 연락이 안 될 수 있다.
- 판매를 종료하려고 하나 상관이 추가적인 할인을 승인하지 않을 수 있다.
- 집을 구매하기 위한 계약에 대한 마지막 변경사항을 의논하기 위해 배우자에게 연락할 수 없을 수 있다.

인간 대기시간이 인간의 삶에 영향을 미치는 상황(사용자가 이로 인해 돈을 잃거나 비즈니스 성능의 감소)의 예를 생각할 수 있을까? 바로 이것이 UC의 목적이다. UC는 대기시간을 제거함으로써 인간 대기시간 문제를 해결한다.

인간 대기시간 및 UC 활성화의 사례

사람은 프로세스를 간소화할 때 가장 효율적이지 않다. UC를 이용해 주요 인력과 실시간으로 연락할 수 있어 대기시간을 해결할 수 있다. [표 2-4]는 UC 이용의 예를 보여준다.

UC는 부모가 실시간으로 자식들과 연락할 수 있는 훌륭한 방법이다. UC는 치안 인력이 사고 발생 시 통신할 수 있는 뛰어난 툴이다. 이로 인해 생명을 구할 수도 있다. UC는 사람과 소통하는 데 걸리는 시간을 단축시킨다.

UC를 이용하여 기업은 고객 서비스를 개선할 방법을 찾을 수 있다. 많은 회사들이 단골 고객 관리 프로그램을 보유하고 있다. 많은 회사들은 고부가 가치 고객을 식별한 후 해당 고객에게 우대 서비스를 제공한다. 많은 기업들은 80-20 규칙(수익의 80%는 고객의 20%로부터 나온다)을 따른다. 나머지 80%는 고부가 가치 고객으로 전환하고자 하는 **저부가 가치 고**

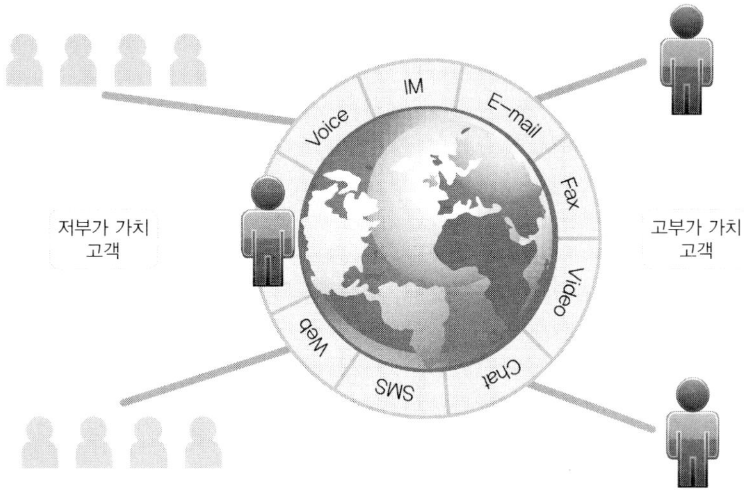

그림 2-15

통합 통신을 이용한 고객 서비스 제공을 개선시킬 수 있음

객들(low-value customers)이다. (그림 2-15)는 UC를 통해 고부가 가치 고객에게 고객 서비스 제공을 개선시키는 방법을 보여준다.

조직에서 UC를 이용할 경우 많은 이득이 있다. Microsoft 주도로 이제 데스크톱과 모바일에서 UC가 실현되었다. 직원은 휴대폰이나 PDA 장치를 통해 항상 인터넷에 접속할 수 있다. 또한 이제 학생들도 UC로 연결된다. 따라서 VoIP와 SIP를 안전하게 하는 것이 점점 더 중요해지고 있다. 다음은 UC를 이용할 경우의 장점이다.

- **UC를 통해 양육을 개선할 수 있다.** : UC를 이용하여 부모는 실시간으로 아이들과 연락을 유지할 수 있다.
- **UC를 통해 생산성을 향상시킬 수 있다.** : UC를 이용하여 동료와 실시간으로 연락하여 오디오 및 비디오 회의를 할 수 있고 프로젝트 협력을 할 수 있다.
- **UC를 통해 비용을 절감할 수 있다.** : UC를 통해 부동산 가격을 낮추고 통신비용을 낮추고 직접 만나서 하는 회의나 훈련을 위한 여행 경비를 절감할 수 있다.
- **UC를 통해 집에서 일할 수 있다.** : 광대역 인터넷 접속을 이용하여 직원은 대학에 연결되고 집에서 일할 수 있어 여행 경비와 시간을 절감할 수 있다.
- **UC를 통해 실시간 또는 녹화된 훈련을 제공할 수 있다.** : 여행 경비가 필요 없고 훈련이 실시간으로 "시간에 맞추어" 진행되고 대중을 대상으로 온라인으로 제공될 수 있다.
- **UC를 통해 고객 서비스 제공을 개선시킬 수 있다.** : 기술 전문가나 고객 서비스 전문가에게 실시간으로 연락할 수 있어 고부가 가치 고객을 위한 고객 서비스 지원을 개선시킬 수 있다.
- **UC를 통해 비즈니스 의사 결정을 단축시킬 수 있다.** : 주요 의사 결정자와 실시간으로 연락할 수 있어 핵심 비즈니스 결정을 보다 신속하게 할 수 있고 시간을 단축시킬 수 있다.

이러한 장점을 위해서는 VoIP와 SIP에 적절한 보안 통제가 있어야 한다. 반드시 VoIP와

SIP에 대해 안전성을 보장해야 한다. 이를 위해서는 C-I-A를 보장하는 계층화된 보안 솔루션이 필요하다.

오프라인 거래에서 전자상거래로의 진화

인터넷을 통해 사람들이 통신하는 방법이 많이 변화되었다. 또한 비즈니스에서도 일대 혁신이 일어났다. 이제 오프라인 거래가 글로벌로 확대되었다. 전자상거래로 인해 기업의 판매 방법이 변경되었고 인터넷으로 인해 기업의 상품을 내 놓는 방법도 달라졌다.

전자상거래란 무엇인가? 이것은 컴퓨터 등의 정보처리 시스템을 이용한 전자문서에 의하여 재화나 용역의 거래에 있어서 그 전부 또는 일부가 처리되는 거래라고 할 수 있다. 온라인 고객은 업체의 웹 사이트를 통해 상품과 서비스를 구매한다. 온라인 고객은 개인정보와 계좌번호나 신용카드 번호를 입력한다.

전자상거래에는 **기업 대 소비자(B2C, Business to Consumer)**와 **기업 대 기업(B2B, Business to Business)**의 두 가지 모델이 있다.

- **기업 대 소비자(B2C)** : 고객이 기업의 웹 사이트(예, http://www.amazon.com)에서 직접 상품과 서비스를 구매할 수 있도록 온라인 상점을 생성한다.
- **기업 대 기업(B2B)** : 보통 통합된 공급망 관리 구매와 배송을 위해 기업이 다른 기업과 함께 판매를 수행하기 위해 연계되는 온라인 시스템을 구축한다.

전자상거래 시스템과 어플리케이션을 위해서는 엄격한 C-I-A 보안 통제가 필요하다. 조직은 반드시 인터넷의 모든 공격자로부터 정보를 보호하기 위해 엄격한 보안 통제를 사용하여야 한다. 특히 개인정보와 신용카드 번호를 인터넷을 통해 전송할 때 그렇다. **지불 카드 산업 데이터 보안 표준(PCI DSS, Payment Card Industry Data Security Standard)**을 준수하기 위해 기업은 반드시 보안 평가를 수행하고 고객의 개인정보보호를 위해 올바른 통제를 사용하여야 한다.

전자 비즈니스 변화와 관련된 기업 문제의 해결

인터넷은 거의 익일 배송이 가능한 세계적인 온라인 장터를 창출했다. 아무도 그러한 대변화 또는 결과를 예측하지 못했다. 일단 인터넷이 도처에 연결되면 광고, 판매, 마케팅이 더 이상 텔레비전, 라디오, 신문, 잡지, 메일 등으로 제한되지 않는다. 마케팅은 새로운 고객 탐색, 유지 그리고 더 나은 상품과 서비스를 제공하는 것과 관련된다. 인터넷으로 인해 마케팅 활동을 온라인으로 편하게 할 수 있게 되었다. 이로 인해 새로운 비즈니스 이슈가 생겨났다.

- 인터넷을 통한 사업 성장
- 기존의 전통적인 사업에서 전자 비즈니스로의 변화
- 안전하면서 가용성이 높은 웹 사이트 및 전자상거래 포털 구축

- 웹 기반의 고객 서비스 구축
- 인터넷 마케팅을 이용한 신규 고객 탐색

Amazon, DELL, Apple Computer의 iTunes, Western Union, e-Bay, Priceline.com, Domino 피자 및 UPS와 같은 기업이 전자 비즈니스 모델을 창출했다. 이러한 기업들은 웹 사이트를 전 세계 고객과 소통하는 방법으로 이용하였다. 이러한 기업들의 고객은 웹 사이트에 내재된 개선된 고객 서비스를 이용하여 구매를 수행하였다. 셀프 서비스는 게임의 이름이다. 계정 관리와 같은 많은 온라인 활동은 셀프 서비스가 될 수 있다. VoIP와 IM 채팅을 통해 고객 서비스 에이전트에 실시간으로 접속하여 고부가 가치 고객의 경험을 개선시킬 수 있다.

전자 비즈니스 전략은 무엇인가? 전자 비즈니즈로 인해 기업의 기능과 운영은 웹 기반 어플리케이션으로 바뀌었다. 전자 비즈니스 전략에는 인터넷을 이용한 마케팅과 상품 및 서비스의 판매가 포함된다. 일반적으로 전자 비즈니스 전략에는 다음의 요소가 포함된다.

- **전자상거래 솔루션** : 이러한 솔루션으로 안전하게 상품과 서비스를 구매하기 위한 전자상거래 솔루션으로 온라인 카탈로그와 시스템이 있다.
- **인터넷 마케팅 전략 : 인터넷 마케팅 전략에는 탐색 엔진 최적화(SEO, Search Engine Optimization)가 포함된다. SEO는 내재된 메타 태그와 키워드를 이용하여 탐색 엔진이 결과를 분류하도록 지원한다. 이러한 결과에는 고객 유도 생성, 이메일 사용 증대 및 푸시 마케팅이 포함된다. (고객 유도 생성 : 마케팅 담당자는 정보 웹 사이트와 백서 다운로드로부터 고객 정보를 요청함, 이메일 사용 증대 : 광고와 할인 쿠폰이 직접적으로 이메일로 전송됨, 푸시 마케팅** : 사용자의 관심을 기반으로 직접적인 판매와 마케팅을 포함)
- **전자 고객 서비스 제공 전략** : 이것은 셀프 서비스이고 온라인 고객 서비스 전략이다.
- **지불 및 신용카드 거래 처리** : 안전한 온라인 지불 처리와 신용카드 거래 처리는 고객의 개인정보에 대한 비인가된 접근을 방지하기 위해 백엔드 시스템 보안 통제를 이용하여 반드시 암호화되어야 한다.

오늘날 기업이 인터넷 마케팅 전략이 필요한 이유

전자 비즈니스 전략을 구축하는 것은 단순히 웹 사이트를 구축하는 것 이상이다. 반드시 인터넷을 통해 새로운 기업 파트너와 전 세계의 고객을 찾는 방법을 이해해야 한다. 전자 비즈니스 전략이나 이동 계획이 없으면 기업은 인터넷에서의 경쟁력을 잃게 된다. 인터넷 마케팅 전략은 기업 성공의 핵심 부분이다. 이것은 웹사이트에 좀 더 집중하여 관리하는 것에 관한 것이다. 인터넷 마케팅 전략은 탐색 엔진, 공동 마케팅 협정과 요구에 따라 갱신되는 컨텐츠를 이용한다. 오프라인 사업 모델은 오늘날의 글로벌 마켓에서는 뒤떨어진 모델이다. 기업은 반드시 고객이 정보, 제품 및 서비스에 지속적으로 접근할 수 있도록 하는 온라인 전자 비즈니스를 갖추어야 한다. (그림 2-16)은 월드 와이드 웹을 이용한 전자 비즈니스 모델

그림 2-16

웹의 전자 비즈니스 모델로의 변환

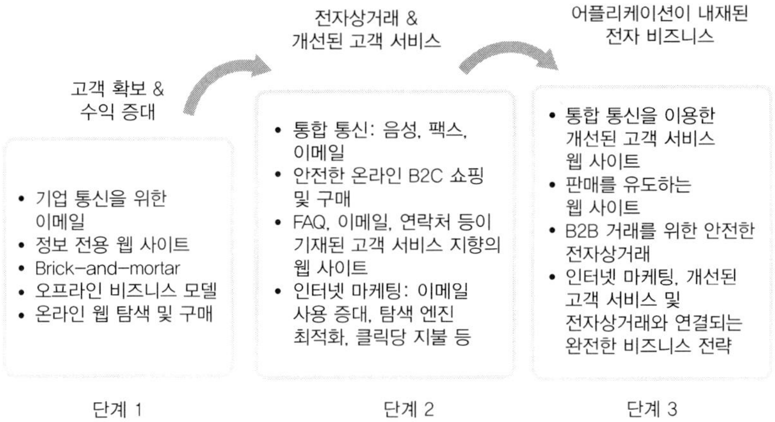

로의 변환의 과정을 보여준다.

기업이 자신의 사업 모델에 인터넷을 포함하면서 온라인 위험, 위협 및 취약점에의 노출이 증대되었다. 인터넷에 연결된다는 것은 해커 등의 공격자에게 노출됨을 의미한다는 것을 기억하도록 한다. 안전한 웹 어플리케이션과 안전한 프론트-엔드 및 백-엔드 시스템 그리고 고객의 개인정보 암호화는 조직이 위험을 감소시키기 위해 반드시 구현해야 하는 핵심 보안 통제이다.

사람, 기업 및 조직에 대한 웹 영향

전자 상거래로 인해 많은 기업은 상품을 판매하는 방법을 변화시켰다. 다른 조직들도 다양한 종류의 온라인 거래를 한다.

- **컴퓨터 구매** : 사용자가 자신의 요구에 맞춰 컴퓨터를 온라인으로 주문하면 집이나 기업으로 컴퓨터가 배송된다. 컴퓨터 재판매자와 시스템 통합 사업자가 사라졌다.
- **음악 구입** : 사용자는 가장 좋아하는 음악의 디지털 복사본을 다운받을 수 있다. 소매 CD와 레코드 가게가 존재하긴 하나 전보다 그 수가 줄어들었다.
- **전 세계적인 송금 수행** : 송금이 이제 신용카드를 이용한 온라인으로 수행된다. 돈을 송금하기 위해 직접 수행해야만 하는 것은 아니다.
- **여행 서비스 구매** : 항공, 호텔, 자동차 렌트 구매가 인터넷으로 가능하다. 기업과 고객은 온라인을 통한 예약을 가장 많이 사용한다.
- **부동산 구매** : 부동산 목록을 인터넷으로 확인할 수 있다. 고객은 부동산을 보겠다고 중개인에게 이메일을 보내기 전에 사진과 비디오로 이를 검토할 수 있다.
- **자선단체에 기부** : 많은 조직들은 편지나 전화보다 효과적으로 온라인으로 기부자들에게 연락할 수 있다. 종종 기부자들도 그런 방법으로 연락하는 것을 좋아하고 온라인으로 기부하는 것을 선호한다.

- **정부 기관에 연락** : 사람들은 웹을 통해 운전 면허증을 갱신하거나 세금 용지를 다운받거나 공무원과 연락할 수 있다.
- **학교와 대학 연구** : 이제 웹 사이트는 교육 기관의 핵심 부분이다.

IP 이동성

사람이 통신에 이용하는 기술이 많아질수록 통신 장치는 변화되었다. 통신방법을 변경하면 보다 새로운 컴퓨터와 네트워크 연결 방법을 채택하게 된다. 일반적으로 음성 통신은 전화를 이용한다. 오랫동안 전화는 음성 통신정도만 지원하였다. 과거 몇 년 동안 개인 통신 장치와 휴대폰은 매우 강력해졌다. 1990년대 휴대폰 사용이 급증하면서 오늘날 휴대폰, 스마트폰 및 개인용 전자 장치는 소규모 컴퓨터의 힘과 유연성을 가지게 되었다. PDA는 가볍고 휴대하기 편하고 달력, 주소록 등의 기능이 있고 전자수첩처럼 사용되는 펜 기반의 컴퓨터이다. 소프트웨어 개발사들은 휴대 장치 시장을 대상으로 많은 프로그램을 만들었다. 태블릿, 스마트폰 및 넷북이 출현하였고 점점 더 많은 사람들이 큰 노트북 대신 이러한 휴대 장치를 들고 다녔다.

모든 규모의 조직에 큰 영향을 미치는 것 중 하나는 개인 통신 장치의 사용이 증가한다는 것이다. 이것은 BYOD(Bring Your Own Device)라 알려진 정책이다. 조직은 직원과 계약자가 스스로 선택하고 구입한 장치를 이용하여 네트워크에 연결하는 것을 허용한다. 종종 조직이 대신해서 하나 또는 두 개의 모델을 구입해서 개인용으로 직원에게 주기도 한다. 장치 구입 가격이 싸지고 운영비용이 저렴해지고 사용자와 어플리케이션의 지원이 증대되면서 BYOD 이용이 증가할 것이다. 그러나 BYOD를 위한 보안 이슈를 신중하게 고려해야 한다.

사용자들은 여러 기능이 지원되고 인터넷에 연결되는 작은 장치를 원한다. 지난 10년 동안 노트북은 점점 더 작아지고 가벼워지고 더 강력해졌다. 노트북은 많은 데스크톱 컴퓨터 성능에 대응할 만큼 충분히 강력해졌다. 사용자는 노트북을 사용하고 휴대성을 선호했다. 또한 사무실에 있지 않아도 이메일과 수많은 업무용 어플리케이션에 연결할 수 있는 것을 선호했다. 사용자 커뮤니티는 휴대성과 데스크톱 컴퓨터로부터 자유로워지기를 기대하기 시작했다. 컴퓨터 제조사는 무거운 장치 없이 언제 어디서나 연결되기를 원하는 사람들의 기대에 부응하기 위해 보다 작고 가벼운 노트북을 제공하기 시작했다.

휴대폰, 스마트폰, PDA?

휴대장치 사용이 증대되면서 이러한 휴대장치와 관련된 용어들이 생겨났다. 오늘날 휴대장치를 이용하여 사용자들은 전화 통화를 하고 문자 메시지를 주고받는다. 전화 기능은 없으나 모바일 운영체제를 이용하여 프로그램을 동작시키는 장치를 PDA라 한다. 모바일 폰과 PDA 기능이 결합된 장치가 스마트폰이다.

스마트폰과 PDA 제조사들도 이 부분에 주목하였다. 스마트폰과 PDA 제조사들은 보다 빠르고 강력한 장치를 만들기 시작했다. 이러한 시장의 수요를 주도하는 업체 중 하나가 BlackBerry이다. 첫 번째 BlackBerry 장치는 1999년에 출시되었다. BlackBerry를 이용하여 사용자는 단일 장치로 전화도 하고 이메일에 접근하고 일정을 관리할 수도 있었다. 또한 사용자들은 노트북 없이 일부 어플리케이션을 동작시키고 업무를 수행할 수 있게 되었다. Apple은 iOS 제품 이후 대중적인 iPhone을 만들기 시작했다. 첫 번째 iPhone은 2007년에 출시되었다. 첫 번째 Android 전화인 T-Mobile G1은 Android 운영체제를 이용하여 2008년에 출시되었다.

모바일 근로자

문제는 "누가 정말로 모바일 장치를 사용하고 싶어 하는가?"이다. 답은 "거의 모두!"라고 할 수 있다. 사람들은 개인용도와 업무용도로 모바일 장치를 사용하고 싶어 한다. 이런 경향은 BYOD의 중요성이 강조된다. 이러한 수요에 맞추어 모바일 장치와 소프트웨어와 서비스가 제공된다. 모바일 사용자들은 새로운 장치나 소프트웨어의 출시와 함께 모바일 기술을 더 많이 사용하고 싶어 한다. 모바일 컴퓨팅의 기능과 편리성이 기존 PC 기반의 컴퓨팅과 동일해 졌다. 그러나 네트워크 속도, 이용성 및 보안 등 최소한 3개의 이슈가 남아 있다.

모바일 장치와 어플리케이션의 용도는 많다. 가장 초기의 어플리케이션의 일부는 실제로 경량의 웹 어플리케이션이었다. 사용자는 모바일 장치의 경량화 웹 브라우저를 이용하여 웹 서버에 연결한다. 이후 스마트폰과 PDA는 지속적인 네트워크 연결이 필요 없는 네이티브 어플리케이션을 지원하였다. 어떤 어플리케이션은 계속해서 반드시 인터넷에 연결되어야 하나 다른 것은 그렇지 않을 수 있다. 한 예로 서버에 직원의 근무시간 기록표를 저장하는 어플리케이션을 생각해 보자. 모바일 장치는 반드시 네트워크에 연결되어 서버와 데이터를 동기화하여야 하나 지속적으로 연결을 유지할 필요는 없다. 지속적인 네트워크 연결이 필요 없는 어플리케이션은 비행기 내에서도 작업이 가능하다.

모바일 장치의 초기의 용도 중 하나는 직장에서 일하지 않아도 되는 것이다. 모바일 근로자가 많아지면서 모바일 장치용 어플리케이션의 개발도 늘었다. 이메일과 일정을 관리하는 범용의 어플리케이션이 많이 사용되는 첫 번째 어플리케이션이라 할 수 있다. 의료 전문가들도 모바일 컴퓨팅을 자신들의 업무에 적용할 경우의 장점을 빠르게 인식하였다. 의료와 의료 정보 관리는 매우 밀접한 업무이다. 환자마다 환자의 의료 정보와 관련된 차트와 파일이 존재하며 의료진은 환자 정보에 신속하게 접근하여 최고의 치료를 제공할 필요가 있다. 병원과 클리닉 등은 환자 정보를 관리하는 데 상당한 시간과 돈을 투자했었다. 의료 기록을 전자적으로 저장함으로써 데이터 접근의 중요성이 더 강조되고 있다. 의사, 간호사 등의 의료진은 모바일 장치를 이용하여 필요 시 쉽게 환자 기록에 접근할 수 있다.

이동통신 네트워크로의 연결

일반적으로 모바일 장치는 두 가지 방법을 이용하여 네트워크에 연결된다. 첫 번째 방법은 이동통신 네트워크를 이용하는 것이다. 이 방법은 좀 더 유연하나 속도가 낮을 수 있다. 두 번째 방법은 더 많이 사용되는 방법이며 Wi-Fi(Wireless Fidelity)를 이용한다. [표 2-5]는 이동통신 네트워크 형태를 보여준다.

처음 사용된 데이터 네트워크는 AMP(Advanced Mobile Phone System)로 1978년 미국에서 도입되었다. AMPS는 1G 네트워크라고도 한다. AMPS는 아날로그 네트워크로 기본적인 네트워크 서비스만 제공한다. 네트워크의 모든 트래픽은 "평문"으로 전송되었다. AMPS는 데이터 암호화를 제공하지 않아 안전하지 않았다.

이동 통신 데이터 네트워크의 2세대는 1990년에 소개되었다. 2G 네트워크는 트래픽 암호화 기능이 포함된 디지털 네트워크였다. 2G 네트워크는 보다 안전하다. 가장 많이 사용된 2G 기술은 유럽의 GSM과 미국의 CDMA였다. 이 기술을 이용하여 새로운 모바일 장치들은 보다 전통적인 컴퓨터 네트워크에 뒤지지 않는 데이터 서비스를 제공할 수 있다.

2G 네트워크를 개선한 것을 2.5G라 한다. 2.5G에는 GPRS(General Packet Radio Service)와 EDGE 네트워크가 포함된다. 두 기술 모두 실제로 2G와 진정한 3G 중간이라 할 수 있다.

모바일 네트워크 기술의 2G 다음이 3G 네트워크이다. 3G 네트워크는 모바일 장치에 진정한 광대역 기능을 제공하였다. 3G 네트워크에는 WCDMA와 CDMA2000이 포함된다. 2G와 3G의 가장 큰 차이점 중 하나는 연결을 생성하고 관리하는 방법에 있다. 2G 네트워크는 회선 교환 기술을 사용한다. 회선 교환 네트워크는 원래의 전화 네트워크와 매우 유사하게 동작한다. 통신 객체 사이에 회선이 설정되고 대화 동안에 유지된다. 반면 3G 네트워크는 패킷 교환을 사용한다. 패킷 교환 네트워크는 메시지를 좀 더 작은 패킷으로 나눈 후 각각을 해당 목적지로 전송한다. 패킷 교환 네트워크는 동일한 매체의 훨씬 더 많은 대화를 지원할 수 있다. 모바일 장치는 3G 네트워크를 이용하여 유선 장치와 매우 비슷하게 작동할 수 있다. 그럼에도 불구하고 3G 네트워크에서 진정한 IP 네트워크 주소 할당을 이용하지는 못한다.

모바일 컴퓨팅이 지속적으로 확대되면서 기존 3G 네트워크가 포화상태에 이르게 되었다. 증가하는 모바일 장치와 사용자를 수용하기 위해 새로운 네트워크가 출현하였다. 새로운 4G 네트워크는 기존 회선 교환을 제거한 후 IP 주소 할당을 사용한다. 4G 네트워크에는 WiMAX(Worldwide Interoperability for Microwave Access)와 LTE(Long-Term Evolution)가 포함된다. 모바일 장치는 가장 최신의 네트워크 기술을 이용하여 유선 장치와 동일한 기능을 사용할 수 있다.

표 2-5 이동통신 네트워크 형태

네트워크 형태	기술
아날로그 – 1G	AMPS
디지털 – 2G	GSM, CDMA
디지털 패킷 기반의 데이터 – 2.5G	GPRS, EDGE
모바일 광대역 – 3G	WCDMA, CDMA2000
네이티브 IP – 4G	WiMAX, LTE

그 외 네트워크로의 연결

보통 모바일 장치는 네트워크 연결을 위한 보다 빠른 방법을 지원한다. 대부분의 모바일 장치는 IEEE 802.11 네트워크로의 Wi-Fi 연결을 지원한다. 심지어 Wi-Fi 연결은 보다 빠른 네트워크 연결을 지원한다. 또한 이러한 네트워크 연결을 통해 모바일 장치는 추가 요금 없이 네트워크에 연결할 수 있다. 모바일 무선전화 데이터에 관한 많은 계획에서는 3G나 4G 네트워크에 대해 월별로 사용 제한을 둔다. 3G나 4G 사용을 줄이기 위해 가능하면 Wi-Fi 연결을 권장한다.

또한 대부분의 모바일 장치는 블루투스 프로토콜을 이용하여 다른 장치에 연결할 수 있다. 일반적으로 블루투스 네트워크는 그 범위가 작고 모바일 장치에 주변장치를 쉽게 연결할 수 있도록 한다. 블루투스 장치로 헤드셋, 키보드, 마우스 등이 있다. 대부분의 장치가 보다 큰 규모의 네트워크에 연결하는 데에 블루투스를 사용하지 않지만 이 프로토콜은 장치를 손상시키고 네트워크에 침투하는 데 사용될 수 있다. 블루투스는 매우 편리하면서 위험하다.

모바일 어플리케이션

많은 조직들이 웹에 대해 어플리케이션을 활성화함으로써 모바일 사용자들의 수요를 만족시키기 위해 노력했다. 대부분의 모바일 장치에 제한된 웹 브라우저가 포함되고 많은 웹 어플리케이션이 동작할 수 있다. 이 방법을 이용하여 사용자들은 이전에 컴퓨터만을 통해 어플리케이션에 접근할 수 있었던 사용자들이 더 많은 어플리케이션을 이용할 수 있게 되었다. 종종 사용자들은 웹 브라우저용으로 만들어지지 않는 어플리케이션 사용을 혼란스러워하고 실망한다. 모바일 사용자를 위한 잘못된 인터페이스로 인해 많은 어플리케이션이 사용되지 못하고 있다.

모바일 장치 제조업체, 소프트웨어 개발자 및 서비스 제공자들이 모바일 사용자를 지원할 때 고민하는 문제는 "누가 모바일 어플리케이션을 사용하는가?"와 "누가 모바일 어플리케이션을 사용하고 싶어 하는가?"이다. 그들이 찾은 답은 여러 분야의 많은 사용자들이 모바일 어플리케이션을 사용하고 싶어 한다는 것이다. 그 중 가장 적극적으로 채택하고자 하는 사람은 의료진이었다.

의료 어플리케이션은 초기 모바일 장치의 어플리케이션으로 적합하였다. 의료진은 환자와 환자 정보와 지속적으로 상호작용이 필요하였다. 예를 들어 병원 환자는 매일 여러 의사와 간호사 등의 의료진을 본다. 각 의료진은 환자 정보에 접근할 필요가 있다. 환자 정보에는 진단, 치료, 히스토리 등이 포함된다. 환자와 소통하는 간병인도 환자를 적절하게 돌보기 위해 반드시 환자 정보에 접근할 수 있어야 한다. 모든 병실에 컴퓨터를 두기는 어렵기도 하고 비용이 많이 들기도 한다. 많은 컴퓨터와 네트워크 기반구조에 대한 투자 없이 필요한 정보에 접근할 수 있는 기능을 제공하는 모바일 장치를 의료 업무와 병원에 적용하였다. 간병인은 모바일 장치를 가지고 다니면서 필요한 정보에 접근할 수 있다.

목록에서 여러 항목을 선택

어플리케이션을 모바일 장치에 대응시킬 때 어려운 점 중 하나는 목록을 처리하는 것이다. 기존 어플리케이션을 이용하여 피자에 토핑을 선택한다고 생각해 보자. 완전한 웹 브라우저 어플리케이션을 이용하는 전통적인 웹 어플리케이션을 이용할 경우 사용자는 쉽게 하나 이상의 여러 토핑을 선택할 수 있다. 마이크로소프트 윈도우의 표준 방법을 사용하는 사용자는 컨트롤 키를 누른 상태에서 각 토핑을 클릭하면 된다. 이러한 단순한 행동도 아이폰, 아이패드 또는 안드로이드 장치에서는 어렵다. 일단 컨트롤 키가 존재하지 않는다. 소프트웨어 개발자는 반드시 다른 방법을 사용하여 사용자가 피자의 토핑을 선택할 수 있도록 하여야 한다.

IP 모바일 통신

오늘날 4G 네트워크는 진정한 IP 통신을 제공한다. 이것은 이전의 기술보다 훨씬 더 개선된 방법이다. 각 4G 장치에는 유일한 IP 주소가 할당되어 네트워크의 유선 장치처럼 보인다. 이러한 네트워크를 이용하여 모바일 장치는 주소 변환 없이 다른 IP 장치와 상호작용을 수행한다. 기능상의 유일한 제약사항은 모바일 장치의 처리 능력이지만 모바일 장치의 속도가 빨라지면서 그 차이점은 점점 없어지고 있다.

이제 모바일 장치는 물리적인 네트워크 연결의 제한 없이 유선 장치처럼 동작할 수 있다. 이것은 장점인 동시에 잠재적 위험 요소가 존재한다. 전통적인 네트워크 관리는 장치의 위치를 기반으로 수행된다. 자유롭게 움직이는 장치는 안전성 대책을 수립하기가 훨씬 더 어렵다.

모바일 사용자들은 사무실에서 네트워크에 플러그를 꽂는 것처럼 네트워크에 연결하고 싶어 한다. 표준 IP 라우팅 프로토콜을 이용하면 가능하다. 사용자들은 위치를 변경하면서 연결을 유지할 수 있다. 심지어 사용자들은 자신이 돌아다닐 때 자신의 장치가 여러 네트워크를 이동한다는 것을 알아서는 안 된다. 사용자들은 모바일 장치가 네트워크 범위 내에 존재하는 한 네트워크 연결을 유지한다. 네트워크 형태는 이동통신 네트워크와 Wi-Fi 사이에 변환되면서 투명한 연결을 제공한다.

모바일 IP가 연결 투명성을 제공하는 방법을 살펴보자. 연결 투명성이란, 다음의 객체들을 이용하여 모바일 장치들의 접속이 끊어지지 않고 여러 네트워크 사이를 이동할 수 있는 것이다.

- 모바일 노드(MN, Mobile Node) : 여러 네트워크를 움직이는 모바일 장치로 MN에는 현재 네트워크와 상관없이 IP 주소가 할당된다.
- 홈 에이전트(HA, Home Agent) : 일반적인 라우터보다 추가 기능을 갖는 라우터로 HA는 관리하는 MN을 추적한다. MN이 로컬 네트워크를 떠나면 HA는 패킷을 MN의 현재 네트워크로 전달한다.
- 외부 에이전트(FA, Foreign Agent) : (HA 네트워크가 아닌) 다른 네트워크에 연결된 추가 기능을 갖는 라우터로 MN이 모바일 IP를 지원하는 다른 네트워크에 연결될 때,

그림 2-17

IP 모바일 통신

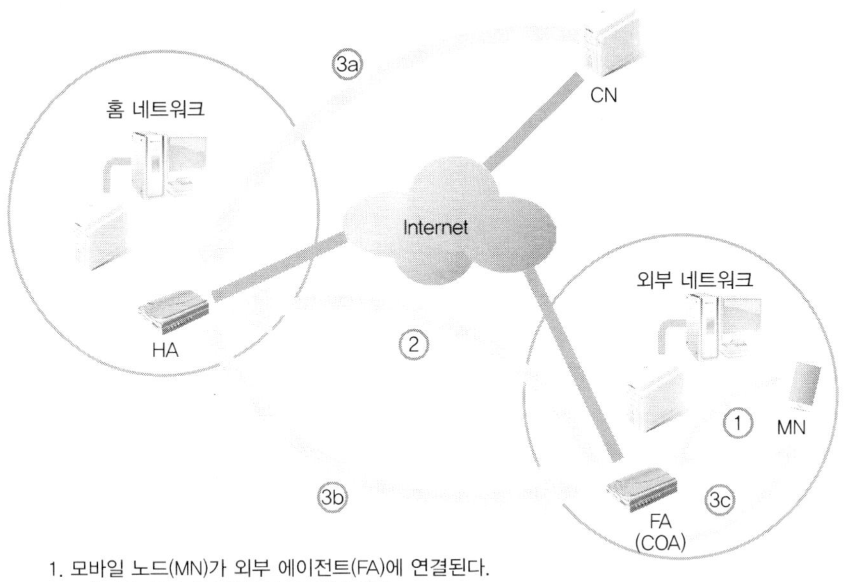

1. 모바일 노드(MN)가 외부 에이전트(FA)에 연결된다.
2. FA는 보조주소(COA)를 HA로 전송한다.
3. 상대 노드(CN)는 메시지를 MN으로 전송한다.
   a) MN에 대한 CN의 메시지가 우선 HA로 전송된다.
   b) HA는 메시지를 COA로 전달한다.
   c) FA는 메시지를 MN으로 전달한다.

MN은 자신을 FA에게 알린다. FA는 MN에게 로컬 주소를 지정한다.

- 보조 주소(COA, Care Of Address) : MN이 다른 네트워크에 연결될 때 MN에 대한 로컬 주소로 FA는 COA를 MN에 지정한 후, HA에게 COA를 전송한다. 대다수의 경우에 COA는 실제로는 FA 주소이다. HA는 MN의 패킷을 COA로 전달한다. FA는 패킷을 수신한 후 MN에게 전달한다.
- 상대 노드(CN, Correspondent Node) : MN과 통신하고자 하는 노드.

MN이 홈 네트워크를 떠나 다른 네트워크에 연결된다고 하자. MN이 새로운 네트워크에 연결될 때 FA는 COA를 HA에게 전송한다. 이후 CN이 MN과 통신하고자 하면 CN은 메시지를 MN의 IP 주소로 전송한다. 네트워크는 패킷을 MN의 홈 네트워크로 라우팅한다. HA는 패킷을 수신한 후 COA로 전달한다. FA는 패킷을 MN에 전달한다. (그림 2-17 참조)

위험, 위협 및 취약점

모바일 장치는 여기 저기로 이동한다. 또한 모바일 장치들은 서로 다른 여러 네트워크로 연결된다. 각 모바일 장치는 제자리에 있지 않거나 도난당하기도 한다. 고정 장치들보다 모바일 장치를 안전하게 하기가 훨씬 더 어렵다. 모든 측면에서의 보안은 중요하다. 모바일 장치를 안전하게 하기 위해서는 물리적, 기술적 및 관리적인 새로운 통제 또는 통제를 변화시킬 필요가 있다. [표 2-6]은 IP 모바일 장치와 관련된 위험, 위협 및 취약점과 완화 기술을 보여준다.

기존 네트워크 보안 통제는 고정된 노드들에 의존한다. 전통적인 네트워크에 연결된 컴퓨

표 2-6 IP 모바일 장치에 대한 위험, 위협, 취약점 및 완화 대책

위험, 위협 또는 취약점	완화 대책
신뢰되지 않는 접속 지점	모든 네트워크 접근 시 VPN 사용
신뢰되지 않는 외부 네트워크	모든 네트워크 접근 시 VPN 사용
모바일 장치의 민감 데이터	저장 시 민감한 데이터에 대한 강제적 암호화
장치 손실이나 도난	연속된 로그인 시도 실패 또는 장치 손실/도난 후 장치의 데이터 삭제를 지원하는 소프트웨어 사용. 손실되거나 도난당한 장치의 위치를 확인할 수 있는 소프트웨어 사용
개인 장치의 취약한 보안	인증 시 패스워드를 요구하고 백신 소프트웨어를 적용하는 정책 적용. 위험성에 대한 최종 사용자 훈련과 주변장치에 연결하기 위한 적외선 또는 블루투스의 적절한 사용에 관한 정책 적용
개인정보 및 기업 정보의 혼용	기업 정보의 적절한 사용과 분리에 관한 강력한 정책 적용
위장 및 세션 하이재	신뢰할 수 없는 네트워크에 연결할 때의 모범 사례에 관한 정책과 훈련을 수행. 모든 네트워크 접근 시 VPN 사용

터들은 한 곳에 고정된다. 컴퓨터는 조직에 속하고 네트워크를 소유하고 관리하는 조직에서 관리한다. 네트워크에 연결된 노트북은 보안을 복잡하게 한다. 출장 중인 직원은 모바일 컴퓨터 보안을 훨씬 더 어렵게 한다. 모바일 장치는 통상 외부 네트워크에 연결된다. 초기 연결 시 인증이 신뢰되지 않는 FA에서 발생한다. 장치가 수많은 외부 네트워크에 연결될 때 장치 보안과 인증이 훨씬 더 중요하다.

많은 조직들은 조직 소유의 장치만을 내부 네트워크에 연결시킴으로써 추가적인 위협을 줄인다. 관리되는 장치를 통해 조직은 네트워크에 연결되는 노드를 안전하게 하기 위한 여러 통제를 수행할 수 있다. 그러나 요즘은 증가하는 사용자들이 자신의 장치를 이용하여 네트워크에 연결하여 업무를 수행하는 경향이 있다. 이를 BYOD(Bring Your Own Device)라 한다.

BYOD를 이용하면 조직의 보안 기반구조의 경계가 확대될 수 있다. BYOD는 조직이 통제하지 않는 장치가 내부 네트워크에 연결될 수 있다는 것을 의미한다. 또한 BYOD로 인해 증가하는 사용자들과 장치를 언제든지 연결할 수 있게 된다. 정기적인 업무 시간의 개념이 더 이상 없어졌다. 설상가상으로 관리되지 않는 장치는 조직이 통제하지 않는 접속 지점을 통해 연결된다. 관리되지 않는 모바일 장치가 접근 통제가 되지 않는 커피숍 네트워크에 연결될 수 있고 이후 사용자는 내부 네트워크에 연결을 요청한다. 공격 기회는 매우 많다.

모바일 보안은 그 자체만 고려해서는 안 된다. 모바일 보안은 조직의 전체 보안 환경의 일부이다. 여러 면에서 모바일 보안을 도입함으로써 안전한 환경을 생성하는 것이 더 어려워진다. 모바일 장치를 허용함으로써 조직 네트워크로의 정보의 흐름이 변경된다. 내부 네트워크가 안전하고 각 모바일 장치가 안전하더라도 중간의 노드들 모두 안전하지 않을 수 있다. 이런 이유로 많은 조직들은 모바일 장치로부터의 접근을 제한하고 모바일 장치가 접근하고 추출할 수 있는 정보 형태를 필터링한다. 일부 조직들은 원격 장치에 대한 프로파일을 설계하여 민감한 정보가 네트워크로 유출되지 않도록 해야 한다. 이렇게 함으로써 보안을 증대시키긴 하나 모바일 장치의 유용성은 감소된다.

BYOD와 관련된 문제 중 하나는 유용성과 보안의 균형을 맞추는 것이다. 사용자는 어디에서 어떤 장치를 이용하든 연결되는 것을 원한다. 네트워크 연결과 자원 활용이 쉬운 것을 연결의 유용성이라 한다. 각 조직은 반드시 연결 프로세스를 너무 어렵게 하지 않으면서 안전한 접근을 허용하는 가장 좋은 통제를 결정해야 한다. 물론 통제의 강도는 내부 네트워크의 민감도에 따라 다르다. 일반적으로 매우 민감한 자원이 있는 네트워크에 접근할 때 사용자들은 더 많은 통제를 수용한다. BYOD 사용이 증대되고 있으므로 네트워크 보안 계획자와 분석가들은 이를 고려해야 한다.

요약

본 장에서는 통신의 변화와 인터넷이 사람과 기업에 미치는 영향을 살펴보았다. 또한 전자 프로토콜의 발전과 음성, 비디오, 데이터 통신에 대한 표준에 관해 살펴보았다. 이러한 변화로 VoIP와 SIP 기반의 통합 통신이 사용된다. 오늘날 VoIP와 UC는 저장 및 전달과 실시간 통신을 지원한다. VoIP와 SIP는 안전하지 않은 프로토콜이기 때문에 IT 기반구조를 통해 계층화된 보안 전략을 보장하는 것이 중요하다. VoIP와 SIP에 대한 보안 실행을 통해 위험, 위협 및 취약점을 감소시킨다.

사용자들이 고객과 온라인과 웹사이트를 통해 실시간 통신을 수행할 때 VoIP와 SIP에 대한 보안은 매우 중요하다. 웹 어플리케이션과 인터넷 보안은 기업이 전자 비즈니스와 전자상거래를 수행하기 위한 기본이다. 기업, 고객, 어플리케이션이 인터넷에 집중되면 보안과 준거성에 대한 수요도 지속적으로 증대된다.

핵심 용어

- 10GigE : 10기가 이더넷
- Analog Central Office(CO) 스위치 : 아날로그 교환국 스위치
- application convergence : 어플리케이션 융합
- ADSL(Asymmetric Digital Subscriber Line) : 비대칭 디지털 가입자 회선
- ATM(Asynchronous Transfer Mode) : 비동기 전송 모드
- audio conferencing : 음성 회의
- authoization code : 인가 코드
- bit error rate : 비트 오류율
- BYOD(Bring Your Own Device)
- business process reengineering : 비즈니스 프로세스 재설계
- B2B(Business to Business) : 기업 대 기업
- B2C(Business to Consumer) : 기업 대 소비자
- call control : 호 통제
- CDR(Call-Detail Recording) : 통화 데이터 기록
- CO(Central Office) : 교환국
- COS(Class Of Service) : 서비스 종류
- collaboration : 협력
- CIR(Committed Information Rate) : 인정 정보 속도
- convergence : 융합
- DoS(Denial of Service) : 서비스 거부
- DWDM(Dense Wavelength Division Multiplexing) : 고밀도 파장 분할 다중화방식
- digital Central Office(CO) switch : 디지털 교환국 스위치
- DSL(Digital Subscriber Line) : 디지털 가입자 회선
- DID(Direct Inward Dial) : 수신전용회선
- DISA(Direct Inward System Access) : 내선 직접 호출 시스템
- DDoS(Distributed Denial of Service) : 분산 서비스 거부
- divestiture : 기업분할
- eavesdropping : 도청
- endpoint security : 종단 보호
- FCC(Federal Communications Commission) : 연방 통신 위원회
- frame relay : 프레임 중계
- GigE(Giga Ethernet) : 기가 비트 인터넷

- high-value customer : 고부가 가치 고객
- human latency : 인간 대기시간
- infrastructure convergence : 기반구조 융합
- IP-PBX : IP 기반의 구내교환
- low-value customer : 저부가 가치 고객
- mutimodal communications : 다중모드 통신
- network infrastructure security : 네트워크 기반구조 보안
- PCI DSS(Payment Card Industry Data Security Standard) : 지불 카드 산업 데이터 보안 표준
- PoE(Power over Ethernet)
- protocol convergence : 프로토콜 융합
- PBX(Private Branch Exchange) phone system : 구내교환 전화시스템
- QoS(Quality of Service) : 서비스 품질보장
- real-time communications : 실시간 통신
- RBOC(Regional Bell Operating Company) : 지역 벨 운영회사
- SSH(Secure SHell)
- security operations and administration : 보안 운영 및 관리
- SIP(Session Initiation Protocol) : 세션 개시 프로토콜
- social engineering : 사회 공학
- store-and-forward communications : 저장 후 전달 통신
- SDSL(Symmetric Digital Subscriber Line) : 대칭 디지털 가입자 회선
- toll calls : 장거리 전화
- toll fraud : 요금 사기
- traffic prioritization : 트래픽 우선순위
- TGAR(Trunk Group Access Restriction) : 중계선군 접근 제한
- UC(Unified Communications) : 통합 통신
- video conferencing : 비디오 회의
- Voice over IP(VoIP)

연습문제

1. PBX 전화 시스템은 유지관리 포트에 연결된 아날로그 모뎀 포트를 통한 비인가된 접근에 취약하다.

A. 그렇다.
B. 아니다.

2. 다음 중 PBX 시스템에 대한 요금 사기를 감소시키기 위해 가장 좋은 보안 통제는 무엇인가?

A. 중계선군 접근 제한을 활성화하고 중계선 접근을 비활성화
B. 사용자에 대한 서비스 종류 정의
C. IP 전화에 대한 인증 활성화
D. 모든 VoIP 통신에 대한 암호화 활성화
E. 정답이 없음

3. 발생 순서대로 나열하시오.

A. 통합 통신
B. 기업 분할
C. TDM 다중화
D. 디지털 PBX
E. VoIP

4. 다음 중 서비스 제공자가 광섬유 백본 네트워크를 설치하게 된 배경은 무엇인가?

A. 인터넷 접근에 대한 수요
B. 광대역의 증가와 확장
C. 구리선 전송 능력이 최고조에 달함
D. 메가비트 당 비용 절감의 수요를 지원할 필요가 있었음
E. A, B, C, D 모두 정답임

5. 다음 중 TCP/IP를 이용하여 음성, 비디오, 데이터 통신을 결합하는 것을 무엇이라 하는가?

A. 어플리케이션 융합
B. 프로토콜 융합
C. 기반구조 융합

D. 음성 융합
E. 정답이 없음

6. 다음 중 SIP 어플리케이션이 아닌 것은 무엇인가?

A. 존재/가용성
B. SMS 텍스트 문자 교환
C. IM 채팅
D. 회의
E. 협력

7. 다음 중 호 서버 간 호 통제 신호에 대한 위협을 감소시키기 위한 보안 통제는 무엇인가?

A. 호 서버를 폐쇄된 데이터 센터나 전화실에 물리적으로 위치시킴
B. 호 서버를 시스템 패치와 업데이트로 갱신시킴
C. 호 서버를 VLAN으로 격리시킴
D. VLAN 경계에 침입차단시스템을 활성화함
E. A, B, C, D 모두 정답임

8. 통합 통신은 통신의 어떤 문제를 해결하고자 하는가?

A. 인간 대기시간
B. 일 대 다 통신
C. 다 대 다 통신
D. VoIP
E. SIP

9. 다음 중 직접 만나서 하는 훈련을 제거할 수 있는 UC 어플리케이션은 무엇인가?

A. 오디오 회의
B. 협력
C. IM 채팅
D. 존재/가용성
E. 비디오 회의

10. SIP는 VoIP보다 훨씬 안전하다.

A. 그렇다.
B. 아니다.

11. 전자상거래 시스템이 최고의 보안 통제가 필요한 이유는 무엇인가?

A. PCI DSS
B. 고객의 개인정보가 웹 사이트에 입력된다.
C. 금융 거래 데이터가 웹 사이트에 입력된다.
D. 고객 유지를 위해 안전한 온라인 구매에 대한 신뢰가 필요하다.
E. A, B, C, D 모두 정답임

12. 다음 중 통합 통신을 이용하는 장점이 아닌 것은?

A. 직원에 대해 재택근무를 지원한다.
B. 결정 시 인간 대기시간을 줄인다.
C. 실시간 통신을 통해 생산성을 개선시킨다.
D. 계층화된 보안 전략을 필요로 한다.
E. 협력을 통해 훈련과 출장 경비를 줄인다.

13. 통합 통신은 사업 결정 시 인간 대기시간을 줄일 수 있다.

A. 그렇다.
B. 아니다.

Malicious Attacks, Threats, and Vulnerabilities

3장 공격, 위협 및 취약점

본 장에서는 공격, 위협 및 취약점에 관한 심각한 문제들을 살펴보도록 한다. 인터넷은 새로운 세계이다. 우리의 일상생활과는 다른 사이버공간에는 실제 법이 존재하지 않는다. 반면 파괴를 초래하는 범죄적 행위와 절도가 정기적으로 일어난다. 이러한 행위는 기업, 개인 및 정부에 영향을 미친다. 그러나 범죄자들은 보통 처벌을 받지 않았고 때로는 이러한 행위가 감춰지기도 한다.

매년 악성 공격으로 인해 수십억 달러의 손해가 발생한다. 그나마 다행스러운 것은 많은 기업과 개인들이 이러한 공격으로부터 IT 자산을 보호하기 위해 애를 쓰고 있다는 점이다. 본 장에서는 보안 취약점을 식별하는 방법과 이러한 위협으로부터 조직을 지키고 컴퓨터를 악성 공격으로부터 지킬 수 있는 방법을 배워보도록 한다.

3장 주제

본 장의 주요 주제는 다음과 같다.

- 사이버공격의 범위
- 보호하고자 하는 대상
- 공격자
- 컴퓨터 시스템을 공격하기 위해 사용되는 여러 종류의 툴
- 보안 침해
- 위험, 취약점 및 위협
- 악성 공격
- 악성 소프트웨어
- 정보보호대책

3장 학습 목표

본 장의 목적은 다음과 같다.

- 악성 코드를 식별하고 정보보호대책을 구현
- 공격을 식별하고 적절한 정보보호대책을 개발
- 사회 공학적 공격을 이해하고 이와 관련된 위험을 감소
- 시스템 감사, 로그, 스캔을 구현
- 접근 통제를 기본적으로 구현
- 위험 식별의 기본 사항을 설명
- 최종 사용자 교육 및 훈련의 중요성을 설명

악의적 활동의 출현

사이버공격에 대한 헤드라인이나 TV 속 광고가 많이 등장하고 있다. 좋은 사례로 최근에 정부 기관은 미 부통령 후보자의 이메일 계정을 해킹한 대학생들에게 20년 징역을 선고하였다. 비슷한 사건으로 의류 소매점 TJX사는 부주의로 수백만 개의 카드 정보가 도난당했음을 인정했다. 또한 황금 시간대에 방영하는 광고에는 멍청한 직원이 "악의 없는" 이메일을 클릭함으로써 기업 전체에 바이러스를 전파하는 내용이 나오고 있다. 우리 주변 어디에서나 보안전문가들이 매일 직면하는 악성 공격에 대한 사례를 찾아볼 수 있다.

이러한 공격들이 뉴스를 통해 사람들에게 관심을 끄는 반면 대부분의 사이버공격 피해자들은 이러한 사건들을 절대로 공개하지 않기도 한다. 매일 전 세계의 시스템들은 위협을 받고 있다. 대부분 보안전문가와 IT 운영자들만이 이러한 공격을 알고 있다. [표 3-1]은 2011년 북미 지역에 대한 공격의 근원지와 공격 비율을 보여준다.

보안전문가들은 위협으로부터 시스템을 보호하고 악성 공격이 발생했을 때 공격을 처리할 책임을 진다. 컴퓨터 시스템을 보호하는 가장 효과적인 방법 중 하나는 취약점이 IT 기반 구조 전반에 빠르게 그리고 효율적으로 경감된다는 것을 보장하는 것이다.

2011년에 미국은 북미에서 공격 근원지로 가장 높은 순위를 차지하였다. 미국은 악의적인 활동으로 인한 사고의 21.1%를 차지하는 악의적인 활동의 근원지이다. 미국을 근원지로 하는 웹 공격이 16.9%이다. 미국은 네트워크 공격의 근원지로 전 세계적으로 두 번째이다. 미국의 컴퓨터 중 12.6%는 봇에 감염되었다. 이러한 높은 비율로 인해 공격이 미국 외부에서 발생하여도 미국은 북미에서 공격의 근원지로 최고 순위를 차지하였다.

표 3-1 2011년 북미 지역에 대한 공격 근원지

공격 근원지	공격 비율
미국	62%
중국	10.3%
태국	2.2%
캐나다	1.9%
대한민국	1.7%
러시아	1.5%
영국	1.4%
브라질	1.3%
독일	1.2%
대만	1.1%

출처 : Symantec Corporation

보호 대상

한 마디로 정보 보호의 대상은 자산이다. 자산은 가치를 갖는 모든 물품이다. 조직 내의 모든 물품이 특정 가치를 갖더라도 일반적으로 자산은 실질적인 가치를 가지고 있는 물품을 의미한다. 조직의 자산은 다음과 같다.

- IT 및 네트워크 기반구조 : 하드웨어, 소프트웨어, 서비스
- 지적 재산 : 특허, 소스 코드, 공식 또는 기술 계획과 같은 민감한 데이터
- 금전 및 금융 데이터 : 은행 계정, 신용카드 데이터 및 금융 거래 데이터
- 이용 가능한 서비스 및 생산성 : 컴퓨팅 서비스 능력 및 생산성을 지원하는 소프트웨어
- 평판 : 기업의 준거성 및 브랜드 이미지

각각의 자산을 하나하나 살펴보고 이러한 자산이 악성 공격으로부터 어떻게 위험한지를 분석해 보도록 한다.

IT 및 네트워크 기반구조

하드웨어와 소프트웨어는 조직의 주요 기반구조이다. (그림 3-1)은 IT 기반구조의 7개의 영역을 보여준다. 각 영역의 요소들은 네트워크나 인터넷에 연결되어 있으며 악성 공격에 취약할 수 있다.

트로이 목마나 웜과 같은 악성 공격으로 피해를 받는 하드웨어와 소프트웨어를 복구하거나 대체하기 위해 기업은 시간과 비용을 투자해야 한다. 또한 하드웨어와 소프트웨어에 대한 악성 공격은 보다 광범위하게 다양한 문제를 일으킨다. 이러한 문제에는 주요 데이터 손

그림 3-1

전형적인 IT 기반구조의 7개 영역

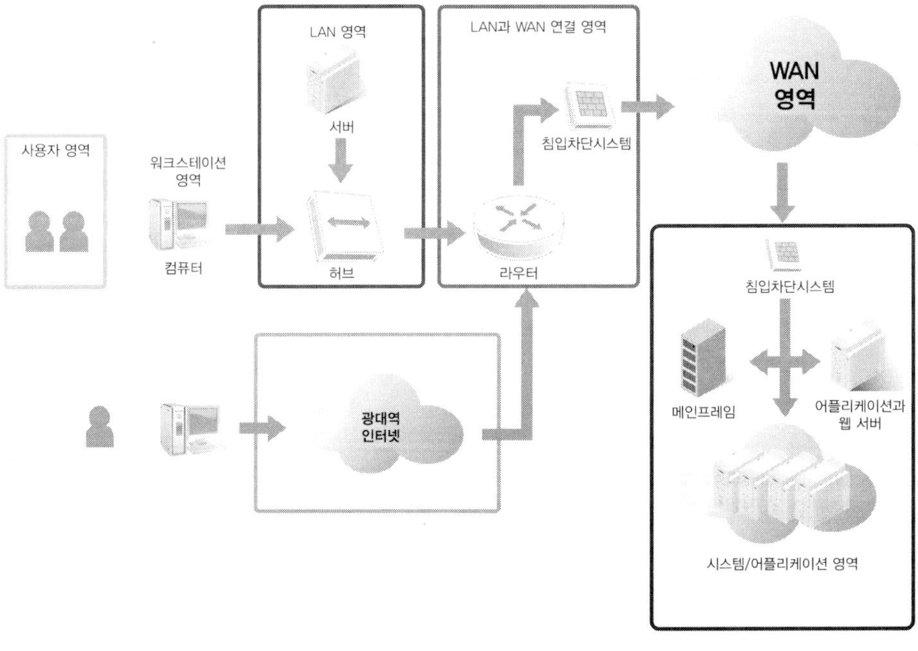

실이나 금융 정보나 지적 재산의 도난 등이 포함된다. 보호되지 않는 IT와 네트워크 기반구조 자산은 공격자와 사이버 범죄자들에게 민감한 자원에 접근할 수 있는 통로를 제공한다. 접근이 쉬우면 인터넷에 연결된 자산이 가장 첫 번째 공격 대상이 된다. 즉, 가장 가치 있는 자산을 IT 기반구조의 가장 안쪽에 위치시키고 계층화된 보안 방어를 구축하여야 한다.

지적 재산

지적 재산은 기업의 핵심이다. 지적 재산은 조직의 자산이다. 지적 재산은 독특한 기업 처리 절차이거나 고객 데이터와 같은 실제 데이터일 수 있다. 지적 재산의 예로 특허, 약품 공식, 기술 계획, 과학 공식, 요리 비법 등이 있다. 레스토랑 체인에는 음식을 신속하게 준비하고 배달(서비스)하는 특별한 프로세스가 존재한다고 하자. 타 경쟁사에 해당 프로세스가 알려지고 이를 실행하면 그 레스토랑만의 경쟁력이 없어질 것이다.

IT 보안 관점에서 핵심 이슈는 지적 재산의 도난을 예방하고 경쟁사에 노출되지 않고 공개되지 않도록 하는 것이다. 지적 재산을 도난당하면 조직은 경쟁력을 잃게 된다. 신약 개발에 20억 달러를 투자한 Alpha Drug Company 회사를 생각해 보자. 그 약이 공개되면 100억 달러의 이익을 가질 수 있다. Alpha Drug Company 회사가 막 시장에 자신의 약을 출시하려고 할 때 Beta Drug Company가 Alpha의 약품 공식을 얻어서 서둘러서 자사가 만든 약을 시장에 출시한다고 하자. Alpha는 R&D에 투자한 금액과 새로운 약과 관련된 상당한 수익을 모두 잃게 된다. 지적 재산을 보호하는 것은 조직의 가장 중요시 되는 사항이다.

금전 및 금융 데이터

금융 자산은 조직에서 가장 관심을 갖는 자산이다. 이러한 자산은 다양한 형태를 갖는다. 은행 계좌, 거래 계좌, 구매 계좌, 기업의 신용 카드 및 자금이나 신용의 직접적인 출처와 같은 실제 자산일 수 있다. 또는 실제 금융 자산에 접근을 허용하는 데이터일 수 있다. 금융 데이터에는 고객의 신용카드 번호, 개인의 금융 정보 또는 은행이나 투자 계좌에 대한 사용자 이름과 패스워드 등이 포함된다. 또 다른 예로 기업과 은행이 금융 데이터를 전송하는 데 사용되는 거래 데이터가 있을 수 있다. 이러한 정보로 전자지불이나 계좌이체를 위한 전자 데이터 교환(EDI, Electronic Data Interchange) 번호나 자동 결제(ACH, Automated Clearing House) 거래가 있다.

악성 공격으로 금융 자산이 손실되는 것은 모든 조직에게 최악의 상황이다. 중대한 물리적인 손실뿐만 아니라 기업의 평판과 브랜드 이미지에 장기적으로 영향을 미친다.

서비스 가용성과 생산성

컴퓨터 어플리케이션은 조직이 기업 운영을 수행하도록 하는 특별한 서비스를 제공한다. 조직이 필요할 때 핵심 서비스가 사용될 수 있는 상태로 있는 것은 중요한다. 정지시간은 서비스가 장애나 점검으로 인해 이용될 수 없는 동안의 시간이다. 정지시간은 의도적일 수도 있고 우연일 수 있다. 종종 관리자는 미리 의도한 정지시간을 정한다. 예를 들어 서버의 운영체제가 갱신되거나 패치를 해야 하는 경우 관리자는 의도적으로 서버를 오프라인으로 만든 후 필요한 작업을 수행한다. 관리자가 의도적인 정지시간을 정할 때는 그렇게 함으로써 조직의 나머지에 영향을 최소로 하고자 한다. 관리자는 신중하게 정지시간의 영향을 관리하여 이로 인해 조직의 핵심 사업 운영이 방해받지 않도록 한다. 핵심 소프트웨어의 갱신을 주말에 하거나 이메일 시스템과 같은 시스템에 대한 패치 적용을 자정에 수행하는 것과 같은 의도적인 정지시간을 정하는 것을 흔히 본다.

의도적이지 않는 정지시간은 보통 기술적 장애, 사람의 오류나 공격의 결과이다. 기술적 장애와 사람의 오류는 가장 일반적으로 의도적이지 않는 장애를 야기한다. 비록 악성코드로 인한 정지시간이 많지 않기는 하나 연구에 따르면 악성코드로 인한 정지시간이 빠르게 증가한다고 한다. 악의적인 공격이 발생하면 IT 기반구조의 7개 영역 내에 정지시간이 생길 수 있다. 일반적으로 악성 공격은 사용자, 워크스테이션, LAN, LAN과 WAN 연결 영역을 대상으로 한다.

기회비용(opportunity cost)은 정지시간으로 인한 기업의 손실 비용의 양이다. 정지시간은 의도적이거나 의도적이 아닐 수 있으나 뭐든 가용성에 직접적으로 영향을 미친다. 일부 조직은 기회비용을 실질적인 정지시간 비용(true downtime cost)이라 한다. 이 비용은 보통 정지시간으로 인한 조직이 경험하는 생산성의 손실로 측정된다. 항공사 예약 서버에 장애가 발생했다고 생각해 보자. 서버가 정지된 동안 고객은 예약을 할 수가 없다. 기회비용을 정지시간동안 판매하지 못한 티켓의 총비용으로 계산할 수 있다. 의도치 못한 정지시간의 기회비용은 보통 의도된 정지시간의 기회비용 보다 훨씬 크다. 정보보호 전문가에게 기회비용은 큰 문제이다. 사이버범죄와 악성 공격을 처리하기 위한 비용이 연간 1조 달러정도 되는데 이 중 많은 부분을 기회비용이 차지한다.

평판

정보보안 전문가가 보호하고자 하는 가장 중요한 것 중 하나가 조직의 평판과 브랜드 이미지이다. 회사가 보안 사고를 당하거나 주요 자산을 노출하는 악성공격을 받으면 사람들의 부정적인 시선으로 회사를 보는 경향이 있다. 예를 들어 보안 침해로 공격자가 고객의 신용카드 정보를 훔쳐서 의도적으로 이를 판매하면 조직의 평판과 브랜드 이미지는 심각한 피해를 당할 수 있다. 신속하게 대응하고 문제를 효과적으로 해결하여도 회사와 브랜드에 대한 부정적인 시각은 오랫동안 지속된다. 또 다른 결과로 조직의 이익이나 순자산 및 시가 총액이 감소할 수 있다.

공격자

일반적으로 해커(hacker)라는 말은 종종 허락 없이 컴퓨터 시스템에 침입하는 특정한 사람이다. 대부분의 경우 이것은 해커가 네트워크 또는 소프트웨어 크래킹을 통해 원격지의 컴퓨터의 통제를 얻고자 하는 것을 의미한다. 또한 해커라는 말은 테러, 공공기물 파손, 신용카드 사기, 신원 도용, 지적 재산권 도난, 또는 여러 형태의 범죄 중 하나로 고소당한 사람을 의미하기도 한다. 컴퓨팅 세계에서 일반적으로 해커라는 말은 컴퓨터 시스템 분석을 즐기고 이를 배우는 특히 뛰어난 프로그래머 또는 기술 전문가를 말한다. 이러한 여러 가지 의미로 인해 해커는 종종 논란의 주제가 되기도 한다.

본 책에서는 해커를 다음과 같이 분류해 봄으로써 이 용어를 둘러싼 혼란을 해결하고자 한다.

- 블랙-햇 해커(black-hat hacker) : 블랙-햇 해커는 기술적 솜씨를 증명하기 위해 IT 보안을 무력화한 후 허가 없이 시스템에 대한 접근 획득을 시도한다. 블랙-햇 해커는 일반적으로 특별한 소프트웨어 툴을 이용하여 취약점을 악용한다. 또한 블랫-햇 해커는 시스템 내 취약점을 발생시키지만 자신이 발견한 취약점을 해당 시스템의 관리자에게 알리지 않는다. 블랙-햇 해커들은 보안 개념과 대조적으로 컴퓨팅 자원을 자유롭게 그리고 무료로 사용하라고 하기도 한다.
- 화이트-햇 해커(white-hat hackers) : 화이트-햇 해커 또는 윤리적 해커는 취약점을 식별하고 모의 테스트를 수행할 권한을 가진 정보시스템 보안전문가이다. 화이트-햇 해커와 블랙-햇 해커의 차이점은 화이트-햇 해커는 주로 취약점을 고칠 목적으로 취약점을 발견하고자 하는 반면 블랙-햇 해커는 재미로 취약점을 찾거나 이를 악용하고자 취약점을 찾는다는 것이다.
- 그레이-햇 해커(gray-hat hackers) : 워너비(wannbe)라 하기도 하는 그레이-햇 해커는 언젠가는 블랙-햇 해커가 될 수도 있는 평균정도의 능력을 갖춘 해커이지만 화이트-햇 해커가 될 수도 있다.

해커는 크래커와 다르다. 크래커(cracker)는 악의적인 의도를 가지고 복잡한 기술을 사용하며 경제적 이득에 관심이 있다. 크래커는 네트워크와 정보 자원에 가장 큰 위협이 된다. 보통 이러한 위협으로 사기, 데이터 도난, 데이터 파괴, 접근 차단 등 여러 악의적인 활동이 있다. 그러나 해커의 활동 역시 손해와 손실을 야기한다.

> **참고**
>
> 또 다른 유형의 공격자로 스크립트 키디가 있다. 스크립트 키디(script kiddie)는 약간의 능력을 가진 사람이다. 스크립트 키디는 자신이 수행하는 단계의 의미를 완전하게 이해하지 못하고 단순히 지시에 따라 요리책을 이용하듯이 사이버공격을 수행한다.

공격툴

조직의 자산과 IT 기반구조를 보호하기 위해서는 공격 방법을 알고 있어야 한다. 공격 수행 방법과 어떤 툴이 사용되는지를 알면 방어 계획을 수립할 수 있다. 실제로 많은 조직들은 공격자가 사용하는 동일한 툴을 이용하여 취약점을 알아내기도 한다. 공격자가 공격을 하기 전에 조직 환경에서의 취약점을 발견하는 것은 항상 좋은 방법이다.

컴퓨터 범죄와 사이버공격에는 실제 공격 시 수많은 하드웨어와 소프트웨어 툴이 사용된다. 이러한 툴과 기술은 다음과 같다.

- 프로토콜 분석기(protocol analyzers)
- 포트 스캐너(port scanners)
- OS 핑거프린트 스캐너(OS fingerprint scanners)
- 취약점 스캐너(vulnerability scanners)
- 익스플로잇 소프트웨어(exploit software)
- 워다이얼러(wardialers)
- 패스워드 크래커(password crackers)
- 키입력 로거(keystroke loggers)

프로토콜 분석기

프로토콜 분석기 또는 패킷 스니퍼(또는 스니퍼)는 컴퓨터를 이용하여 네트워크 트래픽을 모니터링하고 캡처할 수 있는 소프트웨어 프로그램이다. 네트워크는 유선 LAN 또는 무선 LAN일 수 있다. 공격자는 패스워드와 평문 데이터를 캡처하고 손상시킬 수 있다. 프로토콜 분석기는 하드웨어 버전과 소프트웨어 버전 또는 둘의 혼합된 형태일 수 있다. 스니퍼는 **감청모드**(promiscuous mode)에서 동작한다. 즉, 이 경우 침입하지도 않고 네트워크 트래픽을 생성하지도 않는다. 즉, 공격자(스니퍼)가 모든 데이터 패킷을 캡처하여 볼 수 있다. 스니퍼는 암호화되지 않으면 통신 객체가 평문으로 볼 수 있는 프레임과 IP 데이터 패킷을 디코딩한다.

포트 스캐너

포트 스캐너는 IP 호스트 장치를 스캔하여 활성화된 열린 포트를 찾기 위한 툴이다. 포트는 IP 패킷에서의 채널 선택기 스위치와 같다. RFC(Request For Comment) 1700에는 IP 포트 번호와 관련된 서비스가 정의되어 있다. 예를 들어 포트 80은 웹 트래픽에 대한 HTTP이고 포트 21은 FTP이고 포트 23은 Telnet이다. 포트 번호에 대한 목록은 IANA(Internet Assigned Numbers Authority)를 참고하도록 한다. 포트 스캐너는 IP 호스트 장치에서 활성화된 열린 포트 또는 어플리케이션과 서비스를 식별하는 데 이용된다. 공격자는 열린 포트를 이용하여 공격에 사용할 수 있는 의미 있는 정보를 얻는다.

OS 핑거프린트 스캐너

운영체제(OS) 핑거프린트 스캐너는 공격자 IP 호스트 장치에 로그인 패킷을 전송할 수 있도록 하는 소프트웨어 프로그램이다. 로그인 패킷은 워크스테이션, 서버, 네트워크 장치에서 사용할 수 있는 다양한 OS 시스템을 모방한다. IP 호스트 장치가 이러한 로그인 패킷에 응답을 하면 OS 핑거프린트 스캐너는 장치에 어떤 OS가 설치되어 있는지를 추측할 수 있다.

일단 공격자가 설치된 OS와 버전을 알면 알려진 소프트웨어 취약점과 익스플로잇(exploit)을 찾아낼 수 있다. 소프트웨어 취약점은 프로그램에 존재하는 버그나 약점이다. 익스플로잇은 취약점이 발견된 후 공격자가 할 수 있는 어떤 것이다.

취약점 스캐너

취약점 스캐너는 IP 호스트 장치(컴퓨터, 서버, 라우터 등)에 어떤 OS와 소프트웨어가 설치되어 있는지를 식별하고 탐지하는 데 사용되는 소프트웨어 프로그램이다. 이 정보로부터 취약점 스캐너는 데이터베이스에 저장된 알려진 소프트웨어 취약점과 발견한 취약점을 비교한다. 취약점 스캐너는 OS 핑거프린트 메시지와 다양한 OS에 로그인 요청을 전송한다. 스캐너가 OS를 확인하면 DB 내에 있는 목록과 일치하는 지를 알아보기 위해 알려진 소프트웨어 취약점 목록을 검사한다. 취약점 스캐너는 알려진 소프트웨어 취약점을 목록화하고 취약점별로 중요도를 핵심(critical), 중요(major), 중요하지 않음(minor)으로 분류한다.

최신의 알려진 소프트웨어 취약점과 노출에 대해서는 https://cve.mitre.org/를 참고하도록 한다. 미국의 국토안보부를 대신해 Mitre Corporation이 일반적인 취약점 및 노출(CVE, Common Vulnerabilities & Exposure) 목록을 관리한다.

익스플로잇 소프트웨어

익스플로잇 소프트웨어는 알려진 소프트웨어 취약점, 데이터 및 스크립트 명령어가 결합되어 컴퓨터 시스템이나 IP 호스트 장치에 있는 취약점을 "익스플로잇(악용)"하는 어플리케이션이다. 이것은 특정한 형태의 악의적인 의도를 실행하는 데 이용되는 프로그램이다. 즉, 서비스 거부 공격, 비인가된 접근, 무작위 패스워드 공격, 버퍼 오버플로우 등을 실행한다. 다시 말하지만 소프트웨어 취약점은 시스템에서 소프트웨어 버그, 결함 또는 백도어 취약점과 같은 약점을 생성한다.

공격자는 취약점을 평가하거나 침입하는 모의 해킹 테스트를 수행할 때 익스플로잇 소프트웨어를 이용한다. 침입하는 테스트는 악의적인 네트워크 트래픽을 생성한다. 모의 해킹 테스트는 블랙-햇이나 화이트-햇 해커가 컴퓨터 시스템이나 IP 호스트 장치를 모의 해킹하기 위해 수행하는 것이다. 이로 인해 시스템 접근뿐만 아니라 데이터 접근도 획득할 수 있다. 화이트-햇 해커는 모의 해킹 테스트를 수행하여 핵심적인 위험 노출이 존재하는지를 확인한다. 이후 화이트-햇 해커는 모의 해킹 테스트 보고서 이후 위험 노출을 완화하는 방법을 권고한다.

워다이얼러

워다이얼러는 점점 더 구식이 되고 전자적 전화 기술과 IP 전화나 VoIP가 출현하면서 사용이 줄어들고 있다. VoIP 이전에 공격자는 워다이얼러를 이용하여 BPX 전화 시스템에 대한 접근을 획득하여 발신음이나 국제 전화를 기능을 갖게 되어 요금 사기를 칠 수 있다. 또한 공격자는 워다이얼러를 이용하여 아날로그 모뎀 신호를 식별한 후 IT 기반구조 내 원격 시스템에 접근할 수 있다.

워다이얼러는 전화를 하여 컴퓨터를 찾는 컴퓨터 프로그램이다. 즉, 이 프로그램은 정해진 범위의 전화번호에 자동으로 전화를 건다. 이후 모뎀에 성공적으로 연결된 번호를 데이터베이스에 기록한다. 또한 특정 워다이얼러는 컴퓨터에서 동작하는 운영체제를 식별할 수 있을 뿐만 아니라 자동화된 모의 해킹 테스를 수행할 수 있다. 그런 경우 워다이얼러는 미리 정해 놓은 사용자이름과 패스워드의 목록을 이용하여 시스템에 대한 접근을 얻기도 한다.

네트워크 침입자는 워다이얼러를 이용하여 잠재적인 공격 대상을 찾을 수 있다. 침입자는 모뎀을 해킹하여 보호되지 않는 로그인이나 쉽게 크랙킹될 수 있는 패스워드를 얻을 수 있다. 네트워크 시스템 관리자는 상업용 워다이얼러를 이용하여 기업 네트워크에서 비인가된 모뎀을 식별할 수 있다. 이러한 비인가된 모뎀을 이용하면 공격자는 조직의 내부 네트워크에 쉽게 접근할 수 있으므로 반드시 통제되거나 제거되어야 한다.

워다이얼링은 오래된 공격 방법이긴 하나 여전히 컴퓨터의 접근 지점을 찾는 데 유용하다. 많은 컴퓨터 네트워크와 음성 시스템에는 전화선과 연결된 모뎀이 존재한다. 종종 관리 목적으로 직접 접근하기 위해 또는 네트워크 접근 제한을 우회하려고 이러한 모뎀을 시스템에 둔다. 오늘날 인터넷에 연결된 환경에서도, 호출하는 다른 컴퓨터에 대응할 수 있는 모뎀이 존재하기도 한다. 모뎀을 이용하여 컴퓨터에 성공적으로 연결되면 조직의 나머지 네트워크에도 접근할 수 있다.

패스워드 크래커

패스워드 크랙킹의 목적은 잊어버리거나 모르는 패스워드를 알아내는 것이다. **패스워드 크래커**는 두 기능 중 하나인 **무작위(brute-force) 패스워드** 공격을 수행하는 소프트웨어 프로그램이다. 무작위 패스워드 공격을 통해 시스템에 인가 없이 접근하거나 컴퓨터 시스템 내에 저장된 패스워드를 복구한다. 무작위 패스워드 크랙킹을 시도할 때 공격자는 가능한 모든 문자 결합을 성공할 때까지 시도한다. 사전공격(dictionary attack)은 무작위 공격의 부분집합이다. 그러나 **사전 패스워드 공격**에서 해커는 일반적으로 패스워드로 많이 사용되는 실제 단어(이름)를 포함하여 좀 더 짧고 단순한 결합을 시도한다.

키입력 로거

키입력 로거는 사용자가 키보드를 통해 입력하는 행위를 로그 파일로 기록하는 일종의 감시 소프트웨어 또는 하드웨어이다. 이후 키입력 로거는 로그 파일을 특정 수신자에게 전송하거나 장치를 이용하여 로그 파일을 검색한다. 고용주는 키입력 로거를 이용하여 직원이 작업 컴퓨터를 업무용으로만 사용하는 지를 확인할 수 있다. 그러나 스파이웨어에도 키입력 로거 소프트웨어가 포함되어 있어 사용자의 키입력을 미지의 제3자에게 전송한다.

하드웨어의 일부로 일반적으로 키입력 로거는 사용자 키보드와 컴퓨터 사이의 연결자로써 건전지 크기의 플러그이다. 장치가 보통의 키보드 플러그처럼 생겼기 때문에 눈에 띄지 않고 사용자의 행동을 모니터링 하고자 하는 사람이 쉽게 그러한 장치를 숨길 수 있다. 또한 워크스테이션 키보드는 보통 컴퓨터 뒤쪽에 플러그를 끼우므로 키입력 로거를 탐지하기 어렵다. 사용자가 키보드로 입력하면 키보드 로거는 키입력을 수집한 후 자체의 소형 하드 드라이브에 텍스트로 저장한다. 나중에 키입력 로거를 설치한 사람은 장치가 모은 정보에 접근하기 위해 장치를 반드시 회수하고 물리적으로 제거한다.

키입력 로거 소프트웨어 프로그램은 보통 트로이목마 소프트웨어 프로그램처럼 위장한다. 이 악성 소프트웨어는 URL 링크, PDF 파일 또는 ZIP 파일에 숨겨진다. 공격자가 컴퓨터에 네트워크를 통해 접근하는 동안 공격자는 공격 대상 컴퓨터로 실행 파일을 포함한 모든 파일을 전송할 수 있다. 이후 많은 공격자들은 사회 공학을 이용하여 사용자를 속여서 프로그램을 다운받도록 한다. 사용자 역시 자기 자신도 모르게 키입력 로거를 스파이웨어로 다운받을 수 있다. 이후 공격자는 루트킷의 일부로 이 소프트웨어를 실행한다. 키입력 로거 프로그램은 사용자의 키입력을 기록하고 주기적으로 인터넷을 통해 프로그램을 설치한 사람에게 정보를 업로드 한다.

보안 위반(사고)

공격으로부터 컴퓨터를 잘 보호해도 공격자로부터 공격을 당한다. C-I-A 보안 원칙을 위반하는 이벤트를 보안 위반(사고)이라 한다. 어떤 보안 위반은 일부러 시스템 서비스를 중단시킨다. 다른 보안 위반은 우연히 발생하고 하드웨어나 소프트웨어의 장애가 원인일 수 있다. 보안 위반이 사고든 악의적이든 상관없이 보안 위반은 조직의 신뢰성뿐만 아니라 사업을 수행하는 조직의 능력에 영향을 미친다.

보안 위반을 초래하는 활동은 다음과 같다.

- 서비스 거부(Denial Of Service) 공격
- 분산 서비스 거부(Distributed DoS) 공격
- 허용되지 않는 웹 브라우징 행위
- 도청
- 백도어를 이용한 자원에 접근
- 돌발적인 데이터 변경

서비스 거부 공격

서비스 거부 공격으로 인해 고장시간이 발생하고 사용자가 시스템에 접근할 수 없게 된다. DoS 공격은 정보시스템 보안 중 가용성에 영향을 미친다. DoS 공격은 컴퓨터가 비생산적인 업무를 수행하도록 함으로써 서비스를 거부하는 조직화된 시도이다. 과도한 활동으로 인해 시스템은 정당한 연산을 수행할 수 없게 된다. 디스크가 꽉 차면 시스템은 계정 잠금을 수행하거나 컴퓨터가 중단되거나 CPU가 느려지고 이 결과로 서비스 거부가 발생한다. 일반적으로 DoS 공격은 단일 컴퓨터로부터 발생한다. DoS 공격이 탐지되면 DoS 공격을 쉽게 중단

시킬 수 있다. 두 가지 형태의 DoS 공격은 다음과 같다.

- **논리적 공격(logic attack)** : 논리적 공격은 소프트웨어 결함을 이용하여 원격의 서버를 중단시키거나 성능에 중대한 지장을 준다. 가장 최신의 패치를 설치하여 소프트웨어를 최신으로 유지함으로써 이런 종류의 많은 공격을 방지할 수 있다.
- **플러딩 공격(flooding attack)** : 플러딩 공격은 대량의 쓸모없는 요청을 머신에 전송함으로써 피해자 컴퓨터의 CPU, 메모리 또는 네트워크 자원을 제압한다.

DoS 공격에 가장 최고의 방어 대책 중 하나는 공격을 탐지하고 중단시키기 위해 침입방지시스템(IPS) 소프트웨어나 장치를 이용하는 것이다. 침입탐지시스템(IDS) 소프트웨어와 장치도 DoS 공격을 탐지한 후 공격이 진행될 때 사용자에게 경고를 한다. DoS 공격을 막지 않으면 DoS 공격으로 인해 서버, 데스크톱, 네트워크 하드웨어가 제압당해 조직의 컴퓨터가 느려져 결국은 중단된다.

대부분의 DoS 공격은 소프트웨어 버그나 보안 결함보다는 전반적인 시스템 구조의 약점을 대상으로 한다. 공격자는 TCP와 ICMP와 같은 일반적인 인터넷 프로토콜을 이용하여 DoS 공격을 개시할 수 있다. 이러한 프로토콜 중 하나를 통해 개시된 DoS 공격은 쓸모없는 패킷을 대량으로 서버나 장치에 전송하고 네트워크 서비스의 상태에 관한 잘못된 정보를 제공함으로써 하나 또는 여러 네트워크 서버의 가용성을 낮춘다. 이를 패킷 플러드(packet flood)라 한다.

패킷 플러드를 개시하는 가장 일반적인 방법 중 하나가 SYN 플러드(SYN flood)이다. SYN 일련번호를 동기화하는 데 사용되는 TCP 통제 비트이다. SYN 플러드 공격에서 공격자는 공격 대상 컴퓨터에게 연결을 요청하는 대량의 패킷을 전송한다. 공격 대상 컴퓨터는 각 요청을 기록하고 메모리에 있는 로컬 테이블에 연결을 위한 공간을 잡아 놓는다. 이후 공격 대상 컴퓨터는 공격자에게 확인 메시지(ACK)를 전송한다. 공격자는 절대로 응답하지 않고 이로 인해 공격 대상 컴퓨터의 메모리 공간이 연결 테이블로 꽉 차버린다. SYN 플러드로 인해 메모리 공간이 연결 테이블로 꽉 차버리기 때문에 이 동안에는 정당한 사용자도 해당 컴퓨터에 연결할 수가 없게 된다. 피해 컴퓨터는 연결 요청이 시간이 해제될 때까지 이용할 수 없게 된다.

또 다른 기술로 **스머핑(smurfing)**이 있다. 스머프 공격은 직접적인 브로드캐스트를 이용하여 피해 컴퓨터에 대한 네트워크 트래픽의 플러드를 생성한다.

> **참고**
>
> RFC 2827은 보안 관리자에게 유용한 정보를 포함하고 있다. RFC 2827은 DoS 공격을 막기 위해 진입 트래픽 필터링을 이용하는 방법을 제공하고 있다. 이 방법에서는 종종 위조된 IP 주소를 사용한다.

내부 공격자와 외부 공격자 모두 DoS 공격을 개시할 수 있다. 그러나 대부분의 공격은 익명의 외부자로부터 발생한다. 일반적으로 네트워크 침입탐지(IDS/IPS)가 이러한 공격을 탐지하는 데 효과적이다.

보안전문가는 일상적으로 적극적인 조치를 취해 공격자가 악의적인 목적으로 시스템을 이용하지 못하도록 한다. 또한 이제는 특정 웹 콘텐츠 제공자와 네트워크-장치 제조자가 DoS 공격을 방지하기 위해 기본 설정 테이블에 새로운 규칙을 포함시킨다. 공격자가 조직의 컴퓨터에 접근하지 못하도록 하는 것은 노력이 많이 들기는 하나 가치가 있다.

분산 서비스 거부 공격

DDoS 공격은 사용자가 시스템에 접근하는 가용성에 영향을 미치는 일종의 DoS 공격이다. 이 공격은 컴퓨터에 과부하를 주어 정당한 사용자가 접근하지 못하도록 한다. DDoS 공격은 일반적인 DoS 공격과는 규모 측면에서 다르다. DDoS 공격에서 공격자는 수백 또는 수천 개의 인터넷 컴퓨터를 장악한 후 해당 시스템에 자동화된 공격 에이전트를 심는다. 이후 공격자는 에이전트에 공격 대상 사이트에 위조된 메시지를 대량으로 전송하라고 명령한다. 핵심은 수적 우세이다. 공격자는 공격을 여러 컴퓨터로 분산시킴으로써 더 많은 피해를 줄 수 있다.

보다 큰 규모의 회사와 대학은 DDoS 공격을 하기에 좋은 대상이 된다. 연구에 따르면 매주 네트워크에 수천 개의 DDoS 공격이 발생한다고 한다. 이 위협은 매우 심각하여 공격을 막는 것이 보안업체를 포함하여 조직의 최우선 과제이다. DDoS 공격을 중단시키는 것은 DDoS 공격이 여러 근원지로부터 발생하기 때문에 DoS 공격을 중단시키는 것보다 훨씬 어렵다. DDoS 공격으로부터 컴퓨터를 보호하기 위해서는 여러 계층의 보안이 필요하다. DoS와 DDoS 공격 모두 형태가 다양하고 심각성도 수준이 다르고 손실 규모도 수백만 달러에 이른다.

허용되지 않는 웹 브라우징

허용되지 않는 웹 브라우징과 같은, 조직의 허용 가능한 사용 정책(AUP)을 위반하는 것은 보안 침해가 된다. 조직에는 어떤 행동이 허용가능하고 그렇지 않은지를 명확하게 기술하는 AUP가 존재해야 한다. 허용되지 않는 사용에는 비인가된 사용자가 파일이나 읽기가 금지된 데이터나 정보에 대한 저장 디렉토리를 탐색하거나 금지된 웹 사이트에 접속하는 것이 포함된다. AUP에는 어떤 행동이 보안 침해인지가 정의되어 있다.

도청

공격자는 전화선과 데이터 통신선을 도청할 수 있다. 도청은 공격자가 전화선에 변경을 수행할 수도 있는 능동적일 수 있으며 비인가된 사용자가 내용을 변경하지 않고 전송을 듣는 수동적일수도 있다. 수동적 침입으로는 차후의 능동적 공격을 위해 데이터를 복제하는 것이 있다.

능동적 도청 방법은 다음과 같다.

- **선 중간의 도청** : 이런 형태의 도청은 정당한 사용자가 전송하는 메시지를 변경하지 않는 대신 정당한 사용자가 통신을 잠시 멈출 때 추가적인 메시지를 통신선에 삽입한다.
- **피기백 입력 도청** : 이런 형태의 도청은 통신선을 끊고 메시지를 호스트처럼 동작하는

다른 컴퓨터로 전송함으로써 원래의 메시지를 가로채고 변경한다.

도청이라는 용어는 일반적으로 음성 전화 통신에 관련되지만 공격자는 도청을 이용하여 데이터 통신을 가로챌 수 있다. 데이터 통신을 가로챌 때 보다 일반적으로 사용되는 용어는 스니핑(sniffing)이다.(스니핑은 단순한 도청의 개념을 넘어서 무선 전송을 가로채는 것까지 포함한다.)

백도어

> **참고**
> 거의 모든 네트워크 업체는 디폴트 사용자이름과 패스워드를 갖는 장치를 출하한다. 사용자는 장치를 설정할 때 반드시 디폴트 사용자이름과 패스워드를 변경하여야 한다. 새로운 기기가 배치될 때 디폴트 사용자이름과 패스워드를 변경하지 않으면 시스템 내 알려진 백도어를 야기하고 심각한 취약점이 존재하게 된다.

소프트웨어 개발자는 가끔 **백도어**라 불리는 숨겨진 접근 방법을 프로그램에 포함한다. 백도어를 이용해 개발자나 운영 인력은 보안 통제에 우회하여 시스템에 쉽게 접근한다. 문제는 백도어가 항상 숨겨져 있지 않다는 것이다. 공격자가 백도어를 발견하면 패스워드, 암호화 등과 같은 보안통제를 우회할 수 있다. 정당한 사용자가 사용자 ID와 패스워드를 이용하여 합법적 절차에 따라 로그인할 때 공격자는 백도어를 이용하여 정상적인 접근 통제를 우회할 수 있다.

또한 공격자는 시스템에 백도어 프로그램을 설치하여 시스템을 손상시킬 수 있다. 공격자는 이런 형태의 백도어를 이용하여 관리자가 컴퓨터 시스템을 보호하기 위해 구축한 통제를 우회할 수 있다. netcat 유틸리티는 오늘날 가장 많이 사용되는 백도어 툴 중 하나이다.

루트킷(rootkit)은 탐지되지 않게 숨겨지도록 설계된 악성 소프트웨어 프로그램이다. 루트킷을 이용하여 공격자는 컴퓨터 시스템에 대한 접근을 획득할 수 있다. 공격자가 일단 루트킷을 설치하면 공격자는 루트나 시스템 관리자 접근 권한을 획득할 수 있다. 일반적으로 루트킷에는 백도어가 포함된다. 전통적인 루트킷은 핵심 프로그램을 대체하여 공격자가 백도어를 통해 접근할 수 있도록 하고 백도어를 호스트 시스템에 숨겨놓는다. 루트킷은 시스템 소프트웨어 구성요소를 대체하기 때문에 루트킷은 어플리케이션 수준의 트로이목마 백도어보다 훨씬 강력하다.

데이터 변경

의도적이든 우연이든 데이터가 변경되면 정보시스템 보안의 무결성 원칙에 영향을 준다. 또한 보안 위반으로 간주된다. 여러 프로세스가 기본 데이터-무결성 제한을 준수하지 않고 데이터를 갱신하고자 할 때 불완전한 변경이 발생한다. 또 다른 예로 기록 필드의 크기가 완전한 데이터를 저장하기에 충분하지 않아 데이터의 길이를 줄이게 되면 불완전한 변경이 생긴다. 이것은 대부분의 프로그래밍 언어에서 발생하고 탐지하기가 어렵다. 그러나 그 결과는 심각하다. 데이터 변경 이슈를 피하는 가장 좋은 방법은 데이터를 저장하기 전에 검증하여 프로그램이 엄격한 데이터-무결성 규칙을 준수함을 확인하는 것이다.

추가적인 보안 위반 활동

그 외 보안 위반 활동으로 스팸, 혹스, 스파이웨어 및 웹 브라우저에 저장된 논리 정보 등이 있으며 이러한 활동이 결합되어 나타날 수도 있다.

스팸

스팸은 원치 않는 이메일 또는 인스턴트 메시지이다. 대부분의 스팸은 상업용 광고(일확천금의 계획, 의심스러운 제품이나 기타 서비스)이다. ISP(Internet Service Provide)와 온라인 서비스 제공자가 스팸 전송 비용을 부담하기 때문에 스팸 전송 비용은 매우 적다. 다만 대량의 원치 않는 메시지를 처리하는 비용은 높다. ISP는 이러한 비용을 직접 가입자에게 전가한다. 또한 스팸메일을 수신한 사람은 수신된 메시지를 처리하고 모니터링하는 데 시간을 낭비하게 된다.

이메일 스팸은 개인 사용자를 대상으로 한다. 종종 스패머는 메시지를 공개 또는 사적인 이메일 토론 포럼과 관련된 메일링 리스트 회원에게 전송하기도 한다. 스패머가 많이 사용하는 또 다른 기술은 소프트웨어를 사용하여 일반적인 사용자이름과 도메인 이름으로부터 이메일 주소를 구성한 후 해당 주소로 메시지를 전송하는 것이다. 예를 들어 스팸 프로그램은 이메일 메시지를 aaron@yahoo.com과 문자 A로 시작하는 이름을 포함하는 yahoo.com 도메인 내 주소로 전송할 수 있다. 인스턴트 메시지 스팸도 동일한 방법을 사용하지만 이메일 대신 인스턴트 메시지를 사용하여 스팸을 전송한다.

스패머가 가장 좋아하는 기술은 여러 이메일 주소로 "수신거부" 링크를 포함한 메시지를 전송하는 것이다. 아이디어는 링크를 이용하여 이메일 주소가 유효한지를 결정할 수 있다는 것이다. 즉, 링크를 클릭한 사용자에 대해 수신 거부를 인정하는 대신 스패머는 해당 이메일 주소가 유효함을 확인할 수 있어 공격 대상으로 결정한다. 비슷하게 스팸-생성 소프트에어에는 종종 이메일 주소 목록이 포함되어 있다. 소프트웨어 제작자는 이러한 이메일 주소는 "옵트인"을 한 사람의 주소라고 하지만 실제로 이 주소는 뉴스그룹이나 메일링 목록에서 임의로 선택한 주소이다. 스패머는 요청에 따라 주소를 삭제했다고는 하지만 거의 모든 스패머가 절대로 이메일을 삭제하지 않는다.

스팸은 더 이상 단순히 성가시기만 한 것이 아니다. 스팸을 차단하는 업무는 IT 보안의 핵심이다. 최근에 스팸은 범죄자들이 개인이나 회사 정보를 얻고 트로이목마와 다른 악성코드를 사용자 컴퓨터에 심고자 하는 방법이 되고 있다. 또한 특정 종류의 스팸(예, 아동 포르노와 관련된 스팸)을 보유하는 것은 불법이다.

사이버범죄에 대응하기 위해 조직은 반드시 스팸을 처리해야 한다. 피싱(phishing) 이메일은 수신자가 이메일에 내재된 URL 링크를 클릭하거나 이메일 첨부 파일을 열도록 하기 위한 가짜(위조된) 이메일이다. 앞 절에서도 설명한 것과 같이 악성 소프트웨어, 트로이목마 또는 키입력 로거는 피싱 이메일에 포함될 수 있다. 이 이메일을 수신한 사용자는 URL 링크를 클릭하거나 이메일 첨부파일을 열게 되면 자신도 모르게 악성 소프트웨어를 활성화시키게 된다. 안티바이러스, 안티-스파이웨어 및 안티-악성-소프트웨어 어플리케이션이 이런 형태의 사고에 대응하기 위해 필요하다.

혹스

> **참고**
> 수신한 메시지가 혹스로 의심되면 Snopes라는 웹 사이트(http://www.snopes.com)를 접속하면 이를 확인할 수 있다. 종종 Snopes에서 수신한 메시지와 일치하는 메시지를 찾을 수 있다. Snopes에 일치하는 메시지를 혹스라고 단언할 수는 없지만 혹스로 의심되는 메시지를 찾는 편리한 방법이라 할 수 있다.

혹스(hoax)는 수신자를 속이거나 장난을 치려는 목적으로 동작한다. 혹스는 이메일 메시지를 통해 전송된다. 종종 이 메시지에는 새로운 바이러스에 관한 경고가 포함되기도 한다. 혹스가 바이러스나 트로이목마와 같이 자동으로 시스템을 감염시키지 않더라도 혹스를 처리하기 위한 시간이 낭비된다. 실제로 조직은 실제 바이러스와 트로이목마 사고를 처리하기보다 혹스를 부정하는 데 더 많은 시간을 소모하고 있다.

혹스를 처리하는 가장 좋은 방법은 사용자에게 혹스를 다른 사람에게 전달하지 말아달라고 요청하는 것이다. 귀여운 메시지를 한 명 또는 두 명의 친구에게 전달하는 것은 문제가 되지 않는다. 그러나 확실하지 않은 경고나 간청을 자신의 주소록에 있는 모든 사람에게 전달하는 것은 문제가 된다. 이런 종류의 이메일의 수신자는 자신이 아는 모든 사람에게 전달하지 않아야 한다.

쿠키

웹 서버가 사용자 히스토리를 추적할 수 있도록 웹 브라우저는 웹 서버가 사용자 하드 드라이브에 쿠키를 저장하도록 허용한다. 쿠키는 과거 접속부터 웹 사이트까지 획득한 상세사항을 포함하는 텍스트 파일이다. 여기에는 사용자의 계정(username), 사용자가 입력한 신용카드 정보 등이 포함된다. 이후 사용자가 웹 서버에 요청을 전송하면 서버는 사용자가 정보를 재입력하도록 요청하는 대신 쿠키에 접근할 수 있다.

때때로 쿠키는 논란이 된다. 왜냐하면 쿠키를 이용하여 웹 서버가 사용자 하드 드라이브에 저장하기 위해 사용자 컴퓨터로 파일을 전송할 수 있기 때문이다. 쿠키는 텍스트 파일이기 때문에 쿠키로 인해 피해가 야기될 수 없다. 쿠키는 직접적으로 악의적인 행동을 수행하지 않는다. 쿠키는 바이러스를 전파할 수도 사용자 하드 드라이브 내 추가적인 정보에 접근할 수도 없다. 그러나 이것은 쿠키가 보안 이슈를 야기하지 않는다는 것을 의미하는 것은 아니다. 쿠키가 사용자의 하드 드라이브로부터 정보를 수집할 수는 없지만 앞에서 설명한 것과 같이 종종 신용카드 정보와 같은 민감한 정보를 저장한다.

문제는 정보를 평문 파일로 저장한다는 것이다. 즉, 컴퓨터에 접근할 수 있는 사람은 누구나 잠재적으로 쿠키의 내용을 읽을 수 있다. 안전하게 개발된 웹사이트는 쿠키에 신용카드 번호와 같은 정보를 절대로 저장하지 않지만 어떤 사이트는 그렇지 않고 허술하다. 실제로 사용자는 컴퓨터의 쿠키에 저장되는 정보가 무엇인지를 모른다. 개인정보를 쿠키에 저장하지 않도록 하는 가장 좋은 방법은 신뢰하는 웹 사이트의 쿠키만을 허용하는 것이다.

많은 웹사이트에 접근하면서 점점 더 많은 쿠키가 생기게 된다. 실제로 사용자들은 컴퓨터에 수백 개의 쿠키가 존재하게 되고 골칫거리가 된다. 다행히도 언제라도 이러한 쿠키를 삭제할 수 있다. 또한 우선 웹 브라우저가 쿠키를 허용하지 않도록 할 수 있다.

위험, 위협 및 취약점

위험, 위협 및 취약점은 함께 존재한다. 위험은 나쁜 일이 일어날 가능성이다. 위협은 자산에 해를 가하거나 손상시키는 모든 행동이다. 취약점은 설계 또는 소프트웨어 코드 자체의 약점이다. 악용될 수 있는 취약점이 있으면 자산에 대한 위협이 된다.

시스템에 취약점이 있으면 위협의 가능성이 있다. 취약점에 대한 위협이 부정적인 사건이 발생하는 위험을 생성한다. 위협을 제거할 수 없지만 취약점으로부터 자산을 보호할 수는 있다. 그와 같이 위협이 여전히 존재하여도 취약점이 악용되지 못하도록 할 수 있다. 자산을 공격의 위험으로부터 보호하기 위해 가장 중요한 것은 가능하면 많은 취약점을 제거하거나 처리하는 것이다.

IT 기반구조 내에는 많은 위협과 취약점이 존재한다. [표 3-2]는 IT 기반구조의 7개 영역에서 흔히 볼 수 있는 위협과 취약점을 보여준다.

표 3-2 IT 기반구조의 7개 영역의 일반적인 위협 및 취약점

영역	일반적인 위협 및 취약점
사용자 영역	보안 정책에 대한 인식 또는 관심 부족 의도치 않은 허용 가능한 사용 정책 위반 의도적이고 악의적인 활동 사회 공학
워크스테이션 영역	비인가된 사용자 접근 악의적인 소프트웨어 유입 설치된 소프트웨어의 약점
LAN 영역	비인가된 네트워크 접근 개인정보를 암호화하지 않은 형태로 전송 악성 소프트웨어의 전파
LAN과 WAN 연결 영역	외부로부터 내부 자원을 노출 및 내부 자원에의 비인가된 접근 악의적인 소프트웨어 유입 인터넷 접근 불가로 인한 생산성 저하
WAN 영역	개인정보를 암호화하지 않은 형태로 전송 익명의 사이트로부터의 악의적인 공격 서비스 거부 공격 소프트웨어의 약점
원격 접속 영역	접근 및 개인정보에 대한 무작위 패스워드 공격 자원에 대한 비인가된 원격 접속 원격 접근 시 또는 손실된 저장 장소의 데이터 노출
시스템/어플리케이션 영역	자원에 대한 비인가된 물리적 또는 논리적 접근 서버 운영체제 또는 어플리케이션 소프트웨어의 약점 오류, 장애 또는 재난으로 인한 데이터 손실

기술적 팁

위협과 취약점을 식별하고 응답하는 것은 복잡한 프로세스이다. 어떤 경우, 위협을 제거하는 것이 너무 비용이 많이 들고 시간이 많이 걸릴 수 있다. 가능하면 모든 위협의 발생을 줄이기 위해 작업을 해야 하는 반면 특정 자산을 보호하기 위한 비용이 자산 자체의 가치 이상인지를 신중하게 평가하여야 한다. 자산의 실제 가치보다 위협을 식별하고 대응하는 데 더 많은 시간과 돈을 소비할 수 있다.

위협은 개인, 그룹 또는 조직으로 인해 발생한다. 컴퓨팅 장치에 대한 위협은 개인 또는 정부의 자산 및 자원에 대한 부정적 효과를 갖는 의도적이지 않은 행동 또는 악의적인 행동이다. 자산은 하드웨어, 소프트웨어, 데이터베이스, 파일, 데이터 또는 물리적인 네트워크 그 자체일 수 있다.

위협은 보안 관점에서 중요하다. 컴퓨터 보안의 목적은 위협을 처리하는 이해력, 방법 및 기술을 제공하는 것이다. 컴퓨터와 네트워크 시스템 관리자, 설계자, 개발자 및 사용자가 바람직하지 않는 시스템 특성과 약점을 방지하는 것을 지원하는 정책을 개발하면 이 목적을 달성할 수 있다.

위협을 식별하여 중요도와 영향도에 따라 평가한다. 위협은 비용 손실, 발생하는 부정적인 평판, 금전적 채무 또는 위협의 발생 빈도로 평가할 수 있다. 조직은 조직에 맞게 다른 조직보다 위협을 보다 높게 또는 보다 낮게 평가할 수 있다. 위협의 평가는 잠재적 영향에 달려 있다.

일반적인 위협은 다음과 같다.

- 악성 소프트웨어
- 하드웨어 또는 소프트웨어 장애
- 내부 공격자
- 장비 도난
- 외부 공격자
- 자연 재해
- 산업 스파이
- 테러

모든 위협이 악의적인 것은 아니다. 어떤 위협은 의도적일 수 있으나 다른 위협은 우연일 수 있다. 의도적이지 않은 위협으로는 통제의 부족으로 인한 하드웨어 장애나 소프트웨어 문제가 있다. 그러나 의도하지 않은 위협의 결과도 악의적인 위협만큼 피해를 야기할 수 있다. 반드시 모든 보안 위반을 최소화하기 위해 노력해야 한다. 전체 목적은 네트워크와 컴퓨터 시스템을 공격으로부터 보호하고 개인이나 조직의 자산의 도난, 파괴, 오염을 예방하는 것이다.

표 3-3 IT 기반구조의 7개 영역에서의 위협 대상

영역	위협 대상
사용자 영역	PC, 노트북, 스마트폰(블랙베리, 아이폰), PDA(Personal Digital Assistants), 어플리케이션 소프트웨어(업무용, 웹 브라우저 등)
워크스테이션 영역	관리용 워크스테이션, 부서 워크스테이션, 서버, 네트워크 및 운영체제 소프트웨어
LAN 영역	파일 서버, 프린트 서버, 이메일 서버, 관리 서버, 데이터베이스 서버, 무선 LAN 서버(WLAN), 허브, 리피터, 브리지
LAN과 WAN 연결 영역	HTTP 서버, 이메일 서버, 터미널 서버(FTP 등), IP 라우터, 침입차단시스템, 허브, 리피터
WAN 영역	IP 라우터, TCP/IP 스택 및 버퍼, 침입차단시스템, 게이트웨이, 스위치
원격 접속 영역	가상사설망(VPN), 써드파티 이메일 리다이렉트(예, RIM/블랙베리), VPN 소프트웨어가 가능한 노트북, SSL-VPN 터널
시스템/어플리케이션 영역	데스크톱 운영체제, 서버 및 네트워크 운영체제, 이메일 어플리케이션 및 서버, ERP(Enterprise Resource Planning) 어플리케이션 및 시스템, 웹 브라우저 등

위협 대상

공격자는 자신이 가장 좋아하는 탐색 엔진을 사용하여 거의 모든 프로토콜, 운영체제, 어플리케이션, 장치 또는 하드웨어 환경을 침해하기 위한 정확한 명령어를 찾아낼 수 있다. 그렇기 때문에 보안전문가는 반드시 모든 위협을 모니터링 해야 한다. 전문적인 사이버 범죄는 사방에 도사리고 있다. 그러므로 가장 안전한 방법은 일관되고 신중하게 모든 위협 대상을 모니터링하는 것이다.

모니터링 계획을 수립하는 첫 번째 단계는 IT 기반구조의 7개 영역에서 위협이 발생할 것 같은 곳을 식별하는 것이다. [표 3-3]은 위협 대상과 IT 기반구조에서 발견되는 곳을 보여준다. [표 3-3]에서 알 수 있듯이 IT 기반구조의 7개 영역 내에는 많은 위협 대상이 존재한다.

이 목록으로부터 공격자가 문제를 야기할 기회가 많다는 것이 명확해진다. 또한 보안전문가는 많은 위협 대상이 여러 영역에서 나타난다는 것에 주목해야 한다. 그러므로 모든 영역을 포함하는 포괄적인 계획이 필요하다.

위협 형태

정보를 안전하게 지키기 위해 보안전문가는 반드시 정보의 기밀성, 무결성 및 가용성을 보호해야 한다. 이러한 C-I-A 원칙을 직접 위협하는 3가지 주 위협은 다음과 같다.

- 거부 또는 파괴 위협
- 변경 위협
- 노출 위협

거부 또는 파괴 위협

거부 또는 파괴 위협으로 인해 자산이나 자원은 이용할 수 없거나 사용할 수 없게 된다.

> ⚠ **주의**
>
> DoS 공격이 중요하지 않은 포트에 대량 메시지를 전송하여도 초과 트래픽으로 인해 서버가 중단되거나 느려져 정당한 요청을 시기적절하게 제공하지 못할 수 있다. 이 경우도 DoS 공격이 성공했다고 간주된다.

정보를 파괴하거나 이용할 수 없게 하는 위협은 정보 보안의 가용성 원칙을 위반한다. 거부 또는 파괴 공격은 인가된 사용자가 일시적으로 또는 영구적으로 자원에 접근할 수 없을 때 성공한 것이다.

거부 또는 파괴 위협의 예로 서비스 거부(DoS) 공격이 있다. DoS 공격은 인가된 사용자가 컴퓨터와 네트워크 자원에 접근할 수 없도록 한다. 많은 조직들은 DoS 공격의 잠재적 피해자이다. 실제로 인터넷에 연결된 모든 컴퓨터는 DoS 위협의 대상이 된다. 이런 형태의 공격은 차단된 자산이나 자원에 따라 작은 문제가 될 수도 있고 큰 위험이 될 수도 있다. 예를 들어 공격자가 서버의 특정 포트로 대량의 메시지를 전송했다고 하자. 포트가 핵심 자원에 대한 것이 아니면 영향도는 작을 것이다. 그러나 해당 포트가 인가된 사용자가 회사의 웹 사이트에 접속하는 것을 지원하는 포트라면 고객이 몇 분 또는 몇 시간동안 접근할 수 없게 된다. 이 경우 영향도는 심각하다.

변경 위협

변경 위협은 정보의 무결성을 위반한다. 이런 형태의 공격은 의도적으로 또는 비의도적으로 시스템 내 데이터를 허가 없이 변경하여 시스템을 손상시킨다. 이러한 변경은 데이터가 네트워크 자원에 저장되거나 두 자원 사이에 이동할 때 발생한다. 의도적인 변경은 보통 악의적이다. 비의도적인 변경은 보통 사고이다. 사람들은 컴퓨터와 네트워크 자원의 무결성에 영향을 미치는 실수를 한다. 그렇다 하더라도 비의도적인 변경도 여전히 보안 문제를 야기한다.

시스템 구성(설정)에 대한 변경도 네트워크 자원의 무결성을 손상시킨다. 이러한 변경은 허가받지 못한 객체가 자산을 변경하거나 허가받지 못한 사용자가 의도치 못한 영향을 주는 변경을 했을 때 발생한다. 예를 들어 사용자는 데이터베이스 파일, 운영체제, 어플리케이션 소프트웨어, 심지어 하드웨어 장치를 변경할 수도 있다. 변경에는 네트워크 자원에 정보를 생성하고 변경하고 삭제하고 기록하는 것이 포함된다. 보안전문가가 이러한 변경을 추적하

> **모든 경우가 실제 DoS 위협인가?**
>
> 신속하지 못한 대응 시간의 원인이 항상 DoS 공격은 아니다. 네트워크 설비의 초과 신청(oversubscription)이 원인일 수 있다. 초과 신청이란 많은 컴퓨터나 프로세스가 목표로 잡은 네트워크 양보다 네트워크를 이용한다는 의미이다. 다시 말하자면 사용자가 네트워크를 과도하게 사용한다는 것이다. 네트워크 업체는 사용자의 비용으로 이익을 증대시키기 위해 이 기술을 사용한다. 그렇지 않으면 제공자는 특정 네트워크 자원에 사용자가 접속하지 못하도록 할 수 있다. 예를 들어 제공자는 시스템을 갱신하거나 웹 사이트 변경을 위해 주요 자산을 오프라인이 되도록 한다. 또 다른 원인은 대역폭 속도지연(throttling)일 수 있다. 이 기술은 관리자가 네트워크 트래픽을 감소시키기 위해 사용하는 기술이다. 다른 한편 단순히 사람의 오류일 수도 있다.

고 감사할 수 있는 기술을 사용하는 것이 좋다. 이러한 기술을 이용하여 보안전문가는 누가, 무엇을, 언제, 어디서, 어떻게 변경을 수행했는지를 기록할 수 있다. 또한 변경관리 시스템은 변경을 할 수 있는 사람과 변경하는 방법과 변경을 문서화하는 방법을 제한한다. 인가된 객체만이 자산을 인가된 방법으로만 변경하는 것은 매우 중요하다. 사전 준비를 통해 변경 위협의 심각성을 줄일 수 있다. 예를 들어 데이터의 백업본 또는 복사본을 보유하면 침해의 영향은 백업을 이용할 수 없는 경우보다 훨씬 덜 심각해진다. 그러나 데이터 복구는 항상 최후의 수단이 되어야 한다. 더 좋은 방법은 우선 변경 위협을 피하는 것이다. 정보를 보호하는 것은 항상 정보를 복원 또는 복구하는 것보다 낫다.

노출 위협

노출은 인가받지 못한 사용자가 네트워크 자원에 저장된 또는 네트워크 자원 간에 전송되는 개인정보나 기밀정보에 접근할 때 발생한다. 또한 노출은 개인정보나 기밀정보를 포함하는 컴퓨터나 장치(예, 의료 기록의 데이터베이스)가 분실되거나 도난당했을 때 발생한다. 공격자가 불법으로 데이터를 얻거나 변경하기 위해 사용하는 두 가지 기술은 다음과 같다.

- **사보타주** : 사보타주는 재산을 파괴하거나 정상적인 운영을 방해하는 것이다. 기술적으로 사보타주는 정보 보안의 가용성을 공격하는 것이다.
- **스파이 행위** : 스파이 행위는 비밀 정보를 획득하기 위한 스파이 활동이다. 테러리스트와 첩보기관은 스파이 행위를 통해 향후의 공격을 수행하는 데 필요한 정부의 민감한 정보를 획득한다.

참고

정보 유출(information leak)은 누군가 적절한 허가 없이 의도적으로 정보를 배포하는 것이다.

사보타주는 은밀하지 않은 반면 스파이 행위는 흔적을 남기지 않는다.

많은 조직에서는 저장되어 있는 많은 정보를 공개하지 않는다. 이러한 정보는 사용자의 컴퓨터에 관한 개인정보나 데이터베이스에 저장된 기밀 기록일 수 있다. 이러한 정보가 노출되면 그 결과는 다양하다. 예를 들어 사용자의 개인정보가 노출되면 해당 개인이 난처해지는 반면 시민의 개인 기록이 노출되면 보다 심각한 결과가 야기될 수 있다. 또한 정부의 비밀이나 첩보 파일이 관련되는 경우 정보 노출은 훨씬 많은 문제를 야기한다.

정보보안 인력은 노출 위협에 대응하는 데 많은 시간과 노력을 들여야 한다. 이러한 위협에 대응하기 어려운 점 중 하나는 인가되지 않은 사용자들이 흔적을 남기지 않고 보호되지 않는 데이터를 가로챌 수 있다는 것이다. 이런 이유로 노출 위협과 대책에 보안 연구와 개발에 중점을 둔다.

공격

컴퓨터 시스템 또는 네트워크 자산에 대한 공격은 시스템 내 취약점을 악용하면 성공할 수 있으며 4가지 종류의 공격 방법이 존재한다. 공격은 4가지 방법 전부 또는 일부를 이용하여 발생할 수 있다.

- **위조** : 위조는 의심하지 않는 사용자를 속이기 위해 속임수를 사용한다.
- **가로채기** : 가로채기는 전송내역을 도청한 후 인가되지 않는 방법으로 사용하기 위해 해당 전송내역을 다른 곳으로 전송한다.
- **방해** : 방해는 데이터 전송을 차단하여 통신 중단을 야기한다.
- **변경** : 변경은 전송 또는 파일 내에 포함된 데이터의 변경이다.

보안 위협은 능동적 또는 수동적일 수 있다. 능동적 보안 위협과 수동적 보안 위협 둘 다 IT 기반구조에 대해 부정적 영향을 미친다. 능동적 보안 위협은 데이터 스트림의 변경 또는 컴퓨터와 네트워크 시스템에 대한 비인가된 접근 획득의 시도 등이다. 능동적 공격은 물리적인 침해이다. 공격자는 수동적 공격에서는 시스템을 변경하지 않는다. 수동적 공격에서 공격자는 단순히 전송 내역을 도청하고 모니터링 한다.

능동적 위협은 다음과 같다.

- 무작위 패스워드 공격(brute-force password attacks)
- 패스워드 사전 공격(dictionary password attacks)
- IP 주소 위조(IP address spoofing)
- 하이재킹(hijacking)
- 재전송 공격(replay attack)
- 중간자 공격(man-in-the-middle attack)
- 위장 공격(masquerading)
- 사회 공학(social engineering)
- 피싱(phishing)
- 프리킹(phreaking)
- 파밍(pharming)

이런 공격은 널리 알려져 있으며 매년 정보 시스템에 나타나는 공격의 수가 증가하고 있다.

무작위 패스워드 공격

가장 유효성이 증명된 방법 중 하나는 무작위 패스워드 공격이다. 무작위 패스워드 공격에서 공격자는 성공할 때까지 시스템에 여러 패스워드를 시도해 본다. 보통 공격자는 소프트웨어 프로그램을 사용하여 패스워드, 사용자 ID 또는 보안 코드의 가능한 모든 조합을 시도해 본다. 이것은 빠르고 순차적으로 수행된다. 공격자가 단순히 코드를 지속적으로 입력해 보기 때문에 이런 형태의 공격을 무작위 패스워드 공격이라 하며, 특별한 기술이 필요 없다.

현재의 많은 컴퓨터를 이용하여 짧은 기간 동안 수백만 개의 패스워드 조합을 시도해 보는 것이 가능하다. 충분한 시간이 있고 충분한 컴퓨터를 이용하면 대부분의 알고리즘을 크랙하는 것이 가능하다.

패스워드 사전 공격

패스워드 사전 공격은 복잡하지 않은 패스워드를 선택한 사용자를 공격하는 단순한 공격이다. 패스워드 사전 공격에서는 단순한 패스워드 크래커 프로그램이 사전 파일로 모든 단어를 이용하여 로그인을 시도하는 것이다.

사용자는 종종 패스워드로 일반적인 단어를 선택한다. 복잡한 패스워드를 선택하도록 하는 패스워드 정책을 수립하는 것이 가장 좋은 방어이다. 사용자들은 문자와 숫자의 조합으로 구성된 패스워드를 생성하여야 하고 패스워드에 사용자 개인정보를 포함하지 않도록 한다.

IP 주소 스푸핑

스푸핑은 특정 사람 또는 프로그램이나 컴퓨터가 다른 사람 또는 다른 프로그램이나 컴퓨터를 가장하여 특정 자원에 접근을 하는 공격이다. 일반적인 스푸핑 공격은 다른 컴퓨터로 보이도록 거짓의 네트워크 주소가 제시된다. 공격자는 컴퓨터의 네트워크 주소를 변경하여 대상 네트워크 내의 인가된 컴퓨터인 것처럼 보이게 한다. 공격 대상 로컬 라우터 관리자가 내부 주소를 갖는 외부 트래픽을 필터링하도록 설정하지 않으면 공격이 성공한다. IP 주소 스푸핑을 이용하여 공격자는 보호하고 있는 내부 자원에 접근할 수 있다.

> **참고**
>
> IP 스푸핑에 CERT 권고 보고서에 따르면 CERT 중재 센터(Coordination Center)는 침입자가 위조된 소스 IP 주소를 갖는 패킷을 생성하는 공격을 보고 받는다고 한다. 이러한 악용으로 인해 사용자인척 하며 목표대상 시스템에 대한 접근 권한을 상승시킬 수 있다. 즉, 침입자는 로그인 연결을 하여 시스템 붕괴를 야기할 수 있다.

하이재킹

하이재킹은 공격자가 두 머신 사이의 세션을 통제하고 객체 중 하나인 것처럼 가장할 수 있는 공격이다. 하이재킹의 유형은 다음과 같다.

- 중간자 하이재킹(man-in-the-middle hijacking) : 중간자 하이재킹에서 공격자는 프로그램을 이용하여 서로에게 상대방인척 가장함으로써 연결을 통제한다. 예를 들어, Mary와 Fred가 통신하고자 할 때 공격자는 Mary인척 하고 Fred와 대화하고 Fred인척 하고 Mary와 대화한다. Mary도 Fred 둘 다 자신이 공격자와 대화하는 줄 모른다. 이후 공격자는 Mary와 Fred 사이에 전송되는 정보를 수집하고 데이터를 변경할 수 있다. 이 공격을 통해 공격자는 메시지에 접근할 수 있거나 재전송 전에 메시지를 변경할 수 있다.

FYI

세션 하이재킹은 세션에서 다른 객체를 식별하는 것의 중요성을 보여준다. 침입자가 통신 세션의 나머지 부분을 정당한 사용자를 대신하는 것이 가능하다. 그러므로 전송 전반에 데이터의 출처를 인증하기 위한 스킴이 필요하다. 실제로 연결의 양 객체를 인증하면 탐지되지 않는 하이재킹의 잠재성을 줄일 수 있다. 양 객체를 인증하는 프로세스를 상호 인증(mutual authentication)이라 한다. 그러나 가장 강력한 인증 방법이 하이재킹 공격을 방지하는 데 성공적이지 않다. 즉, 모든 전송 정보를 암호화할 필요가 있다.

- 브라우저 하이재킹(browser hijacking) : 브라우저 하이재킹에서 사용자는 자신이 요청한 사이트가 아닌 다른 사이트(보통 공격자가 생성한 가짜 페이지)로 연결된다. 이 경우 사용자는 공격자가 웹 사이트를 손상시킨 것 같은 인상을 받지만 실제로는 공격자가 단순히 사용자의 브라우저를 실제 사이트로부터 전환시킨 것이다. 공격자는 사용자를 속여 패스워드와 같은 개인정보를 제공하도록 하는 피싱 공격으로도 사용한다.
- 세션 하이재킹(session hijacking) : 세션 하이재킹에서 공격자는 두 네트워크 컴퓨터 사이의 기존 연결을 가지려고 시도한다. 이 공격의 첫 번째 단계에서 공격자는 연결을 모니터링하기 위해 LAN의 네트워크 장치(예, 침입차단시스템이나 다른 컴퓨터)를 통제한다. 이렇게 하면 공격자는 송신자와 수신자가 이용하는 일련번호를 알아낼 수 있다. 일련번호를 알아낸 후 공격자는 통신 객체 중 한 객체로부터 전송된 것으로 보이는 트래픽을 생성한다. 정당한 사용자 중 한명으로부터 세션을 훔칠 수 있다. 하이재킹된 세션을 개시한 정당한 사용자의 통신을 해제하기 위해 공격자는 초과하는 패킷을 한 통신 장치에 부과하여 세션에서 빠지도록 한다.

재전송 공격

재전송 공격에서는 네트워크에서 데이터 패킷을 캡처한 후 재전송하여 비인가된 효과를 낸다. 복제 패킷을 수신함으로써 인증된 IP 패킷이 서비스를 방해하거나 바라지 않는 결과를 야기한다. 공격자가 이전의 메시지나 이전 메시지의 일부를 재사용하여 시스템 사용자를 속일 때 재전송 공격을 통해 시스템이 무력화될 수 있다. 재전송 공격을 이용하여 침입자는 시스템에 대해 인가 없는 접근을 허용하는 정보를 획득할 수 있다.

중간자 공격

중간자 공격은 많은 종류의 네트워크에서 사용되는 멀티홉(multihop) 프로세스의 장점을 활용한다. 이 공격에서 공격자는 두 객체가 원래의 목적지로 메시지를 전송하기 전에 두 객체 사이의 메시지를 가로챌 수 있다.

웹 스푸핑은 일종의 중간자 공격으로 이때 사용자는 특정 웹 서버와 안전한 세션이 구축되었다고 생각한다. 그러나 실제로 안전한 세션은 웹 서버가 아닌 공격자와의 사이에서만 존재한다. 이후 공격자는 웹 서버와 안전한 연결을 구축하고 사용자와 웹 서버 사이의 트래픽을 통과시킨다. 이런 방법으로 공격자는 사용자를 속여서 패스워드, 신용카드 정보 및 기타 개인정보를 제공받을 수 있다.

공격자는 중간자 공격을 이용하여 정보를 훔치고 서비스 거부 공격을 수행하고 전송된 데이터를 변경하고 조직의 내부 컴퓨터와 네트워크 자원에 대한 접근을 획득하고 새로운 정보를 네트워크 세션에 삽입한다.

가장

위장 공격(masquerade attack)에서 한 사용자나 컴퓨터는 다른 사용자나 컴퓨터인척 한다. 가장 공격에는 보통 IP 주소 스푸핑이나 재전송과 같은 다른 형태의 능동적 공격 중 하나가 포함된다. 공격자는 인증 시퀀스를 캡처한 후 어플리케이션이나 운영체제에 다시 로그인할 때 인증 시퀀스를 재전송한다. 예를 들어, 공격자는 취약한 웹 어플리케이션으로 전송되는 사용자이름과 패스워드를 모니터링할 수 있다. 이후 공격자는 가로챈 크리덴셜을 이용하여 웹 어플리케이션에 로그인하여 사용자인척 할 수 있다.

> **참고**
>
> 위장 공격에는 다른 크리덴셜도 이용될 수 있다. 예를 들어 많은 공격자는 지불 고객으로부터의 무선 패킷을 캡처하여 무료로 무선 접속을 할 수 있다. 공격자는 패킷 내 정보를 이용하여 지불 고객인척 할 수 있어 무료로 무선 네트워크에 연결할 수 있다.

도청

도청 또는 스니핑은 호스트가 감청 모드로 네트워크 인터페이스에 있어 통과되는 패킷을 복사할 때 발생한다. 감청 모드를 통해 네트워크 장치는 패킷의 주소가 자신의 주소와 일치하지 않더라도 네트워크 패킷을 가로채고 읽을 수 있다. 다른 사용자를 변경하지 않고 전송매체 해당 부분의 모든 패킷을 모니터링하고 분석하기 위해 하드웨어와 소프트웨어를 첨부하는 것이 가능하다. 도청 대상으로 위성, 무선, 모바일 등 전송 방법이 있다.

사회 공학

공격자는 종종 사회 공학이라 하는 사기 기술을 사용하여 IT 기반구조의 자원에 접근한다. 거의 모든 경우에 사회 공학에서는 인가된 사용자를 속여서 비인가된 사용자를 위한 활동을 수행하도록 한다. 사회 공학 공격의 성공은 도움이 되고자 하는 사람의 기본적인 성향에 달려있다.

사회 공학은 보안 위반 고리에 사람을 배치한 후 사람을 무기로 사용하는 것과 같다. 위조되거나 도난당한 업체나 직원의 ID를 통해 안전한 장소에 들어갈 수 있다. 이후 침입자는 중요한 자산에 대한 접근을 획득할 수 있다. 기술자나 계약자에게 돕고자 하는 직원의 자연스런 본능에 호소함으로써 공격자는 쉽게 조직의 경계를 침해하고 접근할 수 있다.

접수담당자와 관리직 비서와 같이 조직에서 초기 연락을 담당하는 직원들이 종종 사회 공학 공격의 대상이 된다. 또한 조직의 구조를 좀 아는 공격자는 종종 훈련을 받지 않은 신입직원뿐만 아니라 보안 정책을 이해하지 못하는 직원이 대상이 된다.

사회 공학 공격을 제거하는 것은 어렵지만 영향을 감소시킬 방법은 있다.

- 직원이 안전한 환경의 기본 사항에 대해 교육을 받도록 한다.
- 보안 정책과 컴퓨터 사용 정책을 개발한다.
- 내부와 외부의 기술 지원 절차에 대해 엄격한 정책을 시행한다.
- 모든 직원의 신원을 확인하도록 한다.
- 디렉토리, 옐로우 페이지, 웹 사이트 및 공개 데이터베이스에 정보 공개를 제한함으로써 데이터 접근을 제한한다.
- 원격 접속을 이용할 때 매우 조심하도록 한다. 강력한 검증을 이용하여 누가 조직의 네트워크에 접근하는지를 확인하도록 한다.
- 직원에게 안전한 이메일을 전송하고 수신하는 기술을 교육하도록 한다.
- 기밀정보나 민감한 정보를 포함할 수 있는 문서는 분쇄한다.

> **참고**
> 오늘날 많은 사회 공학 활동은 프리커(phreaker)가 개발한 기술에 뿌리를 두고 있다. 실제로 현재의 여러 사회 공학 공격의 이름을 보면 "ph"로 시작한다.

프리킹

전화망 해킹 또는 **프리킹**(phreaking)은 전화 시스템과 전화회사 장비 및 공중전화망에 연결된 시스템을 연구하고 실험하고 분석하는 사람들의 소 문화 활동을 설명하는 은어이다. 프리킹은 전화 시스템에 존재하는 버그나 결함을 악용하는 기술이다.

> **참고**
> 안티 악성코드 프로그램과 침입차단시스템은 대부분의 피싱 사기를 탐지할 수 없다. 왜냐하면 피싱 메시지에는 의심스런 코드가 포함되어 있지 않다. 일부 스팸 필터는 피싱 메시지를 통과시킨다. 왜냐하면 피싱 메시지는 정당한 곳에서 전송된 것처럼 보이기 때문이다.

피싱

인터넷에서 사기는 증가하는 추세이다. **피싱**은 공격자가 피해자를 속여서 신용카드 번호, 패스워드, 생년월일, 은행 계좌번호, 현금자동입출금기(ATM, Automated Teller Machine) PIN(Personal Identifigation Number), 사회 보장 번호와 같은 개인정보를 제공하게 하는 일종의 사기이다.

피싱 사기는 이메일이나 인스턴트 메시지를 통해 신원 도용을 하고자 하는 것이다. 메시지는 신뢰할 수 있는 기업이나 금융기관과 같은 정당한 곳에서 온 것처럼 보이고 개인정보를 긴급하게 요청하는 내용이 포함된다. 보통 피싱 메시지에는 바로 계좌(은행, 신용카드 등)를 갱신하여야 하고 이를 위해 필요한 정보를 제공하거나 메시지에 포함된 링크를 클릭하라고 요구하는 내용이 포함된다. 링크를 클릭하면 피해자는 위조된 웹 사이트로 연결된다. 웹 사이트는 공식 사이트와 동일하게 보이지만 그 소유자가 공격자이다. 웹 페이지에 개인정보를 입력하면 정당한 조직이 아닌 공격자에게 바로 전송된다.

피싱 공격의 변형으로 스피어 피싱이 있다. 스피어 피싱(spear phishing)은 특정 조직을 대상으로 이메일이나 인스턴트 메시지를 이용하여 기밀 데이터에 접근하고자 한다. 일반적인

피싱 사기를 확인하는 방법

이메일에 있는 링크를 클릭했을 때 열리는 웹 페이지를 보기만 하고 피싱 사기를 확인하기는 어렵다. 그러나 때때로 주소에 단서가 나타나기도 한다.

- 피싱 공격자는 종종 URL에서 실제 문자를 비슷하게 보이는 문자로 대체한다. 예를 들어 소문자 "l" 대신에 1(숫자)을 사용한다. 즉, paypal.com 대신 paypa1.com을 사용한다.
- 피싱 사기는 너무나 정교해서 공격자는 실제 사이트의 보안 인증서를 포함하여 정당한 링크를 사용하는 것처럼 보일 수 있다. 링크를 클릭하기 전에 미리보기를 이용하여 살펴보아야 한다. 도메인 이름이 이상해 보이면 링크를 클릭하지 않도록 한다. 대신 정당한 웹 사이트의 고객서비스나 기술 지원 그룹에 연락하여 링크가 유효한지를 물어본다. 이 방법은 시간이 많이 걸리긴 하나 안전하다.
- 일부 피싱 공격자는 정당한 회사의 도메인 이름과 비슷한 도메인 이름(예, walmarorder.com)을 구매한다. 실제 회사는 Wal-Mart이고 실제 도메인 이름에는 order가 있지 않다.
- 또 다른 방법으로 동일한 도메인 이름을 이용한다. 그러나 .com이 아닌 .org를 사용한다. 전체 도메인 이름을 꼼꼼히 확인하도록 한다!

피싱에 사용되는 메시지와 마찬가지로 스피어 피싱 메시지도 믿을 수 있는 곳에서 전송된 것처럼 보인다.

모든 종류의 피싱을 예방하는 가장 좋은 방법은 이메일이나 인스턴트 메시지에 의해 개인정보를 제공하지 않는 것이다. 요청이 정당하다고 생각되면 정보를 제공하기 전에 회사의 고객 서비스 부서로 전화하여 이를 검증하도록 한다. 회사로 전화할 때 메시지에 포함된 전화번호를 이용하지 않도록 한다. 요청이 정당하더라도 메시지의 링크를 클릭하기보다는 웹 브라우저에 웹 주소를 직접 입력하도록 한다.

안티-피싱 작업 그룹(APWG, Anti-Phishing Working Group)은 모든 종류의 이메일 스푸핑으로 인한 사기와 신원 도용을 근절하기 위한 전 세계 범 산업적인 법 시행 협회이다. 보다 자세한 정보는 APWG 웹 사이트(http://www.antiphishing.org)를 참조하도록 한다. 또한 연방 통상 위원회(FTC, Federal Trade Commission) 웹 사이트에는 소비자를 위한 권고 사항, 피싱 활동을 신고하는 이메일, 신원 도용을 신고하는 문서 형태가 제공된다. FTC 웹 사이트는 http://www.ftc.gov이다.

파밍

파밍(pharming)은 도메인 스푸핑을 통해 개인이나 비밀의 금융 정보를 획득하고자 하는 또 다른 형태의 공격이다. 파밍 공격은 피해자를 속여서 진짜처럼 보이는 위조된 웹 사이트로 연결하기 위해 메시지를 사용하지 않는다. 대신 파밍에서는 도메인 이름 시스템(DNS) 서버를 "감염시킨" 도메인 스푸핑이 사용된다. 그 결과 사용자가 감염된 서버의 웹 주소를 주소표시줄에 입력하면, 이러한 사실을 알지 못하는 사용자는 공격자의 사이트로 접속된다. 사용자의 브라우저는 여전히 올바른 웹 사이트를 보여주기 때문에 파밍은 탐지하기 어렵고 그 만큼 훨씬 심각하다. 피싱은 이메일이나 인스턴트 메시지를 이용하여 한 번에 한 사람을 속이지만 파밍을 이용하면 공격자는 도메인 스푸핑을 통해 한 번에 대규모 그룹의 사람들을 대상으로 공격을 수행할 수 있다.

악성 소프트웨어

모든 소프트웨어가 이익이 되는 업무만을 수행하는 데 사용되는 것은 아니다. 어떤 소프트웨어는 하나 또는 여러 공격 대상 컴퓨터에 몰래 침입하여 공격자의 지시를 따른다. 이러한 지시를 통해 손해를 야기하거나 보안 권한을 상승시키거나 개인 정보를 노출시키거나 심지어 데이터를 변경하거나 삭제할 수 있다. 이런 유형의 소프트웨어를 악성 **소프트웨어**(malicious software) 또는 줄여서 **멀웨어**(malware)라 하고 보통 악성코드라 한다.

악성코드의 목적은 시스템에 손상을 가하거나 방해를 하는 것이다. 악성코드에 감염되면 PC가 느려지거나 시스템 장애가 발생하거나 더 나쁜 경우 신용카드번호를 도난당할 수 있다. 단순히 인터넷을 검색하거나 이메일을 읽거나 또는 음악 등의 파일을 다운받을 경우 보통 사용자 모르게 개인 컴퓨터가 악성코드에 감염될 수 있다.

악성코드는 프로그램을 감염시키는 것과 프로그램을 숨기는 두 가지 부류가 존재한다. 프로그램을 감염시키는 악성코드는 능동적으로 자기 자신을 다른 컴퓨터로 복사시킨다. 이 악성코드의 목적은 새로운 공격 대상에 대한 공격자의 지시를 수행하는 것이다. 이런 종류의 악성코드는 다음과 같다.

- 바이러스(viruses)
- 웜(worm)

프로그램을 숨기는 악성코드는 탐지되지 않고 공격자의 지시를 수행하면서 컴퓨터 내에 숨겨져 있다. 이런 악성코드는 다음과 같다.

- 트로이목마(trojan horses)
- 루트킷(rootkits)
- 스파이웨어(spyware)

바이러스

컴퓨터 바이러스는 컴퓨터 내 또 다른 프로그램에 자기 자신을 첨부하거나 자기 자신을 복사하는 소프트웨어 프로그램이다. 바이러스의 목적은 컴퓨터를 속여서 원래 프로그램 개발자가 의도하지 않은 명령어를 따르도록 하는 것이다. 사용자들은 다른 컴퓨터나 플래시 드라이브 또는 온라인 서비스로부터 감염된 파일을 네트워크에 복사한다. 그렇지 않으면 사용자는 집에서 바이러스를 가져와서 인터넷이나 다른 네트워크 서비스에 접근할 수 있는 휴대용 컴퓨터에서 작업을 한다.

컴퓨터 바이러스는 생물학적 바이러스와 비슷하게 동작한다. 바이러스는 호스트 프로그램을 "감염시키고" 호스트 프로그램이 자기 자신을 다른 컴퓨터에 복사하도록 한다. 바이러스는 호스트 없이 존재할 수 없고 호스트에서 호스트로 전염된다.

첫 번째 바이러스는 1971년 Bob Thomas가 만든 Creeper 바이러스이다. Creeper는 "I'm the creeper, catch me if you can!"이라는 메시지를 화면에 띄우면서 자기 자신을 네트워크로 연결된 다른 컴퓨터로 복사한다. Thomas는 자가 복제되는 프로그램이 네트워크에 연결된 컴퓨터에 얼마나 영향을 주는지를 실험하기 위해 바이러스를 설계했다. 간단히 말하자면 Creeper 바이러스 이후 연구자들은 Creeper를 찾아서 근절시키는 Reaper 프로그램 개발을 촉진하였다.

오늘날 수천 개의 바이러스가 모든 종류의 프로그램을 감염시키고 있다. 바이러스는 많이 사용되는 프로그램에 첨부될 수 있다. 사용자가 감염된 프로그램을 실행시키면 실제로는 사용자의 크리덴셜과 권한으로 바이러스 코드가 실행된다. 바이러스는 권한을 상승시킬 필요가 없다. 감염된 프로그램을 실행시킨 사용자는 바이러스에게 자신의 인가된 크리덴셜과 허가를 제공하는 것이기 때문이다.

시간이 갈수록 바이러스는 점점 더 똑똑해진다. 예를 들어 어떤 바이러스는 악성코드 탐지 프로그램의 탐지 기능을 비활성화시키기도 한다. 보통 바이러스에 감염된 파일의 크기가 증가한다는 사실을 통해 바이러스를 탐지하기도 하는데 어떤 바이러스들은 이전에 감염된 파일 크기를 위조하여 바이러스 감염 여부를 숨기기도 한다. 이렇게 함으로써 아무런 변화가 없는 것처럼 보이게 한다.

웜

웜은 자기 자신을 복제하고 복사본을 컴퓨터로 연결된 다른 컴퓨터로 복사하는 독립적인 프로그램이다. 웜의 목적은 네트워크 대역폭을 고갈시켜 가용성을 감소시키거나 다른 범죄 행위를 하는 것이다. 바이러스와 웜의 차이는 웜은 감염시키기 위해 호스트 프로그램이 필요 없는 독립형 프로그램이라는 것이다.

인터넷으로 퍼졌다고 보고된 첫 번째 웜은 Morris 웜이다. 1988년 Robert Tappan Morris가 Moris 웜을 제작하였다. Morris 웜은 버퍼-오버플로우 취약점을 공격하였다. Morris 웜의 원래 의도는 인터넷을 통해 퍼트리고 유닉스 운영체제를 운영하는 컴퓨터를 감염시킴으로써 인터넷의 규모를 측정하는 것이다.

그러나 웜은 제작자의 예상보다 더 빠르게 확산되었다. 결국 웜은 컴퓨터를 여러 번 감염시켜 감염된 컴퓨터가 사용할 수 없을 정도로 느려지게 했다. Morris 웜은 언론에 집중적으로 주목을 받은 첫 번째 악성코드 사고로 미국 1986 컴퓨터 사용 및 사기법(Computer Use and Fraud Act)에 따라 첫 번째로 유죄를 판결 받았다.

> **참고**
>
> 버퍼 오버플로우(buffer overflow)가 발생하면 동작하는 프로그램은 데이터를 정해진 메모리 위치 외부의 영역에 저장한다. 프로그램이 예측한 것보다 더 많은 데이터를 저장함으로써 사용자는 실행시간에 프로그램의 동작을 변경하는 명령어를 프로그램에 삽입할 수 있다. 버퍼 오버플로우는 많이 발생하며 항상 프로그래머가 입력 데이터를 검증하지 않을 때 발생한다.

트로이목마

트로이목마도 유용한 프로그램인 것처럼 보이는 악성코드이다. 트로이목마라는 이름은 이니이드(Aeneid)의 트로이목마에서 유래한다. 이 이야기에서 10년 동안 트로이와 전쟁을 한 그리스인들이 커다란 나무로 만든 말을 만들어서 트로이인들에게 "선물"로 주었다. 트로이인들은 그것을 화해의 선물로 여겼고 그 말을 성 안으로 가지고 왔다. 그날 밤 트로이인들이 잠들었을 때 말 안에 숨어있던 그리스 병사들이 나와서 성문을 열어 나머지 그리스 군대가 성안으로 들어오게 하였다. 그리스는 그날 밤 트로이를 무찔렀다.

이와 비슷하게 트로이목마 프로그램은 외형을 이용하여 사용자를 속여 자신을 실행하도록 한다. 트로이목마 프로그램은 유용한 업무를 수행하는 프로그램처럼 보이지만 실제로 트로이목마는 악성 코드를 숨긴다. 일단 프로그램이 동작하면 공격 명령어가 사용자의 권한으로 실행된다.

처음으로 알려진 트로이목마 프로그램은 1974년에 공개된 Animal이다. Animal은 동물을 예측하는 질문을 하여 동물을 알아맞히는 간단한 퀴즈 프로그램으로 위장하였다. 그러나 프로그램은 질문을 할뿐 아니라 사용자가 쓰기 권한으로 접근하는 모든 디렉토리에 자기 자신을 복제하였다.

오늘날 트로이목마 프로그램은 자기 자신의 복사본을 저장하는 것보다 더 많은 것을 수행한다. 트로이목마 프로그램은 민감한 정보를 수집하거나 컴퓨터에 백도어를 열거나 파일을 업로드하고 다운로드하는 프로그램을 숨길 수 있으며 그 가능성은 끝이 없다.

루트킷

> **참고**
>
> 루트킷은 종종 다른 악성코드와 함께 동작한다. 예를 들어 malware.exe라는 프로그램이 윈도우 시스템에서 동작한다고 하자. 간단한 루트킷은 윈도우 작업 관리자(windows task manager)를 malware.exe라는 프로그램을 목록화하지 않은 변경된 버전으로 대체시킬 수 있다. 관리자는 악성코드가 동작하고 있는 것을 모른다.

루트킷은 다른 종류의 악성코드보다는 좀 더 나중에 나온 것이다. 루트킷은 1990년까지는 존재하지 않았다. 루트킷은 공격 흔적을 숨기기 위해 하나 또는 여러 개의 기존 프로그램을 변경하거나 대체한다. 일반적으로 루트킷은 운영체제의 일부를 변경하여 자신의 존재를 없애지만 컴퓨터 부트 명령어부터 어플리케이션까지 여러 수준에서 존재할 수 있다. 일단 루트킷이 설치되면 공격자는 쉽게 손상된 컴퓨터에 접근하여 추가적인 공격을 수행할 수 있다.

리눅스, 유닉스 및 마이크로소프트 윈도우를 포함하여 다양한 운영체제별 루트킷이 존재한다. 매우 많은 종류의 루트킷이 존재하고 일단 설치되면 효과적으로 자신을 숨기기 때문에 루트킷을 탐지하고 제거하기가 어렵다. 그래도 루트킷을 식별하여 제거하는 것은 안전한 시스템을 유지하는 데 중요하다. 호스트 기반의 IDS는 루트킷의 활동을 탐지하는 데 도움이 된다.

시스템에서 루트킷을 탐지할 경우 가장 좋은 해결책은 원본 미디어에서 운영체제를 재 저장하는 것이다. 이때 루트킷의 존재를 고려하여 백업본으로부터 사용자 데이터와 어플리케이션 데이터를 재구축하여 재 저장하는 것이 필요하다. 만약 시스템을 완전하게 문서화하지 않으면 훨씬 더 어려울 수 있다. 공격자가 루트킷을 설치할 수 있는 경우 비인가된 접근을 방지하는 것이 설치된 루트킷을 제거하는 것보다 훨씬 더 효과적이다.

스파이웨어

스파이웨어(spyware)는 정보의 기밀성을 위협하는 악성 코드의 종류이다. 스파이웨어는 사용자 모르게 사용자에 관한 정보를 수집한다. 스파이웨어는 트로이목마 프로그램과 비슷하게 종종 사용자가 인터넷에서 다운받는 프리웨어 또는 쉐어웨어 프로그램의 은닉된 구성요소로 포함된다. 또한 스파이웨어는 단대단(peer-to-peer) 파일 교환을 통해 퍼진다. 스파이웨어는 1990년대 후반에 나타났으나 2000년 이후 크게 증가하였다. 인터넷의 빠른 성장으로 공격자는 점점 더 많은 사용자로부터 유용한 정보를 수집할 수 있게 되었다.

> **참고**
>
> 종종 소프트웨어를 다운받을 때 같이 있는 라이센스 계약에는 사용자에게 스파이웨어 프로그램이 요청된 소프트웨어와 함께 설치될 수 있다고 경고하는 내용이 포함되어 있다. 그러나 계약서는 복잡한 법적 언어로 기술되어 있기 때문에 사용자들은 읽지 않고 넘어간다.

일단 스파이웨어가 설치되면 스파이웨어는 인터넷에서의 사용자 활동을 모니터한다. 또한 스파이웨어는 이메일 주소와 심지어 패스워드와 신용카드번호와 같은 정보를 수집한다. 스파이웨어는 데이터를 스파이웨어 제작자에게 전송할 수 있다. 제작자는 광고나 마케팅 목적으로 데이터를 이용할 수도 있고 신원 도용을 용이하게 할 수도 있다.

또한 스파이웨어는 컴퓨터 메모리 자원을 소모시킬 뿐만 아니라 훔친 정보를 인터넷을 통해 제삼자에게 전송한다. 여러 스파이웨어 프로그램이 동작하는 컴퓨터는 깨끗한 컴퓨터보다 훨씬 더 느리게 동작한다. 게다가 스파이웨어가 메모리와 기타 시스템 자원을 이용하기 때문에 시스템이 불안정하게 되거나 장애를 일으킨다.

> **애드웨어(adware)**
>
> 애드웨어는 스파이웨어와 비슷하나 **개인정보(PII, Personally Identifiable Information)**를 전송하지 않는다. 또한 애드웨어 제작자는 개인정보를 팔지 않는다. PII는 특정 개인을 식별할 수 있는 정보이다. PII의 예로 운전면허번호, 주민등록번호, 신용카드번호 등이 있다. 대신 애드웨어에서 수집된 정보는 구매습관에 적합한 팝업(pop-up)을 배달하거나 마케팅 연구용으로 사용된다. (팝업은 브라우저 윈도우의 위쪽에 나타나는 윈도우 형태이다. 팝업은 일반적으로 광고를 포함한다. 팝업이 엄밀하게 애드웨어가 아니더라도 많은 애드웨어 프로그램이 팝업을 이용하여 사용자와 상호작용을 한다. 어떤 소프트웨어 제품에는 팝업을 차단하는 옵션이 포함된다.)
> 스파이웨어와 애드웨어는 컴퓨터에 대한 위협으로 빠르게 증가하고 있다. 어떤 전문가들은 이미 90 퍼센트 이상의 컴퓨터가 감염되었다고 생각하고 있다. 다행인 것은 수많은 소프트웨어 제공자가 안티-스파이웨어와 안티-애드웨어 소프트웨어를 만든다는 것이다. 실제로 많은 안티바이러스와 일반적인 안티-멀웨어 소프트웨어 프로그램이 스파이웨어와 애드웨어를 탐지하고 제거한다. 조직에 적합한 안티-스파이웨어를 자세히 살펴보는 것은 어려운 일이긴 하지만 중요한 일이다.

스파이웨어는 독립적으로 실행되는 프로그램으로 존재하기 때문에 다음과 같은 수많은 동작을 수행할 수 있다.

- 키입력 모니터링
- 하드 드라이브 내 파일의 스캐닝
- 채팅 프로그램이나 워드 프로세서와 같은 어플리케이션의 스누핑
- 다른 스파이웨어 프로그램의 설치
- 쿠키 읽기
- 웹 브라우저의 디폴트 홈페이지의 변경

정보보호대책

컴퓨터 공격으로부터 조직을 보호하는 것은 단순하지 않다. 반드시 취약점을 탐지하고 공격을 방지하고 성공한 공격에 대응하는 보안대책에 중점을 두어야 한다. 이것은 쉽지 않지만 대안보다는 더 낫다. 컴퓨터와 네트워크 공격을 처리하는 것은 IT 영역에 대한 기업의 운영비용이다.

똑똑한 공격자와 침입자는 계속해서 컴퓨터와 네트워크 자원을 공격하는 새로운 방법을 생각해 내지만 이런 방법은 많이 알려지게 되고 다양한 툴로 막을 수 있다. 가장 좋은 전략은 취약점을 식별한 후 공격을 피하기 위해 취약점을 축소시키는 것이다.

공격은 피하는 것을 가장 우선으로 두어야 한다. 하지만 그렇게 해도 어떤 공격은 성공한다. 공격에 대한 대응은 적극적이고 주도적이어야 한다. 공격에 대비하여 컴퓨터와 네트워크 자원을 신속하게 복원하는 계획을 수립하고 조직의 보안 대책 내 결함을 막고 공격자를 기소하기 위한 증거를 획득하도록 한다. 물론 공격으로부터 획득한 정보를 이용하여 비슷한 공격으로부터 네트워크를 보호할 수 있어야 한다.

공격에 대한 대응은 계획, 정책, 탐지 작업을 포함한다. 다행스럽게 법시행 기관, 포렌식 전문가, 보안 컨설턴트 및 독자 대응팀이 조직의 보안사고에 대응하고 공격자를 기소할 때 지원한다. 게다가 많은 조직이 보안 사고를 처리하기 위한 특정 팀을 둔다. 이러한 보안사고 대응팀들(SIRTs, Security Incident Response Teams)은 사고를 인지하고 손상을 최소화하고 이후의 증거를 유지하는 방향으로 어떻게 대응할 것인지를 알고 있다.

본 절에서는 IT 기반구조를 보호하는 데 가장 많이 사용되는 보안대책의 일부를 살펴보도록 한다. 또한 보안대책 중 일부는 위협, 취약점 및 공격에 대응하는 데 사용될 수 있다.

악성코드에 대한 대응

악성코드는 개인과 기업 네트워크에 대한 공격 플랫폼을 제공한다. 안티-악성코드 대책은 이러한 공격에 대한 첫 번째 방어선이 된다. 악성코드가 유입되는 것을 막기 위한 조치를 반드시 취해야 한다. 항상 악성코드로 인한 손상을 해결하기보다는 악성코드를 방지하는 것이

훨씬 더 낫다. 반드시 악성코드를 막기 위한 보안 프로그램을 개발해야 한다.

다음은 악성코드를 막는 6단계의 과정이다.

- 교육 프로그램을 통해 사용자가 시스템에 악성코드를 설치하지 못하도록 한다.
- 정기적으로 악성코드 문제를 게시판에 게시한다.
- 컴퓨터 내에 안티-악성코드 유틸리티가 설치되어 있지 않으면 잘 모르거나 신뢰하지 않는 사이트로부터 파일을 절대로 전송받아서는 안 된다.
- 새로운 프로그램이나 의심되는 파일은 실제 사용 전에 격리된 컴퓨터(조직의 네트워크에 연결되지 않은 컴퓨터)에서 시험하도록 한다.
- 안티-악성코드 소프트웨어를 설치하고 소프트웨어와 데이터를 최신으로 유지하고 공격자가 악성코드를 전파하지 못하도록 하고 악성코드를 탐지하기 위해 정기적으로 악성코드 스캔 수행을 예약 설정한다.
- 안전한 로그인과 인가된 프로세스를 사용한다.

악성코드에 대한 대응으로 또 다른 중요한 전략은 악성코드 개발 현황을 파악하는 것이다. 주간 컴퓨터 저널 또는 NCSA(National Cyber Security Alliance)나 US_CERT와 같은 조직에 참여하여 가장 최신의 악성코드 정보를 계속 관리한다. 추가적으로 악성코드에 대한 정보를 제공하는 다음의 웹 사이트를 자주 확인하여야 한다.

- NCSA(National Cyber Security Alliance) - *http://www.staysafeonline.org/*
- CSI(Computer Security Institute) - *http://gocsi.com/*
- US-CERT(United States Computer Emergency Readiness Team) - *http://us-cert.gov/*

또한 안티-악성코드 소프트웨어를 사용하여 워크스테이션과 메일 서버내 모든 파일을 스캔하여야 한다. (일반적으로 이런 종류의 소프트웨어를 안티바이러스 소프트웨어라 한다. 그러나 오늘날 안티바이러스 소프트웨어는 바이러스 이상의 문제를 해결하기 때문에 안티-악성코드 소프트웨어라는 용어가 보다 정확하다.) 대부분의 관리자는 안티-악성코드 소프트웨어를 이용한다.

모든 종류의 악성코드의 확산을 방지하고 감염된 컴퓨터에서 악성코드를 삭제하기 위해 많은 안티-악성코드 제품이 사용된다. 안티-악성코드 제품은 다음과 같다.

- BitDefender - *http://www.bitdefender.com*
- Kaspersky Anti-Virus - *http://www.kaspersky.com*
- Webroot Antivirus - *http://www.webroot.com*
- Norton Antivirus - *http://www.symantec.com/norton/antivirus*
- ESET Nod32 Antivirus - *http://www.eset.com*
- AVG Anti-Virus - *http://www.avg.com*

참고

웹에서 안티-악성코드 프로그램에 대한 검토 자료를 찾을 수 있다. 가장 많이 사용되는 다음의 두 사이트는 여러 사용자들의 의견을 받고 있다.

- *http://www.starreviews.com/*
- *http://anti-virus-software-review.toptenreviews.com/*

이 사이트의 내용을 참조하면 조직에 가장 적합한 제품을 선택하는 데 도움이 될 것이다.

- G Data Antivirus - *http://www.gdatasoftware.com*
- Avira AntiVir - *http://www.avira.com*
- Trend Micro - *http://www.trendmicro.com*
- Microsoft Security Essentials
  - *http://www.microsoft.com/security_essentials/*

어떤 안티-악성코드 소프트웨어는 어떤 파일이 악성코드인지를 결정하기 위해 파일에 의해 생성되는 활동을 시험한다. 이런 종류의 안티-악성코드 프로그램은 해당 프로그램이 악성코드와 같이 "동작하는지"를 보는 경험적 분석(heuristic analysis) 방법을 사용한다. 다른 종류의 안티-악성코드 소프트웨어는 프로그램과 파일을 알려진 형태의 악성코드의 서명과 비교하여 악성코드를 탐지한다. 문제는 이러한 프로그램이 새롭게 생성된 악성코드 서명을 즉시 알아서 대응하지 못한다는 것이다. 안티-악성코드 소프트웨어는 반드시 서명 데이터베이스를 갱신하여 새로운 서명을 포함하여야 한다. 공격자는 계속해서 새로운 바이러스를 만들어내기 때문에 반드시 안티-악성코드 소프트웨어를 최신으로 유지하는 것이 중요하다. 안티-악성코드 프로그램을 갱신하고 로그인할 때마다 스캔을 하는 것도 효과적인 방법이다.

시스템에서 악성코드 감염을 탐지하고 제거해도 조직 도처에 악성코드가 여전히 숨어 있어서 시스템을 재감염 시키거나 공격할 가능성이 있다. 공용 환경에서는 특히 그렇다. 바이러스가 포함된 파일은 중앙 서버에 저장되어 네트워크를 통해 배포될 수 있다. 전체 시스템에서 악성코드를 완전히 제거할 때까지 감염, 바이러스 제거, 재감염의 순환이 계속된다. 시스템 어디에서든 악성코드가 탐지되면 저장 장치를 포함하여 전체 시스템을 반드시 스캔하여야 한다.

침입차단시스템을 이용한 시스템 보호

침임차단시스템(firewall)은 통과하는 네트워크 트래픽을 검사한 후 설정 시 정한 규칙을 기반으로 해당 트래픽을 거부하거나 허용하는 프로그램이나 전용 하드웨어 장치이다. 침입차단시스템의 기본 업무는 서로 다른 신뢰 수준의 예를 들어 사적 네트워크와 인터넷이 접속하는 LAN과 WAN의 영역과 WAN 영역 사이의 컴퓨터 네트워크 간 트래픽 흐름을 통제한다.

많은 침입차단시스템 솔루션이 존재하고 주요 침입차단시스템 업체는 다음과 같다.

- Cisco Systems - *http://www.cisco.com/*
- SonicWALL - *http://www.sonicwall.com/*
- WatchGuard Technologies - *http://www.watchguard.com/*
- Check Point - *http://www.checkpoint.com/*
- ZyXEL - *http://www.zyxel.com/*
- Netgear - *http://www.netgear.com/*
- Nortel - *http://www.nortel.com/*

- Juniper Networks - *http://www.juniper.net*
- DLink - *http://www.dlink.com*
- MultiTech Systems - *http://www.multitech.com*

요약

IT 기반구조의 7개 영역과 자산 내 위험, 위협 및 취약점은 언제나 위협적이다. 조직과 개인 사용자가 자신의 위험, 위협 및 취약점을 식별하고 이를 경감시키는 계획을 수립하는 것이 중요하다.

많은 종류의 위협이 존재한다. 이러한 위협에는 기밀성 위협과 무결성 위협과 가용성 위협을 포함한다. 또한 악의적인 공격의 위협도 있다. 악의적인 공격은 무작위, 위장, IP 주소 위조, 세션 하이재킹, 재전송, 중간자 및 패스워드 사전 공격과 같은 능동적 위협으로부터 발생할 수 있다. 수동적 위협으로는 도청 및 모니터링이 있다. 바이러스는 가장 일반적이고 빈번한 공격 중 하나이다. 안티-악성코드 소프트웨어는 바이러스 공격에 대한 가장 효과적인 대응 방법이다.

인터넷 커뮤니티에 참여하는 사용자가 많아질수록 위협 대상도 증가한다. 일반적인 공격 대상으로는 컴퓨터 시스템, 네트워크 장비, 소프트웨어, 전자 시스템 및 데이터베이스가 있다. 블랙-햇 해커와 화이트-햇 해커와 그레이 해커, 스크립트 키즈와 크래커가 공격을 수행할 수 있다.

핵심 용어

- adware : 애드웨어
- asset : 자산
- attack : 공격
- backdoor : 백도어
- black-hat hacker : 블랙-햇 해커
- brute-force password attack : 무작위 패스워드 공격
- cookie : 쿠키
- cracker : 크래커
- dictionary password attack : 패스워드 사전 공격
- disclosure : 노출
- ethical hacker : 윤리적 해커
- exploit software : 익스플로잇 소프트웨어
- firewall : 침입차단시스템
- gray-hat hacker : 그레이-햇 해커
- hacker : 해커
- hijacking : 하이재킹
- intellectual property : 지적 재산
- intrusive penetration testing : 모의침투테스트
- keystroke logger : 키입력 로거
- malicious software : 악성 소프트웨어
- malware : 악성코드, 멀웨어
- man-in-the-middle attack : 중간자 공격
- masquerade attack : 위장 공격
- netcat : 넷캣
- OS(Operation System) finger print scanner : 운영체제 핑거 프린트 스캐너
- opportunity cost : 기회 비용
- packet sniffer : 패킷 스니퍼
- password cracker : 패스워드 크래커

- PII(Personally Identifiable Information) : 개인 식별정보
- pharming : 파밍
- phishing : 피싱
- phreaking : 프리킹
- pop-up : 팝업
- port scanner : 포트 스캐너
- promiscuous mode : 감청 모드
- protocol analyzer : 프로토콜 분석기
- replay attack : 재전송 공격
- rootkit : 루트킷
- script kiddie : 스크립트 키드
- security breach : 보안 위반
- SIRT(Security Incident Response Team) : 보안 사고 대응팀
- session hijacking : 세션 하이재킹
- smurfing : 스머핑
- sniffer : 스니퍼
- spam : 스팸
- spear phishing : 스피어 피싱
- spoofing : 위조, 스푸핑
- spyware : 스파이웨어
- SYN flood : SYN 플러드
- true downtime cost : 실질적인 정지시간
- vulnerability scanner : 취약점 스캐너
- wannabe : 워너비
- wardialer : 워다이얼러
- white-hat hacker : 화이트-햇 해커
- wiretapping : 도청

연습문제

1. 사이버공격의 주요 목적은 하나 또는 여러 IT 자산에 침입하는 것이다.

A. 그렇다.
B. 아니다.

2. 다음 중 지적 재산을 가장 잘 설명한 것은 무엇인가?

A. 기업이 저작권을 얻은 품목
B. 기업이 소유한 모든 특허권
C. 기업만이 보유한 지식
D. 특정 연구에 참여하는 직원

3. 다음 중 가장 낮은 기술을 가진 사람을 가장 잘 표현한 용어는 무엇인가?

A. 해커
B. 스크립트 키드
C. 크래커
D. 워너비

4. (　　　　)은 네트워크를 통해 전송되는 트래픽을 캡처하는 소프트웨어 툴이다.

5. 정당한 사용자가 시스템 자원에 접근하지 못하도록 하는 공격은 무엇인가?

A. DoS
B. IPS
C. 중간자 공격
D. 트로이 목마

6. SYN 플러드 공격은 유효하지 않은 네트워크 패킷을 이용하여 공격을 수행한다.

A. 그렇다.
B. 아니다.

7. 컴퓨터에서 수행해서는 안 되는 활동을 정의하는 문서는 무엇인가?

A. IDS
B. DoS
C. AUP
D. PII

8. 다음 중 컴퓨터를 웜으로부터 가장 잘 보호할 수 있는 방법은 무엇인가?

A. 인티-악성코드 소프트웨어를 설치
B. 모든 포트를 차단하도록 침입차단시스템을 설정
C. 모든 디스크를 암호화
D. 모든 사용자에게 대해 강력한 비밀번호를 시행

9. 워다이얼러는 더 이상 사용하지 않는 툴이다.

A. 그렇다.
B. 아니다.

10. 사전 공격은 주로 취약한 비밀번호를 선택하는 사용자에 대한 단순한 공격이다.

A. 그렇다.
B. 아니다.

11. 다음 중 네트워크의 데이터를 캡처한 후 해당 데이터를 전송하는 공격은 무엇인가?

A. 중간자 공격
B. SYN 플러드
C. 재전송 공격
D. 스머프

12. (   )은 자산에 손해를 가하는 모든 활동을 말한다.

13. (   )은 위협이 컴퓨터나 네트워크에 손상을 야기하는 약점이다.

14. 다음 악성코드 중 자기 자신을 복제하고 복사본을 컴퓨터에 연결된 다른 컴퓨터에 보내는 독립 프로그램은 무엇인가?

A. 바이러스
B. 웜
C. 트로이 목마
D. 루트킷

15. 다음 중 사이버공격에 대응할 책임을 갖는 그룹은 무엇인가?

A. 비상 대응팀
B. IT 보안 부서
C. 재해 대응팀
D. 사고 대응팀

Information Security Business Drivers

4장 정보 보안 비즈니스의 원동력

모든 조직은 비즈니스 목표를 충족하기 위해 업무를 수행한다. 목표가 없으면 조직의 목적도 없다. 그러므로 반드시 조직에서 비즈니스 목표를 지원할 수 있는 요소를 식별해야 한다. 이러한 요소들을 조직의 **비즈니스 원동력(business drivers)**이라 한다. 비즈니스 원동력으로 사람, 정보, 비즈니스 목표를 지원하는 상황 등이 있다. 정보보안 활동은 준거성과 지적 재산을 보호하는 노력을 포함하는 여러 비즈니스 원동력을 직접적으로 지원한다. 또한 보안 활동은 비즈니스 목표를 충족시키는 것을 훨씬 더 어렵게 함으로써 비즈니스 원동력에 부정적인 영향을 미칠 수도 있다.

특정한 외부 요구조건으로 인해 조직의 업무 수행 방법이 달라질 수 있다. 이러한 요구조건은 법률, 규정, 산업의 수요 또는 조직 내 기준일 수 있다. 모든 조직에는 반드시 준수해야 하는 요구조건이 있다. 조직이 이러한 요구조건을 충족시킬 수 있는 방법은 다양하다. 대부분의 규정에는 비즈니스 중단이나 재해 처리에 대한 계획을 수립하도록 명시하고 있다. 실제로 중단 후 복원 작업의 대부분의 활동은 여러 요구조건을 충족시킨다.

항상 법적 준거성 요구조건을 충족하기 위해 다양한 통제를 고려해야 한다. 보안 활동과 정보보호를 위한 비즈니스 원동력에 보안 활동이 미치는 영향 사이의 균형을 이루도록 하는 것이 중요하다. 본 장에서는 보안과 관련된 비즈니스 원동력과 이 조직의 전반적인 비즈니스 원동력을 지원하는 방법에 대해 살펴보도록 한다.

4장의 주제

본 장의 주요 주제는 다음과 같다.

- 위험관리
- BIA, BCP, DRP
- 위험, 위협 및 취약점의 영향을 평가하는 방법
- 정보보안 갭
- 위험 완화 방법 및 법, 규정, 요구조건을 준수하는 방법
- 개인정보보호

4장 목적

본 장의 목적은 다음과 같다.

- 위험관리를 정의하고 조직이 위험을 관리하는 방법을 설명
- BIA, BCP 및 DRP와의 차이점을 설명
- 위험, 위협 및 취약점이 IT 기반구조에 미치는 영향을 평가
- 수용 가능한 위험수준을 정의
- 위험–완화 전략을 기반으로 정보보안 갭을 축소
- 법적 요구사항 및 거버넌스(정책, 기준, 절차 및 가이드라인)를 준수
- 진행 중인 보안 활동의 일부로 위험을 관리하고 완화
- IT 기반구조에 대해 정의한 C–I–A 목적을 준수하는 방법을 결정

위험 관리

위험관리(risk management)는 위험을 식별하고 평가하고 중요도를 산정하여 처리하는 과정이다. 보안을 고려하는 조직은 위험관리를 진행 중인 과정으로 이해한다.

위험관리는 한 번만 수행하는 특별한 업무가 아니다. 위험 관리 절차의 각 부분은 구분되지만 여러 번 수행되어야 한다. 위험 관리를 통해 조직은 조직에 영향을 가장 많이 미칠 것 같은 위험에 관한 관리 계획을 수립한다. 안전한 조직은 사건이 발생하기 전에 위험 관리를 위한 계획을 수립한다. 즉, 조직의 전략적 비즈니스 목표에 따라 보안을 조절하는 조직은 위험 완화를 이용하여 비즈니스 성공을 추진한다.

위험은 불확실한 사건이 하나 또는 여러 자원에 영향을 미치는 확률이다. 대부분의 사람들은 위험의 영향을 부정적인 측면에서만 본다. 그러나 PMI(Project Management Institute)가 관리하는 PMBOK(Project Management Body of Knowledge)에서는 위험의 영향은 긍정적일수도 있고 부정적일 수도 있다고 설명하고 있다. PMI는 동시에 다음을 수행하는 적극적인 방법에 위험-관리를 철학의 근거를 둔다.

- 부정적 위험의 영향을 최소화
- 긍정적 위험의 영향을 최대화

그림 4-1

위험, 위협 및 취약점

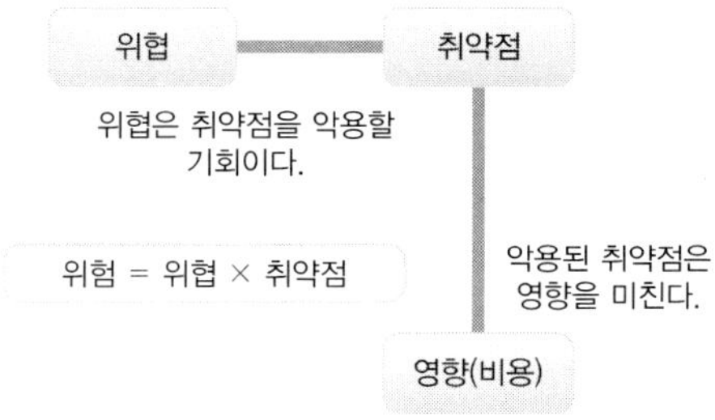

(그림 4-1)은 위험, 위협과 취약점 사이의 관계를 보여준다.

(그림 4-1)과 같이 위험 등식은 다음과 같다.

위험 = 위협 × 취약점

위협은 임의의 사건의 빈도이다. 대부분의 경우 위협 등식에서 사건은 부정적 사건일수도 그 반대일 수도 있다. 취약점은 특정 위협이 성공적으로 수행될 가능성이다. 위협의 확률과 취약점의 가능성을 곱하면 특정 사건의 위험을 산정할 수 있다. 위험은 특정 자산에 적용된다. 위험 확률에 자산의 비용을 곱하면 특정 위험에 대한 노출이 된다.

많은 사람들은 위험이 긍정적이라고 생각하지 않는다. 그러나 불확실성으로 인해 사건은 부정적인 결과 또는 긍정적인 결과를 야기할 수 있다. 예를 들어, 조직이 소프트웨어 업체로부터 도입될 가능성을 기반으로 사용자에게 새로운 소프트웨어를 사용하도록 하는 계획을 수립했다고 하자. 조직의 위험-관리 계획에 소프트웨어 도입 시기에 따른 대응 방법이 포함되어야 한다. 도입 시기가 너무 일러 사용자가 초기에 소프트웨어를 수신하면 사용자는 더 많은 소모적인 시험을 수행할 수 있다. 소프트웨어 업체가 소프트웨어 납품을 나중에 하면 사용자는 예상되는 배치 날짜를 놓칠 수 있다. 사용자는 납품 날짜의 긍정적이고 부정적인 결과 둘 다를 처리하도록 적절한 계획을 수립해야 한다.

위험 관리 방법론(risk methodology)은 위험을 관리하는 방법을 기술한다. 조직이 채택하는 위험 관리 방법론에는 방법, 필요한 정보 및 각 위험을 처리하는 기술이 포함되어야 한다. 방법에서 위험 관리 방법론 과정에 있는 단계를 조직이 어떻게 수행할 것인지를 정의한다. 예를 들어, 방법 내에 위험 분석이 수행되는 주기에 대해 기술한다. 이러한 분석을 수행하는 툴에는 위험을 정의하고 분류하고 우선순위를 결정하는 문서가 포함된다. 이 방법은 PMI의 PMBOK를 준수해야 한다. PMI 방법이 유일한 방법은 아니지만 일반적으로 위험 관리를 포함하여 프로젝트 관리에 대한 기준이 되는 방법을 제공한다.

위험 관리는 가장 먼저 위험을 식별한다. PMI에 따라 위험관리 과정의 단계는 다음과 같다.

- 위험 식별
- 위험 분석
- 위험 대응 계획
- 위험 모니터링 및 통제

위험 식별

위험 식별은 자원에 영향을 미치는 위험을 결정하고 분류하는 과정이다. 위험 식별은 효과적인 위험-관리 과정의 주요 부분이다. 위험 식별 시 가능한 다양한 역할을 수행하는 많은 사람들이 참여하여야 한다. 많은 사람이 참여할수록 다양한 관점에서 위험을 식별할 수 있다.

위험 식별 후 식별된 위험 목록이 도출된다. PMI에서는 이 목록을 **위험 레지스터**(risk register)라고 한다. 위험 레지스터에는 다양한 종류의 많은 정보가 포함될 수도 있지만 최소한 다음을 포함시켜야 한다.

- 위험에 대한 설명
- 관련된 사건이 발생할 경우의 예상되는 영향
- 사건이 발생할 확률
- 위험을 완화시킬 수 있는 단계
- 사건이 발생했을 때 취해야 할 단계
- 위험의 중요도

이 단계에서 위험 레지스터만을 작성한다. 이 단계의 목적은 가능하면 많은 위험을 문서화하는 것이다. 위험 레지스터에 많은 위험을 기록하는 것이 발생할 수 있는 심각한 위험을 간과하는 것보다 훨씬 더 낫다. 위험 레지스터에 포함되는 위험은 다음과 같은 방법을 포함하여 여러 방법으로 수집할 수 있다.

- 위험-식별을 위한 브레인 스토밍 회의
- 공식적인 연구
- 비공식적인 조사나 의견 제시 요청
- 의견을 수집하기 위한 포럼이 포함되는 "점심과 함께하는 배움" 세션과 같은 이벤트

위험에 대응하는 조직의 활동은 잠재적인 위험을 제대로 식별하는 것부터가 시작이다. 위험을 등록할 때 창조적이어야 한다. 여러 관점에서 볼 때 훨씬 더 완벽한 대응 계획이 나올 수 있다.

조직 내 경영진의 지원을 받는 것이 중요하다. 경영진의 지원이 없으면 좋은 위험-관리 계획을 개발하는 데 필요한 이 단계를 수행할 힘이 부족할 수 있다. 위험-식별 활동은 시작 초기에 경영진의 전폭적인 지지를 받으면 업무 추진이 수월하다. 경영진의 지원은 초기 단계부터 고려되어야 한다.

계속해서 정보를 수집하면서 점점 더 많은 사람들의 참여를 유도해야 한다. 그러나 너무나 많은 사람들이 참여하다보면 오히려 조직 내 취약점에 대해 얘기하는 것을 꺼릴 수도 있다. 왜냐하면 다른 사람이 자신을 불평자로 생각할 수도 있기 때문이다. 솔직한 결과를 도출할 수 있는 방법이 있는 데 이것은 **델파이 기법**(Delphi method)이다. 이 기법은 의견과 정보를 모으기 위해 여러 단계에 걸쳐 공식적이면서 익명의 조사를 이용하는 방법이다. 조사가 익명으로 진행되기 때문에 솔직한 대답이 도출된다. 전문가가 각 단계별 조사를 검토하고

이 결과를 기반으로 새로운 조사 내용을 생성한다. 여러 단계를 거침으로써 관심 분야에 중점을 두고 해당 주제의 여러 전문가들로부터 상세한 정보를 수집할 수 있다.

지금까지 위험 관리가 무엇이고 IT 기반구조의 7개 영역에 어떻게 적용하는지를 살펴보았다. 위험 식별, 분석, 대응 계획 수립 및 모니터링과 통제는 조직의 자산이 존재하는 IT 기반구조의 7개 영역 각각에 적용된다. 즉, 사용자, 워크스테이션, LAN, LAN과 WAN 접속 영역, WAN, 원격 접속 및 시스템/어플리케이션 영역에 대한 위험, 위협 및 취약점 분석 또는 평가로 시작된다.

위험 분석

위험 분석의 첫 번째 단계는 조직의 자산이 무엇이고 어디에 존재하는 지를 결정하는 것이다. 예를 들어 데이터(정보)는 조직의 데이터 분류 정책과 기준에 따라 분류되어야 한다. 데이터 분류 정책 및 기준에서는 반드시 기밀로 관리해야 하는 데이터가 무엇이고 어떻게 기밀로 관리하는 지가 명시되어야 한다. 다음 단계는 위험의 중요도를 평가하는 방법을 정하기 위해 IT 기반구조의 7개 영역에서 식별된 위험을 분석하는 것이다. 모든 조직의 예산은 제한적이다. 조직이 모든 잠재적 위험에 대응책을 수립할 수 없다. 위험 분석을 통해 어떤 위험에 더 집중할 것인지를 결정한다. 일어날 확률이 낮고 일어나더라도 손상이 최소인 위험을 완화하기 위해 시간과 자원을 낭비해서는 안 된다. 일어날 확률이 높고 심각한 손상을 야기하는 위험을 완화시키는 것이 가장 합리적이다.

일반적으로 조직은 위험 분석을 위해 두 가지 방법을 사용한다.

- 정성적 위험 분석
- 정량적 위험 분석

정성적 위험 분석

정성적 위험 분석(qualitative risk analysis)은 위험에 대해 상대적 중요도를 이용한다. 이 기술은 위험 확률과 위험 영향도를 이용한다. 위험 확률은 위험이 발생할 가능성을 측정할 수 있기 때문에 중요하다. 정성적인 위험 평가를 수행하면 보통 위험 확률을 상대적인 가능성으로 표현한다. 일반적으로 위험 분석은 다음과 같이 표현된다.

- **높은 확률**(H) : 일어날 가능성이 매우 높음
- **평균 확률**(A) : 가능성이 빈번하지도 않고 드물지도 않음
- **낮은 확률**(L) : 일어날 가능성이 매우 낮음

낮은 확률의 위험보다 높은 확률의 위험에 보다 관심을 가져야 한다.

위험을 평가하는 또 다른 방법은 위험의 영향도를 평가하는 것이다. 위험 영향도는 위험이 조직의 자산과 IT 기반구조의 7개 영역에 영향을 미치는 정보를 정성적으로 측정한 것이다. 위험 영향도는 "심각(높음)"에서 "심각하지 않음(낮음)"까지의 값을 갖는다. 심각하지 않은 영향도의 위험에 대해서는 심각한 영향도의 위험과는 다른 대응책을 세운다. 위험 영향

도는 보통 다음과 같이 표현된다.

- 핵심(critical 또는 상)
- 중요(major 또는 중)
- 중요하지 않음(minor 또는 하)

조직마다 위험 확률과 위험 영향도에 대해 여러 기준을 선택할 수 있다. 정성적인 위험 분석을 이용하면 대응 계획을 수립하고 이후의 위험 분석을 수행하기 위해 신속하게 위험의 우선순위를 정할 수 있다.

정량적인 위험 분석

정량적인 위험 분석(quantitative risk analysis)에서는 위험의 심각도를 산정하기 위해 수학적 공식과 수치가 이용된다. 정량적 위험 분석의 목적은 위험의 결과를 정량화하고 결과의 확률을 결정하고 높은-영향도의 위험을 식별하여 위험에 기반한 계획을 수립하는 것이다. 정량적 위험 분석이 복잡하긴 하지만 이 분석에서는 위험과 해당 위험의 영향을 받는 자원의 특성을 고려한다.

위험 레지스터의 모든 위험에 대해 정량적인 위험 분석을 수행할 수 있지만 낮은 확률 또는 낮은 영향도의 위험에 대해서도 위험 분석을 하는 것은 과도하다. 그러므로 정량적 위험 분석은 정성적인 위험 분석 과정에서 발생 가능성이 높은 위험부터 처리한다.

위험 레지스터의 각 위험에 대해 정량적인 위험 분석을 수행하는 과정은 다음과 같다.

1. 위험 노출을 계산한다.
   a. 각 자원에 가치를 지정한다.
   b. 식별한 위협의 발생으로 인한 손실 비율을 결정한다. 이 값을 자원에 대한 위협의 노출 인자(EF, Exposure Factor)라 한다.
2. 단일 위협의 발생으로 인한 손실을 다음 공식을 이용하여 계산한다. 이를 단일 예상 손실액(SLE, Single Loss Expectancy)이라 한다.
   SLE= 자원의 가치 × EF
3. 연간 손실 확률을 계산한다. 기술된 위협이 실현될 연간 확률을 연간 발생 빈도(ARO, Annual Rate of Occurrence)라 한다.
4. 다음 식을 이용하여 특정 위협으로 인한 연간 측정되는 손실, 즉, 연간 예상 손실액(ALE, Annual Loss Expectancy)을 계산한다.
   AEL = SLE × ARO

[표 4-1]은 샘플 위험과 각 위험에 대한 계산된 ALE를 보여준다. 각 위험에 대한 ALE를 산정하면 어떤 위험을 먼저 처리할 것인지 결정할 수 있다.

표 4-1 정량적 위험 분석

자원(자산)	위험	가치	EF	SLE	ARO	ALE
건물	화재	$700,000	0.60	$420,000	0.20	$84,000
파일 서버	디스크 장애	$50,000	0.50	$25,000	0.20	$5,000
민가 정보	도난	$200,000	0.90	$180,000	0.70	$126,000
전가거래 인터넷 연결	한 시간 동안 접속 불가	$15,000	1.00	$15,000	12.00	$180,000

위험-대응 계획 수립

> **참고**
> 모든 종류의 위험에 대응한다고 해서 위험을 없앨 수 있는 것은 아니다. 위험은 여전히 남아 있게 된다. 남아 있지만 대응 방법을 정의한 위험을 잔여 위험(residual risk)이라 한다.

가능하면 많은 위험을 식별하고 중요도를 평가한 후에 각 위험을 처리하기 위한 전략을 선택해야 한다. 이러한 위험 전략을 위험 레지스터에 포함해야 한다. 위험-대응 계획에는 위험을 조사하고 각 위험을 처리할 계획이 명시된다. 위험 레지스터에 모든 위험에 대한 대응 방법을 포함하는 것이 중요하다. 위험을 무시하는 것은 올바른 선택이라 할 수 없다. 각 위험에 대해 계획된 활동을 수행하기 위해 위험별 한명 또는 여러 명의 "소유자(owner)"를 지정해야 한다.

부정적 위험에 대한 대응 방법은 다음과 같다.

- 회피(avoid) : 부정적 위험을 회피하기 위해 자원 또는 IT 기반구조를 변경함으로써 위협을 제거할 수 있다. 예를 들어 단일 장애 지점의 위험을 회피하기 위해 추가적인 또는 백업 솔루션이 필요하다. 이것은 비용이 들며 이 위험을 회피하기 위한 한 방법이다.
- 전가(transfer) : 부정적 위험을 전가하기 위해 위험을 제삼자에게 책임을 전가시킨다. 예를 들어 보안 운영 관리를 위탁하고 관련된 위험에 대해 관리되는 서비스 제공자(위탁을 받은 업체)에게 책임을 전가시킬 수 있다.
- 완화(mitigate) : 부정적 위험을 완화시키기 위해 위험의 확률 또는 영향도를 축소시킨다. 예를 들어 공개 인터넷을 통한 외부 공격자로부터의 위험을 완화시키기 위해 LAN과 WAN 연결 영역에 침입차단시스템 및 침입탐지/방지시스템을 이용하여 계층화된 보안을 구현할 수 있다.
- 수용(accept) : 부정적 위험을 수용하기 위해 위험을 처리하기 위한 이후의 단계를 수행할 필요가 없다. 예를 들어 자산의 가치가 없거나 자산의 손실로 인한 위험이 경미한 경우 비용을 들여 해당 자산을 보호하려 하지 않을 것이다. 따라서 조직은 해당 위험을 수용하려 할 것이다.

긍정적인 위험에 대한 대응 방법은 다음과 같다.

- 활용(exploit) : 긍정적인 위험을 잘 활용하면 해당 위험에 대해 대응할 때 발생하는 모

든 기회를 이용할 수 있다. 예를 들어 특정 위험의 처리를 지원하기 위해 조직 내 훈련 자료를 개발한다고 하자. 이러한 위험을 활용하여 그러한 훈련 자료를 다른 조직에게 제시하고 판매할 수도 있다.

- 공유(share) ; 긍정적인 위험을 공유할 경우 제삼자를 이용하여 해당 위험과 연관된 기회를 잡을 수 있다. 예를 들어 다른 조직과 함께 여러 워크스테이션을 구매하면 두 조직 모두 실질적으로 할인을 받을 수 있다.(이때, 위험은 라이센스 비용이 변경될 수 있다는 것이다.)
- 개선(enhance) : 긍정적인 위험을 개선하면 해당 위험과 연관된 사건의 확률 또는 긍정적인 영향도를 증대시킬 수 있다. 예를 들어, 소프트웨어를 배포하는 데 초기에 완수를 하면 $20,000 보너스를 포함하겠다는 계약을 했다고 하자. 긍정적인 위험(일정과 맞지 않는 배포 날짜)을 개선하기 위해 완료일에 앞서서 마칠 경우 $5,000 보너스를 주겠다는 하위 계약을 제공할 수 있다.
- 수용(accept) : 긍정적인 위험을 수용하면 위험을 처리하기 위한 이후의 단계를 수행할 필요가 없다. 왜냐하면 위험의 잠재적 결과가 긍정적이고 가치를 더하기 때문이다. 예를 들어 조직이 새로운 워크스테이션을 할당된 시간보다 절반의 시간 안에 배치하는 것을 지원하기 위해 자동화된 새로운 백업 및 설정 유틸리티를 구매한다고 하자. 새로운 유틸리티이기 때문에 숙련하는 데 시간이 걸릴 수 있다. 즉, 새로운 워크스테이션을 배치하는 시간을 절약하지 못할 수도 있다. 최악의 경우 새로운 유틸리티를 배워서 배치 관리에 사용하는 시간이 수동적으로 배치를 수행하는 시간과 같을 수도 있다. 그러나 긍정적인 위험을 알면 배치를 계획한 것보다 빨리 완료할 수 있을 것이다.

위험 모니터링 및 통제

위험 식별과 분석을 단지 한 번만 수행해서는 안 된다. 조직의 환경은 계속해서 변하듯이 조직이 직면하는 위험도 변한다. 반드시 계속해서 위험을 모니터하고 새로운 위험을 식별할 때마다 새로운 위험에 대한 대응을 하기 위해 추가적인 분석을 수행해야 한다. 위험을 모니터링과 통제하는 공식적인 과정은 새로운 위험을 식별하고 분석하는 데 중점을 둔다. 또한 이전에 식별된 위험을 추적하는 데 중점을 둔다. 보통 이 과정은 조직의 진행 중인 위험 관리 계획의 일부가 된다. 위험 관리 계획에서는 조직이 주기적으로 위험 평가를 수행하도록 명시하고 있다.

연간 위험 관리 계획을 수립하여야 한다. 또한 미국의 HIPAA와 PCI DSS v2.0과 같은 법에서는 환경이 변화되지 않더라도 조직이 연간 위험 평가를 수행하도록 규정하고 있다. 또한 다음의 사건이 발생할 경우 위험을 재평가하여야 한다.

- 위협이 실행되었거나 실행될 위험이 높다는 증거를 확인한 경우
- 조직 내에서 위험-대응 계획에 대한 변경 요청을 승인한 경우
- 자원의 위험에 영향을 미칠 수 있는 환경의 변화가 발생한 경우
- 교정 또는 예방적인 활동을 적용하고자 하는 경우

위험 관리 계획은 현재의 환경에도 적합함을 지속적으로 보장하여야 한다. 환경이 변화되더라도 위험 관리 계획을 통해 위협을 잘 처리할 수 있다는 것을 확인하기 위해 위험을 재평가하여야 한다.

BIA, BCP 및 DRP 구현

위험 관리는 위협을 미연에 방지하고자 하는 것에 중점을 둔다. 손실을 야기하는 모든 사건을 예측하고 방지하는 것은 가능하지 않다. 즉, 조직의 정상적인 기업 활동을 방해하는 사건은 여전히 존재한다. 정보 보안에서는 인가된 사용자가 원할 때 원하는 정보를 이용할 수 있어야 한다. 조직의 IT 자원을 보호하고 특정 사건으로 인해 정상적인 기업 기능이 중지되지 않는다는 것을 보장하기 위한 방법과 기술을 개발하고 구현하여야 한다.

업무 영향 분석

사업이 중단되는 것을 방지하는 계획을 수립하기 위해 조직이 가장 우선적으로 할 일은 조직의 중대한 업무 기능을 식별하는 것이다. 조직의 어떤 활동은 기업을 운영하는 데 있어 매우 중대할 수 있고 어떤 활동은 그렇지 않다. 어떤 사건으로 인해 기업을 운영하는 조직의 기능이 중지된다면 가장 중요한 기능을 먼저 복원시켜야 한다. 이를 위해 조직 내 어떤 기능이 있는지를 식별하여야 한다.

업무 영향 분석(BIA, Business Impact Analysis)은 조직의 기능과 활동을 중요한 것과 그렇지 않은 것을 분류하기 위한 공식적인 분석이다. 기업을 운영하기 위해서는 중요한 기능이 필요하다. 중요한 기능을 수행할 수 없으면 이로 인해 수용할 수 없는 손해가 생긴다. 중요하지 않은 기능도 중요할 수 있다. 간혹 이러한 기능이 있다는 것을 놓칠 수도 있지만 그렇다고 해서 조직이 사업을 못하지는 않을 것이다. 또한 BIA에서는 중요성을 기반으로 중대한 활동들을 나열하며 이를 통해 중단되었을 때 어떤 순서로 어떤 기능을 복구해야 하는 지를 결정하게 된다.

BIA에서는 각 핵심 기능의 부서는 복구 목표와 각 기능에 대한 요구조건 등을 포함하는 추가적인 정보를 수신한다. 복구 목표와 요구조건은 다음과 같이 표현된다.

- 목표 복구 지점(RPO, Recovery Point of Objective) : 수용 가능한 데이터 손실의 양. 기능에 따라 직원은 데이터를 재생성하거나 재입력한다. RPO에 따라 손실 예방과 손실 교정 중 어느 것이 더 나은 선택인지를 결정할 수 있다.
- 목표 복구 시간(RTO, Recovery Time Objective) : 기능을 복구하는데 최대 허용 가능한 시간. 보다 공식적이지 않는 복구 계획에서는 RTO가 간과된다. 시간은 중대한 요소일 수 있으며 복구 시간에 대한 요구조건을 명시하면 더 나은 복구 선택을 결정할 수 있게 된다.
- 업무 복구 요구조건(business recovery requirements) : 기능에 대한 업무 전제조건으로

다른 업무 기능은 반드시 복구가 진행되기 전에 이미 준비되어 있어야 한다. 업무 복구 조건은 복구 순서를 정할 때 필요하다.

- **기술적 복구 요구조건(technical recovery requirements)** : 각 업무 기능을 지원하는 기술적 전제조건. 대부분의 경우 기술적 복구 요구조건에는 어떤 IT 기반구조 요소가 반드시 준비되어야 하는지를 기술한다.

조직에서 중요한 운영과 기능이 지속될 수 있음을 보장하는 것은 조직의 생존에 핵심이다. BIA를 통해 어떤 기능이 중대한지를 식별할 수 있을 뿐만 아니라 심각한 중단 이후 기업의 핵심 기능이 얼마나 신속하게 정상화되어야 하는 지를 식별할 수 있다. 또한 정상화하기 위해 필요한 자원 요구조건이 무엇인지도 알게 된다. 일반적으로 BIA에서는 각 활동 또는 기능을 지원하는 물리적인 구조가 데이터와 함께 파괴되는 가장 최악의 시나리오를 고려한다. 중단 시간에 대한 계획을 수립할 수도 있으나 많은 BIA의 복구 계획에서는 최소 30일 동안 주요 자원에의 접근이 가능하지 않는 것을 고려한다. 다시 말하자면 잘 수립된 BIA에서는 기반구조가 정상적으로 동작하지 않을 때 사업을 수행하는 데 필요한 요구조건이 기술된다.

업무 연속성 계획

업무 연속성 계획(BCP, Business Continuity Plan)은 중대한 기업 활동이나 기능을 중단시키는 사건에 대한 구조화된 대응 계획이다. BIA 수행은 BCP를 만들기 위한 첫 번째 단계이다. BIA에서는 BCP를 위해 필요한 자원이 무엇인지를 식별한다.

일반적으로 조직의 생존에 중요하지 않은 자원에 대한 BCP를 수립할 필요는 없다. BCP는 주로 기업의 생존에 영향을 미치는 중단이 발생했을 때 중요한 업무 활동을 계속해서 수행하는 데 필요한 절차, 자원, 장비 및 장치를 처리하기 위함이다.

BCP에서 가장 중요한 부분은 사람들이 항상 우선으로 고려하는 것을 생각하여 우선순위를 정하는 것이다. 예외가 없다. 업무 중단 및 재해를 처리하는 모든 계획에는 반드시 조직의 인원의 안전과 복리를 가장 높은 우선순위에 두어야 한다. 그 외의 고려사항은 이차적이다. 잘 균형 잡힌 BCP에서의 우선순위는 다음과 같다.

- 인원의 안전과 복리
- 주요 업무 기능과 운영의 위치가 온사이트이든, 오프사이트이든, 수동적이거나 IT 시스템에 의존하든 간에 주요 업무 기능과 운영의 연속성
- IT 기반구조의 7개 영역 내 구성 요소의 연속성

BCP는 해당 단계에서 요구사항을 모두 충족시킨 후에 다음 단계로 진행해야 한다. 사람은 위험한 상황에서는 생산적인 일을 할 수 없다. 사람은 안전하지만 건물이 손상을 입으면 서버나 네트워크 하드웨어를 대체할 수 없다. 반드시 손상이 복구되거나 조직이 기반구조 구성요소를 복구하기 위해 이동되기를 기다려야 한다. 사업 중단을 피하고자 하는 계획을 수립할 때 자원의 우선순위를 명심하도록 한다.

공식적인 BCP는 많은 조직에게 도움이 되는 것은 아니며, 어떤 상황에서 필요한 것이다.

> **참고**
> 직접 경비는 이익을 축소시키는 즉각적인 지출이다. 고객의 손실과 같은 간접 경비는 전반적인 수익원에 영향을 미치지만 계산하기가 더 어렵다. 왜냐하면 지출 기록이 없기 때문이다. 간접 경비의 영향은 잠재적인 판매가 절대로 일어나지 않는다는 것이다.

법과 규정에서는 종종 시스템이 안전함을 보장하는 BCP의 필요를 규정한다. 오늘날 조직에 IT 자원의 의존도가 증대되면서 사업을 하기 위해 견고한 IT 기반구조가 필요하다. 이런 기업에서 시스템의 정지 시간에 대한 비용은 상당하다. 정지 시간과 연관된 직접 경비와 간접 경비는 여러 분류에서 존재한다.

- 고객 손실
- 이익 손실
- 시장 점유율 손실
- 추가 비용
- 평판 하락

조직은 반드시 포괄적인 관점에서 연속성과 복구 계획을 고려해야 한다. 계획은 개별 자원에 중점을 두지 않는다. 연속성과 복구 계획의 각각의 구성요소가 일반적으로 특정 자원을 처리하는 반면 연속성과 복구 계획은 보다 큰 범위에서 반드시 수행되어야 한다. 계획을 수립하는 과정에서 보다 큰 범위에서 보면 단순히 무력화된 자원을 고치기보다는 조직에 대한 위험을 처리할 수 있게 된다.

완전한 BCP에는 다음의 요소가 포함되어야 한다.

- 배치를 위한 정책, 기준, 절차 및 가이드라인을 정의하는 정책 기술
- 정의된 역할, 책임 및 책임추적성이 정립된 프로젝트 팀의 참여 인원
- 생명, 안전 및 기반구조에 대한 비상 대응 절차 및 대응
- 상황 및 손상 여부 평가
- 자원 구조 및 복구
- 운영과 업무 복구의 단기 또는 장기 대응 모드에 대한 대체 설비 또는 부상자 분류

간단히 말해 BCP에서는 조직의 주요 업무 기능을 중단 없이 지속하기 위해 필요한 모든 활동이 고려된다. BCP에서는 운영을 지원하는 모든 기반구조의 구성요소가 준비되어 있다고 가정한다. 불행히도 재난 후에 항상 구성요소가 준비되지는 않는다. 화재로 인해 데이터 센터가 파괴되면 어떻게 될까? 이 경우 어떻게 업무 운영을 지속시킬 것인가? 이에 대비하여 또 다른 계획 즉, 재해 복구 계획(DRP, Disaster Recovery Plan)이 필요하다.

> **BCP와 DRP**
>
> BCP와 DRP의 차이는 무엇인가? BCP에는 재해가 발생했을 때 복구하는 방법은 기술되어 있지 않다. 단지 중단에 대해서만 고려한다. 일반적으로 중단은 짧은 기간 동안 하나 또는 여러 사업 절차에 지장을 주는 경미한 사건이다. 그에 반해 재해는 보다 긴 기간 동안 여러 사업 절차에 영향을 주는 사건이다. 종종 재난으로 인해 업무 절차 중단을 해결하기 전에 반드시 처리해야 하는 자원의 상당한 손상을 야기할 수 있다.

재해 복구 계획

재해 복구 계획(DRP)에는 재난 후 자원을 복구하는 데 필요한 모든 활동이 설명되어 있다. DRP는 BCP의 일부이며 BCP에서 필요한 자원의 복구를 보장하는 데 필요하다. DRP에서는 중대한 업무 기능을 지원하는 데 필요한 자원에 손상을 야기할 수 있는 사건이 식별된다. BCP에는 각 업무 기능을 지원하는 데 필요한 자원 목록이 포함되어 있다. DRP를 수립하기 위한 그 다음 단계는 각 자원에 대해 어떤 일이 발생할 것인지를 고려하는 것이다.

위협 분석

위협 분석에서는 중대한 자원에 대한 위협을 식별하여 문서화한다. 재해 발생 후 복구를 수행하기 위해서는 어떤 종류의 재해가 가능하고 어떤 종류의 손상을 야기할 것인지를 생각할 필요가 있다. 예를 들어 데이터 센터의 화재가 발생한 후의 복구와 유행성 독감 이후의 복구는 서로 다르다. 일반적인 위협으로 다음과 같은 것이 있다.

- 화재
- 홍수
- 허리케인
- 토네이도
- 질병
- 지진
- 사이버공격
- 사보타주
- 유틸리티 정전
- 테러

질병을 제외하고 위협은 조직의 기반구조에 손상을 가할 수 있다. 이와 대조적으로 질병은 운영 인력에게 직접적으로 영향을 미친다. 질병은 다양한 방법으로 처리할 수 있다. 그러나 질병이 복구 계획을 수행할 책임을 가진 사람에게 영향을 미칠 경우 복구에 실패할 수도 있다.

이러한 위협이 반드시 개별로 발생하지 않음을 주의해야 한다. 하나의 위협이 또 다른 위협을 야기할 수도 있다. 예를 들어 오염된 물이 홍수로 인해 사무실로 유입되면 이로 인해 직원이 병에 걸릴 수도 있다. 또 다른 예로 토네이도나 지진으로 인해 화재가 발생할 수도 있다. 항상 재해는 단일 사건이 아닌 여러 사건을 발생시킬 수 있다는 점을 주의하도록 한다.

영향 시나리오

잠재적인 위협을 정의한 후에는 그럴듯한 영향 시나리오를 문서화한다. 영향 시나리오는 DRP의 기본을 구성한다. 대부분의 조직에서는 보다 작은 이슈에 중점을 두기 보다는 가장 광범위한 재해에 대해 계획을 수립해야 보다 포괄적인 계획을 도출할 수 있다. DRP에서 보다 작은 이슈들에 중점을 두다 보면 보다 광범위한 전략을 구사할 수 없다. 동시에 여러 자원의 손실을 복구하기 위해서는 보다 광범위한 전략이 필요하다. "건물 손실"과 같은 영향 시나리오에는 가능한 모든 중대한 기업 기능과 가장 최악의 잠재적 결과를 포함할 것이다. 조직의 건물이 여러 개가 있는 경우 DRP에 추가적인 영향 시나리오가 포함될 수 있다.

또한 견고한 DRP에는 보다 특화된 영향 시나리오가 포함될 수 있다. 예를 들어, 건물 내 특정 층의 손실을 처리하는 것과 같은 시나리오가 계획에 포함될 수 있다. 한 장소에서 다른 장소로 이동하는 데 필요한 자원을 너무 적게 추정하는 계획들이 많다. 계획의 각 단계를 수행하는 데 필요한 자원을 등한시해서는 안 된다. 장비를 대체 사이트로 옮길만한 큰 트럭을 구하지 못해서 실패하는 복구 계획은 견고한 계획이라 할 수 없다.

복구 요구조건 문서화

분석을 완료하면 구현 단계를 시작하기 위해 업무와 기술적 요구조건을 문서화해야 한다. 자산 목록과 재해가 날 경우 자산을 이용할 수 있는 지 등 자산에 대한 정보를 알 필요가 있다. 각 자산의 소유자는 반드시 재난 구조 팀이 자산을 이용할 수 있도록 해야 한다. 일반적으로 BCP와 DRP에는 업무 기능과 운영의 연속성이나 복구를 가능하게 하기 위해 필요한 업무와 기능을 수행하는 데 전반적인 권한을 갖는 팀장이 존재한다. BCP와 DRP 팀에는 내·외부 소통의 모든 측면을 처리하기 위해 임원, 법 및 홍보 인력도 포함된다.

자산 정보는 반드시 미리 식별되어 BCP에 포함되어야 한다. 반드시 재해 복구 팀이 언제든지 이용할 수 있도록 해야 하며, 자산 정보에는 다음 사항이 포함된다.

- 모든 시설 자산에 대한 완전하고 정확한 목록
- IT 자산, 하드웨어, 소프트웨어, 라이센스, 계약서, 유지 관리 협약서에 대한 완전하고 정확한 목록
- 대체 사무실 시설과 부상자 위치에 대한 완전하고 정확한 목록
- 기업 파트너, 업체, 서비스 제공자 및 공급자에 대한 완전하고 정확한 목록과 계약의 상세 사항
- 재해 복구 팀원 계약 정보 - 업무 및 인원 정보
- 중대한 기업 기능과 운영 그리고 이에 필요한 IT 시스템, 어플리케이션, 자원 및 데이터 복구
- 복구를 위한 백업 데이터 회수
- 상세한 IT 시스템, 어플리케이션 및 데이터 복구 절차
- 수동적 방법 및 제2의 해결책을 수행하는 데 필요한 재해 복구 팀원 및 자원
- 목표를 달성하기 위한 목표 복구 시간과 단계

재해 복구

재해에 대해 적절하게 대응할 수 있도록 모든 직원을 훈련시키는 것이 중요하다. 흔히 범하기 쉬운 실수가 너무 열심히 하다가 복구를 시작하지 못한다는 것이다. 조직이 DRP를 수

립하는 데 시간과 자원을 소모해도 반드시 계획이 아니라 실제로 재해에 반응함을 보장해야 한다. 재해에 대응하는 주요 단계에서 다음을 고려하도록 한다.

- **모든 사람의 안전을 최우선으로 보장하도록 한다** : 어떠한 자원도 사람보다 중요할 수는 없다.
- **복구 보다는 재해 대응을 우선으로 한다** : 재해의 특성에 따라 필요한 대응과 방지 활동은 다를 수 있으며 이것은 복구와 관련이 없을 수도 있다.
- **영향을 받는 모든 객체와 소통하면서 DRP를 따르도록 한다** : 일단 사람이 안전하면 재해에 대응하고 복구 활동을 하도록 한다.

재해 복구는 DRP의 확장이다. DRP에는 일반적인 시스템 정전이나 중단의 복구를 처리한다. 재해란 일반적인 정전의 수준이 아니므로 단순한 복구 방식으로 자원을 사용할 수 없다. 예를 들어, 대부분의 데이터베이스-관리 시스템을 이용하면 복제된 복사본으로 주 데이터베이스를 신속하게 복구할 수 있다. 그러나 재해로 인해 데이터베이스 서버 컴퓨터가 파괴되면 데이터베이스 데이터를 복구하기 전에 서버를 안정적인 상태로 복원해야 한다.

재해로 인해 데이터 센터를 이용하지 못해 다른 장소에서 운영을 할 수도 있다. 이러한 이동에 대해서도 신중하게 계획을 수립해야 한다. 데이터 센터를 다른 장소로 옮기는 것이 큰 일이 아닌 것 같지만 이 경우 고려해야 할 것이 많다. 하드웨어와 소프트웨어를 반드시 구축해야 하고 네트워크와 통신도 필요하다. [표 4-2]는 재해 복구를 위한 데이터 센터 구축과 관련된 선택 사항을 보여준다.

재해가 발생했을 때 다른 조직과 백업 자원을 제공하도록 상호 협조 계약을 수행하는 것도 이득이다. 이러한 계약에는 근무시간 후에의 컴퓨팅 자원에의 접근이나 임시 데이터 센터로 사용할 물리적 공간 등이 포함될 수 있다. 협력 계약을 고려할 때에는 모든 요구사항을 신중하게 검토하도록 한다. 데이터 센터에 대한 기본적이고 핵심 기능을 제공하는 것이 간단해 보이지만 통신 서비스와 같은 자원은 한 곳에서 다른 곳으로 전환하기가 쉽지 않다. 또

표 4-2 재해 복구를 위한 데이터 센터 대안

구분	설명	비교
핫 사이트 (hot site)	원래의 데이터 센서와 거의 유사하게 환경적 유틸리티, 하드웨어, 소프트웨어 및 데이터를 갖춘 시설	가장 비용이 많이 들지만 전환 시간은 최소임
웜 사이트 (warm site)	환경적 유틸리티와 기본적인 컴퓨터 하드웨어를 갖춘 시설	핫 사이트보다 비용은 덜 들지만 운영체제, 소프트웨어, 데이터 및 설정을 설치하는 시간이 걸림
콜드 사이트 (cold site)	기본적인 환경적 유틸리티는 있으나 아무런 기반구조 요소가 없는 시설	가장 저비용인 반면 모든 하드웨어, 소프트웨어 및 데이터를 새로운 사이트에 설치해야 하므로 전환 시간이 가장 김
모바일 사이트 (mobile site)	웜 사이트나 콜드 사이트처럼 운영되도록 필요한 환경적 유틸리티를 갖춘 트레일러	매우 유연하고 전환 시간이 꽤 짧고 규모와 기능을 기반으로 비용이 매우 다양함

> **참고**
>
> 특정 산업에서는 협력 계약이 의무적일 수 있다. 예를 들어, 은행은 다른 은행과 협력 계약을 유지, 관리하여야 한다. 또한 은행은 고객에게 중단 없이 서비스를 제공할 수 있음을 보장하기 위해 다른 은행의 시설을 이용할 수 있는 지를 정기적으로 확인해야 한다.

한 대체되는 위치와 원래의 위치와의 거리도 고려하여야 한다. 제안된 대체 위치가 원래의 위치와 너무 가까우면 홍수나 지진과 같은 재해로 인해 두 군데 모두 영향을 받을 수 있다.

재해 복구의 중요성은 기업 컴퓨팅 측면에서 빠르게 증대되고 있다. 기업의 환경이 점점 더 복잡해지면서 점점 더 많은 것들이 잘못될 수 있다. 이로 인해 복구 계획도 점점 더 복잡해진다. DRP는 고려되는 요소가 많아 조직마다 다양하다. 조직의 종류, 관련된 절차나 필요한 보안 수준 등에 따라서도 다양하다. 대부분의 기업은 재해에 대해 준비가 잘 되어 있지 않다. 자꾸 강조함에도 불구하고 DRP를 수립하지 않은 기업들이 많다. DRP를 수립한 기업 중의 거의 절반은 DRP를 절대로 시험하지 않는다. 기본적으로 DRP를 시험하지 않으면 DRP가 없는 것과 마찬가지이다.

DRP의 효과성과 완전성을 검증하고 정확성을 시험하는 것은 매우 중요하다. DRP초안이 완전하고 정확하기는 드물다. 그러므로 반드시 DRP를 시험하여 부족한 점을 식별해야 한다. 부족한 면이 식별되면 DRP를 좀 더 개선할 필요가 있다. 재해-복구 기업에 그러한 시험을 맡길 수도 있다. 이러한 시험의 범위는 단순한 검토에서부터 재해의 시뮬레이션을 완료하는 것까지 다양하다. 가장 효과적인 시험은 컴퓨터 시스템 간 소프트웨어를 옮기고 대체 위치에서 통신을 구축하는 것을 포함하여 실제 재해를 시뮬레이션하는 것이다. 다음은 다양한 종류의 DRP 시험이다.

- **체크리스트 시험(checklist test)** : 이것은 가장 단순한 DRP 시험이다. 체크리스트 시험의 참여자는 DRP 체크리스트의 단계를 따라한 후 의견을 주면 된다. DRP 훈련과 인식 확산을 위해 체크리스트 시험을 활용할 수 있다.
- **구조화된 연습(structured walk-through)** : 구조화된 연습은 체크리스트 시험과 비슷하지만 DRP 팀이 역할 연기(role-playing)를 통해 재해를 시뮬레이션하고 DRP의 효과성을 평가한다.
- **시뮬레이션 시험(simulation test)** : 시뮬레이션 시험은 구조화된 연습보다는 좀 더 현실적이다. 시뮬레이션 시험에서는 DRP 팀이 역할 연기를 시행하고 운영 시스템에 영향을 주지 않으면서 가능하면 시뮬레이션된 재해에 관한 많은 부분을 수행한다.
- **병행 시험(parallel test)** : 병행 시험에서는 주 데이터 센터를 방해하지 않으면서 대체 데이터 센터에서 전체 처리 기능을 가능하게 하면서 DRP의 효과성을 평가한다.
- **전체-중단 시험(full-interruption test)** : 이 시험만이 완전한 시험이다. 전체-중단 시험은 주 데이터 센터를 중단한 후 운영 기능을 대체 센터로 옮긴다.

DRP의 모든 부분이 대응적인 특성을 갖는 것은 아니다. DRP의 어떤 부분은 예방적이며 우선적으로 재해의 부정적인 결과를 회피함을 목적으로 한다. DRP의 예방적인 요소로는 다음과 같은 것들이 있을 수 있다.

- RAID(Redundant Array of Independent Disks)나 SAN(Storage Area Network) 저장 시스템과 같은 디스크 시스템의 로컬 미러링 및 네이터-보호 기술의 사용
- 전용 전자 장비에 대한 전력 서지(surge, 전류나 전압이 순간적으로 급격히 높아지는 것)로 인한 피해를 최소화하기 위한 서지(surge) 보호기
- 전력 장애 시 시스템을 유지하기 위한 UPS(Uninterruptible Power Supply) 및 백업 생성기
- 화재 예방 시스템
- 안티바이러스 소프트웨어 및 기타 보안 통제

위험, 위협 및 취약점 평가

포괄적인 BCP와 DRP를 수립할 때 첫 번째로 할 일 중 하나가 조직의 핵심 자원과 연관되는 위험, 위협 및 취약점을 충분히 평가하는 것이다. 자원을 모든 위협으로부터 보호할 수는 없으므로 우선순위를 정해야 한다. 위험을 모르면 어떤 대책이 필요한지를 알 수 없다.

위험을 평가하는 방법은 다양하다. 조직마다 자신에게 적합한 방법으로 위험 평가를 수행한다. 위험 평가를 할 때 아무것도 없이 시작하지 말고 많은 방법 중 하나를 이용하면 된다.

표 4-3 일반적인 위험-평가 방법론

구분	설명	관련 사이트
정보 기술 시스템에 대한 위험 관리 가이드(NIST SP 800-30과 SP 800-66)	SP 800 시리즈의 일부로 컴퓨터 보안에서 위험 관리 및 위험 평가 시 고려해야 할 상세한 사항을 명시하고 있다. 이 문서에는 체크리스트, 공식 및 미국의 규제 이슈 등의 내용이 포함되어 있다. NIST 특히 800-66은 HIPAA와 관련된 사항을 명시하고 있다.	http://www.csrc.nist.gov
CCTA 위험 분석 및 관리 방법(CRAMM, CCTA Risk Analysis and Management Method)	CRAMM은 영국 정부에서 개발한 위험-분석 방법이다. 영국 정부 조직의 모범 사례가 CRAMM 방법 및 툴의 첫 번째 공개안의 기본이 되었다. 전 세계적으로 CRAMM이 사용된다. 또한 CRAMM은 영국 정부가 선호하는 위험-분석 방법이다. CRAMM은 큰 규모의 조직에 가장 적합하다.	http://www.cramm.com
운영 중인 핵심 위협, 자산 및 취약점 평가(OCTAVE, Operationally Critical Threat, Asset and Vulnerability Evaluation)	OCTAVE에는 위험 기반의 전략적 평가와 보안을 위한 계획 수립 기술을 정의하고 있다. OCTAVE는 자발적 방법이다. OCTAVE와 OCTAVE-S의 두 가지 버전이 있다. OCTAVE가 규모가 큰 조직에 가장 적합한 반면 OCTAVE-S는 100명 미만으로 구성된 조직에 적합하다.	http://www.cert.org/octavelosig.html
ISO/IEC 27005 "정보 보안 위험 관리"	정보 보안 위험 관리를 일반적으로 설명하는 ISO 표준이다. 이 문서에는 정보 보안 위험 평가 방법의 예와 가능한 위협, 취약점 및 보안 통제 목록이 포함되어 있다.	http://www.iso.org

최소한 여러 방법 중 하나는 조직에 적합할 것이다. 어떤 방법론이 적합한지를 신중하게 정하면 위험 평가 결과가 보다 효과적이고 효율적일 것이다. [표 4-13]은 일반적인 위험-평가 방법론을 보여준다.

정보보안 갭의 축소

최선의 노력에도 불구하고 보안 통제는 완벽할 수 없다. 항상 통제되지 않는 취약점이 있을 수 있다. 모든 취약점을 처리하기 위해 이미 구축된 보안 통제와 필요한 보안 통제 간의 차이를 보안 갭(security gap)이라 한다.

갭 분석(gap analysis)은 툴을 이용하여 직원이 조직의 보안 정책을 충족함으로써 확인하는 과정이다. IT 보안 측면에서 갭 분석은 이미 있는 보안 통제와 식별된 위협을 처리하기 위해 필요한 통제 간의 비교이다. 갭 분석 활동은 계속되어야 한다. 갭 분석 활동은 가장 최근의 위협 평가에 대한 일별 실행에 대한 정기적인 검토로 구성된다. 적어도 하나의 통제를 통해 처리하지 않는 위협은 보안 내 갭을 의미한다.

갭 분석은 조직의 IT 환경의 전반적인 보안을 판단하는 효과적인 방법이다. 또한 갭 분석은 보안 구현이 실제 요구사항과 일관됨은 보장한다. 보안전문가는 여러 형태의 많은 갭 분석 활동을 수행할 수 있다. 이러한 활동은 공식적인 수사나 비공식 조사일 수 있다. 분석에 영향을 주는 요소로는 조직의 규모, 운영하는 산업, 관련 비용, 관련 노력 및 분석의 깊이가 있다.

다음의 단계는 갭 분석을 수행하기 위한 일반적인 단계이다.

- 보안 정책과 기타 기준의 적용 가능한 요소를 식별한다.
- 정책, 기준, 절차 및 가이드라인 문서를 모은다.
- 정책, 기준, 절차 및 가이드라인의 구현을 검토하고 평가한다.
- 모든 하드웨어와 소프트웨어 구성요소에 대한 목록을 수집한다.
- 정책의 이해도와 준거성을 평가하기 위해 사용자와 인터뷰를 진행한다.
- 현재의 보안 환경과 정책을 비교한다.
- 식별된 캡 해결을 위해 우선순위를 정한다.
- 정책을 따르기 위한 개선안을 문서화하고 구현한다.

갭 분석의 중요한 점은 갭의 원인을 알아내는 것이다. 갭이 존재한다는 것은 적절한 보안 통제가 부족하다는 것을 의미한다. 그러면 갭은 왜 존재하는가? 다음과 같이 조직에 갭이 존재하는 이유가 있다.

- 보안 훈련의 부족으로 인한 활동 준수 미흡
- 보안 정책의 의도적이거나 부주의한 무시
- 통제 또는 정책 변경으로 인한 예측하지 못한 결과

- 적절한 보안 분석 없이 하드웨어나 소프트웨어의 추가 또는 변경
- 적절한 보안 분석이 미흡한 설정 변경
- 통제 변경이 필요한 법, 규정 또는 산업 표준과 같은 기존 요구사항의 변경

대부분의 보안 갭은 사용자 활동과 매우 연관된다. 갭을 줄이기 위해 보안전문가가 할 수 있는 첫 번째 단계는 보안이슈에 관해 직원들을 충분히 훈련시키는 것이다. 훈련이 잘 된 사람은 IT 환경을 안전하게 하는 데 가장 좋은 협력자이다. 보안전문가의 보안 노력이 세련되어 조직 내 직원의 보안 상식이 많아지면 보안 갭이 점점 줄어들 것이다.

개인정보보호

여러 법 조항에서 준거성 요구사항으로 데이터의 기밀성 유지를 명시하고 있다. 보안 통제의 가장 중요한 종류 중 하나가 정보의 기밀성을 유지하는 통제이다. 가용성과 무결성을 보장하는 것도 중요하지만 기밀성에 가장 중점을 둔다. 왜냐하면 기밀성이 침해되면 원래의 상태로 되돌릴 수 없기 때문이다. 즉, 누군가 기밀 데이터를 보면 그 사람의 머리에서 그 정보를 없앨 수가 없다. 조직의 데이터 자산을 보호하기 위해 정보 보안의 3대 원칙 각각에 주목을 해야 한다. (그림 4-2)는 정보 보안의 3대 원칙을 보여준다.

데이터의 기밀성과 무결성과 가용성을 보장하는 기술은 매우 다양하다. 가장 높은 수준에서는 데이터가 인가된 사용자에게 이용 가능하고 비인가된 사용자는 이용할 수 없도록 안전하게 해야 한다. 조직은 데이터의 보호를 완전히 보장할 수 있도록 많은 세부사항을 고려해야 한다. 기밀성을 유지하는 것은 앞으로도 계속 중요한 연구 주제가 될 것이다. 또한 실제로 기밀성을 보장하는 많은 통제는 데이터 보안의 다른 측면도 보장한다.

다양한 보안 통제를 보면서 비인가된 사용으로부터 데이터를 보호하기 위해 이러한 보안 통제가 서로 어떻게 동작하는지를 살펴볼 것이다. 데이터를 안전하게 하기 위한 대부분의 전략은 인증, 인가, 책임추적성의 기술을 포함하는 3개의 방법을 사용한다. 이러한 세 개의 기술을 이용하면 오직 인가된 사용자만이 자원과 데이터에 접근할 수 있음을 보장할 수 있다. 또한 세 개의 기술을 이용하면 접근이 발생한 후 접근 이슈를 중재하기 위해 충분한 정

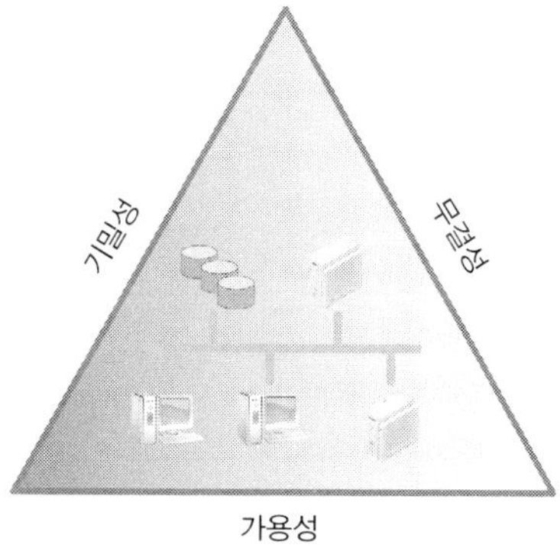

그림 4-2
정보 보안의 3 대 원칙

> **참고**
>
> 정보 시스템 활동 모니터링 측면에서, 책임추적성(accounting)이란 로그 파일에 사건을 기록하는 것을 의미한다. 사고 수사 시 컴퓨터 사건 책임추적성을 이용하여 사용자의 활동을 추적하고 도움이 될 만한 사건의 순서를 알 수 있다.

보가 이용되었음을 보장할 수 있다. 보안 사고를 수사할 때 과거 사건을 재구성하는 책임추적성 정보에 기반을 둔다.

세 개의 기술을 이용한 방법의 기본 목적은 보호하고 있는 자원의 비인가된 사용을 방지함으로써 안전성을 유지하고자 하는 것이다. 인증과 접근 통제를 이용하면 이러한 목적을 달성할 수 있다. 인증 기술은 다음과 같다.

- 패스워드와 PIN
- 스마트카드와 토큰
- 생체측정 장치
- 인증서
- 도전-응답 핸드쉐이크
- 커버로스 인증
- 일회용 패스워드

일단 사용자가 인증되면 접근 통제를 이용하며 오직 인가된 사용자만이 보호하는 자원에 접근할 수 있다. 인가 기술은 다음과 같다.

- 인증 서버 규칙 및 권한
- 접근통제목록(ACL, Access Control Lists)
- 침입 탐지 및 방지
- 물리적 접근 통제
- 연결 및 접근 정책 필터
- 네트워크 트래픽 필터

요약

본 장에서는 보안이 데이터를 비밀리에 관리하도록 하는 방법보다 더 많다는 것을 살펴보았다. 보안은 모든 조직에게 중요하다. BCP와 DRP가 잘 준비되어 있으면 조직은 재해가 발생하더라도 주요 업무 기능을 수행할 수 있고 데이터를 포함하여 조직의 모든 자산을 보호할 수 있게 된다. 보안 기반구조를 통해 조직 내에 필요한 통제가 모든 법, 규정 및 보안 요구사항을 따름을 보장할 수 있다. 간단히 말하자면 보안을 통해 조직이 생존할 수 있고 업무를 수행할 수 있다.

핵심 용어

- accounting : 책임추적성
- ALE(Annual Loss Expectancy) : 연간 예상 손실액
- ARO(Annual Rate of Occurrence): 연간 발생 빈도
- business drivers : 비즈니스 원동력
- Delphi method : 델파이 기법
- EF(Exposure Factor) : 노출 인자
- gap analysis : 갭 분석
- PMBOK(Project Management Body of Knowledge)
- PMI(Project Management Institute)
- qualitative risk analysis : 정성적 분석
- quantitative risk analysis : 정량적 분석
- residual risk : 잔여 위험
- risk management : 위험 관리
- risk methodology : 위험 관리 방법론
- risk register : 위험 레지스터
- security gap : 보안 갭
- SLE(Single Loss Expectancy) : 단일 예상 손실액

연습문제

1. 위험 관리는 부정적 사건이 발생했을 때 대응한다.

A. 그렇다.
B. 아니다.

2. IT 보안 측면에서 위험은 긍정적이거나 부정적인 결과를 야기한다.

A. 그렇다.
B. 아니다.

3. PMI에 따라 식별된 위험 목록을 무엇이라 하는가?

A. 위험 체크리스트
B. 위험 레지스터
C. 위험 관리 방법론
D. 완화 목록

3. 다음 중 어떤 위험 분석이 위험의 심각도를 표시하기 위해 공식과 수치를 사용하는가?

A. 객관적 위험 분석
B. 정성적 위험 분석
C. 주관적 위험 분석
D. 정량적 위험 분석

5. 다음 중 어떤 위험 분석이 상대적 순위를 이용하는가?

A. 객관적 위험 분석
B. 정성적 위험 분석
C. 주관적 위험 분석
D. 정량적 위험 분석

6. 다음 중 연간 손실 확률을 나타내는 것은 무엇인가?

A. EF
B. SLE
C. ALE
D. ARO

7. 다음 중 화재 보험을 가장 잘 설명한 위험-대응 방법은 무엇인가?

A. 수용
B. 완화
C. 전가
D. 회피

8. 다음 중 위험의 영향도가 실현성이 거의 없을 때 선택할 수 있는 위험-대응 방법은 무엇인가?

A. 수용
B. 완화
C. 전가
D. 회피

9. 다음 중 BCP와 DRP와의 관계를 가장 잘 설명한 것은 무엇인가?

A. BCP는 필요하나 DRP는 필요 없다.
B. DRP는 BCP의 구성요소이다.
C. DRP는 필요하나 BCP는 필요 없다.
D. BCP는 DRP의 구성요소이다.

10. 다음 중 수용할 만한 데이터 손실의 정도를 나타내는 용어는 무엇인가?

A. RAI
B. ROI
C. RTO
D. RPO

11. (　　　　)은 기업 운영에 중대한 절차를 식별하는 것이다.

12. 다음 위험 평가 방법 중 자발적 방법이면서 서로 다른 규모의 조직에 대해 두 개의 서로 다른 버전이 존재하는 것은 무엇인가?

A. CRAMM
B. OCTAVE
C. NIST
D. EBIOS

13. (　　　　)은 의료와 관련된 정보를 규제하는 미국의 보안 관련법이다.

14. 다음 미국의 보안 관련 법 중 금융계에 특화된 데이터의 보안을 규제하는 법은 무엇인가?

A. GIBA
B. SOX
C. HIPAA
D. FERPA

2부

(ISC)$^{2®}$의 SSCP 자격 인증

Access Controls

5장 접근통제

접근통제는 자동차, 집, 컴퓨터, 심지어 휴대폰과 같은 특정 대상에 대한 접근을 제한하고 허용하는 데 사용되는 방법이다. 언니나 동생이 들어오지 못하게 방문을 잠그거나 학교에서 사물함에 물건을 넣을 경우 자물쇠로 잠그는 것도 접근통제 방법이다. 비슷하게 차 열쇠를 가지고 있는 사람만이 차문을 열어서 시동을 걸 수 있다. 집이나 아파트도 마찬가지이다. 아마 휴대폰에 안전하게 접근하기 위해 특별한 코드를 이용하기도 할 것이다. 본인만 그 코드를 알기 때문에 휴대폰 잠금을 해제할 수 있다. 또한 보안 코드를 모르면 텔레비전의 특정 채널을 볼 수 없게 할 수도 있다.

접근통제는 자원을 보호하여 해당 자원을 이용하도록 허용된 사람만이 사용하도록 하는 과정이다. 접근통제는 비인가된 사용으로부터 자원을 보호한다. 접근통제는 마치 집이나 자동차에 대한 자물쇠와 열쇠처럼 은행 또는 신용 카드에 대한 개인식별 번호(PIN, Personal Identification Number)와 같다.

기업은 접근통제를 사용하여 직원이 할 수 있는 것과 할 수 없는 것을 관리한다. 접근통제는 사용자(사람 또는 컴퓨터 프로세스)가 누구이고 사용자가 무엇을 할 수 있고 어떤 자원에 접근할 수 있고 어떤 연산을 수행할 수 있는 지를 정의한다. 접근통제 시스템은 패스워드, 하드웨어 토큰, 생체 측정 및 인증서와 같은 여러 기술을 사용한다. 건물이나 방과 같은 물리적 자산에 대해서도 접근이 승인된다. 또한 컴퓨터 시스템과 데이터에 대한 접근도 승인된다.

5장 주제

본 장의 주요 주제는 다음과 같다.

- 접근통제의 네 가지 사항
- 두 가지 형태의 접근통제
- 인가 정책을 정의하는 방법
- 개인식별 방법 및 가이드라인
- 인증 절차 및 요구사항
- 책임추적성 정책 및 절차
- 접근통제 모델
- 접근통제에 대한 위협
- 접근통제 위반의 영향
- 중앙 집중의 접근통제와 분산된 접근통제

5장 목적

본 장의 목적은 다음과 같다.

- 접근통제 개념 및 기술을 정의
- 접근통제 모델을 설명
- 접근통제에 의해 신원을 관리하는 방법을 설명
- 시스템 접근통제를 개발하고 관리

정근 통제의 네 가지 사항

접근통제의 네 가지 사항은 다음과 같다.

- 인가 : 누가 접근이 승인되었고 승인자가 무엇을 정확하게 사용할 수 있는가?
- 개인식별 : 사용자를 어떻게 식별할 것인가?
- 인증 : 사용자의 신원이 검증될 수 있는가?
- 책임추적성 : 데이터나 시스템을 변경한 사람이 식별될 수 있음을 보장하기 위해 행위를 한 사람을 어떻게 추적할 것인가? 이후의 보고와 분석을 위해 행위를 사용자와 연관시키는 이러한 과정을 책임추적성이라 한다.

이러한 네 가지 사항은 두 단계로 나눠진다.

- 정책 정의 단계 : 이 단계는 누가 접근하고 사용자가 어떤 시스템 또는 자원을 사용할 수 있는 지를 결정한다. 이 단계에서 인가 과정이 동작한다.
- 정책 시행 단계 : 이 단계는 첫 번째 단계에서 정의된 인가에 기반을 두고 접근 요청을 승인하거나 거부한다. 개인식별, 인증 및 책임추적성 과정이 이 단계에서 동작한다.

접근통제의 두 가지 형태

조직은 주로 두 가지 형태로 자원에 대한 접근을 통제한다.

- **물리적 접근통제** : 이것은 건물, 주차장 및 보호되는 영역의 출입을 통제하는 것이다. 예를 들어, 우리는 보통 사무실의 열쇠를 소유한다. 이 열쇠는 사무실에 대한 물리적 접근을 통제한다.
- **논리적 접근통제** : 이것은 컴퓨터 시스템이나 네트워크에 대한 접근을 통제하는 것이다. 보통 우리는 회사 컴퓨터에 로그인할 때 사용자이름과 패스워드를 입력해야 한다. 이러한 사용자이름과 패스워드를 통해 우리는 조직의 컴퓨터 시스템과 네트워크 자원을 이용할 수 있게 된다. 이것이 바로 논리적 접근통제의 예이다.

물리적 접근통제

조직의 시설 관리자가 물리적 접근통제를 책임진다. 관리자는 직원들에게 직원 ID 번호가 포함된 보안 카드(스마트카드)를 부여한다. 주차장 문을 열기 위해서는 이 카드를 카드 리더기에 긁으면 되고 엘리베이터에서도 긁으면 원하는 층으로 이동한다. 또한 이 카드를 리더기에 긁어 사무실로 들어가는 문을 연다. 직원이기 때문에 카드를 이용하여 이러한 구역에 들어갈 수 있다. 조직의 인가 정책에는 특정 장소에 대해 직원으로 물리적 접근을 승인하도록 한다. 인가된 카드가 없는 사람은 정문을 출입해서는 안 된다. 한 조직이 다른 조직과 사무실 건물을 같이 사용한다면 근무 시간 이후에 건물에 대한 접근을 승인하는 제2의 카드가 필요할 수 있다. 이 카드는 물리적 자원에 대한 접근을 통제한다.

논리적 접근통제

컴퓨터-시스템 관리자는 논리적 접근통제를 이용하여 누가 시스템에 로그인해서 어떤 업무를 수행할 수 있는지를 결정한다. 또한 시스템 관리자는 논리적 접근통제를 이용하여 담당직원이 시스템을 이용하는 방법에 영향을 준다. 다음은 인력 관리(HR, Human Resources) 시스템에 대한 시스템 접근의 예를 보여준다.

- **어떤 사용자가 시스템에 로그인할 수 있는지를 결정** : 예를 들어 인력 관리 직원만이 HR 서버에 저장된 민감한 정보에 접근하도록 승인된 직원이다.
- **사용자가 해당 시스템에서 무엇을 수행했는지를 모니터링** : 예를 들어 특정 HR 직원은 문서를 볼 수만 있지만 다른 HR 직원은 해당 문서를 실제로 편집할 수도 있다.
- **해당 시스템에 대한 사용자의 행위를 제지하거나 영향을 줌** : 예를 들어 제한된 정보에 반복적으로 접근하고자 하는 HR 직원은 전체 시스템에 대한 접근이 거부될 수 있다.

보안 커널

보안 커널은 컴퓨터 시스템에 대한 접근통제를 시행하는 컴퓨팅 환경의 하드웨어, 소프트웨어 및 펌웨어의 핵심 부분이다. 보안 커널은 접근통제의 핵심 부분을 제공하고 참조 모니터 개념을 구현한다. 보안 커널은 모든 접근 요청을 중재하고 적절한 규칙 또는 조건이 만족하는 경우에만 접근을 허용한다.

1. 주체가 특정 객체에 대한 접근을 요청하면 보안 커널은 요청을 가로챈다.
2. 보안 커널은 자신의 기본 규칙을 참조한다. 이러한 기본 규칙을 보안 커널 데이터베이스라 한다. 보안 커널은 이 규칙을 이용하여 접근 권한을 결정한다. 접근 권한은 조직이 정의한 정책에 따라 설정된다.
3. 커널은 정의된 접근 규칙에 따라 접근을 허용하거나 거부한다. 시스템에서 처리되는 모든 접근 요청은 이후의 추적 및 분석을 위해 기록된다.

(그림 5-1)은 주체에서 특정 객체(파일)로의 접근 요청을 보여준다. 참조 모니터는 접근 요청을 가로챈다. 보안 커널 데이터베이스 내 규칙에 따라 접근이 승인된다. 이러한 기본 규칙은 접근 허가에 대한 접근통제 목록(ACL, Access Control List), 디렉토리 또는 또 다른 형태의 저장소일 수 있다. 규칙이 접근 요청을 허용하면 참조 모니터는 접근을 허용하고 로그를 생성한다.

접근통제 정책

접근통제 정책은 특정 그룹의 사용자가 특정 자원의 그룹에 대해 특정 행동의 집합을 수행하도록 허용하는 규칙의 집합이다. 사용자가 인가되지 않으면 사용자는 시스템 기능이나 시스템 자원에 접근하지 못한다. 접근통제 정책을 이용하여 보안 위험을 줄이고 통제할 수 있다. 자동화된 프로세스와 두 사람 다 접근통제 정책을 사용한다.

접근통제 정책을 잘 관리하기 위해서는 접근의 4개의 핵심 요소를 이해해야 한다.

- **사용자** : 시스템을 이용하는 사람이거나 다른 사람 또는 프로세스에 특정 서비스를 수

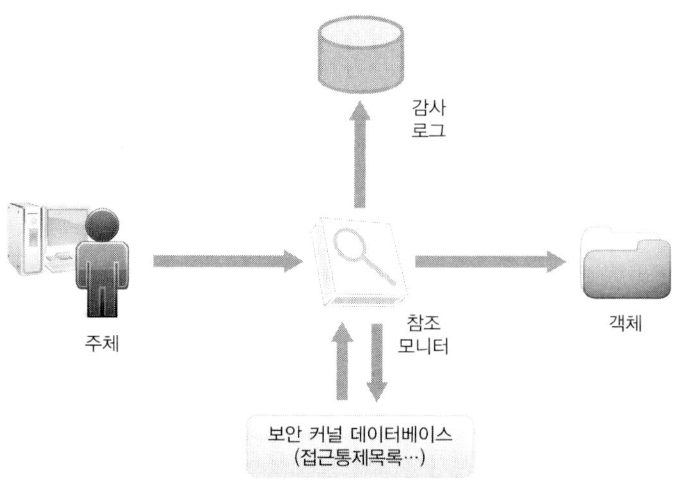

그림 5-1 접근통제의 시행

행하는 프로세스. 사용자에 대한 좀 더 일반적인 용어가 주체이다.

- **자원** : 시스템에서 보호되는 객체. 인가된 주체만이 자원에 접근할 수 있다. 자원은 인가된 방법으로만 이용될 수 있다.
- **행동** : 인가된 사용자가 자원에 대해 수행하는 활동
- **관계** : 사용자와 자원 사이에 존재하는 선택적 조건. 관계는 인가된 사용자에게 승인된 허가(예, 읽기, 쓰기, 수행)이다.

이러한 핵심 요소는 접근통제 정책의 구성 요소를 정의한다.

인가 정책 정의

접근을 통제하는 첫 번째 단계는 인가 규칙을 정의하는 정책을 생성하는 것이다. **인가(authorization)**는 누가 어떤 컴퓨터와 네트워크 자원에 접근하는 지를 정의하는 과정이다. 대부분의 조직에서 인가는 직무 역할, 신원조사 및 정부의 요구사항에 기반을 둔다. 이러한 조건이나 정책은 주로 그룹 회원 정책이나 기관 차원의 정책에 따라 결정된다.

그룹 회원 정책(group membership policy)에서 인가는 사용자가 속한 그룹에 의해 정의된다. 예를 들어 IT 부서의 직원이 보안 카드를 소유했을 경우에만 컴퓨터 장비가 보관되어 있는 공간에 접근할 수 있다. 만약 IT 그룹에 속하지 않았다면 해당 사용자의 보안 카드로는 새로운 모니터를 찾기 위해 해당 공간에 들어갈 수 없다. 컴퓨터 장비가 보관되어 있는 공간에 들어가고자 하면 우선 IT 부서에 연락을 해야 한다. 그러면 IT 부서는 IT 그룹의 직원으로 지정할 것이다.

권한 수준 정책(authority-level policy)에서는 특정 자원에 접근하기 위해 보다 높은 권한이 필요할 수 있다. 예를 들어, IT 그룹의 고위급 직원은 서버가 있는 서버실에 출입할 수 있는 권한을 가지고 있다. 서버는 종종 컴퓨터 모니터보다 더 가치가 높으므로 정책에 고위급 직원만 서버실에 출입할 수 있도록 제한할 수 있다.

신원확인 방법 및 가이드라인

인가 정책 내 인가 규칙을 정의하면 규칙을 시행할 수 있다. 사용자가 자원에 대한 접근을 요청할 때마다 접근통제는 인가 정책을 기반으로 접근을 승인하거나 거부한다.

인가 정책을 시행할 때 첫 번째 단계는 신원확인이다. 신원확인은 주체가 시스템이나 자원에 대한 접근을 요청할 때 사용하는 방법이다. 주체는 사용자, 프로세서 또는 특정한 객체일 수 있다. 일반적으로 주체를 확인하는 방법은 여러 가지가 있다. 조직 내 보안 요구사항과 컴퓨팅 환경에 따라 방법을 선택한다.

신원확인 방법

사용자이름은 시스템에서 사용자를 확인하는 가장 일반적인 방법이다. 사용자이름은 userID, 계정 번호나 개인 식별 번호(PIN)일 수 있다. 특정 어플리케이션에서 사용자는 스마트카드의 사용자로 확인된다. 스마트카드는 플라스틱 신용 카드의 형태를 갖는다. 스마트카드를 이용하면 주체는 긴 패스워드를 기억할 필요 없이 복잡한 신원확인 크리덴셜을 쉽게 제공할 수 있다. 구매하기 위해 전자카드 리더기에 신용카드를 긁는 것과 마찬가지로 주차장, 건물, 방에 접근을 승인하는 카드 리더기에 스마트카드를 긁으면 된다.

생체측정은 주체를 확인하기 위한 또 다른 접근통제 방법이다. 생체측정은 하나 또는 여러 개의 물리적 또는 행동적 특성을 기반으로 사람을 인식한다. 생체측정의 예로 지문, 얼굴 또는 음성 인식, DNA, 필적, 망막 스캔, 심지어 사람 몸의 냄새/향기 등이 있다.

> **참고**
>
> 미국의 세관 및 국경 보호(CBP, Customs and Border Protection) 프로그램에서는 두 개의 서로 다른 형태의 생체측정을 이용하여 프로그램의 인가된 회원을 식별한다. CBP에는 일반적인 세관 라인을 우회하고 보다 빠른 자동화된 키오스크를 이용할 수 있는 빈번한 여행자를 사전 인가하는 여러 개의 상이한 프로그램이 정의되어 있다. 엄선된 미국과 캐나다 국경 지역에 있는 넥서스(NEXUS) 키오스크는 망막 인식기를 이용해 사용자를 식별한다. 많은 국제공항에 있는 글로벌 엔트리 키오스크는 지문 인식기를 이용하여 사용자를 식별한다.

신원확인 가이드라인

컴퓨터 시스템에서 수행되는 모든 활동들과 특정 사용자가 연관되는 것을 보장하기 위해 각 사용자는 반드시 유일한 식별자를 가져야 한다. 유일한 식별자를 이용하면 동일한 이름을 갖는 여러 사용자들을 구별할 수 있게 된다. 이후의 보고 또는 분석을 위해 활동과 사용자를 연관하는 과정을 책임추적성이라 한다. 현재의 주체를 확인하고 상세히 모니터링하는 데 사용한 데이터를 유지 관리하여야 한다. 그리고 퇴직하거나 연장된 시간에 활동하지 않는 사용자의 ID를 비활성화하여야 한다. 또한 표준화된 명명 규칙을 적용해야 하며 명명규칙은 업무와 관련되어서는 안 된다. ID를 발급하는 과정은 문서화되어야 하고 안전해야 한다.

인증 과정 및 요구사항

지금까지 인가 규칙을 정의하고 사용자의 신원을 확인하는 방법을 살펴보았다. 다음 단계는 인증이다. 접근통제의 일부로 사용자는 신원확인 동안에 제공된 신원을 검증하거나 증명한다. 인증은 A라고 말한 사람이 A인지를 묻는 질문에 대답하는 것이다. 인증은 접근을 요청하는 주체가 접근이 승인된 주체와 동일함을 증명한다. 인증을 하지 않으면 사용자가 A라고 주장한 그 사용자인지를 절대로 알 수 없다.

인증의 종류

다음과 같은 세 가지 종류의 인증이 존재한다.

- 지식 : 알고 있는 것으로 패스워드, 패스프레이즈(passphrase) 또는 PIN 등이 있다.
- 소유 : 가지고 있는 것으로 스마트카드, 열쇠, 배지 또는 토큰 등이 있다.
- 특징 : 사용자에게 유일한 것으로 지문, 망막 또는 서명 등이 있다. 특징은 종종 물리적이기 때문에 이런 종류의 인증을 "사용자 그 자체"라고도 정의한다.

인증의 각 종류는 쉽게 손상될 수 있다. 한 종류만의 인증을 사용하는 것을 **단일 요소 인증**(single-factor authentication)이라고 한다. 민감하거나 중요한 정보를 포함하는 시스템에서는 최소한 두 종류의 인증을 사용하도록 한다. 둘 또는 그 이상의 기술을 이용하는 것은 이중 요소 인증(TFA, Two-Factor Authentication)이라 하고 하나의 인증만을 이용하는 것보다 높은 수준의 보안을 제공한다.

> **⚠ 주의**
>
> 단일요소 인증에서는 사용자이름과 패스워드의 결합이 고려된다. 이것은 보다 민감한 시스템, 어플리케이션 또는 데이터 접근에 적절할 수도 있고 적절하지 않을 수도 있다. 예를 들어, 건물에 들어가기 위해 카드(가지고 있는 것)를 긁은 후 가치 있는 자원의 보안을 보장하기 위해 PIN(알고 있는 것)을 입력하도록 할 수 있다.

> **▶ 참고**
>
> 패스워드 사용기간을 보다 짧게 하면 사용자에게 좀 더 강력한 안전성을 제공할 수 있다. 사용자에 대해 보다 강력한 패스워드 통제를 수행하기 위해 30일 주기의 패스워드 변경 정책을 고려하도록 한다. 패스워드 사용기간을 짧게 하면 공격자가 패스워드 사용 만료 전에 패스워드를 알아내어서 이를 이용하는 기회를 낮출 수 있다.

지식을 이용한 인증

지식을 이용한 인증은 패스워드, 패스프레이즈 또는 PIN과 같은 알고 있는 것을 기반으로 한다. 정적인 패스워드는 변한다 하더라도 거의 변하지 않는다. 패스워드는 컴퓨터 시스템에서 가장 오래되고 가장 많이 사용되는 인증 방법이다. 그리고 가장 취약하다. 가치 있는 자산을 보호하는 데 패스워드만을 사용해서는 안 된다. 자원의 가치가 증대되면 자원을 보호하는 접근통제의 강도도 증대시켜야 한다. 이중 요소 인증은 가치 있는 자원을 보호하기 위한 최소한의 요구조건이다.

공격자는 종종 패스워드를 크랙하기 위해 무차별 대입 또는 사전 공격을 수행한다. 이러한 방법을 이용하면 길이가 매우 짧거나 사전 내 단어를 포함하는 취약한 패스워드는 쉽게 크랙된다.

- 무차별 대입 공격은 문자의 가능한 조합을 이용하는 것이다. 현재의 패스워드 공격자는 문자, 숫자 및 특수 문자의 모든 조합을 알파벳 순서로 시도하지 않는다. 오히려 공격자는 우선 문자의 엔트로피(난수성을 측정)를 측정한다. 그리고 난 후 공격자는 먼저 낮은 엔트로피의 단어를 시험하고 그 다음에 중간 정도의 엔트로피의 단어를 시험한 후 마지막으로 높은 엔트로티의 단어를 시험한다.
- 사전 공격은 사전 내 모든 단어를 (종종 01, 02, 4u 등을 끝에 붙여서) 해싱한 후 일치하는 것을 찾기 위해 시스템 패스워드 파일을 해시한 값과 비교한다. 해커는 (이름을

거꾸로 쓴다거나 e를 3으로 o를 0으로 s를 $와 같이 문자를 다른 문자로 바꾼다거나 하는) 일반적인 트릭을 잘 알고 있다.

- 대부분의 시스템이 패스워드의 해시값을 저장하기 때문에 공격자는 우선 이러한 사전 내 단어에 대한 해시값을 미리 계산한 후 표로 만든다. 그리고 난 후 단어를 찾기 위해 표에 저장된 패스워드의 해시값을 검색한다. 레인보우표(rainbow table)라고 하는 이러한 표는 널리 사용되고 있다. 예를 들어 FTK(AccessData사)라고 하는 포렌식 조사 툴은 수백만의 단어를 갖는 레인보우표를 포함한다. FTK의 웹 사이트에 따르면 이 표는 사용자 패스워드의 28%를 탐지한다고 한다.

패스워드의 안전한 사용

사용자는 패스워드를 생성하고 사용할 때 다음의 가이드라인을 고려해야 한다.

- **취약한 패스워드를 사용하지 않는다** : 절대로 사전에 있는 단어를 패스워드로 사용해서는 안 된다.
- **꼭 필요한 경우가 아니면 패스워드를 적어 놓지 않는다** : 패스워드를 기록해야 한다면 기록한 종이를 안전한 장소에 보관해야 한다. 대안으로 실제 패스워드 대신에 패스워드에 대한 힌트를 기록하도록 한다. 기록한 종이가 더 이상 필요 없게 되면 파기하여야 한다.
- **절대로 다른 사람과 패스워드를 공유해서는 안 된다** : 신뢰하는 사람이라 하더라도 패스워드는 혼자만 간직하도록 해야 한다.
- **서로 다른 사용자 계정에 대해 서로 다른 패스워드를 이용한다** : 모든 계정에 대해 한 개의 패스워드를 사용하는 것은 자동차, 집, 우편함 및 금고 등에 대해 하나의 열쇠를 사용하는 것과 같다. 그 열쇠를 잃어버리면 공격자는 모든 것에 접근할 수 있게 된다. 그러나 서로 다른 시스템에 대해 서로 다른 패스워드를 사용하게 되면 패스워드 중 하나를 도난당할 경우 오직 하나의 시스템만 손상된다. 이러한 전략을 이용하면 다른 시스템의 계정과 데이터에 대한 접근을 획득할 수 없게 된다. 또한 다른 시스템과 비슷한 패스워드 예를 들어, 아이들의 이름을 사용하는 패스워드를 사용하지 않도록 한다. 여러 시스템에 대해 동일하거나 비슷한 패스워드를 사용하면 패스워드 중 한 개를 얻은 침입자는 쉽게 나머지 패스워드를 알아낼 수 있다.

> **참고**
>
> 예를 들어 온라인 뉴스 사이트의 기사에 접근하는 것과 같이 중요하다고 생각하지 않는 자원에 대해 패스워드를 재사용하는 것은 괜찮다. 중요한 자원에 대한 로그온에 동일한 패스워드를 사용해서는 안 된다.

- **패스워드가 손상되었다고 의심되면 즉시 패스워드를 변경한다** : 또한 초기에 설정된 패스워드는 변경하도록 한다. 이상적으로 최소 30일에 한 번 패스워드를 변경해야 한다.
- **패스워드를 컴퓨터에 저장할 때 신중하도록 한다** : (원격 접속 및 기타 전화 연결에 대한 대화창과 같은) 특정 대화창은 패스워드를 저장하거나 기억하도록 할 것인지를 묻는다. 이를 선택할 경우 잠재적 보안 위협이 발생한다. 왜냐하면 누군가 해당 대화창을 열면 패스워드가 자동적으로 표시되기 때문이다.

- **추축하기 어려운 패스워드를 선택한다.** : 패스워드는 개인정보를 기반으로 해서는 안 된다. 해커는 광범위한 단어와 이름 사전을 이용한 강력한 패스워크 크래킹 툴을 쉽게 얻을 수 있다. 보다 안전한 패스워드는 전혀 말이 안 되지만 기억은 쉬운 단어를 이용한다. 예를 들어 시나 노래의 첫 번째 단어의 문자를 이용하는 패스워드를 생성할 수 있다. 또는 별표(*)나 달러 기호($), "at" 기호(@), 괄호({}), 수학 기호(+) 등과 같은 모호한 문자로 대체할 수 있다. 이러한 방법은 추측이나 크랙을 매우 어렵게 한다. 크래킹 툴은 단어를 거꾸로 쓴다거나 특정 문자를 단순히 대체하는 것(예, mouse를 m0us3으로 변경)과 같은 단순한 트릭을 확인한다는 것을 기억하도록 한다.

강력한 패스워드 생성 팁

시스템 사용자에게 취약한 패스워드를 생성할 선택사항을 부여하지 않도록 한다. 사용자가 다음의 원칙을 지키면 보다 강력한 패스워드를 생성할 수 있다.

- 패스워드는 반드시 최소 8자리의 문자/숫자 혼합의 문자를 포함해야 한다.
- 패스워드는 반드시 대문자와 소문자 및 숫자의 조합을 포함해야 한다.
- 패스워드는 반드시 최소 하나의 특수 문자를 패스워드의 첫 번째 7자리 문자 내에 포함해야 한다.
- 패스워드는 반드시 첫 번째와 마지막 문자 위치에 숫자가 아닌 문자 또는 기호를 포함해야 한다.
- 패스워드는 절대로 사용자이름을 포함해서는 안 된다.
- 패스워드는 절대로 사용자의 이름 또는 가까운 친구 또는 친척의 이름을 포함해서는 안 된다.
- 패스워드는 절대로 직원의 ID 번호, 사회보장번호, 생일, 전화번호 또는 쉽게 추측될 수 있는 개인정보를 이용해서는 안 된다.
- 패스워드는 절대로 영어 사전(또는 사용자가 사용하고 있는 다른 언어의 사전)에 있는 일반적인 단어를 포함해서는 안 된다.
- 패스워드는 절대로 소설 속 인물이나 장소의 이름을 포함하여 일반적으로 사용되는 고유명사를 사용해서는 안 된다.
- 패스워드는 절대로 qwertyxx 등 키보드 내 인접한 위치의 문자와 같이 단순한 양식의 문자나 숫자로 구성되어서는 안 된다.

계정 잠금 정책. 많은 시스템은 정해진 횟수의 연속된 실패 로그온 후 사용자 ID를 비활성화하도록 설정된다. 대부분 3번에서 5번 시도 후 사용자 계정을 비활성화시킨다. 계정 활동을 개시하는 실패된 로그온 시도의 수를 임계치(threshold)라 한다. 몇 분, 몇 시간 또는 보안 담당자가 계정을 재설정해 줄 때까지 계정이 잠긴다. 이를 통해 공격자가 패스워드를 추측하기 위해 많은 시도를 하는 공격을 막을 수 있다. 반면 침입자는 잘못된 패스워드를 입력함으로써 사용자의 계정을 잠기도록 할 수도 있다. 이는 일종의 서비스 거부 공격이다.

계정-잠금 정책을 정의할 때 주의하여야 한다. 제한적인 정책은 조직에 대해 공격자를 막

FYI

로그온 이벤트를 감사하는 것이 침입탐지에 도움이 되나 조심해야 한다. 실패 감사를 수행할 경우 시스템이 서비스 거부 공격에 노출될 수 있다. 서비스 거부 공격은 다음 두 방법 중 하나로 발생한다.

- 공격자가 보안 로그를 채우면 시스템 고장을 야기하거나 새로운 사용자가 로그온을 할 수 없게 된다.
- 공격자는 겹쳐 써지는 이벤트를 야기한다. 공격자는 계속해서 잘못된 사용자이름이나 패스워드를 이용하여 네트워크에 로그온 함으로써 이러한 이벤트를 야기한다. 의도적으로 감사 이벤트를 겹쳐 쓰면 효과적으로 공격의 증거를 제거한다.

을 가능성을 높인다. 그러나 엄격한 계정-잠금 정책으로 인해 의도치 않게 인가된 사용자의 계정을 잠기도록 할 수 있다. 사용자를 귀찮게 할뿐만 아니라 이에 대한 비용도 많이 들 수 있다. 계정-잠금 정책을 적용할 때에는 인가된 사용자가 패스워드를 잘못 입력하는 것으로 인해 계정이 잠기지 않을 정도로 임계치를 정하도록 한다.

로그온 이벤트 감사. 누가 컴퓨팅 자원에 접근하는 지에 대한 기록을 유지/관리하는 방법 중 하나는 로그온 이벤트를 감사하는 것이다. 감사를 이용하면 모든 사용자가 컴퓨터에 로그온하거나 로그오프할 때의 기록을 알 수 있다. 비인가된 사용자가 사용자의 패스워드를 훔친 후 컴퓨터에 로그온을 하였다면 보안 침입이 언제 발생했는지를 알 수 있어야 한다. 로그온 이벤트 카테고리에서 실패 이벤트를 감사(실패 감사라고 함)하면 실패 이벤트가 비인가된 사용자로 인한 것인지 컴퓨터나 시스템에 로그온을 시도하는 공격자로 인한 것인지를 알 수 있다. 이것이 침입탐지의 예이다.

패스워드 재설정 및 저장. 사용자가 패스워드를 잊어버리거나 패스워드가 헬프-데스크를 통해 재설정되어야 하면 새로운 패스워드는 단일 로그온에만 유효해야 한다. 또한 새로운 패스워드는 짧은 시간(일반적으로 48시간 이내)이 지나면 만기되어야 한다. 절대로 패스워드를 평문으로 저장하거나 전송해서는 안 된다. 패스워드 해시값만을 저장하거나 전송해야 한다. 어떤 시스템은 무차별 공격 속도를 늦추기 위해 이러한 해시값을 암호화한다는 것을 주의하도록 한다. 패스워드 파일을 비인가된 접근으로부터 보호하기 위해 반드시 대책을 수립하여야 한다.

FYI

조직에서 자동화된 패스워드–재설정 절차가 없으면 헬프–데스크 직원이 가장 많이 받은 요청이 패스워드–재설정 요청이 될 것이다. 헬프–데스크 직원은 패스워드–재설정 요청을 받으면 사용자에게 신원을 검증할 수 있는 정보를 제공하도록 요구해야 한다. 예를 들어 사용자는 운전 면허증 또는 직원 ID와 같은 형태의 증명서를 제출해야 한다. 사용자가 직접 요청하지 않으면 헬프–데스크 직원은 사용자의 신원을 검증하는 질문을 이용해야 한다. 질문의 예로 "엄마의 처녀였을 때 성은 무엇인가?"가 있다. 신원 검증을 강력하게 하지 않으면 임의의 사용자 계정에 대해 공격자가 패스워드 변경을 요청한 후 공격자 마음대로 계정에 접근할 수 있다.

패스프레이즈 사용. 패스프레이즈는 패스워드와는 약간 다르다. 패스프레이즈는 길이가 더 길어 추측하기가 더 어렵다. 그래서 패스프레이즈가 훨씬 더 안전하다고 간주된다. 패스프레이즈에 더 많은 단어가 포함되기 때문에 사전 공격에도 훨씬 더 안전하다. 종종 패스프레이즈는 공개키 및 개인키 인증에 사용된다. 사용자는 사용자만 알고 있는 패스프레이즈를 이용하고 그러한 패스프레이즈를 이용하여 정보에 대한 사용자 접근을 부여하는 개인키에 접근한다. 대부분의 경우 사용자는 패스프레이즈를 패스워드로 변환한다. 그러나 시스템에는 알고리즘에 따라 패스프레이즈를 패스워드로 자동적으로 변환하도록 프로그램 되어 있다. 패스프레이즈는 패스워드보다 더 강력하나 입력 시간이 더 길다. 패스프레이즈가 정적이더라도 패스프레이즈는 무차별 공격에 패스워드만큼 취약하지 않다.

소유를 이용한 인증

두 번째 검증 방법은 소유를 이용한 인증이다. 이것은 스마트카드, 열쇠, 배지 또는 토큰과 같이 가지고 있는 것을 기반으로 한다. 토큰은 동기화 토큰일 수도 있고 비동기화 토큰일 수 있다.

동기화 토큰. 동기화 토큰은 인증 서버와 장치에서의 번호를 계산하는 알고리즘을 이용한다. 이 토큰은 장치 스크린에 숫자를 보여준다. 사용자는 패스워드를 이용하는 것처럼 로그온 인증자로 이 번호를 입력한다.

시간 기반의 동기화 시스템에서 현재 시간이 입력 값으로 사용된다. 토큰은 (분단위로) 새로운 동적인 패스워드를 생성하여 토큰 창에 보여준다. 접근하기 위해 사용자의 PIN과 패스워드가 워크스테이션에 입력된다. 토큰 키보드는 필요 없다. 이 시스템에서는 토큰 시계와 인증 서버 시계의 시간이 맞춰져야 한다. 시계의 시간이 맞지 않으면 서버는 시간차를 탐지하기 위해 3분 또는 4분 이내를 탐색한다. 시간차가 너무 크면 반드시 다시 동기화해야 한다.

> **참고**
> 동기화 토큰은 자동으로 입력되는 PIN과 패스워드를 생성하는 비접촉식 근접 카드에서 사용될 수 있다.

이벤트 기반의 동기화 시스템은 사용 시 카운터 값을 증가시킴으로써 시간-동기화 문제를 해결한다. 카운터는 입력 값이다. 사용자는 버튼을 눌러 일회용 패스워드를 생성한 후 이 패스워드를 자신의 PIN과 함께 워크스테이션에 입력한다. 이벤트 기반의 동기화 시스템의 문제는 사용자가 토큰을 이용하여 패스워드를 생성한 후 이 패스워드로 로그온하지 않으면 서버의 카운터와 토큰의 카운터가 동기화가 되지 않는다는 것이다.

지속적 인증(continuous authentication)은 지속적으로 사용자를 인증하는 시스템에서 이용된다. 이러한 인증은 비접촉식 근접 카드나 접근통제 시스템과 지속적으로 통신하는 장치를 이용하여 수행된다. 사용자가 컴퓨터에서 멀어지거나 접근통제 탐지기 범위 밖에 서 있으면 시스템이 컴퓨터를 잠근다.

비동기식 토큰. 두 번째 토큰 기반 장치는 비동기식 토큰이다. 이것은 신용카드 크기의 계산기처럼 보인다. 인증서버는 사용자가 입력하는 도전 숫자(challenge number)를 발생시킨다. 토큰은 인증서버가 제공한 값에 대한 응답(response)을 계산한다. 사용자는 토큰에 보여

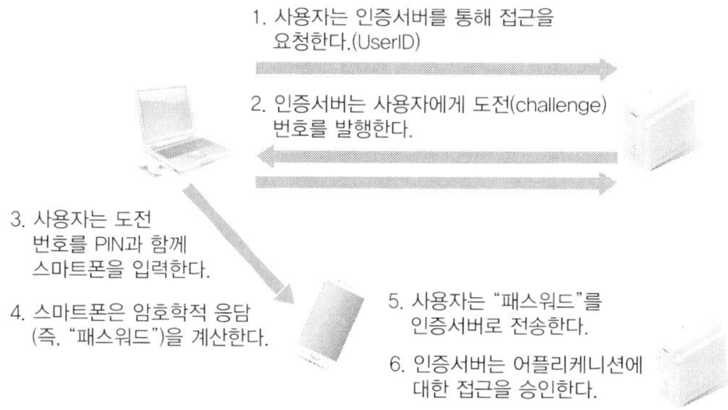

그림 5-2
비동기식 토큰의 도전–응답

지는 값을 이용하여 서버에 응답한다. 많은 이러한 시스템에서는 사용자에게 초기의 도전 값과 함께 PIN을 입력하도록 함으로써 토큰이 악용되는 것을 막는다.

비동기식 토큰 장치는 인증서버와 인증을 수행하고자 하는 원격의 객체가 서로 통신하는 도전-응답 기술을 이용한다. 이 경우 숫자 입력이 가능한 키보드가 필요하다. (그림 5-2)는 비동기식 토큰의 도전-응답 절차를 보여준다.

비동기식 도전-응답 세션의 단계는 다음과 같다.

1. 사용자가 로그온 요청을 개시한다.
2. 인증서버는 도전(입력 값인 난수)을 사용자에게 제공한다.
3. 사용자는 서버로부터 수신한 도전과 사용자만 알고 있는 비밀 PIN을 계산 장치(신용카드 크기의 계산기 또는 PC나 스마트폰 내 소프트웨어 프로그램)에 입력한다.
4. 토큰(또는 프로그램)은 도전에 대한 응답(패스워드)을 생성한다. 응답은 토큰의 창에 보인다.
5. 사용자는 올바른 패스워드를 인증서버에 제공한다.
6. 접근이 승인된다. 비동기식 토큰 장치와 올바른 PIN이 없으면 도전에 대한 올바른 응답이 생성될 수 없다.

USB 토큰은 신뢰하는 인증기관이 서명한 인증서와 같은 공개키 기반구조(PKI, Public Key Infrastructure) 기술을 이용하고 일회용 패스워드는 제공하지 않는다. USB 토큰은 컴퓨터의 USB 포트에 꽂는 하드웨어 장치이다. 장치는 전자서명을 이용하여 인코딩된다. 이 장치를 이용하면 아무것도 입력하지 않아도 된다. 토큰에 전자서명이 있으면 소유(가지고 있는 것)의 증명으로 충분하다.

> **참고**
> 스마트카드의 문제 중 하나는 사람들이 방치되어 있는 리더기에 스마트카드를 둔다는 것이다. 즉, 스마트카드가 리더기에 꽂혀 있는 한 누구나 인가될 수 있다.

스마트카드는 리더기를 통해 정보를 수신하고 저장하고 전송하는 한 개 또는 하나 이상의 마이크로프로세서 칩을 포함한 신용카드처럼 생긴 토큰이다. 스마트카드에 포함된 정보는 인증 정보를 제공한다. 대부분의 스마트카드는 내재된 마이크

> **참고**
> 공통평가기준에 대한 정보는 www.commoncriteriaportal.com을 참고하면 된다.

> **참고**
> 모든 스마트카드가 반드시 물리적으로 리더기에 삽입되어야 하는 것 아니다. 비접촉식 또는 근접의 스마트카드는 카드가 리더기 근처에 있을 때 동작하는 내재된 무선주파수(RF, Radio Frequency) 송수신기를 포함한다.

로프로세서에 작동시키기 위해 리더기가 필요하다. 사용자는 통신하기 위해 카드를 리더기에 삽입하면 된다.

스마트카드의 장점은 사용자 인증 절차가 스마트카드와 리더기 사이에서 사용자 위치에서 수행이 완료된다는 것이다. ID와 인증 데이터가 원격의 서버에게 전송되지 않는다. 그럼으로써 "신뢰 경로" 문제(즉, ID와 인증 정보가 원격의 서버에게 전송될 때 민감한 정보가 도청자에게 노출될 수 있다는 사실)를 피할 수 있다. 스마트카드를 이용하면 리더기는 인증서버와 핸드셰이크를 유지하고 직접적으로 인증을 보장한다. 이후 공통평가기준(CC, Common Criteria)에 따른 신뢰 경로가 구축된다. 공통평가기준 프레임워크에서 사용자와 업체와 테스트 연구소는 공식적으로 정보 시스템 제품을 기술하고 구현하고 평가하기 위해 협력하고 공유할 수 있다.

결과적으로 많은 조직은 다양한 여러 마그네틱 스트라이프 카드(메모리카드라 알려짐)를 이용하여 민감한 시설이나 주차장과 같은 제한 지역에 대한 접근을 통제한다.

특징/생체측정을 이용한 인증

생체측정은 신원확인(물리적 생체측정)과 인증(논리적 생체측정)에 사용될 수 있다. 생체측정에서는 개인 신체의 유일하고 다양한 부분이나 물리적 활동을 측정한다. 본 장에서 살펴볼 일반적인 생체 측정은 두 가지로 분류된다.

- 정적(예, 생리적) 생체측정 : 자기 자신. 생리적 생체측정에는 지문, 홍채, 망막 혈관, 얼굴 생김, 손모양 등을 인식한다.
- 동적(예, 행동적) 생체측정 : 자신이 한 일. 행동적 생체측정에는 음성 변화, 키보드 타법 및 서명 움직임 등이 포함된다.

생체측정에 관한 고려 사항. 생체측정과 관련하여 주요 고려 사항은 세 가지이다.

- 정확성(accuracy) : 생체측정 장치는 완벽하지 않다. 두 가지 종류의 오류율이 존재한다. 잘못된 거부율(FRR, False Rejection Rate)은 유효한 주체가 거부되는 비율이다. 잘못된 승인율(FAR, False Acceptance Rate)은 유효하지 않은 주체가 승인되는 비율이다. FRR과 FAR 사이에 균형이 필요하다. 두 비율이 동일한 지점을 교차 오류율(CER, Crossover Error Rate)이라 한다. CER은 백분율로 표시되는 시스템 정확성의 단위이다. 실제로 매우 민감한 자원을 보호하는 생체측정 장치는 일반적으로 잘못된 거부율을 높게 설정한다. 덜 민감한 자원을 보호하는 시스템은 지나치게 접근 속도를 늦추게 하지 않기 위해 잠재적으로 비인가된 직원의 접근을 승인할 수 있다.
- 허용성(acceptability) : 망막 스캔과 같은 특정한 생체측정 방법은 서명 움직임과 같은

다른 생체측정 방법보다 사람들에게 불쾌감을 줄 수 있다. 사용자 시스템을 이용하는 것이 불편하다면 생체정보를 제출하기를 거절할 수 있다.

- 반응 시간(reaction time) : 생체측정 장치를 이용할 경우 시스템이 신원을 확인하고 응답해 주는 시간이 걸린다. 시간이 너무 걸리는 시스템은 쓸모가 없다. 예를 들어 공항 보안에서 얼굴 인식을 고려해 보자. 승객의 신원 확인을 위해 5분이 걸리므로 이후 이전보다 검문소 줄이 매우 길어질 것이다. 검문을 위한 반응 시간은 반드시 빨라야 한다. 너무 느리면 상품성이나 접근을 저해하게 된다.

생체측정의 형태. 9가지 형태의 생체측정 방법이 있다.

- 지문(fingerprint) : 이것은 손가락의 끝마디에 있는 곡선이 만드는 무늬이다.
- 손바닥 모양(palm print) : 이것은 손바닥의 물리적 구조를 검사한다. 장문과 지문 모두 사용자를 검증하기에 매우 정확하다고 간주된다. 시스템 반응 시간은 5초에서 7초 사이여서 사람들이 이를 수용한다.
- 손 모양(hand geometry) : 이러한 생체측정을 이용하면 카메라는 손바닥과 45도 기울어진 거울을 이용하여 손의 측면 사진을 찍는다. 길이, 너비, 두께 및 손가락의 윤곽을 분석한다. 손 모양 측정은 매우 정확하다. 시스템 반응 시간은 1초에서 3초 사이여서 사람들이 이를 수용한다.
- 망막 스캔(retina scan) : 이것은 약한 광원과 카메라를 이용하여 안구 뒤쪽의 혈관(망막이라 함) 모양을 분석한다. 망막 스캔은 신원확인과 인증에 매우 정확하다. 그러나 망막 스캔은 당뇨병, 임신, 심장마비 등과 같은 물리적인 조건에 따라 쉽게 변할 수 있다. 이런 경우 사용자는 다시 등록을 해야 한다. 많은 사람들이 불쾌하고 비위생적이라고 느끼고 자신의 사적인 의료 데이터가 노출될 수 있다는 우려 때문에 망막 스캔을 좋아하지 않는다. 반응 시간은 평균 4초에서 7초 사이이다.
- 홍채 스캔(iris scan) : 이것은 줄무늬, 구멍, 주근깨, 분열, 섬유질 등으로 인해 생긴 눈의 색깔 부분(홍채)의 고유의 패턴을 기록하는 작은 비디오 기록기를 사용한다. 홍채 스캔은 신원확인과 인증에 매우 정확하다. 홍채-스캔 장치는 세션 하이재킹을 방지하기 위해 지속적인 모니터링 기능을 제공한다. 반응 시간은 1초에서 2초 사이이다. 홍채 스캔은 잘 수용된다.
- 얼굴 인식(facial recognition) : 얼굴 인식 생체 측정 시 비디오카메라는 얼굴의 특징(눈 사이의 거리, 턱의 모양, 코의 길이와 너비, 광대뼈 모양, 안와 등)을 측정한다. 약 80여 개 특징 중 14개의 특징이 선택된다. 이러한 특징은 얼굴 데이터베이스를 생성하는 데 사용된다. 얼굴 각을 조절할 수 있기 때문에 얼굴 인식은 인증에 정확하다. 그러나 움직이는 군중 속에서 신원확인에는 정확하지 않다. 얼굴 인식은 수동적이고 방해를 받지 않기 때문에 지속적인 인증이 가능하다.
- 음성 패턴(voice pattern) : 음성 패턴 생체측정을 이용하여 오디오 기록기와 다른 센서는 음성으로부터 비성, 후두와 목의 진동과 공기 압력 등 7개의 요소를 캡처한다. 음성은 컴퓨터 소프트웨어로 너무나 쉽게 복제될 수 있기 때문에 음성 패턴은 인증에 정확

하지 않다. 잡음을 줄임으로써 정확도를 높일 수 있다. 응답 시간은 10초에서 14초로 다양하다. 긴 응답 시간으로 인해 널리 사용되지 않는다.

- **키 입력 동작(keystroke dynamics)** : 사용자는 참조 템플릿으로 선택된 문구를 키보드로 입력한다. 키 입력 동작은 각 키 입력에 걸리는 시간(키가 얼마나 오랫동안 눌려져 있는가)과 키 입력 사이의 시간을 측정한다. 키 입력 동작은 매우 정확하다고 간주된다. 이중 요소 인증에 사용된다. 특정인이 로그인할 때 사용하기가 쉬운 기술이기 때문에 알고 있는 것과 소유하고 있는 것을 결합하여 인증을 수행한다. 키 입력 동작은 잘 수용되고 일관된 인증을 제공한다.
- **서명 수행 동작(signature dynamics)** : 이 방법을 이용하면 펜, 스타일러스 또는 필기용 태블릿이 펜 입력 속도, 방향 및 압력을 기록하는 데 사용된다. 서명 수행 동작은 정확하고 사용자들이 잘 수용한다.

생체측정 방법의 장점과 단점. 생체측정 방법은 다음과 같은 장점을 제공한다.

- 사람들은 인증을 위해 반드시 인증하는 자리에 있어야 한다.
- 기억해야 할 것이 없다.
- 생체측정 방법은 위조하기 어렵다.
- ID 카드를 잃어버리거나 패스워드를 잊어버리는 것과 같은 문제가 없다.

생체측정의 부정적인 점은 다음과 같다.

- 신체적 특징은 변할 수 있다.
- 신체적 장애를 가진 사용자는 지문, 손모양 또는 서명을 기반으로 하는 시스템을 이용하기 어렵다.
- 모든 기술이 동일하게 효과적이지 않아 어떤 기술이 가장 좋을 지를 결정하기 어렵다.
- 반응 시간이 너무 느릴 수 있다.
- 필요한 장치가 비싸다. 인증을 위해 많은 시간이 필요한 방법을 이용하는 경우 조직은 병목현상을 야기하지 않기 위해 많은 인증 머신을 제공해야 한다.

프라이버시 문제. 생체측정 기술은 개인에 관한 데이터를 수집하지 않는다. 생체측정은 사람에 고유한 정보를 수집한다. 모든 사람은 반드시 검사를 받고 검사 결과는 반드시 전자적으로 기록/저장된다. 이러한 데이터에 비인가적으로 접근되면 악용될 수 있다. 또한 생체측정은 사람의 동작과 활동을 지켜보는 데 이용될 수 있다. 결과적으로 기록되고 재생되는 ID 데이터를 이용하여 어떤 사람은 다른 누군가인척 할 수 있어 신원 도용의 위험이 생긴다.

싱글 사인온(SSO, Single Sign-On)

싱글 사인온을 이용하면 사용자는 컴퓨터나 네트워크에 단 한 번으로 접속할 수 있고 신원확인과 인가 크리덴셜을 이용하여 인가된 모든 컴퓨터와 시스템에 접근할 수 있다. 즉, 사용자 ID나 패스워드를 여러 번 입력할 필요가 없다. SSO는 사람의 실수를 감소시킨다. 사람의 실수는 시스템 장애의 주원인이다. 매우 좋지만 시행하기가 어렵다.

SSO의 장점과 단점

SSO의 장점은 다음과 같다.

- SSO는 효율적인 로그온 절차이다. 사용자는 오직 한 번만 로그온하면 된다.
- SSO는 보다 강력한 패스워드를 제공할 수 있다. 오직 하나의 패스워드만 기억하면 되므로 사용자는 보다 강력한 패스워드를 이용하고자 한다.
- SSO는 지속적이고 명확한 재인증을 제공한다. SSO 서버는 계속해서 워크스테이션에 접속하여 활동을 모니터링한다. 사용자가 들어오는 시스템에 대해 일관되게 시행될 수 있는 타임아웃 임계치 설정을 허용하고 워크스테이션이 일정 기간 동작을 하지 않으면 연결을 종료시킨다. 이렇게 함으로써 사용자는 비인가된 사람에게 워크스테이션을 개방한 채 시스템을 떠나는 것(로그아웃하지 않고 연결을 종료함)을 예방할 수 있다.
- SSO는 실패 로그온 시도의 임계치와 계정 잠금을 제공한다. 이것은 침입자가 무차별 공격을 이용하여 유효한 사용자 ID와 패스워드 결합을 얻고자하는 것을 방지한다.
- SSO는 중앙 집중적인 관리를 제공한다. SSO는 정책과 절차의 일관된 적용을 보장한다.

SSO의 단점은 다음과 같다.

- 패스워드가 손상되면 침입자는 패스워드 소유자에게 연결된 모든 영역에 접근할 수 있다. 동적인 패스워드 또는 이중요소 인증을 이용하면 이 문제를 어느 정도 해결할 수 있다.
- 정적 패스워드는 매우 제한된 보안을 제공한다. SSO를 이용하는 사용자 접근에 대해 이중요소 인증이나 최소한 일회용(동적) 패스워드가 필요하다.
- 네트워크 내 특정 컴퓨터나 레거시 시스템에 SSO를 추가하는 것은 어려울 수 있다.
- 스크립트를 이용하면 관리가 쉬우나 스크립트로 인해 데이터가 노출된다. 스크립트는 민감한 시스템과 데이터에 대해 이중요소 인증을 제공하지 않는다.
- 인증 서버가 시스템 접근에 대한 단일의 장애 지점이 된다.

FYI

연합 접근(Federated access)는 사용자가 네트워크에 한번만 로그인한 후 동일하거나 서로 다른 네트워크 상의 여러 시스템이나 어플리케이션에 접근할 수 있도록 하는 방법이다. 서로 다른 여러 조직들이 시스템과 어플리케이션을 소유할 수 있다.

예를 들어, 조직의 인트라넷에는 직원 건강 보험 계획, 퇴직 예금 계좌, 모바일 폰 서비스를 위한 외부 웹사이트로의 링크가 있을 수 있다. 사용자는 자신의 회사 크리덴셜을 이용하여 인트라넷에 로그인한 후, 단순히 링크를 클릭하면 웹사이트 계정으로 로그인하지 않아도 다른 웹사이트의 개인 정보에 접근할 수 있다. 많은 SSO 시스템에서는 연합 접근 기술을 이용하고 연합 데이터베이스를 이용하여 정보를 공유한다. 데이터베이스에는 각 사이트가 필요로 하는 사용자 신원 정보가 저장되어 있다.

커버로스 키분배 센터(KDC, Key Distribution Center) 서버

커버로스 KDC 서버는 두 개의 기능을 제공한다.

- 인증서버(AS, Authentication Server)로 동작한다 : 인증서버는 사용자의 패스워드를 기반으로 사전에 교환한 비밀키를 통해 사용자에게 확신을 준다. 이것은 KDC와 공유되어 KDC 데이터베이스에 저장된 대칭키이다. 사용자로부터 서비스 요청을 수신한 후 사용자 워크스테이션과의 이후의 모든 통신은 바로 이 공유된 키를 이용하여 암호화된다. 사용자는 KDC에 패스워드를 전송하지 않는다. 그 대신 인증은 사용자 워크스테이션의 커버로스 소프트웨어가 인증서버로부터 티켓을 복호화하기 위한 공유된 키를 생성하기 위해 패스워드를 요청할 때 발생한다. 티켓에는 원하는 어플리케이션 서버와 통신할 때 사용하기 위한 세션키가 포함되어 있다. 잘못된 패스워드를 제공하면 티켓은 복호화되지 않고 접근 시도에 실패한다.
- 티켓 승인 서버(TGS, Ticket-Granting Server)로 동작한다 : 사용자가 검증된 후 티켓 승인 서버(TGS)는 동일한 어플리케이션 또는 상이한 어플리케이션에 대해 더 많은 티켓을 획득할 수 있는 방법을 제공하여 하루에 같은 과정을 여러 번 수행할 필요가 없다. 일반적으로 티켓은 하루 또는 몇 시간 후에 만료된다.

SSO 절차

SSO 절차의 예로 커버로스 절차와 SESAME가 있다.

커버로스. 커버로스는 노드들이 안전하지 않는 네트워크를 통해 서로 신원을 안전한 방법으로 증명하면서 통신할 수 있도록 하는 컴퓨터-네트워크 인증 프로토콜이다. 커버로스는 커버로스 프로토콜을 적용한 MIT(Massachusetts Institute of Technology)가 공개한 프리웨어이기도 하다. 커버로스 설계 시 주로 클라이언트/서버 모델을 목적으로 하였으며 사용자와 서버가 서로의 신원을 검증하는 상호 인증(mutual authentication)을 제공한다. 커버로스 프로토콜 메시지는 도청과 재전송 공격에 안전하다.

커버로스를 시작하기 위해 사용자는 워크스테이션의 커버로스 클라이언트 소프트웨어를 통해 자신의 ID와 접근 요청을 키분배 센터(KDC)에 전송한다. KDC의 인증 서버는 사용자와 요청된 서비스가 KDC 데이터베이스에 있는 지를 검증한 후 티켓을 전송한다. 티켓은 요청된 서비스에 타임스탬프가 정해진 사용자에게 유일한 키이다. 만약 티켓이 사용되기 전에 시간이 지나면 사용할 수 없다. 티켓에는 사용자 ID와 세션키 및 KDC와 공유된 객체의 키로 암호화된 객체에 대한 티켓이 포함되어 있다.

커버로스를 이용할 경우 보안은 신중한 수행과 관리에 달려 있다. 인증 크리덴셜의 사용기간은 크리덴셜의 재전송 위협을 감소하기 위해 타임스탬프를 이용하여 가능하면 짧게 해야 한다. KDC는 반드시 물리적으로 안전해야 한다. 왜냐하면 KDC 특히 인증 서버가 잠재적인 단일의 장애지점이기 때문이다. 여러 인증 서버를 두는 것도 이 위험을 감소시킬 수 있다. KDC는 안전성이 강화되어야 한다. 즉, KDC는 안전한 운영체제와 어플리케이션을 사용하여야 한다. 커버로스 이외의 네트워크 활동이 허용되어서는 안 된다.

SESAME. SESAME(Secure European System for Applications in a Multi-Vendor

Environment)은 유럽 연합(EC, European Commission) 지원의 연구 개발 프로젝트이다. SESAME는 커버로스의 일부 약점을 해결하기 위해 개발되었다. SESAME는 SSO를 지원한다. 커버로스와 달리 교환되는 데이터를 보호하기 위해 대칭키와 공개키 둘 다를 이용하여 키관리를 개선하였다. SESAME는 본질적으로 커버로스의 확장이다. SESAME는 공개키 암호기술과 역할 기반의 접근통제 기능을 제공한다.

> **참고**
> 스마트카드를 이용해 SSO 서비스를 제공할 수 있다. 계속 진행되는 인증 시스템에서 스마트카드가 있으면 사용자에게 SSO처럼 보인다. 모든 인증 교환은 사용자에게 투명하다. 스마트카드가 인증 시스템에 이용되는 한 사용자는 자원에 접근하기 위해 임의의 크리덴셜을 제공할 필요가 없다.

책임추적성 정책 및 절차

지금까지 사용자가 어떻게 인가되고(단계 1) 신원 확인되고(단계 2) 인증되는(단계 3) 지를 살펴보았다. 이제 접근통제 과정의 마지막 부분인 책임추적성을 살펴보도록 한다. 책임추적성은 사람 또는 과정의 활동을 추적하여 누가 시스템이나 데이터를 변경했는지를 찾아내는 것이다. 이것은 감사와 조사 및 오류와 실수를 찾아내는 것에도 중요하다. 책임추적성은 "사용자들에게 시스템에서 자신이 한 일에 대해 책임지도록 할 수 있는가?"라는 질문에 해답을 준다.

로그 파일

로그 파일은 책임추적성의 중요한 요소이다. 로그 파일은 누가 언제 시스템에 로그온을 해서 어떤 정보나 자원을 사용했는지에 대한 상세한 기록이다. 초기에 로그는 여러 사용자가 공유한 시스템에서 사용되었다. 사용자가 시스템을 사용했던 시간에 대해 사용자에게 요금을 청구하기 위해 필요했다. 그러므로 로그는 해당 데이터를 추적한다. 또한 로그파일은 인터넷 사용이 시간단위로 청구되었을 때 CompuServe와 AOL과 같은 회사에서도 사용되었다. 오늘날 네트워크의 경우에는 요금이 고정되어 있거나 대역폭 사용료를 기반으로 청구된다. 시간을 기반으로 한 요금 청구는 드물다. 이제 로그기록은 단순한 요금 청구보다 더 많이 사용된다. 또한 시스템에 대한 접근을 탐지하거나 방지하거나 모니터링하기에 유용한 도구이다.

데이터 보관, 매체 폐기 및 준거성 요구조건

최근의 법은 조직이 여러 형태의 데이터를 안전하게 하기 위한 대책을 수립하도록 규정하고 있다. 데이터 보안을 규정하는 법의 예로 HIPAA(Health Insurance Portability and Accountability Act)가 있다. HIPAA는 개인 의료 데이터의 프라이버시를 보호하며 환자들에게 해당 정보에 대한 권한을 부여한다. 또 다른 법으로 FACTA(Fair and Accurate Credit Transaction Act)가 있다. FACTA는 사업 목적으로 고객 데이터를 관리하는 객체는 그 데이터를 버리기 전에 파기하도록 한다.

이와 유사한 법에서도 적절한 보안 통제를 이용하여 프라이버시 데이터를 보호하도록 규정한다. 이러한 법들은 데이터의 처리, 저장 및 폐기를 하는 올바른 방법으로 구성된다. 이러한 규칙과 규정이 준수되지 않으면 침입자는 민감한 데이터를 얻기 위해 휴지통을 뒤지기만 하면 된다.

절차

조직은 서로 다른 수준의 제한을 제공하고 컴퓨팅 시스템 내 서로 다른 위치에 다양한 형태의 접근통제를 적용할 수 있다. 여러 접근통제를 혼합하여 사용함으로써 시스템에 계층적 보호(defense-in-depth protection)를 제공한다. 계층적 보호는 공격 성공을 더 어렵게 한다. 왜냐하면 공격자는 자원에 도달하기 위해 반드시 여러 보안 통제를 손상시켜야 한다. 하나의 보안 통제를 성공적으로 무력화한 공격자는 계층화된 시스템에서 다른 여러 통제를 마주치게 된다. 보안 직원은 자신이 중요한 모든 자원을 여러 통제를 이용하여 보호한다는 것을 보장해야 한다. 자원을 보호하기 위해 절대로 하나의 통제에 의존해서는 안 된다.

보안 통제

보안 통제는 하나의 자원이나 여러 자원에 대한 공격의 위험을 피하거나 중단시키거나 최소화하고자 하는 메커니즘이다. 여러 형태의 보안 통제가 존재한다. 이러한 보안 통제는 목적에 따라 서로 다르게 동작한다. 대부분의 조직은 시스템을 다양한 형태의 공격으로부터 보호하기 위해 여러 보안 통제를 혼합해서 사용할 필요가 있다. [표 5-1]은 일반적인 보안 통제를 보여준다.

표 5-1 여러 가지 보안 통제

보안 통제	설명
관리적 통제	경영진이 승인하고 직원에게 전달하는 규칙 형식의 정책이다. 이것은 사용자에게 책임을 알려주는 가장 기본의 방어 대책이다. 예로 패스워드 길이에 대한 정책이 있다.
논리적/기술적 통제	이 통제는 자동으로 통제되고 시행되는 추가적인 정책이다. 이 통제는 사람의 오류를 감소시킨다. 예를 들어 컴퓨터는 패스워드가 규치을 따르는 지를 확인한다.
하드웨어	여기에는 네트워크 장치에 대해 매체접근통제(MAC, Media Access Control) 필터링과 같이 ID와 이중요소 인증을 위한 스마트카드의 사용 및 RFID 태그와 같은 보안 토큰을 확인하고 검증하는 장비가 포함된다. 예를 들어 MAC은 네트워크의 노드를 유일하게 식별하는 하드웨어 주소이다. 매체접근통제는 이후에 논의되는 강제적 접근통제와 같지 않다.
소프트웨어	이 통제는 운영체제와 어플리케이션 소프트웨어에 내재되어 있다. 여기에는 마이크로소프트 윈도우 표준 NTFS(New Technology File System) 권한 부여, 로그온을 해야 하는 사용자 계정 및 서비스나 프로토콜 타입을 제한하는 규칙이 포함된다. 이 통제는 종종 ID과 검증 단계의 일부이다.
물리적 통제	이것은 경비원, ID 배지, 울타리, 자물쇠 등을 포함하여 자원에 대한 물리적 접근을 방지하는 장치이다.

매체 폐기 요구사항

대부분의 보안은 활성화된 자원을 안전하게 하는 데 중점을 두는 경향이 있다. 많은 조직은 데이터가 더 이상 사용되지 않는 매체나 심지어 휴지통에 여전히 존재한다는 사실을 간과하는 경향이 있다. 버려지는 매체의 어떠한 데이터도 조직으로부터 새어나가지 못한다는 것을 보장하는 것이 중요하다. 매체 폐기 요구사항은 공격자가 파일, 메모리 및 기타 보호되는 데이터를 획득할 수 없도록 하는 것이다. 많은 조직은 원래의 데이터가 민감하지 않을 경우에만 매체가 다시 사용되도록 허용한다. 극단적인 예로 핵무기에 대한 계획을 포함하는 매체는 재사용하기에 적합하지 않다. 매체를 버리기 전에 데이터를 파기하지 않으면 법을 위반하는 것일 수도 있다.

매체를 물리적으로 폐기하는 것이 항상 필요하지는 않다. 또 다른 방법은 디가우저(degausser)를 사용하는 것이다. 디가우저는 자기저장매체로부터 데이터를 지우기 위해 자기장을 생성한다. 일단 데이터가 디가우저를 통과하면 데이터는 복구될 수 없다. 디가우저를 사용할 경우 데이터를 재구성할 만큼 충분한 자성체가 남지 않는다. 매체에 저장된 정보가 매우 민감하지 않으면 다른 데이터를 저장하는 데 사용할 수 있다. 그러나 매체에 매우 민감한 데이터가 저장되어 있으면 해당 데이터는 파기되어야 한다.

데이터를 저장한 매체에 해를 가하지 않고 데이터를 파기하는 또 다른 방법은 반복해서 쓰기를 수행하는 것이다. 데이터에 랜덤한 문자를 반복적으로 쓰면 데이터를 파기하게 된다. 이를 중복기재(overwriting)라 한다. 이 방법은 중복 기재될 데이터의 양이 작고 중복기재 속도가 꽤 빠를 때 효과적이다. 데이터의 양이 많거나 장치의 쓰기 속도가 느리면 이러한 형태의 데이터 파기는 너무 느려 유용하지 않다.

접근통제 형식 모델

가장 잘 보이는 형태의 기술적 통제는 컴퓨터 자원에 대한 접근을 보호하는 통제이다. 대부분의 사용자들은 접근통제 제한에 부딪치게 된다. 예를 들어 잘못된 패스워드를 입력한 사용자는 접근이 거부된다.

다양한 자원에 대해 접근을 제한하는 많은 방법이 존재하기 때문에 좋은 접근통제를 설계하는데 도움이 되는 모델을 참조하는 것이 좋겠다. 접근통제의 형식은 다음과 같다.

- 임의적 접근통제(DAC, Discretionary Access Control) : DAC를 이용하면 자원의 소유자가 누가 접근하여 권한을 변경할 수 있는지를 필요에 따라 결정한다. 소유자가 다른 사람에게 해당 업무를 부여할 수 있다.
- 강제적 접근통제(MAC, Mandatory Access Control) : MAC을 이용하면 시스템이나 자원에 접근하기 위한 권한은 자원의 민감도와 주체의 수준에 따라 결정된다. 이 권한은 다른 사람에게 부여될 수 없다. 이로 인해 MAC이 DAC보다 상력하다.
- 비-임의적 접근통제(non-discretionary access control) : 비-임의적 접근통제는 시스템

관리자가 아닌 보안 관리자에 의해 모니터링 된다.

- **규칙 기반의 접근통제(rule-based access control)** : 데이터 소유자가 관리하는 규칙 목록은 어떤 사용자가 객체에 접근하는지를 결정한다.

다른 모델은 Biba, Clark-Wilson 및 Bell-la Padula에 기반한다. 이러한 모델에는 접근통제의 사용과 기밀성 또는 무결성을 보호하기 위한 권한이 기술된다.

임의적 접근통제(DAC)

공통평가기준에서 **임의적 접근통제(DAC)**는 다음과 같이 정의된다.

"주체 또는 주체가 속한 그룹의 신원을 기반으로 객체에 대한 접근을 제한하는 방법으로 이 통제는 특정 접근 권한을 가진 주체가 해당 권한을 (간접적으로) 다른 주체에게 줄 수 있는 측면에서 임의적이다."

공통평가기준에는 다음과 같은 사항이 언급되어 있다.

"기밀 또는 다른 민감한 정보를 처리하는 데 사용되는 ... 시스템에 대해 정의된 보안 정책에는 임의적 접근통제 규칙의 시행에 대한 조항이 반드시 포함되어야 한다. 즉, 이 정책에는 정보를 알 필요가 있도록 결정되고 신원이 확인된 개인을 기반으로 접근을 통제하고 제한하기 위한 일관된 규칙 집합이 반드시 포함되어야 한다."

이러한 정의는 민감한 정보를 처리하는 공공조직과 민간조직 둘 다에 동일하게 적용한다.

운영체제 기반의 DAC

운영체제는 파일, 메모리 및 어플리케이션과 같은 시스템 자원을 통제할 주책임을 갖는다. 보안 관리자의 주요 작업 중 하나가 접근통제를 관리하는 것이다. 접근통제는 인가된 사용자만이 필요로 하는 모든 자원에 접근할 수 있다는 것을 보장할 때 효율적이다. 효율적이고 효과적인 접근통제를 생성하는 것은 어려운 일이다. 조직은 조직의 요구에 가장 적합한 접근통제를 설계하고 관리하는 방법을 반드시 결정해야 한다. 접근통제 정책을 개발할 때 조직이 반드시 고려해야 할 사항이 있다.

- **접근통제 방법** : 오늘날 운영체제는 개별 사용자들에 대해 (규칙기반의) 접근통제나 사용자의 그룹에 대해 (역할 기반의) 접근통제 설정을 포함한다. 사용자가 어떤 방법을 사용할 것인지는 조직의 규모와 개인이나 역할에 대해 얼마나 특별한 접근 권한이 필요한지에 따라 다르다.
- **새로운 사용자 등록** : 새로운 사용자가 조직에 참여하면 해당 사용자 계정이 반드시 생성되어야 한다. 이것은 시간이 많이 걸리나 계정 생성은 반드시 신속하게 수행되어야 한다. 그래야 새로운 사람이 자신의 업무를 수행할 수 있다. 사용자 등록은 반드시 표준화되어야 하고 효율적이어야 하고 정확해야 한다.

직무 분리 및 알 필요의 원칙

직무 분리는 업무를 여러 사람들이 수행하는 연속적인 활동으로 나누는 과정이다. 각 사람들에게는 전체 업무 중 하나만 수행하도록 허락된다. 이 원칙은 사람들이 자신의 업무를 생성하고 승인하는 것을 방지한다. 직무 분리는 업무를 완수하기 위해 다른 사람과 협력하도록 함으로써 사기나 오류를 방지하는 의미 있는 툴이다. 예로 문에 두 개의 번호 자물쇠를 이용하는 금고나 한사람이 관리하기에는 멀리 떨어진 콘솔에 동시에 열쇠를 돌려야 하는 미사일 통제 시스템에 사용해야 하는 금고가 있다.

알 필요의 원칙은 사람이 자신의 직무를 수행하는 데 필요 없는 정보에 대한 접근을 방지하는 개념이다. 알필요를 기반으로 접근을 제공하면 데이터를 부적절하게 처리하거나 정보를 부적절하게 노출하는 기회를 감소시킨다.

직무 분리와 알 필요의 원칙은 다음에 의해 무력화될 수 있다.

- 공모 : 비인가된 업무를 수행할 때 서로를 통제하고 지원하기 위해 직원들이 함께 업무를 수행(공모)한다. 직무 순환은 공모의 위험을 감소시킨다.
- 은닉 채널(convert channels) : 이것은 정보를 조직의 정책에 반해 노출시키는 숨겨진(은닉된) 방법이다. 두 가지 형태의 은닉 채널이 존재한다.
  - 시간 조절(timing) : 하나의 시스템에서 다른 시스템으로 신호를 전송함
  - 저장 : 비보호되거나 부적절한 장소에 데이터를 저장함

- 주기적 검토 : 시간이 흐르면 사용자는 특정 프로젝트를 완수하거나 특별한 업무를 수행하기 위해 종종 특별한 권한을 갖는다. 이러한 권한이 더 이상이 필요하지 않을 때 권한이 중지된다는 것을 보장하기 위해 때때로 검토될 필요가 있다. 이것은 사람들이 필요한 영역에만 접근한다는 것을 보장함으로써 준거성과 감사의 문제를 해결한다.

어플리케이션 기반의 DAC

어플리케이션 기반의 DAC는 문맥이나 콘텐츠를 기반으로 접근을 거부한다. 어플리케이션은 현재 사용자에게 인가된 선택사항만을 제시한다. 예를 들어 ATM 머신 메뉴는 특정 사용자에게 이용될 수 있는 디스프레이 선택사항으로만 접근을 제한한다. 사용자 문맥이나 자원 콘텐츠 기반의 DAC를 이용하여 보안 통제를 적용할 수 있다.

- 문맥 기반의 시스템에서 접근은 사용자 자신의 데이터 기록에 정의된 대로 사용자의 특권을 기반으로 한다. 이 경우 보통 특정 직무 역할이나 기능에서 활동하는 사람에게 승인된다.
- 콘텐츠 의존적인 시스템에서 접근은 표 내의 데이터의 가치나 민감도에 기반을 둔다. 이 시스템은 접근되는 데이터의 콘텐츠를 검사한 후, 예를 들어 부서 A의 관리자가 부서 필드에 A를 포함하는 직원 기록만 보도록 허용한다. 부서 필드에 다른 값이 포함되어 있는 기록은 볼 수 없다.

FYI

TCSEC(Trusted Computer System Evaluation Criteria)에 DAC와 MAC이 정의되어 있다. 이러한 정의는 민감한 정보를 보호할 필요가 있는 공공 조직과 민간 조직의 수요에 적합하다. TCSEC은 미국 국방부 레인보우 시리즈(Rainbow Series)의 중요한 표준이었다. 레인보우 시리즈는 1980년대와 1990년대에 공개된 컴퓨터 보안 표준과 가이드라인 모음이다. 시리즈의 각 책은 다른 색깔의 표지로 만들어져 있고 이 색깔이 각 책의 별칭이 되었다. TCSEC의 표지는 오렌지 색으로 종종 오렌지북(Orange Book)이라 부르기도 한다. 2005년에 공통평가기준이 오렌지북을 대신하였다.

허가 수준

허가 수준은 시스템, 어플리케이션, 네트워크나 다른 자원에 대한 주체의 권리를 의미한다. DAC 환경에서 인가 시스템은 주체가 접근하는 객체를 결정하기 위해 허가 수준을 이용한다. 허가 수준은 다음과 같다.

- 사용자 기반 : 사용자에게 승인된 허가는 종종 사용자에게 특화된다. 이 경우 규칙은 사용자 ID나 다른 유일한 식별자에 따라 설정된다.
- 직무 기반이나 역할 기반 접근통제(RBAC, Role Base Access Control) : 허가는 동일하거나 비슷한 직무 역할 내 모든 사람에 대한 허가 집합에 기반을 둔다.
- 프로젝트 기반 : 한 그룹의 사람들(예, 프로젝트 팀)이 프로젝트를 수행할 때 그룹 내 사람들은 해당 프로젝트에 관련된 문서와 데이터에만 접근이 승인된다.
- 과제 기반(task-based) : 과제 기반 접근통제는 사람을 특정 기능만 수행하도록 제한하고 종종 상호배타적으로 수행된다. 다시 말하자면 한 사람이 과제의 한 부분을 수행하면 그 사람은 과제의 관련된 다른 부분 수행이 허용되지 않는다. 이것은 직무 분리와 알 필요의 원칙 개념을 기반으로 한다.

강제적 접근통제(MAC)

강제적 접근통제(MAC)는 자원에 대한 접근을 제한하는 또 다른 방법이다. 자원이 얼마나 민감한지에 따라 제한 수준을 결정할 수 있다. 이것은 분류 라벨(classification label)로 표현된다. 이후 민감한 정보에 접근하기 위해 개인은 반드시 공식적으로 인가되어야(즉, 승인을 획득해야) 한다. 기밀 정보(또는 임의의 다른 민감한 정보)를 처리하는 데 사용되는 시스템에 대해 정의된 보안 정책에는 반드시 MAC 규칙을 시행하는 규정이 포함되어야 한다. 즉, 정책에는 반드시 누가 어떤 정보에 접근할 수 있는 지를 통제하는 규칙 집합이 포함되어야 한다.

MAC의 동작 방법

강제적 접근통제에서 접근을 허용할 것인지를 시스템과 소유자가 함께 결정한다. 소유자는 알 필요성의 원칙을 부여한다. 민감한 자료에 대해 특권 또는 승인을 가진 모든 사용자가 모든 민감한 정보에 접근할 필요는 없다. 시스템은 Bell-La Padula 기밀성 모델을 기반으로 주체와 객체의 라벨을 비교한다. 비교 결과를 가지고 시스템은 접근을 승인하거나 거부한다.

일시적 격리(temporal isolation)는 접근을 특정 시간으로 제한한다. 우선 객체의 민감도 수준을 분류한다. 이후 특정 시간에만 해당 객체에 대한 접근을 허용한다. 일시적 격리는 종종 역할 기반의 접근통제와 함께 사용되기도 한다.

> **참고**
> 민감도 라벨 또는 분류가 모든 객체(자원)에 적용된다는 것을 기억하도록 한다. 특권이나 승인-수준 라벨이 모든 주체(사용자나 프로그램)에게 설정된다.

비 임의적 접근통제

비 임의적 접근통제에서 접근통제는 보안 관리자가 꼼꼼히 관리한다. 접근통제는 시스템 관리자나 사용자 소유의 파일에 대해 일반 사용자가 관리하지 않는다.

비 임의적 접근통제는 많은 운영체제에서 사용될 수 있다. 비 임의적 접근통제는 임의적 접근통제보다 더 안전하다. 시스템은 사용자가 조직의 정책을 준수하는 것에 의존하지 않는다. 예를 들어 사용자가 잘 정의된 파일 보호 정책을 따른다 하더라도 트로이 목마 프로그램은 통제되지 않은 접근을 허용하도록 보호를 변경할 수 있다. 이런 종류의 노출은 비 임의적 접근통제에서는 가능하지 않다.

보안 관리자는 비 임의적 접근통제에서 민감한 파일이 무결성을 위해 쓰기-보호가 되어 있고 기밀성을 유지하기 위해 인가된 사람만이 읽을 수 있음을 보장하기에 충분히 접근을 통제할 수 있다. 손상된 프로그램이 사용될 기회는 감소된다. 왜냐하면 사용자는 자신에게 동작하도록 명시적으로 허용된 프로그램만을 동작시킬 수 있기 때문이다.

비 임의적 접근통제는 시스템 보안이 시행되고 변경불가라는 것을 보장한다. 조직이 매우 민감한 정보를 관리할 필요가 있으면 신중하게 비 임의적 접근통제를 이용할 것을 고려해야 한다. 이것은 DAC보다 기밀성과 무결성을 보호하는 데 더 낫다. 종종 사용자인 데이터 소유자는 접근 결정을 못한다. 이를 이용하면 추가적인 관리 비용 없이 MAC의 장점을 취할 수 있다.

규칙 기반의 접근통제

규칙 기반의 접근통제에서 접근은 접근이 누구에게 승인되지를 결정하는 규칙의 목록에 기반을 둔다. 데이터 소유자가 규칙을 만들거나 허용한다. 데이터 소유자는 사용자에게 승인된 읽기, 쓰기, 수행과 같은 특권을 기술한다.

규칙 기반의 접근통제의 성공은 데이터 소유자의 신뢰수준에 달려 있다. 이런 형태의 접근통제는 많은 관리를 데이터 소유자에게 맡긴다. 기술과 보안을 알고 있는 사용자에 대해 이런 형태의 접근통제는 잘 동작하는 경향이 있다. 그러나 사용자가 많이 있는 환경이나 사용자가 기술을 잘 모르거나 훈련이 부족한 경우에는 효과적이지 않다. (그림 5-3)은 개별 규칙이 각 사용자의 허가를 어떻게 통제하는 지를 보여준다.

그림 5-3
규칙 기반의 접근통제

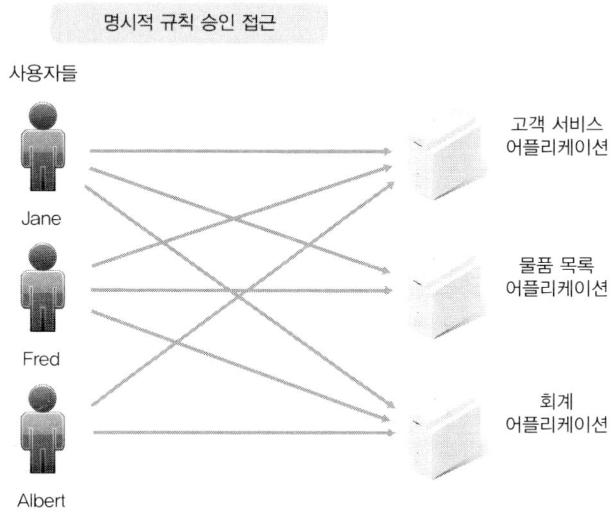

접근통제목록(ACL)

대부분의 운영체제는 목록 또는 허가를 객체와 연관시키기 위해 여러 선택 사항을 제공한다. 이러한 목록을 접근통제목록(ACLs, Access Control Lists)이라 한다. 서로 다른 운영체제는 서로 다른 ACL이 가능한 선택사항을 제공한다. 예를 들어, 리눅스와 애플 맥에는 읽기, 쓰기, 수행 허가가 있다. 이러한 허가는 파일 소유자, 그룹 또는 글로벌 사용자에게 적용된다. 윈도우에는 공유 허가(share permission)와 보안 허가(security permission)가 있다. 공유 허가와 보안 허가 둘 다 접근 규칙을 정의하는 ACL을 가능하게 한다. 공유 허가는 자원이 네트워크 공유를 이용하여 자원을 얻고자 할 때 이용된다. 보안 허가는 사용자가 시스템에 로그온 했을 때 자원을 얻고자 할 때 이용된다. 일부 윈도우 허가는 다음을 포함한다.

- 공유 허가 : 전체, 변경, 읽기 및 거부

그림 5-4
접근통제목록(ACL)

Hal	
User Hal Directory	Full Control
User Kevin Directory	Write
User Kara Directory	No Access
Printer 001	Execute

Kevin	
User Hal Directory	Write
User Kevin Directory	Full Control
User Kara Directory	No Access
Printer 001	No Access

Kara	
User Hal Directory	Write
User Kevin Directory	Full Control
User Kara Directory	No Access
Printer 001	Execute
Printer 002	Execute

- 보안 허가 : 전체, 수정, 폴더 내용을 목록으로 보여줌. 읽기-수행, 읽기, 쓰기, 특별함 및 거부

공유 허가와 보안 허가에서 거부는 다른 모든 허가를 무효로 한다. 보다 많은 선택이 있기 때문에 윈도우 ACL은 좀 더 세분화되어 있다고 할 수 있다. 왜냐하면 윈도우 ACL은 보다 많은 통제 수준을 허용하기 때문이다. (그림 5-4)는 접근통제목록(ACL)을 보여준다.

역할 기반의 접근통제(RBAC)

접근통제의 또 다른 방법으로 역할 기반의 접근통제(RBAC, Role Based Access Control)가 있다. RBAC 정책은 접근통제 승인을 사용자에게 지정된 업무를 기반으로 한다. 보안 관리자는 사용자에게 하나 또는 여러 역할을 지정한다. 어떤 운영체제는 역할 대신 그룹을 이용한다. 자원 소유자가 어떤 자원에 어떤 역할이 접근할 수 있는지를 결정한다. 마이크로소프트 윈도우는 글로벌 그룹을 이용하여 RBAC를 관리한다. (그림 5-5)는 역할 기반의 접근통제를 보여준다.

역할에 접근 규칙을 지정하기 전에 반드시 조직 내 역할을 정의하고 기술하여야 한다. 역할, 승인, 역할 계층 및 제약사항을 정의하는 과정을 역할 공학(role engineering)이라 한다. 먼저 조직에 맞는 역할 정의를 명확하게 목록화하는 것이 RBAC에서 중요하다. 다른 접근통제 방법에 비해 RBAC의 실질적인 장점은 조직의 구조를 표현하고 조직 전체에 통제 정책을 준수하도록 한다는 것이다.

(그림 5-6)에서 Jane과 Red가 물품목록 어플리케이션에 접근해야 하지만 Albert는 접근하지 않아야 한다고 생각해 보자. 그러나 그림에서와 같이 Albert는 이 어플리케이션에 접근한다. 이것은 알 필요의 원칙에 위배된다. 이것은 역할을 지나치게 일반화하였기 때문이다. 역할을 지나치게 일반화하면 의도한 것보다 더 많은 접근을 개인에게 제공하게 된다. 역할을 지정할 때 사용자별로 하나의 역할을 생성하거나 매우 적은 수의 사용자에 대해 하나의 역할

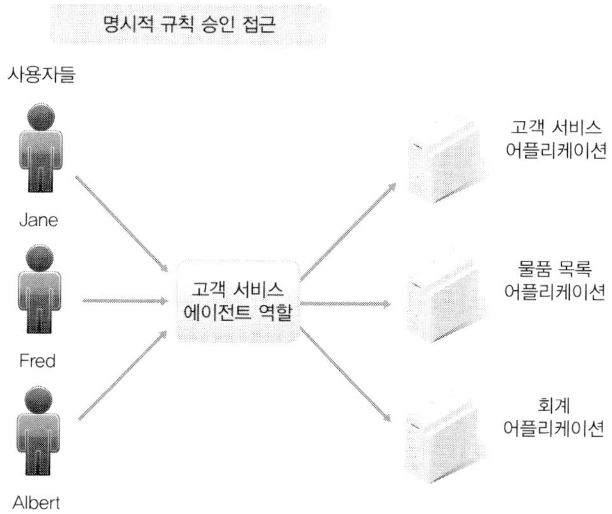

그림 5-5
역할 기반 접근 통제

그림 5-6

콘텐츠 의존적 접근통제

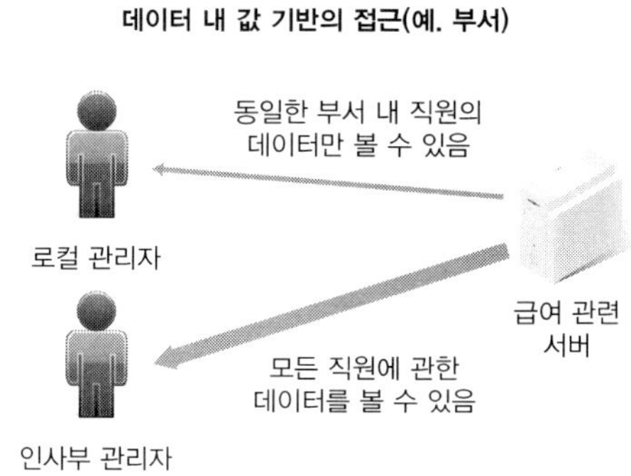

을 생성할 것을 고려하도록 한다. 윈도우의 "거부 허가(deny permission)"를 이용하여 역할을 지나치게 일반화하는 규칙을 생성할 수 있다. 이것으로 Albert의 초과된 허가를 고칠 수 있다. 이러한 결정은 위험에 따라 달라진다. 사용자에게 비슷한 권한을 갖는 역할이 주어질 수도 있고 관리적 비용을 절감하기 위해 알 필요의 원칙을 넘어서는 접근을 승인할 수도 있다.

콘텐츠 기반의 접근통제

콘텐츠 의존적 접근통제는 데이터에 포함된 내용을 기반으로 한다. 이 접근통제는 누가 데이터를 봐야 하는 지를 결정하기 위해 데이터를 검토하는 접근통제 메커니즘(중재 프로그램(arbiter program), 이것은 운영체제가 아닌 어플리케이션의 일부임)을 필요로 한다. 이를 이용하면 지금까지 살펴본 다른 접근통제 방법보다 훨씬 더 낫고 세밀한 접근통제 규칙을 수립할 수 있다. 접근은 단순히 파일 수준이 아닌 파일 내 기록(내용) 수준으로 통제된다. 그러나 이러한 성질로 인해 비용이 더 든다. 왜냐하면 이 접근통제에는 중재자 프로그램을 필요로 하기 때문이다. 중재자 프로그램은 접근되는 객체 내 정보(예, 기록 내에 존재하는 것)를 이용한다. 보통 결정은 단순히 "~라면 ~이다"라는 문제이다. 예를 들어, "높은 보안 플래그가 〈예〉이면 사용자의 보안 수준을 검사한다."이다. 관리자는 특정 직원에 관한 데이터를 검토하기 위해 급여대상자 명단 데이터베이스에 접근할 수 있으나 다른 관리자에게 속한 직원에 관한 데이터에 접근할 수 없다. (그림 5-6)은 콘텐츠 의존적 접근통제가 데이터를 어떻게 보호하는 지를 보여준다.

FYI

정보 권한 관리(IRM, Information Rights Management)는 민감하거나 기밀 정보를 포함하는 문서를 비인가된 접근으로부터 보호하기 위한 기술 또는 기술의 집합이다. IRM을 이용하면 문서 안에 누가 문서를 볼 수 있는지, 변경할 수 있는지, 인쇄할 수 있는지 또는 복사할 수 있는 지를 제어할 수 있는 승인을 내장할 수 있다. 심지어 문서가 자신의 소유가 아닌 경우에도 가능하다.
IRM은 종종 금융 또는 보험 정보를 포함하는 문서, 고위 경영진 회의록, 특허 및 청사진을 보호하는 데 사용된다.

제한적 사용자 인터페이스

제한적 사용자 인터페이스를 이용하면 특정 시스템 자원에 접근하거나 접속하는 사용자 기능은 두 개로 제어된다. 사용자 권리와 허가가 제한되고 인터페이스를 제공하는 장치나 프로그램에 이러한 제한사항을 적용한다. ATM과 같은 장치나 일반인이 사용하는 키오스크와 같은 소프트웨어를 이용하면 사용자는 특정 기능, 파일 또는 기타 자원에만 접근할 수 있다. 이것은 비인가된 자원에 대한 접근을 요청하는 사용자의 능력을 제한함으로써 사용자의 접근을 제한한다. 예를 들어 어떤 시스템은 사용할 수 없는 아이콘을 비활성하고 회색으로 보이게 한다. 사용자를 제한하는 방법은 다음과 같다.

- 메뉴 : 사용자가 데이터에 접근하지 못하게 하는 방법 중 하나는 단순하게 데이터가 존재하는 지를 사용자에게 알려주지 않는 것이다. 사용자가 로그온하면 나타나는 메뉴에 해당 데이터에 대한 메뉴를 포함하지 않는다.
- 데이터베이스 뷰 : 뷰 기반의 접근통제(VBAC, View-Based Access Control)라고 하는데 이 방법은 종종 관계형 데이터베이스에서 사용된다. 데이터베이스 시스템은 사용자가 볼 수 있는 데이터로 제한하는 각 사용자에 대한 뷰를 생성한다. 데이터베이스에 더 많은 데이터가 있더라도 사용자는 뷰에서 정의된 데이터에만 접근할 수 있다. 현재의 많은 데이터베이스는 데이터베이스를 여러 슬라이스로 분할하는 방법을 제공한다. 이러한 특성을 멀티 테넌시(multi-tenancy)라 한다. 멀티 테넌시를 이용하면 서로 다른 그룹에 속하는 사용자들이 서로의 데이터에 접근할 수 없으면서 데이터베이스에 접근할 수 있다. 이러한 기능은 조직의 공유되는 어플리케이션과 데이터베이스를 위해 클라우드를 이용하고자 하는 조직에게 중요하다.
- 물리적으로 제한적인 사용자 인터페이스 : 사용자 인터페이스 메커니즘은 사용자에게 제한된 수의 선택사항을 보여준다. 예를 들어, ATM 머신은 누를 수 있는 특정 개수의 버튼만을 제공한다. 이를 물리적으로 제한적 사용자 인터페이스라 한다.
- 암호화 : 시스템에 저장된 정보에 접근하거나 읽기 위해서 사용자는 복호화 키가 필요하기 때문에 이 방법은 사용자를 제한한다. 또한 암호화를 이용하면 신용카드의 상세사항과 같은 정보를 사용자에게 숨길 수 있다.

기타 접근통제 방법

그 외 여러 접근통제 방법은 오늘날의 접근통제를 형성한다. 가장 중요한 접근통제로 Bell-La Padula 모델, Biba 무결성 모델, Clark과 Wilson 무결성 모델, Brewer와 Nash 모델이 있다.

Bell-La Padula 모델

Bell-La Padula 모델은 데이터의 기밀성과 기밀 정보에의 접근통제에 중점을 둔다. 이 모델은 데이터 무결성을 보호하는 규칙을 기술하는 Biba 무결성 모델과 다르다. Bell-La

Padula 모델에서 시스템의 부분은 주체와 객체로 구분되고 시스템의 현재의 조건이 상태로 서술된다. 모델은 안전한 상태를 정의한다. 이 모델에서는 각 상태 변이가 안전한 상태에서 안전한 상태로 옮김으로써 보안이 유지됨을 보장한다. 이 과정을 통해 시스템이 모델의 보안 목적을 충족시킴을 확신할 수 있다. Bell-La Padula 모델은 상태 머신 개념을 기반으로 한다. 상태 머신은 컴퓨터 네트워크 시스템에서 허용가능한 상태의 집합을 특징으로 한다. 한 상태에서 또 다른 상태로의 변이는 변이 함수에 의해 정의된다.

Biba 무결성 모델

1977년 Kenneth J. Biba는 무결성 수준을 기반으로 컴퓨터 시스템 내 무결성 문제를 해결하기 위한 첫 번째 모델을 정의했다. Biba 모델은 데이터의 기밀성만을 해결하는 Bell-La Padula 모델의 약점을 수정하였다. Biba 무결성 모델은 3가지 원칙으로 구성된다.

- 첫 번째 원칙에서 주체는 주체 보다 낮은 수준의 무결성을 갖는 객체를 읽을 수 없다. 주어진 무결성 수준에서 주체는 동일한 무결성 수준이나 보다 높은 수준의 객체만을 읽을 수 있다. 이를 단순한 무결성 공리라 한다.
- 두 번째 원칙에서 주체는 보다 높은 수준의 무결성을 갖는 객체를 변경할 수 없다. 주어진 무결성 수준에서 주체는 동일하거나 보다 낮은 수준의 무결성 수준을 갖는 객체만을 쓸 수 있다. 이를 (스타) 무결성 공리라 한다.
- 세 번째 원칙에서 주체는 보다 높은 수준의 무결성을 갖는 주체에게 서비스를 요청할 수 없다. 주어진 무결성 수준에서 주체는 동일한 수준 또는 보다 낮은 수준의 무결성의 주체만을 호출할 있다.

Clark과 Wilson의 무결성 모델

David Clark과 David Wilson이 1987년에 발표한 Clark과 Wilson의 무결성 모델은 시스템에 접근이 허용된 사용자가 허락받지 못한 일을 하고자 할 때 무슨 일이 일어나는지에 중점을 둔다. 또한 내부의 무결성 위협을 고려한다. Biba 모델에서 고려하지 못한 두 가지 요소가 존재한다. 이 모델에서는 소프트웨어가 수행하도록 설계된 것을 할 것인지를 검토한다. 이것이 주요 무결성 이슈이다. Clark과 Wilson 무결성 모델에서는 3개의 무결성 목적을 다룬다.

- 비인가된 사용자가 변경하는 것을 중지시킨다(Biba는 오직 이 무결성 목적만을 고려하였다).
- 비인가된 사용자가 부적절한 변경을 하는 것을 중지시킨다.
- 내부와 외부의 일관성을 유지한다.

Clark과 Wilson의 무결성 모델은 데이터에 대해 적격한 거래와 제한사항을 정의한다. 예를 들어 상업용 시스템은 새로운 고급차 판매가 $40,000일 때에만 입력되도록 허용한다. 이를 통해 내부적 일관성을 유지한다. 내부적 일관성은 시스템이 항상 예측대로 동작한다는 것을 보장한다.

Clark과 Wilson의 무결성 모델에서 주체의 접근은 프로그램을 수행하도록 한 허가(적격한 거래)로 통제된다. 그러므로 비인가된 사용자는 프로그램을 수행할 수 없다(첫 번째 무결성 규칙). 인가된 사용자는 특화되고 유일한 변경을 하도록 허용된 서로 다른 프로그램에 접근할 수 있다(직무 분리). 이 모델의 두 가지 주요한 부분은 다음과 같다.

- 3개의 접근 객체(주체, 프로그램, 객체)가 결합되어 접근 3요소를 구성한다.
- 무결성은 바인딩(binding)으로 시행된다. 주체로부터 프로그램과 프로그램으로부터 객체로의 바인딩이 무결성을 시행한다. 이것은 직무 분리를 생성한다. 이것은 인가된 거래만이 시행된다는 것을 보장한다.

참고

이 모델은 상업적 무결성 모델로 간주된다. 초기 모델이 군사 용도로 설계된 것과는 달리 이 모델은 사업에 사용되도록 설계되었다.

Brewer와 Nash의 무결성 모델

Brewer와 Nash의 무결성 모델은 공정한 경쟁을 보장하기 위해 1989년에 발표된 수학적 이론을 기반으로 한다. 이 모델은 동적으로 변하는 접근 허가를 적용하는 데 이용된다. 이것은 사용자가 경쟁 조직에 속하는 객체를 의도적으로 변경하지 않는다는 것을 보장하기 위해 통합된 동일한 데이터베이스 내에서 경쟁자의 데이터를 분리할 수 있다. 또한 이 모델은 사용자나 클라이언트의 이해가 상충될 때 데이터 이용을 중단시키는 데 이용된다.

만리장성(Chinese Wall) 보안 정책은 담 또는 장벽을 정의하고 어떠한 주체도 장벽 너머에 존재하는 객체를 획득하지 못함으로 보장하는 규칙 집합을 개발한다. (그림 5-7)은 만리장성 모델의 동작으로 보여준다. 이것은 감사 회사가 비즈니스 경쟁을 위해 감사 기록을 처리하는 방법을 보여준다. 이 예에서 Gloucester 은행에 관련된 데이터만 처리하도록 허용된 감사자는 Norwich 은행에 속하는 데이터를 획득하는 것이 금지된다. 감사자가 두 은행에 대한 감사기록을 처리하는 회사에 일한다 하더라도 감사 회사의 내부 통제에 의해 이해가 상충되는 영역 간의 접근은 금지된다.

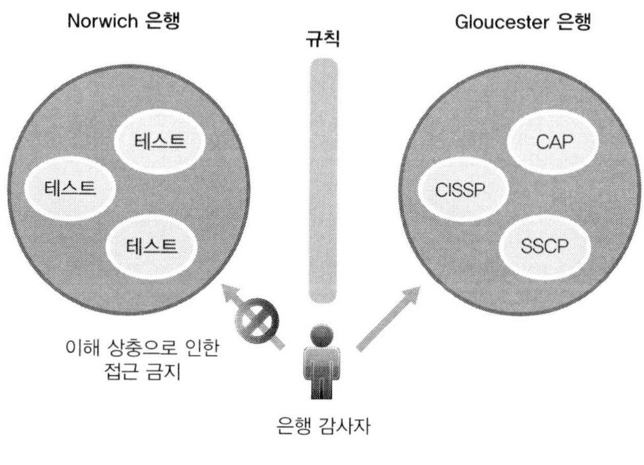

그림 5-7 Brewer와 Nash의 무결성 모델

> **참고**
> 통제는 이해 상충을 방지할 수 없다. 이해 상충은 데이터 자체가 아닌 개인의 위치와 관련된다.

이 모델은 이해 상충이 인지되고 사람들이 스스로 접근해서는 안 되는 데이터의 장점을 취하도록 하는 것이 금지된다는 것을 보장한다. 예를 들어 한 사용자가 한 회사의 데이터에 접근하는 것이 허용된다면 해당 회사의 경쟁 회사에 속하는 데이터는 자동적으로 금지된다.

접근통제 위반의 결과

접근통제가 실패하면 경쟁자가 이득을 얻는다. 경쟁자는 군대일 수도 있고 회사일수도 있고 심지어 이웃일 수도 있다. 다음은 발생할 수 있는 손실을 보여준다.

- 정보의 노출
- 데이터 손상
- 기업 정보의 손실
- 설비, 인력 및 시스템에 대한 위험
- 장비에 대한 손상
- 시스템과 사업 프로세스의 장애
- 서비스거부(DoS)

모든 사고의 결과가 반드시 동일하지 않다. 어떤 사고는 다른 사고보다 알아채기가 훨씬 쉽다. 예를 들어 산업 스파이를 포함하여 사업 비밀의 노출로 인한 손실은 오랜 기간동안 모를 수 있다. 데이터 변형으로 인한 손실은 발견될 때까지 데이터베이스와 모든 백업을 쓸모없게 한다. 데이터 변형이 발생할 경우 시스템과 비스니스 프로세스가 쉽게 장애를 야기한다.

어떤 형태의 서비스거부 공격은 오래가지 못한다. 이러한 공격은 심각한 손상을 일으키기 전에 신속하게 탐지되어 중단될 수 있다. 다른 형태의 DoS 공격은 발전되면서 지속된다. 이런 공격은 기업이 고객에서 서비스를 제공하는 능력에 영향을 줄 수도 있다. 그래서 고객은 다른 곳에서 서비스를 받게 될 수도 있다. 이런 형태의 DoS 공격이 훨씬 더 조직에 심각한 손해를 미칠 수 있다.

접근통제에 대한 위협

접근통제에 직면한 문제는 다양하다. 이 모든 문제를 다 열거할 수는 없다. 계속해서 새로운 위협이 나타난다. 그 예로 단-대-단(P2P) 위험이 있다. P2P에서 사용자는 의도치 않게 "내 문서" 폴더를 다른 사람과 공유하게 된다. 이때 다른 사람에게 민감한 문서가 노출될 수 있다.

접근통제는 다음과 같이 여러 방법으로 손상될 수 있다.

- **물리적 접근의 획득** : 침입자가 장치에 대한 물리적 접근을 가지게 되면 논리적 접근통

제가 기본적으로 쓸모없게 된다. 데이터가 완전히 복사되거나 도난당할 수 있다. 물리적 접근을 가진 자는 하드웨어나 소프트웨어 키스트로이크 로거(keystroke logger)를 설치하여 장비에 손상을 줄 수 있다. 예를 들어 공격자는 서비스거부 공격을 개시할 수 있다. 쓰기 가능한 CD, DVD, USB 메모리 스틱 또는 하드 드라이브와 같은 작은 이동 매체가 물리적 접근 위험을 야기한다. 이러한 장치에 데이터를 복사하는 것은 쉽다. 스마트폰과 이동 장치는 또 다른 위험이다. 오늘날 이동 장치에는 카메라와 오디오와 비디오 녹화를 위한 기능을 포함한다.

- 관찰로 인한 도청 : 때때로 보안 직원은 가장 명백한 위험 즉 정보가 보일 수 있다는 사실을 간과한다. 인가된 사용자의 책상 위의 종이나 스크린 내에 데이터는 스파이에게 개방된다. 권한 정책과 절차를 시행함으로써 이러한 종류의 데이터 손실을 방지할 수 있다.
- 보안의 우회 : 데이터에 접근하기 위한 모든 방법을 강구하다 보면 보안을 위반하게 된다. 개발자는 웹 사이트를 통해서만 접근하는 것과 같은 오직 한 가지 방법만을 통한 접근에 대해서만 고려한다. 그러나 공격자는 쉽게 보안 대책을 우회할 수 있다. 정보보안팀은 반드시 공격자가 드라이브를 매핑하거나 서버의 키보드에 로깅하는 등의 다른 접근 경로도 고려해야 한다.
- 하드웨어와 소프트웨어를 악용 : 공격자는 종종 자신이 통제하는 시스템에 프로그램을 설치하고자 한다. 이러한 프로그램을 트로이 목마라 한다. 네트워크 관리자나 워크스테이션 소유자는 공격자의 존재도 모를 수 있다.
- 매체의 재사용 또는 폐기 : 공격자는 폐기되거나 재사용되는 매체로부터 지워지거나 변경된 정보를 복구할 수 있다. 매체를 물리적으로 파괴하는 것이 보다 안전하고 가격도 저렴하다.
- 전자적 도청 : 공격자는 네트워크 케이블 도청을 이용하여 도청할 수 있다. 어떤 매체는 다른 매체보다 도청에 좀 더 강력하다. 예를 들어 광섬유 케이블은 구리선보다 더 안전하다. 그러나 어떤 것도 완전한 보호를 제공하지 못한다. 모바일 장치와 무선 접속지점 사용의 폭발적 증가로 도청 위험도 증가하였다. 모바일 장치를 접속지점에 연결한 사용자는 쉽게 공격자의 공격대상이 된다.
- 통신 가로채기 : 도청의 또 다른 변형으로 데이터 통신의 물리적 가로채기가 있다. 이를 스니핑이라 한다. 스니핑을 이용하면 공격자는 전송되는 네트워크 트래픽을 캡처할 수 있다. 스니핑은 종종 중간자(man-in-the-middle) 공격에 사용된다. 공격자가 공격 대상자 사이에 위치하여 메시지를 중계한다. 공격자는 두 공격 대상자들이 사적인 연결을 통해 서로에게 직접 대화하는 것처럼 보이게 한다. 실제로 공격자는 전체 대화를 통제한다.
- 네트워크에 접근 : 종종 네트워크에는 보호되지 않는 연결 지점이 존재한다. 많은 조직은 필요 것보다 더 많은 드롭(암 연결자로 다른 수 연결자와 장치를 연결하는 데 쓰이는 연결자)을 갖는 자체 네트워크를 구축한다. 이를 이용하여 조직은 이후 네트워크를 확대할 때 더 많은 사용자를 추가할 수 있다. 그러나 이렇게 사용되지 않은 연결 지점

이 종종 활성화되어 연결될 수 있다. 침입자는 이러한 연결을 통하여 네트워크에 접근할 수 있다. 네트워크 접근 위험은 조직이 무선 접속지점을 추가할 때 증가된다. 네트워크 접근을 쉽게 하면 정당한 사용자뿐만 아니라 공격자에게도 도움이 된다. 조직은 반드시 신중하게 모든 네트워크 접속지점을 모니터링하고 제한하여야 한다.

- 어플리케이션의 악용 : 여러 프로그램과 모듈은 버퍼 오버플로우와 같이 알려진 공통적인 프로그래밍 취약점을 갖는다. 공격자가 입력 필드에 예상한 것보다 더 많은 문자를 입력할 수 있을 때 공격이 발생한다. 이 경우 어플리케이션에 악성 코드가 허용된다. 어플리케이션 내 취약점을 악용하는 방법은 매우 많고 공격자는 어플리케이션을 손상시키기 위한 새로운 방법을 찾기 위해 항상 지켜본다.

접근통제 위반의 결과

공격자가 접근통제를 손상시킬 수 있는 방법들을 살펴보도록 한다. 그러나 공격자가 성공하면 어떤 일이 생길까? 접근통제 위반의 영향은 무엇인가? 접근통제 위반은 조직에 다음과 같은 해로운 결과를 미친다.

- 고객 신뢰의 손실
- 사업 기회의 손실
- 조직에 대한 새로운 법률 제정 및 규정 마련
- 나쁜 평판
- 좀 더 많은 감독
- 금전적 벌금

예로, Egghead Software는 2000년 여름에 자발적으로 사고를 발표했다. 이 회사는 고객의 신용카드 정보를 안전하게 지키지 못했음을 인정하였다. 업계 신문에서는 해당 회사의 사전 대책을 강구한 것을 칭찬하였다. 그러나 Egghead는 파산을 선언하였고 사실이 드러난 1년 이내에 아마존에 매각되었다. 고객은 해당 회사를 신뢰하지 않았고 Egghead 제품의 구매를 꺼렸다. 이후 다른 회사들은 이와 같은 사고에 대한 발표를 꺼려했고, 마침내 정부는 새로운 법을 제정하였다. 이 법은 회사가 사고를 숨기지 않고 공개하도록 강제화하였다.

> **참고**
>
> 다음의 URL에서 비슷한 노출 관련법에 관한 주의 현황을 찾아볼 수 있다.
> http://www.csoonline.com/article/221322/cso-disclosure-series-data-breach-notification-law-state-by-state

2003년 캘리포니아에서는 캘리포니아에서 사업을 수행하거나 해당 주의 거주자와 사업을 수행하는 모든 회사에 영향을 미치는 의무적 누출 법안이 통과되었다. 이 법은 해당 주의 거주자들을 그들의 개인정보(PII, Personally Identifiable Information)가 노출되지 않도록 보호한다. PII는 종종 나쁜 사람이 신원을 훔치는 데 사용하는 정보이다. 그러나 이 법이 지적재산권의 도난과 같은 다른 침입에도 해당되지 않음을 주의하여야 한다. 새로운 법이 사고 발생을 중단시키지는 못한다. 데이터 노출은 여전히 발생하며 이 중 일부는 뉴스 헤드라인을 장식하기도 한다. 2012년 가장 이슈가 된 뉴스 중 하나는 데이터 노출 중 일부는 뉴욕주의 Electric and Gas Company, Global Payments, Emory Healthcare에서 발생하였다. 접근 위반의 문제는 많은 조직에 영향을 미친다.

중앙 집중의 접근통제 및 분산된 접근통제

중앙 집중의 접근통제는 개인, 부서 또는 장치와 같은 단일의 공통 객체가 누가 시스템과 네트워크에 접근할 수 있는지를 결정하는 방식이다. 접근통제는 지역 수준이 아닌 중앙에서 관리된다. 소유자가 어떤 사용자가 어떤 객체에 접근할 수 있는지를 결정한다. 중앙의 관리가 소유자의 지시를 지원한다. 중앙 집중의 인증 서비스가 적용되고 인증, 인가 및 책임추적성(AAA, Authentication, Authorization and Accounting) 서버의 사용을 통해 시행된다.

> **참고**
> 중앙 집중의 접근통제는 일반적으로 관리하기에 더 단순하나 단점은 장애가 발생하면 아무도 컴퓨터 시스템에 접근할 수 없다는 것이다.

AAA를 이용하는 장점은 다음과 같다.

- 사용자 계정이 단일 호스트에서 관리되므로 관리 시간이 덜 든다.
- 다양한 접근 장치가 비슷한 포맷을 사용하므로 설계 오류를 감소시킨다.
- 한 시스템만을 배우면 되므로 보안 관리자 훈련을 감소시킨다.
- 모든 접근 요청이 한 시스템에서 처리되므로 준수성 감사를 개선하고 용이하게 한다.
- 사용자 인터페이스가 일관되므로 헬프 데스크 콜을 감소시킨다.

AAA 서버의 3가지 형태

3가지 형태의 AAA 서버(가장 많이 사용되는 RADIUS와 TACACS+ 및 DIAMETER)를 살펴보도록 한다.

RADIUS

RADIUS는 가장 많이 사용되는 AAA 서비스이다. RADIUS는 두 개의 설정 파일을 이용하는 인증서버이다.

- **클라이언트 설정 파일** : 클라이언트 주소와 거래 인증을 위한 공유된 비밀을 포함
- **사용자 설정 파일** : 사용자 신원확인과 인증 데이터뿐만 아니라 연결 및 인가 정보를 포함

RADIUS는 인증 절차에서 다음 단계를 따른다.

1. 네트워크 접근 서버(NAS, Network Access Server)가 사용자 UDP 접근 요청을 복호화한다.
2. NAS가 근원지를 인증한다.
3. NAS가 사용자 파일에 대해 요청을 검증한다.
4. NAS가 접근을 허용하거나 거부하거나 또는 보다 많은 정보를 요청하는 등을 응답한다.

TACACS+

TACACS+는 다음을 위해 단일 설정 파일을 이용하는 IETF(Internet Engineering Task Force) 표준이다.

- 서버 연산을 통제
- 사용자와 속성/값 쌍을 정의
- 인증 및 인가 절차를 통제

선택 항목으로 연산 설정, 공유 비밀키 및 계정 파일이름이 있다. TACACS+는 인증 절차에서 다음의 단계를 따른다.

1. TCP를 이용하여 클라이언트는 평문의 헤더와 사용자 ID, 패스워드 및 공유된 키를 포함하는 암호화된 본체를 갖는 서비스 요청을 전송한다.
2. 응답은 허용/거부뿐만 아니라 필요한 경우 연결 설정에 대한 속성/값 쌍을 포함한다.

DIAMETER

DIAMETER는 RADIUS에 기반을 둔다. 그러나 RADIUS는 이동이 많은 작업자 내에서만 동작한다. DIAMETER는 그런 제한이 없다. DIAMETER는 안정적이거나 정적인 작업자에 대해 잘 동작한다. DIAMETER는 다음으로 구성된다.

- **기본 프로토콜** : 기본 프로토콜은 메시지 포맷, 전송, 오류 보고 및 모든 확장영역에서 사용되는 보안을 정의한다.
- **확장 영역** : 확장 영역은 특화된 형태의 인증, 인가 또는 책임추적성 거래를 수행한다.

DIAMETER는 사용자 데이터그램 프로토콜(UDP, User Datagram Protocol)을 사용한다. UDP를 이용하는 컴퓨터 어플리케이션은 데이터그램이라고 하는 메시지를 인터넷 프로토콜(IP, Internet Protocol) 네트워크의 다른 호스트에게 전송한다. UDP는 특정한 전송 채널이나 데이터 경로 없이 통신을 수행한다. UDP 서비스에서 데이터그램은 순서 없이 도착하므로 다소 신뢰할 수 없다. 또한 UDP 서비스에서 중복 전송되거나 심지어 분실되기도 한다. 이러한 오류를 수정하기 위해 UDP는 단순히 어플리케이션에 의존한다. 이로 인해 그러한 오류를 바로 잡기 위해 시간과 자원은 소모하지 않게 되고 UDP가 보다 빨라진다. 이것이 종종 스트리밍 매체와 온라인 게임에 DIAMETER가 사용되는 이유이다.

DIAMETER는 UDP를 클라이언트/서버 모드 보다는 P2P 모드로 사용한다. P2P 모드에

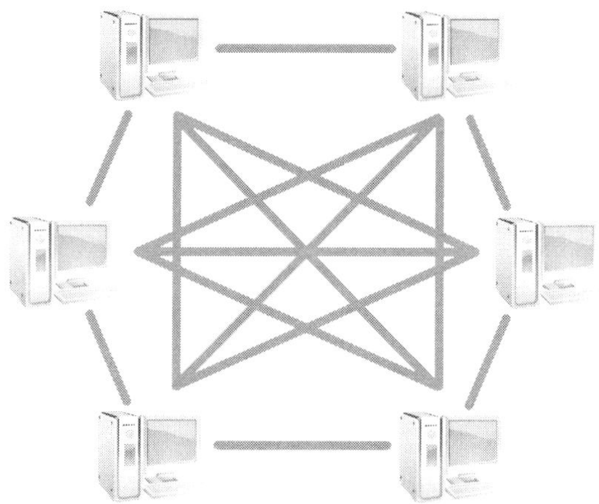

그림 5-8
P2P 모드

서 사용자는 또 다른 사용자가 자신의 하드 드라이브에 직접 접근하도록 한다. 두 번째 사용자 또한 첫 번째 사용자의 하드 드라이브에 접근한다. 중앙 집중의 구조가 아니다. (그림 5-8)은 P2P 모드로 연결된 컴퓨터의 예를 보여준다.

클라이언트/서버 모드에서 구조는 중앙집중식이다. 예를 들어 클라이언트인 사용자는 특정 정보에 대한 접근을 요청하기 위해 서버에 연결된다. (그림 5-9)는 클라이언트/서버 모드로 연결된 컴퓨터의 예를 보여준다.

이 모드에서 서버는 요청을 개시하고 전송 오류를 지역적으로 처리한다. 이로 인해 데이터 패킷이 네트워크 연결을 통해 이동하는 시간(대기 시간, latency)을 감소시키고 성능을 개선시킨다. 사용자는 요청 명령어, 세션 ID, 사용자의 사용자 ID와 패스워드를 포함하는 인가 요청을 전송한다. 이 인가 요청은 NAS로 전송된다. NAS는 사용자의 크리덴셜을 승인한다. 승인이 되면 NAS는 대답 패킷을 돌려보낸다. 대답 패킷에는 요청된 서비스에 대한 속성/값 쌍이 포함된다. 세션 ID는 유일하게 연결을 식별하고 RADIUS 문제를 고밀도의 장치 내 중복 연결 식별자를 이용하여 해결한다.

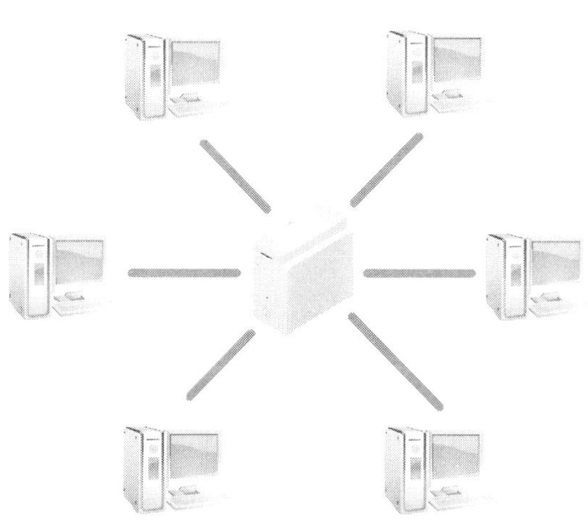

그림 5-9
클라이언트/서버 모드

분산된 접근통제

또 다른 접근통제 방법은 접근통제 결정과 관리를 지역적으로 처리하는 것이다. 이러한 방법을 **분산된 접근통제**라 한다. 이것은 접근통제가 시스템 사용자와 가장 가까운 부서 관리자와 같이 여러 사람에게 달려 있다는 것을 의미한다. 접근 요청을 하나의 중앙 집중 객체가 처리하지 않는다.

한편 분산된 접근통제는 종종 혼란을 야기한다. 그 이유는 표준화가 없고 권리가 겹치기 때문이다. 이로 인해 접근통제 설계 내 차이가 발생한다. 다른 한편 분산된 방법은 단일 지점 장애 문제를 제거한다. 또한 결과적으로 중앙 집중의 통제 객체는 지역의 조건에 효과적으로 대응할 수 없다.

가장 일반적인 분산된 접근통제의 예로 패스워드 인증 프로토콜(PAP, Password Authentication Protocol)과 챌린지-핸드셰이크 인증 프로토콜(CHAP, Challenge-Handshake Authentication Protocol)이 있다. PAP는 평문의 사용자이름과 패스워드를 사용한다. CHAP는 도청 기반의 재전송 공격을 방지하기 위해 패스워드와 일회용 챌린지 번호에 대해 해시를 수행한다.

프라이버시

가장 눈에 보이는 보안 우려 중 하나는 데이터 프라이버시이다. 신원 도용에 대한 인식과 프라이버시 보호의 중요성이 증대되면서 데이터 프라이버시를 보장하는 새로운 법과 표준이 생겨났다. 개인정보보호는 이러한 사례 중 하나이다. 조직이 프라이버시 위반의 위험을 점점 더 인식하게 되었고 종종 조직은 다음을 우려하여 직원을 전자적으로 모니터링한다.

- 괴롭힘 소송에서의 법적 책임
- 직원의 도난으로 인한 손실
- 온라인을 이용한 직원의 쇼핑 또는 업무와 관련 없는 업무 수행으로 인한 생산성 손실

전자적 모니터링으로 인해 직장 내 프라이버시 이슈가 생긴다. 국가에 따라 직원 모니터링에 대한 법적 수준이 매우 다양하다.

직원이 프라이버시에 대해 합리적인 기대를 갖도록 하기 위해 다음 두 가지를 반드시 수립하여야 한다는 것이다.

- 직원들은 프라이버시에 대해 주관적인 기대를 가진다.
- 프라이버시에 대한 주관적인 기대는 합리적이다.

두 요소 중 하나라도 빠지면 보호 대책 수립되지 않는다. 즉, 직원이 어떤 일(예, 이메일 메시지)에 대해 프라이버시가 보장된다고 기대하면 고용주는 법적으로 해당 프라이버시를 위반할 수 없다. 그러나 회사가 직원에게 회사 네트워크를 통해 전송되는 이메일이 모니터링된다고 알려주면 직원은 "프라이버시의 기대"를 갖는다고 주장하지 않는다. 다시 말하면 일단 회사가 자신의 사이버 공간에서 영향력을 발휘하면 더 이상 직원의 프라이버시 권리는

없게 된다.

회사는 반드시 직원이 수행하는 업무 중 무엇이 허용되고 모니터링되는 지에 관한 정책을 알려야 한다. 많은 경우에 직원이 기업 시스템을 이용할 때 프라이버시를 기대할 수 없다. 직원의 허용 가능한 사용 정책(AUP)은 프라이버시에 대한 적절한 기대를 설정하기에 중요한 문서이다.

로그인 배너는 시스템과 장치의 사용자에게 법적 권한을 알려주는 메시지이다. 이러한 배너는 시스템과 장치에서 사용되어야 한다. 로그인 배너는 다음의 경우에도 사용된다.

- 모니터링에 대해 직원의 동의를 얻을 때
- 계정을 오용할 경우 잠재적인 징계 조치에 대한 직원의 인식 제고
- 저장된 파일과 기록의 검색에 대해 직원의 동의를 얻을 때

로그인 배너는 기업 시스템을 이용하는 직원에 대한 프라이버시 기대를 법적으로 제거하는 데에도 이용된다.

직장에서의 모니터링

"직장 내 모니터링과 감시(Workplace Monitoring & Surveillance)"라는 AMA(American Management Association) 조사에 따르면 2001년에 "3/4 이상(77.7%)의 주요 미국 기업이 전화, 이메일, 인터넷 연결 및 컴퓨터 파일을 포함하여 업무에 관한 직원의 통신과 활동을 기록하고(했고) 검토한다(했다)."고 한다.

직장 내 모니터링에는 다음이 포함되나 이것이 전부는 아니다.

- 메일 또는 이메일 열기
- 자동화된 소프트웨어를 이용한 이메일 확인
- 전화 로그를 확인하거나 전화를 기록
- 방문한 웹 사이트의 기록 확인
- 신용 등급 조회 기관으로부터의 정보 획득
- 판매시점 단말기로부터의 정보 수집
- CCTV를 통한 활동 기록

고용주는 직원들의 업무의 양과 질을 확인하기 위해 직원을 모니터링한다. 고용주는 종종 직원의 활동에 대해 법적 책임이 있으므로 고용주는 직원이 적절하게 행동함을 확인할 필요가 있다.

직원들에게 직장 내 모니터링에 대하여 확실히 이해시키기 위해 고용주는 명확한 행동 지침이나 정책을 마련하여야 한다. 직원은 자신들이 정책을 따르지 않을 경우 징계받을 수 있다는 것을 알아야 한다.

> **참고**
>
> 정책 하나만으로는 충분하지 않다. 고용주는 반드시 직원이 할 수 있는 것과 할 수 없는 것을 명확하게 알려야 한다. 가장 좋은 방법은 훈련을 이용하는 것이다. 시스템이나 정책이 변경되면 변경 사항을 직원에게 알려줘야 한다.

기술적 팁

클라우드 컴퓨팅은 새로운 보안 우려를 야기한다. PCI DSS(Payment Card Data Security Standard)는 클라우드 보안 우려사항을 직접적으로 언급하는 문서를 발표하였다. 이 문서는 일반적인 클라우드 컴퓨팅과 클라우드 보안 고려사항에 대한 좋은 자료가 된다. 이 문서에 대해서는 https://www.pcisecuritystandards.org/pdfs/PCI_DSS_v2_Cloud_Guidelines.pdf를 참조하면 된다.

클라우드 컴퓨팅

기업 개발에서 요즘 추세 중의 하나는 공유 서비스를 컴퓨팅 환경에 통합하는 것이다. 클라우드 컴퓨팅(cloud computing)은 네트워크를 통해 전달되는 컴퓨팅 서비스를 이용하는 것이다. 컴퓨팅 서비스가 조직의 네트워크에 존재할 수도 있고 다른 네트워크에 속한 서버에서 제공될 수도 있다. 다양한 사용자 환경의 수요를 만족시키는 여러 모델이 존재한다. 일반적으로 클라우드 서비스는 다음과 같이 분류될 수 있다.

- 사설 클라우드(private cloud) : 네트워크 기반구조를 포함하여 서비스를 제공하기 위해 필요한 모든 하드웨어와 소프트웨어가 단일 조직을 위해 운영된다. 각 구성요소는 조직이나 써드 파티 제공자가 운영한다. 실제 기반구조가 조직의 네트워크나 외부에 존재한다.
- 커뮤니티 클라우드(community cloud) : 이런 형태의 기반구조는 여러 조직에 대한 서비스를 제공한다. 서로 다른 조직들이 클라우드 환경을 공유하고 조직에 맞게 이용한다. 기반구조는 참여하는 조직 중 한 조직이나 써드 파티가 관리한다.
- 공공 클라우드(public cloud) : 이런 형태의 기반구조는 관련 없는 조직이나 개인이 이용할 수 있다. 공공 클라우드는 일반적으로 공공으로 사용되어 써드 파티 제공자가 관리한다.
- 하이브리드 클라우드(hybrid cloud) : 이런 형태의 클라우드 기반구조는 사설, 커뮤니티, 공공 클라우드 등 여러 형태의 클라우드 구성요소를 포함한다. 하이브리드 클라우드는 보다 제한적인 환경의 제약을 확장시키는 데 유용하다. 종종 여러 기반구조나 세그먼트 사이의 업무 부담을 분산함으로써 복원 및 로드 밸런싱을 제공하는 데 사용된다.

가장 일반적인 경우, 클라우드 서비스 제공자(CSP, Cloud Service Provider)는 서버 컴퓨터 랙과 함께 여러 데이터 센터를 유지 관리한다. 각 서버에는 여러 가상 머신이 동작하고 서버는 많은 클라이언트에게 동시에 서비스를 제공할 수 있다. CSP는 인터넷을 통해 고객에게 다양한 서비스를 제공한다. 클라우드 서비스는 다음과 같다.

- 서비스로서의 인프라(IaaS, Infrastructure as a Service) : IaaS는 사용자에게 물리적 또는 가상 머신에 접근하도록 한다. 사용자는 반드시 운영체제를 선택한 후 로딩하여야 한다. 이후 사용자는 머신을 논리적 컴퓨터처럼 관리한다.
- 서비스로서의 플랫폼(PaaS, Platform as a Service) : PaaS는 사용자에게 많이 사용되

는 여러 운영체제가 동작하는 물리적 또는 가상 머신에 접근하도록 한다. IaaS와 달리 PaaS를 이용할 경우 CSP는 운영체제와 하드웨어를 관리한다. 로컬 서버에 연결되는 대신 사용자는 클라우드 내 가상 서버에 연결된다. 일단 연결이 되면 사용자는 클라우드 인스턴스를 다른 컴퓨터와 마찬가지로 생각한다. 사용자는 서버가 로컬 데이터 센터에 있는 것처럼 소프트웨어를 설치하고 운영한다.

- 서비스로서의 소프트웨어(SaaS, Software as a Service) : SaaS 모델에서 사용자는 클라우드 클라이언트의 소프트웨어에 접근한다. 클라우드 클라이언트의 가장 기본적인 형태는 웹 브라우저이다. 사용자는 소프트웨어를 설치하거나 관리할 필요가 없다. 오직 올바른 서버에 연결하여 로컬 네트워크에 동작하는 것처럼 소프트웨어를 사용하면 된다. SaaS의 예로 Google Apps, Microsoft Office 364, SalesForce가 있다.

전통적인 소프트웨어보다 클라우드 서비스를 이용하면 여러 장점을 갖는다. 대부분의 장점이 비용을 절감할 수 있다는 것이다. 클라우드 서비스의 장점은 다음과 같다.

- 데이터 센터를 유지할 필요가 없음 : CSP가 여러 데이터 센터를 유지하고 인터넷을 통해 어디에서나 이용할 수 있는 서비스를 제공하기 위한 실행 계획과 세부 항목을 처리한다.
- 재해 복구 사이트를 유지할 필요가 없음 : 이미 CSP가 여러 사이트에서 서비스와 데이터를 유지하기 때문에 클라우드에서 데이터의 여러 복사본은 항상 사용 가능하다.
- 성능과 연결성 책임이 아웃소싱됨 : 모든 클라언트는 반드시 인터넷에 접근할 수 있어야 한다. CSP는 모든 것이 계약대로 확실하게 동작하도록 할 책임을 갖는다.
- 필요에 따른 맞춤 제공 : 클라우드 고객은 현재의 필요에 따라 구매하고자 하는 컴퓨팅 능력과 저장 공간을 증대시키거나 감소시킬 수 있다. 이를 통해 조직은 사용하지 않는 하드웨어를 유지할 비용을 실질적으로 절감할 수 있다. 즉, 조직은 새로운 서버를 구매하거나 설정하지 않고 증대되는 요구에 대응할 수 있다.

클라우드 컴퓨팅에 대한 단점도 있다. 예를 들어, 조직 외부로 서비스를 이동함으로써 전체 환경을 통제하기가 더 어렵다. 클라우드의 단점은 다음과 같다.

- 안전한 개인정보 관리의 어려움 증대 : 클라우드에 저장된 데이터는 인가된 사용자와 공격자 모두에게 더 많이 접근될 수 있다. 클라우드 환경은 기본적으로 신뢰할 수 없다. 데이터 소유자는 접근통제가 데이터를 보호하는 데 충분하도록 각별히 주의하여야 한다.
- 개인정보 노출 위험의 증대 : 클라우드 컴퓨팅의 장점 중 하나는 CSP가 데이터를 항상 사용할 수 있도록 보장한다는 것이다. 이를 위해 데이터의 최신 복사본이 여러 위치에 존재하도록 한다. 개인정보의 복사본이 존재하면 데이터가 비인가된 사용자에게 노출될 가능성도 증대된다.
- 끊임없는 네트워크 접근에 대한 수요 증대 : 클라우드 서비스에의 접근은 해당 서비스에 대한 네트워크 연결에 달려 있다. 즉, 신뢰할 수 없거나 빠른 인터넷 접속이 가능하지 않는 사용자는 클라우드 서비스를 이용하기가 힘들 수 있다. 신뢰되는 커버리지 범위

내/외부로 이동하는 모바일 사용자 또는 신뢰된 인터넷 접속이 가능하지 않는 사용자들이 가장 우려한다.

- **외부 업체 신뢰에 대한 클라이언트의 수요 증대** : 개인정보를 CSP에 넘기기 위해서는 해당 제공자에 대해 특정 수준의 신뢰가 필요하다. 민감한 정보를 제3자에게 맡기는 것이 특정 법이나 규정이나 업체 요구사항을 위반하는 것일 수 있다. 데이터를 클라우드로 옮기기 전에 반드시 외부 요구사항에 따른 모든 제약 사항을 신중하게 검토하여야 한다. 가장 안전한 정책에서 클라우드를 신뢰되지 않는 환경으로 다루어도 CSP에 대한 기본적인 신뢰 수준이 존재해야 한다.

> **참고**
> CSA는 클라우드 컴퓨팅 보안 이슈를 배울 수 있는 곳이다. CSA 웹 사이트는 https://cloudsecurityalliance.org/이다.
> "Security Guidance for Critical Areas of Focus in Cloud Computing V2.1"는 https://cloudsecurityalliance.org/csaguide.pdf에서 다운받을 수 있다.

오늘날 조직이 직면하는 가장 어려운 문제 중 하나는 클라우드에서 개인정보를 안전하게 관리하는 것이다. 주 어려움은 데이터가 신뢰되는 조직 기반구조 내부에서 신뢰되지 않는 클라우드 환경으로 이동된다는 것이다. 사용자가 클라우드 서비스에 연결되기 때문에 문제는 누가 신원확인, 인가 및 인증에 책임을 질 것인가이다. 클라우드 보안 연합(CSA, Cloud Security Alliance)은 클라우드 컴퓨팅을 안전하게 이용하기 위한 모범사례를 촉진할 임무를 갖는 비영리 조직이다. CSA는 클라우드 보안에 대한 가이드 "Security Guidance for Critical Areas of Focus in Cloud Computing V2.1"를 발표하였다. 보고서에는 클라우드 컴퓨팅에서 해결해야 할 문제를 다음과 같이 기술하고 있다.

> "기업 어플리케이션에 대한 신원과 접근통제를 관리하는 것은 오늘날 IT에서 직면하는 가장 큰 해결 과제 중 하나이다. 기업이 여러 클라우드 컴퓨팅 서비스를 좋은 신원 및 접근 관리 전략 없이 사용할 수는 있지만 결국에는 조직의 신원 서비스를 클라우드로 확장하는 것은 온 디맨드(on-demand) 컴퓨팅 서비스의 전략적 사용에 필요한 요소이다."

클라우드 환경에서 접근통제를 관리하는 문제를 해결하기는 쉽지 않다. 조직의 부담을 줄이기 위한 연구가 진행되고 있다. 오늘날 가장 좋은 방법은 기존 개념을 확장하는 것이다. 가장 중요한 규칙은 심층 방법 전략을 사용해야 한다는 것이다. 절대로 자원을 보호하는 데 하나의 통제 대책에만 의존해서는 안 된다.

요약

접근통제는 특정 자원에 대한 접근을 허용하거나 거부하는 방법이다. 조직은 접근통제를 이용하여 어떤 직원이 어떤 일을 할 수 있는지를 관리한다. 접근통제에는 사용자가 누구이고, 무엇을 할 수 있고, 어떤 자원에 접근할 수 있고, 어떤 연산을 수행할 수 있는지가 기술된다. 접근통제 시스템은 여러 기술(패스워드, 하드웨어 토큰, 생체측정 및 인증서)을 이용한다. 접근은 물리적 자산(건물이나 방)에 대해 승인될 수 있다. 또한 접근은 정보 시스템에 대해 승인될 수도 있다.

접근통제의 네 가지 사항은 인가, 신원확인, 인증 및 책임추적성이라는 것을 살펴보았다. 네 가지 사항에 대한 부분은 두 단계(정책 정의 단계와 정책 시행 단계)로 구성된 접근 통제 프로세스를 생성한다. 우선 누가 접근을 인가받았고 어떤 시스템 또는 자원을 사용하도록 허용되었고 어떻게 결정하는 지를 살펴보았다. 이후 첫 번째 단계에서 정의된 인가에 기반하여 접근이 어떻게 승인되고 거절되는지를 살펴보았다. 또한 접근통제의 형식 모델과 접근통제 방법 및 해결 과제 그리고 접근통제 위반의 결과를 살펴보았다.

핵심 용어

- access control : 접근통제
- accountability : 책임추적성
- actions : 활동
- asynchronous token : 비동기식 토큰
- authentication : 인증
- authority-level policy : 권한 수준 정책
- authorization : 인가
- characteristic : 특징
- cloud computing : 클라우드 컴퓨팅
- Cloud Security Alliance(CSA) : 클라우드 보안 연합
- Cloud Service Provider(CSP) : 클라우드 서비스 제공자
- collusion : 공모
- constrained user interface : 제한적 사용자 인터페이스
- continuous authentication : 지속적인 인증
- decentralized access control : 분산된 접근통제
- discretionary Access Control(DAC) : 임의적 접근통제
- event-based synchronization system : 이벤트 기반의 동기화 시스템
- group membership policy : 그룹 회원 정책
- identification : 신원확인
- knowledge : 지식
- logical access control : 논리적 접근통제
- mandatory Access Control(MAC) : 강제적 접근통제
- multi-tenancy : 멀티 테넌시
- need-to-know : 알 필요
- ownership : 소유권
- passphrase : 패스프레이즈
- physical access control : 물리적 접근통제
- physically constrained user interface : 물리적으로 제한적인 사용자 인터페이스
- reference monitor : 참조 모니터
- relationships : 관계
- resources : 자원
- RBAC(Role Based Access Control) : 역할 기

반 접근통제
- security kernel database : 보안 커널 데이터베이스
- separation of duties : 직무 분리
- single-factor authentication : 단일 요소 인증
- smart card : 스마트카드
- synchronous token : 동기화 토큰
- temporal isolation : 일시적 격리
- threshold : 임계치
- time-based synchronization system : 시간 기반의 동기화 시스템
- TFA(Two-Factor Authentication) : 이중 요소 인증
- USB token : USB 토큰
- UDP(User Datagram Protocol) : 사용자 데이터그램 프로토콜
- VBAC(View-Based Access Control) : 뷰 기반의 접근통제

연습문제

1. 접근통제는 특정 물품에 대한 접근을 통제하는 데 사용되는 정책이나 절차이다.

A. 그렇다.
B. 아니다.

2. 다음 중 접근통제의 인가를 가장 잘 설명한 것은 무엇인가?

A. 인가는 주체가 시스템에 대한 접근을 요청하기 위해 사용하는 방법이다.
B. 인가는 조직이 감사를 받을 때 적절한 정보가 이용된다는 것을 보장하는 데 필요한 정책과 절차를 생성하고 관리하는 과정이다.
C. 인가는 접근을 요청하는 주체가 실로 해당 접근을 인가한 동일한 주체라는 것을 검증하거나 증명하는 것이다.
D. 인가는 누가 접근에 승인되었고 어떤 자원에의 접근이 승인되었는지를 결정하는 절차이다.

3. 다음 중 접근통제의 개인식별을 가장 잘 설명한 것은 무엇인가?

A. 개인식별은 접근을 요청하는 주체가 실로 해당 접근을 인가한 동일한 주체라는 것을 검증하거나 증명하는 것이다.
B. 개인식별은 주체가 시스템에 대한 접근을 요청하기 위해 사용하는 방법이다.
C. 개인식별은 누가 접근에 승인되었고 어떤 자원에의 접근이 승인되었는지를 결정하는 절차이다.
D. 개인식별은 조직이 감사를 받을 때 적절한 정보가 이용된다는 것을 보장하는 데 필요한 정책과 절차를 생성하고 관리하는 과정이다.

4. 다음 중 접근통제의 인증을 가장 잘 설명한 것은 무엇인가?

A. 인증은 접근을 요청하는 주체가 실로 해당 접근을 인가한 동일한 주체라는 것을 검증하거나 증명하는 것이다.
B. 인증은 조직이 감사를 받을 때 적절한 정보가 이용된다는 것을 보장하는 데 필요한 정책과 절차를 생성하고 관리하는 과정이다.
C. 인증은 누가 접근에 승인되었고 어떤 자원에의 접근이 승인되었는지를 결정하는 절자이다.
D. 인증은 주체가 시스템에 대한 접근을 요청하기 위해 사용하는 방법이다.

5. 다음 중 접근통제의 책임추적성을 가장 잘 설명한 것은 무엇인가?

A. 책임추적성은 접근을 요청하는 주체가 실로 해당 접근을 인가한 동일한 주체라는 것을 검증하거나 증명하는 것이다.

B. 책임추적성은 주체가 시스템에 대한 접근을 요청하기 위해 사용하는 방법이다.
C. 책임추적성은 조직이 감사를 받을 때 적절한 정보가 이용된다는 것을 보장하는 데 필요한 정책과 절차를 생성하고 관리하는 과정이다.
D. 책임추적성은 누가 접근에 승인되었고 어떤 자원으로 접근이 승인되었는지를 결정하는 절차이다.

6. 물리적 접근통제는 건물이나 주차장 입구와 같이 자원에 대한 물리적 접근을 저지한다.

A. 그렇다.
B. 아니다.

7. 사용자가 네트워크에 로그인할 때 사용자에게 사용자이름과 패스워드, 토큰, 스마트카드 또는 생체측정방식 등이 제시된다. 이후 사용자는 인가되거나 접근이 거부된다. 이것은 (   )에 예이다. (   )에 적절한 것은?

A. 물리적 접근통제
B. 논리적 접근통제
C. 그룹 회원 정책
D. Biba 무결성 모델
E. 정답 없음

8. 접근통제는 컴퓨팅 환경에서 다양한 형태, 제한된 수준 및 다양한 수준으로 구현될 수 없다.

A. 그렇다.
B. 아니다.

9. 다음 중 접근통제의 형식 모델의 예는 어떤 것인가?

A. 임의적 접근통제(DAC)
B. 의무적 접근통제(MAC)
C. 비-임의적 접근통제
D. Clark과 Wilson 무결성 모델
E. A, B, C, D 모두 정답임

10. 물리적 접근통제, 보안 우회 및 도청은 접근통제가 (   )될 수 있는 방법의 예이다.

A. 도난
B. 손상
C. 감사
D. 인가

11. 다음 중 접근통제에 대한 우려 사항은 무엇인가?

A. 노트북 손실
B. 하드웨어 악용
C. 도청
D. 어플리케이션 악용
E. A, B, C, D 모두 정답임

12. 자원의 소유자가 접근을 결정하고 원하는 대로 허가를 변경하는 접근통제 방법은 무엇인가?

A. 의무적 접근통제(MAC)
B. 임의적 접근통제(DAC)
C. 비-임의적 접근통제
D. 컨텐츠-의존적 접근통제
E. 역할 기반 접근통제

13. 시스템에서 취약점을 식별하고 평가하고 우선순위를 결정하는 과정을 무엇이라 하는가?

A. 취약점 정책
B. 취약점 제지
C. 취약점 인가
D. 취약점 평가

14. 보안 커널은 컴퓨터 시스템의 보안통제를 시행한다.

A. 그렇다.
B. 아니다.

15. 개인정보보호에 관해 조직은 다음 중 무엇을 고려하는가?

A. 괴롭힘 소송에서의 법적 책임
B. 직원의 도난으로 인한 손실
C. 온라인을 이용한 직원의 쇼핑 또는 업무와 관련 없는 업무 수행으로 인한 생산성 손실
D. A, B, C 모두 정답임

Security Operations
and Administration

6장 보안 운영 및 관리

보안 전문가는 반드시 보안 운영과 관리를 통해 견고한 보안 프로그램에 대한 기초를 어떻게 생성하는 지를 이해해야 한다. 보안 전문가와 지도자의 역할은 비슷하다. 보안 전문가는 "선수" 또는 자산의 장점과 약점을 알기 위해 직원과 협력한다. 보안전문가든 지도자든 목적은 게임에서 이기는 것이다. 보안전문가에게 "게임"은 조직의 자원을 안전하게 하는 것이다. "적"은 데이터를 훔쳐서 이용하고자 하는 비인가된 사용자이다.

지도자처럼 보안전문가도 전략에 대한 각본을 가지고 있어야 하고 상대방에게 자신의 전략이 노출되지 않도록 해야 한다. 그리고 전략은 업체의 규칙과 규정을 따라야 한다. 규칙과 규정을 시행하기 위해서는 직원에 대한 교육과 훈련을 수행해야 한다. 또한 직원들에게 팀으로 함께 일할 필요가 있는 기술을 제공해야 한다.

이것이 성공하면 조직은 자연스럽게 최고의 팀이 될 것이다. 즉, 모든 사람이 완수해야 할 임무와 그 임무를 완수하기 위해 함께 일하는 방법을 이해하게 될 것이다. 실패하면 조직은 혼란에 빠지고 직원은 앞뒤 생각 없이 자신의 일을 수행할 것이다. 이렇게 되면 조직의 정보가 공격자에게 넘어갈 수 있다. 거래 정보의 비밀성을 더 이상 유지할 수 없게 되고 조직은 이를 다시 안전하게 하기 위해 많은 투자를 해야 할 것이고 직원들이 다른 직장을 찾게 될 수도 있다.

본 장에서는 강력한 보안 관리팀을 구성하는 방법을 살펴보도록 한다.

6장 주제

본 장의 주요 주제는 다음과 같다.

- 보안 관리
- 법적 준거성
- 전문가 윤리
- IT 보안 정책 기반구조
- 데이터 분류 기준
- 설정 관리
- 변경관리 절차
- 시스템 생명주기(SLC, System Life Cycle)와 시스템 개발 생명주기(SDLC, System Development Life Cycle)
- 보안 관련 소프트웨어 개발

6장 목적

본 장의 목적은 다음과 같다.

- 보안 기반구조를 관리
- 정책을 생성하고 지원
- 데이터를 분류
- 보안 프로그램을 개발하고 유지
- 시스템에 대한 주요 변경 및 단순 변경을 관리
- 보안에 대한 사용자 인식을 제고
- 전문가 윤리를 이해

보안 관리

조직의 **보안 관리**(security administration)는 조직의 보안 계획을 수립하고 설계하고 구현하고 모니터링할 책임을 가지는 개인들의 집단이다. 관리팀을 구성하기 전에 조직은 반드시 정보 자산을 식별해야 한다. 자산을 식별하고 문서화한 후에 자산에 대한 책임을 개인 또는 직무에 지정해야 한다. 일단 자산 목록과 자산에 대한 책임자를 알면 팀을 구성할 수 있다. 이 관리팀은 자산의 민감도(중요도)를 결정하고 민감도에 따라 안전하게 할 계획을 수립한다.

접근 통제

조직의 보안 관리팀의 주 임무는 시스템이나 자원에 대한 접근을 통제하는 것이다. 접근 통제의 4가지 요소는 다음과 같다.

- **신원확인**(identification) : 자신이 누구라는 사용자의 주장

- 인증(authentication) : 해당 주장의 증명
- 인가(authorization) : 시스템에 대한 정당한 사용자 또는 프로세스의 허가
- 책임추적성(accountability) : 인증되고 인가된 사용자가 시스템에 접근하여 무엇을 수행했는지를 추적하거나 로그를 기록하는 것

문서, 절차 및 가이드라인

보안 관리팀은 조직의 보안 프로그램을 계획하고 설계하고 구현하고 모니터링을 처리한다. 보안 관리팀은 자산을 안전하게 관리하기 위한 가장 최선의 결정을 내려야 하며, 이에는 여러 종류의 문서가 필요하다. 가장 일반적인 문서 요구사항은 다음과 같다.

- 민감한(중요한) 자산 목록 : 조직이 보안대책을 수립해야 할 자산은 무엇인가? 목록에는 컴퓨터, 네트워크 장비, 데이터베이스, 문서 및 공격을 받을만한 가치가 있는 자산이 포함된다.
- 조직의 보안 절차 : 보안대책이 어떻게 동작하는가?
- 보안을 책임지는 개인의 권한 : 어떤 관리자가 어떤 자산에 어떤 행위를 책임지거나 수행하도록 허가를 받았는가?
- 조직이 채택한 정책, 절차 및 가이드라인 : 소통에 필요한 정보는 무엇이고, 소통하는 방법은 무엇이고, 언제 소통해야 하는가?

보안 관리팀은 조직이 기술한 정책을 준수하기 위하여 함께 노력해야 한다. 조직은 반드시 두 가지 수준의 규칙을 준수해야 한다.

- 규제적 준수 : 조직은 반드시 법과 정부의 규정을 준수해야 한다.
- 조직적 준수 : 조직은 반드시 자신의 정책, 감사, 문화 및 표준을 준수해야 한다.

결과적으로 보안 관리팀의 문서, 절차 및 가이드라인은 준수할 사항과 준수 모니터링에 중점을 둔다. 보안 관리팀은 조직이 다양한 규칙과 규정을 따른다는 것을 확신해야 한다.

재해 평가 및 복구

보안 관리팀의 책임에는 컴퓨터와 네트워크에 영향을 미치는 사건을 처리하는 것이 포함된다. 이러한 사건에는 사고, 재해 및 기타 중단이 포함된다.

보안 관리팀은 보안 사고를 처리하는 사고 대응팀을 구성한다. 사고 대응팀은 사고 대응과 보안 침해 조사에 책임이 있는 개인들로 구성된다. 보안 관리팀이 관리하는 또 다른 팀으로 비상 운영 그룹(emergency operations group)이 있다. 이 그룹은 자연 재해 시 민감한 정보와 다른 비상사태에 장비 장애를 보호할 책임을 진다.

사고 대응팀과 비상 운영 그룹과 시스템 관리자의 최선의 노력에도 불구하고 모든 시스템은 장애를 일으킬 수도 있고 공격을 받을 수도 있다. 보안 관리팀은 조직이 어떤 사건에도 신속하고 효과적으로 대응할 수 있음을 보장한다.

보안 위탁

많은 조직은 보안 모니터링과 분석을 외부 기업에 의존한다. 즉, 사고를 처리할 때 위탁 기업의 업무를 모니터링하거나 그 기업과 함께 작업을 수행할 필요가 있다. 이 방법은 장, 단점이 있다.

- **장점** : 보안 관리 기업은 매일 보안에 중점을 두기 때문에 위탁을 주는 기업에 보다 높은 수준의 전문가가 있다. 간단하게 말해 조직보다 전문가와 풍부한 경험으로 업무를 수행한다.
- **단점** : 위탁의 단점은 크게 두 가지이다. 우선 위탁을 받은 기업은 조직을 잘 모를 수 있다. 두 번째는 위탁으로 인해 조직 내부의 능력을 발전시킬 수 없어 결국 보안 서비스에 대해 계속해서 외부 업체에 의존할 수밖에 없다.

위탁 시 고려사항

보안 관리팀은 외부 기업과 협력하여 함께 결정한 보안 요구조건에 반드시 동의하여야 한다. 조직이 해야 할 마지막 단계는 재해가 발생한 이후 특정한 재해에 따른 대응 계획이 없었다는 것을 알아내는 것이다. 이런 형태의 협정이 서비스 수준 협정(SLA, Service Level Agreement)이다. 이는 위탁을 받은 기업이 제공할 특화된 서비스에 대한 상세 사항을 기록한 것으로 조직과 위탁을 받은 기업 사이의 공식적인 계약이다. SLA에 상세히 기록해야 할 사항은 다음과 같다.

- 잠재적 보안 침해가 발생했을 때 어떻게, 언제 소통할 것인가
- 로그 및 사건을 어떻게 보고할 것인가
- 기밀 데이터를 어떻게 처리할 것인가
- 보안 시스템 가동 시간 요구조건은 무엇인가 (예를 들어, 모든 핵심적인 보안 시스템의 가동률이 99.99 퍼센트를 요구할 수도 있다.)

SLA는 조직과 외부 업체 간 협의에 의해 작성되어야 한다. SLA에는 두 업체가 원하는 사항이 포함되어야 한다. 보안 관리팀 직원은 반드시 부서의 위험을 신중하게 분석해야 한다. 설명되지 않은 위험으로 인해 조직은 데이터 손실에 돈이 들거나 그것을 교정하는데 비용이 더 추가될 수 있다. 이것은 자동차 유지비와 같이 생각할 수 있다. 정기적으로 엔진 오일을 교환하는 것이 헤드 결함을 고치는 것보다 비용이 덜 든다. 엔진을 관리하는 것이 그것을 고치는 것보다 더 싸다.

법적 준거성

조직의 보안 정책에는 보안 활동에 관한 방법을 규정한다. 또한 직원이 반드시 따라야 하는 규칙을 서술한다. 보안 정책은 교통 법규와 같다. 교통 법규에는 도로에 대한 규칙과 안

전이 규정되어 있다. 이러한 규칙이 제대로 지켜지지 않으면 도로는 위험해질 것이다. 정보 보안 정책도 마찬가지이다. 보안 정책이 제대로 시행되지 않으면 그 결과가 더 좋지 않다. 준거성이 중요한 이유이다. 준거성을 보장하는 데 사용되는 3가지 주요 사항이 있다.

- 보안 이벤트 로그
- 준거성 소통(compliance liaison)
- 개선

보안 이벤트 로그

보안 이벤트 로그(security event logs)는 운영체제나 어플리케이션 소프트웨어가 자동적으로 생성하는 데이터의 기록이다. 보안 이벤트 로그는 어떤 사용자나 시스템이 어떤 데이터나 자원에 언제 접근했는지를 기록한다. 보안 이벤트 로그는 도서관에서 누가 책을 빌려갔는지를 확인하는 시스템과 비슷하다. 책 반납이 늦어지거나 반납되지 않으면 도서관에서는 누가 그 책을 마지막으로 빌려갔는지를 확인하기 위해 시스템의 기록을 확인한다. 조직에서 정보보안 침해가 발생하면 보안 이벤트 로그를 이용하여 시스템에 어떤 일이 언제 일어났는지를 확인한다. 보안사고 로그를 이용하면 범인을 잡을 수도 있고 문제를 고칠 수도 있다.

준거성 소통

조직과 보안 정책의 범위가 점점 더 확대되고 복잡해지면서 법률 준수를 유지하기가 어렵다. **준거성 소통**(compliance liaison)이란 모든 직원이 조직의 정책을 잘 알고 이를 준수하고 있다는 것을 보다 명확하게 한다. 조직 내 부서마다 생각이나 수요가 다를 수 있다. 준거성 소통을 위해 각 부서와 협력하여 준거성을 이해하고 구현하고 모니터링 함을 보장하여야 한다. 또한 준거성 소통을 이용하여 각 부서는 정보 보안이 부서의 활동에 어떻게 포함될 수 있는 지를 이해하게 된다.

개선

취약점을 완화시키면 컴퓨터와 네트워크에 대한 공격의 위험성을 축소시킬 수 있다. 어떤 경우 가장 좋은 해결책은 침입자를 막고 지원에 대한 접근을 못하도록 하는 것이다. 또 다른 경우에는 취약점을 제거하는 것이다. **개선**(remediation)은 잘못되거나 결함이 있는 것을 교정하는 것이다. 컴퓨터 시스템에서 개선은 보안 취약점을 교정하는 것이다.

물론 어떤 문제는 다른 문제보다 더 중요하다. 낮은 위험 이슈보다는 높은 위험 이슈를 교정해야 한다. 가능하면 취약점을 제거하는 것이 가장 좋은 선택이다. 효과적으로 취약점을 제거할 수 없으면 그 다음 좋은 선택은 공격자가 해당 취약점을 악용할 가능성을 제거하는 것이다. 공격자의 악용을 막는 방법 중 하나는 적극적으로 접근 통제를 이용하는 것이다. 어떤 상황이든 목적은 공격자가 공격을 성공하지 못하도록 하는 것이다. 항상 자산을 공격으로부터 보호하도록 보안 정책을 설계하여야 한다. 준거성은 정보기술 시스템에서 매우 중요하다.

직업 윤리

보안 전문가의 가장 중요한 역할 중 하나는 준수 활동을 이끄는 리더의 역할이다. 사람들은 리더를 신뢰하지 않으면 규칙을 따르지 않을 것이다. 존경받는 모든 전문가는 자신만의 윤리와 행동 강령이 있다. 그러한 규범을 따름으로써 실무자들의 존경을 받는다. 보안 분야에서 일하는 사람도 이 점에서 다른 분야에서와 마찬가지이다. 보안 전문가들에게는 자신의 행동을 확실히 통제하는 윤리 강령이 있다. (ISC)2는 윤리 가이드라인을 제공한다. 그러나 사용자가 가이드라인을 채택하고 시행하지 않으면 아무런 효과가 없다. 윤리를 강력하게 실행하기 위한 조언 몇 가지를 살펴보도록 한다.

- **모범을 보인다** : 매일 수행해야 하는 활동 내 윤리적인 원칙의 실례를 보여준다. 사용자들은 전문가의 시범을 따를 것이다. 전문가가 윤리를 신중하게 고려하면 사용자들도 윤리를 좀 더 심각하게 생각할 것이다.
- **윤리 가이드라인과 기준 채택을 장려한다** : 보안 전문가들은 반드시 자신의 윤리적 경계를 알고 그 윤리를 따름으로써 모범을 보여야 한다. 이로 인해 어려운 결정을 해야 한다는 것을 의미한다. 보안 전문가들의 이런 모습을 보고 직원들도 윤리적이고 책임을 가지고 행동하게 된다.
- **보안 인식 훈련을 통해 사용자들에게 정보를 제공한다** : 확실하게 사용자들이 윤리적 책임감을 인식하고 이해하도록 하여야 한다.

윤리에 대한 잘못된 생각

간단하게 윤리 기반의 규칙을 목록화하는 것으로는 충분하지 않다. 보안 전문가들은 실제로 매일 윤리적으로 사는 것이 중요하다. 윤리 강령을 준수하는 첫 번째 단계는 많은 컴퓨터 사용자들이 비윤리적으로 행동하게 하는 가장 일반적인 가정 사항을 이해하는 것이다. 이러한 가정 사항은 다음과 같다.

- 사용자들은 컴퓨터의 남용을 막아야 한다고 생각한다. 사용자가 비인가된 접근을 가지게 되면 사용자의 잘못이 아니라 조직의 잘못이다.
- 사용자들은 법 체제에서 자유롭게 말하고 표현할 수 있는 것처럼 보안 취약점을 이용할 권리가 있다고 믿는다.
- 사용자들은 자신들의 행동이 사소한 피해만 일으킨다고 생각한다. 사소한 피해는 다른 사람을 방해하지 않는다고 생각한다.
- 사용자들은 해킹의 동기가 손상을 일으키는 것이 아니면 괜찮다고 생각한다. 즉, 해킹으로 돈을 벌거나 다른 이득을 얻지 못하면 자신들이 처벌 받지 않을 거라 생각한다.
- 사용자는 정보에 비용을 지불할 생각이 없다. 따라서 다른 사람의 시스템을 통해 정보를 얻어도 괜찮다고 생각한다.

윤리강령

윤리 강령을 이용하여 전문성을 보장할 수 있다. 발표된 여러 강령을 정보 보안에 적용할 수 있다. 여기에서는 (ISC)² 윤리 강령을 중점적으로 살펴보고 IAB(Internet Architecture Board)에서 발표된 여러 성명서도 살펴보도록 한다. 이러한 성명서에는 IAB가 고려하는 핵심적이고 적절한 활동이 설명되어 있다.

(ISC)² 윤리 강령

SSCP 시험 전에 시험 신청자는 윤리 강령을 따른다는 성명서에 서명을 해야 한다. 윤리 강령을 단순히 읽지 않고 이해하도록 한다.

> "사회와 공익의 안전과 안녕, 본인과 서로에 대한 의무는 가장 높은 행동의 윤리적 기준을 준수하고 준수할 준비가 되어 있는 것이다. 그러므로 인증을 받기 위해서는 이 강령을 엄격히 준수해야 한다."

(ISC)² 윤리 강령 규범은 중요 순서로 표현된다. 항상 모든 규범을 적용할 수 없다. 따라서 이러한 규범은 특정 상황에서는 상충되기도 하지만 업무를 수행할 때 윤리적으로 어려운 상황에서 적용해야 하는 순서라는 것을 상기하자.

> "사회와 공익과 필요한 국민의 신뢰와 신용 및 기반구조를 보호한다."
> "명예롭고 정직하고 정당하고 책임성 있고 합법적으로 행동한다."
> "책임자에게 근면하고 능숙한 서비스를 제공한다."
> "전문성을 향상하고 보호한다."

IAB 정책 성명서

IAB는 비윤리적이고 수용될 수 없는 관례 목록을 제공한다. 1989년에 IAB는 인터넷 윤리에 관한 정책 성명서를 발행하였다. 이 문서의 제목이 RFC 1087이다. 인터넷 사용 윤리에 관한 첫 번째 성명서 중 일부지만 오늘날에도 여전히 적용되고 있다. RFC 1087에서는 어떤 활동이 비윤리적이고 허용될 수 없는지를 설명하고 있다.

> "인터넷 자원에 대한 비인가된 접근을 획득하려고 한다."
> "인터넷을 목적대로 사용되는 것을 방해한다."
> "비윤리적이고 수용할 수 없는 행동으로 자원(사람, 기능, 컴퓨터)을 낭비한다."
> "컴퓨터 기반의 정보의 무결성을 파괴한다."
> "사용자의 프라이버시를 손상시킨다."
> "인터넷 규모의 실험을 부주의하게 수행한다."

해당 문서의 중요한 점은 인터넷 접근은 특권(privilege)이지 권리(right)가 아니라는 점이다.

직업 요구사항

모든 직업의 규칙과 규정에는 직업윤리의 시행을 포함한다. 이러한 규칙은 공무원 채용에서 비롯되었다. 규칙을 위반할 경우 소유한 인증서나 자격증을 잃게 된다.

다르게 말하자면 법과 규정에서는 윤리적 활동을 의무사항으로 규정하고 있다. 예를 들어 OECD(Organization for Economic Cooperation and Development)는 30개 이상의 국가가 참여하는 조직이다. OECD의 목적은 경제적 협력과 성장이다. 1980년에 OECD는 8개의 프라이버시 원칙을 만들었다. 이 원칙은 전 세계 프라이버시 법/규정의 기초가 되었다. 8개의 원칙을 요약하면 다음과 같다.

> **참고**
> OECD에 대한 보다 많은 정보는 http://www.oecd.org를 참조하도록 한다. 최초의 OECD 프라이버시 가이드라인을 볼 수 있고 오늘날 환경에 적합하도록 변경된 문서(http://www.oecd.org/sti/ieconomy/49710223.pdf)도 볼 수 있다.

- 조직은 필요한 정보만을 수집하여야 한다.
- 조직은 자신의 정보를 공유해서는 안 된다.
- 조직은 정보를 최신의 상태로 관리해야 한다.
- 조직은 수집했을 때의 목적으로만 정보를 이용해야 한다.
- 조직은 정보가 필요치 않으면 적절하게 파기하여야 한다.

직원 보안 원칙

시스템을 안전하게 지키기 위해 할 수 있는 모든 기술적 해결책에 비해 인적인 요소는 가장 처리하기 힘든 일이다. 얼마나 교육 진행이 안 되는지를 알면 놀랄 것이다. 직원들이 보안 위험으로 인해 자기 자신과 조직이 손상을 입는다는 것을 인식하면 직원들을 다잡아서 능숙하게 운영하도록 조직 대표를 지원할 가능성이 더 높다.

사용자가 해야 할 일과 해서는 안 되는 일을 잘 아는 것은 중요하다. 가장 좋은 방법은 잘 정의된 직무 기술서와 역할 책임성을 만드는 것이다. 사람들이 해야 할 일을 알게 되면 해서는 안 되는 활동을 식별하기가 쉽다. 역할이나 책임성이 모호하면 잘못된 행동을 표시하기가 훨씬 더 어렵다. 직원이 잘못한 행동을 모면할 가능성이 높아질 수 있다는 것을 의미한다.

정보와 자산에 대한 접근을 최소화하는 것은 중요한 보안 통제이다. 앞에서 인원 보안과 관련된 몇 가지 개념을 살펴보았다. 이러한 개념은 매우 중요하다. 직원에게 직접적으로 영향을 미치는 보안 통제는 주의깊게 살펴보아야 한다. 조직에서 사람은 가장 중요한 자산이다.

접근 제한

사용자에게 접근을 승인하는 방법을 결정할 때 핵심 개념 중의 하나는 접근 제한이다. 사용자가 업무를 수행하는데 필요한 만큼의 허가 수준만을 승인받아야 하는 것을 최소 권한의 원칙이라 한다. 항상 이 원칙을 사용하여야 한다. 그렇지 않으면 사용자가 접근해서는 안 되는 정보에 비인가된 사용자 접근을 허용하는 위험이 있을 수 있다. 예를 들어, 취약한 접근

통제로 인해 판매원이 직원의 월급 정보를 볼 수 있게 된다.

알 필요(need-to-know)의 요구조건은 최소 권한의 원칙과 관련된 또 다른 개념이다. 이 요구조건에서는 사람들은 인가 등급과 상관없이 자신의 직무를 수행하는데 필요한 정보에만 접근할 수 있어야 한다고 규정한다. 사용자가 극비의 인가 등급을 가지고 있다 해도 모든 극비의 정보에 접근할 수 있는 것은 아니다. 사람들은 자신의 직무를 수행하는데 필요한 정보에만 접근할 필요가 있다.

직무 분리

직무 분리를 통해 업무를 여러 사용자들이 반드시 수행해야 하는 작은 단위의 업무로 나눈다. 즉, 다른 사용자의 도움이나 승인 없이 단일 사용자가 핵심 업무를 수행할 수 없다는 것을 의미한다. 다르게 말하면 시스템에 손상을 가할 계획을 가진 사용자는 다른 사람의 도움을 반드시 받아야 한다는 것이다. 공모를 하거나 숨기기 어렵다. 예를 들어 직무 분리를 하면 직원이 단독으로 새로운 업체를 생성할 수 없고 해당 업체에게 돈을 지불할 수 없다는 것을 보장할 수 있다. 직원이 단독으로 Acme Consulting의 은행 계좌를 만들어 시스템에 새로운 업체인 Acme Consulting을 입력한 후 Acme Consulting에게 $1,000 수표를 발급하는 것을 방지한다.

직무 순환

인력과 관련된 보안 위반을 방지하는 방법 중 하나로 **직무 순환**(job rotation)을 이용하는 것이 있다. 직무 순환은 다양한 시스템이나 직무 중 직원을 순환시킴으로써 위험을 최소화하고 이로 인해 공모가 방지된다. 또한 직무 순환을 이용하여 관리자는 어떤 사용자가 인가되었고 어떤 활동을 언제 수행했는지를 추적할 기회가 생긴다. 다른 대책이 실패할 경우 직무 순환을 통해 손상이 심해지기 전에 보안 침해를 발견할 기회가 생긴다. 또한 여러 직원들이 특정 업무의 기술을 익히기 때문에 직무 순환을 통해 업무 백업이 구축된다.

의무적 휴가

직무 순환과 비슷하게 의무적 휴가를 통해서도 사기를 탐지할 수 있다. 사용자들이 휴가를 가면 해당 사용자의 조직에 대한 접근을 중지시켜야 한다. 이렇게 하면 사용자들이 자신이 한 일을 덮기 위해 집에서 일하는 것을 막을 수 있다. 미국 은행 규칙에서 특정 은행 직원은 반드시 연이어서 2주간의 휴가를 가져야 한다. 최근까지 법에서는 관리자가 이러한 휴가 중인 직원과 업무와 관련된 문제로 접촉하지 못하도록 규정하였다. 해당 규칙은 시스템에 읽기 접근은 허용하여 해당 직원이 이메일로 연락 가능하도록 완화되었다. 그러나 휴가 중인 직원은 여전히 업무와 관련된 활동에 참여할 수 없다.

보안 훈련

보안을 위해 직원이 매우 중요하기 때문에 가장 중요한 보안 통제 중 하나는 강력한 보안 훈련과 인식 프로그램이다. 보안 훈련을 통해 모든 직원의 지원을 얻을 수 있다. 직원들은 자신의 업무와 관련된 정책을 준수하고자 하는 의지를 갖게 되는 보안 지지자가 된다. 직원들은 보안 침해를 피하기 위해 조심해야 하며 직원을 정기적으로 훈련시켜야 한다. 반복된 훈련을 통해 직원에게 보안의 중요성을 상기시킨다. 잘 훈련된 직원은 안전한 환경과 공격과 실수를 구분한다.

직원들은 조직에 대한 보안 위협 특히 인적인 요소를 인식해야 한다. 이러한 위협으로 위험할 수 있는 기술을 설치하거나 취약한 패스워드를 선택하거나 피싱 공격이 있다. 많은 조직에서 직원에게 이런 종류의 위협의 중요성을 인식시키는 것이 어렵다. 종종 취약한 패스워드로 인해 개인정보와 기업 정보가 얼마나 위험해 지는지를 설명하기만 해도 사용자들은 강력한 패스워드를 선택하기도 한다.

보안 인식

보안 인식 프로그램에는 조직의 보안 정책의 요구사항과 기대 사항이 다뤄져야 한다. 보안 정책에는 보안 통제를 위해 필요한 활동과 권한이 규정되어야 한다. 보안 정책은 가장 훌륭한 형태의 방어이다. 직원들이 정책 내 이같은 보안 통제 활동들이 명확히 규정되어 있다고 인식하면 그 정책을 더 잘 준수할 것이다. 정책의 각 부분이 필요한 이유를 설명함과 동시에 정책 위반에 대한 벌칙도 설명되어야 한다.

인식 프로그램은 공식적인 훈련 프로그램과는 다르다. 대부분의 사용자는 보안이 무엇이고 왜 필요한지를 잘 모른다. 포스터, 이메일, 뉴스레터 등을 포함한 보안 인식 프로그램을 활용하여 다음을 수행해야 한다.

- 사용자에게 보안 목적으로 알려준다.
- 사용자에게 보안 현황과 위협 요소를 알려준다.
- 사용자가 보안 정책을 준수하도록 동기를 부여한다.

일반적으로 직원들은 회사를 위해 최선을 다하고자 한다. 그러나 보안이 생산성에 방해가 된다고 생각하면 직원들은 자신의 업무를 신속하게 완료하기 위해 종종 보안 대책을 우회하려고 한다. 예를 들어 주말에 집에 있던 직원 Bob이 사무실에 있던 직원 Sue의 전화를 받았다고 하자. Sue는 Bob의 패스워드를 이용하여 파일 또는 시스템에 접근하여 자신의 프로젝트를 완료하였다. 직원에게 패스워드 공유의 위험을 상기시켰지만 대부분의 사람들은 이런 경우 패스워드를 알려준다. 다음의 보안 정책의 중요성을 강화시키는 것이 보안 전문가의 일이다. 또한 생산성 문제를 해결하면서 높은 수준의 보안을 유지하여야 한다.

인식 프로그램을 통해 직원에게 보안 정책을 상기시킬 수 있다. 또한 이러한 인식 프로그램을 통해 직원들이 얼마나 보안 정책을 잘 따르는지도 파악할 수 있다. 프로그램을 통해 직원들에게 보안 사고를 처리하는 방법에 대해 실무적인 조언도 할 수 있다. 좋은 프로그램을 이용하면 직원은 자신들의 의무를 확신할 수 있다. 또한 직원들이 자신의 활동을 변화하도록 지원할 수 있다. 결국 보안이 직원의 일상 업무의 일부가 된다.

정책을 따르지 않는 직원 행동을 기억하도록 한다. 훈련 시 직원에게 업무에 특화된 시나리오를 제시한다. 그리고 "그러한 상황에서 당신은 무엇을 하겠는가?"라고 질문을 한다. 직원들의 의견을 반영하여 인식 프로그램 내 부족한 점을 식별하고 이를 바탕으로 인식 프로그램을 개선하도록 한다.

사회 공학

컴퓨터 시스템에 대해 가장 많이 발생하는 공격 중 하나가 사회 공학(social engineering)이다. 사회 공학에서는 사람을 속이거나 이용하여 보안 통제를 무력화시킨다. 사람들은 도움이 되길 바라기 때문에 공격자가 시스템 접근이 가능한 사람에게 해서는 안 되는 일을 하도록 확신을 주는 것은 그리 어렵지 않다. 이것은 보안의 핵심 분야 중 하나이다. 더 많은 사람들에게 시스템과 데이터에 대한 접근을 부여할수록 보안 침해 위험이 증대된다. 기술적 해결책으로는 인가된 사용자가 비인가된 사람에게 전화를 건 후 민감한 정보를 알려주는 것을 막을 수 없다. 사회 공학 공격을 피할 수 있는 가장 좋은 방법은 사람들이 사회 공학 공격을 인식하고 그러한 공격을 어떻게 처리하는 지를 훈련시키는 것이다. 보안 훈련에 가장 일반적인 사회 공학 공격을 포함하여야 한다.

- 협박 : 위협하거나 괴롭혀서 정보를 주도록 사람을 괴롭힌다.
- 유명 인사의 이름을 잘 아는 사람인 양 들먹이기 : 관리자나 상급자 이름을 이용하여 보다 높은 권한을 가진 사람이 정보의 접근을 허용한 것처럼 속인다.
- 도움 요청 : 사람들에게 연민이나 어려움을 호소한다. 감정적으로 호소하여 정상적인 절차를 피하도록 하거나 예외가 되도록 한다. 돈과 관련되면 이런 형태의 공격은 매우 효과적이다. 예를 들어 어떤 사람이 가난한 사람에게 돈을 보내는데 도와주면 다시 돈을 돌려주겠다고 하여 사람을 속이는 사기가 있을 수 있다. 불행히도 이런 형태의 도움 요청에 사람들이 매년 속고 있다.
- 피싱(phishing) : 피싱과 같이 기술을 이용한 사회 공학 공격도 있다. 피싱 공격에서 공격자는 이메일이나 그럴 듯한 웹 페이지를 만든다. 이를 이용하여 공격자는 사람들이 해당 웹 페이지를 신뢰하여 자신과 민감 정보를 공유하도록 한다. 공격자는 이 정보를 이용하여 금융 정보에 접근하거나 신원을 도용할 수도 있다. 또한 피싱 공격은 민감한 정보를 알아내려는 질문을 포함하는 조사의 형태가 있기도 하다.

> **참고**
> 가장 최신의 피싱 기술에 대해서는 http://www.fraudwatchinternational.com/ phishing을 참조하면 된다.

IT 보안 정책에 대한 기반구조

모든 기업은 법, 규정, 요구사항, 경쟁자, 파트너 등의 복잡한 상황을 고려해야 한다. 또한 의욕, 노사관계, 생산성, 비용, 자금 운영 등이 기업 운영에 영향을 미치기도 한다. 이런 환경에서 경영진은 반드시 전반적인 보안 성명서를 개발하여 발표하여야 한다. 이러한 성명서는

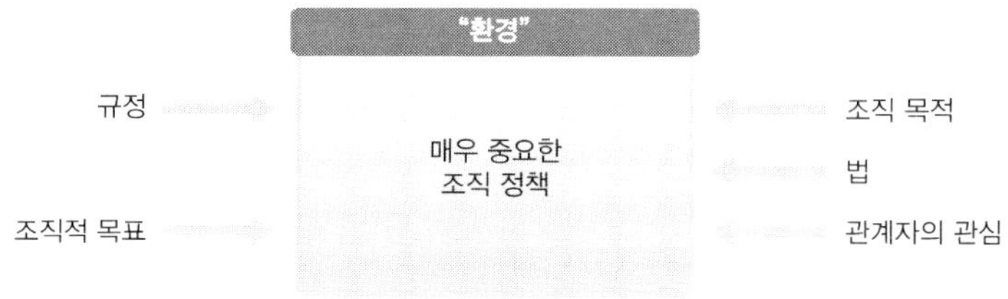

그림 6-1 보안 정책 환경

보안 프로그램에서 정책과 이를 지원하는 기준, 절차, 가이드라인 등을 통해 다뤄져야 한다. (그림 6-1)은 보안 정책 환경의 요소를 보여준다.

각 요소에는 보안 전문가에 대한 특정한 요구사항이 명시되어 있다. 보안 전문가들은 준수 모니터링과 보안 인식, 훈련, 접근 통제, 프라이버시, 사고 대응, 로그 분석 등의 활동에 참여한다.

보안 정책에는 조직의 분위기와 문화가 포함된다. 보안 전문가로서 정책 목적을 조직에 잘 적용해야 한다. 즉, 보안 전문가는 조직의 보안 정책의 상세한 사항을 반드시 이해해야 한다. 정책은 가치와 방향에 대한 고수준의 성명서이다. 조직의 기준, 절차, 가이드라인은 정

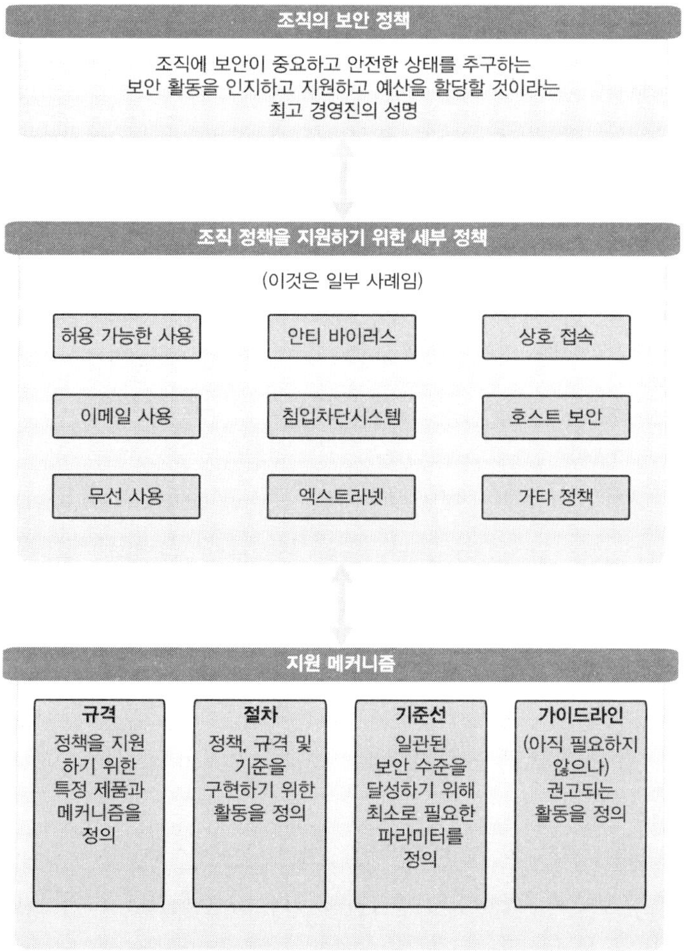

그림 6-2 보안 정책 계층 구조

책 시행과 관련된 문서이다.

보안 전문가의 역할은 이러한 정책 요소들을 지원하는 것이다. 즉, 직원에게 정책, 훈련 및 시행을 알려야 한다. 보안 전문가는 갱신과 변경 시에도 자신의 역할을 다하여야 한다. (그림 6-2)는 전형적인 보안 정책의 계층 구조를 보여준다.

정책

문서화된 보안 정책에는 경영진의 목적과 목표가 규정된다. 정책에는 회사의 보안 수요와 그러한 수요를 충족시키기 위한 의지가 설명된다. 보안 정책은 주요 사실에 대한 짧은 요약이다.

정책이 너무 복잡하면 경영진이 정책을 수용하고 승인하기 어려워한다.

예를 들어 조직의 좋은 보안 정책은 "보안은 우리 조직의 미래의 핵심이다."라든가 "우리 제품에서 보안은 우리의 가장 중요한 업무이다"와 같이 간단한 것이다. 성명서가 간단하면 경영진은 결정하는데 필요한 좋은 안내서를 갖게 된다. 또한 보안 정책을 이용하면 조직은 상당한 주의 의무를 가지고 법, 규정 및 기준을 잘 준수하고 있는 지를 평가할 수 있다.

정책은 이해하기 어렵고 시행되지 않고 갱신되지 않으면 가치가 없다. 반드시 모든 직원이 정책을 이용할 수 있도록 공표하여야 한다. 예를 들어 정책을 휴게실에 게시하도록 한다. 정책은 반드시 최신본을 유지하여야 하고 특히 새로운 법과 규정과 일치하여야 한다. 최소 일 년에 한 번 직원과의 면담을 통해 직원들이 가장 최근의 정책을 잘 알고 있는 지를 확인하고 직원과의 검토 기록을 관리하도록 한다.

보안 정책을 이용하면 모든 직원은 조직이 중요하게 생각하는 자산과 원칙을 이해하게 된다. 명확한 정책을 이용하여 직원들은 조직의 자산을 더 잘 지킬 것이다. 조직에서 정책을 신중하게 다루어야만 직원들도 정책을 신중하게 다룬다는 것을 기억하도록 한다.

실무 정책(functional policy)에서는 이메일, 원격접속, 인터넷 서핑과 같은 특화된 분야의 보안에 대한 경영진의 방향이 선언된다. 이러한 실무 정책에 대해 책임을 지는 부서가 실무 정책을 작성한다. 예를 들어 인사, 정보 기술, 운영, 시설 부서가 부서에 특화된 정책을 만든다. 실무 정책은 "~ 하도록 한다"나 "반드시 ~ 하여야 한다"와 같은 강력한 단어를 사용하여야 한다. 대부분의 사람들은 "~하여야 한다"와 같은 말을 의무사항이 아닌 단순히 제안 정도로 생각한다. 그러므로 정책에서 그런 말을 사용해서는 안 된다. 예를 들어 좋은 접근통제에 관한 실무 정책은 다음과 같이 서술된다.

> "모든 인가된 사용자는 반드시 자신의 인가된 업무만 하도록 허용되어야 한다. 비인가된 사용자는 절대로 회사의 시스템이나 자원에 접근해서는 안 된다."

규격

규격(standard)에는 조직 전반의 보안 위험을 처리하는 데 사용되는 하드웨어와 소프트웨어 솔루션에 대한 의무적 요구사항이 포함되어 있다. 규격에 특정 안티바이러스 제품이나 패스워드 생성 토큰이 언급될 수 있다. 규격이 준비되었다는 것은 조직이 위험을 처리할 방법을 선택했다는 의미이다.

규격을 채택하면 많은 장점이 있다. 종종 규격을 통해 조직은 업체와 대량 구입을 협의할 수 있어 비용을 절감할 수 있다. 업체는 $29.95에 단일-사용자 라이선스를 판매할 수도 있다. 그러나 동일한 업체가 라이선스 당 $24.95의 비용으로 여러 개의 라이선스를 판매할 수도 있다. 조직이 규격을 준수하기 위해 여러 개의 라이선스가 필요할 경우 대량으로 구입하면 수천 달러의 비용을 절감할 수 있다. 또한 많은 업체들은 대량 구입과 함께 무료 교육도 제공한다. 이러면 해당 제품의 사용 방법에 대해 직원들을 교육시키는 시간 등을 절약할 수 있다.

각 상황별로 조직만의 규격을 개발할 필요는 없다. 정부, 산업계 또는 다른 부문에서 만든 규격을 채택할 수 있고 자신에게 맞게 사용하면 된다. 또한 규격을 이용하면 모든 부서가 이해하는 내용이 같게 된다.

규격의 주 단점은 취약점이다. 선택된 제품에 결함이 있으면 해당 제품을 설치한 후 전체 조직이 위험해 진다. 업체가 해당 제품을 지원하지 않거나 이를 유지하는데 비용이 너무 비싸면 단일 규격은 쓸모가 없다. 제품을 규격에 대해 평가할 때는 대안책도 시험하도록 한다. 문제가 생기면 지원을 보장하는 제품을 선택하여야 한다.

절차

절차(procedure)는 보안 요구사항, 프로세스, 또는 목적을 달성하기 위한 시스템적 활동이다. 절차는 가장 강력한 툴 중 하나이다. 또한 절차를 이용하면 업무를 수행하는 방법을 문서화하고 핵심 지식은 머리에만 남게 된다. 절차에는 패스워드 변경, 사고 대응 및 백업 수행 등과 같은 업무가 모두 포함된다. (그림 6-3)은 샘플 절차를 보여준다.

절차를 통해 정책 시행이 보장된다. 절차에는 업무를 완수하기 위한 사용자가 따라야 하는 단계가 규정되어 있다.

- 절차가 있으면 위기 상황에서 실수가 감소된다.
- 절차를 통해 사용자는 중요한 단계를 잊거나 생략하지 않는다.
- 절차를 이용해 제대로 수행했는지를 확인할 수 있다.
- 절차는 정책과 규격과 마찬가지로 의무 사항이다.

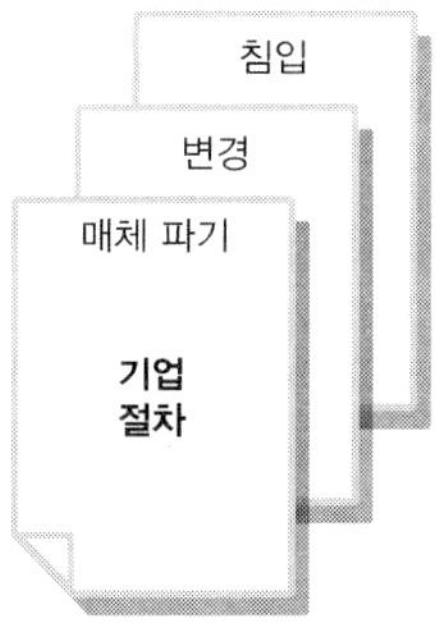

그림 6-3
시스템적 활동

그림 6-4

기준선 기업 구성 설정

기준선

많은 경우 특정 형태의 컴퓨터나 장치에 대한 기본적인 구성을 정의하는 것은 도움이 된다. 예를 들어 표준적인 워크스테이션에 대한 구성 요소 및 구성 설정을 목록화한 문서화가 있으면 새로운 모든 워크스테이션이 동일하다는 것을 보장하기가 쉽다. 보안 직원은 **기준선**(baseline)이라 불리는 그러한 구성 설정을 만들어 자신들이 최소 보안 요구사항을 시행함을 보장한다. 기준선은 시스템의 여러 응용과 서로 다른 제품에 대한 최소 수준의 보안이 존재하도록 하는 기준점이 된다. 기준선은 기존 시스템이 최소사항을 만족하는 지를 알아보기 위해 비교하거나 새로운 컴퓨터나 장치의 구성을 설정할 때 도움이 된다. (그림 6-4)는 기본적인 기준선 기업 구성을 보여준다.

가이드라인

조직은 종종 **가이드라인**(guideline)을 이용하여 보안 프로그램에 대한 구조를 구성한다. 가이드라인에는 수용 가능한 제품과 시스템에 대한 구매와 사용을 위한 권고사항이 포함되어 있다. 가이드라인은 백서나 모범 사례 또는 조직의 보안 프로그램에서 정의된 형태로 존재한다.

가이드라인에서 사용될 언어를 신중하게 선택하여야 한다. 잘못된 단어로 인해 가이드라인이 회사의 규격으로 변형되기도 한다. 예를 들어 회사 CEO의 매우 중요한 성명서의 예를 살펴보자.

"우리 회사는 ISO 27001 규격의 권고사항을 따를 것이다."

이러한 성명서를 통해 ISO 27001이 이 조직에서는 의무사항이 된다. 이러한 대담한 성명을 하기 전에 의도를 확실히 해야 한다.

데이터 분류 기준

강제적 접근통제(MAC)에서는 각 객체에 등급을 부여한다. 정보 분류는 특정한 형태의 데이터에 적용되는 규정에 기반을 둔다. 즉, 개인정보, 금융정보, 의료 정보 등으로 분류할 수 있다.

위와 같이 정보를 분류하는 것은 정보의 소유자이거나 소유자가 지정한 사람의 업무이다. 데이터 분류 업무를 수행하는 사람을 데이터 소유자(data owner)라 한다. 이와 비슷하게 시스템 소유자는 기반구조를 관리하는 사람이나 그룹이 된다. 종종 시스템 소유자는 변경이나 설정 관리를 담당한다. 시스템 소유자는 데이터 분류를 담당하지 않는다.

인가(clearance)와 등급 부여(classification)의 차이를 이해하는 것은 중요하다. 사용자에게 인가를 승인하고 데이터 소유자는 데이터에 등급을 부여한다. 시스템에서는 권한인가를 가진 주체가 등급이 부여된 객체에 접근을 결정하면서 접근통제가 시행된다. 보통 운영체제는 최소 권한 또는 알 필요의 원칙에 따라 접근 제한을 시행한다. 조직은 정보를 분류할 때 다음의 기준을 고려한다.

- 가치 : 조직에서의 가치, 경쟁사에서의 가치, 대체 또는 손실로 인한 비용 및 조직의 평판에 미치는 가치 등 여러 사항을 고려하여 정보의 가치를 결정할 수 있다.
- 민감도 : 민감도는 정보의 무결성이나 노출의 위반이 조직에 미치는 영향을 이용하여 측정한다. 조직은 법적 책임이나 벌금, 평판, 신뢰성 또는 시장 점유율의 손실 등 여러 방법으로 민감도를 측정할 수 있다.
- 중요도 : 조직의 임무에 대한 정보의 중요도로 측정할 수 있다. 정보가 손실되었을 경우 조직에 어떤 일이 발생하는가?

정보 분류의 목적

정보를 분류하는 목적은 다음과 같다.

- 정보 보호 요구사항을 분석한다. 이러한 요구사항은 정보가 노출되었거나 데이터나 시스템이 손상되었을 경우 기업의 위험에 기반을 둔다.
- 조직의 정책에 일관되게 데이터 가치를 분석한다.
- 민감하거나 중요한 정보에 적절한 보호/통제가 제공됨을 보장한다.
- 민감한 정보만을 보호함으로써 경비를 절감할 수 있다.
- 보호 요구사항에 따라 직원과 허가된 직원에게 주의를 준다.
- 개인정보보호법 및 규정을 준수한다.

조직은 정보를 분류함으로써 많은 이익을 갖는다.

- 민감하거나 중요한 정보로 분류된 정보는 등급에 맞게 적절한 보호 수준을 유지한다.
- 조직은 가장 필요로 하는 곳에만 통제를 증대, 적용하기 때문에 비용에 맞는 더 많은 가치를 얻는다. 예를 들어, 고가의 보석 상점과 저가의 보석 상점과 모조 보석 상점에서의 물리적 보안의 비용을 비교한다. 상점 중 어떤 상점도 다른 상점의 보안 시스템과 효율적으로 동작하지는 않는다. 모든 조직은 상, 중, 하의 등급을 갖는 데이터를 갖는다.
- 적절한 표시를 이용하여 조직이 분류된 데이터를 보호하도록 한다.

분류의 예

미 정부는 기밀이 아닌(unclassified), 기밀의(confidential), 비밀(secret), 일급비밀(top secret)을 포함하는 계층화된 분류를 이용한다. 민간 부문은 공개(public), 사내한(internal use

> **참고**
>
> 구분된 정보(compartmentalized information)는 정상적인 분류 체계를 넘어서는 특별한 허가가 필요한 데이터이다. 절차에 이런 형태의 정보가 적절하게 처리될 수 있는 단계가 포함되는 것이 중요하다.

only), 기업 기밀(company confidential)과 같은 다양한 분류 기준을 이용한다.

정부 분류는 잘 알려져 있고 표준화되었다. 기업과 관련된 분류는 이에 비해 덜 알려져 있고 표준화가 되어 있지 않다. 예를 들어 직원의 업무가 변경되었을 때 새 고용주는 중요도 산정 시 "기업 기밀"의 상위에 "사내한"을 두었으나 이전 고용주는 "기업 기밀" 하위에 "사내한"을 둘 수 있다. 이는 혼동을 야기한다. 심지어 동일한 회사에서 이런 경우가 발생했을 경우에는 훨씬 더 혼동될 수 있다. 보안전문가 업무 중 하나가 이러한 불일관성을 찾아내서 교정하는 것이다.

분류 절차

분류 절차는 효과적으로 데이터를 분류하는데 중요하다. 이 절차를 구현하기 전에 우선 범위와 프로세스를 결정하는 것이 중요하다. 분류 범위에서는 분류해야 할 데이터와 분류된 데이터를 처리하는 방법을 결정하는 분류 프로세스를 결정한다. 반드시 모든 자원에 적절하게 표시를 하여야 한다. 강력한 절차를 준수함으로써 향후 감사에 대비하도록 한다.

분류 계획의 범위를 결정하기 위해 조직의 모든 데이터를 평가하는 업무 영향 분석을 수행하여야 한다. 이를 통해 조직 운영에 대한 데이터의 가치와 중요도를 결정한다. 가치는 다음에 따라 결정된다.

- 독점 소유(거래 비밀)
- 다목적(유용성)
- 데이터 생성 또는 재생성 비용
- 법적 책임(보호 규정)
- 전환성/양도성(금융 정보)
- 운영에의 영향(데이터를 이용할 수 없는 경우)
- 정보에 대한 위협
- 위험

업무 영향 분석의 결과를 바탕으로 필요한 분류 수준의 개수를 반드시 식별해야 한다. 또한 조직 전반에 사용할 각 수준의 제목을 표준화하도록 한다. 이 정보를 초기 분류 책임을 갖는 정보 소유자에게 알리도록 한다. 분류자는 반드시 관련된 규정, 고객 예측 및 기업의 관심을 이해해야 한다. 기밀 정보를 처리하는 데 일관된 방법을 갖는 것이 목적이다.

훈련 프로그램을 만들어서 분류자들이 모든 데이터를 일관되게 처리할 수 방법을 찾아야 한다. 또한 소유자는 분류가 유효함을 확인하기 위해 주기적으로 검토해야 할 책임을 갖는다. 검토는 새로운 규정이 도입될 때 특히 중요하다. 최종적으로 소유자는 더 이상 특별하게 처리할 필요가 없는 정보를 기밀 정보의 목록에서 제거할 책임을 갖는다. 정부 조직은 종종 특정 기간이 지난 후 정보를 자동으로 기밀 정보의 목록에서 제거한다.

반드시 조직의 분류 정책과 절차에 따라 민감한 정보를 포함하는 모든 매체를 표시하여야 한다. 이를 이용하여 직원은 어떤 특별한 처리 대책을 사용하는지를 알 수 있다. 자기 매체와 광학 저장 장치를 전자적이고 단순한 꼬리표를 이용하여 표시하여야 한다. 하드 카피 형태의 문서일 경우 표지나 내부 페이지에 표시를 해야 한다.

확인

내부 및 외부 감사자는 정기 감사 수행 시 조직의 정보 분류 상태를 검토해야 한다. 또한 내부 및 외부 감사자는 분류 정책 및 절차의 준거성 수준을 평가해야 한다. 이를 통해 조직의 모든 부서가 프로세스를 따르고 있음을 확인한다. 검토를 하다보면 정보를 과도하게 기밀로 분류한 상황이 나타나기도 한다.

정보보안 직원은 정기적으로 워크스테이션과 다른 영역에 대해 기밀 정보가 잘 보호되고 있는지를 살펴야 한다. 또한 위반사항이 발생했을 때 관리자나 상위자에 적절하게 보고되고 있는지도 확인해야 한다. 직원이 정보를 잘못 처리한 경우를 직원 평가에 반영하도록 한다. 이를 통해 직원은 이 과정의 중요성을 잘 이해하게 된다. 조직은 반드시 클린 데스크/클린 스크린 정책을 구현할 것을 고려한다. 클린 데스크와 클린 스크린 정책에서는 사용자가 절대로 민감한 정보를 공유 책상이나 워크스테이션에 평문으로 남겨 놓지 않도록 하는 내용이 기술되어 있다.

설정 관리

네트워크로 연결된 컴퓨터 환경의 시스템을 변경하지 않고 오래 사용하지는 않는다. 보통 조직은 시스템 생명주기를 통해 자동화된 시스템의 하드웨어, 소프트웨어, 펌웨어, 문서, 시험 계획 등을 변경한다. 모든 설정은 통제된 절차 내에서만 변경되도록 하는 것이 중요하다. 통제되지 않는 설정 변경으로 인해 새로운 보안 침해가 생길 수 있다. 컴퓨터와 장치 설정의 모든 변경을 관리하는 것을 설정 관리라 한다.

보안 전문가로서 설정 관리에서는 변경 결과가 보안 관점에서 안전한지를 평가하여야 한다. 이러한 변경이 시스템, 어플리케이션 또는 문서의 기밀성과 무결성 그리고 가용성에 영향을 미치기 때문이다. 보안 전문가의 업무는 다음과 같다.

- 모든 시스템의 변경이 적절하게 검토됨을 보장한다.
- 설정에 대한 변경이 보안 측면에서 의도치 않는 결과를 야기하지 않음을 보장한다.

예측한 대로 변경되고 환경이 인가된 대로 운영됨을 보장하기 위해 반드시 모든 변경을 통제해야 한다.

하드웨어 목록 및 설정표

대부분의 조직은 자산 목록(자산명, 자산 소유자, 사용 부서 등을 기록)의 관리가 부족하다. 이것은 보안 프로그램에 심각한 문제가 될 수 있다. 화재, 장비 장애 또는 도난 시 문서화의 미비로 인해 대응이 늦어지고 이로 인해 운영상의 손실이 발생할 수 있다. 또한 적절한 설정 관리도 매우 어렵게 된다. 영향을 받는 모든 장치를 찾아서 갱신하고 시험할 수 없다면 새로운 패치, 서비스 팩 또는 새 버전의 적용이 복잡해진다.

하드웨어 설정표

반드시 최신 하드웨어의 구성도나 배치도를 관리해야 한다. 이를 이용하면 기준선에 따라 모든 시스템을 설정할 수 있다. 또한 시스템이나 네트워크 내 완료된 작업을 적절하게 검토하여 보안 특성을 우회하지 않고 올바르게 변경을 수행할 수 있다. 하드웨어 설정표에는 다음이 포함되어야 한다.

- **네트워크 구성도** : 변경 순서를 계획하고 변경으로 인한 결과를 검토함
- **모든 소프트웨어 설정 복사본** : 다른 장치의 영향도를 확인하기 위해 한 장치에 대한 계획된 변경과 업데이트를 시험할 수 있다. 이러한 설정에는 라우터, 스위치 및 침입차단 시스템 설정이 포함된다.

패치와 서비스 팩 관리

정기적으로 업체의 업그레이드와 서비스 팩을 확인해야 한다. 조직 내에 여러 업체와 여러 형태의 소프트웨어와 하드웨어가 존재하면 할 일이 많을 수 있다. 그럼에도 불구하고 알려진 모든 취약점을 처리할 필요가 있다. 조직에는 시스템 장애 없이 모든 컴퓨터와 장치에 대한 패치를 적용함을 보장하는 패치-관리 절차가 반드시 존재해야 한다. 다른 시스템이나 기능에 영향을 주지 않도록 적용 전에 모든 패치를 시험하여야 한다.

변경관리 절차

변경과 설정 통제를 함께 논의하는 것은 특정 활동이 변경과 설정 간에 영향을 주기 때문이다.

- 설정 통제(configuration control)는 시스템 장치에 대한 기준선 설정의 관리이다. 기준선 설정은 보안 요구사항을 충족한다. 이러한 설정을 신중하게 구현하고 승인을 받은 후에만 구현하여야 한다.
- 변경 통제(change control)는 설정 변경에 대한 관리이다. 관리되지 않는 변경은 보안 운영이나 통제에 영향을 줄 수 있기 때문에 위험이 될 수 있다. 심지어 부적절한 변경으로 인해 시스템이나 장비가 비활성화될 수도 있다. 제품 시스템에 대한 모든 변경은 테

그림 6-5

변경 통제와 설정 통계의 보완적인 균형

스트되고 문서화되고 승인되어야 한다. 변경 자체는 반드시 올바르게 수행하고 반드시 경영진에게 이를 보고하는 변경 통제 절차를 따라야 한다. (그림 6-5)는 변경 통제와 설정 통제간의 균형을 보여준다.

변경 통제 관리

변경 통제 관리는 관련된 모든 부서의 변경을 통제하는 계획된 방법을 기술한다. 변경 통제 관리의 목적은 변경에 관련된 모든 사람의 이익을 최대화하고 장애 위험을 최소화하는 것이다.

변경 관리의 효과가 있기 위해서는 조직의 모든 측면을 고려하도록 종합적이고 유연해야 한다. 변경 관리를 통해 조직은 새로운 기술과 개선 사항과 변경 사항을 채택할 수 있어야 한다.

변경 관리는 최고 정보통신 최고책임자 또는 IT 부서의 장 및 기업 정보 보안 관리자의 승인을 받은 문서화된 정책이어야 한다. 정책에는 반드시 변경 관리와 관련된 역할과 책임과 절차가 정의되어야 한다. 기억해야 할 중요한 점은 다음과 같다.

- 변경 관리 절차와 기준을 효과적으로 전달하여야 한다. 절차와 기준에는 정책을 지원하기 위해 기업에서 사용할 방법과 기술이 정의되어야 한다.
- 변경 관리는 대응적이거나 주도적일 수 있다. **대응적 변경 관리**에서 경영진은 기업 환경에서 변경에 대응한다. 이 변경의 원인은 외부적 요소로써 법, 고객의 기대, 공급망에서의 변경이 그 예이다. **주도적 변경 관리**에서 경영진은 원하는 목적을 달성하고자 변경을 개시한다. 이 경우 변경의 원인은 새로운 기술의 수용과 같이 내부적 요소가 된다.
- 조직에서 변경 관리는 여러 방법으로 수행될 수 있다. 지속적으로, 정기적으로 일정에 따라, 출시될 때마다 또는 프로그램별로 필요하다고 생각될 때 수행될 수 있다.

잠재적 보안 영향도에 대한 변경 검토

변경은 위험을 생성한다. 변경은 구축된 보안 특성을 우회하면 정전이나 시스템 장애를 야기할 수 있다. 직원이 새로운 시스템을 이용하는 방법을 알도록 대규모의 훈련이 필요하다. 위험으로 인해 반드시 변경 통제 과정에 보안 직원이 포함되어야 한다.

공식적인 변경 통제 과정 동안 IT 시스템의 무결성을 보호하고 생산 환경에서의 모든 변경이 적절하게 시험되고 계획되고 통보되었음을 보장해야 한다. 변경 통제 위원회 구성원은 회의와 포럼에 참석하여 조직의 생산 환경을 평가하고 검토하고 준비한다.

변경 통제 위원회

고위 간부 또는 경영자가 **변경 통제 위원회(change control committee)**를 이끌어야 한다. 또한 시스템과 네트워크에 대해 제안된 모든 변경 사항을 감독해야 한다. 위원회는 변경과 해당 변경을 수행할 일정을 승인한다. 그러므로 적절한 검토, 예산 책정 및 문서화 없이는 시스템, 어플리케이션 또는 네트워크를 변경할 수 없다.

IT와 공동으로 변경 통제 위원회는 컴퓨터 자원과 어플리케이션과 데이터베이스 내 데이터를 보호하기 위해 감독을 수행한다. 변경 과정 시 향후 계획을 검토하고 모든 변경을 적절하게 평가했음을 보장하기 위해 IT 조직과 반대 의견이 있을 수 있다. 또한 확실히 필요한 보안 통제가 적용되고 평가되어야 한다. 변경 통제 위원회는 결과물을 조직원들에게 알린다.

간략히 말해 변경 통제 위원회의 주목적은 다음 사항을 보장하는 것이다.

- 모든 변경은 적절하게 시험됨
- 모든 변경은 인가됨
- 모든 변경은 예정되었음
- 모든 변경은 알려졌음
- 모든 변경은 문서화됨

확실한 변경 통제를 사용하면 생산 문제를 야기한 최근의 변경을 알아내는 것이 쉽다. 이로 인해 문제-해결 과정이 간단해지고 보다 안전한 환경을 구축하게 된다.

변경 통제 절차

변경 통제 절차에서는 올바른 단계를 거치지 않는 변경이 이뤄지지 않는다는 것이 보장되어야 한다. 그렇게 해야 시스템에 잠입이 가능한 비인가된 변경과 같은 문제를 피할 수 있다. 또한 감독 미비나 테스트 미흡 또는 적절한 인가가 없는 변경으로 인해 야기되는 문제도 피할 수 있다. (그림 6-6)은 변경 통제 절차의 단계를 보여준다.

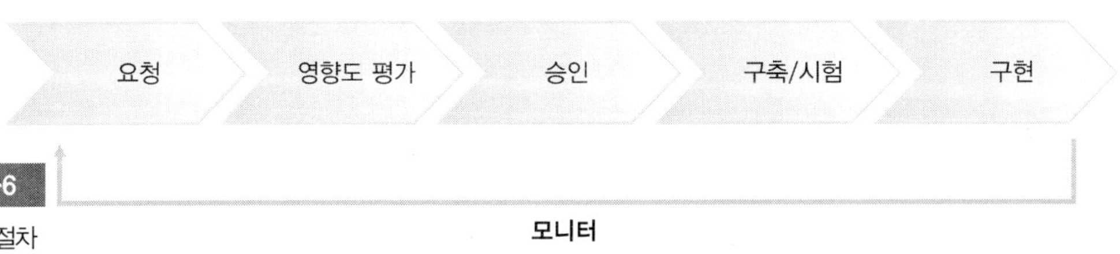

그림 6-6
변경 통제 절차

1. **요청** : 요청 단계에서는 제안된 모든 변경을 서면으로 작성하여 검토를 위해 변경 통제 위원회에 변경 요청을 제출한다. 승인 없이 절대로 시스템을 변경해서는 안 된다.
2. **영향도 평가** : 영향도 평가 단계에서는 예산, 자원, 시스템의 안전성 또는 프로젝트에 대한 변경 결과를 평가한다.
3. **승인** : 승인(또는 승인불가) 단계에서는 변경 통제 위원회가 변경에 대한 공식적인 검토 및 수용(또는 거부)을 수행한다.
4. **구축/시험** : 구축/시험 단계에서는 승인 변경 문서에 따라 변경을 실제로 구축한다. 이후 보안 담당자는 변경으로 인해 다른 시스템이나 요소에 예상치 못한 문제가 발생되지 않음을 보장하기 위해 반드시 변경을 시험하여야 한다. 이 시험에는 회귀 테스트와 변경된 제품의 안전성에 대한 상세 검토가 포함된다.
5. **구현** : 담당자가 변경을 시험하고 출시를 승인받으면 설치 프로세스의 일정을 수립한다. 한 사람이 적절한 검토와 감독 없이 변경할 수 없음을 보장하기 위해 적절한 직무 분리가 있어야 한다. 마지막으로 성공적으로 변경을 수행했음을 경영진에게 알리도록 한다.
6. **모니터** : 이 단계에서 시스템, 프로그램, 네트워크 및 기타 자원이 올바르게 동작하는 것을 보장하기 위해 보안 담당자는 반드시 모든 시스템을 모니터링해야 한다. 보안 담당자는 조직의 문제-해결 절차를 통해 사용자 이슈나 요청을 처리해야 한다. 모니터링을 통해 향후 변경이 필요한 부분을 식별할 수 있다. 즉, 이 단계부터 변경 통제 과정이 재시작 되는 것이다.

변경 통제 이슈

잘 구축된 변경 통제 절차에는 이슈를 식별하고 필요하면 복구 방안이 포함된다. 성공적인 변경 통제 프로그램에는 다음의 요소가 포함되어야 한다.

- **교차 검토** : 담당자가 모든 변경을 제품에 반영하기 전에 동료나 또 다른 전문가가 해당 변경을 이중으로 확인하는 것을 보장한다. 변경이 시험되기 전에 동료가 관련 문제를 알아내기도 한다.
- **철회 계획** : 변경이 적절하게 동작하지 않을 경우 시스템을 이전의 좋은 상태로 복원할 계획이 존재해야 한다. 가장 좋은 통제 절차에도 불구하고 담당자는 의도치 않는 결과를 야기하는 변경을 우연히 공개할 수 있다. 그러므로 보안 전문가는 반드시 파괴적인 변경을 되돌릴 수 있는 방법을 알고 있어야 한다.
- **문서화** : 보안 담당자는 실제 시스템 설계의 최신 현황을 반드시 문서화하고 이를 유지하여야 한다. 또한 오프-사이트에 백업 복사본을 관리하여야 한다. 문서화는 시스템이 어떻게 운영되는지를 이해하기 위해 필요하다.

시스템 생명 주기(SLC) 및 시스템 개발 생명주기(SDLC)

소프트웨어는 고려해야 할 핵심 분야 중 하나이다. 공격자는 소프트웨어 개발 프로세스가 복잡하고 취약점을 포함하는 어플리케이션이 존재한다는 것을 알고 있다. 안전한 소프트웨어를 만드는 것은 어렵다. 그러므로 프로세스 각 단계에서 보안을 고려해야 하고 잘 구조화된 프로세스를 이용하면 소프트웨어가 계획대로 동작되는 것을 보장할 수 있다. 시스템과 소프트웨어 개발 프로세스를 기술하고 통제하는 방법은 다양하다. 최소한의 취약점을 갖는 소프트웨어를 개발하기 위해서는 소프트웨어 개발 프로세스를 이해하는 것이 중요하다. 보안 담당자는 가장 많이 사용되는 시스템 생명 주기(SLC, System Life Cycle)와 시스템 개발 생명주기(SDLC, System Development Life Cycle)를 잘 알아야 한다. SLC와 SDLC는 SLC에는 운영과 폐기가 포함되어 있고 SDLC에서는 마지막 단계가 생산으로 끝난다는 점만 다르고 두 방법이 매우 비슷하다.

어떤 조직에서는 개발자가 SDLC의 일부로서 유지와 새로운 개발을 수행한다. 다른 조직에서는 유지 전문팀이 SLC의 일부로서 유지와 개발을 처리한다. 점점 더 많은 조직들이 SDLC를 이용하여 어플리케이션과 시스템 소프트웨어에 대한 변경과 유지의 전체 프로세스를 기술한다.

시스템 생명 주기(SLC)

본 절에서는 SLC에서 사용되는 일반적인 단계를 살펴본다. 각 단계에서 보안 전문가가 더 많이 참여할수록 시작단계부터 보안이 시스템에 포함된다. SLC를 사용하여 시작 단계부터 보안이 구축되면 비용을 절감시킬 수 있다.

- 상업용 소프트웨어 제품의 고객은 패치와 교정의 노력이 덜 필요하기 때문에 비용을 보다 낮게 예측한다. 또한 소프트웨어 내의 약점으로 인한 손실이 더 적어질 것이다.
- 상업용 소프트웨어 업체는 지원 인력 규모가 더 작고 보증과 제품 유지비용이 더 낮기 때문에 비용을 보다 낮게 예측한다.

SLC에서 사용되는 단계는 다음과 같다.

1. **프로젝트 개시 및 계획 수립** : 성공적인 프로젝트의 첫 번째 요구사항 중 하나는 필요한 모든 자원을 이용할 수 있어야 한다. 필요한 자원이 프로젝트 내 각 분야에 적절하게 이용될 수 있어야 한다. 보안 담당자의 역할은 시작 단계부터 프로젝트에 보안을 구축하도록 조언을 하는 것이다. 여기에는 프로젝트 예산, 시스템 설계, 유지 및 프로젝트 일정이 포함된다. 보안 담당자는 우선 위협, 취약점, 위험, 통제를 처리해야 한다.
2. **기능 요구사항 및 정의** : 이것은 가정(what-if)의 단계이다. 항상 요구사항을 기술하도록 한다. 프로그램에는 반드시 특정 데이터가 처리되거나 특정 기능이 수행되어야 한다. 보안 담당자는 데이터가 명세서를 충족시키지 못할 때 프로그램이 수행해야 할 것을 생각할 필요가 있다. 소프트웨어에 예측 못한 값이 입력될 때 어떻게 해야 하는가?

문자수가 너무 많지 않는가? 필드를 놓치지 않았는가? 이러한 요소를 고려하지 않으면 큰 보안사고가 발생할 수 있다.

3. **시스템 설계 명세서** : 이 단계에서 프로젝트는 기능과 모듈로 분리된다. 이를 위해 보안 담당자는 반드시 프로젝트가 동작하는 하드웨어 형태를 고려해야 한다. 보안 이슈에 하드웨어와 네트워크의 물리적 보안이 포함된다. 또한 가능한 모든 플랫폼을 고려해야 한다. 예를 들어 프로젝트 플랫폼이 리눅스나 윈도우로 제한되는 것은 충분하지 않다. 각 플랫폼에는 다양한 버전이 있고 다양한 주변장치와 칩셋과 드라이버에서 동작한다.
4. **구축(개발) 및 문서화** : 코딩 기준에는 함수 호출의 표준 라이브러리가 포함되어야 한다. 또한 암호기술, 해싱 및 접근 통제와 같은 항목에 대한 산업 표준 솔루션이 포함되어야 한다. 보안 담당자는 개발 과정에서 코드를 안전하게 하여 개발자만이 접근 권한을 갖고 알 필요의 원칙에 따라 접근하도록 해야 한다. 심지어 개발자라 하더라도 볼 필요가 있는 일부에만 접근하도록 해야 한다. 보안 담당자는 인쇄 복사본 또는 CD나 USB 메모리와 같은 매체 내에 복사본이 남지 않도록 해야 한다.
5. **수용 시험** : 기능 설계 단계에서 시험 계획을 수립해야 한다. 이 계획에는 반드시 새로운 프로그램이 보안 기능 특히 프라이버시를 제공한다는 것을 확인하는 시험이 포함되어야 한다. 개발자가 시험 책임자가 되어서는 안 된다. 또한 배송이 늦어져서 시험에 할당된 시간에 영향을 주지 않아야 한다.
6. **구현(생산으로 전환)** : 전환 과정에서 개발자는 사용자와 헬프-데스크 직원에게 훈련과 지원에 힘쓰게 된다. 두 그룹에게 보안 특성을 신중히 설명할 필요가 있다.
7. **운영 및 유지 보수** : 시스템에 문제가 생기면 유지 보수, 운영 및 헬프-데스크 직원이 먼저 안다. 해당 직원들은 발생한 이슈를 확인한 후 그 결과를 경영진에게 보고한다. 이는 변경 관리 프로세스를 따른다. 해당 직원들은 변경 요청, 소프트웨어 오작동과 보안 취약점이나 침해가 다르다는 것을 이해하는 훈련을 받아야 한다. 또한 각 경우를 처리하는 방법을 알 필요가 있다.
8. **폐기** : 시간이 지나면 시스템의 수명이 다하게 된다. 백업 시스템을 업그레이드하거나 용량이 작은 디스크를 용량이 큰 디스크로 대체할 필요가 있다. 비용 대비 효과적 방법을 이용하여 매체 내 중요 정보를 제거하고 매체를 폐기하는 절차가 존재하여야 한다. 과거에는 조직들이 디스크를 지우고 이를 재판매하였다. 그러나 오늘날 사용되고 있는 적은 용량을 가진 디스크의 가치는 DBAN과 같은 툴을 이용하여 디스크를 안전하게 지우는 비용보다 낮아 대부분의 조직들이 그냥 디스크를 폐기한다.

시험 및 개발 시스템

보안 전문가는 새로운 시스템을 시험하거나 기존 시스템을 업그레이드하는 것을 지원한다. 이러한 시험을 통해 예측된 모든 활동과 예측하지 못한 모든 활동을 시험하고 오류를 올바르게 처리한다는 것을 보장해야 한다. 또한 트랜잭션 양, 메모리 할당, 네트워크 대역폭, 응답 시간 등을 고려하여 시스템의 최대 부하에 관한 시험을 수행하여야 한다. 시험에 실 데이터나 민감한 데이터를 이용하는 경우 확실하게 이러한 데이터를 안전하게 관리하여야 한다.

시스템 조달

새로운 취약점이 발생하는 방법 중 하나는 변경으로 인해 의도치 않은 부작용이 생기는 것이다. 변경으로 인해 새로운 취약점을 야기하지 않음을 보장하기 위해 모든 변경에 대해 철저하게 평가하여야 한다. 새로운 하드웨어와 소프트웨어에 대해서도 철저하게 평가하여야 한다. 새로운 장비를 도입하는 것은 보안 전문가의 핵심 역할이며 이를 제대로 처리하지 못할 경우 조직의 전체 보안에 영향을 미칠 수 있다. 새로운 장비를 도입할 필요가 있을 때면 언제나 어떤 제품이 조직의 요구조건을 충족시키는 지를 신중하게 평가하여야 한다. 새로운 장비로 인해 새로운 취약점에 노출되지 않기 위하여 다음 사항을 반드시 수행하여야 한다.

- 이용 가능한 다양한 솔루션을 평가하여야 한다.
- 유지 보수, 지원, 훈련 측면에서 업체를 평가하여야 한다.
- 공통 기준(CC, Common Criteria)을 이용하여 평가 프로세스를 단순화한다.
- 업체와의 계약과 서비스 수준 협의(SLA, Service Level Agreement)를 꼼꼼히 살핀다.
- 올바르게 장비를 설치하고 프로젝트의 완료 후 장비를 공식적으로 수용한다.
- 공정한 구매 프로세스를 보장하기 위해 조직의 조달 절차를 따른다.
- 사용연한이 다한 장비를 식별하고 이를 대체할 계획을 수립할 수 있도록 시스템과 장비를 모니터링한다.

공통 기준

새로운 장비를 도입함으로써 보안 취약점이 발생할 수 있으므로 조달 프로세스를 공식화하는 것이 합리적이다. 시스템과 장비를 평가하고 공식적인 방법이 필요하게 됨에 따라 여러 종류의 표준이 생겨났다. 미국 정보는 문서의 표지 색으로 구분하는 레인보우(Rainbow) 시리즈라 알려진 컴퓨터 보안 표준 시리즈를 만들었다. 레드(Red) 책에는 신뢰 네트워크 기반구조(TNI, Trusted Network Infrastructure)의 요소들이 설명되어 있다. 오렌지(Orange) 책에는 기밀로 분류된 시스템에서의 접근 통제와 기밀성을 관리하는 것에 대해 명시되어 있나. 두 책 모두 평가 수준(C2, B3 등)을 이용하였고 업체들은 이러한 수준에 따라 평가된 제품을 보유하였다. 레인보우 시리즈 개발자들은 이를 공식적으로 TCSEC이라 칭하였다.

> **참고**
> 공통 기준의 공식 이름은 ISO 15408 이다.

다른 정부들도 자신들만의 평가기준을 만들었다. TCSEC을 기반으로 변경 기준을 만들었다. 결과적으로 이러한 기준들이 통합되어 ITSEC이 만들어졌다. 초기에는 미국, 영국, 캐나다, 독일, 프랑스, 네덜란드가 ITSEC을 이용하였고 그들은 공통기준이라 하는 새로운 조달/평가 기준을 개발하였다.

공통기준에는 1(가장 낮음)부터 7(가장 높음)까지의 평가 보증 수준(EAL, Evaluation Assurance Lever)이 명시되어 있다. 평가 연구소는 전 세계에 있다.

산업을 주도하는 업체들(예, 침입차단시스템 업체들)은 기준에 적합하고 이상적이고 완전한 솔루션을 생산한다. 어떤 업체도 기준에 따라 평가된 제품을 보유할 수 있다. EAL 등급은 업체 제품의 수준이 시험의 정의된 수준에 충분히 대응할 정도이다. 제품의 문서화, 개발, 성능이 반드시 평가 기준에 맞아야 한다.

장비의 폐기

사용 연한이 다된 장비는 폐기한다. 장비를 폐기할 필요가 있을 때마다 장비를 안전하게 폐기하여 기밀 데이터가 노출되지 않게 해야 한다. 장비를 안전하게 폐기하는 방법은 다음과 같다.

- 디가우징(degaussing) : 자기 매체에 강력한 자성을 적용하여 사용할 수 없도록 한다.
- 물리적 파괴 : 데이터가 저장된 매체를 물리적으로 파괴함으로써 모든 기밀 데이터를 제거했음을 보장한다.
- 자산목록에서 제거 : 하드웨어 자산에 대한 통제를 수행하기 위해 자산목록과 서비스에서 폐기된 장비를 제거하는 것이 중요하다.
- 데이터 복구 : 반드시 폐기된 매체 내 모든 데이터를 대체 저장소에 백업하여 새로운 장비로 데이터에 접근하거나 읽는 것이 가능하도록 해야 한다.

인증 및 인가

조달과 폐기 사이에 컴퓨팅 환경 내 구성요소가 조직의 요구사항을 충분히 만족시켜야 한다. 인증(certification)은 시스템이 특화된 보안 요구사항을 만족시키기 위해 사용하는 동안 내내 시스템을 검토하는 프로세스이다. 인가(accreditation)는 권한을 가진 임원이 시스템을 구현하는 위험을 수용하는 공식적인 수용이다. 프로세스에는 다음이 포함된다.

- 권한을 가진 임원 : 고위직 임원으로 반드시 인증 보고서를 검토한 후 시스템 구현 승인을 결정한다. 권한을 가진 임원(AO, Authorizing Official)은 공식적으로 시스템으로 인해 기관의 임무, 자산 또는 조직원에 제기되는 위험을 이해하고 수용한다.
- 인증자(certifier) : 개인 또는 팀으로 시스템에 대한 보안 시험(security test)과 평가(evaluation)(ST+E)를 수행할 책임을 갖는다. 또한 인증자는 AO에게 제출할 시스템 운영 위험에 대한 보고서를 준비한다.
- 시스템 소유자 : 매일 시스템을 운영하고 시스템이 AO가 설정한 조건을 준수하여 지속적으로 운영할 수 있는 능력과 책임을 가진 사람

인증. 인증은 조직이 시스템을 올바르게 구현했음을 보장하는 시스템의 기술적 평가이다. 시스템은 초기의 설계 요구사항을 만족해서 보안 통제가 효과적으로 동작함을 보장해야 한다. 인증자나 인증자들로 구성된 팀이 이 임무를 수행한다. 인증자는 준수성을 제공하는 데 필요한 검증 프로세스와 시험을 수행할 기술을 가져야 한다. 시스템을 인증했다는 것은 다음의 조건을 갖춘다는 것을 의미한다.

- 시스템이 기술적 요구사항을 만족한다.
- 시스템이 기능적 요구사항을 만족한다.
- 시스템이 적절하게 운영됨을 보증한다.

인증하기 위해 프로세스에 참여하는 사람은 먼저 기술적 요구사항과 기능적 요구사항을 반드시 알아야 한다. 그리고 인증을 수행하는 사람은 구매 또는 생산되도록 승인을 권고한 시스템의 능력을 반드시 알아야 한다. 이것은 소프트웨어이거나 하드웨어 요구조건일 수 있다. 인증을 수행하는 사람은 분당 100명의 사용자를 인증하거나 99.99 퍼센트의 가동시간을 보장하는 능력과 같이 양적 또는 질적인 측면에서 시스템을 평가한다. 에너지 소비 등과 같이 비-IT 요소일 수도 있다. 인가자는 반드시 모든 요구사항을 검사하여야 한다. 이런 시험 임무 중 많은 부분이 보안 전문가의 몫이다.

마지막으로 인증자는 반드시 새로운 시스템이 각 명세서를 충족하거나 초과함을 확실히 해야 한다. 인증자가 이를 확인하면 인증자는 경영진 승인을 제안한다. 이것이 시스템이 조직에 적합하거나 가장 좋은 솔루션이라는 것을 의미하는 것은 아니다. 인증은 제품이 기술적 명세서와 기능적 명세서를 만족하고 약속대로 운영된다는 것을 의미한다.

인가. 인가는 시스템을 인증한 후의 일이다. 인가는 경영진이 공식적으로 시스템을 수용하는 프로세스이다. 인가자 또는 지정된 승인 기관은 인증 보고서를 검토하고 운영 환경을 기반으로 시스템 운영을 수용한다. 이 프로세스는 두 가지로 정의할 수 있다.

- 인가는 위험에 대한 경영진의 공식적 수용이다.
- 인가는 구현에 대한 경영진의 허락이다.

새로운 인증 개시. 인증과 인가 프로세스를 통해 시스템이 현재 보안 요구사항을 만족할 뿐만 아니라 운영과 유지 보수 단계에서도 지속적으로 보안 요구사항을 보장한다. 인가 후에는 시스템을 지속적으로 운영하고 관리하는 데 필요한 활동을 목록화하여 위험을 수용 가능한 수준으로 유지하도록 한다. 반드시 다음의 이유로 위험이 요구사항을 만족하도록 지속적으로 위험을 평가하여야 한다.

- 새로운 제품, 새로운 프로세스, 합병 또는 분할 등으로 인해 비즈니스 요구는 변경된다.
- 한번 인가된 제품(솔루션)이 더 이상 비즈니스 요구를 만족시킬 수 없을 수 있다.
- 종종 업체가 제품을 업그레이드하거나 변경한 후 변경한 제품에 대해 재인증과 재인가를 수행할 필요가 있다.

소프트웨어 개발 및 보안

안전한 소프트웨어를 개발하는 것은 매우 중요하다. 소프트웨어 개발 시 보안적인 측면에 관심을 기울여야 한다. 일반적으로 어플리케이션을 통해 사용자, 고객 및 해커는 데이터에 접근한다. 즉, 반드시 보안 정책을 시행하고 데이터와 시스템 처리에 대한 프라이버시와 무결성을 포함하여 규정 준수를 보장하는 소프트웨어를 구축해야 한다. 조직에서 채택된 개발 모델과 상관없이 어플리케이션이 다음의 업무를 적절하게 수행해야 한다.

- 어플리케이션에 대한 사용자 인증을 수행한다.
- 사용자 인가(권한 수준) 여부를 확인한다.
- 데이터베이스나 제품 데이터의 변경 등의 공격을 방지하기 위해 변경 확인, 범위 확인, 유효성 확인 등의 보안 통제를 수행한다.
- 시스템 장애 시 데이터베이스 무결성을 복구할 수 있는 절차를 마련한다.

내부에서 개발된 소프트웨어에는 소스 코드와 객체 코드와 런타임 실행 코드가 존재한다. 정책, 기준 및 절차에 따라 이러한 코드들을 관리하고 보호할 필요가 있다.

- 소스코드를 비인가된 사용자들로부터 보호하여야 한다.
- 버전 통제 시스템을 이용하여 소스 코드에 대한 변경을 추적하여 오류 발생 시 이전 버전으로 복원하여야 한다.
- 프로그램 개발자는 생산 시스템을 직접적으로 갱신할 수 없어야 한다.

소프트에어 개발 방법

현재의 많은 소프트웨어 개발 방법은 폭포수 모델(waterfall model)에 기반을 둔다. 이것은 소프트웨어를 개발하기 위한 순차적 프로세스이다. 이 모델에는 SDLC와 SLC가 포함된다. 폭포수 모델은 폭포수와 같이 아래쪽으로 진행된다. 폭포수 모델의 핵심은 이전 단계가 완료되지 않으면 그 다음 단계로 진행되지 않는다는 것이다. 그 단계는 다음과 같다.

1. 요구조건 명세화
2. 설계
3. 구성
4. 통합
5. 시험 및 디버깅
6. 설치
7. 유지보수

기본적인 폭포수 모델은 제조업과 건설업에서 생겨났다. 이 모델의 특징은 매우 구조화된 물리적 환경을 고려했다는 것이다. 이러한 환경에서 이후의 변경사항에 대해서는 비용이 매우 많이 든다. Winston W. Royce가 1970년에 이 모델을 창안했을 당시에는 공식적인 소프트웨어 개발 방법이 존재하지 않았었다. 이러한 하드웨어 지향의 모델이 소프트웨어 개발에 맞게 조정되었다. (그림 6-7)은 전형적인 폭포수 모델을 보여준다.

이 모델의 단점 때문에 폭포수 모델의 개선사항을 찾게 된다. 대부분의 소프트웨어 개발

그림 6-7
폭포수 모델

모델은 최소한 폭포수 모델과 비슷한 일부 단계를 이용한다. 이 모델에서 중요한 점은 다음 단계로 진행되기 전에 각 단계를 완료해야 한다는 것이다. 큰 규모의 개발 환경에서는 꽤 어려울 수 있지만 적절하게 계획을 수립하고 소프트웨어를 설계하는 데 항상 시간을 투자하여야 한다. 프로그램을 작성하는 것부터 시작하지 않도록 해야 한다.

애자일 소프트웨어 개발

전통적인 소프트웨어 개발 관리는 여전히 폭포수 방법의 몇 가지 변형에 주로 기반을 두고 있다. 1990년대에 일부 조직들은 소프트웨어 산업이 다양하게 변한다는 것을 인식하였다. 점점 더 복잡한 소프트웨어의 좀 더 효율적인 개발에 대한 수요가 증대하면서 소프트웨어 개발을 관리하는 새로운 방법이 필요하게 되었다. 큰 규모의 프로젝트를 오랫동안 관리하는 대신 많은 조직들은 보다 즉각적인 방법을 찾게 된다. 이 조직들은 소프트웨어를 보다 작은 소프트웨어로 개발하고자 한다. 보다 작은 개발 주기를 추구한 것은 결과적으로 **애자일 개발(agile development)** 방법으로 알려졌다.

애자일에는 장기간의 프로젝트 일정 대신 작은 프로젝트의 반복 또는 **스프린트(sprints)**에 기반을 두는 소프트웨어 개발 방법이 내락적으로 설명되이 있다. 애지일을 이용하는 조직은 보다 빈번하게 보다 작은 제품을 생산하여 완료된 각각의 작은 제품 측면에서 큰 프로젝트를 평가할 수 있다. 스프린트는 일반적으로 1주에서 4주이다. 즉, 한 달에 한 번 또는 여러 번 제품이 생산된다. 빈번한 제품 생산에 중점을 둠으로써 시간이 지나면서 제품이 성숙될 때 큰 규모의 소프트웨어 제품을 구성하는 소규모의 소프트웨어를 검사하고 이용하는 것을 가능하게 한다.

애자일 지지자들의 첫 번째 회의는 2001년에 있었다. 새로운 형태의 소프트웨어 개발을 연구하는 여러 조직들은 유타 주에서 개최된 회의에 대표자들을 파견하여 생각을 모으고 교환하였다. 참석자들은 애자일의 기초 문서인 "애자일 소프트웨어 개발을 위한 선언문

(Manifesto for Agile Software Development)"을 만들었다. 이것은 단순한 방법에 대한 작성자들의 애착이 반영된 축약된 문서이다. 다음은 애자일 소프트웨어 개발에 대한 선언문이다.

> "우리는 애자일 소프트웨어 개발을 수행하고 다른 사람들이 그것을 할 수 있도록 도와줌으로써 소프트웨어를 개발하는 더 나은 방법을 알아냈다. 이 과정을 통해 우리는 다음 사항을 소중하게 생각하게 되었다.
>
> - 개인과 프로세스와 툴을 통한 상호작용
> - 종합적인 문서화를 통한 작업 소프트웨어
> - 계약 협의를 통한 고객 협력
> - 계획에 따른 변경에 대한 대응
>
> 즉, 오른쪽에 있는 항목에 가치가 있지만 우리는 왼쪽에 있는 항목을 더 소중하게 여긴다."

(그림 6-8)은 애자일 방법의 기본 아이디어를 보여준다. 폭포수 방법과 달리 애자일은 상호작용을 하도록 설계된다. 하나의 주기가 단일 스프린트이다. 소프트웨어 프로젝트를 완료하기 위해서는 많은 스프린트가 걸린다. 각 스프린트는 특정한 지점에서 종료되며 이때 여러 제품이 존재한다. 제품은 팀이 보여줄 수 있는 작업 소프트웨어와 같은 특정한 것이어야 한다. 작업 소프트웨어에 중점을 두면 팀이 결과에 중점을 두는 것에 도움이 된다.

참고

애자일 소프트웨어 개발을 위한 선언문과 애자일 방법에 대한 보다 자세한 정보는 http://agilemanifesto.org/를 참고하면 된다. 또 다른 사이트로는 http://www.agile-proecess.org/가 있다.

애자일은 소프트웨어 개발 프로젝트를 관리하는 진행 중인 기술이다. 이것은 통신을 장려하고 짧은 개발 주기에 가치를 두는 조직에서 잘 동작한다. 초기부터 보안을 고려하여 소프트웨

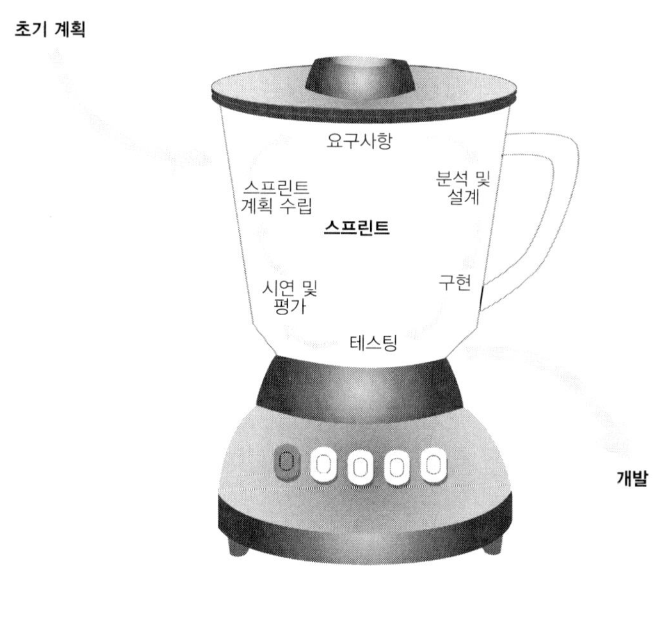

그림 6-8 애자일 소프트웨어 개발 방법

어를 개발하는 것이 중요하다. 애자일 방법에서는 개발자가 보안에 대한 계획을 수립하여 각 스프린트 마지막 단계에서 보안을 시험하도록 한다. 조직이 보안을 중요하게 생각한다면 안전한 소프트웨어를 개발하는 것이 전체 개발에 통합되어 진행된다. 조직이 사용하는 개발 방법과 상관없이 보안에 주목하는 것이 어떤 방법보다도 중요하다.

요약

본 장에서는 보안전문가가 보안 운영과 관리가 견고한 보안 프로그램의 기본이라는 것을 반드시 이해해야 한다는 것을 살펴보았다. 보안관리를 통해 조직의 보안 계획을 수립하고 설계하고 구현하고 모니터링하는 방법을 살펴보았다. 전문가 윤리가 모든 견고한 보안 계획의 핵심임을 배웠다. 보안 계획의 정책, 기준, 가이드라인 및 절차가 보안 프로그램을 형성하기 위해 어떻게 동작하는지를 살펴보았다. 데이터 분류 기준이 정책 결정 과정에 어떻게 영향을 미치는지 살펴보았다. 시스템 변경 관리를 위해 설정관리를 이용하는 방법과 설정 통제와 변경 통제가 변경관리 프로세스에 어떻게 영향을 미치는지를 살펴보았다. 8단계의 시스템 생명주기(SLC)와 시스템 개발 생명주기(SDLC)와 각 단계가 비용을 줄이는 방법을 살펴보았다. 소프트웨어 개발 방법에서 왜 보안을 고려할 필요가 있는지 살펴보았다. 마지막으로 사용자 인식이 보안 프로그램의 성공에 얼마나 중심이 되는지를 살펴보았다.

핵심 용어

- accreditation : 인가
- Agile development : 애자일 개발
- AO(Authorizing Official) : 권한을 가진 임원
- baseline : 기준선
- certification : 인증
- certifier : 인증자
- change control : 변경 통제
- change control committee : 변경 통제 위원회
- clean desk/clear screen policy : 클린 데스크/클린 스크린 정책
- compliance liaison : 준거성 소통
- configuration control : 설정 통제
- emergency operations group : 비상 운영 그룹
- guideline : 가이드라인
- Job rotation : 직무순환
- proactive change management : 주도적 변경 관리
- procedure : 절차
- reactive change management : 대응적 변경 관리
- remediation : 개선
- security administration : 보안 관리
- security event log : 보안 이벤트 로그
- Sprint : 스프린트
- Standard : 규격
- system owner : 시스템 소유자
- waterfall model : 폭포수 모델

연습문제

1. 보안 관리는 조직의 보안 계획의 계획 수립, 설계, 구현 및 모니터링에 책임을 지는 개인의 그룹이다.

A. 그렇다.
B. 아니다.

2. 보안 프로그램에서 문서화가 필요한 것은 다음 중 무엇인가?

A. 보안 프로세스
B. 조직이 채택한 정책, 절차, 가이드라인
C. 보안을 책임지는 사람의 권한
D. 위 보기의 내용 모두
E. 정답 없음

3. 조직은 법적 기준과 조직의 기준 둘 다를 따를 필요가 없다.

A. 그렇다.
B. 아니다.

4. (　　　　)은 기업이 제공할 특화된 서비스를 상세히 기술한 조직과 외부 업체 사이의 공식적 계약이다.

A. 보안 이벤트 기록
B. 사고 대응
C. 서비스 수준 협의(SLA)
D. 준거성 보고서

5. 다음 중 $(ISC)^2$ 윤리 강령에 포함되어 있는 성명서는 무엇인가?

A. "사회와 공익 및 기반구조를 보호한다."
B. "명예롭고 정직하고 정당하고 책임성 있고 합법적으로 행동한다."
C. "책임자에게 근면하고 능숙한 서비스를 제공한다."
D. "전문성을 향상하고 보호한다."
E. A, B, C, D 모두 정답임

6. 1989년에 IAB는 인터넷 윤리에 관한 정책 성명서를 발표하였다. 이 문서를 무엇이라 하는가?

A. OECD
B. RFC 1087
C. $(ISC)^2$ 윤리 강령 규범
D. $(ISC)^2$ 윤리 강령 서문
E. 정답이 없음

7. 사용자가 자신의 임무를 수행하기 위해 필요한 만큼만 허가 권한을 인정받아야 하는 개념을 무엇이라 하는가?

A. 의무 휴가
B. 직무 분리
C. 직무 순환
D. 최소 권한의 원칙
E. 정답이 없음

8. 다음 중 사회 공학의 예는 무엇인가?

A. 도움 요청
B. 피싱 공격
C. 협박
D. 유명 인사의 이름을 잘 아는 사람인양 들먹이기
E. A, B, C, D 모두 정답

9. 정책은 조직의 환경과 문화를 설정한다.

A. 그렇다.
B. 아니다.

10. 다음 중 조직 전반의 보안 위험을 처리하기 위해 하드웨어와 소프트웨어 솔루션의 규격을 정하는 것은 무엇인가?

A. 정책
B. 규격
C. 절차
D. 기준선

11. 절차에 대해 설명한 것 중 적절한 것은 무엇인가?

A. 절차를 통해 위기 상황에서 실수가 증대된다.
B. 절차를 이용해 제대로 수행했는지를 확인할 수 있다.
C. 중요한 단계가 종종 간과된다.

D. 정답이 없음

E. A, B, C 모두 정답임

12. 데이터 분류는 데이터를 소유한 사람의 책임이다.

A. 그렇다.

B. 아니다.

13. 정보를 분류하는 목적에 포함되는 것은 무엇인가?

A. 조직 정책에 따라 데이터 가치를 식별한다.

B. 정보 보호 요구사항을 식별한다.

C. 조직 전반에 등급 표시를 표준화한다.

D. 개인정보보호법, 규정 등을 준수한다.

E. A, B, C, D 모두 정답임

14. 설정 변경은 시스템 생명 주기 전반의 자동화된 시스템의 하드웨어, 소프트웨어, 펌웨어, 문서화, 시험 계획 및 시험 문서에 대한 변경 관리이다.

A. 그렇다.

B. 아니다.

15. 변경 관리 프로세스에는 (　　　　) 통제와 (　　　　) 통제가 포함된다.

A. 인가, 등급 부여

B. 문서화, 데이터

C. 하드웨어 목록, 소프트웨어 개발

D. 설정, 변경

16. 점점 더 많은 조직이 어플리케이션에 대한 전체 변경과 유지 프로세스를 기술하기 위해 사용하는 용어는 무엇인가?

A. 시스템 개발 생명 주기(SDLC)

B. 시스템 생명 주기(SLC)

C. 시스템 유지 생명 주기(SMLC)

D. 정답이 없음

17. 소프트웨어를 개발할 때 어플리케이션이 보장해야 하는 것은 무엇인가?

A. 어플리케이션이 변경 확인, 범위 확인, 유효성 확인 등의 보안 통제를 수행하여야 한다.

B. 어플리케이션이 사용자 인가를 확인해야 한다.

C. 어플리케이션이 어플리케이션에 대한 사용자 인증을 확인해야 한다.

D. 어플리케이션에 시스템 장애 이벤트 시 데이터베이스 무결성을 복구하기 위한 절차가 있어야 한다.

E. A, B, C, D 모두 정답임

18. 여러 형태의 소프트웨어 개발이 존재하나 거의 모든 소프트웨어 개발의 기본이 되는 모델은 무엇인가?

A. 변경

B. 폭포수

C. 개발자

D. 통합

감사, 시험 및 모니터링

컴퓨터 시스템을 감사할 때에는 컴퓨터 시스템이 어떻게 동작했는지를 점검한다. 간단히 말해서 시스템을 감사할 때 시스템의 활동이 계획에 따라 동작하는 지를 살펴본다. 또한 감사에서는 종종 시스템이 기준을 준수하는 지를 검증하는 그 시간에 시스템의 현재의 설정을 살펴본다.

수동으로 감사를 수행하거나 자동화된 컴퓨터 소프트웨어를 이용하여 수행할 수도 있다. 수동 시험에는 다음이 포함되어야 한다.

- 직원과의 면담
- 취약점 스캔 수행
- 어플리케이션 및 운영체제 접근통제 검토
- 시스템에 대한 물리적 접근 분석

자동화된 시험으로 시스템에서 중요한 파일과 설정의 모든 변경 보고서를 생성한다. 이러한 파일과 설정은 운영체제 또는 어플리케이션 소프트웨어와 관련된다. 시스템에는 개인 컴퓨터, 서버, 메인프레임, 네트워크 라우터 및 스위치 등이 포함된다. 이런 형태의 어플리케이션의 예로 인터넷에 접근하는 소프트웨어, 데이터베이스 또는 사용자들이 공유하는 모든 자원 등이 있다.

물론 시스템을 감사하기 이전에 시스템의 규칙과 요구사항을 구축하는 정책과 절차를 생성할 필요가 있다. 즉, 시스템이 잘 동작했는지를 결정하기 전에 우선 시스템이 어떻게 동작해야 하는지를 정의하여야 한다. 이를 시스템 평가라 한다. 시스템의 모든 요소를 평가하고 각 요소가 어떻게 동작하는지를 결정한다. 이를 이용해 기준선 항목을 설정한다. 기준선 항목을 설정하고 나면 시스템을 감사할 수 있다. 또한 시스템이 계획대로 동작하는지를 살펴보기 위해 시스템 성과를 기준선 항목과 비교하도록 한다.

7장 주제

본 장의 주요 주제는 다음과 같다.

- 보안 감사 및 분석
- 감사 계획을 정의하는 방법
- 감사 벤치마크
- 감사 데이터를 수집하는 방법
- 감사 이후 수행할 활동
- 보안 모니터링을 수행하는 방법
- 캡처해야 하는 로그 정보의 종류
- 보안 통제를 검증하는 방법
- 보안 시스템을 모니터하고 시험하는 방법

7장 학습 목표

본 장의 학습 목표는 다음과 같다.

- 시스템 감사의 관계 및 원칙을 설명
- 로그 관리를 포함하는 시스템을 모니터링하는 방법과 침입탐지시스템(IDS) 또는 침입방지시스템(IPS)의 사용을 검토
- 시스템 성능을 위한 항목을 설정
- 조직의 보안 준수성을 평가

보안 감사 및 분석

보안 감사의 목적은 시스템과 보안 통제가 기대한 대로 동작한다는 것을 확신하는 것이다. 시스템을 검토할 때 다음을 확인해야 한다.

- 보안 정책이 기업 또는 활동에 대해 타당하고 적절한가? : 정보 보안의 목적은 기업의 임무를 지원하고 기업을 위험으로부터 보호하는 것이다. 조직의 정책과 시행 문서에는 조직에 영향을 미치는 위험이 정의된다. 시행 문서에는 조직의 절차, 기준 및 기준선이 포함된다. 감사를 수행할 때에는 다음의 질문을 묻는다. "정책이 이해되고 준수되는가?" 감사 자체는 새로운 정책을 설정하지 않는다. 그러나 감사자는 경험이나 새로운 규정에 대한 이해를 기반으로 권고할 수 있다.
- 정책을 지원하는 정책이 존재하는가? : 조직의 전략과 임무를 따르는 보안 통제가 존재하는가? 통제가 정책과 문화를 지원하는가? 정책으로 통제를 정당화하지 못하면 해당 통제를 제거해야 할 것이다. 통제가 "보안"으로 정당화되지만 다른 이유가 없으면 해당 통제를 제거해야 한다. 보안은 수익을 낳는 중심점이 아니기 때문에 절대로 그 자체로 존재해서는 안 된다. 보안은 지원 대책이다. 즉, 보안의 목적은 조직의 자산과 수입원을 보호하는 것이다.

- 통제가 효과적으로 구현되고 유지되는가? : 조직이 진화하고 위협이 증대될 때 통제가 현재에 발생하는 위험에도 여전히 위험에 효과적이라는 것을 확신하는 것이 중요하다.

위 질문에 "예"라고 대답할 수 있으면 조직의 보안 상태가 좋다고 할 수 있다. 위 질문에 "예"라고 대답할 수 없어도 걱정하지 않아도 된다. 본 장의 기술을 이용하면 된다.

위험에 대한 보안 통제

보안 통제를 이용해 조직 내 위험을 야기할 수 있는 활동을 제한할 수 있다. 통제가 최신이고 효과적이라는 것을 확신하기 위해 반드시 보안을 정기적으로 검토하여야 한다. 이러한 보안 검토에는 다음의 활동이 포함된다.

- **모니터** : 시스템 내 행위와 변경을 잡아내기 위해 모든 통제를 검토하고 측정한다.
- **감사** : 보안 정책과 통제가 얼마나 잘 동작하는 지에 대한 독립적인 분석을 제공하기 위해 로그와 전반적인 환경을 검토한다.
- **개선** : 감사 결과로 보안 프로그램과 통제를 개선하기 위한 제안을 제시한다. 이 단계에서는 경영진이 권고하는 변경 사항을 수용한다.
- **안전성 보장** : 통제가 동작하고 의도된 수준의 보안으로 보호함을 보장한다.

보안 통제가 조직의 컴퓨터와 네트워크를 보호하더라도 각각의 보안 통제가 필요하고 효과적이라는 것을 보장해야 한다. 각 통제는 특정 위협으로부터 조직을 보호해야 한다. 위험이 식별되지 않는 곳의 수립된 통제는 조직을 더 이상 안전하게 하지 않는다. 조직에 구축된 모든 통제가 특정 위협을 적절하게 처리함을 보장하여야 한다. 동일한 위협을 처리하는 여러 통제가 존재하는 것이 좋다. 하나의 통제가 최소 하나의 위협을 처리함을 보장해야 한다.

위험은 위협이 실현될 가능성으로 정의된다. 즉, 예상 손실액은 자산의 비용과 위험 확률을 곱한 결과이다. 위험을 식별하면 통제의 유효성을 측정할 수 있다. 잠재적 손실보다 더 많은 비용이 드는 통제를 사용하면 조직의 자원을 낭비하는 것이다. 조직 자원의 낭비를 피하는 가장 좋은 방법 중 하나는 보안 검토 주기를 따르는 것이다. (그림 7-1)은 보안 검토 주기의 단계가 서로 잘 맞물려서 동작하는 지를 보여준다.

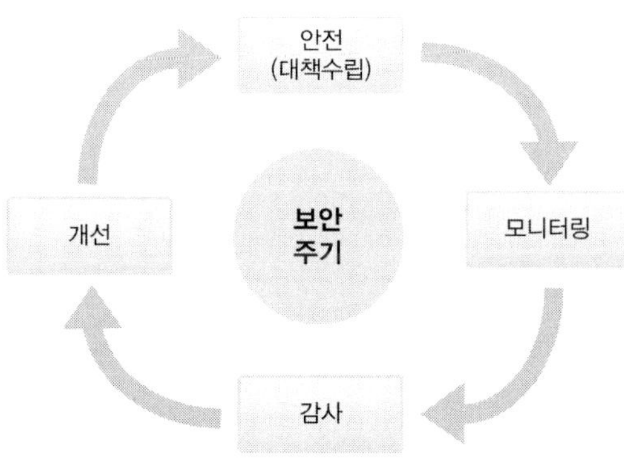

그림 7-1
보안 검토 주기

허용 가능한 행동 결정

올바른 보안 통제를 적절하게 배치하기 위한 첫 번째 단계는 어떤 활동을 허용할 것인지를 결정하는 것이다.

- 조직의 보안 정책에 허용될 수 있고 허용될 수 없는 활동을 정의한다.
- 조직은 표준 기구에서 개발했거나 지지하는 표준을 기반으로 자신만의 기준을 생성할 수 있다.
- 정책 문서에서 허용된 통신 및 활동은 허용될 수 있다.
- 보안 정책에서 특별하게 금지된 통신 및 활동은 허용될 수 없다. 기타 통신이나 다른 활동도 허용될 수 없다. 기밀 정보를 노출하거나 시스템 무결성에 손상을 입히거나 시스템이 이용되지 못하도록 하는 모든 활동의 경우 정책에서 특별히 금지하지 않아도 허용되지 않는다.

허가수준

조직에서 허가 수준의 적절성은 조직의 수요와 정책에 따라 다르다. 조직에 필요한 허가 수준은 보안 구조와 일치하여야 한다. 만약 보안 구조와 일치하지 않으면 많은 데이터를 잃게 되고 조직의 평판이 낮아질 수 있다. 또한 보안 통제가 필요한 것 이상으로 어려울 경우 사용자는 보안 통제를 우회하려고 할 수도 있다. 가장 일반적인 허가 수준은 다음과 같다.

- Promiscuous : 모든 것이 허용된다. 이 허가수준은 대부분의 홈 사용자들에게 적합하다.
- permissive : 특별히 금지되는 것이 아닌 것은 허용된다. 이 허가수준은 대부분의 공개 인터넷 사이트, 학교, 도서관 및 많은 훈련 센터에 적합하다.
- prudent : 허용되는 목록이 존재하며 그 외는 금지된다. 이 허가수준은 대부분의 기업에 적합하다.
- paranoid : 매우 적은 일부만 허용하고 그 외는 금지하고 신중하게 모니터링된다. 이 허가수준은 안전 설비에 적합하다.

보안 감사 영역

감사는 그 범위가 매우 커서 모든 부서와 기업 기능이 포함될 수 있다. 다른 한편으로 감사는 그 범위가 매우 좁아 오직 하나의 특정 시스템이나 통제가 처리될 수도 있다. 감사를 통해 경영진은 가장 좋은 통제가 배치되었고 얼마나 잘 동작하는 지를 독립적으로 평가할 수 있다. 이를 통해 경영진은 조직의 위험을 이해하고 처리할 수 있게 된다.

예를 들어 고수준의 보안 정책 감사에서는 조직의 보안 정책이 최신이고 적절하며 제대로 시행되고 있다는 것을 보장하기 위해 보안 정책이 검토된다. 또한 이런 형태의 감사를 통해 정책이 조직의 문화를 반영할 수 있다. 또한 이러한 감사 시 사용자나 고객이 통제를 수용하는지 또는 사용자나 고객이 통제를 우회하려고 시도하는지를 시험한다. 또한 이런 형태의 감사에서는 기반구조가 어플리케이션 데이터를 얼마나 잘 보호하는지를 시험한다. 어플리케이션은 접근을 인가된 사용자로만 제한하고 데이터를 숨겨서(암호화하여) 비인가된 사용자들이 볼 수 없도록 함을 보장한다.

또한 조직의 모든 침입차단시스템, 라우터, 게이트웨이, 무선 접근지점(AP), 기타 네트워크 장치들이 의도된 대로 기능을 수행하고 설정이 조직의 보안 정책의 준수함을 보장하기 위해 이 모든 장비를 반드시 감사해야 한다. 결국 감사에서는 기술 자체를 시험한다. 감사를 통해 조직의 네트워크에 연결된 모든 컴퓨터와 장치가 정책에 따라 함께 잘 동작하는지를 탐지한다. 또한 감사를 통해 조직의 규칙과 설정이 최신의 상태이고 문서화되어 있고 변경 통제 절차를 따르고 있음을 확인할 수 있다.

감사의 목적

감사는 조직의 위험-관리 프로그램을 검토하고 프로그램이 올바르게 조직의 위험을 식별하여 감소시키고 있음을 확인할 수 있는 기회가 된다.

감사는 다음을 확인한다.

- **통제의 적절성** : 보안 통제의 수준이 위험에 적합한가?
- **통제의 올바른 구축성** : 보안 통제가 적재적소에 구축되고 잘 동작하고 있는가?
- **통제의 목적 달성 여부** : 보안 통제가 처리하도록 한 위험을 처리하는 경우 효과적인가?

감사자가 작성한 감사 보고서에는 조직의 프로세스, 기반구조 또는 기타 통제에 대한 개선사항과 변경사항을 포함한다. 잠재적 책임, 부주의 및 의무적 준수 규정으로 인해 감사가 필요하다. 감사를 통해 문제가 도출되고 준거성 여부가 보장된다. 많은 사법 관할구역에서는 감사가 법으로 규정되어 있다.

법과 규정에는 근무하는 직원의 수에 따라 또는 특정 산업에 종사하는 기업에 한해서 내부 및 외부 감사를 수행하도록 규정하고 있다. 감사를 반드시 수행하는 산업군에는 금융 서비스 조직과 의료 기록을 다루는 조직이 포함된다. 내부 및 외부 감사를 규정한 연방 법이나 업체 표준으로 SOX(Sarbanes-Oxley Act), HIPAA(Helath Insurance Portability and Accountability Act), PCI DSS(Payment Card Industry Data Security Standard)가 있다. PIPEDA(Personal Information Protection and Electronic Documents Act)는 캐나나 법으로 조직이 전자 상거래 시 수집하고 이용하는 개인 정보를 보호하는 방법에 대해 규정하고 있고 감사 사항을 규정히고 있다.

감사를 통해 조직은 충분히 훈련을 받고 숙련된 직원이 부족함을 알 수도 있다. 결국 회사가 보안 프로그램을 감독하고 자산을 관리하는데 부족할 수 있다. 감사를 통해 조직은 직원 훈련에 좀 더 신경을 쓰게 된다. 다른 한편으로는 감사를 통해 조직이 자신의 요구사항을 충족함을 검증할 수 있다.

새로운 많은 규정에는 경영진이 사기나 기업 자산을 잘못 관리했을 경우 개인적으로 책임을 지도록 명시되어 있다. 과거에는 기업에서 책임을 졌으나 지금은 개인이 책임을 진다. 결국 조직은 조직과 직원을 보호하기 위해 필요한 모든 요구사항을 준수하도록 최선을 다하게 된다.

고객의 신뢰

고객은 보통 자신이 신뢰하는 조직과만 거래를 한다. 조직이 보안을 위해 시스템을 지속적으로 감사한다는 것을 고객이 알게 되면 자신의 민감한 정보를 해당 조직과 공유하고자 할 것이다.

많은 기업 대 기업 서비스 제공자는 감사 표준을 이용하여 고객과의 신뢰를 구축한다. 1993년에 미국 공인 회계사 협회(American Institute of Certified Public Accountants)의 감사 표준 위원회(Auditing Standards Board)는 감사 표준 번호 70에 대한 성명서(SAS70, Statement on Auditing Standards Number 70)를 발표했다. 이것은 많은 서비스 조직에 대한 감사 가이드를 제공하는 첫 번째 표준이다. SAS 70은 보험과 의료 청구자, 통신 서비스 제공자, 관리되는 서비스 제공자 및 신용카드 거래 처리 회사와 같은 조직을 위해 개발되었다. 두 가지 종류의 SAS 70 감사는 다음과 같다.

- **타입 I** : 이 감사에는 서비스 조직과 환경적 통제 목적을 달성하기 위한 통제의 구현에 대한 감사자의 평가가 포함된다.
- **타입 II** : 타입 I 감사 내 정보와 식별된 통제가 효과적으로 구현되어 운영되는지에 대한 감사자의 평가가 포함된다.

SAS 70이 해당 범위 내에서 일반적이긴 하나 현재의 서비스 조직이 직면하는 많은 문제를 다루지는 못한다. 예를 들어, SAS 70에서는 코로케이션(co-location)의 지원이나 클라우드 기반의 서비스 제공 등이 포함되어 있지 않다. SAS 70은 2011년에 공식적으로 철회되었다.

2011년에 SSAE 16(Statement of Standards for Attestation Engagements Number 16)이 SAS 70을 대체하였다. SSAE 16에서는 SAS 70의 범위가 확장되었고 서비스 제공자에 대한 감사와 보고 표준이 강조되었다. SSAE 16에는 통제와 프로세스를 검증할 때의 감사자에 대한 가이드가 제공된다. 또한 보고서에 감사 대상의 통제의 설계와 효과성을 기술하도록 명시하고 있다. 이러한 보고서에는 조직의 특정 통제를 설명하는 상세한 사항이 포함된다. 예를 들어 데이터 센터 내 공간을 임대하고자 회사는 데이터 센터의 보안 동세에 대한 독립된 평가를 얻기 위해 데이터 센터에 SSAE 16 또는 SAS 70 감사 결과를 제공해달라고 요청할 수 있다.

많은 조직 내에서 SAS 70(지금은 SSEA 16)의 결과에 대한 의존도가 증대되어 왔다. AICPA는 서비스 조직의 복잡도를 인지하여 서비스 조직에 대해 3개의 서로 다른 수준의 감사 보고서를 작성하였다. 서비스 조직 통제(SOC, Service Organization Control) 프레임워크에는 3개 수준의 감사 보고서의 범위와 내용이 정의된다. (표 7-1)은 SOC 보고서와 각 특징을 보여준다.

SOC 1, SOC 2, SOC 보고서는 조직의 감사자를 위한 중요한 도구이다. SOC 1 보고서는

표 7-1 SOC 보고서와 각 특징

보고서 형태	내용	대상
SOC 1	재무 보고서에 대한 내부 통제	사용자와 감사자. 이 보고서는 주로 SOX(Sarbanes-Oxley) 또는 GLBA(Gramm-leach Bliley Act)를 반드시 준수해야 하는 조직을 위한 것이다.
SOC 2	보안(기밀성, 무결성, 가용성) 및 프라이버시 통제	경영진, 규제기관, 이해당사자. 이 보고서는 주로 서비스 제공자, 데이터 센터 및 관리되는 클라우드 컴퓨팅 제공자를 위한 것이다.
SOC 3	보안(기밀성, 무결성, 가용성) 및 프라이버시 통제	일반인. 이 보고서는 조직이 고객의 개인정보를 안전하게 보호하고 법적 요구사항(HIPAA 및 GLBA 등)을 준수함을 검증하기 위해 주로 SOC 2 서비스 제공자의 고객을 위해 필요하다.

주로 재무 보고서의 내부 통제(ICFR)에 중점을 둔다. 이런 형태의 보고서는 종종 사용자 조직을 위한 재무표를 준비하고 재무 보고서 요구사항에 따라 생성된 데이터의 기밀성, 무결성, 가용성을 보장하는 적절한 통제를 구현하는 데 이용된다. SOC 2와 SOC 3 보고서 둘 다 주로 보안과 관련된 통제를 처리한다. 이러한 보고서 내 보안과 관련된 통제는 오늘날 기술 서비스 제공자 조직의 성공의 핵심이다. SOC 2와 SOC 3 보고서의 주요 차이점은 보고서 대상에 있다. SOC 2 보고서는 내·외부의 인가된 이해 당사자를 위해 작성된다. SOC 3 보고서는 고객을 위한 것이다.

> **참고**
>
> SAS 70에 대한 보다 많은 정보는 http://sas70.com을 참조하도록 한다. SSAE 16에 대한 보다 많은 정보는 http://ssae16.com을 참조하도록 한다. SOC 1, SOC 2, SOC 3 보고서에 관한 보다 많은 정보는 http://www.ssae16.org/white-papers를 참조하도록 한다.

감사 계획 정의

감사 계획을 수립할 때 감사자는 먼저 반드시 목적을 정의하고 검토할 시스템 및 비즈니스 프로세스를 정해야 한다. 또한 감사자는 확인할 보증 영역을 정의해야 한다.

감사자는 반드시 감사에 참여할 인력을 식별해야 한다. 이 인력은 감사팀 또는 감사받을 조직에서 뽑을 수 있다. 이러한 사람들이 감사를 위해 정보를 모으고 준비한다. 감사자는 반드시 모든 사람이 숙련되고 감사를 수행할 준비가 되어 있나는 것을 확신해야 한다.

어떤 감사자들은 이전의 이슈 사항을 알기 위해 이전 감사 보고서를 검토하기도 하고 어떤 감사자들은 이전 결정에 대한 편견을 갖지 않기 위해 이전 감사 보고서를 검토하지 않기도 한다.

계획의 범위 정의

감사 시작 시 반드시 검토의 경계를 정의해야 한다. 어떤 영역을 감사하고 감사하지 않을

> **참고**
> 조직의 모든 부분을 감사하는 것은 자원 제약으로 인해 가능하지 않다. 감사자는 가장 높은 위험 영역에 가장 높은 우선순위를 두어야 한다.

지를 결정하는 것이 핵심이다. 이번 감사에서 검토되지 못하는 영역은 이후 감사에서 검토될 것이라는 것을 확신해야 하고 책임소재를 구분해야 한다. 모든 시스템과 네트워크에 대해 반드시 명확하게 지정된 소유자가 존재해야 한다.

이때, 감사가 진행될 것이라는 것을 알려줄 대상을 정할 필요가 있다. 대부분의 경우 사용자가 감사를 수행한다는 것을 알면 이전에 무시했던 규칙을 따르기 시작한다. 이렇게 사용자 행동이 바뀌면 감사 결과가 정확하지 않을 수 있다. 다른 한편 직원에게 알리지 않고 감사를 수행하면 핵심 정보에 접근이 제한되어 감사가 어려울 수 있다. 그러므로 상황에 따른 장단점을 고려해야 한다. (그림 7-2)는 감사의 범위가 IT 기반구조 7개의 모든 영역으로 어떻게 확장될 수 있는 지를 보여준다.

감사자는 감사 활동을 수행하기 전에 시간을 투자하여 적절하게 감사 계획을 수립해야 한다. 계획을 수립하는 것은 점검할 파일과 문서를 목록화하는 것보다 훨씬 더 시간이 많이 든다. 실제로 감사자는 종종 감사를 준비하는 과정에서 더 많은 일을 한다. 다음은 감사자가 계획 수립 시 하는 업무이다.

- <u>사이트 조사</u> : 감사자는 감사를 시작하기 전에 환경과 시스템 간 상호연결을 이해하고자 한다.
- <u>문서 검토</u> : 감사자는 계획을 수립하는 동안 실제 감사의 일부로 시스템 문서와 설정을 검토하고자 한다.
- <u>위험 분석 보고서 검토</u> : 감사자는 위험-분석의 결과인 시스템의 중요도 등급을 이해하고자 한다. 이를 이용하여 시스템의 중요도를 산정하여 보고 단계에서 위험 완화의 적절한 순서를 정할 수 있다.
- <u>호스트 로그 검토</u> : 감사자는 프로그램, 허가 또는 설정에 대한 변경을 찾고자 시스템 로

그림 7-2

감사 범위와 IT 기반구조의 7개 영역

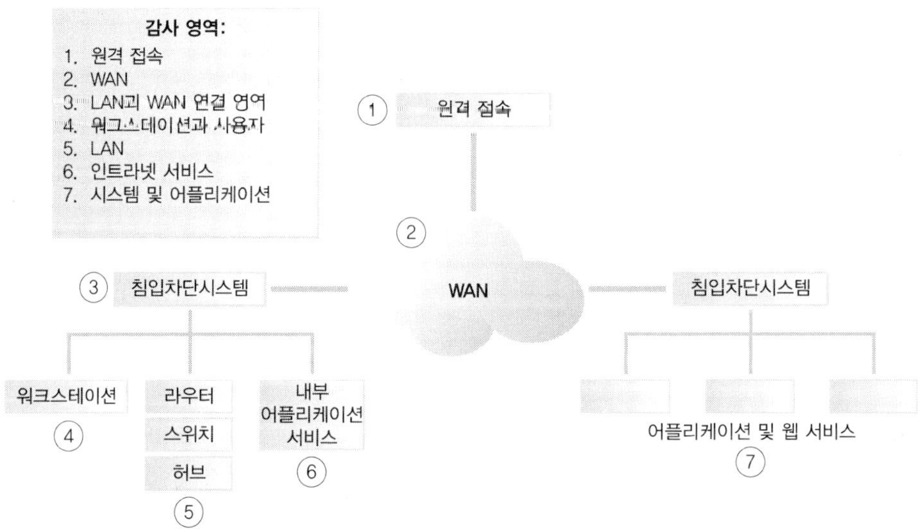

그를 요청할 것이다.

- **사고 로그 검토** : 감사자는 문제 현황을 알기 위해 보안사고 로그 검토를 요청할 것이다.
- **모의 해킹 시험 결과 검토** : 조직이 모의 해킹 시험을 수행할 때 시험 수행자는 발견된 취약점을 포함한 보고서를 작성한다. 감사자는 이 보고서를 검토하여 감사 시 모든 항목을 포함시켜 수행될 수 있도록 하여야 한다.

감사 벤치마크

벤치마크(benchmark)는 시스템이 안전하게 설정되었는지를 결정하기 위해 사용하는 기준이다. 현재의 컴퓨터나 장치의 설정을 벤치마크와 비교하는 감사의 한 기술이다.

본 절에서는 시스템, 비즈니스 프로세스 또는 보안 통제를 감사하거나 검토하는 일반적인 방법을 살펴보도록 한다. 본 절에서 살펴보는 예는 모범사례라 할 수 있다. 이러한 예제는 종종 기업이나 비즈니스 프로세스를 감사하기 위한 가이드라인으로 이용된다. 조직의 경영진은 예제 중 하나를 공식적으로 채택할 수도 있다. 조직이 정부의 법 또는 규정을 준수해야 할 경우는 특히 고려해 볼만 하다. 만약 그렇다면 벤치마크는 감사로 주로 활용될 수 있으며 그렇지 않으면 고위 경영진의 승인을 받은 감사자가 감사를 어떻게 수행할 지를 결정한다.

- ISO 27002 : ISO 27002는 정보 보안 관리에 좋은 가이드라인을 제공하는 문서이다. 법적 준수성을 고려하는 조직에 대해 ISO 27002에는 모든 조항이 만족되는지를 검증하기 위해 반드시 감사를 수행하도록 명시하고 있다.
- NIST SP 800 : NIST SP 800-37은 정부가 소유하거나 운영하는 시스템에 대해 미국 정부에서 발표한 특별 표준이다. 이 표준에는 모범 사례와 감사가 포함되어 있다.
- ITIL : ITIL은 정보 기술 기반구조 라이브러리(Information Technology Infrastructure Library)이다. 이것은 정보 기술(IT) 기반구조, 개발 및 운영에 대한 개념과 정책의 집합이다. ITIL은 시리즈로 발표된 책이며 각 책별로 개별 IT 관리 주체를 다룬다. ITIL은 모든 IT 조직의 필요에 따라 변경할 수 있는 종합적인 확인표, 임무 및 절차에 관한 중요한 IT 사례의 상세한 설명을 제공한다.

> **참고**
> NIST SP 800은 모범 사례 문서 시리즈이다. 웹 사이트 http://csrc.nist.gov/는 가장 최신의 문서 순으로 구성된다. 개정되더라도 처음에 부여된 문서 번호가 바뀌지 않으므로 문서번호에 상관없이 최신이라 생각하면 된다.

ISACA와 미국 내부 감사인 협회(IIA, Institute of Internal Auditors)와 같은 그 외 조직도 감사 가이드라인을 개발하였다. 또한 이러한 조직들은 내부 가이드라인을 개발하거나 감사 계획을 어디에서라도 사용할 수 있도록 변경하였다. 다음은 가이드라인의 예를 보여준다.

- COBIT : 정보 및 관련 기술에 대한 통제 목적(COBIT, Control Objectives for Information and related Technology)은 IT 관리에 대한 모범 사례 시리즈이다.

ISA(Information Systems Audit), ISACA(Information Systems Audit Control Association) 및 ITGI(IT Governance Institute)가 1996년에 생성하였다. COBIT은 관리자, 감사자 및 IT 사용자들에게 일반적으로 허용되는 기준, 지표, 프로세스 및 모범 사례를 제공한다. COBIT을 이용하면 정보 기술의 최대 장점을 얻고 회사 내에서 적절한 IT 거버넌스와 통제를 개발할 수 있다.

- COSO : 미국 내부 감사인 협회가 COSO(Committee of Sponsoring Organizations of the Treadway Commission)를 설립하였다. 이 조직은 행정부와 거버넌스 객체에 조직 거버넌스, 기업 윤리, 내부 통제, 기업의 위험 관리, 사기 및 재무 보고서에 핵심 내용에 관한 가이드를 제공한다. COSO 내에는 일반적인 내부 통제 모델 구축이 포함되어 있다. 많은 기업과 조직은 COSO를 이용하여 통제 시스템을 평가할 수 있다.

법 또는 규정에서 금지하지만 않으면 조직은 자유롭게 자신에게 적합한 감사 방법을 선택할 수 있다. 조직은 앞에서 살펴본 문서 중 하나를 이용하거나 다른 조직 또는 거래하는 조직의 가이드라인을 이용할 수도 있다. 심지어 조직은 자신만의 문서를 개발할 수도 있다. 어떤 방법이든 조직은 조직의 요구조건에 가장 적합한 감사방법을 감사 수행 전에 구축하여야 한다.

감사 데이터-수집 방법

데이터를 분석하기 전에 데이터를 식별하고 수집할 필요가 있다. 데이터를 수집하는 방법은 다음과 같이 다양하다.

- **설문지** : 관리자와 사용자에게 준비된 설문지를 배포할 수 있다.
- **인터뷰** : 모든 직원과 인터뷰를 하면 조직의 운영을 이해하는데 유용하다. 인터뷰 결과는 정보와 권고 사항에 대한 근거가 될 수도 있다.
- **관찰** : 문서상의 절차와 실제 업무가 수행되는 방법 간의 차이를 알 수 있는 방법이다.
- **체크리스트** : 체크리스트를 이용하면 모든 분야에 대한 정보를 수집할 수 있다.
- **문서 검토** : 이러한 문서는 최신성, 준거성 및 완전성을 평가할 수 있다.
- **설정 검토** : 변경 통제 절차와 통제, 규칙, 배치의 적절성에 대한 평가가 포함된다.
- **정책 검토** : 정책의 관련성, 최신성 및 완전성에 대한 평가가 포함된다.
- **보안 테스트 수행** : 취약점 테스트(vulnerability testing)와 모의 해킹 테스트(penetration testing)를 통해 보안 구성요소, 네트워크 또는 어플리케이션 내에 취약점이 존재하는지에 관한 기술 정보를 수집할 수 있다.

보안 감사 영역

정책에는 모든 주요 영역이 감사에 포함되도록 기술되어야 한다. 감사자는 정책에서 기술

표 7-2 감사 계획에 포함되어야 하는 영역

영역	감사 목적
안티바이러스 소프트웨어	최신화, 보편적 적용
시스템 접근 통제	기술의 현행화
침입 탐지 및 이벤트-모니터링 시스템	로그 검토
시스템-안전성 강화 정책	포트, 서비스
암호 통제	키, 사용(민감한 정보에 대한 네트워크 전송 시 암호화)
긴급사태 계획 수립	사업 연속성 계획(BCP), 재해 복구 계획(DRP), 운영 연속성 계획(COOP)
하드웨어 및 소프트웨어 유지	유지보수 협의, 서비스 제공, 향후 수요 예측
물리적 보안	문의 잠금 상태, 전력 제공 점검
접근 통제	알필요, 최소 권한
설정 관리를 위한 변경 통제 프로세스	문서화, 비인가된 변경 불가
매체 보호	매체 사용 년한 검토, 라벨링, 저장, 이동

되지 않은 주요 영역을 문서화한다. 이후 감사자는 모든 인력이 정책과 절차와 기준을 따르는지를 확인한다.

접근 통제 정책을 지원하는 패스워드 기준(최소 길이 및 복잡도)과 패스워드 절차(패스워드 설정, 변경 및 재설정 방법)가 필요할 것이다. 많은 조직은 패스워드 정책을 시스템 접근 정책으로 사용한다. 그러나 이것은 매우 위험하다. 그러므로 다음과 비슷한 내용을 포함하는 개별적인 접근 통제 정책을 개발해야 한다.

> "인가된 사용자는 수행하도록 허가된 것만을 수행할 수 있어야 한다. 비인가된 사용자는 아무것도 수행하지 못하도록 하여야 한다."

패스워드는 공격의 대상이 되기 때문에 이용이 줄어들고 있다. 대신 많은 조직들은 인증을 위해 토큰, 스마트카드 또는 생체측정을 이용하고 있다. IT 환경이 변경되면 정책도 변경되어야 한다. 조직 내 절반 정도의 시스템 내 스마트카드를 사용할 경우 모든 접근 통제 정책 내 패스워드 강도를 기술하지 않고자 할 것이다. 감사를 통해 보안 정책이 현행화되어 있고 현재의 환경을 반영하는 것을 확실히 해야 하며, 더 이상 필요하지 않은 정책을 식별하여 제거하여야 한다.

통제 확인 및 신원 관리

보안 통제가 의도한 대로 효과적이고 신뢰성이 있게 동작한다는 것은 매우 중요하다. 모니터링과 검토를 수행하지 않으면 조직의 정보 보안 프로그램이 효과적인지 직원이 상당히 주의깊게 수행하는지를 확신할 수 없다. 신원-관리 시스템을 감사할 경우 중점을 두어야 할 주요 분야는 다음과 같다.

> **참고**
> 감사 프로세스는 조직을 좀 더 안전하게 만들기 위해 모든 객체가 함께 하는 협력 체계이어야 한다. 감사를 "우리 대 그들"의 관점으로 보면 안 된다. 감사자와 감사를 받는 조직의 목적은 "보다 안전한 환경"으로 같기 때문이다.

- **승인 프로세스** : 누가 접근 요청을 승인하는가?
- **인증 메커니즘** : 특별한 보안 요구사항을 만족하기 위해 어떤 메커니즘이 사용되는가?
- **패스워드 정책 및 시행** : 조직 내에 효과적인 패스워드 정책이 존재하고 해당 정책이 일관되게 수행되는가?
- **모니터링** : 조직 내에 비인가된 접근을 탐지할 정도로 충분한 모니터링 시스템이 존재하는가?
- **원격 접속 시스템** : 모든 시스템이 강력한 인증을 이용하여 적절하게 안전한가?

감사 이후 활동

> **참고**
> 감사자는 감사를 수행하는 동안 자신들이 발견한 사항을 확인하기 위해 정기적으로 경영진과 대화를 한다. 감사자 역시 실수할 수도 있다. 이러한 대화를 통해 경영진은 감사자가 최종 보고서를 작성하기 전에 감사 시 오해한 부분을 바로 잡고 경영진의 입장을 설명할 수 있는 기회를 갖는다.

감사를 완료한 후 감사자가 할 일은 여전히 많다. 추가적으로 수행할 감사자의 업무로는 퇴직자 인터뷰, 데이터 분석, 감사 보고서 작성 및 경영진에 감사 결과 보고 등이 있다.

퇴직자 인터뷰

감사자는 주요 직원과 퇴직 전 인터뷰를 수행한다. 이러한 인터뷰를 통해 직원에게는 나중에 감사 보고서에 포함될 주요 이슈와 권고사항을 알릴 수 있고 심각한 이슈에 신속하게 대응하고 처리할 수 있다. 이 경우 감사자는 직원에게 초기 경고 외에 감사와 관련된 상세한 사항을 제공해서는 안 된다. 왜냐하면 이로 인해 조직의 보안 준비에 잘못된 견해가 직원에게 제공될 수도 있기 때문이다.

데이터 분석

감사자는 주루 조직의 사이트에서 수집한 데이터를 분석한다. 이를 통해 감사자는 조직의 모든 사항을 검토하고 표준화된 보고서 형식을 이용하여 관찰한 것을 제시할 수 있다. 또한 현장 외 분석을 통해 감사자는 종종 현장에서 직면하는 압박에서 벗어날 수 있다. 모든 조직은 긍정적인 감사 보고서를 받고 싶어 하고 때로는 이것이 감사자에게 미묘한 압박으로 나타나기도 한다. 감사받는 조직의 여러 방면에서 데이터를 분석하여야 공정한 분석이 된다.

감사보고서 작성

대부분의 감사 보고서에는 최소한 다음의 내용이 포함된다.

- **발견 사항** : 발견사항은 표준화된 벤치마크에 대한 준거성 여부로 나열된다. 감사 발견

사항과 기술된 정책이나 산업 모범 사례를 비교함으로써 조직이 반드시 개선해야 할 방향을 정할 수 있다.

- **권고 사항** : 감사자는 감사에서 발견된 위험을 어떻게 개선할 지를 권고한다. 또한 감사자는 직원이 정책이나 프로세스를 얼마나 준수하지 않는지를 기술할 수 있다. 대부분의 보고서에는 가장 중요한 이슈를 처리할 수 있는 권고사항이 우선 기술된다. 권고사항에는 다음이 포함되어야 한다.
  - **구현 일정** : 변경 권고사항은 제약을 두어야 한다. 각 권고사항은 제안된 일정대로 구현되어야 한다.
  - **위험 수준** : 감사를 통해 조직의 위험 수준을 명확하게 해야 한다.

> **참고**
> 대부분의 감사 보고서는 요점만 포함한다. 감사 보고서는 요약으로 시작하고 그 다음에 상세한 사항이 기술된다. 요약은 종종 여러 명이 볼 수 있으므로 보고서 내의 보안 취약점이 노출되지 않도록 해야 한다. 그러므로 감사 보고서 작성 시 사적이거나 기밀 정보는 보고서 내의 상세한 부분에만 포함되도록 해야 한다.

- **경영진의 대응** : 감사자는 경영진에게 감사 보고서의 초안에 대해 대응할 기회를 제공해야 한다. 그리고 감사자는 경영진의 대응 사항을 최종 보고서에 포함하여야 한다. 이러한 대응 사항을 통해 종종 이슈가 명확해지고 통제가 사용되지 않은 이유와 초안에 포함된 권고 사항이 필요하지 않은 이유가 설명된다. 또한 대응 사항에는 통제 내 결함을 수정하기 위한 활동 계획이 포함된다.
- **후속 조치** : 필요하면 감사자는 조직이 권고사항을 수행했음을 보장하기 위해 후속 조치 감사 일정을 잡아야 한다.

감사 결과 보고

감사자가 감사 보고서 작성을 완료하면 조직에 발견 사항을 제출한다. 조직 구조와 규모에 따라 공식적인 회의 때 제출할 수도 있고 단순히 개인에게 보고서를 제공할 수도 있다. 감사 보고 방법과 상관없이 감사를 받은 조직이 보고서를 확인하고 사후 조치를 취하는 것이 중요하다. 발견 사항은 요구조건 또는 예산을 기반으로 수행된다.

보안 모니터링

보안 프로그램의 첫 번째 목적은 비정상적인 활동을 탐지하는 것이다. 결국 탐지할 수 없으면 대응도 할 수 없다. 이것이 바로 보안 모니터링이 필요한 이유이다. 보안 모니터링 시스템은 침입 탐지 시스템(IDS, Intrusion Detection System)과 같은 기술적인 사항이다. 또는 이것은 관리적인 사항일 수도 있다. 예를 들어, 직원이나 고객의 활동을 폐쇄 회로 TV(CCTV, Closed-Circuit TV)를 통해 지켜보는 것이다.

비정상적이거나 허용될 수 없는 행위가 탐지되면 그 행위를 중단시켜야 한다. 공공연하고 은밀한 침입 활동을 중단시키는 것은 기술이며 과학이다. **공공연한 활동**(overt act)은 명백하고 의도적인 활동인 반면 **은밀한 활동**(covert act)은 드러나지 않고 비밀스런 활동이다.

많은 공격자들은 탐지 통제를 우회하고자 한다. 실제로 보안 모니터링 통제를 수립함으로써 많은 공격자를 탐지할 수 있다. 다른 한편 너무 많은 모니터링 장치가 존재하는 것도 가능하다. 보안 모니터링 존재는 보안 침해를 감소시킬 만큼 분명해야 하나 강압적이 되지 않도록 적절하게 숨겨져야 한다.

보안 모니터링을 위한 몇 가지 방법과 기술은 다음과 같다.

- 기준선 : 어떤 활동을 비정상적으로 판단하기 위해 우선 정상적인 활동이 무엇인지를 알아야 한다. 만약 어제 또는 지난주에 얼마나 많은 디스크 공간이 사용되었는지를 모르면 시스템 디스크의 사용 공간이 80%라고 기술한 보고서를 봐도 이것이 정상인지 비정상인지 알 수 없다. 즉 매주 1%의 디스크가 더 사용되어 경고 신호를 보낸 시스템과 지난달에 디스크 사용량이 40%였으나 갑자기 사용량이 두 배가 된 시스템과는 다르다. 기준선은 보안 모니터링에서 매우 중요하다.
- 경고 신호 : 경고 신호는 문 개방 시 경보음이나 화재 경보음과 비슷하게 가능한 보안 사고를 직원에게 알린다. 그러나 직원은 반복적인 잘못된 경고 신호는 무시한다는 것을 알아야 한다. 예를 들어 이웃의 자동차 경보음이 반복적으로 울리면 매번 문을 열어 보지는 않는다. 즉, 직원이 실제 사고에 대응하지 않을 수도 있다.
- CCTV : CCTV를 적절하게 사용하여 TV 카메라를 통해 볼 수 있는 내용을 모니터링하고 기록할 수 있다. 카메라를 모니터링하는 보안 담당자는 특정 활동이나 행위를 지켜보도록 훈련을 받았다는 것이 반드시 보장되어야 한다. 또한 직원은 반드시 관련법에 관해 교육과 훈련을 받아야 한다. 많은 사법권에서는 인종이나 민족성에 기반한 프로파일링을 금지하고 있다.
- 불규칙한 행위를 탐지하는 시스템 : 이 예로 IDS와 허니팟 등이 있다. 즉, 네트워크상에서 부적절한 활동에 관한 정보를 캡처한다.

컴퓨터 시스템에 대한 보안 모니터링

많은 형태의 물리적 모니터링 통제가 있는 것처럼 컴퓨터와 네트워크 시스템 활동을 모니터링하는 방법도 많다. 보안 전문가는 악의적인 활동을 탐지하기 위해 컴퓨터 환경의 많은 측면을 모니터링하는 통제를 반드시 선택하여야 한다. 시스템 활동의 모니터링을 지원하는 많은 툴이 있다.

실시간 모니터링(real-time monitoring)은 어떤 일이 발생했을 때 발생한 일에 관한 정보를 제공한다. 보안 전문가는 실시간 모니터링 통제로부터의 정보를 이용하여 사고를 방지하고 조직 운영을 유지한다. 네트워크 침입 탐지 시스템은 실시간 모니터링 통제의 한 예이다. 네트워크 침입 탐지 시스템은 조직의 네트워크 전반의 트래픽이 전송될 때 네트워크 트래픽을 모니터링하고 캡처한다. 이런 형태의 통제의 예는 다음과 같다.

- 호스트 IDS : 호스트 침입 탐지 시스템(HIDS, Host Intrusion Detection System)은 컴퓨터 내에서 발생한 활동을 "알리는"데 뛰어나다. IDS 규칙을 이용하면 거의 실시간으로

의심스러운 활동을 식별할 수 있다.

- 시스템 무결성 모니터링 : 트립와이어(Tripwire)와 같은 도구를 이용하면 비인가된 변경에 대해 컴퓨터 시스템을 지켜볼 수 있고 거의 실시간으로 관리자에게 그러한 변경을 보고할 수 있다.

실시간이 아닌 모니터링은 활동의 히스토리를 기록 관리한다. 이러한 형태의 모니터링은 사고를 즉각적으로 탐지하고 대응하는 것이 핵심적이지 않을 때 사용할 수 있다. 이러한 형태의 통제의 예는 다음과 같다.

- 어플리케이션 로깅 : 민감한 정보에 접근하거나 민감한 정보를 변경하는 모든 어플리케이션에는 누가 데이터를 언제 이용했는지 또는 변경했는지를 기록하는 로그가 존재한다. 이러한 로그는 프라이버시 규정 준수, 오류 또는 기록에 대한 문제 조사 및 트랜잭션 추적의 증거가 될 수 있다.
- 시스템 로깅 : 이런 형태의 로그는 누가 시스템에 접근하여 무슨 활동을 했는지의 기록을 제공한다.

다음은 로그가 필요한 활동의 일부를 보여준다.

- 호스트 기반 활동 : 시스템에 대한 변경, 접근 요청, 실행 및 스타트업 및 셧다운이 포함된다.
- 네트워크 및 네트워크 장치 : 접근, 트래픽 형태 및 패턴, 악성코드 및 수행이 포함된다.

모니터링 이슈

로그 기록에는 비용이 든다. 시스템이나 어플리케이션 활동을 기록하기로 결정하면 해당 정보를 어딘가에 저장하여야 한다. 많은 조직들은 너무 많은 정보가 생성될 수 있기 때문에 로그를 선택하지 않는다. 결국 로그를 검토한 충분한 직원이 없으면 해당 데이터를 모은들 무슨 소용이 있겠는가? 로그 데이터를 자동으로 분석할 방법이 없다면 단순히 로그 기록은 디스크 공간만을 차지하게 된다. 이것은 아무런 가치가 없다. 다른 문제로 수준 낮은 로그 데이터와 공격의 복잡도가 있다. 종종 로그를 분석하는 데 직원의 시간을 다 소모해버리면 로그가 의미가 있다고 보기 어렵다.

조직이 보다 적극적으로 모니터링을 수행하지 못하는 이슈는 다음과 같다.

- 공간 분포 : 공격이 광범위한 영역의 다양한 공격자로부터 발생하면 로그로 공격을 인지하기는 어렵다. 설상가상으로 공격자는 서로 다른 관리자가 관리하고 광범위하게 퍼져 있는 수많은 컴퓨터를 이용할 수 있다.
- 스위치로 연결된 네트워크 : 스위치와 가상 LAN을 사용하여 분리된 네트워크의 트래픽을 캡처하기 어렵다. 분리된 로그 파일로부터 실제 발생된 활동을 재구성하는데 훨씬 더 많은 작업이 필요하다.
- 암호화 : 데이터를 암호화하면 데이터가 의심스러운지를 판단하기 위해 모든 데이터를

볼 수 없기 때문에 로그 분석이 훨씬 어렵다. 암호화되지 않은 부분이 기록될 수 있으나 나머지 부분은 실제로 보이지 않는다. 다양한 수준에서의 데이터 암호화가 있다.

– 데이터 링크 계층의 계층 암호화(무선 WEP 및 WPA) : 이런 형태의 암호화를 이용하면 데이터 링크 계층 상위의 모든 데이터를 암호화한다.

– 네트워크 계층 암호화(IPSec 및 기타 터널링 프로토콜) : 이런 형태의 암호화를 이용하면 네트워크 링크 계층 상위의 모든 데이터를 암호화할 수 있다.

– 어플리케이션 계층 암호화(SSL 및 SSH 등) : 이런 형태의 암호화를 이용하면 전송 계층 상위의 모든 데이터를 암호화할 수 있다.

> **참고**
> 조직은 민감한 모든 데이터가 네트워크를 통해 전송될 때 암호화된다는 것을 보장하기 위해 트래픽을 모니터하여야 한다.

비정상 로그 기록

모니터링의 가장 중요한 점은 로그 항목 내의 실제 공격과 번잡스럽거나 단순한 사건인 활동 간의 차이를 결정하는 것이다. 이러한 차이를 결정할 때 모든 형태의 모니터는 두 가지 형태의 실수를 수행한다.

- **오탐지**(false positive) : 타입 I 오류라고도 하는 **오탐지**는 아직은 실제 보안 사고는 아니지만 악의적으로 보이는 경고 신호이다. 이러한 잘못된 신호로 인해 관리적인 노력을 낭비하게 된다. 너무나 많은 잘못된 경고 신호로 인해 관리자는 실제 공격을 무시하게 된다. 이를 개선하기 위해 드물거나 사람 실수의 "공격"을 기록하지 않을 수도 있다. 이를 위해 자주 발생하거나 미리 정한 기준을 충족시키지 않으면 사건을 무시하는 **클립 레벨**(clipping level) 생성을 이용할 수 있다. 예를 들어, 실패한 로그인 시도는 짧은 기간 동안 여러 번 발생하지 않으면 관심을 두지 않는다. 실패된 로그인에 대한 클립 레벨은 보통 5번이다. 즉, 시스템은 사용자가 로그인을 연속해서 5번 실패할 때마다 경고 신호를 발생시킨다. 클립 레벨을 이용하면 오탐지 횟수를 줄일 수 있다.
- **미탐지**(false negative) : 또 다른 형태의 모니터링 오류는 의심스러운 행위를 캡처하는 통제의 고장이다. 미탐지는 타입 II 오류라 하고 이것은 경고 시스템이 심각한 사건을 탐지하지 못하는 것이다. 시스템이 사건을 알지 못하거나 실제로는 심각한 사건인데 그렇지 않다고 인식하는 것이다. 모니터링 통제에서 미탐지는 잘못 설정된 통제의 결과가 될 수 있다. 통제는 환경에 보다 민감해야 하고 의심스런 활동을 좀 더 많이 보고해야 한다.

로그 관리

로그 기록은 보안 직원을 위한 핵심 활동이다. 로그 파일을 이용해 정상적이고 비정상적인 시스템 활동의 증거를 제공할 수 있다. 또한 로그 파일을 이용하면 통제가 얼마나 잘 동작하는지에 관한 가치 있는 정보를 제공할 수 있다. 보안과 시스템 관리자는 직원이 올바른 정보를 보유하고 해당 정보의 안전을 지키기 위해 반드시 여러 가지를 고려해야 한다.

먼저 로그를 보호하고 철저한 분석을 위해 로그를 가까이 두기 위해 중앙 위치에 로그를 저장해야 한다. 저장 공간을 많이 확보하고 로그 파일 디스크 공간 요구조건을 모니터링하도록 한다. 로그 파일이 가득차면 다음의 세 가지 중 하나를 선택할 수 있다.

- 로그 기록을 중단한다.
- 가장 오래된 항목에 덮어 씌운다.
- (통제되거나 고장) 처리를 중단한다.

가끔 공격자는 의도적으로 로그를 가득 채워 장애를 야기한다. 로그 파일에 대한 저장 장치는 이러한 공격을 방지하도록 충분히 커야한다. 또한 로그 설정으로 로그-파일 크기가 인위적으로 낮게 설정되지 않도록 해야 한다.

시스템과 로그 간의 활동을 연결하기 위해 네트워크의 컴퓨터와 장치에는 반드시 동기화된 시계가 존재해야 한다. 네트워크 시간 프로토콜(NTP, Network Time Protocol)은 모든 컴퓨터와 장치의 시간을 동기화한다. 대부분의 라우터와 서비스는 NTP를 지원한다.

덮어쓰기나 변경을 방지하기 위해 어떤 시스템은 로그를 CD-ROM이나 다른 쓰기만 가능한 장치에 기록한다. 로그에 대한 변경이나 읽기 접근을 방지함으로써 공격자는 공격의 추적을 지우는 것을 어렵게 할 수 있다. 접근이 쉬운 로그 파일을 통해 공격자는 공격과 관련된 로그-파일 항목을 쉽게 제거할 수 있다. 또한 로그 파일에는 사용자와 관련된 기밀 정보 또는 필요로 하는 정보가 포함될 수 있다. 그러므로 로그 파일을 비인가된 접근, 삭제 또는 변경으로부터 반드시 보호하여야 한다.

참고

NTP 서버 목록을 찾으려면 http://support.microsoft.com/kb/262680의 마이크로소프트 지식 기반 기사 262680을 참조하도록 한다.

로그 파일 관리

규정, 정책 또는 로그 용량은 얼마나 많은 로그 정보를 관리해야 하는지에 영향을 준다. 로그 파일이 소송에 관련되면 재판이 끝날 때까지 반드시 로그 파일을 유지해야 한다. 소송이 진행되지 않으면 로그의 양과 보유 여부를 조직 자체에서 결정한다. 이에 대한 예외 사항은 법이나 규정에 기반을 둔다. 일단 소송이 시작되면 로그 내 데이터를 제공하는 것은 기업이 반드시 감내해야 하는 고비용의 프로세스가 된다. 조직은 로그 내 수집되는 데이터의 양을 필요한 것으로만 제한하고 유용할 기간에만 보관함으로써 소송비용을 절감할 수 있다.

특정한 경우 법에 데이터를 반드시 유지해야 하는 기간을 명시하기도 한다. 예를 들어, PCI DSS(Payment Card Industry Data Security Standard)에는 로그를 최소 1년 동안 관리하도록 규정하고 있다. 보관 기준을 문서화하는 것이 최선이다. 이 경우 필요할 경우 증거를 삭제하려고 로그를 삭제한 것이 아니라 정상적인 비즈니스 실행의 일부로 로그를 삭제했음을 법정에서 증명할 수 있다.

캡처할 로그 정보 형태

조직은 시스템, 네트워크 및 어플리케이션에서의 모든 활동을 기록하는 많은 로그를 필요로 한다. (그림 7-3)에서와 같이 의심되는 모든 활동, 오류, 비인가된 접근 시도 및 민감한 정보의 접근을 기록하여야 한다. 그 결과 사건을 추적할 수 있을 뿐 아니라 활동을 책임지는 사용자를 관리할 수 있다.

보안 정보 및 이벤트 관리(SIEM, Security Information and Event Management) 시스템을 이용하여 조직은 로그 파일의 폭발적인 증가를 관리할 수 있다. SIEM 시스템은 항목을 캡처하고 분석하기 위한 일반적인 플랫폼을 제공한다. 조직은 침입차단시스템, IDS, IPS, 웹서버 및 데이터베이스 서버로부터 로그 데이터를 수집한다. 또한 많은 조직은 이러한 시스템의 여러 브랜드 또는 버전을 보유한다. SIEM 수집 및 분석 장치는 어떤 포맷으로 생성되든, 어떤 장치로부터 생성된 것과 상관없이 로그 데이터를 일반적인 포맷으로 처리한다. 시스템은 표준화된 로그 메시지를 쉽게 접근할 수 있는 데이터베이스에 저장한다. SIEM 벤더 제공의 보고서를 사용하거나 로그 파일 정보를 분석하여 보고서를 수정할 수 있다.

운영체제, 어플리케이션 소프트웨어 및 네트워크 장치 업체가 제품을 변경시키면 새로운 로그 파일 포맷은 이전 제품과는 다를 수 있다. 로그 파일을 처리하기 위해 조직이 SIEM 시스템을 사용하면 그러한 포맷 변경은 중요치 않다. SIEM 시스템을 사용하면 새로운 제품의 파일을 제한 없이 동일한 데이터베이스로 합칠 수 있다.

SIEM 시스템은 사용자 활동을 모니터하고 사용자가 정책에 따라서만 행동했음을 보장한다. 즉, SIEM 시스템은 규정 준수성을 보장하는 매우 훌륭한 방법이다. 또한 SIEM 시스템은 신원 관리 스킴과 통합되어 오직 현재 사용자 계정만 시스템에 활성화되어 있음을 보장한다.

그림 7-3
로그 정보 형태

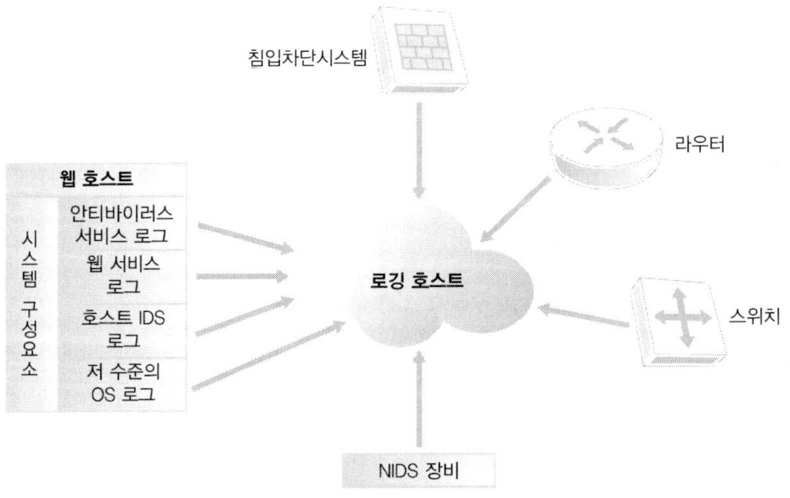

보안 통제를 검증하는 방법

특정한 종류의 모니터링 통제는 매우 좋은 계층 보안을 제공한다. 이런 종류의 통제는 비정상적이거나 의심스러운 행위를 탐지하기 위해 네트워크와 시스템 활동을 모니터한다. 어떤 통제는 심지어 탐지된 의심스런 활동에 대응하고 공격을 중단시킨다. 활동을 모니터하는 통제로 침입탐지시스템(IDS, Intrusion Detection System), 침입방지시스템(IPS, Intrusion Prevention System), 침입차단시스템(firewall) 등이 있다.

침입탐지시스템(IDS)

계층화된 방어를 위해서는 공격을 막는 여러 통제가 필요하다. 가장 일반적인 계층화된 방법 메커니즘은 보안을 제공하기 위해 침입차단시스템 뒷단에 IDS를 위치시킨다. 네트워크 침입탐지시스템(NIDS, Network IDS)은 악의적인 활동을 탐지하기 위해 침입차단시스템을 통과하는 트래픽을 모니터한다. 호스트 기반의 침입탐지시스템(HIDS, Host-based IDS)은 특정 컴퓨터나 장치를 대상으로 트래픽을 모니터한다. HIDS가 좀 더 제한된 영역을 모니터링하기 때문에 매우 특화된 활동을 탐지하도록 조정할 수 있다. NIDS와 달리 HIDS는 내부에서 발생한 트래픽을 살펴볼 수도 있다. (그림 7-4)는 NIDS와 HIDS 장치가 있는 네트워크를 보여준다.

(그림 7-5)에서와 같이 NIDS를 스위치나 허브에 연결할 수 있다. 이후 IDS는 스위치 상의 모든 트래픽을 캡처한 후 비인가된 활동을 탐지하기 위해 트래픽을 분석한다. 분석 방법은 IDS 내 엔진 형태에 따라 다양하다.

관리자가 IDS를 모니터하고 관리하도록 IDS를 관리 콘솔에 연결한다. 이상적으로 IDS는 네트워크로부터 탐지되지 않도록 해야 한다. 즉, 공격자는 네트워크상의 IDS의 위치를 알 수 없을 것이다. IDS의 관리자 포트는 네트워크에서 접근되지 않도

> **참고**
>
> 관리자는 일반적으로 모니터링 포트에 IP 주소 없이 NIDS를 구성한다. 이렇게 하면 외부자가 NIDS에 패킷을 전송하거나 직접적으로 NIDS를 다루기가 매우 어렵다. 관리자는 또 다른 인터페이스를 통해 NIDS에 접근하며 이러한 인터페이스는 NIDS와는 다른 서브넷에 존재하여야 한다.

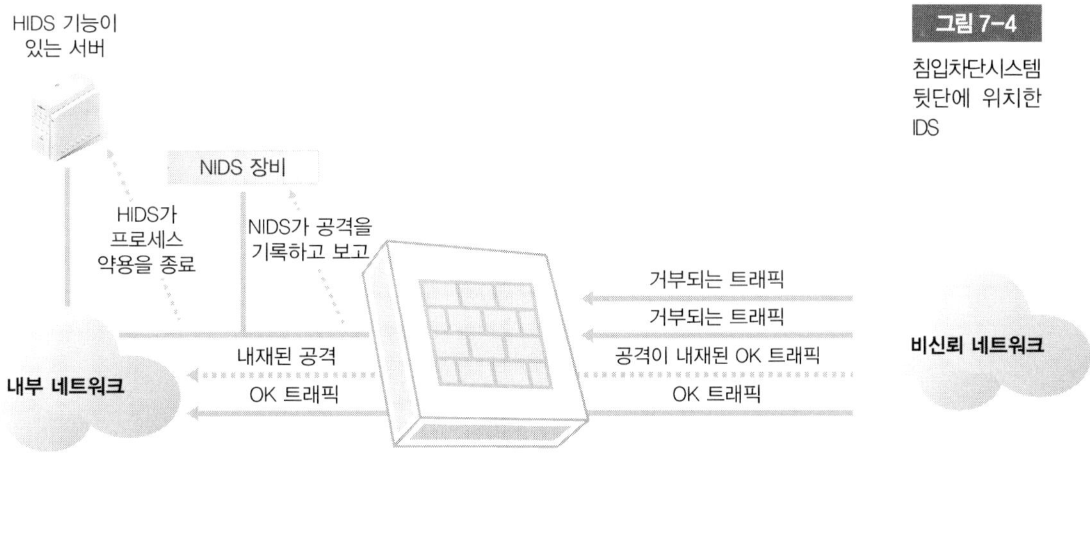

그림 7-4
침입차단시스템 뒷단에 위치한 IDS

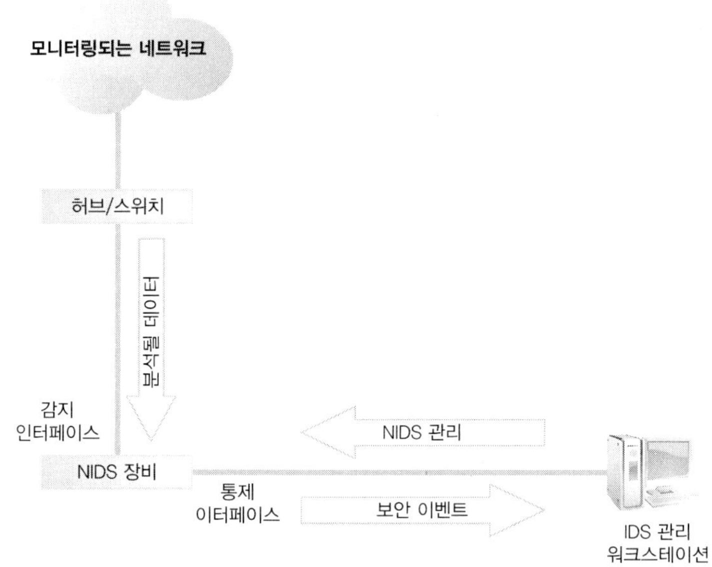

그림 7-5
기본적인 NIDS

록 하여 공격자가 IDS의 구성을 변경하지 못하도록 한다.

분석 방법

모니터링 및 탐지 장치는 경고를 해야 하는 활동을 알기 위해서 반드시 활동을 시험하고 분석하여야 한다. 장치에서 트래픽과 활동을 분석하는 여러 방법이 사용된다. 어떤 방법은 네트워크 패킷이나 주소를 규칙과 비교하는 반면 다른 방법은 활동의 빈번도와 형태를 살펴본다. 이러한 방법을 패턴(서명) 기반의 IDS와 비정상(통계적) 기반의 IDS라 한다.

알려진 규칙 기반의 탐지를 이용하는 **패턴(서명) 기반(pattern-(signature-) based)**의 IDS는 현재 트래픽을 알려진 네트워크 공격의 활동 패턴(서명)과 비교하는 패턴 대응과 상태보존형 대응이 있다. 패턴 대응 시스템은 패킷을 스캔하여 특정 바이트 시퀀스(서명이라 함)가 알려진 공격의 서명과 일치하는 지를 살펴본다. 종종 패턴은 특정 서비스와 포트(송신지 또는 목적지)와 관련되기도 한다. 이런 형태의 통제를 우회하고 탐지되지 않도록 하기 위해 많은 공격자들은 공격을 변경한다. 그러므로 가장 최근에 알려진 공격을 탐지할 수 있도록 반드시 서명 파일을 자주 갱신하여야 한다. **상태보존형 대응(stateful matching)**은 단순한 패턴 대응을 개선하였다. 이것은 단순히 개별 패킷보다는 트래픽 스트림 내의 여러 패킷에 걸쳐 나타나는 특정 시퀀스를 찾는다. 패턴 대응보다 훨씬 상세하지만 상태보존형 대응은 여전히 오탐지가 발생한다. 패턴 대응과 마찬가지로 상태보존형 대응도 알려진 공격만 탐지할 수 있다. 자주 서명 갱신을 할 필요가 있다.

종종 프로파일 기반의 시스템이라 하는 **비정상 기반의 IDS(abnomaly-based IDS)**는 현재의 활동을 저장된 정상적인(예측된) 활동의 프로파일과 비교한다. 이것은 "정상적인 활동"

> **참고**
> 오탐은 패턴 대응의 문제이다. 이러한 시스템은 패턴의 정교함이 부족한 경우 예를 들어 패턴 대응이 정확하지 않고 비슷한 경우에도 경고를 보낸다.

의 정의가 정확한 경우에만 정확하다. 일단 정상적 시스템 운영을 정의하면 IDS는 현재의 활동을 정상적인 활동이라 한 것과 비교한다. IDS가 비정상이라고 정한 모든 활동은 분석과 대응의 후보가 된다. 비정상을 탐지하는 것 보다 일반적인 방법으로 다음과 같은 방법이 있다.

- 통계적 기반의 방법(statistical-based method) : 이 방법은 정상적 트래픽과 네트워크 활동의 기준선을 개발한다. 이 장치는 이상 행위가 식별되면 경고신호를 발생시킨다. 이 방법에서는 알려지지 않은 공격을 탐지한다. 정상적인 활동으로 식별하기가 어렵기 때문에 종종 오탐지가 발생한다.
- 트래픽 기반의 방법(traffic-based method) : 트래픽 기반의 예측된 행위로부터 허용될 수 없는 이상 행위가 식별되면 경고 신호를 발생한다. 이 방법도 알려지지 않은 공격과 플러드(flood)를 탐지한다.
- 프로토콜 패턴(protocol pattern) : 서명 없이 공격을 식별하는 또 다른 방법은 프로토콜로부터의 이상 행위를 찾는 것이다. 프로포콜 표준으로 IETF(Internet Engineering Task Force)에서 발표한 RFC(Requests For Comments) (http://www.ietf.org/rfc.html)가 있다. 이런 형태의 탐지는 잘 정의된 프로토콜에서 동작하나 잘 정의되지 않는 프로토콜에 대해서는 오탐지가 발생한다.

HIDS(Host Intrusion Detection System)

HIDS 기술은 호스트라고 하는 컴퓨터 내부에 민감한 프로세스를 감시함으로써 전체 시스템 보호를 강화한다. 일반적으로 HIDS 시스템의 장점은 다음과 같다.

- HIDS는 보통 서버 컴퓨터에 운영되는 소프트웨어 프로세스이거나 서비스이다.
- HIDS는 정상적으로 허용되서는 안 되는 패턴이나 행위에 대한 시스템 호출이나 특정 프로세스(예, 데이터베이스와 웹 서버)를 가로채서 시험한다.
- HIDS 데몬은 위반을 중단시키거나 보고하는 것과 같은 미리 정의된 활동을 수행한다.

또한 HIDS가 보는 부분은 NIDS와는 다르다. HIDS는 내부에서부터 발생한 부적절한 트래픽을 탐지한다. 또한 HIDS는 특정 시스템이나 사용자에 특화된 비정상을 인식할 수 있다. 예를 들어, 다량의 메일 서버의 단일 사용자는 하루에 (또는 한 시간에) 정상적인 개수의 메시지의 10배를 만들어 낼 수 있다. HIDS는 이에 대한 경고 신호를 발생시킬 수 있지만 NIDS는 보고할 가치가 있는 사건으로 알리지 않는다. NIDS 측면에서는 단순히 네트워크 트래픽이 증가한 것으로 본다.

계층화된 방어 : 네트워크 접근 통제

가장 최선의 방어는 여러 계층의 통제가 존재하도록 하는 것이다. 이렇게 함으로써 단일 통제보다 더 많은 공격으로부터 시스템을 보호할 기회를 증대시킨다. (그림 7-6)은 네트워크 장치가 내부의 보호되는 네트워크에 대한 공격을 방지하기 위해 여러 계층에서 동작하는 방

그림 7-6

내부의 보호된 네트워크에 대한 공격을 방어하기 위한 계층화된 네트워크 장치

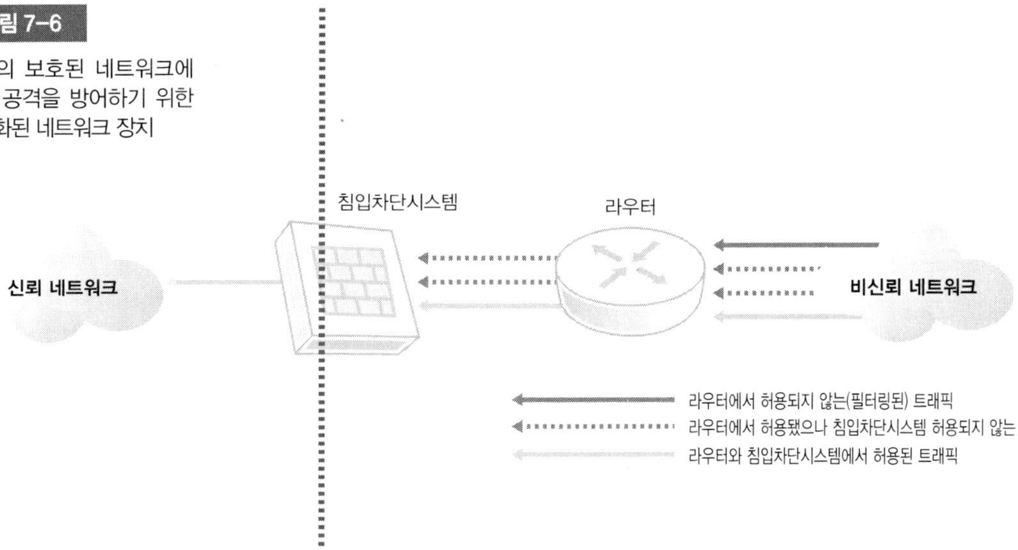

법을 보여준다. 라우터는 특정 트래픽을 탐지하고 필터링을 수행하는 반면 침입차단시스템은 원치 않는 트래픽을 탐지하면 전송을 중단시킨다.

통제 확인 : 침입탐지

NIDS는 다중계층 방어 전략에서 중요한 요소이다. (그림 7-7)은 NIDS가 외부의 공격과 내부자 오용을 어떻게 모니터하는지를 보여준다. 네트워크 외부의 NIDS는 침입차단시스템으로 전송되는 특정 형태의 공격 방어에 대한 아이디어를 제공한다. 내부 NIDS는 침입차단시스템으로 전송된 공격을 탐지한다. 또한 NIDS를 IPS로 설치할 수도 있다. 그렇게 하면 장치는 잠재적 공격을 탐지할 뿐만 아니라 공격을 중단시키기 위해 트래픽 필터링 규칙을 변경할 수도 있다. 또한 이 장치는 HIDS와 함께 동작한다. NIDS가 악의적인 네트워크 트래픽

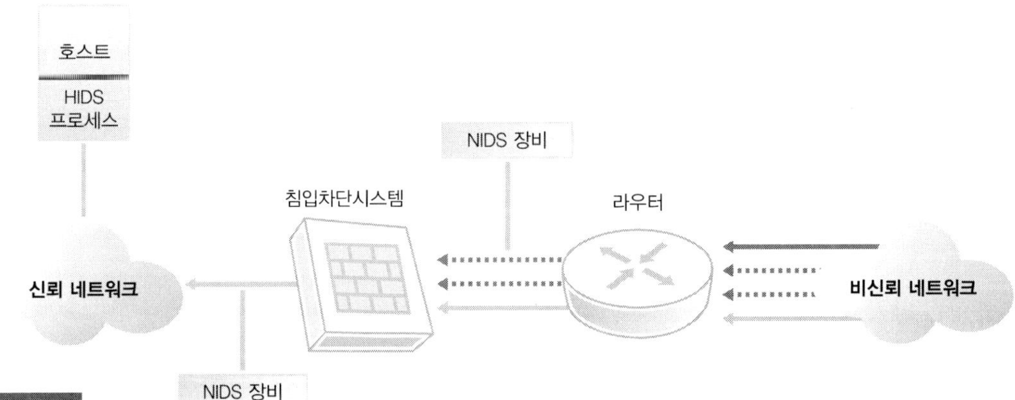

그림 7-7

NIDS 장치를 이용한 외부 공격 모니터링

으로부터 시스템을 보호하면 HIDS는 호스트 자체에서 시도되는 여러 활동들을 살펴본다.

호스트 격리

어떤 서버 또는 호스트는 반드시 인터넷에 연결되어 있어야 한다. 웹 서버는 그러한 호스트의 예이다. 조직은 모든 사용자들이 조직의 웹 서버에 접근은 해도 내부 네트워크에 접근하길 바라지 않는다. 이를 위해 인터넷에 연결된 호스트를 네트워크의 나머지 부분과 격리하는 것이다. 호스트 격리는 하나 또는 여러 호스트 컴퓨터를 내부 네트워크와 격리하고 비무장지대(DMZ, DeMilitarized Zone)를 구성하는 것이다. (그림 7-8)은 두 개의 격리된 호스트가 존재하는 DMZ를 보여준다. DMZ에는 조직의 외부에 서비스하는 시스템이 있고, 이러한 외부에 서비스하는 시스템들을 신뢰되지 않는 네트워크(인터넷)로 연결하는 물리적 또는 논리적 서브네트워크이다. 신뢰되지 않는 인터넷으로부터의 외부 트래픽은 DMZ에게로만 전송이 허용된다. DMZ 내 웹 어플리케이션은 신뢰되는 내부 네트워크로 접근할 수 있으나 외부 사용자가 내부 네트워크로 직접적으로 접근하는 것을 방지한다.

시스템 안전성 강화

어떠한 컴퓨터도 완전하게 안전할 수는 없다. 실제로 설치 시 거의 소수의 운영체제나 어플리케이션 소프트웨어 패키지만 안전하다. 보안 관리자는 하드웨어와 소프트웨어 구성을 변경하여 컴퓨터와 장치를 가능하면 안전하게 하는 안전성 강화(hardening)라 하는 프로세스를 검토한다. 안전성이 강화되도록 설정(hardened configuration)된 컴퓨터나 장치는 불필요한 서비스를 삭제하거나 비활성화 시킨 시스템이나 장치이다. 또한 안전성을 강화하기 위

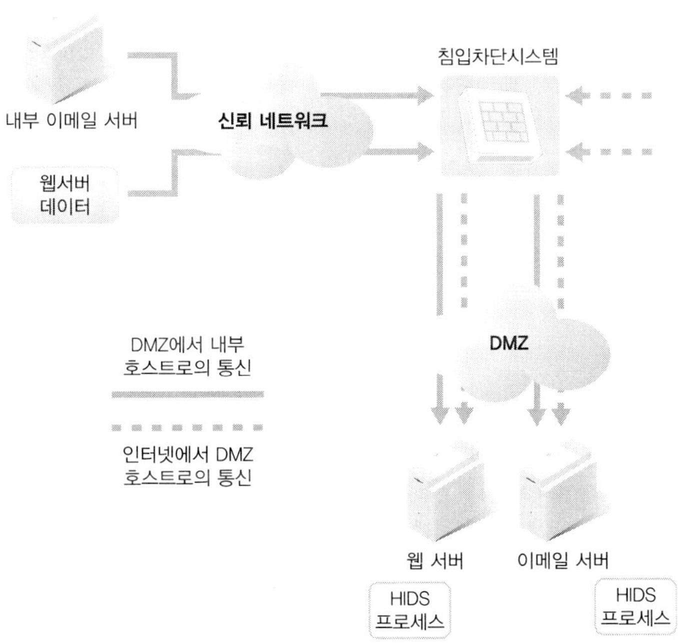

그림 7-8
호스트 격리와 DMZ

해서는 가장 최신의 소프트웨어 패치를 적용하여야 한다. 모든 컴퓨터와 장치를 비인가된 변경으로부터 안전하게 하여야 한다. 모든 시스템을 구현하기 전에 안전성을 강화해야 한다. 그렇지 않으면 이로 인해 손상이 발생하게 된다.

기준선 구성 설정

컴퓨터나 장치의 안전성을 강화한 후 반드시 안전성이 강화된 구성 설정을 기록하여야 한다. 그렇게 하면 안전성이 강화된 구성을 알려진 안전한 구성과 비교할 수 있다. 또한 향후 구성 설정을 원래의 설정과 비교하여 변경 사항을 살펴볼 수 있다. 기준선을 설정하면 다양한 시스템 간 안전성을 일치시키기가 쉽다. 기준 설정을 정의하기가 쉬우면 보다 쉽게 개별 시스템의 차이를 통제할 수 있다. 예를 들어 기본 구성이 기준을 만족시키면 개별 컴퓨터에서 특정 서비스나 어플리케이션의 허용여부를 결정할 수 있다.

불필요한 서비스 비활성화

컴퓨터의 안전성을 강화하기 위한 가장 쉽고 효과적인 단계 중 하나는 필요 없는 서비스와 프로그램을 정지시키는 것이다. 공격자는 대부분의 컴퓨터에 실제로 필요한 것보다 더 많은 서비스와 프로그램이 동작한다는 것을 알고 있다. 예를 들어 많은 서버 컴퓨터의 경우 웹 사이트를 관리하지도 않으면서 해당 컴퓨터에 웹 서버가 동작한다. 공격자는 이러한 불필요한 서비스를 탐색한 후 취약점을 악용한다. 그러므로 불필요한 서비스를 비활성화 시켜야 한다. 필요 없는 서비스는 설치하지 않는 것이 더 좋다. 공격자는 존재하지 않는 프로그램을 공격할 수는 없다. 불필요한 침입차단시스템 포트는 닫고 모바일 코드, 텔넷, FTP와 같은 특정 서비스는 제한하도록 한다. 이렇게 함으로써 공격자가 새롭고 예측하지 못한 서비스를 비밀리 추가하는 것을 막을 수 있다.

모든 라우터와 기타 네트워크 서비스에 대한 안전성을 강화하여야 한다. 라우터 테이블을 비인가된 관리자의 접근과 변경으로부터 보호하도록 한다. 패스워드가 설정되어 있지 않거나 기본 패스워드로 설정된 네트워크 장치를 구매하게 된다. 어떤 장치든 네트워크에 연결하기 전에 기본 패스워드를 변경해야 한다. 또한 이러한 장치의 패스워드를 다른 패스워드와 같이 관리하도록 한다. 패스워드는 복잡해야 하고 주기적으로 변경되어야 한다. 그리고 반드시 네트워크 장치에 대한 모든 변경을 문서화하고 수행한 관리자의 사용자 ID를 로그로 남겨야 한다. SIEM 구현을 통해 정기적으로 모든 설정 로그를 검토하여야 한다.

서버와 네트워크 장치만 안전하게 해야 하는 것은 아니다. 워크스테이션도 안전성을 강화하여야 한다. 워크스테이션에 대해 기본적인 설정과 접근 통제가 필요하다. 조직에는 워크스테이션에 대한 안전성이 강화된 이미지가 있어야 한다. 운영체제의 가장 최신의 복사본을 설치하여 안전성을 강화함으로써 기본적인 이미지를 생성할 수 있다. 불필요한 서비스를 제거하고 안티바이러스 소프트에어와 개인용 침입차단시스템과 같은 보안 제품을 추가하도록 한다. 또한 이미지에는 워드 프로세서, 스프레드시트 및 브라우저 플러그-인과 같은 기업-표준의 소프트웨어를 포함하도록 한다. 이미지가 워크스테이션에 대한 조직의 기준을 만족시키는 것을 확인하면 그 이미지를 새로운 모든 데스크톱과 랩톱의 시작점으로 이용할 수 있다. 이렇게 진행하면 보안 준거성을 보장하고 유지보수 시간을 줄일 수 있다.

서버를 물리적으로 보호하도록 한다. 모든 컴퓨터와 장치에는 가장 최근의 패치가 적용되도록 해야 한다. 써드파티 패치 관리 소프트웨어를 이용하여 기업의 컴퓨터와 장치에 설치된 모든 제품의 모든 벤더가 공개하는 패치를 추적할 수 있다. 특정 제품에 대해서는 자동화된 "원격 접속 서비스(phone-home)"의 패치 관리를 이용할 수도 있다.

대부분의 경우 인터넷과 연결된 서버에 대한 가장 좋은 해결책은 다른 목적으로 해당 서버를 이용하지 않는 것이다. 예를 들어 DMZ에서 웹 서버로 동작하는 컴퓨터는 그 외 다른 서비스를 제공해서는 안 된다.

안티바이러스 프로그램 검토

시스템 감사에는 조직에서 사용되는 안티바이러스와 다른 안티-악성코드 프로그램의 검토가 포함되어야 한다. 이러한 검토를 통해 모든 소프트웨어 제품과 데이터가 최신의 상태에 있음을 확인할 수 있다. 모든 네트워크 장치와 컴퓨터에 대해 바이러스 검사를 정기적으로 수행하여야 한다. 모든 시스템에 대한 전체 검사를 정기적으로 수행하도록 한다. 모든 어플리케이션 서버, 워크스테이션 및 게이트웨이를 검사하도록 한다.

모니터링 및 테스팅 보안 시스템

폐쇄 환경을 안전하게 하는 것은 어렵다. 보안 전문가로서의 주목적은 조직의 민감한 데이터를 공격자로부터 보호하는 것이다. 폐쇄된 시스템은 안전하게 하는 것이 어려운 만큼 네트워크가 인터넷에 연결할 때 안전하게 하는 것은 훨씬 더 어렵다. 단순히 인터넷에 연결되는 것만으로 공격자에게 공격의 통로를 만들어 주는 것이다. 보안 전문가의 일은 시스템에 대한 접근을 통제할 수 있는 전략을 수립하는 것이다. 시스템을 완전하게 안전하게 하는 것은 불가능하다는 것을 명심해야 한다. 정보 보안과 관련된 많은 위험이 존재하지만 가장 일반적인 위험 중 두 가지는 다음과 같다.

- 비인가된 접근, 악성코드 등으로 외부에서 침입하는 공격자
- 조직의 내부로부터 조직에 해를 끼치는 비인가된 사람에게 민감한 정보 노출

모니터링

어떻게 민감한 정보가 노출되는 것을 막을 수 있을까? 절대적으로 안전한 방법이 존재할 수 없으므로 모니터링이 중요하다. 물론 시스템 상의 모든 IP 패킷을 지켜볼 수는 없다. 너무나 지루한 작업을 수행하도록 인력을 훈련시킬 수 있어도 그것을 지속적으로 할 사람은 많지 않다. 대신 IDS를 이용하여 트래픽을 반드시 모니터링하여야 한다. IDS를 사용함으로써 좀 더 상세한 조사를 위한 비정상 트래픽을 식별할 수 있다. IPS는 IDS보다 한 단계 더 나아

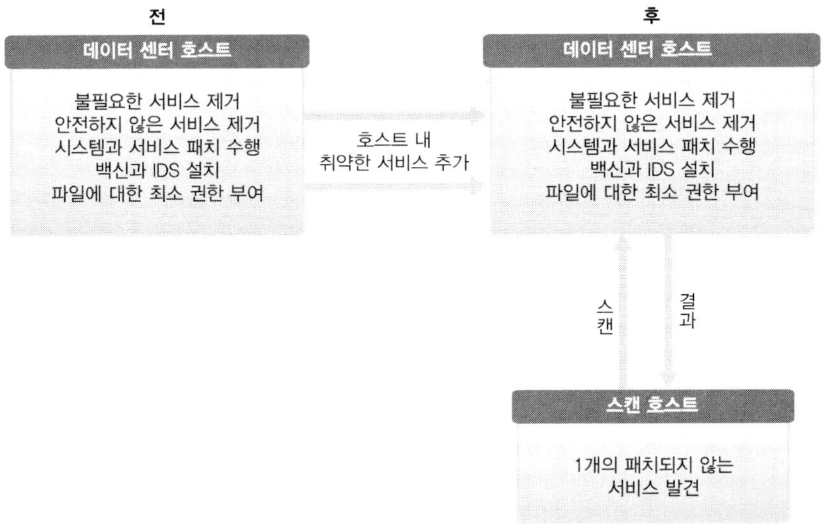

그림 7-9
보안 테스트

가 악성 트래픽을 능동적으로 차단한다. IDS는 잠재적으로 비인가된 활동에 대해 관리자에게 경고 신호를 보내는 반면 IPS는 그 활동을 차단한다. 물론 IPS나 IPS를 사용하기 전에 반드시 정상 트래픽에 대한 기준 정의를 정립하여야 한다.

테스팅

시스템은 모니터링되고 반드시 테스트되어야 한다. 보안 테스트의 주목적은 시스템에 대한 올바르지 않은 취약점을 식별하는 것이다. 시스템은 한동안 안전할 수 있으나 새로운 서비스나 어플리케이션이 추가되면서 시스템이 취약해질 수 있다. 테스팅의 주목적은 새로운 취약점을 탐지하여 처리하도록 하는 것이다. (그림 7-9)는 보안 테스트의 주목적을 보여준다.

테스트 수행 주기는 시스템의 변동성(변경 비율)과 시스템의 민감도나 중요도와 같은 요소에 따라 달라진다. 또한 정책과 규정에서는 테스트 수행을 의무화한다. 테스트 일정에 영향을 미치는 일부 항목은 다음과 같다.

- 보안 인증 단계 동안 수행
- 주요 시스템 변경 후 (새로운 기술의 업그레이드, 어플리케이션 변경) 수행
- 새로운 위협에 대해 수행
- 시스템 감사 동안 수행
- 시스템의 특징을 고려하여 주기적으로 수행
- 핵심 시스템에 대해 1년에 한 번 수행

위의 사항과 상관없이 최소한 1년에 한 번은 보안 테스트를 수행하여야 한다. 특정 회사는 위험 분석에 따라 테스트 주기를 보다 짧게 또는 보다 길게 할 수도 있다.

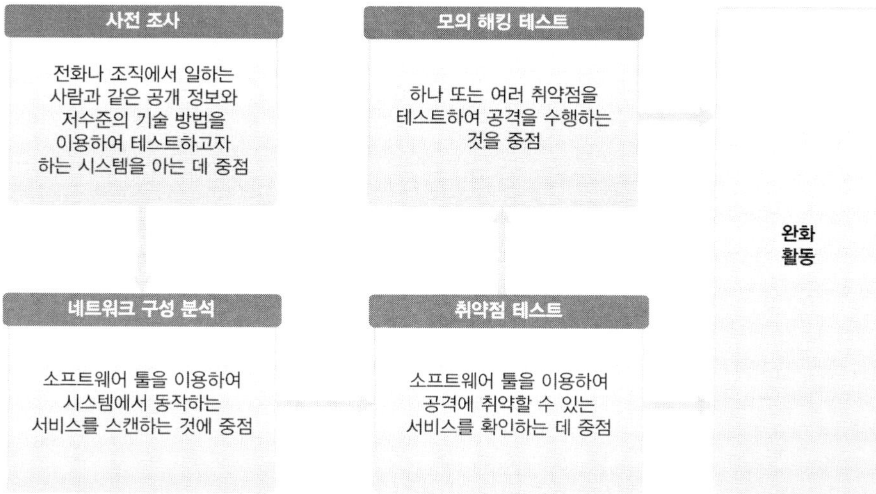

그림 7-10

여러 경로로 수행되는 보안 테스트

테스트 로드맵

테스트를 수행하기 위한 완벽한 방법은 없으며 모든 보안 전문가가 같은 방법을 수행하지 않는다. (그림 7-10)은 보안 테스트에 대한 로드맵을 보여준다. 그림에서와 같이 보안 테스트는 시스템의 보안을 완전하게 살펴볼 수 있는 활동들로 구성된다. 가장 일반적인 활동은 다음과 같다.

- 사전조사(reconnaissance) : 사전조사에는 조직, 시스템 및 네트워크에 관한 한 가능하면 많은 것을 알기 위해 시스템을 검토하는 것이 포함된다. 네트워크 관리자 모르게 WHOIS 및 Dig와 같은 공개 툴을 이용할 수 있다. 모의 테스터 수행자가 아닌 공격자가 이러한 툴을 이용할 경우 문제가 생길 수 있다.
- 네트워크 구성 분석(network mapping) : 이 단계에서는 툴을 이용하여 레이아웃과 조직의 시스템과 네트워크에서 동작하는 서비스를 결정한다.
- 취약점 테스트(vulnerability testing) : 취약점 테스트에는 시스템의 모든 약점을 찾는 것과 공격을 수행할 수 있는 지점을 결정하는 것이 포함된다.
- 모의 해킹 테스트(penetration testing) : 이 단계에서는 시스템의 약점을 이용하여 공격자가 성공적으로 침입할 수 있음을 증명한다.
- 완화 활동(mitigation activities) : 완화 활동을 통해 모의 해킹 테스트 또는 취약점 테스트에서 발견된 취약점을 감소시키거나 처리한다.

> **참고**
>
> 취약점 테스트는 시스템의 약점을 찾는 것이다. 모의 해킹 테스트는 탐지된 취약점을 악용하는 공격이다. 공격자는 모의 해킹 테스트 수행자와 동일한 단계를 따른다. 공격자와 모의 해킹 테스트 수행자와의 차이는 공격자는 시스템을 침입하는데 조직의 동의를 받지 않는다는 것이다.

테스트 목적 정립

테스트를 수행하기 전에 테스트 목적을 정립하는 것이 중요하다. 보안 테스트는 대부분

통제가 얼마나 잘 취약점을 처리하는 지를 평가하는 것과 관련된다. 우선 취약점을 식별한 후 해당 취약점이 시스템에 얼마나 핵심적인지를 고려하여 순위를 결정하도록 한다. 그 다음에는 다른 시기와 비교하기 위해 취약점을 식별한 시기(스냅샷)의 테스트를 문서화한다. 보안 통제가 시기나 활동의 규모에 상관없이 적절하게 동작함을 보장하길 원할 것이다. 그러면 감사자의 검토를 준비하도록 한다. IT 직원은 "실제" 감사를 대비한 취약점 분석을 이용하여 조직의 절차를 조정하고 테스트한다. 최종적으로 보안 내 결함을 찾도록 한다. 이를 통해 테스트 수행자는 시스템의 손상과 침입 탐지의 가능성을 결정할 수 있다.

사전조사 방법

> **참고**
>
> 조직은 도메인-이름의 유효 기간이 경과되지 않도록 매우 신중해야 한다. 다른 누군가가 유효 기간이 지난 도메인 이름을 자기 것으로 사용할 수도 있다. 그렇게 했을 경우 조직의 평판에 상당한 영향을 미칠 수 있다. 이런 형태의 사회 공학은 일반적인 공격보다 약간 더 정교하다.

사전조사는 많은 테스트의 첫 번째 단계이고 기본이다. 사전조사 단계에서 테스트 수행자는 사회 공학과 같은 기술을 통해 또는 조직의 웹 사이트를 연구하여 정보를 수집한다. 공격자는 조직에 관한 정보를 수집하기 위해 가능하면 여러 형태의 사전조사를 이용한다. 테스트 수행자는 반드시 이러한 공격자가 수행하는 방법을 이해한 후 공격자가 정보를 수집하는 능력을 제한시켜야 한다.

사회 공학은 거짓말을 하기 위해 여러 장식어구를 사용한다. 공격자는 사회 공학을 이용하여 특정인을 속여서 기밀 정보를 공유하거나 민감한 시스템의 접근을 획득한다. 많은 경우 공격자는 절대로 공격 대상자와 대면하지 않는다. 대신 공격자는 직원에게 전화를 걸어 시스템 관리자인척 한다. 너무나도 자주 공격자는 직원을 속여서 민감한 정보를 공유하도록 한다. 결국 직원은 "관리자에게 내 패스워드를 제공하는 것이 잘못된 것인가"하고 생각한다. 보안 전문가는 조직 내 사용자를 훈련시켜 사회공학 공격이 무엇인지를 알 수 있도록 한다.

또 다른 사전조사 툴로 WHOIS 서비스가 있다. 이 서비스는 관리자의 이름과 전화번호와 같은 공격자를 도울 수 있는 정보를 제공한다. (그림 7-11)은 WHOIS 요청의 결과를 보여준다.

구역 전달(zone transter)은 DNS 서버에 DNS의 영역(zonc)의 컨텐츠를 요청하는 DNS 서버의 고유한 질의이다. 영역은 서버가 관리하는 도메인이다. 관리자는 종종 이 질의를 이용하여 동일한 조직 내 DNS 서버를 동기화한다. 만약 조직 내에서 구역 전달을 제한 없이 허용하면 공격자는 이 정보를 이용하여 네트워크 내부와 외부에 위치하는 서버의 이름과 형태를 알아내고자 할 것이다. 이런 형태의 정보 유출에 대한 가장 좋은 대응은 DNS 서버를 제재하는 것이다.

네트워크 구성 분석

네트워크 구성 분석은 사전조사의 확장이다. 네트워크 구성 분석은 네트워크에 관한 세부사항(호스트와 호스트 주소 및 이용하는 서비스)을 알아내는 것이다. 이 과정에서 공격자는

WHOIS Search Results

WHOIS Record for

networksolutions.com   Back-order this name

Registrant:
Network Solutions Registrar (NETWORKSOLUTIONS5-DOM)
505 Huntmar Park Drive
Herndon, VA 20170-5142
US

Domain Name: NETWORKSOLUTIONS.COM

Administrative Contact:
Network Solutions, Inc (NSOL-NOC)   customerservice@networksolutions.com
Network Solutions, Inc
21355 Ridgetop Circle
Dulles, VA 20166
US
888-642-9675 fax: 703-326-7000
Technical Contact:
idNames Technical Mgr. (ITM-ORG)   tech@IDNAMES.COM
idNames from Network Solutions, Inc.
440 Benmar
Suite #3325
Houston, TX 77060
US
281-447-1044
Fax- - 281-447-1160

Record expires on 27-Apr-2011.
Record created on 27-Apr-1998.
Database last updated on 9-May-2003 11:19:06 EDT.

Domain servers in listed order:

NS1.NETSOL.COM   216.168.229.228
NS2.NETSOL.COM   216.168.254.69
NS3.NETSOL.COM   216.168.229.229

그림 7-11

WHOIS 탐색 결과

시스템, 어플리케이션, 서비스 및 설정의 형태를 식별할 수 있다. (그림 7-12)는 네트워크 구성 분석에서 제공될 수 있는 정보를 보여준다.

공격자는 ICMP(ping) 패킷을 이용하여 네트워크 레이아웃을 알아낼 수 있다. 이를 이용

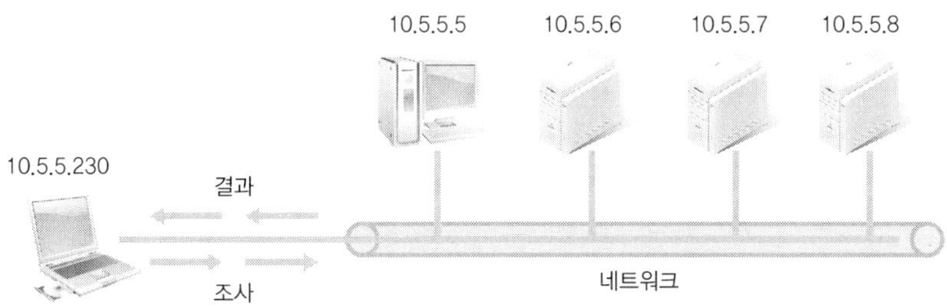

Host Name	IP	Services	OS
user-5	10.5.5.5	http, netbios, ftp	Windows Server 2003
server-6	10.5.5.6	http, netbios	Windows Server 2008
server-7	10.5.5.7	telnet, smtp	Linux
server-8	10.5.5.8	dns, finger, telnet	Solaris

그림 7-12

네트워크 구성 분석

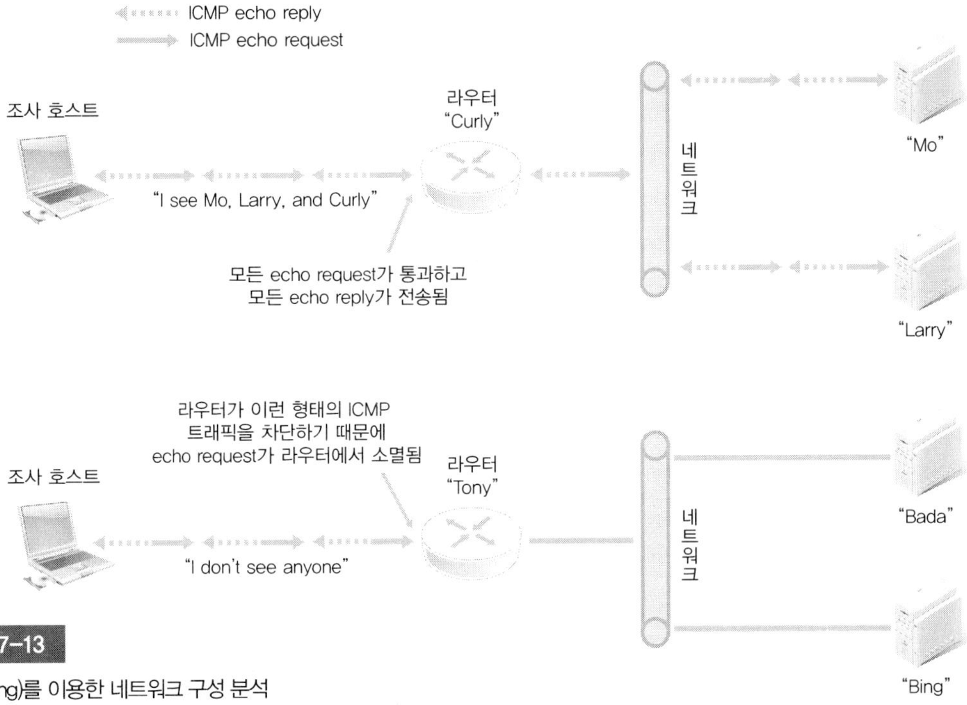

그림 7-13

ICMP(ping)를 이용한 네트워크 구성 분석

하면 공격자는 공격할 때 유리할 수 있다. (그림 7-13)에서와 같이 ping 패킷을 "Tony" 라우터에서 차단하면 공격자가 네트워크를 알아낼 수 없게 할 수 있다. 물론 이렇게 하면 관리자가 툴을 이용하여 장애처리도 하지 못 한다.

(그림 7-14)는 공격자가 TCP/SYN 스캔을 이용하여 공격대상 호스트에 이용되는 서비스를 탐색하는 방법을 보여준다. 공격자는 패킷을 일반적인 포트로 전송한 후 응답을 통해 호

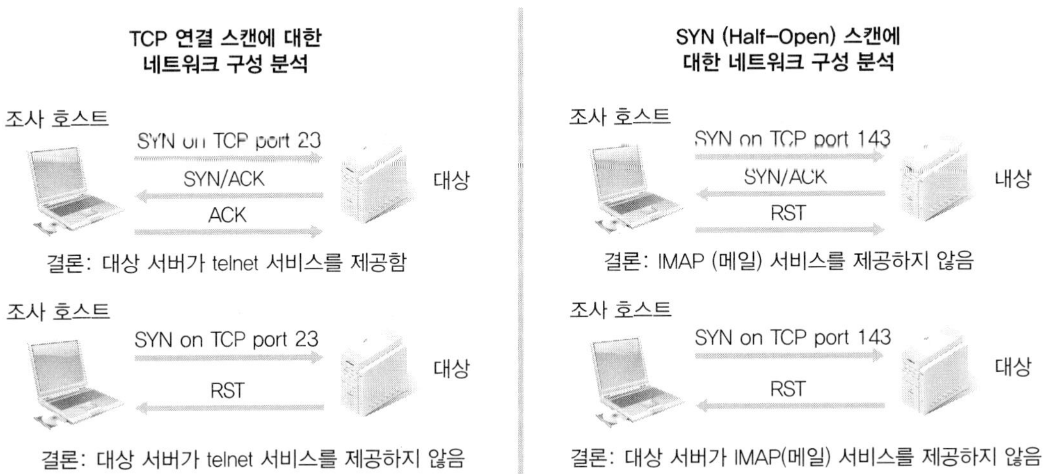

그림 7-14

TCP/SYN 스캔을 이용한 네트워크 구성 분석

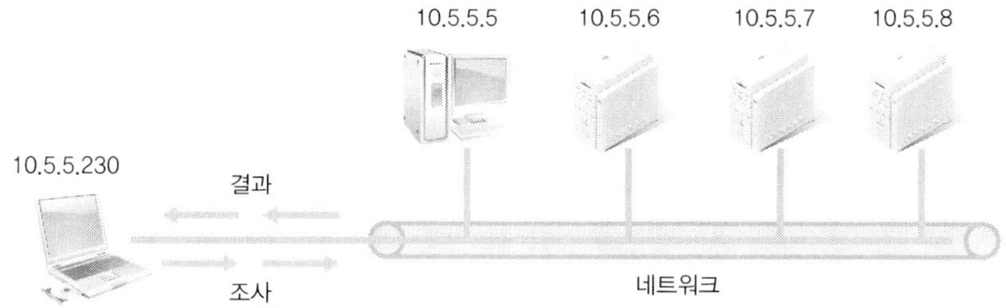

그림 7-15
운영체제 핑거프린팅

포트 구성 분석:
- 10.5.5.5는 TCP/IP 통신이 구조화되는 동안 윈도우 서버 2003으로 추정
- 10.5.5.6은 FIN을 전송했을 때 RST로 응답하지 않고 http 배너에 따라 ISS 5을 수행시키기 때문에 윈도우 서버 2008로 추정
- 10.5.5.7은 FIN에 대한 응답으로 RST를 반환하고 TCP/IP 통신이 리눅스와 같이 동작하므로 리눅스로 추정

스트가 이러한 서비스를 허용하는 지를 확인한다.

공격자는 공격 대상 호스트에 어떤 운영체제가 동작하는지를 알 필요가 있다. 시스템을 공격하는 방법은 운영체제에 따라 달라진다. 운영체제 핑거프린팅(operating system fingerprinting)을 이용하여 공격자는 포트 분석을 이용하여 컴퓨터에 어떤 운영체제와 버전이 동작하는지를 알 수 있다. 또한 운영체제 핑거프린팅을 이용하여 공격자는 취약한 컴퓨터를 찾을 수 있다. 왜냐하면 이러한 컴퓨터는 패치가 안 되어 있거나 알려진 약점이 존재할 수 있다. (그림 7-15)는 공격자가 운영체제 핑거프린팅을 이용해 어떻게 의미 있는 정보를 알아내지를 보여준다.

은닉의 테스트 수행자와 공식적인 테스트 수행자

내부 직원 및 외부 직원 모두가 참여하며 보안 테스트를 공식적으로 또는 비밀리 수행할 수 있다. 어떤 직원이 어떤 방법을 사용할 것인지는 규정이나 내부 직원의 기술 수준에 달려 있다. (그림 7-16)은 여러 형태의 테스트 수행자를 보여준다.

테스트 수행자와 상관없이 반드시 테스트 활동의 잠재적 영향을 고려해야 한다.

- 피해에 대한 잠재성 인식 : 어떤 테스트는 시스템을 중단시킬 수 있다. 또 다른 테스트는 약간의 영향을 미칠 수도 있다. 잠재적으로 영향을 받는 모든 객체들이 어떤 테스트가 수행될 것인지를 알 수 있도록 한다. 테스트 수행자는 테스트가 서비스 중단이나 장애

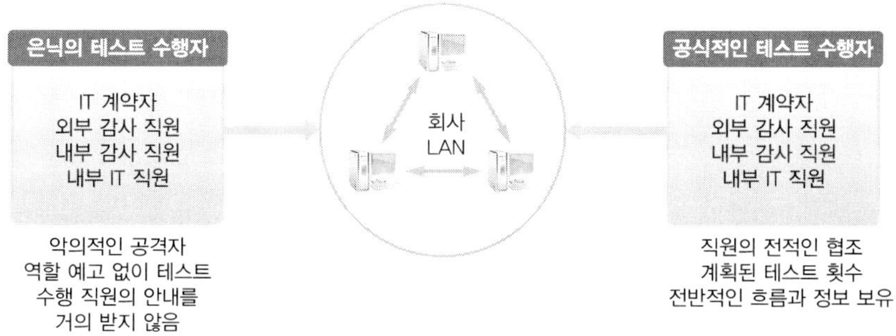

그림 7-16
은닉의 테스트 수행자와 공식적인 테스트 수행자

를 야기할 경우 모든 객체들로부터 동의를 받아야 한다. 안전한 테스트라 할지라도 테스트가 시스템을 중단시킬 수 있으므로 항상 복구 계획을 수립하도록 한다.

- **시간과 요일 인식** : 많은 사용자에게 영향을 미치지 않기 때문에 짧은 기간 동안 테스트를 선호하겠지만 이것은 실질적이지 않을 수 있다. 그러므로 비작동 시간에 좀 더 위험한 테스트를 수행하고 긴 시간동안 보다 안전한 테스트를 수행하도록 한다.

테스트 방법

블랙-박스 테스트(black-box testing)는 직접적으로 프로그램 구조나 설계에 기반을 두지 않는 테스트 방법을 이용한다. 이것은 테스트 수행자는 소스 코드를 가지고 있지 않거나 소스 코드의 상세한 사항이 테스트 대상과 관련이 없다는 의미이다. 바꿔 말하면 블랙-박스 테스트는 소프트웨어의 외부에서 보이는 행위에 중점을 둔다. 예를 들어 이것은 요구사항, 프로토콜 스펙, API 또는 심지어 수행하려고 했던 공격에 기반을 둔다.

이와 대조적으로 **화이트-박스 테스트**(white-box testing)는 어플리케이션의 설계와 소스코드에 관한 지식에 중점을 둔다. 실제로 화이트-박스 테스트는 대개 소스 코드로부터 유도된다. 예를 들어 이러한 테스트는 소스코드에서 발견된 특정 구성을 공격 대상으로 하거나 특정 수준의 코드 커버리지를 달성하기 위해 시도하기도 한다.

그레이-박스 테스트(gray-box testing)는 블랙-박스 테스트와 화이트-박스 테스트 중간이다. 이 테스트는 프로그램 내부에 관한 제한된 지식을 이용한다. 원칙적으로 테스트 수행자는 소스 코드의 일부분만 알 수 있다는 것이다. 실제로 이것은 보통 단지 테스트 수행자가 스펙이나 요구사항보다는 보다 상세한 설계 문서에 접근할 수 있다는 것을 의미한다. 예를 들어 이 테스트는 프로그램 동작의 구조적 다이어그램이나 상태 기반의 모델에 기반을 둘 수 있다.

보안 테스트 조언 및 기술

테스트를 수행하기 전에 다음을 고려하도록 한다.

- **올바른 툴을 선택한다** : 어떤 툴이 소프트웨어를 테스트하기에 가장 좋은지는 테스트 대상과 테스트 계획 내에 기술한 테스트 수행방법에 달려 있다. 툴의 기능은 종종 중복된다는 것을 유의하도록 한다.
- **툴로 인한 실수가 생긴다** : 예비 결과를 회의적으로 봐야 한다. 오탐 또는 미탐을 기다리도록 한다. 툴의 결과는 탐지 방법이 종종 일치하지 않기 때문에 다양할 수 있다.
- **시스템을 보호한다** : 잘못된 시기 또는 잘못된 방법으로 테스트를 수행하면 시스템에 손상을 줄 수 있다. 신중하게 시스템을 보호하도록 한다.
- **테스트는 가능하면 "실제"여야 한다** : 테스트는 시스템 운영을 손상시키지 않는 범위 내에서 네트워크와 시스템에 대해 수행하도록 한다. 가능하면 실제 상황에 맞게 테스트를 수행할 때 다음 사항을 고려한다.
  - 시스템을 중단시키거나 영향을 미치지 않도록 여러 테스트를 우선 수행하여야 한다.

그리고 테스트에서 탐지된 취약점을 처리한다. 그 이후 중단으로 인한 영향이 최소화될 동안에만 정상적인 운영을 잠시 중단시킬 수 있는 테스트를 수행할 수 있다.

- 가장 핵심적인 시스템에 대해서는 사업 연속성 계획 테스트와 동시에 이러한 테스트를 수행할 수 있다. 그러한 예로 대체 사이트에서 여전히 운영되면서 전체 중단 테스트를 성공적으로 수행한 후의 대체 사이트에서의 테스트나 주 사이트에서의 테스트가 있다.
- 사회 공학을 모의 해킹 테스트의 일부로 포함할지를 결정한다. 테스트 수행자와 경영진은 테스트를 기술적(원격의) 테스트로 제한시켜야 할지 또는 테스트 수행자가 접근을 획득하기 위해 사람의 행동을 이용하여야 할지를 결정하도록 한다. 사회 공학 테스트는 수행하기는 어렵지만 잘만 하면 추가적인 취약점을 알아낼 수 있다.

요약

본 장에서는 보안 감사에 대해 살펴보았다. 보다 안전한 시스템을 구축하기 위해 이용할 수 있는 방법을 살펴보았다. 또한 감사가 필요한 이유와 책임성과 책임추적성 문화를 형성하기 위한 방법을 살펴보았다. 이를 통해 감사 범위를 포함하여 감사 계획을 수립하는 방법과 안전한 시스템을 개발하기 위해 감사를 이용하는 방법을 알 수 있었다. 감사의 벤치마크와 벤치마크를 이용하여 감사 계획에 대한 기준을 성립하는 방법도 살펴보았다. 또한 높은 수준의 감사를 수행하기 위해 필요한 정보를 수집하는 데이터 수집 방법을 살펴보았다. 감사 이후의 활동과 이를 이용하여 감사 과정을 완료하는 방법을 살펴보았다. 또한 시스템을 모니터링하는 방법을 포함하여 로그 수집 및 분석을 살펴보고 로그 관리에 대해서도 살펴보았다. 캡처해야 하는 로그 정보의 형태를 이해하였고 효과적으로 그러한 로그 정보를 캡처할 수 있는 툴도 살펴보았다. 최종적으로 보안 시스템을 모니터링하고 테스트를 수행하는 것에 대해 살펴보았다.

핵심 용어

- abnomaly-based IDS : 비정상 기반의 IDS
- benchmark : 벤치마크
- black-box testing : 블랙-박스 테스트
- clipping level : 클립 레벨
- covert act : 은밀한 활동
- false negative : 미탐지
- false positive : 오탐지
- gray-box testing : 그레이-박스 테스트
- hardened configuration : 안전성이 강화된 구성(설정)
- mitigation activities : 완화 활동들
- network mapping : 네트워크 구성 분석
- operating system fingerprinting : 운영체제 핑거프린팅
- overt act : 공공연한 활동
- pattern- (signature-) based IDS : 패턴 (서명) 기반의 IDS
- penetration testing : 모의 해킹 테스트
- real-time monitoring : 실시간 모니터링
- reconnaissance : 사전조사
- SIEM(Security Information and Event Management) system : 보안 정보 및 이벤트 관리 시스템
- stateful matching : 상태보존형 대응
- vulnerability testing : 취약점 테스트
- white-box testing : 화이트-박스 테스트
- zone transfer : 구역 전달

연습문제

1. 관련된 위험보다 더 많은 비용이 드는 통제를 이용한다면 보안담당자는 취약한 관리 결정을 한 것이다.

   A. 그렇다.
   B. 아니다.

2. 다음 중 허가 수준의 예는 무엇인가?

   A. prudent
   B. permissive
   C. promiscuous
   D. paranoid
   E. A, B, C, D 모두 정답임

3. 감사는 보안 통제가 적절한 지, 올바르게 설치되었는지 그리고 (　　　　)를 시험한다.

   A. 현재인지
   B. 목적을 처리하는지
   C. 인가되었는지
   D. 비용 효과적인지

4. (　　　　)은 시스템이 기업의 기대 대비 얼마나 효과적인지를 측정하는 데 사용되는 기준이다.

   A. 통제 목적
   B. 구성 설정
   C. 벤치마크
   D. 정책

5. 다음 중 감사 이후 활동에 포함되는 것은 무엇인가?

   A. 발견사항을 경영진에 보고
   B. 데이터 분석
   C. 퇴직자 인터뷰
   D. 감사자의 발견사항을 검토
   E. A, B, C, D 모두 정답

6. 보안 모니터링에 사용되는 일부 툴과 기술에는 기준선, 경고신호, CCTV, 허니팟이 있다.

   A. 그렇다.
   B. 아니다.

7. (　　　　)은 사고를 탐지한 후 즉시 대응하지 않아도 될 경우에 사용된다.

   A. 비-실시간 모니터링
   B. 논리적 접근통제
   C. 실시간 모니터링
   D. 정답이 없음

8. 다음 중 로그 입력을 캡처하고 분석하기 위한 공통적인 플랫폼은 무엇인가?

   A. 침입탐지시스템(IDS)
   B. 허니팟
   C. 보안 정보 및 이벤트 관리(SIEM)
   D. HIPAA

9. 다음 중 IDS가 현재의 트래픽과 활동 패턴(패턴 대응과 상태보존형 대응을 통해 알려진 네트워크 침입 활동과 일치함)을 비교하는 방법은 무엇인가?

   A. 서명 기반
   B. 비정상 기반
   C. 경험적 스캐닝
   D. A, B, C 모두 정답임

10. 호스트 격리는 내부 네트워크와 (　　　　)의 구축과의 격리이다.

    A. HIDS
    B. DMZ
    C. IDS
    D. IPS

11. 안전성이 강화된 구성(설정)은 불필요한 서비스를 활성화한 시스템이다.

    A. 그렇다.
    B. 아니다.

12. 조직, 시스템, 네트워크를 가능하면 잘 알기 위해 검토하는 것을 무엇이라 하는가?

    A. 모의 해킹 테스트
    B. 취약점 테스트
    C. 네트워크 구성분석
    D. 사전 조사

8장 위험, 대응 및 복구

조직은 반드시 변화에 지속적으로 대처하여야 한다. 주주들이 새로운 압력을 가하기도 하고 정부가 새로운 법을 통과시키고 새로운 표준을 설정할 수도 있다. 조직은 반드시 자신의 공급자와 고객과 연계되는 공급망을 유지 관리하여야 한다. 조직은 사업 목적을 충족시키고 경쟁력을 갖추기 위한 전략을 수립한다. 이러한 전략을 변경하기 위해서는 인력을 이동시키고 IT 조직을 변경하고 실행계획을 다시 조정할 필요가 있다. 이러한 모든 변경으로 인해 위험이 증대된다. 또한 조직의 구조는 문화를 반영한다. 비슷하게 문화는 사람, 프로세스, 데이터 및 기술뿐만 아니라 정보 시스템을 보호하고자 하는 조직의 임무에 영향을 미친다.

조직이 위험에 대응하는 방법에는 자산에 대한 가치가 반영된다. 위험이 심각하지 않으면 조직은 위험을 줄이기 위해 많은 비용을 들이지 않을 것이다. 조직이 민감한 데이터를 보호하는 데 소비하고자 하는 비용이 위험에 영향을 준다. 아마도 조직은 위험이 중요하다고 판단되나 단순히 위험을 감소시키기 위해 비용이 충분하지 않을 수도 있다. 또는 조직에 일회용 문화가 만연되어 있을 수 있다. 즉, 단지 단기 이익만 추구하고 어려움이 생기면 작업을 중단할 수도 있다는 것을 의미한다. 그렇게 하면 최소한의 요구사항을 충족시키기 위해 기본적인 조치만을 취할 것이다. 그러나 조직이 장기적 성공에 중점을 둔다면 위험을 감소시키기 위해 비용-효과적 계획에 투자할 것이다. 양쪽 전략 모두 조직에 따라 올바른 방법일 수 있다. 문제는 위험에 대한 비용이 기업의 문화와 일치되지 않는다는 것이다. 예를 들어, 단기적 성공을 고려하는 조직은 실질적 계획에 투자해서는 안 된다.

8장 주제

본 장의 주요 주제는 다음과 같다.

- 위험 관리와 데이터 보안간의 관계
- 위험 관리 프로세스
- 위험 분석
- 위험 분석을 위한 정량적 방법과 정성적 방법 간의 차이
- 위험을 처리하기 위한 전략 개발 방법
- 대책 및 대책을 평가할 때 반드시 고려해야 할 요소
- 3가지 형태의 활동 통제 및 보안 생명주기와 일치시키는 방법
- 업무 연속성 계획(BCP) 및 재해로 인해 사업이 영향을 받지 않도록 조직에서 BCP를 이용하는 방법
- 재해 복구를 위한 역할, 백업의 역할
- 보안 사고 대응 프로세스
- 재해 복구 계획(DRP)
- 재해 복구에 대한 주 처리 단계

8장 학습 목표

본 장의 학습 목표는 다음과 같다.

- 위험 관리 원칙을 이해
- 사고에 대응하고 분석하는 방법을 이해
- 업무 연속성 계획(BCP)을 이용하여 정전을 방지하고 정전 시 복구하는 방법을 이해

위험 관리 및 정보 보안

위험 관리는 정보 보안의 핵심 개념이다. 조직이 조치를 취하든 취하지 않든 간에 이와 관련된 모든 행동은 어느 정도 위험과 관련된다. 위험 관리에 따라 사업이 성공할 수도 있고 실패할 수도 있다. 위험 관리가 위험을 제거한다는 것을 의미하지 않는다. 대신 조직은 수용 가능한 수준의 위험과 위험을 감소시키기 위한 비용 간 균형점을 찾는다. 조직마다 위험허용도(risk tolerance)가 다르다. 예를 들어 병원의 경우 위험허용도를 가능하면 가장 높게 잡는다. 다른 한편 일부 금융 기관은 높은 수준의 위험을 수용한다. 왜냐하면 위험을 감수하면 할수록 많은 보상이 따르기 때문이다.

보안 전문가는 다른 사람과 협력하여 위험을 식별하고 위험-관리 해결책을 적용한다. 반드시 두 개의 주요 위험-관리 원칙을 기억하여야 한다.

- 절대로 자산을 보호하기 위해 해당 자산의 가치보다 더 많은 비용을 들여서는 안 된다.
- 대책은 문제에 대한 해결책이나 해당 대책과 관련되는 위험이 없으면 절대로 대책에 대한 비용을 정당화할 수 없다.

보안 전문가는 정보 보안 측면에서 위험, 대응 및 복구에서 중요한 역할을 수행한다. 반드시 심각한 위험을 식별하도록 지원하여야 한다. 일부 위험으로 인해 기업이 폐업을 할 수도 있다. 또한 보안 전문가는 반드시 재해 발생 시 기업이 지속적으로 영업할 수 있도록 계획을 수립하고 유지 관리할 수 있도록 지원하여야 한다. 이런 형태의 계획을 업무 연속성 계획(BCP, Business Continuity Plan)이라 한다. BCP는 본 절에서 배울 중요한 개념이다.

재해가 발생하면 반드시 그 재해가 조직에서도 발생할 수 있다고 예측하여야 한다. 재해에 대한 계획 수립은 보안 전문가의 역할 중 하나이다. 반드시 재해 복구 계획(DRP, Disaster Recovery Plan)을 수립하고 유지 관리하도록 지원하여야 한다.

보안 전문가로서 목적은 정전 후 사용자가 신속하게 시스템을 이용할 수 있고 손실 또는 손상된 데이터를 복구할 수 있어야 하는 것이다. 또한 보안 전문가는 복구 과정을 올바르게 처리함에 있어 역할을 수행한다.

위험에 관한 정의

위험은 특정 위협이 조직에 손상을 가하는 취약점을 노출할 가능성이다. 위협에 의한 손상의 정도에 따라 위험의 수준이 정해진다. 위험을 잘 이해하기 위해 반드시 주요 용어를 이해하여야 한다. NIST SP 800-30(정보 기술 시스템에 대한 위험 관리 가이드)에는 위험과 관련된 중요 용어들이 정의되어 있다.

이러한 용어들을 이해하면 효과적인 IT 위험-관리 프로그램을 구축하는 방법을 이해하게 된다. 보안 전문가는 반드시 다음의 3가지 주요 개념을 잘 알아야 한다.

- **취약점(vulnerability)** : 취약점은 시스템 보안 절차, 설계, 구현 또는 내부 통제의 결함 또는 약점이다. 공격자는 취약점을 의도적이든 의도적이지 않든 악용하여 보안 침해 또는 시스템 보안 정책의 위반을 야기한다.
- **위협(threat)** : 위협은 공격자나 이벤트가 특정 취약점을 악용할 가능성이다. 취약점을 악용하는 공격자 또는 이벤트는 위협원(thereat source)이 된다. 위협원은 취약점을 악용하는 의도 및 방법이다. 위협원은 우연히 취약점을 노출시키는 상황 또는 방법일수도 있다. 일반적인 위협원으로 자연, 인간 또는 환경이 있을 수 있다. 어떤 보안 전문가는 위협원을 위협 에이전트라 하기도 한다.
- **영향(impact)** : 영향은 취약점을 악용한 위협이 야기할 수 있는 피해 정도이다. 예를 들어 바이러스가 시스템을 감염시키면 바이러스는 시스템의 모든 데이터에 영향을 준다.

> **참고**
>
> NIST SP 800 시리즈를 잘 알아야 한다. NIST SP 800 시리즈는 http://csrc.nist.gov/publications/PubsSPs.html에서 찾을 수 있다. 이 문서 내에 포함된 기본적인 정보는 정보 보안을 이해하는 토대가 된다. 좀 더 지식이 풍부한 보안 전문가들은 보다 상세한 내용을 이용하기도 한다.

어떤 위험은 다른 위험보다 훨씬 더 자주 발생하기도 한다. **가능성(likelihood)**은 잠재적 위협이 취약점을 악용할 가능성이다. 예를 들어 바이러스나 다른 악성코드가 안티바이러스 소프트웨어가 동작하지 않는 인터넷에 연결된 시스템을 감염시킬 가능성은 높다.

위협이 실제로 발생하면 조직에 이벤트나 사고가 발생한다. 이벤트(event)는 기업에 영향을 주는 주목할 만한 존재이다. 어떤 이벤트의 영향은 미미하지만 어떤 것은 사고로 확대될 수 있다. 사고(incident)는 운영에 부정적 영향을 미치는 이벤트이다. 사고는 대책을 정당화시킬 수 있는 이벤트이다. 예를 들어 직원의 창고 도난은 사고이다.

통제, 대책 및 안전 조치에 대해 좀 더 살펴보도록 한다. 많은 사람들은 이 용어들을 미묘한 차이가 있긴 하나 서로 혼용한다. 통제, 대책, 보호장치 모두 취약점이나 위협의 영향을 감소시켜 위험을 감소시킨다. 통제는 보호 장치와 대책을 포함한다. 본 책에서는 통제가 행위를 제한하거나 제약시키기 위해 취해진 활동이라고 하는 것으로 충분하다. 안전조치(safeguard)는 통제에서 악용을 야기할 수 있는 갭이나 약점을 처리한다. 대책(countermeasure)은 특정 위협을 처리한다. 화재 스프링클러는 대책의 예이다.

위험의 구성 요소

자산, 취약점 및 위협 모두 위험의 구성 요소이다. 이것은 공식이라기보다는 구성 요소이다. 자산의 가치는 증가되거나 감소된다. 적극적인 절차를 통해 취약점을 탐색하고 패치를 적용해야 한다. 그렇지 않으면 새로운 위협이 나타날 수 있다. 시간이 지나면서 이러한 환경들이 변하면 위험도 변한다. 그러므로 새로운 위험을 식별하기 위해 주기적으로 위험 재평가를 수행해야 한다.

모든 위협이 외부에 존재한다고 생각해서는 안 된다. 2011년 CSO 매거진, CERT 프로그램, 딜로이트 및 미국 Secret Service에서 Cybersecurity Watch Survey라는 보고서를 발표하였다. 이 보고서에서는 내부자 공격이 지난해보다 줄었다고 설명되어 있다. FBI와 Verizon Terrmark의 2012 Data Breach Incident Report에는 내부자 공격이 전체 공격의 10 퍼센트 이하를 차지한다고 기술되어 있다. 그러나 그 영향의 정도는 훨씬 더 심하다. 또한 내부자 공격은 보다 정교해지고 있다. 2013년 NASA는 내부 데이터베이스를 정지하고 원격 접속 정책을 더욱 엄격하게 하였다. 이것은 외국의 계약자가 수행한 의심스런 지적 재산권 도난을 막고자 함이다.

새로운 위협은 빈번히 나타난다. US-CERT(United States Computer Emergency Readiness Team)는 이메일을 이용하여 새로운 위협에 관한 정보를 정기적으로 공개한다. 웹 사이트 http://www.us-cert.gov/ncas를 통해 US-CERT의 Technical Cyber Security Alerts, Cyber Security Bulletins 또는 Cyber Security Alerts에 가입할 수 있다. 일단 가입하면 이메일로 정기적 경고를 수신할 수 있다.

> **참고**
> http://www.cert.org/archive/pdf/CyberSecurity2011.pdf에서 Cybersecurity Watch Survey를 찾아볼 수 있다. http://www.verizonenterprise.com/resources/reports/rp_data-breach-investigations-report-2012-ebk_en_xg.pdf에서 Verizone Terremark's 2012 Data Breach Incident Report를 찾을 수 있다.

위험 관리의 목적

위험 관리의 목적은 위험을 허용 가능한 수준으로 감소시키는 것이다. 다음의 시기 등을

그림 8-1

위험 등식

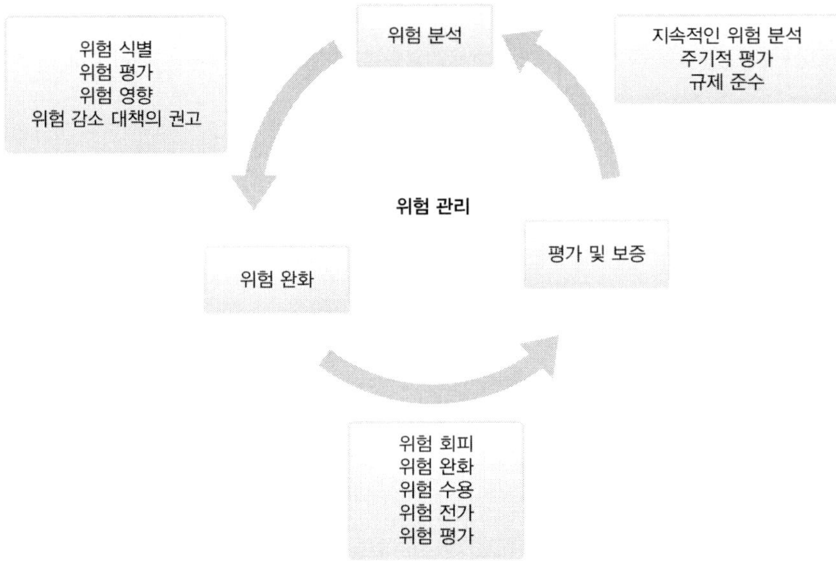

고려하여 반드시 위험을 식별하여야 한다.

- 위험이 사고로 이어지기 전에
- 위험-처리 활동(통제 및 대책)에 관한 계획을 수립하고 수행할 때
- 제품, 시스템 또는 프로젝트 추진 전반에 걸쳐 지속적으로

절대로 위험을 0으로 감소시킬 수는 없다. 위험을 식별하고 위험을 평가한 후 조직에 주요 영향을 미치는 위험을 감소시킨다. 반드시 위험-감소 방법 비용을 정당화할 수 있어야 한다. 대부분 작은 위험 감소에 매우 높은 비용이 든다. 보안 전문가의 업무 중 일부는 허용 가능한 위험 수준을 식별하고 통제를 적용하여 위험을 해당 수준으로 감소시킨다. 반드시 위험 관리 중 일부 과정에서는 새로운 위험을 식별하는데 중점을 두어 이벤트가 발생하기 전에 새로운 위험을 관리할 수 있어야 한다. 위험 관리 과정에는 올바른 대책이 수립되어 있는지를 확인하기 위해 지속적으로 위험을 재평가하여야 한다.

위험 등식

위험 관리에는 위험 분석(assessment), 위험 완화, 위험 평가(evaluation) 및 보증이 포함된다. 위험 관리는 지속적인 작업이다. 그러므로 위험 관리에는 3단계 모두에서 위험과 위험 분석의 주기적 재평가가 포함된다. (그림 8-1)은 위험 등식과 위험 관리의 3단계를 보여준다.

위험 관리 프로세스

(그림 8-2)는 위험 관리에서의 각 단계별 흐름을 보여준다. 그림의 왼쪽 부분은 위험 분석과 모니터링을 보여주고 오른쪽 부분은 위험-분석 단계의 상세한 사항을 보여준다.

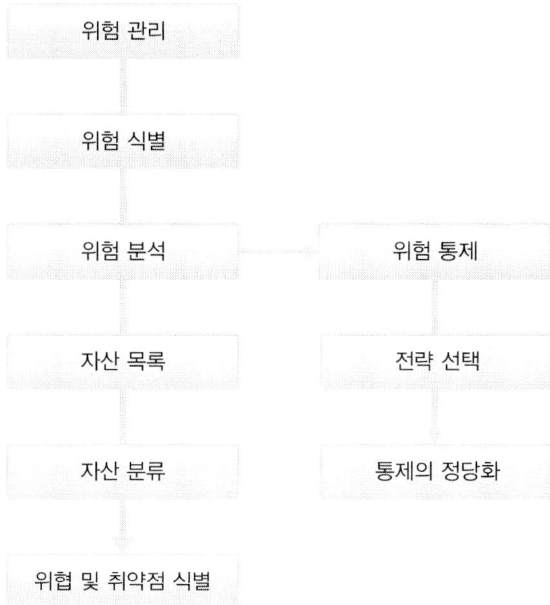

그림 8-2

위험 관리 프로세스의 흐름

(그림 8-2)에서와 같이 위험-관리 프로세스의 단계는 다음과 같다.

- **위험 식별**(risk identification) : 위험 관리의 첫 번째 단계는 위험 식별이다. 무엇이 잘못되었는가? 이 질문에 대해 대답하기 위해서는 화재, 홍수, 지진, 벼락, 정전이나 설비의 손실, 파업 및 교통 불능 등을 고려해야 한다. 위협을 분석하기 위해서는 위협에 대한 시나리오를 반드시 고려해야 한다.
- **위험 분석**(risk assessment) : 물론 식별된 모든 위협에 대한 영향을 판단할 수는 없다. 또한 모든 위치의 모든 기업에 모든 위험을 적용할 수 없다. 예를 들어 몬타나나 모스코바에 있는 기업은 허리케인에 대해서는 걱정할 필요가 없다. 가능한 위험의 영향은 시나리오와 위치에 따라 더 클 수도 있고 더 작을 수도 있다. 위험-분석 단계에서는 다음을 고려한다.

1. 식별한 위험을 완화하기 위해 다양한 형태의 통제의 분석
2. 통제 전략의 선택 : 신뢰성, 규모성, 비용, 용이성 및 안전성을 고려하도록 한다. 이러한 사항을 고려하면 최선의 통제를 선택할 수 있다.
3. 통제 선택의 정당화 : 모든 통제의 비용과 관련된 위험을 비교하도록 한다. $10의 자산을 보호하는 데 $100의 비용이 필요한 건 올바른 통제 선택이라 할 수 없다.

> **참고**
> "영화 시나리오" 같은 위험을 방지하는 것이 중요하다. 시나리오 작가는 불가능한 시나리오를 만들어 그럴 듯하게 보이도록 한다. 이러한 잘못된 위협으로부터 보호하기 위해 돈을 지출하는 것은 낭비이다.

- **자산의 목록화**(inventory of assets) : 위험을 분석하는 동안 손실을 분석할 수 있도록 자산 관리 대장을 만들도록 한다.
- **자산의 분류**(classify assets) : 기업 내 가치에 따라 자산을 분류한다.

- 위험과 취약점 식별(identify threats and vulnerabilities) : 각 자산에 대한 위협과 취약점을 식별하고 통제가 (여전히) 적절한지를 확인하기 위해 제안된 통제와 식별된 위협과 취약점을 비교하도록 한다.

위험 분석

> **참고**
> 사고는 발생하기 마련이다! 재해 계획 수립과 함께 연계된 위험 분석, 대책 및 완화는 종종 재해 후 회사가 살아남느냐 살아남지 못하느냐의 차이를 의미한다.

위험 분석을 잘하면 회사의 위험 환경을 경영진이 쉽게 이해하도록 설명할 수 있다. 회사 운영을 중단하게 하는 위험에 대하여 설명한다. 때때로 IT 전문가들은 IT 구조를 보호하는 것에 관한 감정적이 되어 회사에 시스템이 존재한다는 것을 잊는다. 위험-분석 동안 "위험-분석이 시스템과 기반구조에 무엇을 의미하는지"가 아닌, "위험-분석이 회사에 무엇을 의미하는지"와 "회사에 위험-분석의 가치가 무엇인지"에 중점을 두어야 한다. 위험 분석은 위험-완화 노력을 식별하고 정당화한다.

- 위험 완화는 사업 프로세스와 데이터 시스템에 대한 위협을 식별하는 것이다.
- 위험 분석은 위험을 감소시키기 위해 특화된 대책의 사용을 정당화하는 것이다.

위험을 감소시키기 위해 많은 선택이 있는 반면 위험 평가 및 분석을 하는 주 이유는 가장 좋은 선택을 식별하기 위해 필요한 데이터를 제공하는 것이다. 가장 좋은 선택은 비용, 생산성에의 영향 및 사용자 수용성 등에 달려 있다.

최신 위협

최신 위협에 대한 위험 분석을 반드시 수행하여야 한다. 최신 위협은 여러 영역 및 내·외부에서 생길 수 있다. 최신 위협의 예는 다음과 같다.

- 신기술
- 조직 또는 환경 문화의 변화
- 인가되지 않은 기술의 사용(예, 무선 기술, 익의직인 모뎀, 스마드폰, 대블릿, 허기 없는 소프트웨어), PDA, 스마트폰 및 태블릿 위협에는 여러 장치에 다양한 데이터가 존재하거나 여러 버전의 데이터가 존재하는 것뿐만 아니라 기업 데이터 도난과 무선 전송 및 트래픽에 대한 취약한 통제가 포함된다.
- 규정 및 법의 변화
- 사업 실무의 변화(예, 아웃소싱, 국제화)

최신의 위협 및 취약점을 찾기 위해 주기적으로 위험 분석을 수행하여야 한다. 주도적 보안 전문가는 새로운 위험 검토를 야기하는 새로운 위협을 주시한다.

정량적 위험 분석 및 정성적 위협 분석

위험 분석 방법에는 두 가지가 있다.

- 정성적 위험 분석(qualitative risk analysis) : 이 위험 분석 방법은 위험 시나리오를 기술한 후 기업 운영에 영향을 주는 이벤트를 확인한다. 이를 위해 재해가 부서를 강타하면 어떤 일이 일어나는지를 알고 있는 부서장과 면담을 할 필요가 있다. 이를 통해 사업부서와 기술 전문가들은 다른 부서 또는 다른 파트에 대한 이벤트의 파급 효과를 이해할 수 있다. 이러한 전문가들로부터 정보를 수집하는 프로세스를 델파이(Delphi) 기법이라 한다.
- 정량적 위험 분석(quantitative risk analysis) : 이 위험 분석 방법은 금융 용어로 위험을 기술하고 위험의 모든 요소에 화폐 가치를 둔다. 이 방법의 단점은 많은 위험을 가치로 측정하기가 어렵다는 것이다. 여기에는 평판과 대책의 이용 여부가 포함된다. 미래의 이벤트의 영향에 대한 비용을 정확한 수치로 결정하기는 어렵다.

정량적 분석은 예상되는 위험을 돈으로 환산하며, 정성적 분석은 위험을 설명하는 시나리오를 이용하여 위험을 정의한다. (그림 8-3)은 정량적 위험 분석과 정성적 위험 분석의 비교를 보여준다. 이 중 어떤 위험 분석 방법도 완벽하지 않다. 견고한 위험 분석을 위해서는 종종 두 방법을 모두 사용해야 한다.

대부분의 경우 두 방법론을 결합하여 사용한다. 정성적 위험 분석을 이용하면, 조직 전반에 영향이 파급될 때 재해의 전반적인 영향을 더 잘 이해할 수 있다. 또한 이 방법을 이용하면 손상을 축소시키기 위해 함께 작업을 수행해야 하는 부서 간 소통이 더 잘 될 수 있다. 반면 여기에는 정량적 위험 분석을 위한 확실한 금융 데이터는 부족하다. 대책 수립 비용을 정당화하기 위해서는 이러한 비용 정보가 필요하다. 그러므로 두 방법 모두 고려할 필요가 있다.

정량화된 위험의 계산

정량화된 위험을 계산하기 위해 자산이 가치와 손실이 발생할 가능성을 반드시 계산하여야 한다. 이것은 이벤트의 손실 예상치이다. 계산하는 방법은 다음과 같다.

1. 자산의 가치(AV, Asset Value)를 계산한다 : 자산은 조직에 가치가 있는 모든 것이다. 자산은 유형(건물)일수도 있고 무형(평판)일 수도 있다. 위험 분석에서 첫 번째 단계는 조직의 모든 자산과 가치(즉, 조직의 임무를 수행하기 위한 자산의 중요도)를 정하는

정량적 위험 분석	수치 기반 (하드)의 데이터	금융 데이터 객관적
정성적 위험 분석	시나리오 기반 (소프트)의 데이터	시나리오 지향 주관적

그림 8-3
정량적 위험 분석과 정성적 위험 분석

것이다. 자산 가치는 장비 또는 시스템의 교체를 고려하여야 한다. 또한 생산성 손실 및 평판 소실 또는 고객의 신뢰도와 같은 요소도 포함되어야 한다.

2. 노출 요소(EF, Exposure Factor)를 계산한다 : 노출 요소는 사고가 발생했을 때 자산 가치에 대한 손실 비율을 나타낸다. 예를 들어 모든 자동차 사고가 전손(완전 손해)은 아니다. 보험 회사에는 모든 청구에 대해 손실 비율을 계산하는 보험 계리인이 있다. 보험 계리인은 모든 제조업체와 모델에 대한 복구비용을 알고 있으며 각 청구에 대한 노출 요소를 예측할 수 있다. 보험 계리인의 예측이 (우연한 것을 제외하고) 단일 청구에 대해 정확하지 않을 수 있지만 수백 또는 수천 개로 분류되면 정확해질 것이다.
3. 단일 손실 예상(SLE, Single Loss Expectancy)을 계산한다 : 자산 가치와 노출 요소를 이용하여 단일 손실 가치를 계산할 수 있다. 보험 계리인이 최근 모델 SUV의 EF를 20%로 계산을 했다면 전화가 올 때마다 보험 계리인이 해야 할 일은 자산의 가치를 탐색하여 EF와 곱하면 지불금에 대해 잘 예측할 수 있다. 이를 이용하여 보험 계리인은 정확하게 보험료를 계산할 수 있어 보험 회사의 경제적 손실을 축소시킬 수 있다.
4. 매년 손실이 얼마나 자주 발생하는 지를 정한다. : 이것은 연간 발생 빈도(ARO, Annualized Rate of Occurrence)이다. ARO는 1보다 크다. 예를 들어, 버펄로나 베를린에서 눈보라는 1년에 여러 번 발생하는 반면 다른 지역에서는 훨씬 덜 발생할 것이다. 예를 들어, 창고 화재는 20년마다 한 번씩 발생되기도 한다. 그러나 사고가 얼마나 자주 발생하는 지를 측정하기는 어려울 수 있다. 가끔 내부 또는 외부 요소가 평가에 영향을 미친다. 과거 데이터로 항상 미래를 예측할 수 있는 것은 아니다. 내부 위협으로 인한 사고는 평소보다 직원이 불안해하는 시기나 거래를 협의하는 동안에 훨씬 더 많이 발생된다.
5. 연간 손실 예상(ALE, Annualized Loss Expectancy)을 결정한다. : ALE는 SEL(사고 발생 시의 손실)과 ARO를 곱한 결과이다. ALE를 이용하여 조직은 위험의 전체 영향을 식별할 수 있다. 빈번하지 않은 이벤트일 경우 ALE가 SLE보다 훨씬 더 작다. 예를 들어 10년에 한 번만 발생하는 이벤트를 고려보면 ARO는 0.1이거나 10%이다. SLE가 $1,000라면 ALE는 $100($1,000×0.1)이다. 반면 ARO가 20이라는 것은 이벤트가 매년 20번 발생한다는 의미이며, ALE는 $20,000($1,000×20)이다.

[표 8-1]은 위험을 정량화하는 계산식을 보여준다.

위험을 정량화하는 목적은 대책에 투자되는 가장 높은 비용을 발견하고자 함이다. 대책의 비용은 ALE보다 작아야 한다.

표 8-1 위험을 정량화하는 식

계산	공식
단일 손실 예상(SLE)	AV × EF = SLE
연간 발생 빈도(ARO)	ARO = 사고 횟수/년
연간 손실 예상(ALE)	SLE × ARO = ALE

조직에서 약 100명의 사용자가 모바일 컴퓨터를 사용한다고 하자. 각 모바일 컴퓨터의 가치는 $2,000이며 여기에는 컴퓨터, 소프트웨어 및 데이터에 대한 비용이 포함된다고 하자. 과거 2년 동안 1년에 평균적으로 6개의 컴퓨터 손실이 있었다. 이를 이용하여 SLE와 ARO와 ALE를 계산할 수 있다.

- SLE : $2,000
- ARO : 6
- ALE : $12,000

어떤 사람은 모바일 컴퓨터를 위한 하드웨어 자물쇠를 구매하자고 할 수도 있다. 자전거를 자전거 고정대에 고정시키는 것처럼 사용자는 자물쇠를 이용하여 사용하지 않는 컴퓨터를 가구에 넣어서 잠글 것이다. 자물쇠를 대량으로 구매할 경우 개당 $10이다. 추가적으로 자물쇠를 구매하여 이용하면 1년에 6번의 손실을 1번으로 줄일 수 있게 된다. 효과적일까?

- 대책 비용 : $1,000($10 × 100개 컴퓨터)
- 새로운 ARO : 1
- 새로운 ALE : $2,000

확실히 이 방법은 경제적으로 효과적이다. 1년에 $12,000의 손실 대신 조직은 $1,000을 투자하여 단지 $2,000의 손실이 발생한다. 총 비용이 $3,000이다. 이것은 새로운 통제를 구현하기 전에 예측됐던 $12,000 손실보다 더 낫다. 반면 대책 비용이 $24,000이라면 이것은 합리적이지 않다. 즉, 잠재적으로 $12,000을 줄이기 위해 $24,000을 소모하게 되는 것이다. 이는 $12,000의 손실이 발생한 것이다.

정성적 위험 분석

모든 위험을 두 측면에서 판단한다.

- **확률 또는 가능성** : 예를 들어 회사 출입구에서 카드 리더기의 오작동은 좀처럼 발생하지 않으나 직원이 아파서 전화하는 일은 상당히 빈번하게 발생한다.
- **영향도** : 예를 들어 워크스테이션이 부팅되지 않는 것은 심각한 영향을 주진 않으나 제품 시스템이 고장 나면 심각한 영향을 미친다.

두 측면에서 이벤트를 평가한 후 (그림 8-4)에서와 같이 이벤트 평가 결과를 도표에 기록하여야 한다.

"위험 관리에 대한 중점 영역"으로 기록된 부분에 주목하도록 한다. 이것은 높은 가능성과 높은 영향도를 갖는 위험이다. 가장 우선적으로 이 위험을 평가하여야 한다. 우선적으로 이 부분의 위험에 대책을 적용하면 위험의 가능성이나 영향을 축소시킬 수 있다. 위-오른쪽 영역 내에서 단독으로 위험 관리를 수

> **참고**
>
> 종종 많은 전문가들의 의견을 받아서 위험을 가능성과 영향도 측면에서 평가한다. 전문가들이 동의하지 않으면 반드시 합의가 되도록 해야 한다. 이런 종류의 분석에서는 평판이나 대중의 관심과 같은 무형의 요소를 설명해야 한다.

그림 8-4

정성적인 위험 분석

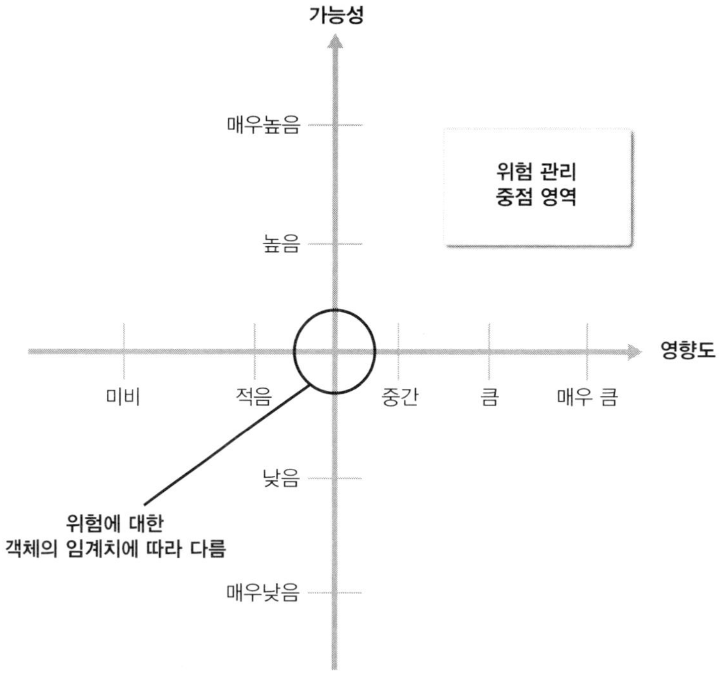

행해서는 안 되나 이 영역은 위험-완화 노력을 집중해야 한다. 위험 완화, 전가, 수용 또는 회피는 위-오른쪽 영역에서 위험을 감소시킨다. 다시 말하지만 목적은 위험을 제거하는 것이 아니고 위험을 수용 가능한 수준으로 감소시키는 것이다.

위험 처리 전략 수립

위험-관리 전략을 수립할 때 가장 일반적인 대응을 이해해야 한다. 즉, 위험을 감소, 전가, 수용 및 회피할 수 있다.

- 위험 완화(감소) : 이 경우 다양한 통제를 이용하여 식별된 위험을 완화하거나 감소시킨다. 통제는 관리적, 기술적 또는 물리적일 수 있다. 예를 들어 안티바이러스 소프트웨어를 추가하여 컴퓨터 감염의 위험을 감소시킨다.
- 위험 지정(전가) : 이 경우 조직은 위험을 또 다른 객체에 전가시킬 수 있다. 보험은 위험을 감소시키는 일반적인 방법이다. 조직은 위험을 보험료를 내고 보험 회사에 "판매한다." 다른 방법으로는 조직을 과도한 책임으로부터 보호하기 위해 위험을 전가시킬 수 있다. 예를 들어 호텔은 자동차-주차 회사를 고용해서 주차장을 관리하도록 할 수 있다. 이렇게 되면 손실은 호텔이 아닌 자동차 주차 회사의 책임이 된다. 주차장에서의 사고로 인한 소송 시 호텔이 유죄 판결을 받을 가능성은 줄어든다.
- 위험 수용 : 이 경우 조직은 위험을 수용한다. 조직은 위험이 존재한다는 것을 알고 있고 위험을 감소시키는 비용이 손실로 인한 비용보다 더 높다는 결정을 한다. 여기에는

자가-보험 또는 공제조항이 있는 보험증권을 이용하는 것이 포함된다. 조직이 수용하고자 하는 위험의 수준은 고위 경영진의 위험에 대한 태도에 달려 있다. 예를 들어 의사는 의료 과오 보험을 구매하고 공제조항이 있는 보험증권과 동등한 손실의 잔여 위험을 수용한다. 의사는 자신의 공제조항을 감소시키기 위해 심지어 보다 높은 보험료를 지불할 수도 있다. 그러나 의사는 거의 클레임을 걸 필요가 없기 때문에 높은 보험료가 가치가 없다고 결정할 수 있다.

- 위험 회피 : 위험 회피는 위험을 감수하지 않기로 결정하는 것이다. 위험 수준이 너무 높으면 회사는 사업을 중지하거나 시작하지 않기로 결정한다. 회피의 경우 경영진은 잠재적 손실이 위험한 활동을 지속하여 얻게 되는 잠재적 가치를 초과한다고 결정한다. 예를 들어 회사는 정치적 혼란이 있는 국가 내 지사를 개장하지 않기로 결정할 수 있다.

위험/잔여 위험의 수용 가능한 범위

위험의 수용 가능한 범위에 따라 활동과 대책을 정의하는 방법이 달라진다. 상한은 조직이 부담하기에 너무 큰 비용이 드는 위험의 영향도이다. 하한은 잔여 위험을 처리하는 대책의 비용 증가를 나타낸다. 위험 관리의 목적은 수용 가능한 범위 내에서 유지하는 것이다. (그림 8-5)를 참고하도록 한다.

위쪽 그래프는 특정한 취약점에 대한 조직의 총 위험을 표현한다. 적용된 대책은 최대 수용 가능한 잔여 위험 수준으로부터 수용 가능한 범위로 위험을 감소시키는 데 적절하지 않다. 그 아래 그래프는 최대 잔여 위험 수준을 수용 가능한 범위로 감소시킬 수 있는 제안된 대책을 보여준다.

> **참고**
>
> 위험을 완전히 제거할 수는 없다. 조직은 반드시 수용하고자 하는 위험의 수준을 선택해야 하며, 이를 수용 가능한 범위라 한다.

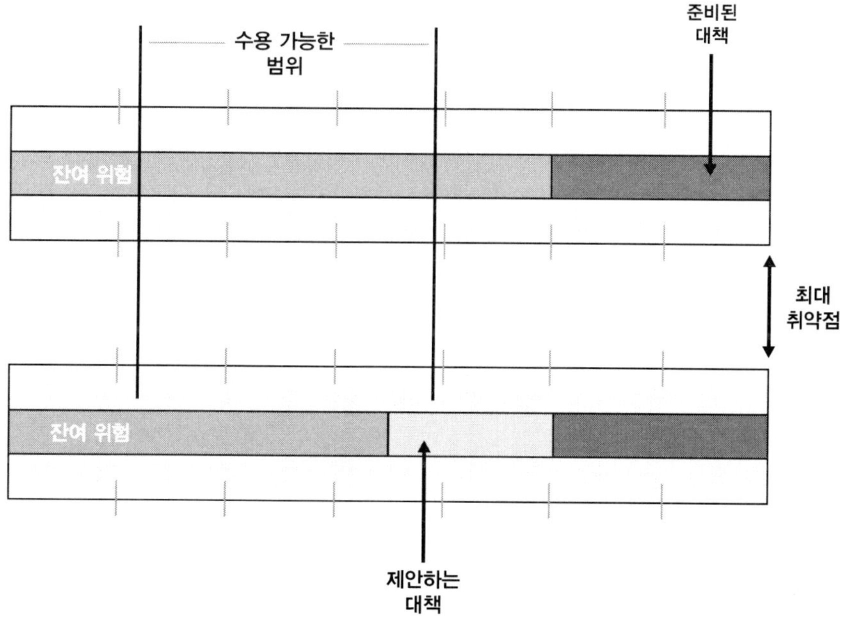

그림 8-5 위험의 수용 가능한 범위

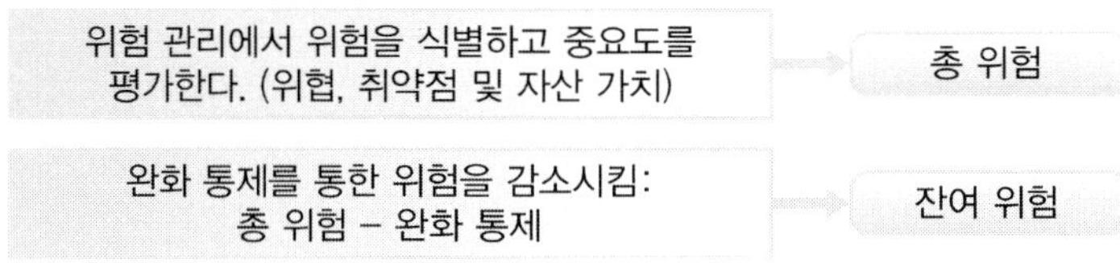

그림 8-6 총 위험과 잔여 위험

잔여 위험은 수용 가능한 수준으로 설정되어야 한다.

앞에서 살펴본 것과 같이 위협과 취약점과 자산의 가치로 위험을 계산한다. 총 위험은 기업의 모든 자산에 대한 위험을 합친 것이다. 잔여 위험은 대책과 통제를 설치한 이후 남아 있는 위험이다. 대책과 통제를 적용하면 위험을 감소시킬 수 있으나 제거하지는 못한다. 자동차 보험을 살펴보자. 새 차를 구매했을 경우 대리점에서 운전해서 나오는 순간 차의 가치를 잃는다. 사고로 수리하지 않는 편이 나을 정도로 자동차가 파손될 경우에는 사용자가 지불해야 할 금액이 보험으로 안 될 수도 있다. 보험 회사가 지불하는 금액과 사용자가 실제로 지불한 금액의 차이가 잔여 위험이다.

위험을 완전히 제거하는 것이 불가능하거나 비용이 너무 비싸기 때문에 위험을 완전히 제거하지 않는 선택을 할 수밖에 없으며, 이와 같은 상황에서는 위험이 제로가 되지 않기 때문에 남아 있는 위험을 잔여 위험이라 한다. 다시 말하면 (그림 8-6)에서 보여 지는 것과 같다.

위험 – 완화 통제 = 잔여 위험

보안 전문가는 조직이 잔여 위험의 비용을 수용하도록 하여야 한다. 비용이 너무 크면 반드시 위험한 행위를 제거하거나 다른 대책을 이용하여야 한다.

대책 평가

앞에서 논의한 것과 같이 통제, 보호조치 및 대책은 번갈아가면서 사용하는 용어는 아니다. 통제는 행위를 제한한다. 보호조치와 대책은 특정한 활동을 규제하거나 관리하는 통제이다. 예를 들어 귀중품을 저장하기 위한 금고는 통제이며, 금고를 지키는 경비는 보호조치라 할 수 있다. 귀중품 손실에 대비한 보험은 대책이다. 이것은 특정 사고로부터 손실을 대비하거나 처리한다.

무제한의 가능한 대책들이 존재한다. 대책은 반드시 명확하게 정의된 목적이 있어야 한다. 대책을 이용하여 반드시 위험을 처리해야 하고 취약점을 감소시켜야 한다. 노출(위험) 없는 대책(또는 통제)은 의미가 없다. 특정 목적의 대책은 다음과 같다.

- 악용될 수 있는 알려진 소프트웨어 결함을 수정한다.
- 운영 절차와 접근 통제(데이터와 시스템)를 수립하고 시행한다.
- 암호화 기능을 제공한다.
- 물리적 보안을 개선한다.

- 신뢰할 수 없는 네트워크 연결을 해제한다.

모든 사람은 자신의 보안책임을 인식할 필요가 있다. 어떤 사람에게 보안은 전업이고 다른 사람에게는 나갈 때 문을 잠그는 것과 같은 드물게 발생하는 업무일 수 있다. 특정한 보안책임은 다음과 같다.

- 불필요한 계정이나 게스트 계정을 삭제한다.
- 시스템 관리자를 훈련시킨다. (특화 교육)
- 모든 직원을 훈련시킨다. (일반 교육)
- 바이러스-스캐닝 소프트웨어를 설치한다.
- IDS/IPS와 네트워크-스캐닝 툴을 설치한다.

대책 비용 산정

대책을 평가할 때 반드시 많은 요소를 고려해야 한다.

- **제품 비용** : 제품의 가격에는 기본 가격과 추가적인 기능의 가격과 여러 수준의 협의나 연간 유지보수와 연관된 비용이 포함된다.
- **구현 비용** : 구현 비용은 기반구조, 구성, 설계 및 훈련 변경과 관련한 비용이다. 구현 비용의 예로 새로운 장비를 설치하기 위해 바닥을 공사하는 비용이 있다.
- **호환 비용** : 대책은 전체 구조에 반드시 적합하여야 한다. 예를 들어, 윈도우즈 기반의 조직은 리눅스 기반의 대책을 설치할 때 훈련과 상호연동과 연관된 추가적인 비용을 신중하게 고려해야 한다.
- **환경 비용** : 예를 들어 대책에 많은 에너지가 소모된다면 조직의 전기 시스템이 해당 에너지를 제공하고 폐열을 상쇄할 수 있는 지를 고려할 필요가 있다.
- **테스트 비용** : 테스트에는 시간과 돈이 필요하며 장애를 발생시킬 수도 있지만 매우 중요하며, 반드시 이 모든 것을 비용으로 고려해야 한다.
- **생산성 영향도** : 많은 통제는 생산성에 영향을 미친다. 통제로 인해 헬프 데스크 호출이 증대되어 사용자에 대한 대응 시간이 느려질 수 있다.

대책 비용은 기술별 구매 가격보다 클 수 있다는 것을 기억하도록 한다.

대책 평가

적절하게 통제나 대책을 수립할 때 가장 중요한 부분은 확실히 목적을 달성하는가이다. 대책이 실제로 의도했던 이득을 제공하지 못하면 아무런 가치가 없다.

대책을 평가할 때 우선적으로 "이 대책이 어떤 문제를 해결하기 위해 설계되었는가?"를 질문한 후 "이 대책이 해당 문제를 해결하는가?"를 질문해야 한다. 또한 다음의 사항을 고려한다.

- **대책은 조직에 새로운 위험이 될 수 있다** : 예를 들어 대책을 구현하여 보안에 잘못된 인식을 만들 수 있다. 또는 대책 자체가 주요 시스템의 새로운 장애 부분이 될 수도 있다. 지속적으로 대책을 모니터링하여야 한다. 준거성과 좋은 설계를 확인하고 정기적인 유지보수를 수행하도록 한다.
- **반드시 대책 프로그램의 인증 및 인가를 수행하여야 한다** : 어떠한 시스템, 통제 또는 어플리케이션도 변경 통제 프로세스를 거치지 않고 생산되어서는 안 된다. 이 부분은 기존 생산 시스템의 변경에도 적용된다. 설치하거나 변경하기 전에 반드시 모든 통제와 대책을 검토하여야 한다. 그렇지 않으면 관리자는 시스템 설정을 잘못 하거나 오류를 만들 수 있다.
- **반드시 모범 사례를 따르고 상당한 주의를 갖고 연습하여야 한다** : 좋은 위험-관리 프로그램을 이용하면 감사자는 회사가 보안 위험을 신중하게 다뤘음을 알 수 있다. 대책이 예측된 대로 수행되는 지를 정기적으로 평가하도록 한다.

통제와 보안 생명 주기에서의 역할

보안 통제는 손실이나 시스템 비가용성을 피하거나 대응하거나 최소화하기 위해 조직이 이용하는 보호 조치나 대책이다. 미국 회계 감사원의 보안 통제의 정의는 다음과 같다.

> 통제 환경은 조직의 분위기를 설정하며 이로 인해 내부 사람들의 생각에 영향을 미치게 된다. 규율과 구조를 제공하는 내부 통제의 다른 모든 요소의 기반이 된다. 통제 환경 요소에는 무결성과 윤리적 가치 및 사람들의 권한, 경영진의 철학과 운영 스타일 및 경영진의 권한을 지정하는 방법, 직원들을 구성하고 영향을 주는 방법 등이 포함된다.

어떤 통제는 보안의 활동 즉, 직원이 수행하는 것을 관리한다. 이것이 관리적 통제이다. **관리적 통제**(administrative controls)는 정책과 절차에 따른 준수를 보장한다. 이러한 통제는 직원이 수행해야 할 것이거나 직원이 수행하도록 정해진 것 또는 수행해서는 안 되는 것들이 될 수 있다. 컴퓨터 시스템에 의해 수행되거나 관리되는 통제를 **기술적 통제**(technical control)라 한다.

활동 단계 통제는 관리적이거나 기술적일 수 있다. 활동 단계 통제는 보안 프로그램의 생명 주기에 다음과 같이 대응된다.

- **탐지적 통제**(detective control) : 이러한 통제는 위협이 시스템에 있음을 식별한다. 침입 탐지 시스템(IDS)은 탐지적 통제의 예이다. IDS는 시스템에 관한 정보를 얻기 위해 시도되는 포트 스캔과 같은 시스템의 공격을 탐지할 수 있다. 탐지 후 IDS는 그러한 활동에 대한 로그를 기록한다.
- **예방적 통제**(preventive control) : 이 통제는 취약점을 이용한 침입으로부터의 위협을 중단시킨다. 예방적 통제의 예로 침입 방지 시스템(IPS)이 있다. IPS는 능동적으로 공

격을 차단하도록 설정한 IDS이다. 이는 단지 활동을 기록하는 대신 설정을 변경하여 악의적인 활동을 차단시킨다.

- 교정적 통제(corrective control) : 이 통제는 위협의 효과를 감소시킨다. 운영체제가 악성코드로 감염된 후 다시 설치하는 경우가 교정적 통제를 이용하는 것이다. 포렌식과 사고 대응은 교정적 통제의 또 다른 예이다.

위기 관리 계획수립

조직이 재해에 대응하는 방법은 조직의 생존을 결정한다. 형편없는 계획은 위험을 극대화시킨다. 형편없는 계획으로는 조직이 적절하게 대응하지 못해 정상적인 운영을 할 수 없게 된다. 재해에 대한 계획은 업무 연속성 관리(BCM, Business Continuity Management)의 부분이며 BCM에는 다음이 포함된다.

- 업무 연속성 계획(BCP) : BCP를 이용하여 재해가 발생하더라도 사업의 핵심적 프로세스가 동작하도록 한다.
- 재해 복구 계획(DRP) : DRP를 이용하여 정상적인 사업 운영에 필요한 기반구조를 복구한다.

BCM은 BCP와 DRP뿐만 아니라 위기관리, 사고 대응 관리 및 위험 관리도 포함하여야 한다.

사고는 갑자기 계획 없이 재앙을 초래하는 이벤트이다. 이것은 핵심적인 기업 기능을 제공하는 조직의 능력을 파괴하여 상당한 손해 또는 손실을 야기한다. 재해의 예는 다음과 같다.

- 기상 이변 : 2005년 허리케인 카트리나
- 범죄 행위 : 전자상거래 사이트에서의 신용카드 번호의 도난
- 국내 불안/테러리스트 활동 : 2001년 9월 11일의 세계 무역 센터 폭파
- 운영적 측면 : 2003년 8월 북미의 정전 사태
- 어플리케이션 장애 : 2012년 Knight Capital Group에 4억 4천만 달러가 넘는 손실이 발생한 소프트웨어 오류. 이 재해로 기업이 타격을 입어 파산에 이르게 되었다.

BCM의 목적은 사고를 완화하는 것이다. 그러나 사고가 발생했을 때 첫 번째 우선순위는 항상 사람의 안전을 보장하는 것이어야 한다. 손상을 막는 것은 이차적인 일이다.

전문용어

보안 전문가로서 반드시 다음의 용어를 이해하여야 한다.

- 업무 영향도 분석(BIA, Business Impact Analysis) : 이것은 어떤 종류의 이벤트가 어떤 시스템에 영향을 주는 지를 결정하는 분석이다. BIA를 정보 시스템 부서와 기반구조에

제한해서는 안 된다. 공급망 재해(창고 화재, 트럭 파업 등)가 있는 기업은 기술과는 전혀 관계가 없는 주요 영향력을 갖는다. 어떤 시나리오는 특정 부서에 영향을 주고 다른 시나리오는 다른 부서에 영향을 주며 핵심적인 일부 시나리오는 기업 전체에 영향을 준다.

- 핵심 사업 기능(CBF, Critical Business Function) : 일단 BIA를 통해 사고가 영향을 주는 사업 시스템을 식별하면 보안 전문가는 반드시 시스템의 중요도를 평가하여야 한다. 이 순위에 따라 기업의 생존여부와 핵심 기능 없이 얼마나 오랫동안 지속할 수 있는지가 결정된다.
- 허용 가능한 최대 중단시간(MTD, Maximum Tolerable Downtime) : 허용 가능한 최대 중단시간(MTD)은 기업이 핵심 시스템 없이 견딜 수 있는 최대 시간이다. 재해는 MTD보다 더 오랫동안 CBF를 동작하지 못하도록 하는 이벤트이다. 재해-계획과 완화 솔루션을 통해 반드시 CBF가 MTD 내에서 복구되어야 한다. 가장 짧은 MTD를 갖는 시스템과 기능이 가장 핵심이다.
- 복구 목표 시간 (RTO, Recovery Time Objective) : RTO는 CBF를 복구하는 시간이다. RTO는 반드시 MTD보다 짧거나 같아야 한다.
- 복구 목표 시점(RPO, Recovery Point Objective) : 사고는 데이터 손실을 야기한다. 보안 전문가는 반드시 각 사업 기능에 대한 허용 가능한 데이터 손실의 양을 계산하여야 한다. 복구 절차는 반드시 정의된 최소량에 만족되어야 한다. 만약 기업이 하루의 데이터를 잃어 버려도 괜찮다면 야간 백업이 허용될 수 있다. 그러나 기업이 모든 데이터 손실을 반드시 방지하여야 한다면 이중 서버나 스토리지가 필요할 것이다.
- 비상운영센터(EOC, Emergency Operations Center) : 비상운영센터(EOC)는 재해 동안 복구 팀이 만나서 일하는 장소이다. 많은 기업들은 하나 이상의 비상운영센터를 보유하고 있다. 예를 들어, 한 센터는 건물 화재 시 운영하기 위해 근처에 위치하고, 다른 센터는 지진이나 지역 정전을 대비해서 멀리 위치할 수도 있다.

MTD와 RTO가 함께 어떻게 동작하는 지를 살펴보자. 데이터센터에 정전이 발생했다고 하자. 대체 사이트로 이동하는 데 6시간이 걸린다(RTO). 기업은 데이터센터가 동작하지 않고 9시간 동안 견딜 수 있다. 현재로선 단순 사고이지 재해로 정의할 수 있는 사고는 아니다. 만약 전력이 3시간 내에 복구된다고 예측되면(MTO-RTO), 기업은 정상적으로 복원될 것이기 때문에 재해로 선언하지 않을 수 있다. 그러나 3시간이 지나도 전력이 돌아오지 않으면 재해를 선언할 때인 것이다.

이 예에서 3시간은 핵심 시점이다. 조직이 3시간 내에 대체 사이트로 운영을 옮기지 않기로 결정하였다고 생각해 보자. 대신 4시간을 기다리기로 했다고 하자. 대체 사이트로 변경하는 데 6시간이 걸리므로 조직은 총 10시간의 손실을 겪게 된다. 이것은 9시간인 MTD를 넘게 된다. 1시간이 크지 않을 것 같지만 이것은 구축된 MTD를 기반으로 한다. 데이터센터가 다른 조직에게 서비스를 제공하는 경우일 수도 있다. 서비스 수준 협정에서는 정전이 9시간을 넘지 않으며 9시간을 넘는 정전에 대해 보상을 하겠다고 명시되어 있을 수도 있다. 추가되는 그 시간으로 인해 조직은 수 만 달러를 잃을 수도 있다.

허용 가능한 최대 중단시간(MTD) 산출

보안전문가는 기업의 요구사항에 의해 MTD를 결정한다. 이것은 여러 통합된 기능의 RTO와 관련된다. 예를 들어 전자상거래를 위해 조직이 호스팅하는 웹 사이트를 생각해 보자. 웹 서버는 네트워크 서비스와 ISP 가용성 및 전기에 의존한다. 각각의 서비스에는 사고와 연관된 자신만의 RTO가 존재하지만 MTD와 관련된다.

예를 들어 웹사이트의 MTD를 4시간으로 결정하면 장애가 생긴 네트워크의 서비스와 ISP 가용성 및 전기 모두의 RTO는 반드시 4시간 이내여야 한다. 복구의 부분은 병행해서 수행될 수 있으나 어떤 부분은 순차적으로 수행된다. 이 사례에서 네트워크 서비스는 전력을 복원할 때까지 복구할 수 없다. 그러나 전력이 다시 들어오면 네트워크 서비스와 ISP 가용성의 복구를 동시에 수행할 수 있다. RPO는 허용 가능한 데이터 손실의 양을 정의한다. RPO는 업무 영향 분석이나 정부의 의무 규정(예, 금융법이나 제약 연구 데이터 보유와 관련 규정)에 따라 정의된다. (그림 8-7)은 MTD와 RTO와 RPO를 산출하는 방법을 보여준다.

업무 영향도 분석

BIA는 특정한 사고가 시간이 흐르면서 사업 운영에 미치는 영향도의 정도를 결정한다. BIA를 통해 복구 전략과 CBF를 선택한다.

보안전문가의 업무는 다음의 두 가지 질문을 하는 것이다.

- 무엇이 사업에 영향을 미치는가?
- 그것이 사업에 얼마나 영향을 미치는가?

성공적인 BIA에서는 상황과 핵심 사업 기능과 핵심 사업 기능이 신뢰하는 프로세스가 대응된다. 보안전문가는 모든 영향도를 고려해야 한다. 사고에 따라 복구 전략도 다르다. 회계부서 내 화재의 경우는 아웃소싱과 임시 운영소가 필요할 수 있다. 지하 침수의 경우는 사무국이 필요할 수 있다. 지진이나 허리케인의 경우 새로운 시설로 이동해야 할 것이다.

업무 영향도 분석은 3가지 이유로 수행된다.

- 각 사업 단위나 자원의 가치를 전체 조직이 운영과 관련 정도에 따라 정한다.

MTD	허용 가능한 최대 중단시간: 기업이 핵심 시스템 없이 견딜 수 있는 최대 시간
RTO	복구 목표 시간: 기업 프로세스를 복구하는 데 필요한 시간; 종종 연결된 여러 RTO로 구성되어 있다.
RPO	복구 목표 지점: 데이터가 반드시 복구되어야 하는 지점

그림 8-7
허용 가능한 최대 중단시간(MTD) 산출

- 사업 복구 계획을 수립하기 위한 핵심 수요를 식별한다.
- 재해 후 조직의 기능을 복원해야 할 순서 또는 우선순위를 정한다.

영향의 속도

어떤 사고는 시간이 가면서 점점 더 심각해질 수 있다. 핵심 처리 설비가 천천히 악화되면서 재해가 발생할 수 있다. 전산실 내 새로운 장치를 지속적으로 설치하면 전기 공급량에 무리가 갈 수 있고 결과적으로 정전이나 화재를 야기한다.

어떤 시스템은 1년 중 특정 시기에 훨씬 중요할 수 있다. 난방유를 공급하는 회사는 겨울에 더 바쁘다. 심지어 겨울에는 가장 작은 정전이라도 서비스 협정을 위태롭게 한다. 같은 회사라도 업무가 최소화되는 여름에는 훨씬 더 심각한 사고(보다 긴 MTD)에도 쉽게 견딜 수 있다.

핵심 의존성

BIA에서는 회사의 핵심 운영을 지원하기 위해 조직이 필요한 것을 반드시 식별하여야 한다.

- 정보 처리
- 인력
- 통신
- 장비
- 설비
- 기타 조직적 기능
- 벤더
- 제공자

중단시간의 영향도 산출

BIA에서는 핵심 데이터와 시스템을 식별한다. 시스템의 중요도와 데이터의 중요도가 항상 동일하지 않다는 것을 주의하도록 한다. 시스템에 포함된 데이터보다 그 시스템 자체가 훨씬 더 중요할 수도 있고 그 반대일 수도 있다. 실제로 중요한 것은 사업 운영에 필요한 시스템과 데이터이다.

BIA를 수행하는 동안 다음을 고려하여야 한다.

- **인력** : 사고와 영향도를 담당자에게 어떻게 알려야 할 것인가? 어떻게 직원을 대피시키고 이동시키고 보살필 것인가(예, 급료를 주는 방법을 포함)?
- **시스템** : 보안전문가가 컴퓨팅과 통신 기반구조의 어떤 부분을 즉각적이고 반드시 이중화해야 하는가? 얼마나 걸리겠는가? 일분, 한 시간, 하루?
- **데이터** : 사업을 운영하는데 어떤 데이터가 핵심인가? 손실된 핵심 데이터를 어떻게 복구할 것인가?

- 우선순위 : 무엇이 사업에 핵심적인가? 툴, 저장품 및 특정 형태와 같은 모든 것이 반드시 복구되거나 쉽게 대체되어야 한다.

BIA에서의 계획 수립 단계가 중단시간의 영향도를 산출하는 것이다. 보안전문가는 반드시 무엇을 수행해야 하고 4가지 분류에서 기술된 목적을 달성하기 위한 순서를 정한다. 이를 어떻게 수행할 것인지를 알아내는 것이 BCM의 요지이다.

계획 검토

반드시 시스템과 어플리케이션에 대한 BCP와 목록 및 환경 설정을 갱신하고 정기적으로 유지 관리해야 한다. 어떤 기업은 이를 연단위로 수행하기도 하고 다른 기업은 주기를 다르게 할 수 있다. 일정대로 검토를 하고 회사에 주요 변화가 있다면 더 세밀한 검토를 수행한다. 게다가 계획과 테스트와 계획 개정을 최신으로 유지하는 것은 새로운 직원을 훈련시키는 훌륭한 방법이다. 신규 직원이 직접 실천하도록 함으로써 신규 직원이 절차와 조직 환경을 더 잘 알 수 있도록 한다.

계획 테스트

테스트 없이 BCP나 DRP를 수용해서는 안 된다. 테스트를 통해 계획이 동작하고 CBF, MTD, RPO 및 RTO 목표를 만족함으로 보장할 수 있다. 테스트의 각 단계에서는 테스트를 수행하고 실제 재해를 처리하기 위해 필요한 보안과 기술 자원의 지속적인 수요가 반드시 고려되어야 한다.

체크리스트 테스트

체크리스트 테스트는 단순히 경영진과 업무 연속성팀의 연락처가 최신이고 계획이 회사의 우선순위와 구조를 반영했음을 확신하기 위해 계획을 검토하는 것이다. 이런 종류의 확인을 탁상 확인(desk check)이라 한다. 각 팀원은 자신의 자리에 앉아 계획에서 자신의 맡은 부분을 확인한다. 연락처를 확인할 뿐만 아니라 팀원은 부서 내 변화가 계획에 영향을 주었는지를 검토한다. 또한 팀원은 자신의 부서 내 예측된 변화가 계획을 갱신할 것인지를 검토한다.

구조화된 연습(walk-through) 테스트

구조화된 연습 테스트는 도상 훈련이다. 테스트를 하는 동안 각 부서의 대표로 구성된 팀은 다음을 수행해야 한다.

- 다른 팀에게 이 계획에서 자신이 맡은 부분을 제시한다.
- 완전성과 정확성을 위해 계획의 목적을 검토한다.
- 계획의 범위와 가정 사항을 확실히 한다.
- 겹치는 부분과 부족한 부분을 찾는다.

- 보고 구조뿐만 아니라 조직의 구조를 검토한다.
- 테스트, 유지 관리 및 훈련을 평가한다.
- 계획의 효과성을 평가하기 위해 수많은 시나리오 기반의 연습을 수행한다.
- 구조화된 방법으로 함께 만나서 계획을 개선한다.

마지막 단계에서 팀원들은 특정 형태의 사고에 대한 계획을 수행하는 것처럼 행동해야 한다. 구조화된 연습의 목적은 부족한 점이나 겹치는 점과 같은 각 부서의 계획 내의 오류를 찾는 것이다. 부족한 점은 한 부서가 핵심 업무를 다른 부서에서 처리할 것이라고 생각할 때 나타날 수 있고 겹치는 점은 두 부서가 동일한 자원(또는 대부분의 자원)의 사용을 독점할 때 나타난다. 예를 들어 두 부서 모두 대체 컴퓨터의 2/3를 보유할 것이라고 생각할 수 있다.

시뮬레이션 테스트

시뮬레이션 테스는 좀 더 문서 중심의 연습이다. 이것은 연습 테스트보다 더 많은 계획을 필요로 한다. 운영/절차와 관련된 모든 직원이 테스트에 참여한다. 테스트에서는 다음을 식별한다.

- 직원 반응 및 대응 시기
- 비효율성 또는 이전에 식별되지 않은 취약점

계획에 정의된 대책만을 이용하여 현장에서 시뮬레이션을 수행해야 한다. 시뮬레이션 테스트에는 계획 수립에 참여하지 않은 많은 직원이 참여한다. 주말과 같이 쉬는 날에 시뮬레이션을 수행하는 것이 일반적이다.

시뮬레이션 테스트의 목적은 결점을 찾아내는 것이다. 가능한 한 테스트를 수행해야 한다. 예를 들어 핵심 파일을 잃어버렸으면 파일을 생성하거나 주 사이트로부터 얻은 후 테스트가 지속되어야 한다. 이후에 평가하고 계획 갱신을 위해 즉각적인 교정 활동을 기록하도록 한다. 테스트는 완료되거나 계속하기 불가능한 경우에만 종료되어야 한다.

병행 테스트

대부분의 조직은 대체 사이트에서 병행 테스트를 수행한다. 병행 테스트는 주 사이트에서 서비스를 중단시키지 않는 것을 제외하고는 완전 중단 테스트와 마찬가지이다. 여기에서는 병행 테스트와 관련된 몇 가지 중요한 점만 살펴보도록 한다.

- 병행 테스트는 운영 테스트이다. 그러므로 HR, PR, 구매, 설비 등의 대표자들이 포함되지 않는다.
- 병행 테스트를 한다는 것은 대체 사이트를 작동시킨다는 것을 의미하기 때문에 상당한 비용이 든다. 반드시 고위 경영진의 승인을 받아야 한다.
- 테스트 결과와 원래 사이트에서의 처리와 비교한다.
- 갭 분석을 통해 주목할 만한 약점이나 역부족이 노출된다.

- 보통, 감사자는 성공을 모니터링하고 병행 운영되는 데이터가 정상적인 운영 데이터와 혼합되지 않도록 하기 위해 모든 단계에 관여한다.

완전 중단 테스트

이런 형태의 테스트를 수행하는 가장 일반적인 방법은 대체 사이트에서 발생한다. 이런 형태의 테스트는 조직 운영에 지장을 주므로 이를 수행하는 조직이 거의 없다. 테스트를 수행하는 동안 내내 원래 시스템을 반드시 정지시켜야 한다. 사업 운영을 지속하기 위해 대체 사이트에 존재하는 프로세스만을 이용할 수 있다.

> ⚠ **주의**
>
> 이 테스트는 위험이 높다! 완전 중단 테스트를 수행하는 것은 실제로 재해를 만드는 것이다. 다른 형태의 모든 테스트를 성공적으로 수행한 후에만 완전 중단 테스트를 수행하여야 한다. 테스트 전에 반드시 고위 경영진의 승인을 받아야 한다.

데이터와 어플리케이션 백업

회사가 백업된 데이터와 어플리케이션에 접근할 수 있을 경우에만 복구가 가능하다. 백업 저장소 매체, 위치 및 접근 처리와 관련된 사항이 계획에 반드시 포함되어야 한다. 테이프 백업은 전통적인 백업 방법이며 여전히 가장 많이 사용된다. 그러나 테이프로부터의 복원은 느리며 많은 시스템의 RTO가 테이프-복원 시간보다 짧다. 이런 종류의 사이트에서는 종종 SAN, NAS와 같은 디스크 기반의 해결책이 사용되거나 심지어 원격 저널링(journaling)과 같은 원격지의 네트워크 기반의 저장소를 이용한다. 원격 저널링에서 시스템은 온라인 트랜잭션의 로그를 원격의 위치에 기록한다. 로그는 데이터베이스 복사본을 갱신한다. 주 사이트가 중단되면 원격의 복사본이 최신본이 된다.

백업은 데이터, 문서, 장비와 같이 필요한 자원의 추가본을 제공한다. 주 사이트가 고장 나면 백업 사이트를 활성화시킬 수 있다. 비슷하게 백업 테이프를 대체 사이트에 복원할 수 있다. 이후 운영을 재가동한다.

> **백업과 이중화**
>
> 이중화 또는 장애 허용은 주 자원이 장애가 나면 대체 자원을 제공한다. 다시 말하면 시스템에 장애가 발생할 수 있으나 운영을 유지하는 것이 가능하다. 그러나 이중화가 백업을 대체하는 것은 아니라는 것을 반드시 알아야 한다.
>
> 예를 들어, RAID 1 미러링은 하나의 디스크 대신 두 개의 디스크에 데이터를 기록하는 것이다. 하나의 디스크에 장애가 생겨도 시스템은 계속 운영될 수 있다. 여전히 두 번째 디스크를 통해 데이터를 이용할 수 있다. 그러나 RAID로 보호되는 서버가 있다고 하자. 서버에 돌발적인 장애로 모든 드라이버가 파괴되면 데이터도 없어진다. 만약 백업본이 없으면 데이터를 영원히 날린다. 비슷하게 클러스터 서버를 설정하면 주 서버에 장애가 났을 때 스탠바이 서버가 임무를 인수받는다. 서비스는 단지 장애 허용을 위해 클러스터를 이용하기 때문에 여전히 백업이 필요하다.

백업의 형태

백업하고 복원하는 것은 느리다. 기업은 이를 처리하기 위해 3가지 방법을 사용할 수 있다.

- 전체 백업(full backup) : 이름 그대로 이 백업은 백업 매체에 모든 것을 복사한다. 백업 매체는 일반적으로 테이프이나 CD, DVD 또는 디스크일 수도 있다.
- 차등 백업(incremental backup) : 우선 트래픽이 가장 적은 일요일에 전체 백업을 수행한다. 월요일부터 토요일에는 일요일에 수행한 전체 백업 이후 변경된 사항을 일단위로 백업한다. 주가 진행되면서 밤에 진행되는 백업(차등)에 걸리는 시간이 약간씩 더 걸린다.
- 증분 백업(incremental backup) : 우선 트래픽이 가장 적은 일요일에 전체 백업을 수행한다. 이후 밤마다 해당 일의 변경 사항만을 백업한다. 주가 진행되면서 밤에 진행되는 (증분된) 백업에 걸리는 시간이 대략 동일하다.

주단위의 증분 백업 생성이 차등 백업보다 빠르다. 그러나 복원의 경우는 다르다. 백업 이미지를 사용하여 데이터를 복원해야 한다면 차등 백업을 이용한 시스템에서는 전체 백업과 가장 최근의 차등 백업만을 복원하면 된다. 증분 백업을 이용할 경우 전체 백업과 이후의 일단위의 증분백업 모두를 복원하여야 한다.

백업 시 데이터 이외의 항목도 백업하여야 한다. 라우터와 스위치 설정, 사용자 접근 허가 및 설정(예, 액티브 디렉토리), 서버/워크스테이션 운영체제 및 설정 등이 백업 대상에 포함된다. 백업을 관리하기 위해 대부분의 대규모 회사는 요구 시 재 설치될 수 있는 워크스테이션에 대한 기준 설정 파일을 보유하고 있다. 기준 설정 파일을 최신(패치 유지 등)으로 유지한다면 기준 설정 파일은 매우 좋은 해결 방법이다.

사고 처리 단계

사고는 운영에 부정적 영향을 미치는 이벤트이다. 사고가 발생하면 조직은 대응해야 한다. 사고 처리 프로세스에는 다음이 포함된다.

- 통지
- 대응
- 복구 및 사후 조치
- 문서화

통지

사고 대응의 첫 번째 단계는 실제로 사고가 발생했는지를 정하는 것이다. 모든 이벤트가 사고는 아니다. 반드시 사고가 심각한지 또는 일반적인지를 알아내야 한다. 이것이 분류(사

법정과 증거

가끔 사고는 민사나 형사 사건의 이유가 되기도 한다. 그러므로 증거가 오염되지 않도록 신중하게 모든 조사를 처리하여야 한다. 사고가 법정까지 가지 않더라도 소송의 위협이 있을 수 있으므로 신중하게 조사를 해야 한다. 예를 들어, 누군가를 기소하기보다 회사는 사임을 하도록 할 수도 있다.

국가별 법은 다양하나, 일단 증거가 법정에서 채택될 수 없게 오염되면 다시 교정할 수 없다는 것은 거의 모든 나라에서 마찬가지이다.

민법을 따르는 대부분의 국가(영어권 국가, 유럽과 남미)에서 증거는 반드시 진정성(authentic)이 보여야 한다. 다시 말하자면 반드시 증거가 사고 이후 변경되지 않았음을 증명해야 한다. 관리 연속성을 통해 증거가 어떻게 수집되고 문서화되었는지를 보여야 한다. 문서에는 발견 이후 증거와 접촉한 모든 사람의 목록이 기록된다. 문서를 통해 증거가 어떻게 처리되고 증거에 무엇이 수행되었고 변경되지 않도록 어떻게 보호했는지를 알 수 있다.

고의 우선순위를 결정)이다. 보안전문가는 경고 신호나 사용자의 신고, 보안 업체로부터 경보 또는 로그 분석으로부터 사고를 초기에 통지받을 수 있다. 확실히 통지의 종류에 따라 적절하게 대응할 수 있는 절차를 수립하고 있어야 한다.

종종 보안전문가는 이벤트를 알게 되는 첫 번째 사람 중 하나일 수 있으므로 반드시 대응하는 방법을 알고 있어야 한다. 목적은 사고를 방지하고 가능하면 상황을 좋게 만드는 것이다. 상황이 악화되지 않도록 신중해야 한다. 그리고 이벤트가 오탐인지를 반드시 확인하여야 한다. 여러 오탐으로 인해 실제 이벤트에 둔감해지지 않도록 조심해야 한다. 겉보기에는 독립적으로 발생한 것처럼 보이는 여러 이벤트들에 대응하지 않을 수 있으나 이러한 이벤트들이 결합될 경우 큰 사고로 이어질 수 있다.

사고를 언제 어떻게 확대할 것인지와 누구에게 통지할 것인지를 반드시 알아야 한다. 대응 시나리오 계획을 잘 수립하고 사고-대응팀원의 훈련을 잘 시켰을 때에 이 과정들이 제대로 동작할 수 있다.

대응

사고를 확인하면 다음 단계는 손상을 제한시키는 것이다. 이때 중요한 것은 억제하는 것이다. 많은 사고들은 다른 시스템, 부서 및 심지어 비즈니스 파트너에 까지 영향을 주고 빠르게 확대된다. 사고-대응 계획은 불필요한 정전을 야기하지 않고 사고의 확산을 중단시키기 위해 반드시 취해야 하는 단계를 명시해야 한다. 예를 들어 시스템이 바이러스에 감염되었을 때 이 위협을 방지하는 단순한 방법은 시스템을 네트워크로부터 분리하는 것이다.

따라서 계획을 수립하는 것이 중요하다. 사고 중에 가장 잘 해결할 수 있는 방법을 올바르게 추측하는 것이 관건이다. 사고 이후에 보안전문가가 제대로 대응했는지를 이후에 감사자에 의해 평가받는다. 미리 승인된 대응 계획을 통해 이후에 비난도 덜 받을 수 있으며 보다 현명하고 효과적인 대응이 가능하다.

사고의 근원과 형태를 식별해서 적절한 복구 절차를 시행하는 것이 중요하다. 시스템을 고치는 것이 문제를 해결하는 것은 아니다. 대응자는 반드시 손상의 범위를 확인한 후 손상이 너무 심각할 경우 재해 복구 계획의 개시를 권고한다. 사고 관리의 핵심 요소는 이후의 사고를 방지하는 것이다. 사고 동안 수집된 로그와 문서는 반드시 보호되어야 하고 이후 분석에서 사용되어야 한다.

복구

사고를 저지하고 사고의 원천을 제거 또는 차단시킨 후에는 복구를 해야 한다. 시스템을 정상적으로 사용하기 전에 반드시 악용된 취약점을 처리하여 사고가 다시 발생하지 않도록 해야 한다. 감염되지 않은 어플리케이션과 데이터 백업을 이용하여 시스템을 재구축할 수도 있다. 또한 재감염을 방지하기 위해 시스템 내 악성 컨텐츠를 깨끗이 하여야 한다.

사후 조치

향후에 사고를 방지하거나 보다 효율적으로 대응하기 위해 경영진은 사고로부터의 교훈을 통해 새로운 절차와 통제를 구축한다.

문서화

사고 프로세스의 각 단계에 대하여 문서화해야 한다는 것을 기억하도록 한다. 생성된 문서는 이후의 사고 대응에 매우 가치가 있다. 어떤 행동이 잘 작동을 했고 어떤 행동이 그렇지 않다는 것을 문서화함으로써 사고 대응 계획을 개선할 수 있다. 사고 대응 문서를 축적시킴으로써 가치 있는 자원을 확보하게 된다. 이러한 자원을 이용하여 사고 대응 계획과 정상적인 보안 정책 및 절차를 변경할 수 있다. 예를 들어 데이터센터 내 비인가된 직원과 관련된 여러 사고를 문서화를 이용하여 보다 나은 통제가 필요하다는 것을 제시할 수 있다. 사고 대응 문서를 통해 얻은 정보를 이용하도록 한다. 이것은 조직을 보다 안전하게 한다.

재해 복구

> **참고**
> 재해는 허용 가능한 최대 중단 시간(MTD)보다 더 오랜 기간 동안 핵심 기업 기능(CBF)이 운영되지 못하도록 하는 이벤트임을 기억하도록 한다.

재해 복구 계획(DRP)에서는 3가지를 수행한다.

- BCP/DRP가 조정되고 구현될 대체 위치로 BCP/DRP 비상운영센터(EOC)를 구축한다.
- EOC 관리자로 명명한다.
- 관리자가 사고를 재해로 선언해야 할 때를 결정한다.

DRP를 이용하여 보안전문가는 핵심적인 결정을 신속하게 내릴 수 있다. 이렇게 함으로써 보안전문가는 실제 재해 시 당황하지 않고 결정을 관리하고 검토할 수 있다. 이러한 계획이 미리 수립되어 있지 않으면 보안전문가와 관리자는 큰 압박을 받으며 최선의 추측성 결정을 해야 할 것이다.

DRP는 많은 시간과 비용이 드는 프로젝트이다. 대규모 조직에서 DRP에 수천만 달러가 투자된다. 고위경영진이 효과적이고 잘 테스트된 DRP를 지원할 뿐만 아니라 주장해야 하는 것이 핵심이다.

> **참고**
> DRP는 보다 낮은 비용의 보험일 수 있고 DRP를 준비하는 것은 위험 관리를 지원하는 것일 수 있다.

이를 위해서는 우선 사업 분석을 해야 한다. 사업 분석에서는 핵심 기능과 허용 가능한 최대 중단시간을 식별한다. 그리고 계획 수립을 지원하는 다양한 시나리오를 처리하기 위한 전략을 식별한다. 보안전문가로서 재해-계획 수립 및 재해-복구 팀원으로 참여하는 것이 좋다.

재해 복구를 위한 주요 단계

다음은 재해 복구를 위한 (중요성 순서대로의) 주요 단계이다.

1. 개인의 안전을 보장한다.
2. 손상을 억제한다.
3. 손상을 평가하고 DCP와 BCP에 따라 복구를 시작한다.

재해 복구 계획 작동

보안전문가는 위기 상황에서 기업이 필요한 네트워크와 시스템을 재구축함으로써 사업 운영을 재구축하는 데 중요한 역할을 해야 한다. 복구 프로세스는 두 가지 단계로 구성된다. 첫 번째 단계는 사업 운영을 복원하는 것이다. 많은 경우 복구는 대체 사이트에서 수행될 수 있다. 백업 데이터와 백업 장비 및 벤더를 통해 이용할 수 있는 임의의 장비로부터 네트워크를 신속하게 구축하기 위해 보안전문가가 있어야 한다.

두 번째 단계는 운영을 재해 이전의 원래의 상태로 회복하는 것이다. 정상적인 운영으로 회복하기 위해 보안전문가는 반드시 주 사이트를 재구축하여야 한다. 정상 사이트로 이동을 한 후 대체 사이트를 폐쇄하는 것은 BCP/DRP 중 "홈 사이트로의 복귀"의 일부이어야 한다.

구조 후 팀을 정비하도록 한다. 사람과 데이터가 주 사이트로 복귀하기 전에 재해 복구팀이 할 일을 마쳐야 한다. 보안전문가들은 종종 네트워크 기반구조의 손상된 부분을 재구축하는 수리반에 있다. 보안전문가들은 이전의 보안 수준을 유지하거나 증대시킨다. 새로운 장비가 필요하면 이 기회를 이용하여 보안을 개선하도록 한다.

축소되고 변경된 환경에서의 운영

위기 상황 동안 통제, 지원 및 프로세스와 같은 많은 정상적인 조건이 이용될 수 없다. 보안전문가는 신속하게 조정하여 시스템의 안전한 운영을 반드시 보장하여야 한다. 다음을 명심하도록 한다.

- 보안전문가는 직무 분리나 지출 제한과 같은 정상적인 프로세스를 중단시킬 수 있다. 보안전문가는 추가적인 통제나 추가적인 감사로 보충을 해야 한다. DRP를 통해 특정 사람이나 특정 임무에 대해 추가된 권한이나 지출 권한을 부여하여야 한다.
- 수많은 시스템이 중단되면 사용자는 대체 시스템이나 접근을 이용하는 방법에 관해 보다 많은 기술적 지원이나 가이드를 필요로 한다. BIA를 통해 복구 수요의 일부로 최소 복구 자원을 식별해야 한다.
- 재해 및 복구 동안 서로 다른 하드웨어 플랫폼에 있는 서비스를 하나의 공통적인 서버에 통합하는 것이 좋다. 이를 통해 재해 속도를 높일 수 있다. 그러나 보안전문가는 이동과 복구가 자연스럽도록 이 과정을 반드시 신중하게 관리해야 한다.
- 대체 사이트를 운영하는 동안 보안전문가는 지속적으로 데이터와 시스템의 백업을 반드시 수행해야 한다. 이를 통해 복구 사이트에 장애가 날 경우 또 다른 재해를 예방할 수 있다.

손상된 시스템 복원

손상된 시스템을 재구축하기 위한 계획은 반드시 수립되어야 한다. 이를 위해서는 장비 배치도와 목록 및 백업 어플리케이션과 데이터를 알아야 한다. 보안전문가는 확실하게 제한된 사용자들만이 시스템에 접근을 허용하기 위해 접근통제목록을 반드시 보유하여야 한다. 이를 위해서는 다음 사항을 주의하여야 한다.

- 일단 재구축이 시작되면 관리자는 반드시 최신의 패치를 이용하여 운영체제와 어플리케이션을 확실하게 갱신하여야 한다. 백업이나 설치 디스크에는 종종 이전 버전이 포함되어 있을 수 있다.
- 시스템을 재구축한 후 보안전문가는 반드시 RPO로 데이터를 복원해야 한다. 보안전문가는 반드시 운영체제와 어플리케이션이 최신이고 안전함을 보장해야 한다.
- 많은 조직들은 재해 계획에서 접근통제 권한을 간과한다. 보안전문가는 반드시 접근통제 규칙, 디렉토리 및 원격 접속 시스템을 활성화하여 사용자들이 새로운 시스템에 접근하도록 허용해야 한다. 보안전문가가 계획을 수립할 때 모든 업체의 소프트웨어가 대체 프로세서에서 동작하는지를 확인해야 한다. 어떤 업체는 자신의 제품이 특정 CPU에서만 운영되도록 라이센스를 주는 경우가 있다.

재해 복구 이슈

다음은 DRP의 유지와 시행 시 종종 간과되는 재해 복구 이슈를 보여준다.

- **발전기** : 위기 상황에서도 연료가 제공될 수 있다는 것이 보장되는 계약이 있어야 한다.

발전기를 반드시 유지 보수하여야 하며 발전기가 운영되고 예상되는 시스템 부하를 수행할 수 있는 지를 확인하기 위해 주기적으로 실행해 봐야 한다.

- **손상된 사이트의 안전성** : 보안전문가는 반드시 주(손상된) 사이트를 이후의 손상이나 약탈로부터 보호하여야 한다.
- **재입장** : 보안전문가는 손상된 사이트가 사람들이 다시 입장하여도 안전한지를 결정할 수 있는 사람들과 함께 손상된 사이트를 반드시 시험하여야 한다.
- **장비와 백업본의 이동** : 계획에는 사람, 장비 및 백업 데이터를 대체 사이트로 그리고 대체사이트로부터 주 사이트로 안전하게 이동하는 방법이 반드시 명시되어야 한다.
- **통신 및 네트워크** : 종종 위기 상황에서는 전화 서비스에 장애가 발생한다. 특히 주요 팀원들과 통신할 수 있는 대체 방법이 필요할 수 있다.

복구 대안

업무 연속성(BC) 조정자는 핵심 기업 기능과 RTO 대비 핵심 기능의 운영 준비 및 관련 비용을 지원하기 위해 여러 대안을 고려한다. 조정자는 작업 공간, 보안 요구사항, IT 및 전기통신에 대한 명세서를 검토한다.

기업(또는 기업의 특정 부분)이 복구를 위해 이동되어야 한다면 보통 3가지 선택 사항을 고려한다.

- 기업에서 운영하는 비상시 사용할 수 있는 전용 사이트
- 핫 사이트나 이동 시설과 같은 상업적으로 임대한 시설
- 내부 또는 외부의 시설과의 협정

외부의 상업 서비스 제공자는 많은 조직에 서비스를 제공한다. 즉, 재해가 발생하면 상업 서비스 제공자와 같은 많은 고객사에 영향을 미칠 수 있다. 이 경우 우선순위를 어디에 두어야 하는가? 테스트 시간, 선언, 요금 및 최대/최소 복구일과 같은 여러 선택 사항을 (비용과 함께) 알아야 한다. 작업 공간, 보안 요구사항, IT 및 전기통신에 대한 명세서가 조직의 핵심 기업 기능에 적합한지를 확실히 해야 한다. 음식 공급뿐만 아니라 쉴 수 있는 장소와 샤워실을 포함하여 적절한 공간이 이용될 수 있도록 보장해야 한다.

기업이 무엇을 선택하든지 IT 부서의 업무는 필요한 모든 장비가 대체 사이트에서 이용될 수 있도록 하는 것이다. 여기에는 핵심 파일, 문서 및 복구에 필요한 기타 항목이 포함된다. 기타 항목에는 패치 케이블, USB 드라이버 또는 IT 인력이 매일 이용하는 것이 포함된다.

임시 처리 전략 또는 대체 처리 전략

운영을 어디에서 지속할지를 선택하는 것과 상관없이 보안전문가는 IT 기반구조를 지원할 장소가 필요하다. 비용과 운영하는 데 걸리는 시간에 따라 여러 선택사항이 있다. 가장 일반적인 복구 위치에 관한 선택 사항은 다음과 같다.

- 대체 처리 절차나 미러링된 사이트는 항상 준비되어 있으며 조직의 통제 하에 있다. 그러나 가장 비용이 많이 든다. 왜냐하면 이 사이트는 운영 설비와 동기화된 데이터가 완전히 이중화되어 있거나 복제되어 있다. 조직은 이 사이트를 지속해서 운영한다. 추가적인 비용은 복구 계획 외에 (중복된 지원 인력의 보유와 같은) 사업 내 필요성으로 정당화될 수 있다. 그러나 비용을 할당하는 것이 복잡하다.
- 핫 사이트(hot site)는 신속하게 운영을 인계받을 수 있는 선택이다. 비록 데이터를 갱신할 필요가 있긴 하지만 핫 사이트에는 모든 장비와 데이터가 항상 준비되어 있다. 두 가지 종류의 핫 사이트가 있다. 하나는 기업 소유면서 전용 사이트이고 다른 하나는 상업용 핫 사이트이다. 핫 사이트의 장점은 빠른 복구를 제공하면서 대체 컴퓨팅 시설을 신속하게 제공할 수 있다는 것이다. 내부적으로 소유한 핫 사이트는 다른 대체방법보다 훨씬 더 고가이다.
- 웜 사이트(warm site)에는 일반적인 IT, 통신, 전력 및 HVAC가 있으나 서버와 통신과 같은 IT 장비를 구매해서 배송해야 한다. 또한 데이터를 검색하여 로딩시켜야 한다. 많은 조직은 웜 사이트를 보유하며 종종 원격의 데이터 저장소로 웜사이트를 사용한다.
- 콜드 사이트(cold site)는 HVAC와 전력이 있는 비어 있는 데이터 센터이다. 가장 적은 비용이 든다. 모든 장비와 전기통신을 반드시 구매하고 배송하고 설정해야 하기 때문에 운영하는 데까지 많은 시간이 걸린다. 일부 조직은 핫 사이트에서 복구를 시작하여 중단이 계속 지속되면 웜 사이트 또는 콜드 사이트로 이동한다.

[표 8-2]는 복구 사이트에 대한 비교이다.

처리 협정

복구 문제를 해결하기 위한 한 방법은 비슷한 IT 설정과 백업 기술이 존재하는 조직을 찾는 것이다. 이러한 조직은 다른 회사이거나 임시 회사 또는 서비스 단체일 수 있다. 적절한 조직을 찾은 후에는 회사에 재해가 발생할 때 지원을 제공하도록 협정을 할 수 있다. IT, 보안 및 법률 부서는 협정 초안을 신중하게 검토하여야 한다.

표 8-2 복구 사이트에 대한 비교

특성	핫 사이트	웜 사이트	콜드 사이트	다중 사이트
비용	높음	중간	낮음	직접 경비 없음
컴퓨터	있음	있음	없음	있음
연결 장비	있음	있음	없음	있음
데이터	있음	없음	없음	있음
직원	있음	없음	없음	있음
준비되는 시간	몇 시간	몇 시간에서 며칠	며칠에서 몇 주	즉시 또는 몇 분

상호 원조

회사는 비슷한 기술을 보유한 다른 회사와 상호 원조 또는 컨소시움 협정이라 하는 상호 협정을 시작할 수 있다. 컨소시움 협정에서 수많은 회사들은 서로를 지원하는 데 협의한다. 보안전문가는 반드시 이러한 방법을 신중하게 고려해야 한다. 예를 들어, 각 조직이 다른 조직을 지원하면서 자신의 주 사업을 지속할 수 있는가? 장비와 기반구조가 두 조직을 지원할 수 있는가? 보안전문가는 모든 시스템이 정확한 업무를 처리할 수 있고 서로 호환됨을 확신하기 위해 반드시 테스트를 수행해야 한다. 또한 보안전문가는 데이터의 민감도와 이를 지원하는 규정을 반드시 고려해야 한다. 파트너사의 관리자나 사용자가 데이터에 접근할 수도 있다. 두 객체는 시스템 호환을 위해 기술을 업그레이드하거나 지원을 그만둘 경우 반드시 서로에게 주의를 주어야 한다.

상호 센터

상호 센터에는 종종 동일한 형태의 업무를 수행하는 기업이 관련되나 서로 직접적인 경쟁자는 아니다. 크로스-타운 병원이나 하드커버 출판사와 파트너 관계에 있는 단행본 출판사가 여기에 포함될 수 있다. 상호 센터의 장점은 익숙함과 공통점이다. 조직은 특별한 코드, 업계 전문 용어, 업계에 필요한 특별한 양식을 공유할 수 있다. 예를 들어 회사는 "DRG 코드"를 사용하며 이것은 공통 데이터베이스 내 진단이나 절차나 질병에 대응되는 번호이다.

대비

조직은 주 조달 방법에 문제가 발생할 경우를 대비하여 예비 공급업체나 임시 제공업체와 계약을 체결할 수 있다. 이 경우 유지비와 활동 시간을 고려할 필요가 있다. 또한 공급업체 특히 통신 공급업체가 동일한 케이블이나 라우팅 경로를 공유하는지를 확인할 필요가 있다. 계약 전에 해당 업체에 문의하는 것이 좋다.

서비스 접수처

서비스 접수처는 부가적인 기능을 갖는 서비스 제공자이다. 걸려오는 전화를 처리하는 콜센터가 그 예이다. 조직은 비상시를 대비하여 관련 업체와 계약을 한다. 상호 협정 방식에서와 동일한 문제를 고려한다. 업체는 사업이 확대되면서 부가적인 기능 처리에 시간이 소모되거나 업체는 하드웨어나 설정을 변경할 수 있다.

클라우드 이용

클라우드 컴퓨팅은 최근에 대중화되었다. 더 많은 조직이 클라우드를 IT 환경의 일부로 생각할 것이다. 클라우드 컴퓨팅은 가상화를 기반으로 하기 때문에 전체 서버 이미지를 여기저기 복사하기가 쉽다. 이 기술로 인해 재해 복구 사이트를 유지하기가 훨씬 더 쉬어진다. 거의 모든 조직은 클라우드 기반의 재해 복구 사이트를 물리적(실제) 사이트 유지비용보다 훨씬 싸게 유지할 수 있다.

본 장에서 살펴본 모든 선택 사항이 클라우드에서 가능하다. 클라우드 기반의 재해 복구

사이트가 콜드, 웜 또는 핫 사이트로 존재할 수 있다. 심지어 훨씬 낮은 가격으로 클라우드 기반의 저장소에 핵심 파일을 백업할 수 있다. 물론 주 사이트에 장애가 발생했을 때 복구하는 데 필요한 시간을 반드시 고려해야 한다. 클라우드 컴퓨팅은 대체 환경을 설정하고 유지하는 비용이 보다 저렴할 수 있다는 점을 이용하여 더 많은 복구 방법을 제공할 것이다. IT 환경에서의 변화를 고려할 때마다 클라우드를 사용하는 것이 보안에 영향을 미치는지를 평가하도록 한다. 데이터를 어디에 저장하는 것과 상관없이 반드시 보안 정책을 만족하는지를 확인하여야 한다.

요약

본 장에서는 정보 보안의 3가지 핵심 원칙에 대해 살펴보았다.

- 조직에 대한 위험을 식별한다.
- 통제를 이용하여 가능하면 많은 손상을 방지한다.
- 방지할 수 없는 사고에 대응하기 위한 계획과 절차를 마련한다.

사람, 프로세스, 기술 및 데이터 측면에서 이러한 원칙과 통제를 표현할 수 있다. 본 장에서는 위험 관리의 이유와 프로세스에 관해 살펴보았다. 업무 연속성 계획(BCP)을 이용해서 재해로 인해 사업이 중단되지 않도록 하는 방법도 살펴보았다. 또한 정성적 위험 분석과 정량적 위험 분석의 차이도 살펴보았다. 위험에 대한 가장 일반적인 대응방법과 이러한 방법을 이용하여 어떻게 위험-축소 전략을 수립하는지를 살펴보았다. 대책과 그러한 대책을 평가하는 방법도 살펴보았다.

그리고 3가지 형태의 활동 통제와 이러한 활동 통제가 보안 생명 주기에 어떻게 대응되는지를 살펴보았다. 대응이 재해를 처리하기 위한 조직의 능력을 어떻게 결정하는 지를 살펴보았다. 3가지 형태의 백업과 재해 시 복구하기 위해 이용할 수 있는 백업 모델을 살펴보았다. 추가적으로 사고 대응 시 취해야 하는 단계와 위험, 대응, 복구 프로세스에서의 사고 대응의 역할을 살펴보았다. 마지막으로 재해 복구의 3가지 주요 단계와 재해복구계획에서의 보안전문가의 역할을 살펴보았다.

핵심 용어

- administrative control : 관리적 통제
- corrective control : 교정적 통제
- countermeasure : 대책
- detective control : 탐지적 통제
- EOC(Emergency Operations Center) : 비상 운영센터
- event : 이벤트
- impact : 영향
- incident : 사고
- likelihood : 가능성
- MTD(Maximum Tolerable Downtime) : 허용 가능한 최대 중단시간
- preventive control : 예방적 통제
- safeguard : 보호조치
- technical control : 기술적 통제
- threat source : 위협원

연습문제

1. 회사가 역경에도 불구하고 운영을 지속시키기 위한 계획을 무엇이라 하는가?

A. 재해 복구 계획(DRP)
B. 업무 영향 분석(BIA)
C 업무 연속성 계획(BCP)
D. 정답 없음

2. 회사가 재해복구를 수행하기 위한 계획을 무엇이라 하는가?

A. 재해 복구 계획(DRP)
B. 업무 영향 분석(BIA)
C 업무 연속성 계획(BCP)
D. 정답 없음

3. 취약점은 시스템 보안 절차, 설계, 구현 또는 내부 통제의 결함 또는 약점이다.

A. 그렇다.
B. 아니다.

4. 다음 중 활동 단계에서의 통제는 무엇인가?

A. 탐지적 통제
B. 예방적 통제
C. 교정적 통제
D. A, B, C 모두 해당

5. 기업이 핵심 시스템 없이 버틸 수 있는 최대 시간을 무엇이라 하는가?

A. 목표 복구 시간(RTO)
B. 핵심 사업 기능(CBF)
C. 허용 가능한 최대 중단시간(MTD)
D. 정답 없음

6. 다음 중 사고-처리 프로세스에는 포함되는 것은 무엇인가?

A. 문서화
B. 대응
C. 통지
D. 복구 및 사후 조치
E. A, B, C, D 모두 포함

7. 재해 복구의 주 단계에는 사람의 안전성과 손상 억제, 손상 평가 후 복구 개시가 포함된다.

A. 그렇다.
B. 아니다.

8. 운영에 부정적 영향을 미치는 이벤트를 무엇이라 하는가?

A. 대책
B. 영향

C. 위험

D. 사고

9. 위험 시나리오를 기술한 후 이벤트가 사업 운영에 미칠 수 있는 영향도의 정보를 결정하는 프로세스를 정성적 위험 분석이라 한다.

A. 그렇다.

B. 아니다.

10. 위험-완화 노력을 한 후에도 남는 위험을 무슨 위험이라 하는가?

A. 정성적

B. 정량적

C. 잔여

D. 정답 없음

암호기술

웹스터(Webster)의 개정된 대사전을 보면 암호기술은 "비밀의 문자로 기록(작성)하는 활동이나 기술(the act or art of writing in secret characters)"이다. 자유 온라인 컴퓨팅 사전(Free Online Dictionary of Computing)에서 암호기술은 "특정 개인만 디코딩할 수 있도록 데이터를 인코딩하는 것(encoding data so that it can only be decoded by specific individuals)"이라고 설명되어 있다. 암호시스템(cryptosystem)은 데이터를 암호화하고 복호화 하는 것이다. 암호시스템에는 종종 암호(cipher)라고 하는 알고리즘이 포함된다. 즉, 알고리즘에는 평문이라 하는 원래의 데이터와 하나 또는 여러 키들이 입력된다. 키는 송신자와 수신자에게만 알려진 연속되는 숫자나 문자이다.

일반적으로 암호시스템의 안전성은 암호 알고리즘의 비밀성보다는 오히려 키의 비밀성에 달려있다. 강력한 암호시스템에는 가능하면 많은 키가 사용될 수 있도록 해서 무작위 공격으로 키를 알아내는 것을 불가능하게 한다. 또한 표준적인 모든 통계 테스트에서 임의적으로 보이게 하는 암호문을 생성해야 한다. 코드를 깨는 알려진 모든 방법에 대처해야 한다. 코드를 깨는 과정을 또는 암호해독(cryptanalysis)이라 한다.

근본적으로 암호기술은 다른 사람에게 정보를 숨기는 것이다. 암호기술은 기업과 정부 및 개인 트랜잭션에서 많이 사용된다. 암호기술은 정보를 안전하게 만드는 유일한 방법은 아니다. 오히려 IT 보안을 위한 도구이다.

암호기술은 4가지 보안 목적을 제공한다.

- 기밀성
- 무결성
- 인증
- 부인불가

IT 보안전문가는 기업의 보안 목적을 충족시키기 위해서 이러한 암호학적 도구를 창의적으로 사용한다.

9장 주제

본 장의 주요 주제는 다음과 같다.

- 암호기술의 정의
- 암호기술이 사업 및 보안 요구사항을 처리하는 방법
- 정보 시스템 보안에서 사용되는 암호 응용
- 암호의 원칙, 개념 및 용어
- 암호 어플리케이션, 툴, 자원
- 인증과 키관리의 원칙

9장 학습 목표

본 장의 학습 목표는 다음과 같다.

- 암호기술의 기본 개념을 정의
- 대칭키, 비대칭키, 해시 알고리즘을 설명
- 암호기술의 다양한 활용을 설명
- 암호학적 사용의 어려움을 이해
- 인증서 관리를 정의

암호기술의 정의

암호기술에서는 두 종류의 정보를 처리한다.

- **암호화되지 않은 정보** : 이해 가능한 형태의 정보로 암호화되지 않은 정보를 평문(plaintext 또는 cleartext)이라 한다.
- **암호화된 정보** : 스크램블된 형태의 정보로 암호화된 정보를 암호문(ciphertext)이라 한다.

암호화는 평문을 암호문으로 스크램블하는 활동이다. **복호화**(decryption)는 암호문을 평문으로 되돌리는 활동이다.

알려진 수학적 프로세스를 이용하여 암호화를 수행한다. 이러한 프로세스를 **알고리즘**이라 한다. 알고리즘은 동일한 입력에 대해 동일한 결과를 산출하는 반복되는 프로세스이다. **암호**(cipher)는 정보를 암호화 또는 복호화하는 알고리즘이다. 반복성은 일단 암호화된 정보를 복호화시키기 위한 중요한 특성이다. (그림 9-1)은 암호시스템이 어떻게 동작되는지를 보여준다.

그림 9-1

암호시스템

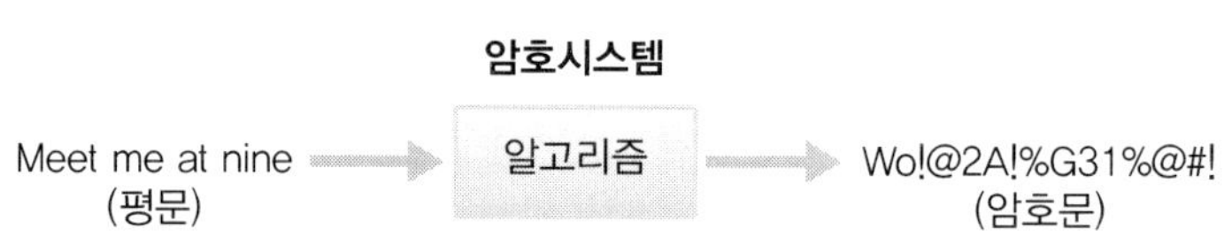

정보를 암호화하기 위해 사용하는 알고리즘은 해당 정보를 복호화하기 위해 사용하는 알고리즘과 같을 수도 있고 그렇지 않을 수도 있다. 예를 들어, 암호화를 위해 X와 각 값을 더하는 단순한 알고리즘의 경우 복호화를 위해 결과 값에서 X를 빼야 한다. 추가적으로 어떤 암호화 알고리즘에는 복호화 알고리즘이 존재하지 않는다. 이러한 알고리즘을 **일방향 알고리즘**(one-way algorithms)이라 하며, 일방향 알고리즘의 결과를 **해시**(hash)라 한다.

암호화를 위해서는 **키**(key)가 필요하다. 암호 알고리즘에 입력되는 암호학적 키에 따라 결과가 다르며 이로 인해 동일한 암호 알고리즘을 가진 사람들도 정보를 알 수 없다. 동일한 평문이어도 키가 다르면 암호 알고리즘의 결과가 다르다.

암호 알고리즘의 종류는 크게 2가지이다.

- 암호화와 복호화에 동일한 키를 사용하는 **비밀(대칭)키 알고리즘**
- 암호화와 복호화에 서로 다른 키를 사용하는 **공개(비대칭)키 알고리즘**

비대칭 알고리즘에서 사용되는 두 개의 서로 다른 키를 공개키와 개인키라 하고 두 키를 키 쌍이라 한다. 혼동되지 않도록 여기에서는 "대칭 알고리즘"과 "비대칭 알고리즘"이란 용어를 사용하도록 한다.

기본 원칙

완벽한 알고리즘은 존재하지 않는다. 충분한 시간과 자원이 있으면 공격자는 모든 암호를 깰 수 있다. 암호기술의 목적은 키 없이 메시지를 복호화하는 데 필요한 비용이나 시간이 보호되는 정보의 가치를 넘어서는 것이다. 즉, 코드를 깨는 데 $1,000 비용이 드는 암호 알고리즘을 이용하여 $100 정도의 가치의 정보를 효과적으로 복호화할 수 있다. 이는 매우 중요하다. 이것은 암호학적 툴과 알고리즘을 선택하는 데 기본 원칙 중 하나이다.

암호알고리즘에 대한 가능한 키의 개수를 **키공간**(keyspace)이라 한다. 키를 전혀 모르고 암호화된 메시지와 복호화 알고리즘을 보유한 공격자는 메시지를 복호화하기 위해 가능한 모든 키를 입력해 본다. 이를 무작위 공격이라 한다. 키공간을 충분히 크게 하면 공격자가 무작위 공격을 수행하는 데 걸리는 비용이 매우 높을 것이다. 암호 알고리즘에 수학적 결함이 없다고 가정하면 보통 키공간이 클수록 더 안전하다고 할 수 있다.

공개(오픈소스) 알고리즘과 비공개(폐쇄된 소스 또는 전용) 알고리즘이 있다. 전문가들은 오픈소스 알고리즘을 광범위하게 분석한다. 이를 통해 전문가들은 알고리즘의 강도를 약화시키는 결함을 발견한다. 암호 알고리즘이 완전히 안전하다는 것을 증명하지 못하더라도 예외 사항을 발견하여 해당 알고리즘이 안전하지 않다는 것을 증명할 수 있다. 그러므로 공개적 분석을 통해 큰 결함을 발견하지 못한 알고리즘이 더 안전하다고 할 수 있다.

역사적으로 가장 많은 검토를 받은 알고리즘이 1977년 FIPS(Federal Information Processing Standard) 46으로 발표된 DES(Data Encryption Standard)이다. 현재의 컴퓨팅 능력을 이용하여 단 한 개의 수학적 약점을 찾지 못한 채 7경 2천조 개의 키를 탐색할 수 있다.

암호기술의 역사

사람들은 최소 4,000년 동안 암호기술을 사용해서 정보를 보호했다. 사람들이 문자를 배우자마자 이러한 기록을 엿보지 못하도록 보호했다. 초기에 정보 보안은 단순하게 정보를 숨기는 것이었다. 이러한 방법을 스테가노그라피(steganography)라 한다. 예를 들어 전설에 따르면, 기원전 5세기 밀레투스의 폭군 Histiaeus는 자기가 데리고 있던 노예의 두피에 메시지를 문신으로 새겨서 보냈다고 한다. 노예를 사로잡은 적은 정보를 찾을 수 없었다. 그러나 Histiaeus는 노예를 보내기 전에 노예의 머리카락이 다시 자랄 때까지 기다려야 했기 때문에 신속한 방법은 아니었다. 그리고 재사용에 관해서는 다소 문제가 있다.

암호해독 또는 코드를 깨는 과학은 오랫동안 중요하다고 인식되어 왔다. 엘리자베스 1세 여왕은 자신의 사촌인 스코틀랜드의 메리 여왕을 반역죄로 처형했다. 그 이유는 프랜시스 월싱엄이 메리와 공모자들이 서로 통신하는 데 이용한 비밀 코드를 크래킹했기 때문이다.

20세기의 암호기술

세계 1차 대전과 세계 2차 대전은 통신 발전에 매우 중요한 시기였다. 이 대전은 전투부대에서 무선이 사용된 첫 번째 주요 전쟁이다. 모든 국가가 통신을 보호하기 위해 코드를 사용했다. 많은 전투원들은 성공적으로 여러 번 적국의 코드를 깼다. 미국과 영국의 코드 분석가들이 일본의 퍼플(Purple) 알고리즘과 독일의 에니그마(Enigma)를 복호화함으로써 군의 의사 결정자가 적의 계획을 볼 수 있었다. 코드 분석가들의 지원을 통해 연합군이 미드웨이 해전과 브리튼 전투를 포함한 전투에서 결정적으로 승리할 수 있었다.

이후 컴퓨터의 출현으로 암호가 복잡해졌다. 컴퓨터는 손으로 몇 시간 또는 며칠이 걸리던 연산을 수 초 만에 수행할 수 있다. 그 결과 현대 암호기술을 디지털 영역에서 사용하게 되었다. 특히 1950년의 군수품 통제법(Munitions Control Act)에서는 암호 알고리즘과 장비가 Class 13B 군수품으로 분류되어 있다. 이 법에 따라 전쟁 물품은 수출이 통제되고 정부의 감독을 받아야 한다.

1976년 스탠포드 대학교의 Whitman Diffie와 Martin Hellman은 암호기술에서 획기적인 논문을 발표하였다. Difiie와 Hellman은 논문에서 비대칭키 암호기술의 개념을 소개하였다. **대칭키 암호기술**을 이용할 경우 두 객체가 키를 교환하기 전까지 편지를 안전하게 송수신할 수 없다. **비대칭키 암호기술**의 알고리즘에는 두 개의 서로 다른 키가 이용된다. 한 키는 암호화에 사용되고 다른 한 키는 복호화에 사용된다. 통신 객체가 안전하게 통신하기 위해 비밀 정보를 교환할 필요가 없다. 비대칭키 암호기술을 사용하면 공격자가 전송되는 모든 정보를 가로채도 메시지를 복호화할 수 없다.

암호기술의 4가지 기본 목적인 기밀성, 무결성, 인증 및 부인불가를 살펴보도록 한다. 컴퓨터를 사용하기 이전에는 각각의 목적을 개별적으로 처리했다. 메시지를 암호화함으로써 공격자는 키가 없고 키를 알아낼 수 있는 방법이 없는 동안 송신자는 메시지를 안전하게 보낼 수 있다. 무결성은 종종 부수적이었다. 즉, 복호화한 결과가 의미가 없으면 수신자는 해당 메시지가 전송 중에 변경되었음을 알 수 있다. 그러나 위조범이 암호화 장비를 획득하게 되면 거짓 메시를 진짜처럼 보이게 할 수 있다. 송신자의 신원을 제공하는 인증은 송신자와 수신자가 동일한 코드북을 보유하고 그 안의 요소를 서로 교환할 경우에 가능하다. 그러나 코드북을 변경하지 않고 그 안의 정보를 계속 교환하면 서서히 정보가 노출될 수 있다. 마지막으로 한 객체가 메시지를 진짜로 생성했음을 증명하는 부인불가는 대칭키 암호기술을 이용하면 가능하지 않다. 공유된 키에 접근할 수 있는 모든 사람이 해당 메시지를 생성할 수 있기 때문에 비대칭키 암호기술 사용 전에는 메시지를 누가 기록했는지를 "증명"할 수 없다.

정보보안에서의 암호기술

정보보안에서 암호기술은 다음의 요구조건을 충족시킬 수 있다.

- 기밀성
- 무결성
- 인증
- 부인불가

기밀성

기밀성이란 인가된 사람을 제외한 사람에게 정보의 비밀을 유지하는 것이다. 기밀성을 보장하기 위해 금고를 잠그거나 경비를 세우거나 속삭인다. 그러나 이런 방법은 충분치 않다. 암호기술은 정보를 암호 알고리즘과 적절한 키를 모르는 사람에게는 이해할 수 없게 한다. 인가된 사용자들은 정보를 알 수 있다. 기밀성은 중요하다. 비밀의 정보를 포함하는 통신이 노출되면 상대방에게 손해를 줄 수 있거나 공격자에게는 도움이 된다.

무결성

무결성은 어느 누구도 심지어 송신자도 정보를 전송한 후에는 변경할 수 없음을 보장한다. 메시지가 적절하게 복호화되지 않으면 누군가 전송 중에 암호문을 변경했거나 무언가로 인해 암호문이 변경되었다고 볼 수 있다. 추가적으로 암호기술에서는 해시 또는 체크썸(checksum)을 이용하여 무결성을 보장한다. **체크썸**은 정보에 대해 일반적으로 원래의 메시지보다 훨씬 더 작은 결과를 산출하는 일방향 계산이며, 복제하기가 어렵다. 예를 들어 전화번호 1-800-555-1212의 체크썸은 각 자리수의 합인 30일 수 있다. 체크썸으로부터 전화번호를 재생성할 수 없다. 이렇게 하면 전화번호가 체크썸과 대응되는지를 알 수 있다. 예를 들어 임의의 자리의 숫자를 변경하면 즉 1-800-555-1212를 1-900-555-1212로 변경하면 더 이상 체크썸과 대응하지 않게 된다. 그러면 수신자는 데이터의 무결성에 의문을 가질 것이다. 그러나 이 방법은 실용적이지는 않다. 데이터를 변경하고 잘못된 전화번호에 대한 올바른 체크썸을 쉽게 생성할 수 있기 때문이다. 무결성 검증을 위해 역공학이 어려운 견고한 수학적 프로세스를 사용한다. 이런 방법에서는 해시가 이용된다. 해시에 대해서는 다시 설명하도록 한다.

인증

인증을 통해 객체의 신원을 확인할 수 있다. 객체는 송신자, 송신자의 컴퓨터, 특정 장치 또는 특정정보일 수 있다. 사람들은 얼굴 생김새, 목소리 또는 감촉 등을 기반으로 본능적으로 서로를 인증한다. 군대에서 전통적으로 사용되는 인증 방법은 패스워드를 이용하는 것이다. 즉, 보초는 패스워드를 아는 사람을 통과시킨다. 만약 이때 그 사람이 패스워드를 모르면 곤경에 빠지게 된다. 전자 영역에서 암호기술은 서로를 인증할 수 있는 방법을 제공한다. 가장 단순한 형태는 사용자 ID와 패스워드를 이용하는 것이지만 이 방법이 강력하지는 않다. 변경되지 않고 고정된 정보를 획득한 사람은 누구나 수신자에게 동일한 정보를 제공하고 수신자는 그 사용자가 정당하다고 생각하게 될 것이다.

일반적으로 대칭키 암호기술에는 이러한 문제가 존재한다. 만약 공격자가 송신자와 수신자가 알고리즘과 키에 관해 동의하는 대화를 들을 수 있으면 공격자는 정당한 사용자인 척할 수 있다. 대칭키 암호기술에서 인증을 하기 위해서는 두 객체들이 반드시 키를 안전하게 서로 공유하여야 한다. 예를 들어 비대칭키 암호기술을 사용하여 대칭키를 공유할 수 있다. 이후 송신자와 수신자는 대칭키를 이용하여 통신을 하면 된다. 키를 분배하는 또 다른 방법으로 통신과 관련되지 않는 방법을 사용하기도 한다. 물리적으로 키를 배송할 수도 있다. 이 방법은 사용자가 많으면 비용과 시간이 많이 든다. 그러나 비용을 투자할 만한 가치가 있는 군에서와 같은 환경에서는 모든 객체를 인증하는 것이 중요하다.

비대칭키 암호기술을 이용하여 인증 방법이 단순해진다. 기밀성과 함께 비대칭 키 암호기술은 인터넷 상거래의 초석이다.

부인불가

부인불가를 이용하면 한 객체가 이전에 수행한 말이나 활동을 부인하지 못하도록 한다. 예를 들어 투자자가 중개인에게 "50에 XYZ의 1,000 주식을 사라"라는 이메일을 전송했다고 하자. 주문을 한 직후 XYZ 주식이 20까지 떨어졌다고 하자. 그러면 투자자는 구매 주문을 부인하고 실제로는 구매가 아닌 판매하라는 주문이었다고 말할 수 있다. 이러한 문제를 어떻게 해결할 수 있는가?

비대칭키 암호기술을 이용하면 판사나 배심원단에 앞에서 특정 객체가 특정 메시지를 특정 시간에 정말로 생성했음을 수학적으로 증명할 수 있다. 비대칭키 암호기술의 기본 원칙은 암호화와 복호화에 키 쌍을 사용한다는 것이다. 생성자만이 키 쌍 중 하나를 알고 있다. 반박할 수 없는 타임스탬프가 존재하게 된다. 법정에서의 논쟁은 다음과 같을 것이다.

> "암호화를 통해 단순히 메시지를 비밀리 유지하는 것 이상을 할 수 있다. 이를 이용하여 송신자의 신원을 검증할 수 있다. 이 경우 암호화된 메시지를 공개키를 이용하여 복호화한다. 연관된 개인키의 소유자만이 이 메시지를 생성할 수 있다. 메시지에는 신뢰된 제3자 타임스탬핑 장치에서 생성된 시간 기반의 해시가 포함된다. 어떤 객체도 메시지를 변경할 수 없다. 결국 복호화된 메시지가 진짜이고 알려진 객체가 생성했음을 확신할 수 있다. 이것이 부인불가이다."

FYI

공개키와 개인키를 쉽게 혼동할 수 있다. 기밀성과 무결성을 보호하기 위해 메시지를 암호화할 경우에는 수신자의 공개키를 사용한다. 수신자만이 해당 개인키를 이용하여 메시지를 복호화할 수 있다. 만약 메시지 송신자로서 부인불가를 시행하고자 암호화를 이용하고자 한다면 자신의 개인키로 메시지를 암호화한다. 송신자의 공개키에 접근할 수 있는 모든 사람은 메시지를 복호화할 수 있으며 성공적으로 복호화했다는 것은 해당 사용자가 메시지를 생성했음을 증명하는 것이다.

암호기술에 대한 기업과 보안 요구사항

본 절에서는 정보 보안 원칙과 암호기술을 이용하여 어떻게 처리할 수 있는지에 대해 살펴본다.

내부 보안

많은 보안 목표를 통해 기업의 가치를 높일 수 있다.

- **기밀성** : 기밀성은 인가된 사람만이 정보를 읽을 수 있음을 보장한다. 비인가된 사람으로부터 데이터를 보호한다. 예를 들어 회사는 월급에 관한 정보의 기밀성을 보장해야 한다.
- **프라이버시** : 사람들은 종종 프라이버시와 기밀성을 혼동한다. 프라이버시는 개인을 식별할 수 있는 정보의 노출을 보호한다는 점에서 기밀성과 다르다. 예를 들어 특정한 우편 번호 구역에 살고 있는 사람이 특정 병원에서 특정 일에 부러진 팔과 얼굴의 열상 치료를 받았다는 것에 관한 정보가 노출되어 한 개인의 신원이 노출될 수 있다. 프라이버시를 이용하면 공격자는 개인을 식별할 수 있는 정보를 수집할 수 없다.
- **무결성** : 무결성은 어느 누구도 데이터를 변경하거나 삭제할 수 없음을 보장한다. 예를 들어, 급여대상자 명단의 경우 확인 프린터로 전송된 이후에는 누구도 급여를 변경할 수 없음을 확신하기 위해 무결성이 보장되어야 한다.
- **인가** : 인가는 누군가가 특정 업무를 수행하거나 특정 데이터에 접근하는 것을 승인했음을 의미한다. 예를 들어 급여 계획에 대한 변경은 경영진으로부터 적절하게 인가를 받아야 한다.
- **접근 통제** : 접근 통제는 정보에 대한 접근을 올바른 사람에게 제한하는 것이다. 예를 들어 급여 계획은 열쇠를 가진 HR 직원만 잠금장치가 있는 파일 캐비닛에 보관한다.

기업 간 보안

많은 보안 목표를 통해 기업 간 관계의 가치를 높일 수 있다. 이전에 기술된 목표 외에도 다음 사항이 포함된다.

- **메시지 인증** : 메시지 인증을 통해 통신을 시작한 사람의 신원을 확신할 수 있다. 예를 들어 중개인은 "ABC 계정으로 XYZ의 1,000주를 구매하라"라는 메시지가 ABC로부터 왔음을 알고 싶어 한다.
- **서명** : 전자서명(digital signature)을 이용하여 메시지나 데이터와 특정 객체를 연결시킬 수 있다. 이것은 전자적으로 재생성된 서명의 이미지인 **전자화된 서명(digitized signature)**과는 다르다.
- **수신과 확인** : 이메일 메시지는 종종 수신과 확인을 사용한다. 수신을 통해 객체가 정보가 도달되었음을 안다는 것이 검증된다. 확인을 통해 제공자가 서비스를 제공했음을 알 수 있게 된다.
- **부인불가** : 부인불가는 메시지를 송신한 사람이 나중에 그것을 부인할 수 없음을 의미한다. 예를 들어, 구매 주문을 한 사람이 XYZ의 주식이 50 퍼센트 하락한 후에 이를 부인하면 부인불가를 통해 원래의 메시지가 유효함을 증명할 수 있다.

그 외 보안 조치

기업과 상관없이 특정 보안 목표는 정보 시스템의 가치를 높인다. 이전에 기술된 목표 외에도 다음 사항이 포함된다.

- **익명성** : 익명성은 사용자의 신원을 숨긴다. 예를 들어 억압을 받는 국가의 반체제 인사는 웹 토론 사이트에 정보를 올릴 때 정부에서 자신이 누구인지를 모르게 하고 싶을 것이다.
- **타임스탬핑** : 타임스탬핑은 송신자가 정보를 생성하거나 전송할 때 정확한 시간을 제공한다. 예를 들어 마지막 순간에 세금 신고서를 제출하는 사람은 자신이 정해진 시간을 맞췄음을 증명하기를 원한다.
- **취소** : 취소는 데이터에 대한 접근의 권한을 중단시킨다. 예를 들어 신용 카드를 잃어버린 사람은 카드 사용을 중지시키기 위해 카드 회사에 전화를 한다.
- **소유권** : 정보를 보유한 사람과 합법적인 권한을 확실히 연관시킨다. 예를 들어 대부분의 문서에는 누가 문서를 기록했는지를 알 수 있는 저작권 공고가 포함되어 있다.

정보 시스템 보안에서의 암호 응용 및 사용

많은 업체들이 보안 제품과 서비스를 제공한다. 실제로 수천 개의 제품들이 사용되고 있다. 이러한 제품과 서비스는 일반적으로 다음의 구분으로 구성된다.

- 안티-악성코드
- 준거성/감사
- 포렌식

- ID 관리
- 지적 재산권
- 관리되는 보안 서비스 제공자(MSSPs, Managed Security Service Providers)
- 메시지 전송 보호조치
- 패치 관리
- 경계 방어
- 보안 정보 관리(SIM, Security Information Management), 보안 이벤트 관리(SEM, Security Event Management) 및 사고 대응
- 거래 보안(전자 인증서, 안전한 파일 전송)
- 무선 보안

암호기술이 이러한 제품에서 많이 사용된다는 것을 알 수 있다.

인증 툴이 토큰, 스마트카드, 생체측정, 패스워드 및 패스워드 복구에 포함되어 있다. 어떤 툴은 비접촉식 카드와 지문 판독기를 사용하고 또 다른 툴은 공개키 기반구조(PKI, Public Key Infrastructure) 사용자 인증과 같은 암호학적 기술과 인터넷을 통해 패스워드를 안전하게 전송하는 툴을 사용한다. **공개키 기반구조**(PKI)는 전자 인증서를 생성하고 관리하고 분배하고 사용하고 저장하고 취소하는 데 필요한 하드웨어, 소프트웨어, 사람, 정책 및 절차의 집합이다.

침입차단시스템, **타임스탬핑**, 싱글사인온, ID 관리, 노트북 보안에는 접근통제와 인가 기능이 포함된다. 침입차단시스템 기능을 갖는 가상사설망 제품에 암호화 툴이 존재하지만 침입차단시스템 자체에는 암호화 툴이 필요 없다. 또한 암호화 툴을 이용하면 인터넷을 통한 연결을 안전하게 하고 하드 드라이브 내 컨텐츠를 암호화할 수 있다.

평가와 감사 툴에는 취약점-평가 스캐너와 모의 해킹 툴, 포렌식 툴과 로그 분석기가 포함된다. 패스워드 크래킹 모듈이 포함되어 있는 평가 스캐너와 모의 해킹 툴은 암호학적 기술을 이용하여 패스워드를 추측한다.

보안 관리 제품에는 기업 보안 관리, 설정 및 패치 관리와 보안 정책 개발을 위한 툴이 포함된다. 무결성 확인 툴은 암호학적 방법을 이용하여 확실하게 소프트웨어가 변경되지 않도록 한다.

무선 보안 툴은 데이터를 암호화하여 전송 중에 데이터를 보호하고 인가된 사람으로 접근을 제한시킨다. 이메일 보안 툴에는 전송 데이터와 저장 데이터를 암호화하는 것이 포함된다. 컨텐츠 필터링에는 안티바이러스 제품, 모바일 코드 스캐너, 웹 필터 및 스팸 차단기가

기술적 팁

유일하게 깨지지 않는 암호 알고리즘은 Vernam 알고리즘이다. 일회용 암호 알고리즘(one-time pad cipher)이라고도 한다. 본 장에서 좀 더 살펴보도록 한다. Vernam 알고리즘에 대한 보다 많은 정보는 http://www.pro-technix.com/information/crypto/pages/vernam_base.html을 참조하도록 한다.

포함된다. 위협 서명의 데이터베이스를 암호화할 수 있긴 하지만 일반적으로 컨텐츠 필터링은 암호화를 사용하지 않는다.

암호화 툴에는 회선 암호화, 데이터베이스 보안 제품, 가상사설망(VPN, Virtual Private Network), 공개키 기반구조(PKI) 및 암호 가속기가 포함된다. 이러한 제품은 암호기술을 광범위하게 사용한다. 암호 가속기에서는 암호학적 루틴이 주 프로세서가 아닌 빠른 암호화를 위해 설계된 칩이 있는 카드에서 수행되도록 한다.

암호분석 및 공개키와 개인키

암호화를 이용하면 정당한 소프트웨어와 키를 가진 인가된 사람을 제외한 사람은 데이터를 읽을 수가 없다. 그러나 데이터가 가치가 있으면 공격자는 코드를 깨려고 할 것이다.

암호를 깨는 방법은 두 가지가 있다.

- 평문이나 키를 찾기 위해 암호문를 분석하는 방법
- 키를 찾기 위해 암호문과 연관된 평문을 분석하는 방법

암호문으로부터 평문을 생성하기 위한 충분한 정보를 얻을 수 없을 경우 암호가 무조건적으로 안전하다고 한다. 충분한 시간과 자원이 있으면 거의 모든 암호 알고리즘을 깰 수 있다. 그러나 암호 알고리즘의 주목적은 깨는 것이 계산적으로 실행 불가능하도록 암호 알고리즘을 만드는 것이다. 예를 들어 조직이 매주 새로운 키를 생성한다고 하자. 공격자가 13일 만에 키를 알아낼 수 있다면 노출된 키는 쓸모없어진다. 공격자가 키를 알아낼 때에는 이미 새로운 키가 사용되고 있도록 한다. 결국 공격자가 경제적으로(보호되는 데이터의 가치와 관련하여) 깰 수 없는 암호 알고리즘을 강력하다 또는 계산적으로 안전하다고 한다.

암호학적 공격의 형태는 다음의 4가지이다.

- 암호문 단독 공격(COA, Ciphertext-Only Attack) : COA에서 공격자는 오직 암호화된 데이터에만 접근할 수 있고 데이터가 무엇인지는 알 수 없다. 특정 일간지 내 암호문이 그 예이다. 그러나 문맥을 이해함으로써 특정 단어나 포맷이 나타난다는 것을 추론할

그림 9-2
암호문 단독 공격(COA)

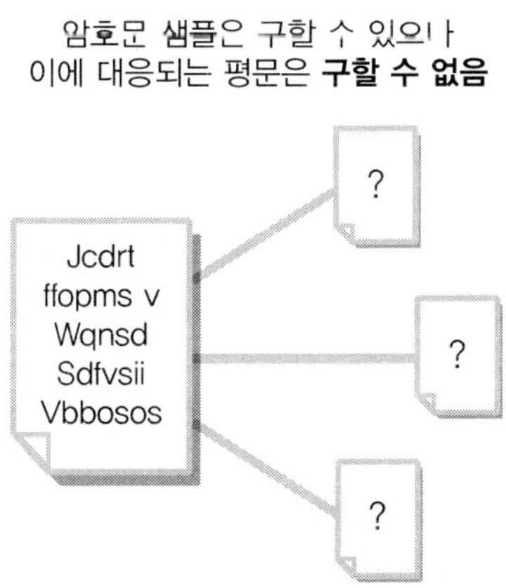

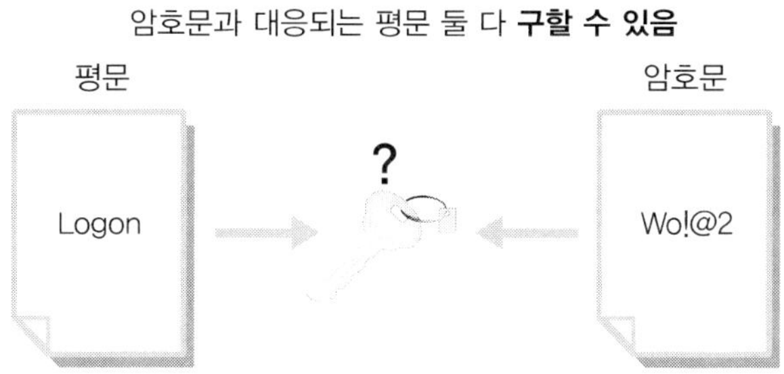

그림 9-3
알려진 평문 공격(KPA)

수 있다. (그림 9-2)는 암호문 단독 공격(COA)을 보여준다.

- 알려진 평문 공격(KPA, Known-Plaintext Attack) : KPA에서 공격자는 암호화를 수행하기 전과 후의 정보를 보유한다. 예를 들어, 안전한 모든 로그인 세션은 LOGON이라는 문자로 시작되고 다음 전송은 PWSSWORD이다. 안전한 암호 알고리즘은 공격자가 수많은 평문-암호문 쌍에 접근하는 공격에 안전해야 한다. (그림 9-3)은 알려진 평문 공격을 보여준다.
- 선택 평문 공격(CPA, Chosen-Plaintext Attack) : CPA에서 공격자는 모든 정보를 암호화할 수 있고 그 결과를 알 수 있다. 공격자에게는 가장 좋은 경우이다. 공격자는 암호화 메커니즘을 잘 알고 있다. MS 소프트웨어 어플리케이션의 이전 버전의 암호화가 그 예이다. 알고리즘에서 수행되는 것을 알기 위해 문자 "A"를 암호화하고 그 다음에 "B"를 암호화해 볼 수 있다.
- 선택 암호문 공격(CPA, Chosen-Chiphertext Attack) : CPA는 특별한 경우이다. 이것은 공개키 암호와 해시 함수와 관련된다. CPA에서 공격자는 깨려고 하는 동일한 알고리즘과 키로 암호화된 데이터를 암호화 장치에 입력하여 평문 결과나 복호화된 메시지가 특정 시스템에 미치는 결과를 확인한다. 간단한 예로 경비견을 나바호족어의 명령에만 대응하도록 훈련시킨다고 하자. 도둑은 나바호족어를 모르고 소란을 피울 수 있다. 개는 그러한 소란은 무시하지만 유효한 명령을 따를 것이다. 도둑은 횡설수설 말하면서 개의 반응을 살펴볼 것이다. 무의미하게 보이는 다양한 명령에 대한 개의 반응을 관찰함으로써 도둑은 개를 눕게 하거나 죽은 체하게 할 수도 있다. 선택 암호문 공격은 암호화된 이메일을 공격하는 데 사용된다.

공격에 안전한 대칭키와 공개키 알고리즘

암호분석의 목표는 다음과 같다.

- 대상 메시지의 평문 유도
- 대상 메시지를 암호화하는 데 사용된 키 결정
- 특정 암호에 사용된 알고리즘 유도
- 암호기술의 기반이 되는 수학적 문제 해결

암호학자들은 암호분석 시 많은 툴을 이용한다. 이러한 툴로 선형 공격, 차분 공격, 무작위 공격, 소모적 탐색 및 정보 이론이 있다. 대부분의 경우 분석가는 반드시 암호화된 메시지로부터 연관된 평문을 유도해야 한다. 오늘날 사용되는 많은 암호는 오픈 소스이다. 즉, 분석가는 암호화와 복호화 함수의 논리를 알 수 있다. 폐쇄된 소스나 전용 암호의 안전성은 암호해독가가 암호가 어떻게 작동하는지를 알 수 없다는 사실에 기반을 둔다.

예를 들어 미국은 2차 세계 대전 때 일본의 Purple 암호 장치를 구할 수 없었다. 코드 해독가는 암호문의 아주 적은 패턴을 분석하여 기계가 어떻게 작동하는지를 알아내야 했다. 코드 해독가가 작동 방법을 일단 알게 되면 메시지 트래픽을 복호화하기 위해 여러 키의 순서를 변경할 수 있다. 일단 코드 해독가가 키를 알아내면 누구나 특정 기간 동안 동일한 키로 암호화된 모든 트래픽을 읽을 수 있게 된다.

어떤 경우에는 해독가가 암호시스템의 기반이 되는 수학적 문제를 풀어 해결책을 찾기도 한다. 1970년 후반 여러 업체들은 배낭 채우기 문제(knapsack problem)의 단순화된 버전(부분집합 합 문제라고 함)에 기반을 둔 비대칭 키 암호기술을 사용하는 보안 제품을 출시하였다. 불행히도 1982년 Len Adelman은 애플 II 컴퓨터에서 동작하는 부분집합 합 문제(subset sum problem)에 대한 일반적인 해결 프로그램을 개발했다. 이로 인해 갑자기 이런 종류의 전체 제품이 쓸모가 없게 되었다.

오늘날 대부분의 상업용 비대칭키 암호기술은 큰 수에 대한 인수분해의 어려움에 기반을 둔다. 예를 들어 종이와 연필을 이용해 757 × 769 = 582,133을 계산하는 것은 상대적으로 쉽다. 그러나 결과 582,133을 인수분해 해서 두 인수를 유도하는 것은 쉽지 않다. 이를 풀기 위한 일반적인 방법은 소인수를 찾을 때까지 2, 3, 5, 7, 11, 13 등을 이용해서 인수분해를 계속 해보는 것이다. 134번을 시도해야 할 것이다. 컴퓨터를 이용하여 훨씬 더 쉽게 할 수 있으나 100자리의 두 소인수를 생각해 보자! 100자리 소인수는 다음과 같다.

6,513,516,734,600,035,718,300,327,211,250,928,237,178,281,758,494,417,357,560,086,828,416,863,929,270,451,437,126,021,949,850,746,381

게다가 위의 수는 두 소인수 중의 하나이다.

암호의 원칙, 개념 및 용어

정보 보안의 목표는 다양하다. 이러한 정보 보안의 목표를 이해하는 것은 중요하다. 이러한 목표는 암호기술을 포함한 보안 이니셔티브의 목적이기도 하다. 보안 목표를 가장 잘 정리한 문서 중 하나가 "Handbook of Applied Cryptography"이다. [표 9-1]은 보안 목표를 보여준다.

기업-보안 문제를 해결하고자 할 때 이러한 용어를 이해할 필요가 있다.

표 9-1 정보 보안 목표

목표	설명
프라이버시 또는 기밀성 (privacy or confidentiality)	비인가된 모든 사용자로부터 정보를 비밀리 유지
무결성(integrity)	비인가된 사용자나 모르는 프로세스가 정보를 변경하지 않았음을 보장
객체 인증 또는 신원확인(entity authentication or identification)	객체(사람, 컴퓨터 터미널, 신용카드 등)의 신원을 입증
메시지 인증 (message authentication)	정보의 출처를 입증; 데이터 출처를 인증
서명(signature)	정보를 객체와 연결
인가(authorization)	다른 객체에게 행동을 수행하도록 하는 공식적인 허가를 부여
입증(validation)	정보나 자원을 사용하거나 조작하기 위한 적절한 인가를 제공
접근통제(access control)	자원에 대한 접근을 권한 있는 객체로 제한
인증(certification)	신뢰된 객체가 정보를 보증
타임스탬핑(timestamping)	사용자가 정보를 생성하거나 접근했던 시간을 기록
목격(witnessing)	생성자가 아닌 다른 객체(entity)가 객체(object)를 생성하는 활동을 검증하거나 객체(object)의 존재를 검증
수신(receipt)	수신자가 정보를 수신했음을 알게 됨
확인(confirmation)	제공자가 서비스를 제공했음을 알게 됨
소유(ownership)	자원을 사용하거나 전송하는 객체(entity)의 합법적 권리를 다른 사람에게 승인함
익명성(anonymity)	특정 프로세스에 참여한 객체(entity)의 신원을 숨김
부인불가(nonrepudiation)	객체(entity)가 이전의 통신이나 활동을 부인하지 못하도록 함
취소(revocation)	인증(certification)이나 인가를 철회(취소)함

암호 기능과 알고리즘

암호 알고리즘을 이해하면 암호기술을 사용해서 기업이 필요한 것을 어떻게 충족할 수 있는지를 알 수 있다.

기업-보안 구현

보안 제품과 서비스는 크게 다음과 같이 분류된다.

- (PKI 기반이 아닌) 인증
- 접근통제/인가
- 평가 및 감사
- 보안 관리 제품
- 경계/네트워크 보안/가용성
- 컨텐츠 필터링
- 암호화

표 9-2 보안 목표와 보안 제품

목표	인증	접근 통제	평가 및 감사	보안 관리	네트워크 보안	컨텐츠 필터링	암호화	관리	컨설턴트
보안 목표와 보안 제품		×			×		×	×	×
무결성				×	×		×	×	×
객체 인증 또는 신원확인	×	×			×		×	×	×
메시지 인증	×				×		×		
서명	×				×		×	×	
인가	×	×			×				
입증		×	×	×				×	
접근통제	×	×		×	×	×	×	×	
인증			×	×			×		×
타임스탬핑		×			×		×		
목격			×				×		×
수신					×			×	
확인					×			×	
소유							×	×	×
익명성							×	×	
부인불가					×		×	×	×
취소	×				×		×		

- 관리/교육
- 아웃소스 서비스/컨설턴트

이전에 설명한 정보 보안 목표와 위 분류를 상호 참조함으로써 어떤 사업 툴과 서비스가 어떤 보안 목표를 충족시킬 수 있는지를 알 수 있다. 이렇게 하면 암호기술을 이용하여 달성할 수 있는 목표가 무엇인지를 알게 된다. [표 9-2]는 보안 제품과 서비스와 보안 목표 간의 상관관계를 보여준다.

다음은 암호기술이 제공하는 보안목표이다.

- **프라이버시 또는 기밀성** : 암호기술은 정보를 혼합해서 올바른 알고리즘과 키를 가진 사람만 정보를 읽을 수 있다. 하지만 뛰어난 암호해독가(공격자)도 읽을 수 있다는 것을 주의하도록 한다.
- **무결성** : 체크썸 또는 해시를 제공하여 암호기술을 통해 무결성을 보호한다. 데이터가 변경되지 않았음을 증명하기 위해 체크썸 또는 해시와 이전에 저장된 표 내의 정보와

비교한다.

- **객체 인증 또는 신원 확인** : 어떤 사람이 메시지를 인코딩하거나 디코딩할 수 있다는 것은 그 사람이 암호키를 가지고 있거나 키를 계산할 수 있다는 것을 의미한다. 사업 관계에서 이러한 키의 비밀성이 유지되어야 하면 소유가 유효한 신원이 증명된다.
- **메시지 인증** : 객체 인증과 비슷하게 개인키를 이용하여 코딩된 메시지를 통해 메시지의 기록자가 누구인지를 증명한다. 이 조항은 사업 계약이나 공식적인 관계의 일부가 되어야 한다.
- **서명** : 암호기술은 전자서명을 생성할 수 있는 방법을 제공한다. 이를 통해 특정 사람이 특정 메시지를 전송했음을 증명할 수 있다.
- **접근통제** : 권한을 가진 자원이나 데이터를 암호화함으로써 인가된 사람만이 복호화할 수 있도록 한 후 그에 대한 접근을 시행할 수 있다.
- **인증(certification)** : 신뢰 객체가 암호학적 체크썸과 전자서명을 추가함으로써 메시지나 데이터를 인증할 수 있다.
- **타임스탬핑** : 비대칭 키 암호기술을 이용하여 신뢰 장치는 공격자가 위조할 수 없는 타임스탬프를 발급할 수 있다. 타임스탬프 표시된 정보의 해시와 안전하고 신뢰할 수 있는 시계의 출력을 결합시킨다.
- **목격** : 제3자는 데이터가 특정 시간에 특정 형태로 존재했음을 증명하기 위해서 데이터에 암호학적 체크썸을 추가할 수 있다.
- **소유** : 소유자가 생성하여 데이터에 추가하는 암호학적 해시이며 확증을 위해 신뢰되는 제3자에게 제출한다. 이것은 데이터 소유자로 객체의 신원을 확인한다.
- **익명성** : 암호기술을 이용하여 모니터가 알아볼 수 없도록 정보를 암호화된 형태로 이동시킴으로써 객체의 신원을 숨길 수 있다. 또한 연속되는 암호화된 홉을 이용하여 로그를 삭제하여 객체가 인터넷 상에서 익명으로 존재할 수 있다.
- **부인불가** : 기업 관계의 일부로 동의된 데이터의 비대칭키 서명은 수신자에게 송신자의 신원을 증명할 수 있다.

암호 방식의 종류

암호 방식의 기본 종류는 다음과 같다.

- **전치 암호(transposition ciphers)** : 전치 암호에서는 데이터의 문자나 비트가 재배열된다.
- **치환 암호(substitution ciphers)** : 치환 암호에서는 정보의 비트, 문자 또는 블록이 다른 비트, 다른 문자 또는 다른 블록으로 바뀐다.

전치 암호

단순한 전치 암호에서는 행렬의 행에 순차적으로 문자를 기록한 후 열의 순서로 내용을 읽으면 된다. 예를 들어 (그림 9-4)에서와 같이 메시지 "ATTACK AT DAWN"을 4개의 열로

그림 9-4

전치 암호

1	2	3	4
A	T	T	A
C	K	A	T
D	A	W	N

구성된 행렬에 기록한다.

이제 열의 순서로 정보를 읽으면 "ACDTKATAWATN"이 된다. 이것이 암호문이다. 키는 읽는 열의 순서인 {1, 2, 3, 4}가 된다. 다른 키 {2, 4, 3, 1}로 암호화하면 다른 암호문 "TKAATNTAWACD"이 된다.

이 예에서와 같이 암호문에는 문자의 빈도수가 포함된다. 즉, 영어에서 가장 자주 사용되는 문자인 E, T, A, O, N이 전치 암호문에서도 빈번하게 나타난다. 이를 통해 암호분석가는 전치 암호를 사용했음을 알 수 있다.

전치 암호에서는 원래의 메시지의 모든 요소가 유지된다. 전치 암호는 단순하게 정보를 혼합시켜 나중에 다시 재배열할 수 있게 하는 방법이다. 컴퓨터 내에서의 전치 암호는 바이트 내의 비트의 자리를 변경하여 일반 사용자가 데이터를 이해할 수 없도록 한다. 전치 암호의 예로 pig Latin이 있다.

치환 암호

가장 단순한 치환 암호 중의 하나가 **시저 암호**(Caesar cipher)이다. 시저 암호에서는 영어 알파벳의 각 문자를 고정된 위치만큼 이동한 후 그 위치의 알파벳으로 바꾼다. 알파벳 순서는 Z 다음에 A가 오며 순환된다. 줄리어스 시저는 이 암호를 3만큼 이동시켜 사용하였다. 다음은 시저 암호를 이용한 암호화의 예를 보여준다.

ATTACK AT DAWN

↓

DWWDFN DW GDZQ

시저 암호에서의 가능한 키는 25개이다. (26번째 키를 이용하면 암호문이 다시 평문이 된다.) 또한 암호문에서의 문자가 평문에서는 나타나지 않기 때문에 전치 암호는 아니다.

아이들이 가장 많이 사용되는 치환 암호로 캡튼 크런치 디코더 링(Cap'n Crunch decoder ring)이 있었다. 링이 캡트 크런치 시리얼 박스에 있었다. 이 링은 알파벳(A부터 Z까지)이 기록된 두 개의 원형으로 구성된다. 내부 원형은 움직이지 못하나 외부 원형을 돌릴 수 있다. 외부의 원형을 돌려 숫자에 맞추면 한 알파벳을 다른 알파벳으로 일대일 대응시키면서 암호문을 생성한다. 암호화하기 위해 내부 원형 내 원하는 문자를 찾은 후 외부 원형에 있는 문자를 읽으면 된다. 복호화하기 위해 반대로 하면 된다. (이것은 바로 시저 암호이다!)

키워드 혼합의 알파벳 암호(keyword mixed alphabet cipher)에서는 키워드와 키워드를 구성한 알파벳을 뺀 나머지 알파벳으로 구성된 암호 치환표를 사용한다. 예를 들어 키워드 CRYPTOGRAPHY를 이용하여 다음과 같은 형태의 암호 치환표를 만들 수 있다.

A	B	C	D	E	F	G	H	I	J	K	L	M	N	O	P	Q	R	S	T	U	V	W	X	Y	Z
↓																									
C	R	Y	P	T	O	G	A	H	B	D	E	F	I	J	K	L	M	N	Q	S	U	V	W	X	Z

즉, 평문 ALPHAET은 CEKACTQ로 암호화된다.

모든 치환 암호의 원칙은 동일하다. 이러한 치환 암호를 깨는 것을 어렵게 하기 위해 여러 암호 스킴을 연속해서 사용할 수 있다. 예를 들어 여러 치환 스킴을 이용하여 각 문자를 암호화할 수 있다. 이러한 암호로 Vigenère(vee zhen AIR) 암호가 있다. 이는 여러 시저 암호를 사용하는 것과 같다. 예를 들어, PARTY라는 단어를 키로 사용할 수 있으며 이는 5개의 시저 암호를 사용하는 것과 같다. 알파벳 각 문자에 0부터 25의 숫자를 부여한 후 평문 문자의 수에 키에 대응되는 문자의 수를 더하여 암호화된 문자를 계산할 수 있다. 합이 25보다 크면 25을 뺀 결과를 최종 값으로 한다. ATTACK AT DAWN TOMORROW라는 메시지를 암호화 과정은 다음과 같다.

평문	A	T	T	A	C	K	A	T	D	A	W	N	T	O	M	O	R	R	O	W
키(평문 길이와 일치하도록 반복)	P	A	R	T	Y	P	A	R	T	Y	P	A	R	T	Y	P	A	R	T	Y
암호문(키를 이용한 전치 암호)	P	T	K	T	A	Z	A	K	W	Y	L	N	K	H	K	D	R	I	H	U

이렇게 하면 더 안전해지고 결과는 훨씬 더 랜덤하게 보인다. 키 길이를 증대시킴으로써 치환 암호의 안전성이 증가한다.

각 문자를 고정된 위치에 있는 문자로 치환하는 대신 문자마다 다른 문자로 대응시킴으로써 치환 암호의 복잡도를 증대시킬 수 있다. **단순 치환 암호**(simple substitution cipher)라 하는 이런 형태의 암호를 많은 신문에서 암호(cryptogram)라고 부르는 퍼즐에서 볼 수 있다. A는 26개 문자 중 하나에 대응되고 B는 A가 대응된 문자를 제외한 25개 문자 중 하나에 대응하고 C는 24개 문자 중 하나에, 이렇게 차례대로 임의의 문자로 대응시킨다. 결과적으로 이러한 단순 치환 암호의 가능한 키의 개수는 26! 즉, 403,291,461,126,606,000,000,000,000개이다. 그러나 가능한 키의 개수가 많더라도 이 퍼즐은 쉽게 깨진다. 복잡하다고 해서 반드시 안전한 것은 절대 아니다.

치환 암호를 안전하게 하기 위해서는 3가지를 반드시 수행해야 한다. 첫 번째, 키는 반복되지 않는 랜덤한 시퀀스여야 한다. 두 번째, 키의 길이는 암호화될 정보만큼 길어야 한다. 세 번째, 키를 오직 한 번만 사용하도록 한다. 이러한 암호를 일회용 암호(one-time pad)라

한다. 일회용 암호는 AT&T 직원이었던 Gilbert Vernam이 처음으로 설계하였다. Vernam 암호는 0과 1로 구성된 비트 스트림을 생성한 후 평문과 배타적 논리합 함수를 수행한다. 배타적 논리합 연산은 두 입력 중 한 개만 1인 경우 그 결과가 1이다. 배타적 논리합 연산은 ⊕로 나타내며 다음과 같은 특성이 있다.

$$0 \oplus 0=0$$

$$0 \oplus 1=1$$

$$1 \oplus 0=1$$

$$1 \oplus 1=0$$

이 방법을 이용하면 바이너리 스트림의 데이터를 바이너리 키스트림과 결합하여(⊕연산 수행) 암호문을 생성할 수 있다. 이것은 하드웨어나 소프트웨어가 현대 치환 암호를 이용하는 방법이다.

곱셈과 지수승 암호

곱 암호(product cipher)는 여러 암호의 결합이다. 사용되는 암호는 전치나 치환 암호이다. DES(Data Encryption Standard)는 56비트 키를 사용하고 치환과 전치가 16번 반복되는 곱 암호이다. 1977년에 연방 정보 처리 표준(FIPS, Federal Information Processing Standard)으로 처음 공개된 DES는 현재에도 사용되고 있다. DES 개발자들은 1977년에 사용할 수 있던 컴퓨터로 암호화된 메시지를 깨는 데에는 90년 이상이 걸리기 때문에 DES가 안전하다고 생각하였다. 많은 자유주의자와 음모론자뿐만 아니라 전문 암호학자들도 DES 설계자가 국가안보국(NSA)이 메시지를 쉽게 복호화할 수 있는 백도어가 DES에 존재한다고 생각하였다. 그러나 25년 이상 후에도 아무도 그러한 약점(백도어)을 발견하지 못하였다. 심지어 이후에 나타난 **차분 공격**(differential cryptanalysis)(매우 많은 양의 암호문 내에 존재하는 패턴을 찾음)을 포함한 암호 분석(해독) 기술을 고려할 경우에도 DES는 처음 생각했던 것보다 훨씬 더 안전하다고 분석되고 있다. 그럼에도 불구하고 컴퓨팅 능력이 발전되면서 56비트의 키공간((72,057,594,037,927,900개의 키)은 탐색이 어렵지 않게 되었다. 최종적으로 1998년 전자프론티어 재단(EFF, Electronic Frontier Foundation)은 Deep Crack이라는 전용 컴퓨터를 구축하여 3일이 안 걸려서 키를 탐색하였다.

일부 암호의 안전성은 특정 수학 문제를 해결하는 어려움에 기반을 둔다. 이는 비대칭 키 암호기술의 기본이 된다. 이러한 암호는 체론(field theory)이라는 수학적 이론을 이용한다. 간단히 설명하자면 체(field)란 숫자들로 구성된 임의의 영역이며 이 영역 내 0 이외의 모든 원소는 곱셈에서의 역원을 갖는다. 예를 들어, 모든 유리수는 체를 구성한다. $x \neq 0$인 경우 $1/x$를 항상 계산할 수 있다. 체는 무한하지 않다. 대신 특정 숫자까지 세고 계산을 다시 시작한다. 예를 들어, 보통 시간을 얘기할 때 12시간을 기준으로 말한다. 10시에서 한 시간이 지나면 11시라 하지만 12시에서 한 시간이 지나면 13시가 아니라 1시라고 한다. 정수로 구성된 집합의 원소의 개수가 소수인 경우 수학적으로 매우 흥미롭다. 1부터 소수까지의 정수로 구성된 집합을 유한체라 한다.

지수승 암호에서는 유한의 수학적 체에 대한 지수승 계산이 수행된다. RSA(Rivest-Shamir-Adelman) 암호 스킴은 큰 수의 인수분해의 어려움에 기반을 둔다. 즉, 두 수를 곱하는 것은 쉬우나 하나의 큰 수를 인수분해 하는 것은 매우 어렵다.

대칭키 암호기술과 비대칭키 암호기술

본 절에서는 대칭키 암호기술과 비대칭키 암호기술의 차이점 및 각 암호기술의 장점과 단점을 살펴보도록 한다.

대칭키 암호

대칭키 암호에서는 암호화와 복호화에 동일한 키가 사용된다. 그 결과 두 객체는 우선 통신을 위한 키를 교환해야 한다. 이것이 대칭키 암호의 한계점이다. 메시지를 상대방에게 전송하기 전에 반드시 먼저 키를 안전하게 교환하여야 한다. 이로 인해 과거에 정부, 군 등을 제외하고는 규모가 큰 조직 내에서 암호기술을 사용하기가 어려웠다.

두 명의 통신자 Alice와 Bob이 안전하게 정보를 교환하는 상황을 생각해 보자. 이 경우 Alice와 Bob은 ABC 회사에서 근무하고 있다고 하자. Alice와 Bob은 새로운 고객 MNO Plastics에 대한 제안서를 위한 가격 정보를 교환하고자 한다. Bob은 고객 사이트에 있어서 회사 내부 네트워크에 접근할 수 없다. 모든 정보는 반드시 인터넷을 통해 전송되어야 한다.

Eva는 ABC 회사의 해외 경쟁사에서 근무한다. Eva의 업무는 ABC의 제안서와 입찰에 관한 가능한 한 많은 정보를 수집하는 것이다. Eva는 자신의 업무를 수행하기 위해 모든 통신을 모니터하고 방해하거나 위장할 권한을 가지고 있다. 법적인 이슈는 논외로 한다. Eva가 Bob에게 송수신되는 모든 통신을 모니터할 수 있다고 하자. Bob이 송신하거나 수신하는 모든 메시지는 Eva가 통제하는 노드를 통과한다.

만약 Alice와 Bob이 사전에 아무것도 동의하지 못했다면 안전한 통신 세션을 어떻게 구축할 것인가? Alice와 Bob이 정보를 암호화하는 데 DES를 사용하기로 했다고 하자. DES는 공개적으로 사용되는 알고리즘이기 때문에 Eva는 DES 소프트웨어를 다운받을 수 있다. Alice는 Bob에게 키로 BIGBUCKS를 사용하자는 메시지를 전송한다. Bob은 이것을 알고 있어 이 키를 이용하여 Alice에게 암호화된 메시지를 전송한다. 도청을 하는 Eva는 동일한 키를 사용하여 Bob의 메시지를 복호화한 후 해당 정보를 회사에 전송한다.

Alice와 Bob은 몇 번이고 키를 교환하지만 그럴 때마다 Eva는 키를 알 수 있게 된다. 대칭키 암호기술을 사용해서 이 문제를 해결할 수 없다. 각 객체는 반드시 상대방이 이용하는 키를 알고 있는 사람과 키를 교환해야 한다. 키를 특정 목적의 키 또는 **키-암호화 키(key-encrypting key)**로 키를 암호화하는 경우에도 반드시 특정 시점에 키-암호화 키를 교환해야 한다. 키-암호화 키는 다른 키를 암호화할 때에만 사용하는 키이다. 키-암호화 키를 교환한다는 것은 교환할 때 공격자가 해당 키-암호화 키를 가로챌 수 있다는 것을 의미한다.

이러한 딜레마를 해결하기 위해서는 Eva가 모니터할 수 없는 다른 경로로 메시지를 전송해야 한다. 이것은 비밀 채널을 이용하는 대역외(out-of-band) 통신이라 한다. Alice와 Bob이

DES를 사용하기로 한 후 Alice는 Bob에게 자신의 휴대전화로 전화해서 Bob이 사용할 키를 자신에게 말해달라고 한다. 인터넷의 모든 트래픽을 볼 수 있는 Eva는 휴대전화를 모니터할 수는 없다. Alice와 Bob은 56비트 키를 공유하고 정보를 교환한다. Eva는 이 통신에 낄 수가 없다. 물론 Bob이 출장가기 전에 Alice와 Bob은 특정 키를 공유할 수도 있다. 이것 역시 대역외 통신이다. 이러한 키 교환은 메시지를 송신하고 수신하는 통신 외부에서 발생한다.

이제 ABC 회사는 다음의 선택을 고려해 볼 수 있다. 모든 직원에게 동일한 키를 발급하여 통신을 용이하게 할 수 있다. 이렇게 함으로써 모든 직원은 멀리 있는 다른 직원과 안전하게 통신을 할 수 있다. 이러한 모델은 불만이 있는 직원이 퇴직하거나 키를 얻으려고 위장 취업자가 있을 때까지는 안전하다. 직원의 퇴직이나 의심스런 직원의 입사 시 어떻게 해야 할까? ABC는 새로운 키를 생성하여 전 세계 모든 직원에게 새 키를 재발급해야 한다. 시간과 비용이 많이 든다.

이에 대한 대안으로 ABC는 각 직원별로 개별 키를 발급할 수 있다. 그러나 두 객체는 대칭키 알고리즘에서 동일한 키를 사용해야 하기 때문에 직원과 직원 사이에 유일한 키가 반드시 존재해야 한다. 결국 10명의 직원이 있으면 ABC에서는 대칭 암호를 위해 45(9 + 8 + 7 + 6 + 5 + 4 + 3 + 2 + 1)개의 키 쌍이 필요하다. 직원이 100명이면 4,959개의 키 쌍이 필요하게 된다. 직원이 10,000명이면 49,995,000개의 키 쌍이 필요하다! n명이 통신에 참여할 때 필요한 키의 개수는 $(n(n-1))/2$이다. 게다가 직원이 회사에 입사하거나 퇴사할 때마다 해당 직원과 관련된 키가 추가되거나 삭제되어야 한다. 명백하게 대칭키 시스템은 규모가 변경(조정)되는 응용 분야에는 적합하지 않다.

이 문제는 1976년에 Whitfield Diffie와 Martin Hellman이 논문 "New Directions in Cryptography"(IEEE Transactions on Information Theory Journal)를 발표하기 전까지 암호학자들(정부와 군, 회사 포함)에게 다루기 힘든 문제였다. 이 논문에서 Diffie와 Hellman은 확장성 문제에 대한 잠재적 해결책을 제시하는 근본적이고 새로운 방법을 제안하였다.

비대칭 키 암호

논문 초반에 Diffie와 Hellman은 "키 분배 문제로 인한 비용과 지연은 큰 규모의 텔레프로세싱 네트워크로 기업 통신을 확장하는 것이 주 장애 요인이었다."라고 기술하였다. Diffie와 Hellman은 **공개키 암호기술(public key cryptography)**의 개념을 소개하였다. (본 문서에서는 비대칭 키 암호기술이라 한다.) 공개키 암호기술은 통신 객체들이 공개적으로 알려진 기술을 이용하여 공개된 채널을 통해서만 통신을 하도록 한다. 두 통신 객체는 안전한 연결을 생성할 수 있다. 여기에서는 통신 객체는 봉투 안에 키가 대역외로 수신될 때까지 기다릴 필요가 없다. 새로운 사람과 안전하게 통신하고자 할 때 수백만 개의 키 쌍을 생성하거나 관리할 필요도 없다. 이러한 기술의 영향은 엄청났으며 암호기술에 지대한 영향을 미쳤다.

비대칭 키 암호의 4가지 특성은 다음과 같다.

- **서로 역의 관계인 두 개의 연관된 알고리즘이 존재한다** : 두 요소는 서로 연관된다. 즉, 암호화에 사용되는 알고리즘과 복호화에 사용되는 알고리즘을 이용한다.

- **두 알고리즘은 계산하기가 쉽다** : 큰 어려움 없이 컴퓨터 소프트웨어에서 이 방법을 사용할 수 있다. 즉, 안전한 전자 통신을 위한 실용적인 방법이다.
- **첫 번째 알고리즘을 알아도 두 번째 알고리즘을 유도하는 것이 계산적으로 실행 불가능하다** : 키 중 하나(공개키)는 이와 관련된 키(개인키)가 손상되지 않도록 하며 누구나 이용할 수 있도록 널리 공개한다. 이를 공개키와 개인키 쌍이라 한다.
- **임의의 입력에 대해 서로 역의 관계인 연관되는 키 쌍을 생성할 수 있다** : 임의의 객체는 공개키와 개인키 쌍을 생성한 후 하나는 개인적으로 간직하고 다른 하나는 누구나 사용할 수 있도록 디렉토리에 공개한다. 개인키는 비밀이고 절대로 전송되지 않기 때문에 도청자는 개인키 값을 알 수 없다.

공개키 암호기술이 어떻게 동작하는지 살펴보자. Bob이 Alice에게 메시지를 보내고자 한다. Alice는 이미 자신의 개인키(안전하게 저장)와 공개키(자신의 웹사이트에 공개)를 생성하였다. Bob은 Alice의 공개키를 이용하여 메시지("Hi Alice!")를 암호화한다. 그리고 Bob은 암호화된 메시지를 Alice에게 전송한다. Bob은 Alice의 공개키를 이용하여 메시지를 암호화했기 때문에 Alice는 자신의 개인키로만 메시지를 복호화할 수 있다. Alice는 자신의 개인키에 접근하여 메시지를 복호화한 후 해당 메시지("Hi Alice!")를 읽는다. Alice가 Bob의 메시지에 대답하려면 Alice는 자신의 응답을 Bob의 공개키로 암호화한 후 Bob에게 전송한다.

일상에서 비대칭 키 암호와 가장 비슷한 사례 중 하나는 은행에 있는 야간금고이다. 상인은 영수증을 은행에 가지고 가서 자신의 열쇠로 슬롯을 연 후 활송 장치(사람들이나 물건들을 미끄러뜨리듯 이동시키는 장치)에 돈을 넣는다. 봉투가 금고로 미끄러져 들어간다. 상인이 돌아갈 때 강도가 총을 들이 댄 후 열쇠를 요구하면 상인은 열쇠를 주고 도망간다. 강도가 돈을 되찾으려고 해도 봉투를 끄집어 낼 수 없다. 다음날 아침 은행 직원은 자신의 열쇠를 이용해서 금고를 열고 돈을 끄집어 낸 후 상인의 계좌로 입금한다. 각 객체는 서로 연관되는 다른 키를 갖는다. 이 과정은 은행 직원이 상인에게 메시지를 남기는 역으로도 수행된다.

키, 키 공간 및 키 관리

본 절에서는 키의 기능과 키 공간 크기의 주요성 및 적절한 키 관리 요구사항을 살펴보도록 한다.

암호학적 키와 키 공간

키란 무엇인가? 키는 암호시스템에 입력되는 값이다. 키가 입력됨으로써 메시지가 변형된다. 잘 설계된 암호시스템에서는 사용되는 키에 따라 동일한 메시지의 결과가 다르다. 키에 대해 다음과 같이 생각해 볼 수 있다. 암호 알고리즘은 특정한 업무를 수행하고 키는 암호 알고리즘이 어떻게 동작하는지에 대한 방향을 제공한다.

물리적 열쇠는 암호키와 비슷하지만 동일하지는 않다. 가장 많이 사용되는 문의 자물쇠에는 개 당 10개의 구멍 위치가 존재하는 5개의 텀블러가 있다. 결국 열쇠마다 또는 100,000개의 가능한 구멍이 존재한다. 이러한 자물쇠에 맞는 열쇠가 많아지면서 낯선 사람은 가능한 열쇠 중 맞는 열쇠를 찾기가 어렵다. 가능한 모든 키의 집합을 키 공간이라 한다. 보통, 항상 그렇지는 않지만 키 공간이 클수록 알고리즘은 더 안전하다. 다음의 예를 살펴보자.

비밀번호가 3자리인 자물쇠가 두 개인 여행 가방에 대한 키 공간이 얼마나 클까? 000-000부터 999-999까지 가능하므로 키 공간 내 1,000,000개의 키가 존재한다. 과연 도둑은 백 만 번의 조합을 해야 올바른 번호 조합을 추측할 수 있을까? 꼭 그렇지는 않다. 도둑이 믿을 수 없을 정도로 운이 좋으면 첫 번째에 올바른 조합을 알아낼 수도 있다. 도둑은 믿을 수 없을 정도로 운이 나빠 마지막에 올바른 조합을 찾을 수도 있다. 평균적으로 도둑은 키 공간을 탐색하는 중간쯤에 올바른 조합을 찾게 된다. 이것은 도둑이 올바른 조합을 찾기 위해 평균적으로 500,000개의 조합이 필요하다는 의미일까? 추측한 조합이 맞는지를 확인하는 데 2초가 걸리고 공격자가 낮밤을 쉬지 않고 작업을 한다고 하면 공격자는 11일 정도에는 여행 가방을 열 수 있다. 그러나 실제 무작위 공격에 견디는 시간은 17분 정도이다. 왜 그럴까?

여행 가방 알고리즘에 약점이 있기 때문이다. 각각 1,000개의 조합을 갖는 두 개의 자물쇠가 존재하기 때문에 각 자물쇠의 조합을 추측하는 데 평균 500번의 시도가 필요하다. 왼쪽 자물쇠의 조합을 찾은 후 공격자는 오른쪽 자물쇠 조합을 추측한다. 기껏해야 공격자는 또는 2,000번의 조합을 시도하면 된다. 그러므로 평균적으로 공격자는 단지 1,000번만 시도하면 된다. 한 번 시도에 2초가 걸리면 1,000번 시도하는 데에는 16분 40초 걸린다.

증대된 키 공간 또는 심지어 키의 비트의 수가 증대되어도 훨씬 더 강한 안전성을 꼭 제공하지는 않는다. 여행 가방 제작자가 3자리로 구성된 6개의 자물쇠가 있는 제품을 판매한다면 고객이 여행 가방을 구매할 것인가? 회사는 DES 보다 여행 가방이 더 많은 가능한 조합(즉, 키)을 가진다고 주장하는 것이 맞다. 그러나 안전한 여행 가방을 여는 데 한 시간도 걸리지 않는다는 것을 계산할 수 있다.

키 관리

암호시스템에서 가장 어렵고 중요한 것 중 하나가 키 관리이다. 암호알고리즘의 수학이 공격자가 풀기 어렵다고 해도 키 관리 내 약점이나 오류로 인해 시스템이 손상되기도 한다. 앞에서 살펴본 것과 같이 대칭키 암호시스템에서의 키 관리는 어렵고 복잡하다. 그래서 안전한 다른 종류의 암호에 치명적일 수 있는 손쉬운 방법을 사용하기도 한다.

2차 세계 대전에서 알 수 있듯이 형편없는 키 관리로 인해 암호시스템이 망가질 수 있다. 1940년부터 1948년까지 소련은 일회용 암호를 이용하여 전화선을 통해 전송되는 메시지를 인코딩하였다. 이론적으로 일회용 암호는 깨지지 않는다. 키가 난수와 매우 유사하기 때문이다. 이 키는 보호하는 정보의 길이와 같고 반복되지 않는다. 암호문에서 패턴을 탐지하는 것이 불가능하다. 그러나 전시에 길이가 긴 키를 분배하고 관리하기가 어렵다 보니 한 번씩 사용해야 하는 키를 다 사용하게 되었다. 각 주둔지에서는 자신의 키를 재사용 하는 것이 더 낫다는 것을 알지만 다른 주둔지의 일회용 암호를 사용하게 되면 어떤 문제가 발생할까? 문제가 꽤 있다.

암호화에 배타적 논리합(exclusive OR) 함수를 사용하면 키스트림 X로 메시지 A를 암호화한 결과는 다음과 같다.

$$A \oplus X = E(A)$$

E(A)는 A를 포함한 암호화된 메시지이다. 배타적 논리합 함수의 재미있는 특성은 자기 자신과의 배타적 논리합의 결과는 0이 되고 0과 배타적 논리합의 결과는 자기 자신이 된다는 점이다. 암호문을 복호화기 위해 키 X와 다시 배타적 논리합을 수행하면 된다.

$$E(A) \oplus X = A \oplus X \oplus X = A$$

다른 주둔지에서 키를 재사용할 경우 문제는 미국이 모든 주둔지로부터의 암호화된 모든 트래픽을 캡처한다는 것이다. 이후 미국은 메시지의 상관관계를 분석할 것이다. 예를 들어 1943년 뉴욕에서 모스크바로 전송되는 메시지와 1944년 시드니 대사관에서 카이로 대사관으로 가는 메시지와 동일한 일회용 암호가 사용되었다. 동일한 키로 암호화된 두 개의 메시지를 조합한 결과는 다음과 같다.

$$A \oplus X = E(A)$$
$$B \oplus X = E(B)$$
$$E(A) \oplus E(B) = A \oplus X \oplus B \oplus X$$
$$= A \oplus B \oplus X \oplus X$$
$$= A \oplus B$$

이제 메시지 A를 이용하여 메시지 B를 암호화할 수 있다. 전치 암호를 생각해 보면 암호문은 평문의 패턴을 유지한다. 이와 같이 한 메시지를 이용하여 또 다른 메시지를 암호화하면 평문의 많은 통계적 성질을 유지하게 된다. 이러한 메시지를 깨는 것이 오히려 단순하다. 암호화 키를 알아내는 것이 아니라 평문을 알아내는 것이다. 일단 메시지가 복호화되면 평문과 암호문을 결합시켜 키를 계산할 수 있다.

미국은 이러한 프로젝트를 코드명 Venona라 하였다. 1940년대부터 1980년대까지의 이러한 메시지를 깨려고 시도하였다. 이 프로젝트에 관한 책이 있는데 미국 정부는 1995년부터 1997년까지 가로챈 메시지에 대해서는 해독을 완료하였다.

키 분배

일반적으로 키 분배 기술의 형태는 3가지 중 하나이다.

- **종이(paper)** : 종이를 통해 분배하는 것은 기술이 필요 없다. 그러나 키를 설치하기 위해 사람이 무엇인가를 해야 한다. 설치 과정에서 오류가 발생하거나 불만 있는 직원이 시스템을 손상시킬 수도 있다.
- **전자 매체(digital media)** : 전자적 분배는 CD나 이메일의 형태를 갖는다. 반드시 전송되는 동안 키를 보호하여야 하며 안전한 전송이 반드시 사용되어야 한다. 물리적 매체에

대해 변경불가인 케이스와 등록된 메일을 통해 어느 정도의 보증을 유지하여야 한다. 전자적 분배 시 키-암호화 키와 같은 보다 높은 수준의 키는 반드시 전송 과정과 저장 시 키를 보호하여야 한다. 물론 이 경우 우선 데이터가 아닌 다른 키를 암호화하는 데에만 키-암호화 키를 사용하여야 한다. 키를 다른 용도 또는 과도하게 사용하면 손상이 생길 수 있다.

- 하드웨어(hardware) : PCMCIA 카드, 스마트카드 또는 플러그인 모듈을 이용하여 하드웨어를 통해 키를 분배할 수 있다. 이 방법의 장점은 키-전송 메커니즘에서 암호 장비로 키가 노출되지 않고 직접적으로 키를 전송한다는 것이다. 어떠한 복사본도 장비 외부에 존재하지 않는다.

전송하는 과정의 키 가로채기를 방지하기 위해 키를 나누어서 전송할 수 있다. 키를 두 개의 동일한 크기의 부분으로 나누는 것은 좋은 생각이 아니다. 공격자가 한 부분을 가로챈 후 나머지 부분을 무작위로 알아내는 것은 훨씬 쉽다(여행 가방의 사례 참조). 그러므로 키 K를 나누는 방법은 또 다른 임의의 키 J를 생성하는 것이다. 키 J는 키-암호화 키가 된다. K와 J를 결합하여 암호화된 키를 생성한 후 암호화된 키를 채널로 전송한다. 그리고 다른 채널로 키-암호화 키를 전송한다. 공격자가 두 메시지 중 하나를 가로채도 공격자는 키를 알 수 없다.

채널 1 : J
채널 2 : $K \oplus J$
재결합 : $J \oplus K \oplus J = K$

이러한 시스템에서는 키마다 새로운 키-암호화 키가 필요하다.

키-분배센터(KDC)

각 조직이 자신의 키를 관리하기 위해 기반구조를 구축하기보다 다수의 호스트가 공통의 키-분배 센터(KDC, Key-Distribution Center)를 신뢰하는 것에 동의할 수 있다. 모든 객체는 반드시 KDC를 신뢰해야 한다. KDC가 있으면 각 객체는 자신과 KDC 간의 하나의 비밀 키 쌍만 있으면 된다. 커버로스와 ANSI X9.17에서는 KDC 개념이 사용된다.

예를 들어 Alice가 Bob과 안전한 통신을 하고자 하면 암호화된 메시지를 KDC에게 전송한다. KDC는 임의의 세션키를 생성한 후 Alice의 키와 Bob의 키로 각각 암호화하여 Alice에게 전송한다. Alice는 세션키를 복호화한 후 세션키로 메시지를 암호화하여 Bob에게 전송한다. 이때 Alice는 Bob의 키로 암호화된 세션키와 함께 전송한다. 두 메시지를 수신한 Bob은 자신의 비밀키로 세션키를 복호화한 후 복호화된 세션키로 Alice의 메시지를 복호화한다.

전자서명과 해시 함수

사업 요구사항을 충족시키기 위해 전자서명과 해시 함수의 사용을 이해해야 한다.

해시 함수

메시지의 값이 고의로 또는 전송 오류로 인해 변경되지 않았음을 보장하기 위해 반복되는 프로세스를 통해 검증할 수 있는 정보의 체크썸을 추가할 수 있다. 예를 들어, 문자열이 전송 중에 변경되지 않았음을 보장하기 위해 각 자리 숫자의 합을 메시지 끝에 추가한다. 수신자는 다시 계산한 체크썸의 결과가 다르면 전송 중에 오류가 발생했다고 인지하고 재전송을 요청할 수 있다.

신용 카드에는 카드 번호의 유효성을 검증할 수 있는 해시값이 있다. 계산하는 알고리즘은 ANSI X4.13에 기반을 둔 LUHN 공식이다. 신용카드가 유효한지를 확인하는 단계는 다음과 같다.

1. 카드 번호의 우측 숫자부터 매 2번째 숫자마다 2를 곱한다.
2. 2를 곱한 결과가 10보다 크면 각 자리를 합한다(즉, 8+8=16). 2를 곱한 숫자를 더한다.
3. 가장 마지막 숫자(체크썸)를 제외한 나머지 숫자를 2의 결과에 더하여 총합을 계산한다.
4. 총합과 총합보다 큰 10의 배수의 숫자 사이의 차이가 체크 자리 숫자가 된다. 예를 들어, 신용카드 번호 5012 3456 7890 123X의 올바른 해시 값은 6이다.

해시는 체크썸과 비슷하나 위조된 메시지와 올바른 메시지의 해시는 다르게 동작한다. 해시는 일반적으로 고정된 크기이다. 그 결과를 해시값이라 한다. 해시는 데이터에 대한 지문과 같다. 메시지 생성자는 참조로 해시를 공개하여 수신자가 정보가 변경되었는지를 알 수 있게 한다. 소프트웨어 게시자는 종종 해시값을 제공하여 고객이 수신한 소프트웨어의 무결성을 확인할 수 있도록 한다. 효과적으로 하기 위해 해시 길이를 주로 충분히 길게 하여 해시값이 같은 메시지를 생성하는 데 매우 많은 시간이 걸리도록 한다.

전자서명

전자서명은 전자화된 서명(수기로 쓴 서명의 전자 이미지)이 아니다. 오히려 전자서명은 객체의 신원을 특정 메시지 또는 정보에 연결시킨다. 전자서명은 프라이버시나 비밀성을 제공하지 않는다. 전자서명은 메시지의 무결성을 보장하고 누가 메시지를 기록했는지를 검증하도록 한다. 전자서명을 위해서는 비대칭키 암호기술이 필요하다. (그림 9-5)는 전자서명의 생성을 보여준다.

전자서명은 비대칭 키 쌍 중 개인키를 이용한다. 메시지의 해시를 서명한다. 이를 통해 특정 객체가 메시지를 생성하였고 아무도 해당 내용을 수정하지 않았음을 보장한다. 서명자의

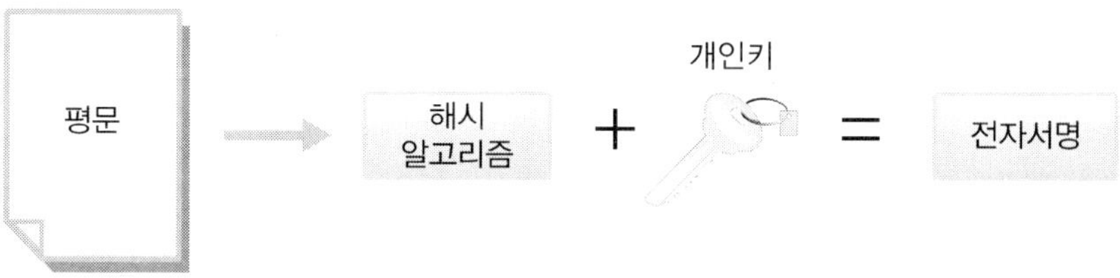

그림 9-5 전자서명 생성

그림 9-6

전자서명의 동작

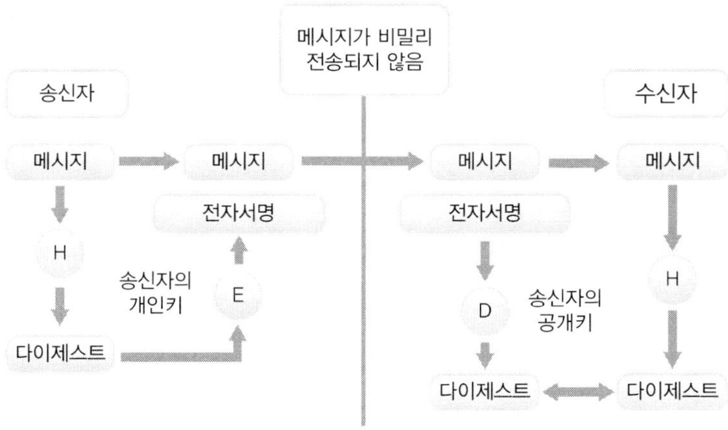

공개키에 접근하는 사람은 누구나 전자서명을 검증할 수 있다. 그러나 개인키의 소유자만이 전자서명을 생성할 수 있다. (그림 9-6)은 전자서명이 어떻게 동작하는지를 보여준다.

RSA(Rivest-Shamir-Adelman)와 DSA(Digital Signature Algorithm)는 가장 많이 사용되는 전자서명 알고리즘이다. RSA에 대한 특허가 2000년 9월에 만료되어 이제는 누구나 사용할 수 있다. DSA에서는 메시지의 SHA(Secure Hash Algorithm) 해시가 서명된다. 상업용 시스템에서 RSA가 사용되기는 하나 DSS(Digital Signature Standard)와 DSA와 SHA는 미국 정부 표준으로 정부용 제품에 많이 사용된다.

암호 어플리케이션, 툴 및 자원

보안전문가는 암호 솔루션에 대한 기업의 요구를 이해하여 적절한 툴을 선택해야 한다. 본 절에서는 대칭키를 사용하는 툴을 어떻게 식별하고 기업의 용도에 어떻게 일치시킬 것인지를 살펴보도록 한다. 또한 비대칭 키 암호기술을 사용하는 툴과 필요한 기반구조를 살펴보도록 한다. 해시 함수가 동작하는 방법과 해시 함수에 사용되는 알고리즘 및 무결성을 보장하기 위해 해시 함수를 어떻게 사용하는지를 살펴본다. 암호기술을 이용하여 이슈와 각 요구사항 간의 차이를 어떻게 처리하는지를 살펴본다. 또한 전자서명과 전자화된 서명 간의 차이와 부인불가를 위해 사용되는 전자서명을 관리하기 위한 기반구조와 법적 요구사항을 살펴본다. 마지막으로 키-관리 모델을 설계하는 방법을 살펴본다.

대칭키 암호 표준

대칭키 알고리즘(또는 표준)은 가장 일반적인 암호화 형태이다. 동일한 키로 정보를 암호화하고 복호화한다. 대칭키는 쉽게 생성되고 신속하게 변경되기 때문에 종종 두 객체 간에 정보를 교환할 때 한 번만 사용된 후 버려지기도 한다. 이러한 키를 세션키라 한다. 비대칭 키 알고리즘과 달리 대칭 알고리즘은 빠르고 많은 데이터를 암호화하는 데 적합하다. 현재 조직은 여러 대칭 알고리즘을 사용한다.

- DES(Data Encryption Standard) : 원래는 IBM이 Lucifer라는 알고리즘으로 DES를 개발하였다. 이후 1977년 NSA가 이를 변경하고 국가 표준(FIPS PUB 46-3)으로 공표하였다. DES에서는 56 비트 키가 사용되고 64비트 블록 단위로 동작한다. DES는 소프트웨어보다 하드웨어에 보다 적합하고 많은 데이터를 빠르게 암호화시킨다. DES 알고리즘은 누구나 사용가능하다. DES는 한때 최신 알고리즘이었으나 하드웨어 성능과 공격방법이 빠르게 발전하면서 이제 공격자는 며칠 이내로 DES를 크래킹할 수 있어 더 이상 안전한 알고리즘이 아니다.
- 3중 DES(Triple DES) : 3중 DES는 여러 개의 키를 이용하는 3개의 DES(암호화, 복호화, 암호화)로 구성된 알고리즘이다. 3중 DES에서는 키 공간이 56비트에서 사용되는 키의 개수에 따라 112비트 또는 168비트로 확대된다. 3중 DES는 DES 알고리즘의 기본 안전성과 증대된 키 공간으로 인해 계산적으로 안전하다. 동일한 키를 3번 사용한 결과는 단일 DES의 결과와 동일하다. 3중 DES도 FIPS PUB 46-3에 포함되고 누구나 사용 가능하다.
- IDEA(International Data Encryption Algorithm) : DES와 마찬가지로 이 블록 암호는 64비트 블록 단위로 동작한다. 128비트 키가 사용되며 하드웨어와 소프트웨어에서 DES보다 빠르게 동작한다. Ascom-Tech AG가 IDEA에 대한 특허(미 특허 5,214,703)를 보유하였으나 비사업용도로는 누구나 사용 가능하다.
- CAST : CAST 알고리즘은 DES와 비슷하게 치환-순열 알고리즘이다. DES와 달리 CAST 개발자는 설계 기준을 공개하였다. 64비트 대칭 블록 암호로 40비트부터 256비트의 다양한 키 길이를 사용할 수 있다. RFC 2144에 CAST-128가 설명되어 있고 RFC-2612에 CAST-256이 설명되어 있다. 특허(미 특허 5,511,123)가 있으나 개발자 C.M. Adams와 S.E. Tavares는 자유롭게 사용하도록 하였다.
- Blowfish : Blowfish는 32비트에서 448비트의 다양한 키 길이를 갖는 64비트 블록 암호이다. 이것은 DES나 IDEA보다 훨씬 더 빠르다. Blowfish는 150개 이상의 제품뿐만 아니라 리눅스 커널 v2.5.47에 포함된 강력한 알고리즘이다. 개발자인 Bruce Schneier는 Blowfish를 자유롭게 사용하도록 하였다. Schneier가 개발한 Twofish는 AES(Advanced Encryption Standard)의 후보 알고리즘이었다.
- AES(Advanced Encryption Standard) : Rijndael(래인돌)이라 알려진 AES는 블록 암호이다. Vincent Rijmen과 Joan Daemen이 AES를 설계하였고 FIPS PUB 197 표준으로 발표되었다. AES 알고리즘은 128비트 블록 단위로 데이터를 암호화하고 복호화하는 데 128비트, 192비트, 256비트 암호화키가 사용된다. 또한 다양한 블록 길이에서 동작할 수 있다. AES는 안전하고 빠르다.
- RC2 : RC2는 Ronald Rivest가 설계한 다양한 키 크기의 블록 암호이다. (RC는 Ron의 Code이다.) RC2는 DES를 대체하기 위해 설계되었고 64비트 블록 암호이다. 암호분석(해독)을 훨씬 더 어렵게 하기 위해 암호화 루틴의 일부로 salt 값을 사용한다. RSA 시

FYI

공격자가 많이 사용되는 키 값을 가지고 공격을 시도하는 사전 공격(dictionary attack)을 방지하기 위해 일부 알고리즘은 salt 값이라 하는 추가적인 값을 이용한다. salt 값은 암호화키를 생성하기 위해 실제 입력되는 키와 결합되는 임의의 문자열이다. salt 값과 입력 키를 결합시켜 암호화키의 손상을 훨씬 더 어렵게 만든다.

큐리티 소유이다.

- RC4 : RSA 시큐리티가 만든 RC4는 바이트 단위의 연산을 수행하는 다양한 키 크기의 스트림 암호이다. SSL(Secure Sockets Layer) 연결을 제공하기 위해 인터넷 브라우저에서 RC4가 사용된다.

무선 보안

이제 저가의 높은 대역의 통신 기술을 이용하는 무선랜(WLANs, Wireless Local Area Network)을 통해 집과 사무실 내 모든 컴퓨터를 케이블을 연결하지 않고 통신할 수 있게 되었다. 그러나 이러한 편리성으로 인해 보안은 약해질 수 있다.

많은 무선 사용자들은 플러그-앤-플레이(plug-and-play) 방식으로 새로운 기술을 설치한다. 즉, 상자를 열고 장치를 연결하고 전원을 켜고 설치 위저드를 실행시킨다. 장치가 작동하면 매뉴얼을 절대 보지 않는다. 무선 제품 내 보안이 내장되어 있더라도 일반적으로 기본 설정은 보안을 활성화시키지 않는다. 그 이유는 대부분의 소비자가 제품을 연결할 때 동작한다고 생각하기 때문이다. 그래서 보안을 제공하는 대부분의 업체는 고객이 보안을 작동시키도록 한다. 그러나 많은 고객들은 절대로 이에 대해 관심을 두지 않아 새로운 보안 문제가 생긴다.

> ⚠ **주의**
>
> 기억해야 할 것은 무선 신호는 건물의 물리적 경계와는 상관없다는 것이다. 그러므로 암호를 이용한 보안조치가 조직의 무선 통신을 안전하게 하는 데 중요하다.

802.11 무선 보안 : 802.11 또는 와이-파이(Wi-FI) 무선 표준은 1999년에 나타났다. 와이-파이는 802.11b에 대해 11 Mbps부터 802.11n에 대해 150 Mbps까지의 전송 속도로 무선 통신을 제공한다. 새롭게 제안된 표준으로 인해 최대 전송 속도가 영향을 받았다. 802.11ac 표준이 최대 866.7 Mbps의 데이터 선송 속도를 지원한 반면 802.11ad 표준은 7000 Mbps까지 지원할 것이다. 802.11 명세서 내 다양한 표준에서는 2.4-GHz 또는 5-GHz 주파수대역을 이용하여 데이터를 전송한다. 이러한 대역폭에서 데이터 통신의 범위는 약 100 미터(802.11n에 대해서는 200 미터 이상)정도라고 알려졌다. 그럼에도 불구하고 해커는 고성능 안테나를 이용하여 수마일까지 수신을 확대시킨다. 비공식적으로 누가 가장 먼 802.11 무선 연결을 할 수 있는지를 알기 위해 전 세계적으로 경쟁 중에 있다.

가장 최근 집계로 스웨덴의 Space Corporation는 29.7 km에 떠있는 성층권 기구(풍선)의 기록을 게시하였다. 성층권에 있었던 기구는 310 km 떨어진 기지국과 연결되었다.

802.11 무선 프로토콜을 이용하여 WEP(Wired Equivalent Privacy) 또는 보다 나중에 나온 WPA(Wi-Fi Protected Access)를 통한 암호화가 가능하다. 사용자들은 안전한 무선 연결을 개시하기 위해 키로 이용될 공유되는 비밀을 보유할 필요가 있다. 대부분의 무선 접근(WAPs, Wireless Access Points)은 일반적으로 기본으로 무선 암호화가 활성화되어 있지 않아 대부분의 무선 네트워크는 암호화되지 않고 동작한다. 모든 공격자가 개방형 네트워크를 모니터하고 이에 접근한다. 2000년에 Peter Shipley는 샌프란시스코 만 주위를 휴대용 무선 장치를 가지고 운전하고 있었다. Peter는 무선 네트워크의 85%가 암호화되고 있지 않다는 것을 발견하였다. 암호화된 무선 통신 중 반 이상은 기본 비밀번호를 사용하고 있었다. 각 WAP에 대해 자체 SSID(Service Set IDentifier)가 존재하나 해커는 범위 내 모든 SSID의 이름을 보여주는 NetStumbler와 같은 툴을 가지고 있다. 윈도우즈의 경우 단순히 이용 가능한 첫 번째 네트워크 신호에 연결을 한다. 그러므로 무선 암호화는 무선 네트워크에서 보안을 보장하기 위해 최소한의 요구사항이다.

WEP는 광범위하게 사용된 첫 번째의 무선 암호화 프로토콜이다. WEP에는 몇 가지 심각한 제약사항이 있다. RC4 암호화에 대한 키 스케줄링의 취약점을 포함하여 프로토콜에 설계 결함이 존재한다. AirSnort나 WEP crack과 같은 툴을 이용하면 해커는 약 5,000,000부터 10,000,000까지의 암호화된 패킷을 수집한 후 암호화 키를 추측할 수 있다. 이러한 취약점을 처리하기 위해 현재의 표준과 지원하는 하드웨어 내에는 WPA가 제공된다. 무선 네트워크 트래픽에 대해 가장 좋은 보호를 제공하기 위해 항상 WPA를 사용하도록 한다. 절대로 WEP를 사용해서는 안 된다. MAC 주소 필터링을 활성화하도록 한다. MAC 주소 필터링을 이용하면 인지되지 않은 PC를 차단한다. 무선랜과 네트워크의 나머지 부분 사이에 침입차단시스템을 위치시켜 잠재적인 공격자가 접근하지 못하도록 한다.

비대칭 키 솔루션

키 분배란 키를 암호시스템의 정당한 사용자에게 발급하여 통신할 수 있도록 한다. 키 분배에 대한 전통적인 솔루션은 신뢰되는 채널을 통한 대역외 통신을 이용하여 키를 미리 분배하는 것이다. 대역외 통신은 등록된 메일, 택배 또는 도청되지 않는 전화를 이용한 통신이다. 그러나 이 방법은 비용이 많이 늘고 속도가 느리다.

자원과 능력이 있는 조직은 키분배를 위한 방법을 개발한다. 예를 들어 미 해군은 독특한 분배 시스템을 이용하여 암호시스템을 안전하게 하였다. 여기에는 암호시스템의 적절한 사용을 보장하기 위한 엄격한 책임추적성과 통제 절차가 포함된다. 이 프로그램은 CMS(Communications Security Material System)이다. 각 사령부는 CMS 관리자와 대리인을 지정한다. 관리자와 대리인은 해군 암호시스템의 키를 획득하고 저장하고 통제하고 설치하고 제거하고 파기할 책임을 갖는다. 이를 위해서는 많은 오버헤드와 비용이 든다. 그러나 가치가 높은 정보에는 사용할 만하다.

비대칭 키 분배 시스템에는 택배나 비공식 채널이나 고가의 저장소나 별도의 계획이 필요 없다. 그 이유는 각 객체가 미리 비밀키를 공유할 필요가 없기 때문이다.

사용자가 더 이상 신뢰되지 않거나 암호시스템이 이용이 허용되지 않을 때 **키 취소**(key revocation)가 발생한다. 모든 사람이 동일한 비밀을 공유하는 대칭키 시스템에서는 키가 손상되면 모든 비밀 통신에 영향을 미친다. 이것은 모든 직원이 동일한 사무실 열쇠를 가지고 있는 것과 비슷하다. 퇴사한 직원이 열쇠를 반납하지 않으면 조직은 반드시 모든 자물쇠를 교체하고 새로운 열쇠를 발급해야 한다. 해고의 경우에는 비용이 많이 들고 번거로운 일이 된다.

비대칭 키 환경에서 키 **디렉토리**(key directory)는 모든 공개키의 신뢰되는 저장소이다. 한 사람을 더 이상 신뢰할 수 없으면 디렉토리 관리자는 해당 공개키를 제거한다. 해당 사람과 통신을 개시하고자 하는 사람은 해당 키를 찾을 수 없게 된다. 반면 그 사람은 다른 사람의 게시된 공개키를 이용하여 암호화된 통신을 개시할 수 있다. 그러나 전자서명이 필요하게 되면 수신자는 서명을 확인하기 위한 유효한 키를 탐색할 수 없어 해당 메시지를 거부한다. 예를 들어 MIT PGP 공개키 서버(Public Key Server)(http://pgp.mit.edu/)에 질문을 할 수 있다.

인터넷 전자상거래의 기본은 적절한 보안 통신이다. 보안 통신은 오늘날 암호기술이 가장 자주 사용되는 형태 중 하나이다. 대칭키를 이용하는 것은 어렵다. 각 객체가 통신 객체에게 연락하여 비밀키를 공유해야 하기 때문이다. 비밀키를 공유할 수 있는 키가 존재하면 메시지 전송에 왜 해당 채널을 사용하지 않겠는가? 실용적인 측면에서 이는 합리적이지 않다.

비대칭 키를 이용하면 적절한 통신이 간단하다. 인터넷 암호기술의 가장 일반적인 형태가 SSL(Secure Sockets Layer)이거나 HTTPS(Hypertext Transport Protocol Secure) 암호화이다. 클라이언트와 서버 간 SSL **핸드쉐이크**(handshake)를 통해 먼저 안전한 통신 세션을 생성한다. RSA 웹 사이트(http://www.rsa.com/rsalabs/node.asp?id=2293)에 이 과정이 잘 설명되어 있다.

SSL 핸드쉐이크 프로토콜은 서버 인증과 선택적 클라이언트 인증의 2단계로 구성된다. 첫 번째 단계에서 서버는 클라이언트의 요청에 대한 응답으로 자신의 인증서(서버의 공개키가 포함)와 선호하는 암호 목록을 전송한다. 클라이언트는 마스터키를 생성한 후 서버의 공개키로 암호화한다. 클라이언트는 암호화된 마스터키를 서버에 전송한다. 서버는 마스터키를 복호화한 후 마스터키로 암호화된 메시지를 클라이언트에게 전송함으로써 클라이언트에게 서버 인증을 수행한다. 클라이언트와 서버는 마스터키로부터 유도된 키들을 이용하여 이후의 데이터를 암호화하고 인증한다. 선택 사항인 두 번째 단계에서 서버는 클라이언트에게 도전(challenge) 메시지를 전송한다. 클라이언트는 서버에게 자신을 인증하기 위해 자신의 공개키 인증서와 도전 메시지에 대한 전자서명을 서버에게 전송한다.

전자 서명을 통해 특정인의 신원이나 메시지와 특정인의 연관성을 검증할 수 있다. 이를 위해 크리덴셜의 유효성을 확증하는 인증기관(CA, Certificate Authority)이 필요하다. 부인불가를 통해 문서에 대한 전자서명을 검증한다. 전자서명을 이용해 누가 메시지를 전송했는지를 증명할 수 있다. 특별한 경우 언제 메시지를 전송했는지를 증명하기 위해 전자서명과 변경 불가능한 시간을 결합시킨다.

해시 함수와 무결성

보안전문가는 비전문가에게 해시 함수가 어떻게 동작하는지와 해시 함수에서 사용되는 알고리즘 및 무결성을 보장하기 위해 해시 함수를 어떻게 사용하는지를 설명할 수 있어야 한다.

해시 함수

해시 함수를 이용하면 위조를 탐지할 수 있다. 해시 함수를 이용해 메시지의 체크썸을 계산한 후 암호 함수를 이용하여 메시지를 체크썸과 결합시키면 그 결과는 변경할 수 없게 된다. 해시는 사용되는 알고리즘에 따라 고정된 크기를 갖는다.

다시 말하지만 체크썸은 일방향의 계산 결과이다. 예를 들어 다음과 같은 10진수 숫자에 대해, 체크썸은 이 모든 수의 합의 가장 오른쪽 두 자리 수이다.

71 77 61 114 107 75 61 114 100 121

즉, 이 경우 위의 숫자를 다 합치면 901이다. 9는 없애고 체크썸은 01이다. 이제 잡음이 있는 통신 채널을 통해 누군가에게 10개의 숫자를 연속해서 보내면 잡음으로 인해 일부 정보가 왜곡될 수 있다. 체크썸도 함께 전송함으로써 수신자는 숫자를 모두 더 해서 체크썸을 재계산할 수 있다. 재계산한 결과와 수신한 체크썸이 일치하지 않으면 재전송을 요청한다.

체크썸은 매우 단순한 함수이기 때문에 왜곡된 메시지에 대한 올바른 체크썸을 생성하는 것도 가능하다. 물론 의도적으로 누군가 숫자를 변경한 후 체크썸을 일치하도록 하는 것도 가능하다. 이러면 체크썸을 이용한다 해도 안전성이 보장되지 못한다.

해시는 적당한 메시지에 대해 동일한 결과가 생성되어 아무도 메시지를 위조할 수 없도록 설계된 체크썸이다. 일반적으로 해시 값의 길이는 체크썸 값의 길이보다 길다. 해시는 데이터의 지문과 같이 동작한다. 해시를 참조할 수 있기 때문에 수신자가 정보가 변경되었는지를 확인할 수 있다. 소프트웨어 게시자는 종종 해시 값을 제공하여 고객이 수신한 소프트웨어의 무결성을 검증할 수 있다. 해시는 보통 해커가 해시 값에 일치하는 다른 메시지를 생성하는데 시간이 오래 걸리며 충분히 길다.

MIT의 Ronald Rivest 교수는 MD5 메시지 다이제스트 알고리즘을 개발하였다. RFC 1321에 알고리즘 명세서가 포함되어 있다. MD5는 임의의 길이의 메시지를 입력 받아 128 비트 메시지 다이제스트를 생성한다. 이는 동일한 다이제스트에 대해 다른 입력 메시지를 찾는 것을 계산적으로 어렵게 한다. 이 메시지 다이제스트는 유일하게 해당 메시지와 연관된다. 컴파일된 소스 코드와 같은 정보와 함께 MD5 해시를 공개한 후 정보와 해시를 비교한다. 이를 통해 어떤 사람이나 바이러스와 같은 프로세스가 정보를 변경하지 않았음을 검증할 수 있다.

그러나 MD5 메시지 다이제스트는 서명된 해시가 아님을 주의하도록 한다. 해시와 송신자를 유일하게 연관시키는 것이 없다. 즉, 공격자가 프로그램을 변경하면 공격자는 새로운 MD5 해시를 쉽게 계산한 후 변경된 프로그램과 MD5 해시를 웹 사이트에 게시한다. MD5

그림 9-7

해시와 전자서명 알고리즘 사이의 관계

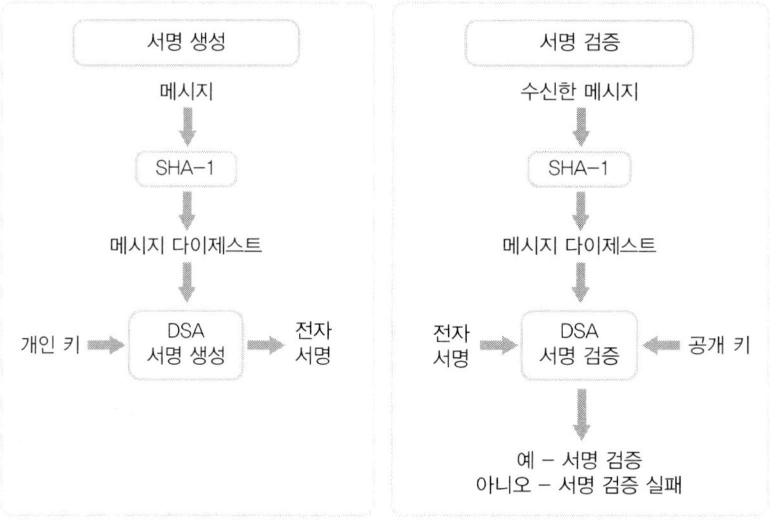

해시가 있다고 해서 파일의 진본성을 증명하진 않는다. 이것은 단지 해시를 계산한 후 파일이 변경되지 않은 것만 증명한다.

FIPS 180-1에 SHA-1이 정의되어 있다. SHA-1은 임의의 길이의 메시지로부터 160 비트 해시를 생성한다. MD5와 같이 재생성하는 것이 계산적으로 불가능한 파일의 유일한 지문을 생성한다.

해시로부터 전자서명을 어떻게 생성할까? MD5나 SHA-1 해시의 결과는 개인키를 입력으로 사용하는 비대칭 키 알고리즘의 입력이 된다. 이 암호화의 결과가 파일에 유일하게 연관되는 값이다. 이를 통해 위조하는 것이 계산적으로 불가능하고 파일을 서명하는 객체의 신원과 관련된다. FIPS 180-1에는 해시와 전자서명의 관계성을 보여주는 (그림 9-7)의 흐름도가 포함되어 있다.

특정 사람이 메시지나 소프트웨어 또는 전자 매체를 전자적으로 서명하면 누구나 쉽게 검증할 수 있다. 이는 서명을 검증하기 위해 키를 탐색하는데 수신자가 사용하는 공개키 디렉토리의 무결성을 전제로 한다. 공격자가 디렉토리를 해킹하는 데 성공하면 모든 안전성을 보장할 수 없다.

전자서명과 부인불가

전자서명과 전자화된 서명 사이의 차이와 부인 불가를 위한 전자서명 활용에 대한 기반구조와 법적 필요성을 살펴보도록 한다.

전자서명과 전자화된 서명

앞에서 전자서명과 전자화된 서명에 대해 살펴보았다. 두 서명 간 차이는 단순하지만 많은 사람들은 종종 혼동하기도 한다. 다시 말하자면 전자화된 서명은 전자적인 형태로 저장된 물리적 서명의 이미지이다. 이 파일은 JPG, GIF 또는 BMP 포맷일 수 있다. 이론적으로 디지털 카메라에 저장된다. 전자화된 서명의 장점은 수기 서명처럼 보이게 여러 색깔로 출력될 수 있다는 것이다.

전자서명은 좀 다르다. 전자서명은 메시지의 해시와 대칭키 암호시스템의 개인키와의 결합이다. 이러한 결합으로 인해 특정 객체가 메시지를 생성하였고 그 내용을 아무도 변경하지 않았음을 보장한다.

비대칭 암호시스템에서는 공개키에 접근할 수 있는 사람은 누구나 전자서명을 검증할 수 있다. 그러나 개인키의 소유자만이 전자서명을 생성할 수 있다.

이러한 전자서명으로 부인불가 원칙을 충족시킬 수 있다. 송신사와 수신자가 동일한 비밀키를 소유하는 대칭키 암호시스템에서는 누가 메시지를 전송했는지를 증명할 수 없다. 그러므로 부인불가를 제공하기 위한 조건은 다음과 같다.

- 효과적인 비대칭 키 알고리즘
- 강력한 해시 함수
- 전자서명을 생성하기 위해 해시 값을 개인키로 암호화(전자서명)하는 방법
- 필요한 경우 변경할 수 없는 타이밍 장치 또는 신뢰되는 제3자 타이밍 장치
- 전자서명을 검증하는데 합의된 프로토콜
- 안전한 키-관리 및 분배 시스템
- 무결성을 보장하는 공개키 저장소
- 사용을 주저하는 객체로부터 공개키를 생성할 수 있는 키 위탁(key escrow)
- 논쟁을 처리하는 절차

조직은 반드시 위의 모든 단계를 기업 협정의 일부로 서면으로 기술하여야 한다. 이러면 부인불가를 구현할 준비가 된 것이다.

인증서와 키 관리 원칙

앞에서 살펴본 키 관리에는 키와 키 요소를 생성하고 분배하고 저장하고 검증하고 갱신하고 대체하고 취소하는 것이 포함된다.

전형적인 키-관리 스킴을 살펴보도록 한다. 에니그마(Enigma)는 20세기에서 가장 유명한 암호 장치 중 하나였다. Arthur Scherbius가 개발한 에니그마는 2차 세계 대전 전에 독일 최고의 암호화 툴이다. 이 장치에는 우주의 원자 수보다 훨씬 더 많은 가능한 키 요소의 배치가 존재한다. 실제로 키의 부분집합을 사용하여 키 변경을 가능하게 하였다. 그럼에도 불구하고 3개의 회전판을 갖는 에니그마는 2차 세계 대전 초기에 158,962,555,217,826,360,000개의 가능한 키를 제공하였다.

독일 에니그마 운영자는 월마다 새로운 코드북(codebook)을 갖는다. 즉, 이 코드북을 이용하여 매일 어떤 키를 사용할지를 결정한다. 하루에 전송되는 모든 메시지는 동일한 키로 암호화되고 공격자(암호분석가)는 동일한 키로 암호화된 많은 암호문을 보유하게 된다. 하지만 이것은 문제가 될 수 있다. 즉, 하나의 암호문만 해독하면 그날의 나머지 암호문은 순식

간에 해독될 수 있다. 그러므로 코드북에 있는 키를 키-암호화 키로만 사용하도록 하는 키 관리 프로토콜이 필요하다. 전시에 사용된 에니그마에는 5개의 혼합기(회전판)가 있었다. 애니그마 사용자들은 오직 3개의 혼합기만 사용하였다. 사용자는 그러한 혼합기 각각을 26개 문자 중 하나에 위치시킨다. 사용자는 각 스크램블러 휠을 26개의 시작 위치 중 하나에 위치시킨다. 결국 모든 메시지는 혼합기의 설정으로 시작된다. 송신자는 전파 방해에도 키를 획득하도록 메시지를 반복한다. 60개의 서로 다른 가능한 혼합기의 선택과 26×26×26 또는 17,576개의 가능한 위치를 사용하여 사용자는 매일 1,054,560개의 가능한 키를 이용하여 메시지를 암호화할 수 있다. 초기 설정을 알지 못하는 암호해독자는 여전히 1해 개의 키 중 어떤 키가 사용되었는지 모른다. 에니그마 암호화는 완전히 깨지지 않을까? 독일은 그렇게 생각했으나 이것은 잘못된 생각이었다.

폴란드 암호학자 Marian Rejewski가 해답을 찾았다. 여기에서 설명하지는 않겠지만 관심이 있으면 관련 책을 찾아보길 바란다. Rejewski의 방법은 순수 수학을 사용하는 것과 관련된다는 정도만 언급하도록 한다. 이 방법을 통해 알 수 있는 것은 키 분배 체계가 안전하게 즉, 키의 수가 거의 무한개인 것처럼 보일 수 있다는 것이다. 그러나 가장 좋은 키분배 시스템이 암호화 알고리즘 자체에 약점이 존재하면 뛰어난 암호학자들의 암호 분석(해독)을 막을 수는 없다.

현대의 키-관리 기술

오늘날, 모든 기업의 암호기술은 컴퓨터에서 처리된다. 이 분야 전문가들이 수십 년 동안 선택된 알고리즘을 꼼꼼히 살펴본다. 그래서 공격자는 암호기술의 기반인 수학 문제를 풀어서 암호기술을 깨려고 하지 않는다. 인간의 행동(인간의 오류)은 손상을 가장 많이 야기한다. 미흡한 키 관리가 종종 원인이 되기도 한다.

여기에서의 내용은 키-관리의 기술적 복잡성을 검사하는 대신 어떤 기술이 여러 기업 어플리케이션에 적합한지를 살펴보고자 함이다. 예를 들어, PKI는 효과적인 키 관리를 필요로 하는 기술이다. PKI 업체들이 최근 몇 년 동안 엄청나게 성장하였다. 그러나 모든 키-관리 요소를 이용하는 것에 대한 실용성은 성장의 저해 요인이다. 현대의 키-관리 기술을 살펴보고 어떤 기술이 조직에 적합한지를 결정해 보자.

AES

현재 미국 정부에는 기밀이 아닌 어플리케이션에 대해 암호화키를 생성하기 위한 기준이 없다. 그러나 작업 그룹은 무결성 정보와 함께 평문 키를 안전하게 암호화하는 AES 키 랩(wrap) 명세서를 정의하였다. 이를 통해 기밀이 아닌 정부 환경에서의 키 관리를 위한 메커니즘을 제공한다.

IPSec

IPSec은 인터넷 프로토콜(IP, Internet Protocol) 패킷이 노출이나 변경되지 않도록 보호한다. 프로토콜은 프라이버시와 무결성을 제공한다. 각 헤더에는 특정 암호화 키인 보안 파라메터 인덱스(SPI, Security Parameter Index)가 포함된다. 추가적으로 헤더에는 두 개의 보안 헤더까지 포함될 수 있다. AH(Authentication Heather)는 무결성 확인을 제공한다. ESP(Encapsulating Security Payload)는 기밀성을 위해 패킷을 암호화한다. IPSec을 이용하는 호스트는 서로 보안 연관을 구축한다. 이를 위해 SPI 호스트뿐만 아니라 어떤 암호 방법과 키를 사용할 것인지를 협의해야 한다. ISAKMP는 키-관리 서비스를 제공한다.

ISAKMP

ISAKMP(Internet Security Association and Key Management Protocol, 아이스어캠프(ICE-a-camp)라 읽음)는 사용이 증대되고 있는 키 관리 방법이다. RFC 2408에서는 ISAKMP를 통신 객체를 인증하고 보안 연관, 키-생성 기술 및 서비스 거부 및 재전송 공격과 같은 위협 완화를 생성하고 관리하기 위한 절차의 일부로 정의한다. 인터넷 환경에서 IP 보안 서비스나 다른 보안 프로토콜을 통해 안전한 통신을 구축하고 관리하기 위해 ISAKMP가 필요하다.

보안 연관(SA, Security Association)은 ISAKMP 키관리의 기본 요소이다. SA에는 다양한 네트워크-보안 서비스를 수행하기 위해 필요한 모든 정보가 포함되어 있다. ISAKMP는 SA 속성의 포맷을 협의하고 SA를 협의하고 수정하고 삭제하기 위한 공통의 프레임워크로 작동한다. ISAKMP는 RSA로 서명된 Diffie-Hellman 키교환을 이용한다.

XKMS

XML(Extensible Markup Language) 키-관리 명세서(XKMS, XML Key Management Specification)는 XML과 함께 사용되는 공개키를 분배하고 등록하기 위한 프로토콜을 지원한다. XML은 구조화된 정보를 포함하는 문서에 대한 마크업 언어이다. XML은 웹 상에서 구조화된 복잡한 문서를 공유할 수 있는 문법(syntax)을 제공한다.

관리되는 PKI

특정 업체는 공개키 관리와 연관되는 이슈를 처리하기 위해 관리되는 서비스를 제공한다. 서비스에는 중앙 집중의 키 생성, 분배, 백업 및 복구가 포함된다. 키-관리 기반구조를 생성하기보다 고객들이 이를 아웃소싱할 수 있도록 한다.

ANSI X9.17

ANSI X9.17은 금융계에서는 키-관리 절차를 정의하기 위해 만든 표준이다. 여기에는 많은 제조자들이 하드웨어 암호화 장치에서 이용하는 대칭키-교환 프로토콜이 정의된다. 비대칭 키 교환의 장점이 존재하나 조직이 X9.17을 준수하는 장비에 엄청나게 투자를 했다는 사실을 보면 X9.17의 사용이 지속될 것이다. FIPS Pub 171에 따르면 X9.17에는 다음과 같은 최소한의 기준이 기술되어 있다.

- 키의 생명주기 동안 키 요소의 비인가된 노출, 변경 또는 대체를 예방하기 위한 통제
- 암호 장비나 설비 간 상호연동성을 위해 키 요소의 분배
- 키의 생명주기(생성, 분배, 저장, 입력, 사용 및 파기) 동안 키 요소의 무결성 보장
- 키-관리 프로세스의 장애 발생 또는 키 요소의 무결성이 의문시 될 때 복구

조직에서 키-관리 제품이나 기술을 선택할 때 초기 비용뿐만 아니라 향후 유지 관리 비용을 확실하게 이해해야 한다.

요약

본 장에서는 암호기술이 어떻게 동작하고 사업 이슈를 해결하기 위해서 어떻게 적용하는지를 살펴보았다. 암호와 관련된 용어와 사업 원칙, 암호기술을 어떻게 이러한 원칙에 적용하는지와 암호 기술을 사용하는 보안 툴을 식별하는 방법에 관해 살펴보았다. 또는 대칭 암호와 비대칭 암화의 장점과 단점을 살펴보았다.

핵심 용어

- algorithm : 알고리즘
- asymmetric key cryptography : 비대칭 키 암호기술
- Caesar cipher : 시저 암호
- CA(Certificate Authority) : 인증기관
- checksum : 체크썸
- DES(Data Encryption Standard)
- decryption : 복호화
- differential cryptanlysis : 차분 공격
- digital signature : 전자서명
- hash : 해시
- key : 키
- key directory : 키 디렉토리
- key distribution : 키 분배
- key–encrypting key : 키–암호화 키
- key revocation : 키 취소
- keyspace : 키공간
- keyword mixed alphabet cipher : 키워드 혼합 암호
- nonrepudationl : 부인 불가
- one–time pad cipher : 일회용 암호 암호
- one–way algorithm : 일방향 알고리즘
- plaintext : 평문
- private (symmetric) 키 : 비밀 (대칭)키
- product cipher : 곱 암호
- public (asymmetric) 키 : 공개 (비대칭)키
- PKI(Publick Key Infrastructure) : 공개키 기반구조
- revocation : 취소
- salt value : salt 값
- SA(Security Association) : 보안 연관
- simple substitution cipher : 단순 전치 암호
- SSL handshake : SSL 핸드쉐이크
- substitution cipher : 치환 암호
- symmetric key cryptography : 대칭키 암호
- timestamping : 타임스탬핑
- transposition cipher : 전치 암호
- Vernam cipher : Vernam 암호
- Vigenère cipher : Vigenère 암호

연습문제

1. 4가지 보안 목적(기밀성, 무결성, 인증, 부인불가)을 달성하기 위한 메커니즘을 제공하는 것을 무엇이라 하는가?

   A. SA(Security Association)
   B. SSL(Secure Sockets Layer)
   C. 암호기술
   D. 정답 없음

2. 강력한 해시 함수를 이용하면 정당한 메시지와 동일한 해시를 생성하도록 메시지를 위조할 수 없다.

   A. 그렇다.
   B. 아니다.

3. 평문을 암호문으로 변환하는 것을 무엇이라 하는가?

   A. 복호화
   B. 암호화
   C. 평문
   D. 암호문

4. 암호 목적으로 사용되는 알고리즘을 무엇이라 하는가?

   A. 해시 함수
   B. 개인키
   C. 공개키
   D. 암호 알고리즘

5. 암호 알고리즘은 크게 대칭키 암호와 공개키 암호로 분류할 수 있다.

   A. 그렇다.
   B. 아니다.

6. 암호화와 복호화를 위해 동일한 키를 사용하는 암호 알고리즘을 무엇이라 하는가?

   A. 대칭키 암호
   B. 비대칭 키 암호
   C. 키 암호화
   D. 정답 없음

7. 송신자, 송신자의 컴퓨터, 특정 장치 등에서 객체의 신원을 입증하는 것을 무엇이라 하는가?

   A. 부인불가
   B. 기밀성
   C. 무결성
   D. 인증

8. 다음 중 암호 공격의 4가지 형태 중 하나는 무엇인가?

   A. 암호문 단독 공격
   B. 알려진 평문 공격
   C. 선택적 평문 공격
   D. 선택적 암호문 공격
   E. A, B, C, D 모두

9. 암호의 두 가지 기본 종류로 치환과 전치 암호가 있다.

   A. 그렇다.
   B. 아니다.

10. 위조를 탐지하기 위해 사용되는 것은 무엇인가?

    A. 해시 함수
    B. 체크섬
    C. 해시 값
    D. KDC

11. DES, IDEA, RC4, WEP는 무엇의 예인가?

    A. 키 취소
    B. 802.11b 무선 보안
    C. 비대칭 키 알고리즘(또는 표준)
    D. 대칭 키 알고리즘(또는 표준)

12. 물리적 서명이 전자적 포맷으로 나타나는 서명을 무엇이라 하는가?

    A. 전자 서명
    B. 전자화된 서명
    C. 개인키 서명
    D. 공개키 서명

10장 네트워크와 통신

오늘날 대부분의 기업과 조직에게 네트워크와 통신은 기업 기반구조의 핵심 부분이다. 네트워크를 이용할 수 없거나 오류가 발생하면 많은 조직들이 운영을 할 수 없다. 네트워크 보안은 네트워크 가용성, 무결성 및 기밀성에 대한 조직의 핵심 수요를 충족한다. 네트워크를 통해 전송되는 데이터는 변경(사고든, 고의적이든)되지 않고 비인가된 객체가 데이터를 읽을 수 없고 송신지와 목적지가 검증될 수 있도록 보호된다. 기업과 보안 요구사항은 다음과 같다.

- 접근 통제
- 네트워크 안정성 및 신뢰성
- 무결성
- 가용성
- 기밀성 또는 부인불가

본 장에서는 네트워크와 통신을 안전하게 하는 방법을 살펴보도록 한다. 우선 네트워크의 기본 요소를 소개하고 관련 보안 이슈를 설명하도록 한다.

보안전문가는 네트워크와 통신의 다음과 같은 기본 요소들을 이해할 필요가 있다.

- 개방형 시스템 상호연결(OSI, Open Systems Interconnection) 참조 모델
- 네트워크 토폴로지
- 전송 통제 프로토콜/인터넷 프로토콜(TCP/IP, Transmission Control Protocol/Internet Protocol) 통신
- 무선 통신
- 네트워크 보안

10장 주제

본 장의 주요 주제는 다음과 같다.

- OSI 참조 모델
- 두 가지 형태의 네트워크
- TCP/IP와 동작 방법
- 네트워크 보안 위험
- 네트워크 보안을 위한 기본적인 방어 툴
- 무선 네트워크 동작 방법 및 네트워크 보안에 대한 위협

10장 학습 목표

본 장의 학습 목표는 다음과 같다.

- OSI 참조 모델을 정의
- 네트워크 형태, 네트워크 프로토콜, 네트워크 보안 위협을 이해
- 네트워크 보안 위협을 방지하는 기본 툴을 이해
- 무선 통신과 위협을 이해

개방형 시스템 상호연결 참조 모델

개방형 시스템 상호연결(OSI) 참조 모델은 네트워크와 자원을 구축하고 사용하기 위한 템플릿이다. OSI 참조 모델은 교환 계층과의 네트워크 구축의 이론적 모델이다. 이것의 장점은 다른 계층의 동작을 고려하지 않고 임의의 한 계층에 대한 기술을 설계할 수 있다는 것이다. 임의의 계층이 자신의 상위와 하위 계층과의 통신 방법만 확실히 하면 된다. (그림 10-1)은 OSI 참조 모델의 각 계층을 보여준다.

- 응용 계층(application layer) : 최종 사용자와의 상호 작용을 담당한다. 응용 계층에는 네트워크와 상호 작용하는 컴퓨터의 모든 프로그램이 포함된다. 예를 들어, 네트워크를 통한 메시지를 전송하고 수신하는 이메일 소프트웨어가 포함되어 있다. 솔리테르(solitaire)와 같은 단순한 게임은 네트워크가 필요 없기 때문에 포함되지 않는다.
- 표현 계층(presentation layer) : 데이터 코딩을 담당한다. 표현 계층에는 파일 포맷과 문자 표현이 포함된다. 보안 측면에서 일반적으로 암호화가 표현 계층에서 발생한다.
- 세션 계층(session layer) : 컴퓨터 간의 통신 세션 유지를 담당한다. 세션 계층은 네트워크를 통해 프로세스 사이에서 발생하는 통신을 생성하고 유지하고 연결을 끊는다.
- 전송 계층(transport layer) : 데이터를 패킷으로 나눈 후 적절하게 전송하는 것을 담당한다. 흐름 통제와 에러 확인이 전송 계층에서 발생한다.
- 네트워크 계층(network layer) : 네트워크의 논리적 구현을 담당한다. 네트워크 계층의 매우 중요한 특성 중 하나는 논리적 주소 할당이다. TCP/IP 네트워크를 구축할 때 논

그림 10-1
OSI 참조 모델

계층		기본 기능
계층 7	응용	사용자 인터페이스
계층 6	표현	데이터 포맷; 암호화
계층 5	세션	프로세스 대 프로세스 통신
계층 4	전송	단 대 단 통신 유지
계층 3	네트워크	라우팅 데이터; 논리적 주소 할당; WAN 전송
계층 2	데이터 링크	물리적 주소 할당; LAN 전송
계층 1	물리	신호 처리

리적 주소는 IP 주소와 관련된다.

- 데이터 링크 계층(data link layer) : 정보를 동일한 LNA에 연결된 컴퓨터로 전송하는 것을 담당한다. 데이터 링크 계층에서는 MAC(Media Access Control) 주소를 사용한다. 장치 제조자는 각 하드웨어 장치에 유일한 MAC 주소를 지정한다.
- 물리 계층(physical layer) : 네트워크의 물리적 운영을 담당한다. 물리 계층에서 반드시 컴퓨터 언어인 바이너리 1과 0이 전송 매체의 언어로 해석되어야 한다. 구리망 전선에서는 컴퓨터 데이터가 전기파로 변환되어야 한다. 광섬유에서는 데이터가 여러 광선으로 변환되어야 한다.

OSI 참조 모델을 이용하면 개발자가 각 계층을 독립적으로 개발할 수 있다. 어플리케이션에서 동작하는 이메일 프로그램을 만들 때 표현 계층과 정보를 주고받는 것만 고려하면 된다. 사용하고자 하는 네트워크의 상세 사항과 이메일 프로그램과는 상관이 없다. 그러한 부분은 다른 계층에서 고려된다. 비슷하게 물리 계층에서 전선을 만들 때 네트워크 계층 프로토콜이 해당 전선에서 어떻게 동작하는 지를 생각할 필요가 없다. 데이터 링크 계층의 요구조건을 만족시키는 전선을 구축하면 된다.

두 가지 형태의 네트워크

보안전문가는 네트워크 구축에 대해 잘 알아야 한다. 보안 영역에서 사용되는 많은 장치들이 네트워크를 보호한다. 본 절에서는 두 가지 기본 형태의 네트워크인 광역통신망(WAN, Wide Area Network)과 근거리 통신망(LAN, Local Area Network)을 살펴보도록 한다. 또한 LAN을 WAN에 연결하는 방법도 살펴보고 마지막으로 가장 중요한 네트워크 장비인 라우터, 스위치 및 허브를 살펴본다.

광역통신망(WAN)

이름에서 알 수 있듯이 WAN에서는 큰 규모의 지역 시스템들이 연결된다. 가장 일반적인 WAN의 예가 인터넷이다. (그림 10-2)에서와 같이 인터넷에서는 많은 독립적인 네트워크가 함께 연결된다. 인터넷을 이용해서 서로 다른 위치의 사람들은 쉽게 서로 통신을 한다. 사람들은 인터넷의 상세한 사항을 잘 모른다. 사람들이 이메일 메시지를 전송할 때 데이터가 어떻게 움직이는 지는 신경 쓰지 않는다. 단지 "보내기" 버튼만 클릭하면 되고 복잡한 것은 네트워크에서 처리된다.

보안 측면에서 인터넷이 개방형 네트워크라는 사실은 중요하다. 즉, 인터넷에서는 데이터 프라이버시가 보장되지 않는다. 데이터는 목적지까지 임의의 경로를 거쳐 갈 수 있다. 경로에 있는 누구나 데이터를 읽을 수 있다. 인터넷에서 전달되는 데이터는 봉인된 봉투 안의 편지가 아닌 엽서와 같다. 다행히도 암호화와 같은 보안 기술을 이용하면 인터넷을 통해 데이터를 전송할 때 데이터의 내용을 숨길 수 있다. 이것은 엽서를 보내지만 메시지를 비밀 코드로 작성하여 보내는 것과 같다. 네트워크 암호화에 대해서는 본 장의 뒷부분에서 좀 더 살펴보도록 한다.

많은 조직들은 인터넷을 이용하여 서로 연결한다. 네트워크를 인터넷에 연결하는 것이 쉽고 비용이 낮으므로 적은 비용으로 사이트를 연결할 수 있다. 그러나 반드시 인터넷과 같은 개방형 네트워크 사용과 관련한 보안 이슈를 고려해야 한다. 다시 말하지만 암호화 기술을 이용하면 인터넷을 이용하는 위험을 감소시킬 수 있다.

어떤 조직은 원격 사이트를 연결하기 위해 자신만의 사설 네트워크를 이용하는 것을 선호한다. 보안을 위해 어떤 조직은 그렇게 하는 반면 다른 조직들은 사설 네트워크 자체 보다는 사설 네트워크의 신뢰성만을 원하기도 한다. 보안과 신뢰성 측면에서 사설 네트워크를 선택하는 것이 좋으나 비용이 매우 많이 든다.

그림 10-2
광역통신망
(WAN)

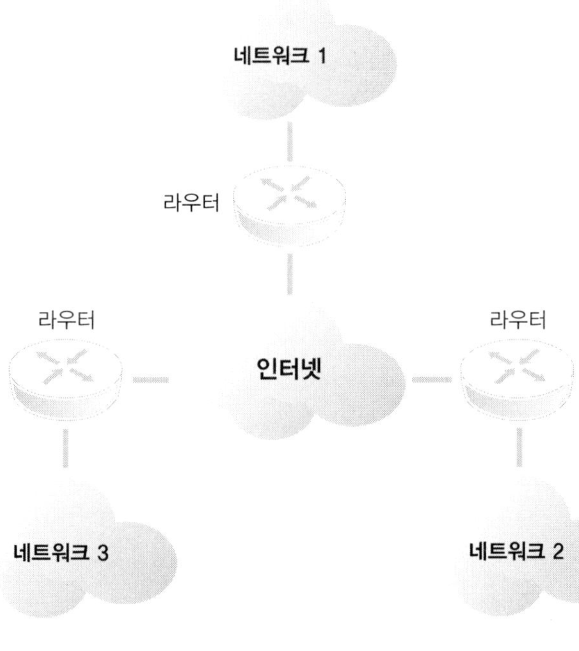

연결 방법

인터넷에 연결하기 위해 사용자가 사용할 수 있는 방법은 다양하다. 대부분의 홈 사용자들은 전화 회사의 케이블 모뎀이나 디지털 가입자 회선(DSL, Digital Subscriber Line)을 선택한다. 그러나 선택할 수 있는 방법은 또 있다. 케이블이나 DSL 서비스에 접근할 수 없는 사용자는 위성이나 옛날 방식의 다이얼 접속 서비스를 이용하여 인터넷에 연결할 수 있다. 인터넷 사용이 증대되면서 서비스 제공자는 더 많은 방법을 제공하였다. 많은 상황에서 인터넷에 연결하기 위해 사용할 수 있는 방법은 사용자가 사는 곳에 따라 다르다. 인구 밀집 지역에서는 훨씬 더 많은 방법이 제공된다. 많은 대도시에서 제공되는 최신 방법 중 하나는 홈까지 직접 광섬유를 연결하는 것이다. 무선 기술이 발전하면서 많은 거주 지역에서 휴대폰 연결이 가능하게 되었다.

스마트폰은 일반적으로 3G나 4G 네트워크에 연결한다. 또한 많은 스마트폰은 802.11 표준을 이용하여 Wi-Fi 네트워크에 연결할 수도 있다. 휴대폰 3G와 4G 네트워크는 안정적인 인터넷과 음성 통신을 제공한다. 지속적으로 인터넷에 연결된 것 같지만 실제로 장치는 셀에서 셀로 움직인다. 사용자는 하나의 셀에서 다른 셀로 핸드오프(handoff)를 보지 못함으로써 계속해서 인터넷에 연결된 것으로 생각한다. 그러나 대부분의 무선 네트워크 사업자는 데이터 전송을 제한하고 사용자가 이러한 제한을 초과할 경우 요금을 부가한다. 이동 장치 사용자는 훨씬 빠른 네트워크 속도와 낮은 사용 요금으로 Wi-Fi 네트워크 연결을 선호한다. 커피숍, 호텔 등에서 무료로 Wi-Fi에 접근할 수 있는 방법을 찾기 어렵다. 인터넷 연결의 용이성으로 인해 일반적인 사용자는 모바일 컴퓨팅을 선택한다.

3G와 4G 네트워크의 사용이 많아지고 있다. 이러한 무선 네트워크는 점점 대중화되고 있다. 여러 사업자들은 노트북과 모바일 접속 지점(AP)을 위한 장치를 제공한다. 이러한 모바일 AP 장치는 무선 네트워크 연결을 이용하여 인터넷에 연결한 후 가능한 장치에 대해 Wi-Fi 연결로 전환시킨다. 즉, 노트북, 스마트폰 등의 장치를 사업자가 서비스 하는 지역에 있으면 인터넷에 연결시킬 수 있다. 이 기능은 무료 Wi-Fi를 이용할 때 큰 이득이 될 수 있다. 일반적으로 인터넷 연결 속도는 3G나 4G 무선 접속 장치를 이용하면 훨씬 더 느리다. 그러나 이러한 연결은 훨씬 더 안전하다. 커피숍에서 동일한 네트워크에 있는 공격자와 인터넷 연결을 공유하는 것을 걱정하지 않아도 된다. 대부분의 공개 Wi-Fi 네트워크는 그렇게 안전하지 않다. 동일한 네트워크에서 누가 사용자의 모든 트래픽을 도청하고 있을지도 모른다. 느리더라도 안전한 연결이 더 낫다.

기업도 인터넷 서비스에 많은 선택을 갖는다. 놀랍게도 많은 기업이 홈 사용자와 동일한 선택을 한다는 것이다. 예를 들어 케이블 회사는 고객 제공 사항에 추가한 기업 서비스를 제공한다. 홈 연결보다 훨씬 더 빠른 속도를 기업 사용자에게 제공한다. 기업 사용자도 DSL 연결을 사용할 수 있다. 일반적으로 서비스 제공자는 고속 접속/사용에 대해 프라미엄 요금을 부과한다. 전화 회사는 보다 빠른 속도와 신뢰성을 보장하는 기업 클래스의 DSL 서비스를 제공한다. 케이블과 DSL 연결이 중소 규모의 조직에 적합한 반면 대기업은 종종 보다 정교한 서비스를 필요로 한다. T1과 T3 라인, 프레임-릴레이, IDSN 회선 등의 기술을 포함한 다양한 기술의 사용을 가능하게 한다.

OSI 참조 모델을 생각해 보자. 중요한 점은 사용자가 선택하는 연결 방법이 통신으로 사용자가 수행할 수 있는 것에 영향을 미치지 않는다는 점이다. 신호가 건물에 도달하는 방법(전화선, 케이블 회선 또는 전용선)과 속도와 서비스의 신뢰성에서 차이가 난다.

라우터

라우터는 둘 또는 여러 네트워크를 연결시키고 네트워크 사이에 선택적으로 데이터 패킷을 상호 교환하는 장치이다. 라우터는 LAN을 WAN에 연결시킨다(그림 10-2 참조). 라우터는 패킷을 전송할 장소를 결정하기 위해 네트워크 주소를 검사한다.

네트워크 구조에서 라우터의 위치는 설정 선택에 영향을 미친다. 라우터의 기본 위치는 다음과 같다. 그림 10-3을 참조한다.

- **경계 라우터(border router)** : 경계 라우터는 외부로부터 직접적으로 공격을 받는다. 보안전문가가 라우터 설정을 수행할 때 해당 라우터가 유일한 방어지점인지 다중 계층의 방어의 일부인지를 결정해야 한다. 물론 다중 계층 방어가 훨씬 더 낫고 안전하다. 단독 방어 라우터는 내부 자원을 보호할 수 있으나 공격을 받는다.
- **내부 라우터(internal router)** : 내부 라우터도 내부 네트워크에 개선된 특성을 제공한다. 내부 라우터를 이용하면 서브넷 트래픽을 분리할 수 있다. 내부 라우터는 서브넷으로부터의 트래픽을 관리하고 서브넷 내에서의 트래픽을 관리한다. 예를 들어 조직의 연구부서 네트워크와 나머지 부서의 네트워크 사이에 위치한 내부 라우터는 두 개의 네트워크를 별도로 관리한다. 내부 라우터는 연구부서 내부에서만 기밀 트래픽을 전송할 수 있도록 하고 다른 부서의 네트워크로부터 연구부서 내의 네트워크로 연구부서 외의 트래픽이 전송되지 못하도록 한다.

모든 트래픽이 통과되거나 특정 내부 자원을 보호하도록 라우터를 설정할 수 있다. 라우터는 **네트워크 주소 변환(NAT, Network Address Translation)**과 패킷 필터링을 이용하여 보

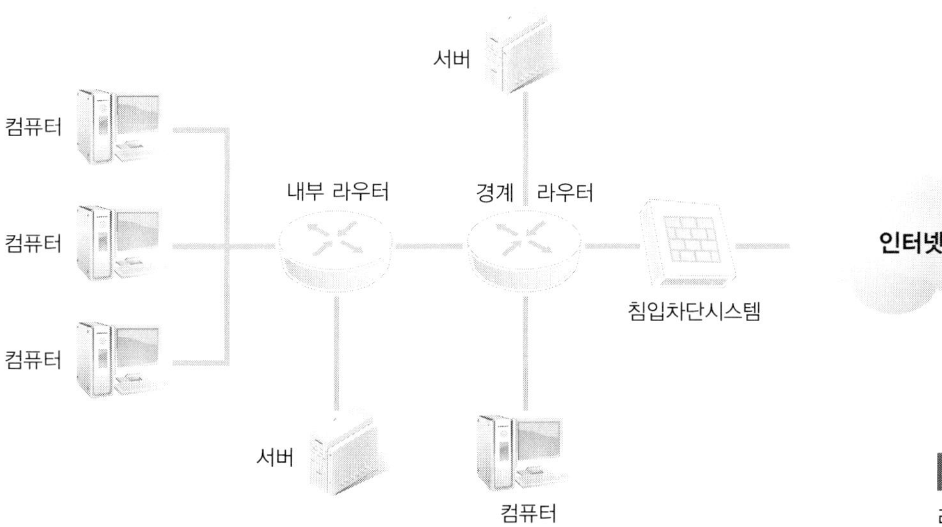

그림 10-3
라우터 위치

안을 개선시킬 수 있다. NAT는 시스템의 실제 IP 주소를 숨기기 위해 대체 공개 IP 주소를 사용한다. NAT의 원래 목적 중 하나는 IP 주소의 부족을 해결하는 것이었다. 오늘날 NAT를 이용하면 장치의 실제 IP를 숨김으로써 보안을 강화할 수 있다. 공격자는 NAT를 이용하는 침입차단시스템 뒤의 네트워크 레이아웃을 알아내는 것이 더 힘들다.

패킷 필터링은 라우터나 침입차단시스템 기능이다. 라우터나 침입차단시스템이 데이터 패킷을 수신할 때마다 패킷 필터링이 수행된다. 장치는 패킷을 네트워크 관리자가 설정한 규칙 목록과 비교한다. 장치는 규칙을 통해 네트워크로 패킷을 허용할지 또는 거부할지를 결정한다. 명시적으로 패킷을 허용하는 규칙이 존재하지 않으면 침입차단시스템은 해당 패킷을 차단한다.

NAT와 패킷 필터링은 라우터를 이용하여 네트워크를 방어할 수 있는 좋은 방법이다. NAT와 패킷 필터링을 이용하여 기본적인 공격을 막을 수 있다. 그러나 하나의 기술이 "묘책"이 되지 않는다는 점을 기억해야 한다. 네트워크를 보호하기 위해 침입차단시스템을 이용하고 데이터를 안전하게 하기 위해 또 다른 기술을 사용하여야 한다.

근거리 통신망(LAN)

LAN은 동일한 직역에 위치한 컴퓨터에 대한 네트워크 연결을 제공한다. 일반적으로 이러한 컴퓨터는 허브와 스위치 같은 장치로 서로 연결된다. 이러한 스위칭 기반구조는 (그림 10-4)에서와 같이 조직의 라우터 뒷단에 위치한다.

대부분의 경우 동일한 LAN에 있는 시스템은 다른 시스템으로부터 자신을 보호하지 않는다. 이것은 인터넷 연결이 정상적으로 허용되지 않는 LAN 시스템 사이에 공동 작업을 위

그림 10-4
암호화

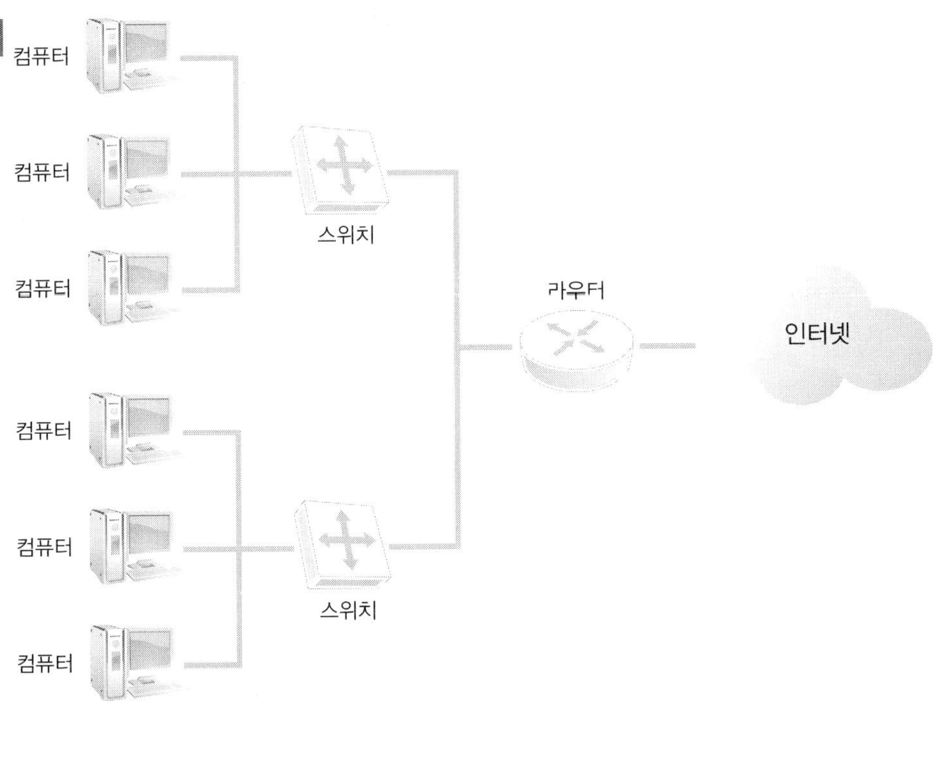

한 연결이 필요할 때 발생한다. 이것은 LAN에 위치한 시스템 보안이 매우 중요한 이유이다. LNA에 연결된 시스템이 바이러스에 감염되고 다른 시스템이 보호되지 않으면 바이러스는 LAN의 모든 시스템으로 빠르게 전파된다.

이더넷 네트워크

십년 전까지 다양한 형태의 LAN이 있었으나 지금은 거의 모든 네트워크가 이더넷이라는 단일 기술로 바뀌었다. 이더넷 네트워크 초기에는 모든 컴퓨터가 단일 선에 연결되었고 각 시스템이 서로 경쟁하면서 네트워크를 사용하려고 하였다. 이것은 비효율적이었다. 다행인 것은 기술이 진보되면서 지금의 이더넷 네트워크는 각 시스템에 대해 전용 연결을 사용한다. 즉, 각 시스템은 스위치로 연결되고 **스위치**는 LAN을 통제한다.

이더넷 표준에는 네트워크의 컴퓨터가 통신하는 방법이 정의된다. 이더넷 표준에는 OSI 참조 모델의 물리 계층과 데이터 링크 계층이 포함된다. 이더넷에는 컴퓨터가 MAC 주소를 사용해서 통신하는 방법이 정의된다.

LNA 장비 : 허브와 스위치

허브와 스위치 장비가 LAN에서 컴퓨터를 연결한다. **허브(hub)**는 단순한 네트워크 장비이다. 허브에는 서로 다른 네트워크 시스템에 대한 각 이더넷 케이블을 연결할 수 있는 여러 플러그(또는 포트)가 있다. 허브가 포트를 통해 패킷을 수신하면 자동으로 다른 모든 포트로 패킷을 재전송한다. 이렇게 하면 허브에 연결된 모든 시스템이 네트워크의 다른 모든 시스템이 통신하는 것을 들을 수 있게 된다. 허브가 하는 업무는 꽤 단순하다.

이러한 단순함이 허브의 단점이기도 한다. 허브는 수신한 모든 패킷을 재전송함으로써 네트워크 혼잡을 야기한다. 뒷부분에서 예전의 이더넷 네트워크가 동일한 선으로 모든 시스템을 어떻게 연결하는 지를 살펴보도록 한다. 허브를 이용하여 시스템을 연결할 때 동일한 결과를 갖는다. 즉, 모든 시스템은 네트워크의 다른 모든 시스템과 통신한다. 이러한 구조에서는 단일 시스템이 사용 중인 네트워크 중간에 자신의 패킷을 전송하는 것이 어렵다. 이로 인해 네트워크 혼잡이 야기되고 네트워크의 속도를 감소시킨다.

> **참고**
> 허브도 보안 위험을 야기한다. 모든 컴퓨터가 네트워크의 다른 모든 컴퓨터가 전송한 것을 알 수 있다면 도청자는 자신이 원하는 모든 패킷을 언제라도 가질 수 있다.

스위치는 허브의 좋은 대안이 된다. 스위치는 허브와 동일한 기능을 수행한다. 여러 시스템을 네트워크에 연결시킨다. 그러나 스위치에는 추가적인 특성이 존재한다. 스위치는 지능적인 필터링을 수행할 수 있다. 스위치는 각 포트에 연결된 시스템의 MAC 주소를 알고 있다. 스위치가 패킷을 수신하면 목적지 MAC 주소를 보고 목적지 시스템이 연결된 해당 포트로만 패킷을 전송한다. 이러한 단순한 특성으로 인해 성능을 높인다.

현재 스위치는 상당히 개선된 성능이면서 저가이다. 이런 이유로 거의 모든 네트워크에서는 스위치가 사용된다.

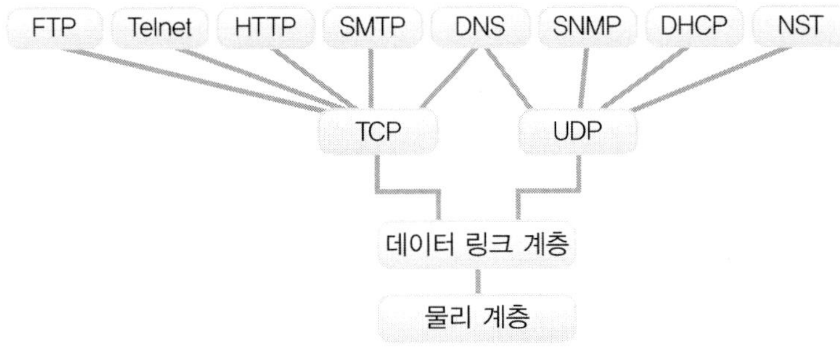

그림 10-5
TCP/IP 프로토콜

TCP/IP와 동작 방법

중국인, 프랑스인, 영국인이 같이 점심을 먹는다고 하자. 대화가 어려울 것이다. 점심에 참여한 사람들이 통신을 하려면 오직 한 언어만 사용해야 한다. 컴퓨터에서도 이러한 경우가 있다. 다행이도 이제 거의 모든 컴퓨터가 TCP/IP라 하는 표준 언어(또는 프로토콜)를 사용한다는 점이다.

프로토콜은 컴퓨터가 교환하는 메시지의 포맷을 관리하는 규칙의 집합이다. 네트워크 프로토콜은 네트워킹 장비가 네트워크를 통해 데이터를 전송하기 위해 상호 작용하는 방법을 관리한다. 이러한 프로토콜은 서버로부터 개인 컴퓨터까지의, 데이터 전송 시작부터 종료까지의 데이터 전송을 관리한다. 본 절에서는 TCP/IP를 구성하는 프로토콜과 TCP/IP 네트워킹의 기본에 관해 살펴보도록 한다.

TCP/IP 개요

TCP/IP는 실제로 OSI 참조 모델의 네트워크 계층과 전송 계층에서 운영되는 여러 프로토콜의 집합이다. 인터넷과 대부분의 기업과 홈 네트워크의 모든 활동을 관리한다. 미 국방부(DoD)가 높은 신뢰성과 장애-허용의 네트워크 기반구조를 제공하기 위해 TCP/IP를 개발하였다. 개발할 때 보안이 아닌 신뢰성에 중점을 두었다.

각 프로토콜은 서로 다른 부분을 담당한다. (그림 10-5)는 TCP/IP의 일부를 보여준다.

IP 주소 관리

네트워크 계층 프로토콜의 주 기능 중 하나는 주소 관리 스킴을 제공하는 것이다. 이 계층에는 주소 관리 스킴이 포함된다. IP **주소**는 네트워크의 모든 장치를 유일하게 식별하는 4개의 바이트 주소이다.

(그림 10-6)은 IP 주소의 예를 보여준다. IP 주소는 점으로 구분되는 4부분으로 구성된

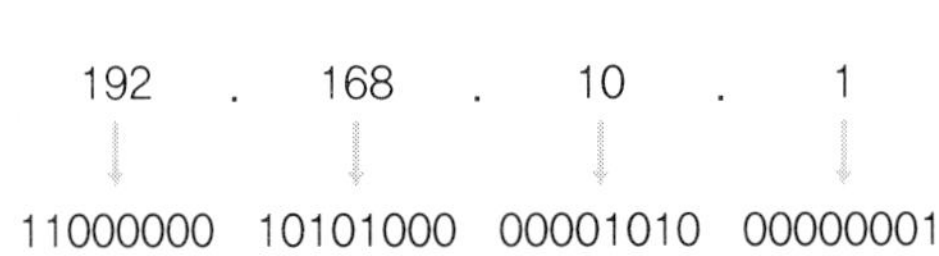

그림 10-6
IP 주소 할당

다. 4개의 바이트는 정수로는 0부터 255를 나타낸다. 각 IP 주소는 네트워크 주소와 호스트 주소로 구성된다. 예를 들어, (그림 10-6)에서와 같이 IP 주소 192.168.10.1은 네트워크 주소 192.168과 호스트 주소 10.1.로 구성된다. 네트워크와 호스트 주소 사이의 분리는 관리자가 네트워크를 구성하는 방법에 따라 변경될 수 있다. 서브넷 마스크로 알려진 네트워크-구성 파라미터를 통해 네트워크 주소와 호스트 주소가 어떻게 나눠지는지를 알 수 있다.

모든 컴퓨터는 자신만의 IP 주소가 필요하기 때문에 주소 지정 기록을 관리하는 것은 시간 낭비가 될 수 있다. 많은 조직들은 각 사용자 컴퓨터의 구성을 단순화하기 위해 네트워크 내에서 동적 호스트 구성 프로토콜(DHCP, Dynamic Host Configuration Protocol)을 이용한다. DHCP를 이용하여 컴퓨터는 네트워크 관리자가 제공하는 구성 정보 대신 네트워크로부터 동적으로 구성 정보를 가질 수 있다. DHCP는 컴퓨터에 IP 주소, 서브넷 마스크 및 기타 통신에 필요한 정보를 제공한다. DHCP를 이용하면 네트워크 관리자의 업무가 단순해진다. (그림 10-7)은 DHCP 통신의 예를 보여준다.

참고

(그림 10-6)은 가장 일반적인 형태의 IPv4의 IP 주소를 보여준다. 새로운 IP 주소 관리 표준으로 IPv6가 있다. IPv6는 현재보다 더 많은 컴퓨터에 주소 할당이 가능하다. IPv4 주소는 32비트 숫자인 반면 IPv6 주소는 128 비트 숫자이다. 많은 IPv6 특성 중 새로운 표준인 IPv6을 사용하는 주 이유는 좀 더 많은 컴퓨터와 장치에 주소를 할당하기 위해서이다.

ICMP

일단 모든 네트워크 요소를 구성 설정하면 네트워크의 상태와 성능을 모니터할 필요가 있다. 인터넷 제어 메시지 프로토콜(ICMP, Internet Control Message Protocol)은 IP에 대한 관리 및 제어 프로토콜이다. ICMP는 호스트 사이에 네트워크 상태에 관한 메시지를 전송한다. ICMP 메시지는 도달할 수 있는 호스트에 관한 정보와 라우팅과 갱신에 관한 정보를 전송한다.

ping과 traceroute는 ICMP 툴이다. ping 명령어는 대상 IP 주소로 ICMP echo request라 하는 단일 패킷을 전송한다. 이 패킷은 "거기 있습니까?"라고 묻는 것과 같다. 다른 쪽에 있는 컴퓨터는 요청에 ICMP echo reply 패킷으로 "예"라고 응답하거나 요청을 무시한다. 때때로 공격자들은 ping 명령어를 사용하여 공격하고자 하는 대상을 식별한다. 이러한 잠재적 취약점 때문에 많은 시스템 관리자들은 관리하는 컴퓨터가 모든 ping 명령어를 무시하도록 설정한다.

traceroute 명령어는 패킷이 네트워크를 통해 전달되는 경로를 식별할 목적으로 ICMP echo request 패킷을 이용한다. 패킷은 네트워크의 한 지점에서 다른 지점으로 전달되기 위

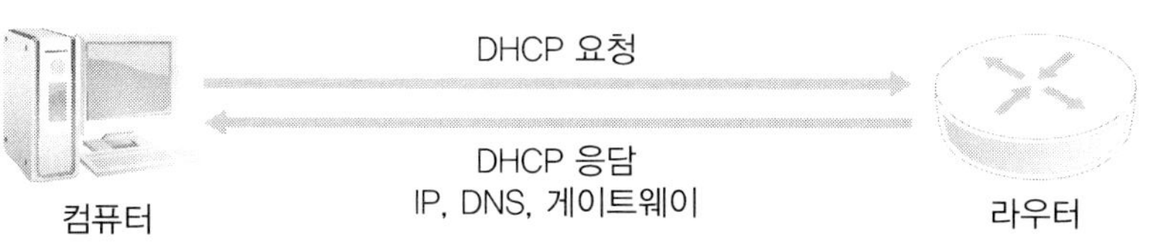

그림 10-7
DHCP 통신

해 다양한 많은 루트를 거친다. traceroute 명령어는 특정 패킷이 전달되는 경로를 보여줌으로써 네트워크 관리자는 네트워크 문제의 근원을 식별할 수 있다.

공격자는 ICMP를 이용하여 서비스 거부 공격을 생성할 수 있다. 이 공격은 이를 구현한 첫 번째 프로그램의 이름을 따라 스머프(smurf) 공격이라 한다. 우선 위조된 ICMP echo request 패킷을 네트워크의 모든 주소로 방송한 후 해당 네트워크의 모든 호스트가 응답하기를 기다린다. 공격자가 충분히 많은 응답을 전송하면 다이얼 접속 공격으로부터 T1 사용을 못하도록 하는 가능하다. 다행히도 브로드캐스트 주소로 전송되는 ICMP echo request를 무시하도록 네트워크를 설정함으로써 스머프 공격을 쉽게 막을 수 있다.

네트워크 보안 위협

전송되는 모든 데이터는 잠재적 공격의 대상이다. 네트워크 보안이 중요한 이유이다. 지금까지 본 장에서는 네트워크가 데이터를 전달하는 방법과 스머프 공격과 도청과 같은 일부 위험에 관해 살펴보았다. 본 절에서는 좀 더 심도 있게 네트워크 위험에 대해 살펴보도록 한다. 또한 네트워크를 보호하기 위한 네트워크 보안 통제도 같이 살펴보도록 한다.

> **참고**
> 공격자는 네트워크의 시스템에 대해 통제를 얻고자 한다. 공격자는 네트워크 보안 결함을 악용한다. 이 부분은 본 장에서 다루지 않는다.

위험의 3가지 분류

네트워크 보안 위험의 3가지 분류는 사전조사, 도청, 서비스 거부이다. 각 분류는 네트워크를 통해 전송되는 데이터의 가용성, 무결성, 기밀성에 영향을 준다. 또한 네트워크 자체의 보안에 영향을 미친다. 본 절에서는 가장 일반적인 네트워크 보안 위험을 살펴본다.

네트워크 사전 조사

네트워크 사전 조사는 공격하고자 하는 네트워크에 대한 정보를 수집하는 것이다. 한 국가를 공격하고자 하는 군대를 생각해 보자. 군대는 공격하기 전에 많은 정보가 필요하다. 사령관이 원하는 정보는 다음과 같을 것이다.

- 지형
- 도로, 기차, 수로의 위치
- 적의 위치, 방어의 유형
- 적 주변의 약점
- 주변을 통해 접근할 수 있는 절차
- 적이 사용하는 무기의 종류

이와 비슷하게 네트워크 공격자도 공격 전에 다음 사항을 알기를 원할 것이다.

- 네트워크에서 사용되는 IP 주소
- 침입차단시스템과 기타 보안 시스템의 유형
- 원격 접속 절차
- 네트워크의 컴퓨터 운영 시스템
- 네트워크 시스템의 약점

보통 이러한 정보를 공격자가 이용하지 못하도록 한다. 그러나 불행히도 공격자는 이러한 정보를 얻을 수 있는 많은 툴을 가지고 있다. 네트워크 외부로부터 ICMP echo request를 차단하는 것이 왜 중요한지는 이미 앞에서 살펴보았다. 이를 통해 공격자가 정보를 수집하기 위해 ping과 traceroute 툴을 사용하는 것을 막는다. 또한 외부자에게 가능하면 최소의 정보를 제공하도록 구성하여야 한다. 이를 통해 네트워크 사전 조사 공격의 효과성을 제한시킨다.

네트워크 도청

공격자는 조직의 네트워크로 전송된 데이터의 기밀성을 위반하려고 할 수 있다. 네트워크 도청을 살펴보기 전에 좀 덜 복잡한 기술인 전화를 생각해 보자. 스파이 영화를 보면 전화를 도청하는 것이 쉽다는 것을 알 수 있다. 단순히 집의 전화 스위치 박스에 선을 연결한 후 전화를 듣기만 하면 된다.

네트워크 도청도 단순하다. 공격자가 케이블에 물리적으로 접근한 후 케이블을 도청한 후 케이블에 전달되는 모든 데이터를 볼 수 있다. 이러한 공격을 방지할 수 있는 방법은 여러 가지이다.

- 네트워크 케이블에 대한 물리적인 접근 제한
- 스위치로 연결된 네트워크를 이용한다. 그렇게 하면 공격자는 도청되는 케이블에 연결된 컴퓨터에서 전송된 정보만 볼 수 있다.
- 민감한 데이터를 암호화한다. 공격자는 여전히 전송되는 데이터를 볼 수 있지만 그 내용을 알 수는 없다.

네트워크 도청은 전화 도청보다 더 쉽다. 물리적으로 네트워크에 접근할 수 있으면 도청이 더 쉽기는 하나 반드시 물리적으로 접근할 필요는 없다. 공격자가 네트워크에 연결된 컴퓨터를 손상시킬 수 있으면 손상된 컴퓨터를 이용하여 도청을 수행할 수 있다. 네트워크를 스위치로 연결하고 암호화를 이용하면 도청 공격을 어렵게 할 수 있다. 또한 보안전문가는 악성코드로부터 네트워크의 시스템을 안전하게 지켜야 한다.

참고

무선 네트워크 통신은 도청에 대해서는 완전하게 새로운 세계이다. 이에 대해서는 본 장의 후반에서 좀 더 살펴보도록 한다.

네트워크 서비스 거부

종종 공격자는 네트워크 접근에는 관심이 없다. 오히려 공격자는 정당한 사용자의 네트워크 사용이 거부되기를 바란다. 많은 기업은 네트워크가 손상되면 운영을 할 수가 없다. 공격자는 서비스 거부 공격을 수행하기 위해 네트워크에 대량의 트래픽을 전송하는 방법과 단일 장애 지점을 중단시키는 두 개의 방법을 사용한다.

네트워크에 대량의 트래픽을 전송하는 플러딩(flooding)이 보다 간단하다. 네트워크를 파이프라고 생각해 보면 데이터는 파이프가 꽉 차지 않을 경우에만 전송이 가능하다. 즉, 파이프가 꽉 찰 정도로 많은 데이터를 전송하면 네트워크가 막히게 되고 데이터를 전송할 수 없게 된다. 공격자는 단순히 네트워크가 처리할 수 있는 데이터의 양보다 훨씬 더 많은 데이터를 전송함으로써 서비스 거부 공격을 할 수 있다. 이런 공격의 변형으로 분산 서비스 거부 공격(DDoS, Distribution Denial of Service)이 있다. DDoS에서 블랙-햇 해커는 자신이 크랙한 전 세계의 많은 시스템을 사용하여 여러 지역에서 네트워크로 대량의 데이터를 전송한다. 정당한 트래픽과 공격 트래픽을 구분하기는 어렵게 되고 결국에는 네트워크 통신이 불가능하게 된다.

DDoS 공격은 매년 발생한다. 그러나 오래된 공격은 아니다. 여전히 공격자들은 DDoS 공격을 이용하여 공격 대상의 속도를 늦추거나 사용하지 못하도록 한다. 2012년 9월과 10월에 해킹 능력을 가진 활동가들의 그룹(핵티비스트(hactivist)라 함)은 주요 미국 은행을 대상으로 여러 DoS 공격을 개시하였다. 핵티비스트는 뒤에서 점점 더 큰 규모의 공격을 했다. 핵티비스트는 일반적으로 정치적 이슈에 관심을 끌기 위해 공격을 개시한다. 이러한 공격은 2012년 말부터 2013년까지 미국의 Bancorp, JPMorgan Chase, Bank of America, PNC Financial Services, SunTrust Banks 등을 대상으로 지속되었다. 공격이 지속되면서 더 많은 조직에 영향을 미치기 시작했다. 어떤 고객은 은행 웹 사이트 접속이 느려지고 또 다른 고객은 아예 온라인으로 은행 업무를 수행할 수 없게 되었다. 공격이 지속되면서 은행 웹 사이트의 접속이 방해를 받으나 초기와 같이 공격은 성공하지 못한다. 은행은 초기의 공격을 교훈 삼아 웹 사이트를 보호하기 위한 새로운 통제를 추가한다.

이전의 공격 대상은 주로 큰 규모의 소매상이었다. 2009년에 Amazon.com, Wal-Mart, Expedia 등의 인터넷 기업이 서비스 거부 공격을 받았다. 공격자는 세 개의 모든 웹 사이트의 접근을 겨울 휴가 쇼핑 시즌에 한 시간 동안 차단했다. 이 회사들은 고객이 다른 웹 사이트를 접속함으로써 손실이 발생했다.

기술이 발전하면서 공격자는 더 많은 종류의 DoS 공격을 수행한다. 새로운 형태의 공격인 **전화 서비스 거부 공격(TDoS, Telephony Denial of Service)**은 특정 사람이나 조직이 전화를 걸거나 받지 못하게 한다. 이러한 공격은 2013년 초에 일반화되었다. 공격자는 주요 통신 수단으로 전화를 이용하는 조직으로 공격 대상을 확대했다. 공격의 결과는 일반적인 DoS 공격과 비슷하다. 전화 통신을 방해하거나 완전히 사용 못하도록 하는 이러한 네트워크 공격은 엄청난 영향을 미친다. 이익 손실, 잠재적 벌금, 운영 불가 및 고객의 신뢰성 하락 등의 손상이 발생한다.

서비스 거부 공격으로부터 보호하는 것은 어렵다. 가장 확실한 방법은 로드를 견딜 정도의 적절한 인터넷 대역을 유지하도록 보장하는 것이다. 시장에 DDoS 공격을 막기 위한 새로운 기술이 계속 나타나고 있지만 효과성이 증명되지 않았거나 효과가 그리 크지 않다. 가장 좋은 방법은 가능하면 초기에 공격을 탐지한 후 네트워크를 손상시키기 전에 입력되는 트래픽을 차단하는 것이다.

기본적인 네트워크 보안 방어 툴

네트워크 위험을 막기 위해서는 기본적인 하드웨어와 소프트웨어 툴(침입차단시스템, 가상사설망, 네트워크 접속 통제)을 우선 사용한다.

침입차단시스템

침입차단시스템은 비인가된 네트워크 트래픽이 네트워크로 들어오거나 나가지 못하게 함으로써 트래픽의 흐름을 통제한다. 내부 네트워크와 외부 사이 또는 특정 기업 자산에 인가된 사용자만이 접근할 수 있도록 내부 네트워크 내에 침입차단시스템을 위치시킬 수 있다. 침입차단시스템은 네트워크 보안의 핵심 요소이나 유일한 방어 툴은 아니다. 침입차단시스템이 모든 보안 문제를 해결하지는 못하나 상당히 큰 효과가 있다.

(그림 10-8)은 네크워크에서의 침입차단시스템의 역할을 보여준다. 침입차단시스템은 사적 네트워크를 인터넷과 분리한다. 또한 서로 다른 사적 네트워크를 서로 분리한다. 본 절에서는 여러 형태의 침입차단시스템과 네트워크 토폴로지의 역할을 살펴보도록 한다.

침입차단시스템 형태

침입차단시스템의 기본 기능은 꽤 단순하다. 침입차단시스템은 명시적으로 허용되지 않는 모든 트래픽을 반드시 차단해야 한다. 침입차단시스템은 어떤 종류의 트래픽을 허용했는지를 정의한 규칙을 포함한다. 침입차단시스템은 메시지를 수신할 때마다 메시지와 규칙을

그림 10-8
침입차단시스템

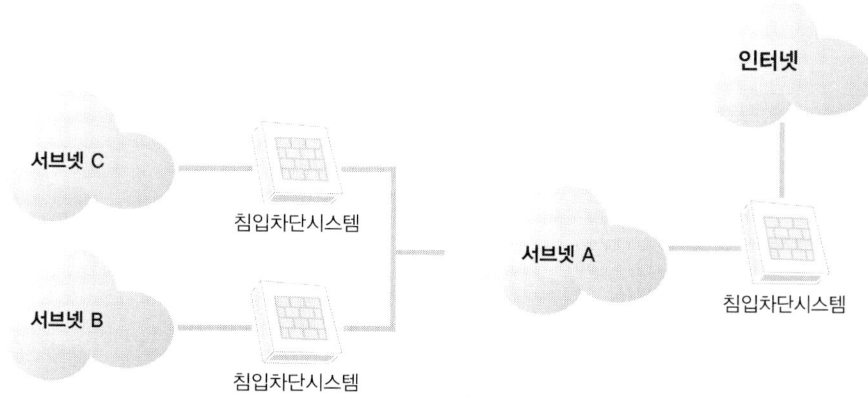

확인한다. 메시지가 규칙과 일치하면 침입차단시스템은 메시지를 통과시킨다. 규칙과 일치하지 않으면 침입차단시스템은 해당 메시지를 차단한다.

침입차단시스템 기술은 주로 3가지 형태로 분류할 수 있다.

- **패킷 필터링** : **패킷 필터링 침입차단시스템**이 가장 기본이다. 이것은 수신한 트래픽을 규칙과 비교한다. 규칙에는 어떤 트래픽을 침입차단시스템을 통과하도록 허용할지가 정의된다. 이 침입차단시스템은 수신한 각 패킷에 대해 결정하고 과거에 처리한 패킷을 저장하지 않는다.
- **상태 보존형 검사(stateful inspection)** : **상태 보존형 검사 침입차단시스템**은 네트워크 통신 상태에 관한 정보를 기억한다. 일단 침입차단시스템이 통신의 첫 번째 패킷을 수신하면 통신 세션이 종료될 때까지 기억한다. 이런 형태의 침입차단시스템은 패킷을 수신할 때마다 규칙을 확인할 필요가 없다. 새로운 통신 세션이 시작될 때만 규칙을 확인하면 된다.
- **어플리케이션 프록시** : **어플리케이션 프록시 침입차단시스템**은 상태 보존형 침입차단시스템 보다 최근에 만들어졌다. 어플리케이션 프록시 침입차단시스템을 이용하여 침입차단시스템의 반대쪽에 있는 시스템 사이에 데이터를 직접적으로 전달할 수 있다. 침입차단시스템은 두 통신 시스템과 각각 연결하여 두 시스템 사이의 브로커(또는 프록시)처럼 동작한다. 침입차단시스템이 사용 중인 어플리케이션에 관한 정보를 분석하여 트래픽을 허용할지 거부할지를 결정하면 추가적인 보안이 가능하다.

어떤 종류의 침입차단시스템을 선택할 지는 환경에 따라 달라진다. 큰 규모의 네트워크 경계에 침입차단시스템을 위치시키고자 한다면 기본적인 패킷 필터를 사용하는 것이 좋다. 웹 어플리케이션이 있는 고수준의 안전한 데이터 센터를 보호하고자 한다면 어플리케이션 프록시가 보다 적절하다.

침입차단시스템 배치 기술

조직에 침입차단시스템을 여러 방법으로 배치할 수 있다. 본 절에서는 가장 일반적인 침입차단시스템 배치 기술(경계 침입차단시스템, 스크린 서비넷(또는 DMZ) 침입차단시스템, 다중계층의 침입차단시스템)을 살펴보도록 한다. 조직의 보안 요구에 따라 이러한 방법을 혼합해서 사용할 수도 있다.

경계 침입차단시스템(border firewall)

경계 침입차단시스템은 가장 일반적인 배치 방법이다. 경계 침입차단시스템은 보호하는 네트워크를 인터넷으로부터 분리한다.(그림 10-9 참고) 보통 경계 침입차단시스템은 라우터 뒷단에 위치하여 라우터로부터 사설 네트워크로 전송되는 모든 통신을 수신한다. 경계 라우터는 패킷 필터링이나 상태 보존형 검사를 이용한다.

경계 침입차단시스템은 공개 서비스를 제공하지 않는 조직에 가장 일반적이다. 웹 사이트와 이메일을 아웃소싱하면 외부로부터 내부 네트워크에 대한 접속을 허용할 필요가 없다.

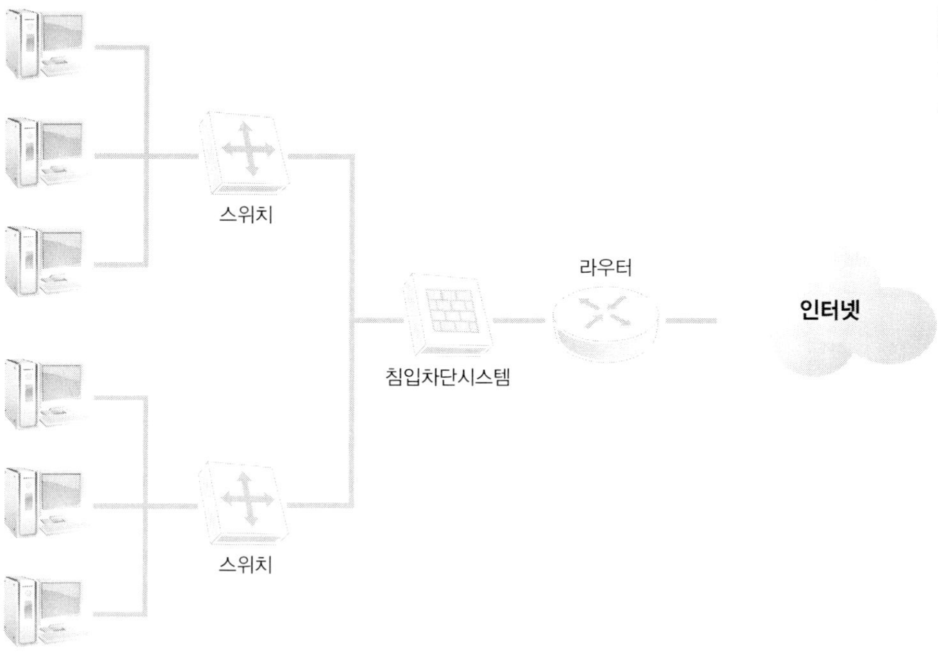

그림 10-9
경계 침입차단 시스템

이 경우 대부분(모든)의 인바운드 트래픽을 차단하면 된다. 경계 침입차단시스템은 이런 상황에서 매우 뛰어나다.

스크린 서브넷(screened subnet)

종종 조직 네트워크로 유입되는 모든 트래픽을 차단하는 것이 불가능한 경우도 있다. 따라서 공개 웹 사이트나 자체 이메일 서버를 운영하면 제한적으로 인바운드 연결을 허용할 필요가 있다. (그림 10-10)에서와 같이 스크린 서브넷 침입차단시스템 토폴로지는 이런 상황에 최적이다. 침입차단시스템에는 3개의 네트워크 카드가 있다. 두 개는 경계 침입차단시스템으로 설정되어 인터넷으로 연결되고 다른 하나는 사설 네트워크로 연결된다. 세 번째 카드는 스크린 서브넷 또는 DMZ(DeMiltarized Zone)이라 알려진 특별한 네트워크로 연결된다.

DMZ는 외부에서 접근할 수 있는 서버들이 존재하는 중간정도의 사설 네트워크이다. 사용자는 인터넷에서 DMZ에 있는 시스템으로 제한된 접근이 가능하다. 안전한 네트워크는 인터넷에서 사설 네트워크로의 직접적인 접근을 허용하지 않는다.

이런 방법을 통해 인터넷으로부터 접근이 허용되는 시스템에 특별한 위험이 존재한다는 것을 알 수 있다. 인터넷으로부터 접근이 허용되는 시스템은 공격 대상이 되기 쉽다. 이러한 시스템을 DMZ에만 있도록 하면 이러한 위험은 DMZ로만 한정된다. DMZ 시스템에 접근할 수 있는 공격자는 해당 시스템을 이용하여 사설 네트워크에 있는 시스템에 직접적으로 접근할 수 없다.

> **참고**
> 스크린 서브넷은 오늘날 가장 많이 사용되는 일반적인 침입차단시스템 토폴로지이다.

그림 10-10
스크린 서브넷 침입차단시스템

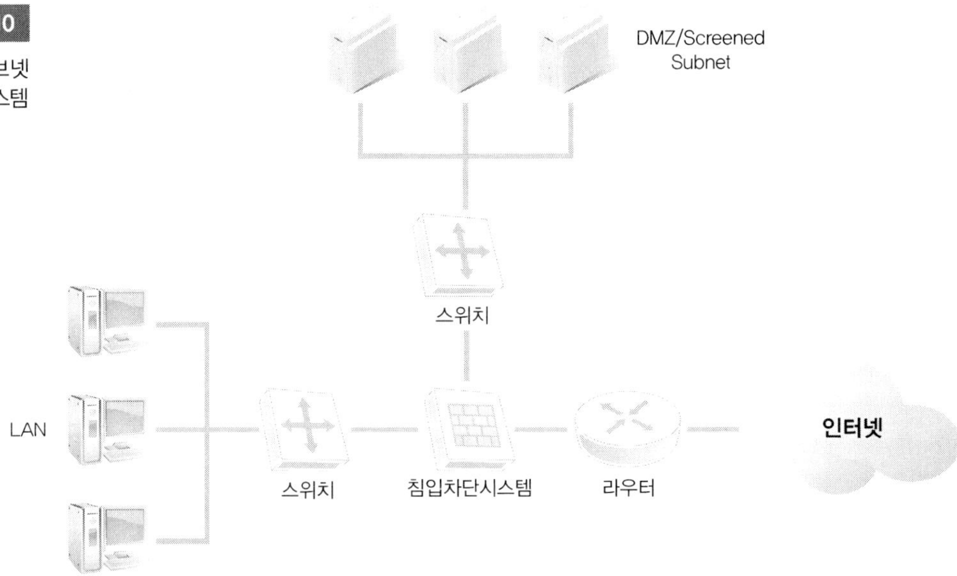

다중 계층의 침입차단시스템(multilayerd firewalls)

대규모이고 고수준의 보안 환경에서 조직은 종종 여러 침입차단시스템을 사용하여 네트워크를 여러 부분으로 분리한다. (그림 10-8)에서의 경우가 이에 해당한다. 그림에서 한 침입차단시스템은 경계 침입차단시스템으로 서브넷 A, B, C를 인터넷으로부터 보호한다. 그러나 다른 침입차단시스템은 서브넷 A로부터 서브넷 B와 C를 분리한 후 B와 C로 네트워크를 나눈다.

다중 계층의 침입차단시스템은 다양한 보안 수준을 갖는 네트워크에 유용하다. 예를 들어, (그림 10-8)에서 일반 사용자는 서브넷 A에 연결될 수 있다. 비밀 연구 프로젝트에 참여한 사용자들은 서브넷 B에 연결된다. 경영진은 서브넷 C에 연결될 수 있다. 이렇게 함으로써 비밀 프로젝트와 경영진을 일반 사용자로부터 보호할 수 있다.

가상 사설망과 원격 접속

통신 기술이 발전하면서 원격 접속이 많은 기업 네트워크의 일반적인 부분이 되었다. 오늘날 많은 기업은 사무실 밖에서 일하는 직원들이 존재한다. 이러한 사용자들은 집이나 도로에 있기도 하다. 그렇다 하더라도 직원들은 기업 자원에 접근할 필요가 있다. 즉, IT 전문가들이 원하는 것보다 훨씬 더 기업 자원이 인터넷으로부터의 접근이 열려있다는 것이고, 따라서 직원의 접근은 허용하나 공격자의 접근을 막는 방법이 필요하다.

가상사설망(VPN, Virtual Private Network)은 공개 데이터 네트워크를 통해 전송하는 데이터의 안전성 수준을 높이는 좋은 방법이다. VPN은 보통 암호화를 사용하여 사용자와 조직의 네트워크 사이에 전송되는 모든 데이터를 보호한다. 원격 접속을 위해 VPN을 사용하면 보안이 제공되고 비용 대비 효과적이다. 두 사이트 사이를 VPN을 이용하는 것과 전용 연결을 하는 것의 비용 차이는 크다. (그림 10-11)은 VPN 접속의 예를 보여준다.

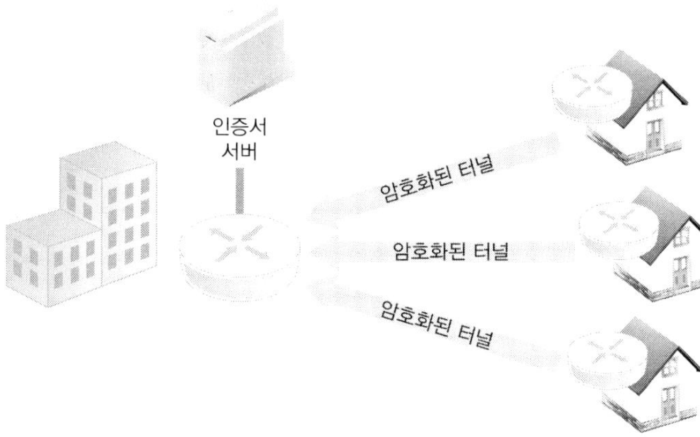

그림 10-11

VPN 접속

VPN은 암호화 알고리즘을 처리하기 위해 많은 처리 능력을 갖는 게이트웨이 장비를 필요로 한다. 이러한 처리 능력을 라우터나 침입차단시스템보다는 전용 VPN 집중 장치를 이용하여 다른 장치로 넘길 수 있다.

VPN을 배치할 때 반드시 최종 사용자 컴퓨터의 안전성을 고려해야 한다. 일단 사용자가 기업 네트워크에 연결되면, 연결된 사용자 PC는 해당 PC에 접근할 수 있는 공격자가 기업 네트워크로 침입하는 경로로 이용할 수 있다. 그래서 많은 조직들은 직원이 VPN 연결에 사용하는 홈 컴퓨터에 보안 소프트웨어를 설치하도록 한다. 또한 VPN 접근을 조직이 소유하고 관리하는 노트북 컴퓨터로 제한한다.

다음의 3개의 VPN 기술이 주로 사용된다.

- 단대단 터널링 프로토콜(PPTP, Point-to-Point Tunneling Protocol) : PPTP는 예전에 많이 사용되었던 VPN 프로토콜이었다. 오랫동안 거의 모든 VPN이 PPTP를 사용했다. 대부분의 운영체제가 PPTP를 지원하기 때문에 클라이언트 컴퓨터 내 설정이 쉽다.
- SSL : SSL은 웹 통신을 암호화하고 많은 VPN은 SSL을 이용하여 암호화된 통신을 제공한다. 사용자는 SSL로 보호되는 웹 페이지에 접속한 후 로그인한다. 이후 웹 브라우저는 VPN에 연결하는 소프트웨어를 다운받는다. 사전에 시스템 설정이 필요 없기 때문에 SSL VPN의 사용이 빠르게 늘고 있다.
- IPSec : IPSec은 안전하게 연결하도록 설계된 프로토콜이다. 어떤 IPSec VPN은 사용자가 이용할 수 있는 반면 종종 써드파티 소프트웨어를 사용자 시스템에 설치해야 해서 널리 사용되지는 않는다. 많은 조직들은 IPSec을 이용해서 한 사이트를 다른 사이트로 인터넷을 통해 안전하게 연결한다. 필요한 IPSec VPN 기능은 많은 라우터와 침입차단시스템 내에 내재된다.

VPN은 사이트 간 전용선 연결에 대해 저가의 안전한 대체 방법을 제공한다. 또한 VPN을 사용하면 사용자는 원격에서 조직의 네트워크로 안전하게 연결할 수 있다. 이를 통해 작업자가 쉽게 자원에 접근할 수 있어 생산성이 증대되었다.

네트워크 접근 통제

네트워크 접근 통제(NAC, Network Access Control) 시스템을 이용하면 조직의 네트워크에 장치의 접근을 허용하기 전에 더 많은 보안 요구사항을 추가할 수 있다. NAC은 인증과 안전 검사를 수행한다. NAC이 새로운 기술이긴 하나 그 사용이 증가하고 있다. 현재 많은 조직들은 내부 사용자와 게스트에 대해 NAC을 배치하고 있다. NAC은 유선 네트워크와 무선 네트워크에서 동작한다.

IEEE 802.1x 표준에 가장 일반적인 NAC 기술이 설명되어 있다. 간단하게 802.1x 또는 1x라고 한다. 이 표준에는 클라이언트가 네트워크에 접근하기 위해 NAC 장비와 어떻게 상호작용을 하는지가 설명되어 있다. 사용자 크리덴셜을 검증한 후 NAC 장비는 (유선 네트워크에서는) 스위치나 (무선 네트워크에서는) 접속 지점에 네트워크에 대한 사용자의 접근을 승인하라고 명령한다. 이것은 NAC의 인증 요소이다.

안전 검사는 NAC 기술을 선택적으로 사용할 수 있는 부분이다. 안전 검사가 사용되면 NAC 장비는 사용자 컴퓨터의 구성을 검사하여 네트워크에 접근을 허용하기 전에 보안 기준을 만족했음을 확인한다. 주로 다음 사항을 검사한다.

- 최신 백신 소프트웨어
- 호스트 침입차단시스템 활성화
- 운영체제 갱신
- 운영체제 패치

사용자가 보안 정책을 지키지 않은 시스템을 통해 네트워크에 연결하려고 하면 NAC 장비는 다음의 행동 중 하나를 취할 수 있다. 관리자가 그러한 시스템이 기준을 충족할 때까지 네트워크 연결을 차단하거나 사용자가 주 네트워크에의 접근을 획득하기 전에 시스템의 보안 설정 등을 변경할 수 있는 특별한 네트워크로 연결시킨다.

무선 네트워크

무선 네트워크는 홈과 사무실 내에서 매우 대중화가 되었다. 무선 네트워크는 노트북, PC, 스마트폰 등을 연결시킬 수 있다. 무선 통신을 이용하면 사용자는 건물 내 어디에서든지 네트워크 연결선을 고민하지 않고 일을 할 수 있다.

무선 네트워크 설정은 쉽고 비용이 싸지만 문제는 무선으로 통신하는 것이 안전한가 이다. 직원이 쉽게 네트워크에 연결할 수 있다는 것은 다른 사람(공격자)도 그렇다는 것이다.

무선 네트워크를 유선 네트워크만큼 안전하게 설정하는 것은 가능하다. 그러나 신중하게 계획을 수립하고 시행하고 테스트를 해야 한다. 적절하게 설정된 강한 암호가 안전한 무선 네트워크를 운영하는 데 핵심이다. 본 절에서는 무선 통신 기술과 무선 통신의 구성하고 안전하게 하는 방법을 살펴보도록 한다.

WAP(Wireless Access Points)

WAP은 유선과 무선 네트워크 사이의 연결이다. WAP은 무선 장치와 유선 네트워크 사이에서 공기를 통해 정보를 전송하고 수신하는 무선통신 장치이다. WAP 범위 내의 사람은 누구나 AP와 통신하고 네트워크에 접근을 시도할 수 있다.

보안을 침해하고자 하는 공격자는 무선 네트워크에서 여러 가지를 수행할 수 있다. 우선 공격자는 무선 네트워크가 멀리 있는 조직의 네트워크로 확장된다는 것을 이해한다. 유선 네트워크에 대한 물리적 접근을 쉽게 통제할 수 있지만 무선 신호는 벽이나 울타리 등의 물리적 경계로 막기 어렵다. 그러므로 적절한 보안 대책이 없는 무선 네트워크는 쉽게 공격자의 대상이 된다. 두 번째로 공격자는 유선 네트워크보다 무선 네트워크를 훨씬 더 쉽게 도청할 수 있다. 무선 네트워크 범위 내 사람은 누구나 해당 데이터로 전송되는 모든 데이터를 캡처할 수 있다. 데이터가 암호화되어 있지 않으면 공격자에게 정보가 노출된다.

무선 네트워크 보안 통제

다행히 무선 네트워크를 안전하게 사용하기 위해 할 일이 있다. 본 절에서 무선 네트워크 보안 통제의 여러 사례를 살펴본다. 가장 중요한 것은 무선 암호화를 사용하여 도청을 막는 것이다. 추가적인 보안 기술로 SSID 송신을 비활성화하거나 MAC 주소 필터링을 하거나 강력한 인증을 추가하는 것이다.

무선 암호화

무선 네트워크를 안전하게 사용하기 위한 가장 효과적인 방법은 암호화이다. 암호화를 이용하면 외부자가 네트워크를 통해 전송되는 정보를 볼 수 없게 한다. 암호화를 수행하지 않으면 무선 사용자의 모든 활동은 네트워크 무선 범위 내에 있는 사람 누구에게나 노출된다. 공격자가 건물의 주차장에서 일반적인 노트북에 부착된 저가의 안테나를 가지고 무선 네트워크에서 발생한 모든 것을 모니터할 수 있다.

반드시 강력한 암호를 사용해야 한다. 무선 통신 초기에는 WEP(Wired Equivalent Privacy)이라는 표준이 개발되었다. WEP은 기본적인 암호화를 제공한다. WEP에는 1980년 후반에

TJX와 WEP

TJX Company는 2005년과 2007년 사이에 심각한 보안 침해를 경험했다. 무선 네트워크에 안전하지 않는 암호화 기술을 사용한 것이 원인이었다. 공격자는 한 TJX 상점의 주차장에서 저가의 장비를 이용하여 상점 네트워크의 WEP 암호화 키를 크랙하였다. 이후 공격자는 이를 이용하여 기업의 주 네트워크에 접근하였다. 기업 네트워크에 접근해서 94,000,000개의 신용카드 번호를 훔쳤다고 보고되었다. 이것은 역사상 가장 큰 보안사고 중 하나였다. TJX는 이러한 위험을 막고자 WEP에서 WPA 암호화로 변경하였다. 장비 교체를 위해 많은 비용이 필요했지만 이로 인한 이익은 매우 컸다.

Ron Rivest가 만든 RC4 암호화 알고리즘이 사용된다. 발표 이후 보안 분석가들은 WEP에 심각한 보안 결함을 발견하였다. 인터넷에서 쉽게 이용할 수 있는 소프트웨어로 WEP 네트워크의 암호화를 몇 초안에 간단하게 깰 수 있다. 실제로 무선 네트워크에서 WEP을 이용하는 것은 잘못된 보안 인식을 주기 때문에 암호화를 사용하지 않는 것보다 더 나쁘다. 사람들은 무선 네트워크가 트래픽을 암호화하기 때문에 안전하다고 생각한다. 즉, 사람들은 데이터를 보호하는 데 매우 단순한 방법을 이용한다는 것을 알지 못한다.

다행히 이에 대한 대안인 WAP(Wi-Fi Protected Access) 표준에서는 강력한 AES 암호화를 사용하고 WEP에서 발견된 취약점이 없다. WAP는 IEEE 802.11i 보안 표준이다. 이 표준은 WEP의 취약점을 해결하기 위해 개발되었다. WPA는 2003년에 개발되었고 보다 안전한 표준인 WPA2가 2004년에 개발되었다. 이 표준의 공식 이름은 802.11i-2004이다. WPA와 WPA2 모두 구성이 쉽다. 기본적으로 각 컴퓨터의 네트워크 연결 시 공유된 비밀키를 입력해야 한다. 좀 더 개선된 점은 각 사용자에게 사용자이름과 패스워드를 제공함으로써 공유된 비밀키를 대체할 수 있다는 점이다. 이러한 패스워드는 RADIUS(Remote Authentication Dial In User Service) 서버와 같은 중앙의 인증 서버를 이용하여 사용자의 일반적인 크리덴셜과 일치시킬 수 있다. RADIUS는 1991년에 소개된 후 원격 사용자 접근을 관리하는 일반적인 프로토콜이 되었다. 프로토콜은 인가, 인증, 책임추적성(AAA, Authorization, Authentication, Accounting) 서비스를 관리하기 위한 중앙 집중식 방법을 제공한다. 이후 1998년에 Diameter가 소개되었다. 최근에 Diameter는 RADIUS에 비해 무선 이슈를 잘 처리하기 때문에 무선의 원격 연결을 처리하는 데 더 많이 사용된다. 예를 들어 Diameter에는 로밍 기능이 포함되어 있어 TCP 또는 SCTP 프로토콜을 사용할 수 있다.

SSID 송신

기본적으로 무선 네트워크는 자신의 존재를 공개한다. 네트워크의 SSID(Service Set IDentifier)를 포함하여 방송을 한다. SSID는 네트워크의 공개 이름이다. 커피숍에서 무선 통신을 이용하고자 할 때 이용 가능한 무선 네트워크를 찾을 때 볼 수 있다. 즉, SSID는 공개된다.

SSID 송신을 비활성화함으로써 SSID 존재를 숨길 수 있다. 이렇게 하면 네트워크에 접속하고자 하는 사용자들은 무선 네트워크의 존재를 알아야 하고 사용자들에게 네트워크 이름(SSID)을 제공해야 한다. 직원인 경우 이것이 가능하지만 게스트로 네트워크 접속이 허용된 사용자는 네트워크에 접속 못할 수 있다.

> **참고**
>
> SSID 송신을 비활성화하면 어느 정도의 보안은 유지할 수 있으나 그리 좋은 방법은 아니다. 실제로 어느 정도 기술을 가진 공격자는 소프드웨이 툴을 이용하여 쉽게 네트워크의 존재를 발견할 수 있다. SSID 송신을 비활성화한다는 것은 공격자의 관심을 피하기 위해 단순히 네트워크의 존재를 알리지 않는다는 것을 의미한다.

MAC 주소 필터링

WAP을 이용하면 어떤 컴퓨터를 네트워크에 연결할 것인지를 통제하는 MAC 주소 필터를 적용할 수 있다. 이 기술을 이용하면 WAP에 허용 가능한 MAC 주소 목록을 제공한다.

승인된 컴퓨터만이 네트워크에 연결되도록 한다. 그 외 컴퓨터는 네트워크 접근이 거부된다.

MAC 주소 필터링의 단점은 유지하기가 매우 복잡하다는 것이다. 네트워크에 컴퓨터가 많아지면 허용 가능한 MAC 주소의 목록을 빠르게 갱신하는 것이 주된 일이 된다. 20,000 사용자가 일하는 조직을 생각해 보자. 매주 100명의 새로운 컴퓨터가 네트워크에 접속하는 것은 일상적이다. 또한 새로운 컴퓨터로 대체되면 100개의 컴퓨터의 네트워크 접속이 중단될 것이다. 매주 200개의 MAC 주소를 갱신하는 것을 생각해 보라. 합리적인 상황의 경우에만 MAC 주소 필터링을 사용하도록 한다.

어떠한 네트워크도 완벽하게 안전할 수 없지만 올바른 보안 통제를 적절하게 사용함으로써 네트워크를 안전하게 할 수 있다. 중요한 점은 절대로 단일 통제로는 안전하게 할 수 없다는 것이다. 항상 계층화된 통제를 이용하도록 한다. 즉, 항상 공격자가 하나 또는 여러 통제를 손상시킬 수 있다는 것을 고려해야 한다. IT 기반구조를 가능하면 안전하게 하는 가장 좋은 방법은 공격자가 데이터에 접근하기 위해 반드시 여러 통제 대책을 무력화하도록 하는 것이다.

⚠ 주의

MAC 주소 필터링은 또 다른 취약한 보안 메커니즘이다. 무료 툴을 이용하여 공격자는 쉽게 네트워크에서 유효한 MAC 주소를 탐지한 후 NIC 카드를 변경하여 유효한 MAC 주소를 이용할 수 있다. 이것은 일종의 주소 위조이다.

요약

본 장에서는 OSI 참조 모델과 네트워크와 자원을 구축하고 사용하는 방법의 사례로 OSI 참조 모델이 어떻게 서비스되는지를 살펴보았다. TCP/IP를 포함해서 네트워크 계층 프로토콜이 무엇인지 살펴보았다. 네트워크 보안을 위한 기본 툴을 살펴보았다. 또한 무선 네트워크가 어떻게 동작하고 어떤 위협이 있는지를 살펴보았다. 마지막으로 보안 정책, 표준, 절차에 관한 필요성과 IT 기반구조가 가장 약한 링크만큼 안전하다는 것을 이해하였다.

핵심 용어

- application proxy firewall : 어플리케이션 프록시 침입차단시스템
- DHCP(Dynamic Host Configuration Protocol)
- hacktivist : 핵티비스트
- hub : 허브
- ICMP(Internet Control Message Protocol) : 인터넷 제어 메시지 프로토콜
- IPSec(Internet Protocol Security)
- IP address : IP 주소
- NAC(Network Access Control : 네트워크 접근 통제
- NAT(Network Address Translation)
- OSI(Open Systems Interconnection) Reference Model : 개방형 시스템 상호연결 참조 모델
- packet-filtering firewall : 패킷 필터링 침입차단시스템
- PPTP(Point-to-Point Tunneling Protocol)
- router : 라우터
- screened subnet : 스크린 서브넷
- stateful inspection firewall : 상태 보존형 침입차단시스템
- switch : 스위치
- TDoS(Telephony denial of service) : 전화 서비스 거부
- WPA(Wi-Fi Protected Access)
- WEP(Wired Equivalent Privacy)

연습문제

1. 네트워크와 자원을 구축하고 사용하기 위한 기본 모델을 무엇이라 하는가?

A. DHCP(Dynamic Host Configuration Protocol) 모델
B. ISO(International Organization for Standardization) 모델
C. OSI(Open Systems Interconnection) 참조 모델
D. 정답 없음

2. 다음 중 네트워크 경계에서 접근 통제 정책을 시행하는 장치는 무엇인가?

A. 침입차단시스템
B. 라우터
C. 스위치
D. 접속 지점

3. 다음 중 전 세계의 거의 모든 장소로부터 조직의 자원에의 접근을 허용하는 오늘날 기업 네트워크의 핵심 요소는 무엇인가?

A. LAN(Local Area Network)
B. WAN(Wide Area Network)
C. DHCP(Dynamic Host Configuration Protocol)
D. 정답 없음

4. 안전한 가상사설망(VPN)은 공개 네트워크 상에서 인증과 암호화된 채널을 생성한다.

A. 그렇다.
B. 아니다.

5. 다음 중 미 국방부에서 고수준의 신뢰성과 장애 허용의 네트워크 기반구조를 제공하기 위해 개발된 프로토콜의 집합은 무엇인가?

A. DHCP
B. VPN
C. PPPoE
D. TCP/IP

6. 두 개 또는 여러 네트워크를 상호연결하고 선택적으로 데이터의 패킷을 교환하는 장치를 무엇이라 하는가?

7. 다음 중 MAC 주소를 이용하여 원래의 목적지로만 네트워크 트래픽을 전송함으로써 네트워크 성능을 증대시키는 네트워크 장비가 무엇인가?

A. 허브
B. 스위치
C. 라우터
D. 게이트웨이

8. 침입차단시스템의 3가지 기본 형태는 패킷 필터링, 어플리케이션 프록시, 상태 보존형 검사이다.

A. 그렇다.
B. 아니다.

9. 다음 기술 중 무선 통신을 암호화하는 데 가장 안전한 방법은 무엇인가?

A. TCP
B. WEP
C. WPA
D. UDP

10. IP 주소는 제조사가 컴퓨터에 지정한다.

A. 그렇다.
B. 아니다.

11. 다음 중 사용자가 웹에서 연결을 개시할 수 있는 VPN 기술은 무엇인가?

A. SSL
B. PPTP
C. IPSec
D. ICMP

12. OSI 참조 모델의 계층 중 주로 암호화를 담당하는 계층은 무엇인가?

A. 어플리케이션
B. 표현
C. 세션
D. 전송

13. DHCP는 시스템에 MAC 주소를 제공한다.

A. 그렇다.
B. 아니다.

14. 다음 중 어떤 침입차단시스템 토폴로지가 DMZ의 구현을 지원하는가?

A. 요새 호스트
B. 다중 계층의 침입차단시스템
C. 경계 침입차단시스템
D. 스크린 서브넷

15. 다음 중 인터넷에 시스템의 사설 IP 주소를 숨길 수 있는 기술은 무엇인가?

A. SSL
B. RADIUS
C. PPTP
D. NAT

Malicious Code and Activity

11장 악성코드와 활동

악성코드나 소프트웨어는 인터넷에 연결된 장치나 컴퓨터에 위협적이다. 본 장에서는 악성코드의 동작 방법과 대책을 살펴보도록 한다. 간단히 말해서 악성 소프트웨어는 컴퓨터 사용자로서 사용자가 의도하지 않는 행동을 수행하는 모든 프로그램이다. 종종 악성 소프트웨어의 목적은 시스템에 손상을 야기하는 것이다. 악성 소프트웨어는 뱀이 풀 속을 스르르 기어 다니듯이 인터넷을 통해 전파된다. 공격자는 악성 소프트웨어 또는 악성코드를 이용하여 패스워드나 기밀 정보를 훔치거나 시스템에서 정보를 삭제하거나 하드 드라이브를 포맷하기도 한다. 불행히도 안티바이러스 소프트웨어만으로 악성 코드를 통제할 수 없다. 이것이 바로 악성코드에 단순한 바이러스 이상의 더 많은 것이 포함되는 이유이고 일부 악성코드는 탐지되지 않는다.

악성코드는 3가지 보안 특성을 공격한다.

- 기밀성 : 악성코드는 개인정보를 노출할 수 있다. 본 장에서 스파이웨어와 트로이목마가 조직의 지적 정보를 어떻게 캡처하고 비인가된 목적지로 전송하는지를 살펴본다.
- 무결성 : 악성코드는 데이터베이스 기록을 즉각 또는 시간을 두고 변경할 수 있다. 변경된 데이터를 탐지할 때 악성코드가 백업도 손상시켰음을 알 수 있다. 보안사고가 의심스러울 때 모든 데이터의 무결성을 검증하는 것이 중요하다. 무결성을 검증하기 위한 비용은 고가일 수 있고 예산을 수립하지 못할 정보로 비용이 많이 들 수 있다.
- 가용성 : 악성코드는 파일을 삭제하거나 중복 기재하여 저장 매체에 상당한 손상을 가할 수 있다.

보안전문가는 보안이 조직의 모든 직원들이 지켜야 할 책임임을 확신시키기가 어렵다는 것을 알 것이다. 직원들은 보안이 IT 부서만의 책임이라고 생각하는 경향이 있다. 또한 직원들은 보안이 자신의 업무에 방해가 된다고 생각한다. 이러한 보안을 지키기 위한 노력에는 악성코드 공격을 예방하기 위해 사용할 정책, 절차, 기술이 포함된다.

11장 주제

본 장의 주요 주제는 다음과 같다.

- 악성코드와 악성코드가 시스템에 손해를 미치는 방법
- 악성코드의 종류
- 악성코드의 역사
- 악성코드가 기업 조직에 위협이 되는 정도
- 공격자의 목적과 악성코드 공격의 대상이 되는 자산
- 공격을 예방하는 툴과 기술
- 공격을 탐지하는 툴과 기술

11장 학습 목표

본 장의 학습 목표는 다음과 같다.

- 악성 소프트웨어와 활동을 정의
- 트로이목마, 바이러스, 웜, 스파이웨어, 애드웨어, 스팸을 정의
- 개인에 대한 악성 소프트웨어 위험과 위협을 이해
- 기업에 대한 악성 소프트웨어 위험과 위협을 이해
- 악성 소프트웨어 공격 단계를 이해
- 해커, 크래커, 침입자를 이해
- 사회 공학을 정의
- 사고탐지 툴과 기술을 이해
- 공격예방 툴과 기술을 이해

악성 소프트웨어의 특성, 구조 및 동작

보안전문가들은 악성 소프트웨어를 잘 안다. 악성 소프트웨어 또는 악성코드는 컴퓨터 시스템에서 동작하고 사용자가 의도하지 않은 연산을 수행하는 명령어이다. 수행하는 연산은 다음과 같다.

- 공격자는 시스템에 관리적 통제를 획득하여 손해를 가하는 명령어를 사용한다.
- 공격자는 시스템에 직접적으로 명령어를 전송한다. 시스템은 이 명령어를 해석한 후 실행한다.
- 공격자는 시스템에 해를 가하는 소프트웨어 프로그램을 사용한다. 이러한 프로그램은 물리적 매체(USB 드라이브)나 통신 과정(인터넷)으로부터 수신된다. 바이러스, 트로이목마, 웜 등이 이러한 악성 소프트웨어 프로그램들이다.
- 공격자는 네트워크의 보안 취약점을 식별하고 악용하기 위해 원격의 정당한 관리 툴을 이용하여 조사한다.

반드시 어떤 종류의 악성코드 위협이 있는 지를 이해해야 한다. 그러면 조직을 보호하기 위한 합리적인 대책을 개발할 수 있다.

악성코드의 형태

비 기술적 측면에서 대부분의 컴퓨터 사용자들은 모든 악성코드는 바이러스라고 생각한다. 실제로 여러 형태의 바이러스뿐만 아니라 많은 형태의 악성코드가 존재한다. 형태에 따라 유일한 특성과 구조를 갖는다. 반드시 악성코드 공격을 탐지하고 완하하고 예방하기 위한 효과적인 대책을 설계하고 구현해야 한다. 이를 위해 악성코드의 다양한 형태와 어떻게 사용되는지를 반드시 이해해야 한다.

본 절에서는 일반적인 형태의 악성코드의 특징과 연산을 살펴보도록 한다. 공격자가 이러한 악성코드를 어떻게 이용하는지도 살펴본다.

바이러스

컴퓨터 바이러스는 다른 실행 프로그램에 첨부되거나 다른 실행 프로그램을 감염시키는 실행 프로그램이다. 어떤 바이러스는 복제된 후 파괴적인 활동도 수행한다. 좋은 안티-악성코드 통제는 명백하거나 손상 페이로드를 갖는 대부분의 바이러스 감염 여부를 알려주고 제거한다. 바이러스의 주요 특성은 자신을 복제하고 특정 형태의 활동을 수행한다는 것이다. 모든 바이러스가 해를 미치지는 않는다. 어떤 바이러스는 성가시게 하거나 복제되는 것에 중점을 둔다. 또 다른 바이러스는 자신의 페이로드를 숨기고 백도어를 설치한다. 감염된 시스템은 바이러스를 인지 못하거나 손상을 즉각적으로 인지하지 못할 수 있다.

바이러스의 주 형태는 3가지가 있다. **시스템 감염 바이러스(system infectors)**는 공격 대상 컴퓨터와 소프트웨어가 함수(기능)를 시작하는 바이러스이다. 파일 감염 바이러스(file infectors)는 실행 프로그램(COM, EXE, SYS, DLL 파일)을 공격하거나 수정하는 바이러스이다. **데이터 감염 바이러스(data infectors)**는 내재된 매크로 프로그래밍 기능을 포함하는 문서 파일을 공격하는 바이러스이다.

악성 소프트웨어 활동은 공격자와 대상 사이에 실시간 세션에서 서로 연동되면서 발생한

그림 11-1 컴퓨터 바이러스의 전형적인 생명 주기

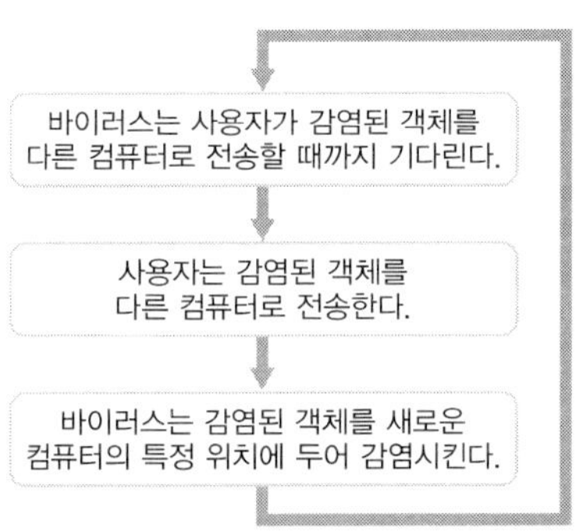

바이러스 코드 활동의 증거

모든 바이러스를 항상 식별하지는 못하더라도 바이러스에 대한 숨길 수 없는 증거들이 존재한다. 다음은 감염된 컴퓨터에서 나타나는 증상이다.

- 워크스테이션이나 서버의 반응이 느려짐
- 워크스테이션에서의 예기치 않은 디스크 활동 수준(처닝(churning))
- 사용자 응용 프로그램, 특히 시작시의 갑작스런 느려짐
- 응용 프로그램이나 예기치 않은 오류 메시지의 설명할 수 없는 중단
- 예약되지 않은 하드웨어 리셋과 중단(프로그램 중단을 포함)
- 갑작스런 안티바이러스 경고
- 디스크 오류 메시지(디스크 스캐닝을 통한 "파손된 클러스터"의 증가 포함)
- 디스크나 사용 가능한 메모리 공간의 예기치 못한 감소
- 매크로 바이러스의 경우 저장된 문서가 DOT 파일로 열림
- 응용 프로그램(또는 아이콘)이 사라지거나 존재하지 않음

다. 또는 바이러스는 가만히 있다가 정해진 시간이나 어떤 이벤트가 발생할 때 동작한다. 바이러스는 파괴적인 행동을 개시하거나 단순히 정보를 관찰한 후 수집할 수도 있다. (그림 11-1)은 컴퓨터 바이러스의 전형적인 생명주기를 보여준다.

부트 레코드 감염 바이러스(boot record infectors)

시스템 감염 바이러스는 컴퓨터 내 주요 하드웨어와 시스템 소프트웨어를 공격 대상으로 하는 바이러스이다. 보통 시스템 시작 프로세스가 감염된다. 이렇게 감염되면 컴퓨터가 보호 대책을 로딩하기 전에 바이러스가 컴퓨터를 통제하고 실행한다. 가장 일반적인 형태의 시스템 감염 바이러스로는 플로피 부트 레코드 감염 바이러스와 하드 드라이브 마스터 부트 레코드 감염 바이러스이다. 주로 이러한 바이러스는 매체 교환을 통해 전파된다.

마스터 부트 레코드와 시스템 감염 바이러스

마스터 부트 레코드 감염 바이러스는 원래의 마스터 부트 레코드를 바이러스 코드로 대체시키면서 원래의 마스터 부트 레코드를 이동시키거나 파괴한다. 그리고 바이러스는 부트스트랩 프로그램으로부터 통제를 획득한 후 악의적인 행동을 수행할 수 있다. 일반적으로 마스터 부트 레코드 감염 바이러스는 자신의 업무를 수행한 후 자신의 존재를 숨기기 위해 원래의 마스터 부트 레코드나 수행 중인 분할 부트 레코드에 통제를 반환한다.

부트 레코드 감염 바이러스 두 형태 모두 ROM 기반의 시스템 서비스를 우회할 수 있는 명령어를 로딩한다. 이 수준에서 로딩을 하면 바이러스가 정상적인 모든 어플리케이션과 운영체제 하드웨어 요청을 가로챌 수 있다. 이러한 요청에는 파일과 파일 디렉토리 서비스를 열고 닫는 것과 같은 함수가 포함된다. 이런 형태의 바이러스는 다른 형태의 악성코드 루틴

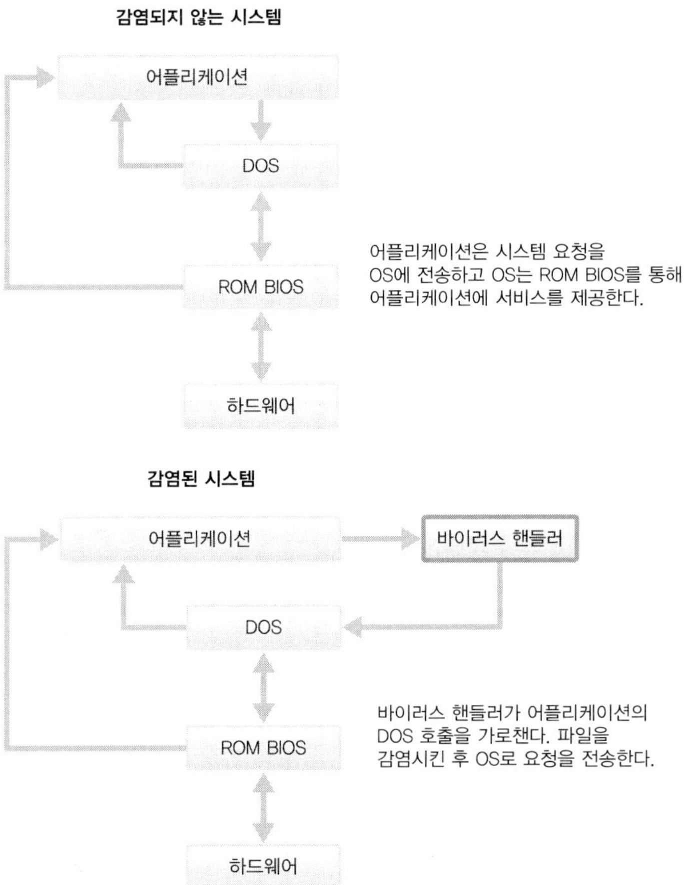

그림 11-2

시스템 감염 바이러스

을 수행한 후 추적되지 않도록 할 수 있다.

이와 같은 이중 활동 기능을 갖는 바이러스를 **다중 바이러스**(multipartite virus)라 한다. 이 바이러스는 이후 파일 감염 바이러스 코드를 실행한다. (그림 11-2)는 시스템 감염 바이러스가 컴퓨터에 어떻게 영향을 미치는 지를 보여준다.

파일(프로그램) 감염 바이러스

파일 감염 바이러스는 전형적인 "복제 후 첨부" 활동을 보인다. 마이크로소프트 윈도우 기반의 운영체제가 널리 사용되기 때문에 가장 잘 알려진 파일 감염 바이러스는 이러한 시스템을 공격 대상으로 한다. 이러한 바이러스는 일반적으로 .com 또는 .exe 파일 확장자를 갖는 프로그램 파일을 공격한다. 좀 더 새로운 바이러스는 SYS, DLL 및 기타 윈도우 파일 형태에 대해 동작한다.

윈도우 컴퓨터가 대상이긴 하나 다른 플랫폼에 대한 공격의 수도 증가하고 있다. 매달 리눅스와 MAC 컴퓨터를 대상으로 하는 공격이 증대되고 있다. 또한 스마트폰과 태블릿과 같은 모바일 장치에 대한 공격도 빠르게 증가하고 있다. 소수의 사람들이 모바일 장치를 안전하게 할 시간이 없어 모바일 장치는 공격자가 공격하기에 매력적이다. 실제로 2013년 Consumer Reports State of the Net 보고서에 따르면 1억 명이 넘는 성인 스마트폰 사용자

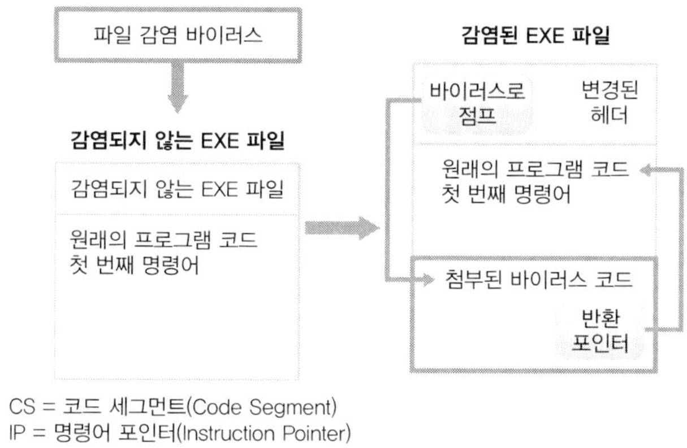

그림 11-3 파일 감염 바이러스의 동작

중 39퍼센트가 자신의 장치를 안전하게 지키기 위해 아무런 조치를 취하지 않는다고 한다. 안전하지 않은 장치에 대해 공격자는 쉽게 공격을 성공한다.

악성코드 개발자는 고수준의 언어를 사용하여 이러한 많은 바이러스를 제작하고 컴파일한다. C와 C++ 언어는 성공하는데 필요한 강력하고 유연한 바이러스를 제공할 수 있기 때문에 일반적으로 많이 사용되는 언어이다. 이와 대조적으로 악성코드 개발자는 부트 레코드 감염 바이러스를 만들기 위해 어셈블리 언어를 사용하기도 한다. 파일 감염 바이러스의 코딩은 꽤 복잡한 반면 대부분의 실행 프로그램의 구조는 상대적으로 단순하다.

이런 형태의 바이러스는 자기 자신을 원래의 프로그램 파일에 첨부한다. 또한 다른 파일에 자신을 복제하고 감염시킬 때까지 감염된 파일 실행을 통제하고 가능하면 페이로드를 전송한다.

파일 감염 바이러스의 한 형태인 컴패니언 바이러스(companion virus)는 실제로는 자체를 원래의 호스트 프로그램에 첨부하지 않는 별개 프로그램 파일이다. 대신 컴패니언 바이러스는 파일이름은 동일하나 원래 프로그램보다 이전에 실행될 수 있는 확장자를 갖는 새로운 프로그램을 생성한다. 예를 들어 윈도우는 동일한 디렉토리에 이름이 같은 .exe 파일과 .com 파일이 존재하면 .exe 파일을 실행하기 전에 .com 파일을 실행한다. 즉, 동일한 디렉토리 경로 내에 실제 프로그램과 이름은 같으나 확장자는 다른 파일을 생성한다. 사용자가 해당 프로그램을 실행하면 운영체제는 정당한 프로그램 대신 악성코드를 호출한다. 바이러스가 자신의 업무를 수행한 후에는 원래의 프로그램을 실행하는 명령어를 수행하면 된다. (그림 11-3)은 파일 감염 바이러스가 어떻게 동작하는지를 보여준다.

매크로(데이터 파일) 감염 바이러스

매크로 바이러스(macro viruses)는 소프트웨어 업체가 많이 사용하는 오피스 응용 프로그램에 기록 기능을 추가하면서 문제가 되었다. 사용자들은 매크로 기록 기능을 이용하여 프로그램에 자신의 활동을 기록한다. 활동이 기록되는 응용 프로그램은 이러한 명령어를 데이터 파일과 함께 저장한다. 이후 사용자는 파일을 열거나 미리 정의한 키를 입력하여 이 활동을 수행할 수 있다. 매크로의 원래의 목적은 반복 프로세스를 자동화하는 것이다. 매크로로 인해 응용프로그램이 편리하고 효율적이기 때문에 사용자들은 이 기능을 좋아한다. 그러나

그림 11-4

매크로 바이러스의 동작

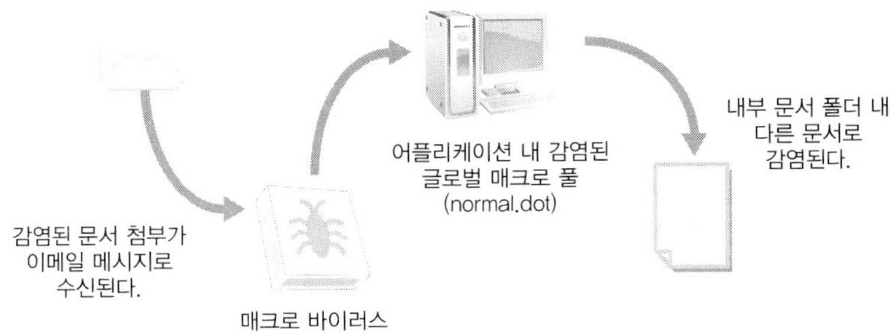

이러한 매크로는 악성코드에게 명령어를 수행할 수 있는 수단을 제공하게 된다.

매크로 바이러스는 이러한 문서 파일을 감염시켜 자신의 명령어를 삽입한다. 사용자가 감염된 문서를 다른 사용자와 공유하게 되면 악성코드가 전파되고 복제된다. 대부분의 오피스 응용프로그램의 연결된 특성으로 인해 감염된 문서가 다른 컴퓨터와 사용자에게 쉽게 전파될 수 있다. 매크로는 쉽게 플랫폼 사이를 이동하고 구성이 꽤 단순하다. 이런 이유로 매크로 바이러스는 매우 많이 퍼져있다.

전자메일 폭탄은 또 다른 형태의 매크로 공격이다. 이런 공격에서는 일반적으로 최대의 손상을 가하도록 설계된 매크로를 포함하는 이메일 첨부가 이용된다. 공격자는 매우 정확하게 공격 대상에게 전달될 수 있는 익명의 리메일러를 통해 문서 첨부를 전송할 수 있다. 이메일 폭탄을 수신한 사람이 첨부를 열기만 하면 매크로 바이러스가 동작한다. 어떤 경우 단순히 이메일을 미리 보기만 해도 이메일 폭탄이 동작하기도 한다. (그림 11-4)는 매크로 바이러스의 동작 방법을 보여준다.

기타 바이러스

바이러스는 수많은 기술을 이용하여 전파되고 안티바이러스의 탐지를 피한다. 대부분의 단일 컴퓨터 바이러스는 자기 자신을 감염시킬 파일이나 부트 섹터나 문서에 복제함으로써 동작한다. 바이러스는 동일한 방법으로 계속해서 감염시킨다. 이러한 예측 가능한 활동은 서명 패턴을 산출한다. 많은 안티 바이러스와 안티 악성코드 프로그램은 악성코드를 탐지하기 위해 이러한 서명을 찾는다. 그러나 다음과 같은 바이러스는 좀 다르게 행동한다.

- 다형성 바이러스(polymorphic viruses) : 이런 형태의 바이러스에는 바이러스의 본체를 복제하는 동안 바이러스 본체를 암호화된 포맷으로 저장하는 별개의 암호화 엔진이 포함되어 있다. 따라서 이 바이러스를 탐지하기 위해서는 복호화 루틴이 필요하다. 다형성 바이러스는 바이러스의 통제 부분을 복호화 루틴에 끼워 넣는다. 복호화 루틴은 공

그림 11-5

다형성 바이러스의 동작

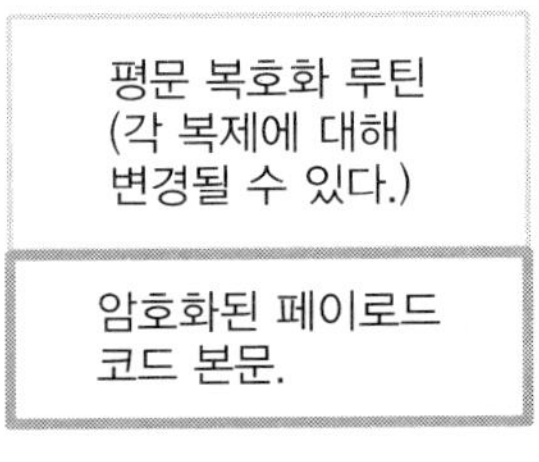

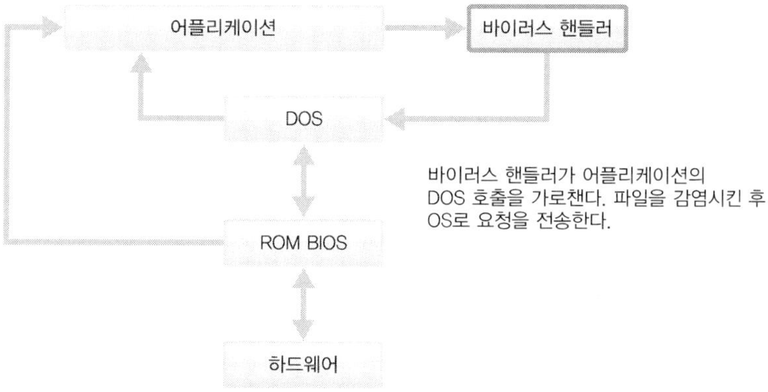

그림 11-6

은폐형 바이러스의 동작

격대상 시스템의 통제를 장악한 후 바이러스의 본체를 복호화한 후 실행시킨다. 진정한 다형성 바이러스는 추가적인 변형 엔진을 이용하여 반복 단계별로 복호화 프로세스를 다르게 한다. 이렇게 함으로써 코드의 일부도 식별하기가 더 어렵다. (그림 11-5)는 다형성 바이러스가 컴퓨터를 감염시키는 방법을 보여준다.

- 은폐형 바이러스(stealth virus) : 은폐형 바이러스는 수많은 기술을 이용하여 사용자와 탐지 소프트웨어로부터 자기 자신을 숨긴다. 낮은 수준의 시스템 서비스 기능을 설치해서 시스템 요청을 가로채고 서비스 결과를 변경하여 자신의 존재를 숨긴다. 은폐형 바이러스는 크기 은폐, 읽기 은폐 또는 둘 다의 특성을 갖는다. (그림 11-6)은 은폐형 바이러스의 동작 방법을 보여준다.
- 느림보 바이러스(slow virus) : 느림보 바이러스는 감염된 파일 내에 변경을 탐지하는 안티바이러스 프로그램 기능에 대응한다. 이런 종류의 바이러스는 안티바이러스 소프트웨어가 이를 탐지할 수 없는 컴퓨터 메모리에 존재한다. 느림보 바이러스는 실행 파일을 복사하거나 이동시키는 것과 같은 특정 업무를 기다린다. 운영체제가 파일을 메모리로 읽을 때 바이러스는 결과 파일에 기록하기 전에 해당 파일을 변경한다. 이를 탐지하기는 훨씬 어렵다. (그림 11-7)은 느림보 바이러스의 동작 방법을 보여준다.
- 레트로 바이러스(retro viruses) : 이러한 바이러스는 안티바이러스 서명 파일이나 무결성 데이터베이스와 같은 보안대책을 공격한다. 레트로 바이러스는 이러한 데이터 파일을 찾아서 삭제하거나 변경하여 안티바이러스 소프트웨어 기능을 손상시킨다. 또 다른

FYI

크기 은폐형은 감염된 파일의 크기가 이전보다 증가했다는 사실을 숨긴다. 바이러스는 파일 정보에 대한 시스템 요청을 가로챈 후 요청 프로세스에 반환하기 전에 응답에서 자신의 크기를 뺀다. 읽기 은폐형은 바이러스가 부트 섹터 코드로 이동했다는 사실을 숨긴다. 바이러스는 정상적인 부트 섹터(바이러스가 이동됨)에 대한 읽기/쓰기 요청을 가로챈 후 바이러스 코드로 바꾼다. 바이러스는 요청을 원래의 부트 섹터 코드가 숨겨진 새로운 위치로 리다이렉트한다.

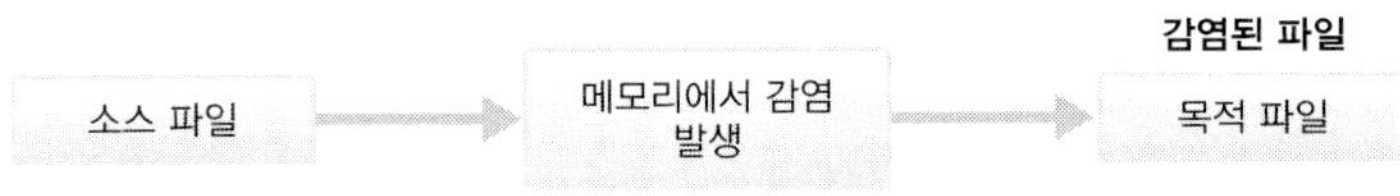

그림 11-7
느림보 바이러스의 동작

바이러스로 특히 부트 바이러스(공격 대상 시스템이 구동할 때 통제를 획득)는 윈도우 레지스트리 키와 다른 운영체제 키 구동 파일을 변경하여 AV, 침입차단시스템 및 침입탐지시스템(IDS) 소프트웨어를 무력화한다. (그림 11-8)은 레트로 바이러스의 동작 방법을 보여준다.

- **교차 플랫폼 바이러스(cross-platform viruses)** : 교차 플랫폼 바이러스는 다소 많이 퍼져있지는 않지만 여전히 잠재적 위협일 수 있다. 여러 운영체제를 공격 대상으로 하는 수많은 문서화된 바이러스(예, 애플 매킨토시 하이퍼카드 바이러스)가 존재해 왔다. 이러한 플랫폼에 윈도우 에뮬레이션 소프트웨어가 동작하면 윈도우 컴퓨터와 마찬가지로 윈도우 바이러스에 감염될 수 있다.
- **다중 바이러스(multipartite viruses)** : 앞에서 살펴본 것과 같이 다중 바이러스는 여러 행동이 나타나는 하이브리드 바이러스이다. 다중 바이러스의 두 종류는 마스터 부트 레코드/부트 섹터 바이러스와 파일을 감염시키는 바이러스이다. 그러한 바이러스는 응용 프로그램 내에 파일 감염 바이러스로 존재할 수 있다. 감염된 응용 프로그램이 실행되면 바이러스가 마스터 부트 레코드 감염을 실행시키고 이후 사용자가 시스템을 재시작하면 다른 파일을 감염시킨다. (그림 11-9)는 다중 바이러스의 동작 방법을 보여준다.

1994년에 격리된 One Half 바이러스와 같은 특정한 다중 바이러스는 은폐형 특성과 다형성 특성 모두 나타났다.

스팸(spam)

스팸은 네트워크 관리자가 직면하는 가장 성가신 문제 중 하나이다. 종종 스팸에는 바이러스나 다른 악성코드가 포함될 뿐만 아니라 스팸으로 인해 네트워크와 이메일 서버 혼잡이 야기되어 사용자는 많은 시간과 생산성을 낭비하게 된다. 이제는 많은 바이러스가 감염된 컴퓨터의 일부로 스팸 봇넷을 만드는 소프트웨어를 운반한다. 이렇게 만들어진 스팸 봇넷은 새로운 버전의 바이러스를 전송한다.

대부분의 안티 스팸 업체들은 모든 메시지 트래픽의 70에서 90 퍼센트가 스팸이라고 측정

그림 11-8
레트로 바이러스의 동작

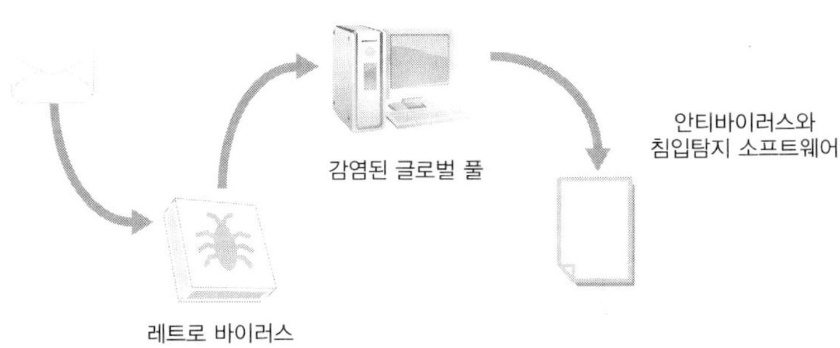

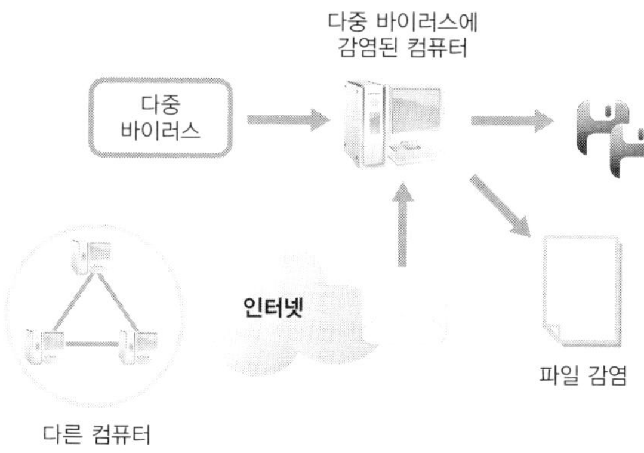

그림 11-9

다중 바이러스

하였다. 간단히 말해서 스팸은 원치 않는 메시지이다. 그러나 여전히 많은 사용자들은 원치 않는 이메일을 열거나 원치 않는 인스턴트 메시지를 수신한다. 사용자들은 업무의 가능성, 복권 상금 또는 제품의 할인된 금액에 혹한다. 또한 이러한 메시지들을 엄격하게 "원치 않는" 메시지라고 분류하기가 어렵다.

스팸은 모든 규모의 조직에게 주요 문제가 되고 있다. 스팸은 조직이 운영에 필요로 하는 대역폭을 사용하며 직원의 시간을 낭비시키고 있다. 또한 스팸은 바이러스와 웜의 온상이다. 보다 공격적인 것은 스팸으로 인해 조직이 재정적 부담을 가질 수도 있다. 다행히도 보안전문가가 이러한 이메일을 제거할 수 있는 자동화된 툴이 있다.

안티 스팸 서비스와 기술의 사용이 증가함에도 불가하고 스팸의 수나 규모도 지속해서 증가한다. 특히 악성코드는 아니지만 스팸은 최소한 조직에게 다음의 위협으로 나타난다.

- 스팸은 컴퓨팅 자원(대역폭과 CPU 시간)을 낭비시킨다.
- 스팸으로 인해 IT 인력은 보다 중요한 안티바이러스가 아닌 네트워크 보안에 신경을 쓴다.
- 스팸 이메일은 악성 코드(바이러스, 악의적인 능동적 컨텐츠 등)를 잠재적으로 운반한다.
- 스패머들은 중개 시스템을 손상시켜 실제 송신지 주소를 숨기고 피해를 받은 시스템에게는 서비스 거부 공격이 되는 리메일링 서비스를 용이하게 한다.
- 스팸 메시지 내 옵트-아웃(수신거부) 특성이 정당한 공격 대상의 주소를 획득하기 위한 새로운 형태의 사전 조사 공격으로 나타난다.

스팸

모두 대문자인 SPAM은 Hormel Foods의 상표이다. 그러나 대소문자를 혼합한 Spam 또는 모두 소문자인 spam은 청하지 않은 이메일이다. 현재 사용하고 있는 스팸(spam)은 1970년 Monty Python 코미디 촌극에서 유래되었다. 이 촌극에서는 모든 요리에 SPAM 제품을 포함하는 식당의 웨이터가 묘사되었다. 등장인물 중 하나가 "SPAM"이라고 말할 때 마다 식당의 여러 바이킹들은 반복해서 "SPAM, SPAM, SPAM, SPAM!"을 외친다. 바이킹들의 외침으로 주 대화가 묻히면서 다른 등장인물을 이해하기 어려워진다. 그 결과 "spam"은 주요 메시지를 능가하는 소음이나 다른 대화를 의미하게 되었다.

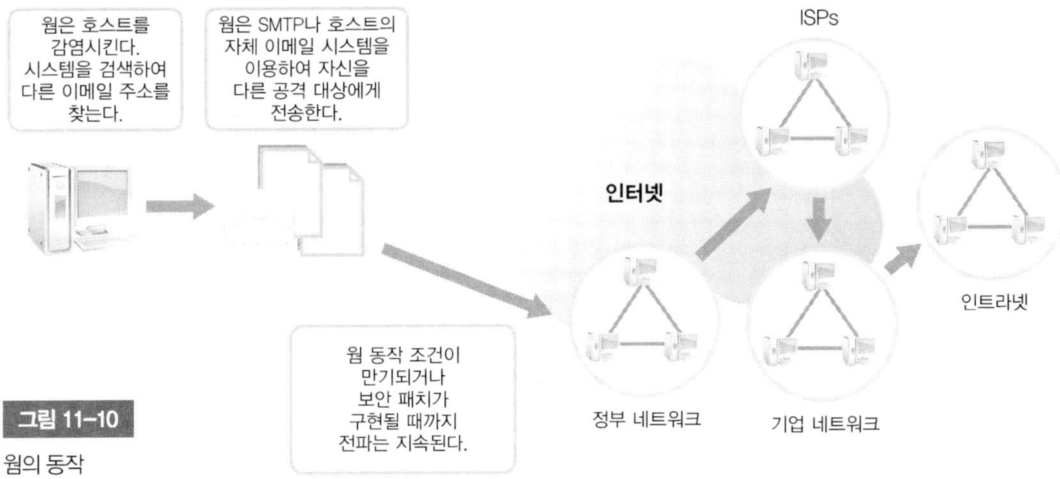

그림 11-10

웜의 동작

웜(worms)

웜은 하나의 호스트 머신에서 다른 머신으로 호스트 자체 네트워크 통신 프로토콜을 사용하여 전파되도록 설계된 독립 프로그램이다. 바이러스와 달리 웜은 생존하고 복제하기 위해 호스트 프로그램을 필요로 하지 않는다. 원래 웜과 바이러스의 구분은 웜은 네트워크와 통신 링크를 이용하여 전파되고 직접적으로 실행 파일에 첨부되지 않는다는 것에 있다. 웜이란 용어는 웜이 서로 다른 컴퓨터에서 네트워크를 통해 서로 통신하면서 작동하는 세그먼트를 갖는 프로그램이라는 사실에서 기인한다.

보통 웜은 네트워크에 연결된 컴퓨터를 조사하여 특정 취약점을 악용한다. 일반적으로 웜은 네트워크 질의나 활동에 대응하는 서버의 특정 부분이나 유틸리티 소프트웨어를 탐색한다. 웜의 예로 1998년의 인터넷 Morris 웜이 있다.

가장 최근의 웜에는 Code Red 웜과 Lioon 웜과 같은 수많은 리눅스 웜이 포함된다. (그림 11-10)은 웜의 동작 방법을 보여준다. Blaster는 가장 성공적인 웜 중 하나이다. 왜냐하면

웜 공격의 증거

웜에 대한 많은 증거들이 존재한다. 다음 중 하나가 나타나면 컴퓨터가 감염되었다는 것이다.

- 이유를 알 수 없는 대역폭 소비 증대
- 정상적인 활동 기간 내에 인바운와 아웃바운드 이메일의 증가
- 이메일 서버 저장소 활용의 갑작스런 증가(이것은 디스크/사용 파티션 공간을 모니터하고 관리하기 위해 설정한 임계치를 넘어 경고신호를 발생시킨다.)
- 이유를 알 수 없는 디스크 공간 감소
- 평균 메시지 크기의 특이한 증가나 첨부 파일 크기의 감소
- 사용자가 전송하지 않은 메시지 트래픽에 대해 "배달 불가"라는 SMTP나 POP 데몬 응답 발생
- 네트워크를 통한 사용자 응답 시간의 갑작스런 증가나 서버 팜에 대한 접속 혼잡 발생
- IDS와 침입차단시스템 임계시 경고 활동의 갑작스런 증가

Blaster가 사용하는 기능인 DCOM은 모든 버전의 윈도우(데스크톱과 서버)에서 동작된다.

웜은 사용자의 개입 없이 빠르게 전파될 수 있다. 종종 웜은 서버 소프트웨어를 공격한다. 그 이유는 웜을 만든 많은 사람들은 서버가 항상 동작한다는 것을 알고 있기 때문이다. 이를 이용하여 웜은 빠르게 전파된다.

> **참고**
>
> Nimda는 또 다른 웜이다. 그러나 Nimda도 수많은 방법으로 전파되어 이메일 바이러스이면서 다중 바이러스로 간주된다.

트로이목마

트로이목마 프로그램은 가장 큰 종류의 악성코드이다. 트로이목마는 자신의 악의적인 의도를 숨기면서 유용한 프로그램으로 가장하는 프로그램이다. 트로이목마의 숨김 특성으로 인해 사용자는 프로그램을 다운받고 동작시킨다. 크래커 관점에서 보면 이 방법의 장점은 인가된 사용자가 트로이목마를 실행했기 때문에 트로이목마는 인가된 프로세스로 동작한다. 트로이목마의 성공은 전파되고 동작하는 사회 공학에 대한 신뢰성에 기인한다. 트로이목마는 사용자를 속여서 프로그램을 실행시킨다. 트로이목마가 유용한 프로그램인 것처럼 보이면 더 쉽게 전파될 수 있다. 가장 성공한 트로이목마는 실제로 유용한 서비스를 제공하고 자신도 모르게 사용자는 여러 번 트로이목마를 실행하게 된다. 그러나 트로이목마가 실행될 때마다 다른 형태의 악성코드와 같이 원하지 않는 활동도 실행한다.

많은 트로이목마는 이메일 메시지나 웹 사이트 다운로드를 통해 전파된다. 과거에 트로이목마 개발자는 프로그램을 게시판에 공개한다. 운영자와 안티 악성코드 소프트웨어는 악성 프로그램을 신속히 식별한 후 제거한다. 보다 최근의 트로이목마는 대량 이메일, 웹사이트, 소셜 네트워킹 사이트, 자동화된 배포 에이전트(봇)를 통해 전파된다. 트로이목마 프로그램은 수많은 변장 기술로 전파될 수 있다. 악성 페이로드를 식별하는 것이 점점 더 어려워지고 있다.

트로이목마의 증거

트로이목마에는 숨길 수 없는 많은 징후가 있다. 다음 중 어느 것이라도 컴퓨터가 감염되었음을 나타낼 수 있다.

- 알지 못했던 새로운 프로세스 실행
- 새로운 소프트웨어가 설치되었음(또는 설치되고 있음)을 알리는 시작 메시지(레지스트리 갱신)
- 정상적인 명령에 대한 어플리케이션의 무반응
- 정상적인 웹 요청에 대해 모르는 사이트로의 비정상적인 리다이렉션
- 예측 못한 또는 예정에 없는 모뎀 연결 작동
- 비정상적인 시간에 예측 못한 원격 로그인 프롬프트 또는 익숙하지 않은 로그인 프롬프트 패널(이것은 일상적인 소프트웨어 업그레이드 또는 세션 리셋으로 인해서 발생할 수 있으나 트로이목마 키로깅 또는 패스워드-캡처링 소프트웨어를 나타낸다.)
- (시작시 또는 사용자가 로딩을 시도했을 때) 갑작스런 또는 예측 못한 안티바이러스 스캐닝 소프트웨어의 또는 개인 침입차단시스템 소프트웨어의 종료

어떤 전문가들은 바이러스를 일종의 트로이목마 프로그램으로 간주한다. 이렇게 생각하는 데에는 다 이유가 있다. 바이러스는 정당한 프로그램과 함께 숨겨져서 전파되는 알 수 없는 것이다. 추가적으로 프로그램을 바이러스로 감염시키면 트로이목마로 바꿀 수 있다. 그러나 바이러스라는 용어는 감염된 호스트라기보다는 감염성이 있는 코드이다. 트로이목마는 자기 자신을 재생성하지 않는 정교하게 변경된 프로그램이다.

논리 폭탄

논리 폭탄(logic bomb)은 특정 조건이 탐지되면 특정 종류의 악성 기능을 실행하는 프로그램이다. 일단 준비되면 논리 폭탄은 특별한 조건이나 시간을 기다린다. 특별한 조건이나 시간이 발생하면 논리 폭탄이 동작하고 자신의 임무를 수행한다. 악의적인 임무로 인해 즉각적인 손상이 발생하거나 보다 오랜 기간 동안 손상을 야기하는 여러 이벤트를 발생시킨다.

많은 논리 폭탄은 조직의 내부자에서 비롯된다. 일반적으로 조직 내 사람들이 외부자보다 IT 기반구조를 더 잘 알고 있기 때문에 논리 폭탄을 더 쉽게 설치할 수 있다. 추가적으로 내부 직원은 조직의 취약점을 훨씬 더 잘 알고 있어 효과적인 방법으로 손상을 야기할 수 있다. 예를 들어 개발자는 프로그램을 정지 상태의 다른 소프트웨어 내에 숨긴다. 이후 회사가 자신을 해고시키면 개발자는 해당 프로그램을 동작시킨다. 이로 인해 논리 폭탄은 가치 있는 파일을 삭제하거나 다른 손해를 가하는 악의적인 활동을 수행한다.

논리 폭탄은 개발자가 탐지되지 않도록 설계했기 때문에 이를 식별하기가 매우 어렵다. 또한 일반적으로 개발자는 조직의 기능과 보안 통제를 잘 알고 있어 주목을 받지 않을 장소에 논리 폭탄을 설치할 수 있다.

액티브 콘텐트 취약점

액티브 콘텐트(active content)는 사용자와 상호작용하기 위한 기능을 제공하는 웹 사이트의 구성요소이다. 여기에는 사용자가 웹 페이지를 열 때 무언가를 수행하는 동적인 객체가 포함된다. 개발자는 많은 기술을 사용하여 액티브 X, 자바, 자바스크립트, VB스크립트, 매크로, 브라우저 플러그-인, PDF 파일, 기타 스크립팅 언어를 포함하는 액티브 콘텐트를 생성한다. 이 코드는 사용자 브라우저의 컨텍스트에서 실행되고 사용자 로그온 크리덴셜을 사용한다. 이러한 프로그램에 광범위한 컴퓨터 플랫폼에서 실행되기 때문에 이러한 액티브 콘텐트 위협은 모바일 코드로 간주된다.

이제 많은 인터넷 웹 사이트는 액티브 콘텐트에 의존하고 있다. 이러한 구조가 적절하게 작동하기 위해 사용자는 반드시 이러한 모바일 코드를 다운받아야 한다. 모바일 코드는 하드 디스크에 접근할 수 있다. 일단 모바일 코드가 동작하면 모바일 코드는 잠재적으로 감염된 파일 아이콘으로 PC를 채우는 등과 같은 일들을 수행할 수 있다. 이러한 아이콘은 추가적인 악성 코드의 복사본을 생성한다.

액티브 콘텐트는 응용 프로그램 매크로부터 애플릿, 백그라운드 스크립트까지 많은 형태로 나타난다. 자바, 자바스크립트, 비주얼 베이직 스크립트, 액티브X, 매크로, 어도브 아크로뱃 파일, 브라우저 플러그인 모두 잘 정의되고 문서화된 액티브 콘텐트 특성을 통해 악성 소프트웨어를 포함한다. 이러한 모든 것에 악성코드가 악용할 수 있는 잠재적 약점이 존재한다.

봇넷

해킹 그룹은 공격을 개시하기 위해 **봇넷**(botnets)(간단히 말해 로봇으로 통제되는 네트워크)을 생성한다. 공격자는 봇 헤더 또는 컨트롤러의 명령어로 다양한 기능을 수행하는 에이전트를 이용하여 취약한 머신을 감염시킨다. (봇 헤더는 봇넷을 운영하는 해커이다.) 전형적으로 컨트롤러는 IRC(Internet Relay Chat) 채널을 이용하여 봇넷의 다른 컴퓨터와 통신한다. IRC는 인터넷을 통해 문자 대화가 가능한 프로토콜이다. 공격자는 봇넷을 이용하여 악성코드와 스팸을 배포할 수 있고 조직이나 다른 국가에 대한 서비스 거부 공격을 개시할 수 있다. 공격자는 수천 개의 봇넷을 구축하고 시스템에 실제 위협을 줄 수 있다. 2007년에 Storm 봇넷은 세계에서 두 번째로 강력한 수퍼컴퓨터(supercomputer)였다. 봇넷은 오늘날 공격에서 핵심 역할을 수행할 정도로 강력하다. 2012년 후반과 2013년에 미국 은행과 기반구조에 대해 반복되는 공격은 봇넷을 이용한 공격이었다. 봇넷의 위험은 모든 컴퓨팅 장치를 안전하게 해야 한다는 것이다. 공격자는 모든 형태의 장치를 이용하여 공격을 한다.

서비스 거부 공격

서비스 거부(DoS) 공격의 목적은 서버와 네트워크 세그먼트를 사용하지 못하도록 장악하는 것이다. 성공적인 DoS 공격은 인가된 사용자가 네트워크 자원에 접근할 수 없도록 서버나 네트워크 장치를 중단시키거나 네트워크 혼잡을 야기하는 것이다.

일반적인 DoS 공격은 단일 컴퓨터를 이용하여 공격한다. 분산 서비스 거부(DDoS) 공격은 중간의 호스트들을 이용하여 공격을 수행한다. 이러한 중간 호스트들은 트로이목마 핸들러 프로그램을 포함하는 손상된 시스템이다. 이후 이러한 트로이목마 프로그램은 대상 시스템이나 네트워크에 조직화된 공격을 실행하는 에이전트로 동작한다. 공격자는 하나 또는 여러 마스터 핸들러 서버를 통제한다. 이러한 마스터 핸들러 서버는 많은 에이전트나 데몬을 통제할 수 있다. 에이전트는 하나 또는 여러 피해 시스템에 대해 패킷 기반의 공격을 수행하는 명령을 수신한다.

FYI

봇넷은 분산 서비스 거부(DDoS) 공격과 스팸의 주 근원지이다. 봇넷은 손상된 컴퓨터에 숨겨져 "작동" 명령어를 기다리고 특정 명령어를 수행하는 프로그램이다. 봇넷은 많은 종류의 컴퓨터에 존재하기 때문에 탐지하기가 어렵다. 봇넷 DoS 공격이 빠르게 증대되고 전파되고 있다. F-Secure라는 안티바이러스 소프트웨어, 침입차단시스템, 개인용 IDS 업체는 유투브를 통해 이와 관련된 비디오를 공개하고 있다. (http://www.youtube.com/fslabs 참고)

2012년 9월과 10월, 그리고 2013년 2월에, 핵티비스트(hactivists, 해킹 능력을 가진 활동가들의 그룹(a group of activists with hacking abilities))은 주요 미국 은행 컴퓨터 시스템에 DDoS 공격을 했다. 핵티비스트는 점점 더 큰 규모의 공격의 배후에 있다. 핵티비스트는 일반적으로 정치적이나 사회적 이슈에 주목을 끌기 위해 공격을 한다. 2012년 공격 대상에 미국 Bancorp, JPMorgan Chase, Bank of America, PNC Financial Services, SunTrust Banks가 포함됐다. 어떤 고객은 느린 은행 사이트로 인해 불만스러워 했고 어떤 고객은 은행에 전혀 접속하지 못했다. 동일한 핵티비스트가 2012년 12월과 2013년에 동일한 은행에 대해 새로운 공격을 개시했다. 여전히 공격은 은행 웹 사이트의 온라인 접근을 중단시켰으나 이전 공격만큼 효과적이진 않았다. 은행은 이전 공격을 교훈 삼아 자신의 웹 사이트를 보호하기 위한 새로운 통제를 추가했다.

이러한 공격에는 공격자, 중간자(핸들러와 에이전트)와 피해자가 있다. 중간자의 경우 공격자가 의도한 피해자는 아니지만 이러한 공격에서는 중간자에게도 피해자와 동일한 문제가 존재하게 된다. DDoS 공격에 대한 추가적인 정보는 CERT 웹 사이트(http: www.cert.org)를 참고할 수 있다.

SYN 플러드 공격

DoS 공격의 가장 일반적인 기술이 SYN 플러드(flood)이다. SYN 플러드에서 공격자는 IP를 위조하여 공격 대상 컴퓨터에게 연결을 요청하는 패킷을 대량으로 전송한다. 이 대량의 패킷들은 정당한 것처럼 보이지만 실제로는 SYN-ACK 메시지에 대해 응답할 수 없는 클라이언트 시스템을 찾게 된다. 공격을 받은 컴퓨터는 연결 요청을 로컬 테이블에 기록한 후, 이를 위한 메모리 공간을 할당한다. 공격을 받은 컴퓨터는 공격자에게 확인 메시지 SYN-ACK 메시지를 전송한다. 정상적이라면 클라이언트는 ACK 메시지와 함께 SYN-ACK 메시지를 응답함으로써 연결 구축을 완료한다. 그러나 공격자가 IP를 위조했기 때문에 SYN-ACK 메시지는 공격자가 아닌, 위조된 IP를 갖는 시스템으로 전송된다. 이때 SYN-ACK 메시지를 수신한 클라이언트는 절대로 ACK 메시지를 전송하지 않는다. 계속해서 SYN 패킷을 전송받

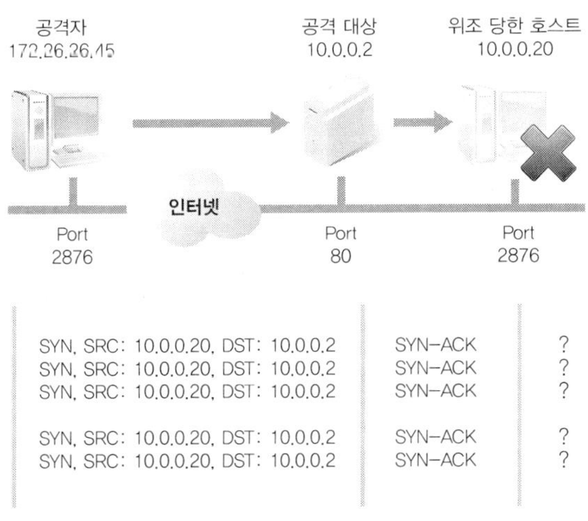

그림 11-11 SYN 플러드 공격

은 컴퓨터의 연결 테이블 공간은 꽉 차게 된다. 이렇게 되면 정당한 사용자도 공격을 받은 컴퓨터와 연결할 수 없다. 왜냐하면 SYN 플러드로 연결 테이블이 꽉 차 있어 공격을 받은 컴퓨터는 정당한 사용자에게 SYN-ACK 메시지를 응답할 수 없기 때문이다. 연결 요청이 타임 아웃될 때까지 공격을 받은 컴퓨터를 이용할 수 없게 된다. 공격자는 단순히 공격을 받는 컴퓨터가 연결 대기 시간을 만료시키는 것보다 더 빠르게 새로운 연결 요청 메시지(SYN 패킷)를 계속해서 전송할 수 있다. (그림 11-11)은 SYN 플러드 공격 방법을 보여준다.

스머프 공격

스머프 공격에서 공격자는 서비스 거부 공격을 하기 위해 원격의 위치에서 위조된 ICMP echo request 패킷을 IP 브로드캐스트 주소로 직접 전송한다. 이 공격이 실행되면 공격자와 중간자와 피해자가 존재한다. (중간자도 피해자일 수 있다.) 중간자는 자신의 네트워크의 IP 브로드캐스트 주소로 전송되는 ICMP echo request 패킷을 수신한다. 중간자가 IP 브로드캐스트 주소로 전송되는 ICMP 트래픽을 필터링하지 못하면 네트워크의 많은 머신이 ICMP echo request 패킷을 수신하고 ICMP echo reply 패킷을 다시 전송할 것이다. (잠재적으로) 네트워크의 모든 머신이 ICMP echo request에 응답하면 이로 인해 심각한 네트워크 혼잡이나 중단이 야기된다. (그림 11-12)는 스머프 공격 방법을 보여준다.

스파이웨어

스파이웨어는 사용자 컴퓨터에 설치된 후 사용자의 브라우징 습관이나 웹 사이트 활동에 관한 정보를 수집하는 백그라운드 프로세스이다. 보통 이러한 프로그램은 프라이버시와 기밀성에 영향을 미친다. 일반적으로 스파이웨어는 사용자가 프리웨어 프로그램을 다운받을 때 설치된다.

쿠키는 브라우저 세션에 관한 정보를 저장하는 작은 크기의 텍스트 파일이다. 웹 사이트에 사용자가 연결할 때 서버는 특정 정보를 쿠키에 넣고 쿠키를 사용자 브라우저에 전송한다. 나중에 그 서버는 브라우저에 쿠키를 요청하고 이전에 저장된 정보를 탐색할 수 있다. 이는 브라우저와 웹 사이트가 서로 연동될 때 브라우저가 서버와의 연결을 관리하지 않아도 되기 때문에 유용하다.

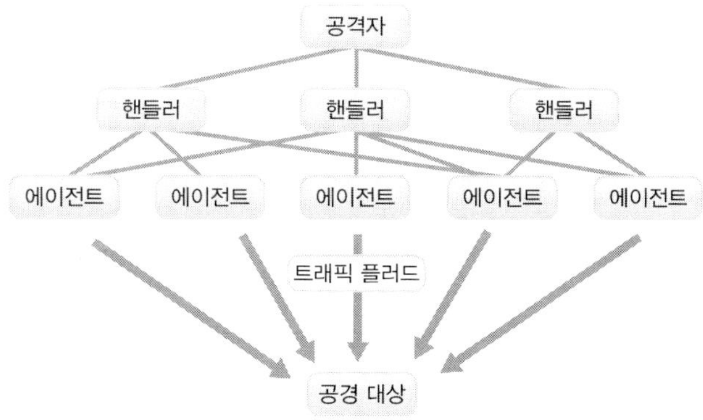

그림 11-12
스머프 공격

스파이웨어 쿠키는 사이트 간 정보를 공유하는 쿠키이다. 어떤 쿠키는 영구적이고 사용자 허가 없이 무기한으로 하드 드라이브에 저장된다. 스파이웨어 쿠키는 여러 사이트에서 수집된 개인정보를 노출시키고 공유한다.

애드웨어

애드웨어 프로그램은 특정 웹 사이트를 접속할 때 팝업 광고나 배너를 나타나게 해서 사용자를 짜증나게 한다. 애드웨어는 생산성에 영향을 미치며 홈페이지 하이재킹 코드와 같은 액티브 백그라운드 활동과 결합될 수 있다. 또한 애드웨어는 어플리케이션, 웹사이트, 인터넷 활동에 관한 정보를 수집하고 추적한다.

스파이웨어와 애드웨어에 관한 문제는 합법적인 활동과 불법 활동을 구분한다. 스파이웨어와 애드웨어 회사는 종종 안티 스파이웨어 회사가 자신의 프로그램을 스파이웨어라고 정하는 것을 소송함으로써 이러한 소프트웨어를 이용한다.

피싱

피싱은 사용자를 속여 실제 웹사이트처럼 보이나 사실은 공격자가 로그인 정보를 획득하기 위해 만들어 놓은 웹사이트에 로그인 정보를 제공하도록 하는 공격이다. 예를 들어, 공격자가 금융기관에 대한 로그인 정보를 획득하면 공격자는 피해자인척 금융기관 웹사이트에 접속할 수 있다. 공격자는 매우 정교한 기술을 이용하여 사이트를 진짜인 것처럼 보이게 한다.

스피어 피싱(Spear-Phishing)

피싱 성공 확률을 높이기 위해 일부 공격자들은 합법적인 회사로부터 온 것처럼 보이는 정보를 사용자에게 제공한다. 이러한 정보는 추측하거나 가짜 설문 조사를 전송하거나 사회 공학 공격방법 중 하나인 쓰레기통 뒤지기(덤스터 다이빙(dumpster diving) 등의 방법으로 획득할 수 있다.

파밍

파밍(pharming)이란 용어는 피싱이란 용어에서 비롯됐다. 이것은 사회 공학을 이용하여 사용자이름과 비밀번호와 같은 접근 크리덴셜을 얻는다. 파밍은 DNS(Domain Name System) 서버 소프트웨어 내 취약점을 악용하여 가능하다. DNS 서버는 인터넷 도메인 이름을 실제 IP 주소로 변환하는 것을 담당하는 서버이다. DNS 서버 소프트웨어에 취약점이 있으면 이를 악용하여 공격자는 특정 사이트에 대한 도메인 이름을 알아내어 해당 웹 사이트로의 트래픽을 다른 웹 사이트로 리다이렉트 시킨다. 트래픽을 수신한 웹 사이트가 은행 웹 사이트로 보이는 위조 웹 사이트이면, 이 사이트를 이용하여 공격자는 사용자의 컴퓨터 비밀번호, PIN 또는 계좌 번호를 낚거나 훔친다. 예를 들어 2005년 1월 공격자는 뉴욕에 있는 ISP인 Panix의 도메인 이름을 호주에 있는 사이트로 하이재킹 하였다. 잘 알려진 다른 회사도 이 공격으로 피해를 입었다. (이 공격은 원래의 사이트가 SSL로 보호되지 않거나 사용자

IP 주소

인터넷에 연결된 모든 호스트는 IP 주소를 갖는다. 이러한 IP 주소는 전화시스템에서 전화번호와 같다. 가장 일반적인 IP 주소 포맷은 192.0.2.213과 같은 4개의 숫자(점으로 구분되고 각 숫자는 0에서 255 사이의 숫자임)로 구성된다. 사람들이 이러한 숫자를 기억하기는 어렵기 때문에 웹 사이트는 wikipedia.org와 같은 도메인 이름도 가지고 있다. 도메인 이름 서버는 웹사이트의 도메인 이름을 IP 주소로 대응시켜주는 전화번호부처럼 동작한다. 이러한 대응 프로세스를 도메인 네임 리졸빙(resolving)이라 한다.

새로운 형태의 IP 주소

앞에서 본 예의 IP 주소는 IPv4 주소이다. 이런 형태의 주소는 약 43억 개까지 장치에 할당될 수 있다. 모바일 장치가 폭발적으로 증가되면서 인터넷에 연결되는 장치의 수가 43억 개를 넘어서고 있다. 2013년 Cisco는 70억이 넘는 장치가 인터넷에 연결되었다고 측정하였다. 새로운 IP 주소 관리 방법인 IPv6에서는 장치에 128비트의 IP 주소를 할당함으로써 IPv4에서보다 훨씬 더 많은 장치를 처리할 수 있다. 그러나 IPv6의 사용이 증가하고 있기는 하지만 2012년 말까지 사용률은 단지 1% 정도이다.

가 유효하지 않은 서버 인증서라는 경고를 무시할 때에만 가능하다.)

키입력 로거

키입력 로거(keystroke loggers)는 공격자가 통제하는 은밀하고 위험한 툴이다. 소프트웨어 기반이든 하드웨어 기반이든 간에 키입력 로거는 키입력이나 사용자 입력을 캡처한다. 이후 키입력 로거는 해당 정보를 공격자에게 전달한다. 이를 이용하여 공격자는 로그인 정보, 은행 정보 및 기타 민감한 정보를 캡처할 수 있다.

키로거(keyloggers)에 대응하기 위해 어떤 사람은 스크린상의 가상 키보드를 사용한다. 이에 대해 블랙-햇 해커는 마우스가 클릭하는 주변 스크린을 스냅 촬영하는 악성코드를 배포하기 시작하였다. 보안전문가와 해커 사이의 싸움이 지속되면서 새로운 위협과 새로운 솔루션이 계속해서 개발되는 것이다.

혹스와 잘못된 믿음

바이러스 혹스(hoaxes)는 항상 악의적이지는 않지만 혹스를 통해 검증되지 않은 주의(경고)와 가짜 패치가 전파되면서 새로운 취약점이 야기될 수 있다. 종종 혹스나 잘못된 믿음(myth)의 목적은 단순히 계략이 얼마나 널리 전파될 수 있는지를 관찰하는 것이다. 이것은 행운의 편지의 새로운 버전이다. 행운의 편지에서 공격자는 편지를 12명에게 전달하면 행운이나 행복을 약속하는 편지를 보낸다.

혹스 특히 바이러스성 혹스를 알아보기 위한 몇 가지 기준이 있다.

- **합법적인 객체(컴퓨터 보안 전문가, 업체 등)가 경고를 보냈는가? :** 유효한 인증서인지 점검하고 최소한 경고(혹스)의 송신지 URL(Uniform Resource Locator)은 점검한다.

- **경고를 다른 사람에게 전달하라는 요청이 있었는가?** : 정당한 보안 경고는 수신자에게 경고를 전달하라고 하지 않는다.
- **경고에 상세한 설명이나 기술적 용어가 있는가?** : 종종 혹스는 컴퓨터 및 최신 과학 기술 관련 용어를 사용하여 수신자가 그 경고를 진짜라고 생각하도록 겁을 준다. 진짜 경고에는 일반적으로 이러한 상세한 사항이 생략된다. 상세한 사항에 대해서는 간단히 관련된 웹 사이트를 알려준다. 일반적으로 웹사이트에서도 조치 활동에 대한 사항을 제공한다.
- **경고가 행운의 편지와 같은 형태를 갖는가?** : 이런 내용에는 호기심, 위협, 요청의 내용이 들어간다. 호기심은 기억하기 쉽거나 극적인 내용으로 시작하거나 수신자가 관심을 가질만한 내용을 주제로 한다. 위협은 심각한 취약점이나 손상의 기술적인 경고이다. 요청에는 연결된 웹사이트에서 패치를 다운받는 등의 응급조치를 할 수 있는 경고나 제안을 배포해달라는 내용이 포함된다.

홈페이지 하이재킹

여러 공격들로 인해 조직의 브라우저 홈페이지가 공격자의 사이트를 나타내도록 변경된다. 두 가지 형태의 하이재킹이 존재한다.

- **홈페이지를 재설정하는 브라우저 취약점을 악용** : 많은 종류의 액티브 콘텐트는 종종 사용자의 허가 없이 브라우저 홈페이지를 변경한다. 심지어 은밀한 방법을 사용하지 않고도 쉽게 사용자를 설득하여 공격자가 예측한 것 이상의 행동을 선택하도록 할 수 있

그림 11-13

훼손된 New York Times 웹 페이지(zdnet.com 참조)

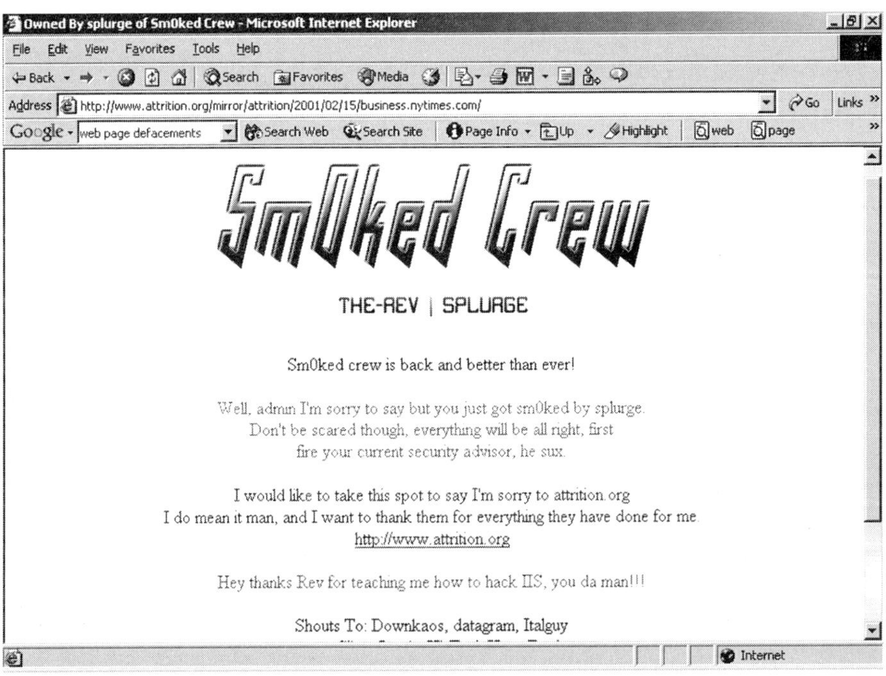

FYI

일반적으로 백도어 프로그램은 컴퓨터 바이러스보다 훨씬 더 위험하다. 그 이유는 공격자가 백도어 프로그램을 이용하여 컴퓨터를 통제할 수 있어 잠재적으로 네트워크 접근을 획득할 수 있기 때문이다. 또한 이러한 프로그램은 실제로 하는 것 이외의 다른 무엇인가를 수행하는 척 하기 때문에 주로 트로이목마라고 한다. 백도어 프로그램은 정상적으로 보이는 파일이름을 갖고 이메일에 첨부된다.

다. 이것은 사용자는 단순히 "컴퓨터에서 감염된 프로그램을 제거하라."라고 쓰인 버튼을 클릭한다고 해서 실제로 그런 행동이 발생하는 것은 아니기 때문이다.

- BHO(Browser Helper Object) **트로이목마 프로그램의 비밀스런 설치** : 트로이목마에는 하이재킹 코드가 포함되어 있다. 일단 BHO가 실행되면 브라우저의 홈페이지가 공격자가 원하는 사이트로 변경된다. 일반적으로 하이재커 프로그램은 운영체제의 개시 절차에 하이재커 프로그램을 참조하도록 한다. 즉, 컴퓨터가 리부팅될 때마다 공격 프로그램이 실행된다. 이러한 설정을 변경하려 하면 하이재커 프로그램은 반복적으로 다시 변경한다. 이것은 하이재킹 소프트웨어를 찾아서 제거할 때까지 수행된다.

웹 페이지 훼손

웹 훼손이나 웹 낙서(그래피티, graffiti)는 누군가 웹 서버에 비인가된 접근을 획득한 후 사이트의 인덱스 페이지를 변경하는 것이다. 보통 공격자는 공격 대상 서버의 알려진 취약점을 악용하여 관리자 접근을 획득한다. 이렇게 되면 공격자는 원래의 페이지를 변경된 버전으로 바꾼다. 예를 들어, (그림 11-13)은 훼손된 New York Times 웹 페이지를 보여준다.

일반적으로 훼손은 낙서로 나타난다. 대부분의 보안 실무자들은 이런 형태의 공격은 성가시기만 한 것으로 생각한다. 그러나 바이러스나 트로이목마와 같은 악성 액티브 콘텐트 코드를 웹 사이트에 넣는 위험도 존재한다. 예를 들어 Code Red에는 백도어 트로이목마를 설치하는 페이로드가 포함되어 있었다. 이 트로이목마를 통해 감염된 IIS(Internet Information Service) 서버를 원격에서 접근할 수 있었고 공격자는 웹 서버의 페이지를 훼손시키는 데 이용하였다. 이러한 위험을 최소화하기 위해 최신의 소프트웨어와 보안 패치를 설치하여야 한다.

악성코드 위협의 역사

초기에 악성코드는 디스켓을 통해 컴퓨터에서 컴퓨터로 전파되었다. 이러한 수동적인 전송 방법을 스니커넷(sneakernet)이라 한다. 스니커넷을 이용하여 바이러스가 전 세계에 전파되기까지는 몇 달이 걸린다. 이와 대조적으로 오늘날 네트워크를 통한 바이러스 감염은 수분 안에 전 세계로 전파된다. 바이러스 제작 커뮤니티가 진보하면서 점점 더 많은 정교한 바이러스가 출현하기 시작했다. 어떤 것은 다양한 방법으로 전파되고 어떤 것은 이메일, 모바일 코드 또는 매크로를 통해 전파된다.

1970년과 1980년 초반 : 학문적 연구와 유닉스

컴퓨터 프로그램을 자체적으로 복제한다는 아이디어는 수년 전에 있었다. 이 아이디어는 1970년대 초 이후 문헌, 과학 논문 심지어 실험에서도 나타났다. 연구자는 자체 분산되는 코드(웜)를 이용하여 큰 규모의 네트워크에 대한 일상적인 유지관리 업무를 수행하고자 했으나 기술이 잘 알려지지 않았다.

악성 코드 개발의 주요 사건은 1983년 Fred Cohen 박사가 수행한 연구이다. 1984년에 발표된 Cohen의 논문 "Computer Viruses - Theory and Experiments"에는 컴퓨터 바이러스가 정의되고 Cohen 박사와 동료들이 바이러스 코드의 실행여부를 증명하기 위한 실험 결과가 설명되어 있다. Cohen은 첫 번째 바이러스가 관찰되기 전에 이를 공개했다.

이 시기의 인터넷은 주로 대학 컴퓨터와 다른 컴퓨터를 연결하는 네트워크였다. 이 네트워크는 기존 통신 프로토콜을 이용하여 전파되는 프로그램에 취약했다. Robert Morris라는 대학생은 1988년 11월 첫 번째 악성코드(Morris 웜) 사고를 노출함으로써 이를 증명하였다. 이 유닉스 기반의 웜은 인터넷의 거의 모든 컴퓨터에 전파되면서 대중 매체의 관심을 받고 헤드라인을 장식했다.

1980년대 : PC 바이러스 초기

최초의 PC가 1980년 초에 시장에 출시되었다. PC의 인기는 빠르게 상승했다. 1980년 후반까지 PC는 많은 회사의 필수불가결하고 적절한 기업 기술이었다. 이러한 빠른 성장으로 인해 개인의 컴퓨터 기술의 사용도 증가하였다.

PC 운영체제는 디스크 기반(DOS)이었고 대부분의 소프트웨어와 데이터 파일은 플로피 디스켓을 통해 PC 사이에 전송되었다. 이를 악용하는 두 가지 형태의 악성 바이러스 코드인 부트 섹터 바이러스와 파일 감염 바이러스가 출현하였다. 부트 섹터 바이러스는 디스크와 메모리에 있는 운영체제 요소를 공격하였고 파일 감염 바이러스는 실행 파일을 공격하였다.

Brain(부트 섹터 바이러스), Lehigh, Jerusalem(파일 감염 바이러스)는 가장 초기 바이러스의 예이다. 이러한 바이러스는 주로 플로피 디스크와 인기 있는 컴퓨터 게시판(BBS)으로 다운받아 전파되었다. 또 다른 초기 바이러스인 Elk Cloner는 애플 II 컴퓨터를 공격 대상으로 하고 역시 플로피 디스크를 통해 전파되었다.

1990년대 : 초기 LAN 바이러스

1990년대 초에 근거리 통신망(LAN)이 기업 환경에 나타나기 시작했다. 이를 통해 기존 파일 바이러스가 더 잘 전파되는 환경이 되었다. 이 시기에는 매우 소수의 사람만이 바이러스 문제를 이해했고 바이러스를 찾기는 드물었다. 관심 있는 사용자들이 자신이 찾은 바이러스 샘플을 수집하였고 이를 자유롭게 배포함으로써 악명 높은 바이러스를 만들었다. 어떤 바이러스는 피해를 일으키기도 하였고 이로 인해 기업의 관계자들은 이 문제를 인식하기 시작하였다. 부트 섹터 바이러스 Form 5는 이 시기에 가장 널리 퍼진 바이러스였다. 이 시기에 잘 알려진 또 다른 바이러스는 Eddie6으로 알려진 Dark Venger이다. 이 바이러스는 매우 파괴적인 바이러스이다.

이 시기에 근거리 통신망은 대부분의 회사의 핵심 기반구조가 되었고 통신에 인터넷의 사용 특히 이메일과 데이터 파일 전송이 널리 사용되었다. CD-ROM이 소개되고 저장 기술이 진전되면서 전통적인 부트 섹터와 파일 감염 바이러스의 출현 빈도가 적어지기 시작했다.

1990년대 중반 : 스마트 어플리케이션과 인터넷

파일 첨부가 용이한 이메일의 사용이 증대되면서 Morris가 초기에 사용했던 기술로도 악성코드(이메일 웜)가 매우 널리 전파되었다. 이러한 프로그램은 사용자 시스템의 이메일 주소 파일의 정확한 위치를 찾아낸 후 정상적으로 보이는 첨부 메일로 위장하여 여러 복사본을 생성하였다. 잘 알려진 이메일 웜으로 Melissa와 Loveletter가 있다. 비록 이러한 초기의 바이러스의 경우 사용자가 첨부 파일을 열어야 코드가 활성화되었지만 보다 새로운 형태의 웜은 인터넷에 상시 접속하는 컴퓨터와 서버의 다양한 보안 취약점을 악용하였다. 예를 들어 Code Red는 마이크로소프트 웹 서버(IIS)의 취약점을 악용하였고 복제 속도도 엄청났다.

인터넷을 통해 개인과 그룹의 활동 영역은 확장되었다. 1990년대 중반에 기업은 점점 더 해킹(또는 크래킹)에 관심을 두었다. 자동화된 툴과 더 많은 체계적인 방법을 이용하여 해킹 기술은 계속해서 발전되었고 대중적인 웹 사이트에 대한 서비스 거부 공격이 생겨나기 시작하였다.

Back Orifice와 AIDS와 같은 트로이목마 프로그램을 포함하여 새로운 형태의 악성코드가 1990년대에 나타났다. Tequila와 같은 다형성 바이러스 버전을 포함하여 바이러스 코드가 탄력적이면서도 은밀하게 변형되었다. 추가적으로 이동성과 기능성을 위해 설계된 새로운 프로그래밍 언어가 생기면서 또 다른 형태의 악성코드 개발이 가능해졌다. StrangeBrew는 해를 끼치지는 않았지만 자바 파일을 감염시킨 첫 번째 바이러스이다. 이 바이러스는 바이러스 복사본을 포함하도록 CLASS 파일을 변경한다.

대중적인 어플리케이션 소프트웨어로 개선된 프로그래밍 특성이 사용되면서 문서 파일을 감염시키는 다른 형태의 악성코드가 나타났다. 첫 번째 매크로 바이러스인 WM Concept7은 1995년에 발견되었다. 이 악성코드는 문서 파일이 전송되면서 전파되었다.

2000년부터 현재까지

개인과 기업의 인터넷 연결이 계속해서 증가함에 따라 브라우저 기술 제작자들은 수많은 컴패니언 툴이나 플로그 인을 추가했다. 이러한 툴은 일반적인 기능을 자동화할 수 있는 특화된 스크립팅 코드를 사용한다. 이런 스크립팅 코드에는 공격자에게 추가적인 기회를 제공하는 액티브 콘텐트 코드의 생성이 포함된다.

이제 많은 컴퓨터가 인터넷 특히 윈도우가 수행되는 서버 플랫폼에 연결되고 널리 배포된 소프트웨어는 새로운 취약점을 생성한다. 인터넷 웜의 복제 속도는 오늘날 고속의 컴퓨터와 연관되고 악의적인 그룹의 취약점에 대한 적극적인 사전 조사가 증가되면서 조직과 사용자 커뮤니티는 IT 보안을 개선하고 모니터링하고 테스트를 의무적으로 수행한다.

Code Red II 웜 이후 남겨진 백도어를 이용하는 W32 Nimda 웜은 이메일, 네트워크 공유 및 감염된 웹 사이트를 포함하는 방법을 통해 자체 전파된 첫 번째 웜이다. 웜은 백도어 스캐닝을 통해 클라이언트에서 웹서버로 전파된다. Klezworm은 원래 호스트 파일의 숨겨진 복사본을 생성하여 실행 파일을 감염시킨 후 원래의 파일을 자신의 파일로 덮어썼다.

2007년에 아이폰과 2008년의 안드로이드가 출현하면서 통신 기술이 발전하였다. 이로 인해 모바일 통신에 대한 고객의 인식도 달라졌다. 모바일 장치는 더 강력해지고 더 많이 사용되었다. 오늘날 많은 사람들이 데스크톱 컴퓨터보다 모바일 장치를 점점 더 많이 사용한다. 거의 모든 일상에서 모바일 장치가 사용되고 있다. 공격자는 얼마나 많은 사용자가 모바일 장치에 정보를 저장하고 처리하는지를 알고 있다. 또한 공격자는 대부분의 사용자들이 모바일 장치를 사용할 때 안전성은 거의 생각하지 않는다는 것도 알고 있다. 안전하지 않은 모바일 장치의 사용이 증대되면서 전통적인 컴퓨터 대신 모바일 장치를 공격 대상으로 삼는 새로운 악성코드들이 나타났다.

기업에 대한 위협

악성코드로 인한 보안 위협의 근원지는 다양하다. 악성코드를 이용한 공격은 단순한 공격부터 특정 그룹의 조직적이고 복잡하고 체계적인 공격까지 다양하다. 일반적으로 이러한 위협은 조직의 IT 기반구조와 사용자 커뮤니티 외부에서 발생한다. 이런 이유로 조직은 이러한 공격을 탐지하고 완화하고 복구하기 위한 노력을 수행한다.

아직은 덜 알려졌으나 동일하게 골치 아픈 것이 조직 내부에서 발생하는 위협이다. 이러한 위협은 부적절하거나 부족한 보안 정책과 위험한 사용자 관행 때문이다. 이것은 그러한 내부 위협의 특성과 중대성을 이해하고 효과적인 대책과 관행을 구현하는 IT 보안 실무자의 책임이다.

위협의 형태

악성코드는 다음과 같은 방법으로 기업을 위협한다.

- **기밀성과 프라이버시에 대한 공격** : 개인과 기업 수준에서 신원 도용과 기업 비밀에 대한 사항이 포함된다.
- **데이터 무결성에 대한 공격** : 민감한 데이터에 대한 도난, 파괴 또는 비인가된 조작으로 인한 경제적 손해나 손실이 조직을 파괴한다. 조직은 정보의 정확성과 무결성을 확인하여야 한다. 데이터 송신지의 정당성도 전송되는 데이터의 무결성에 영향을 미친다.
- **서비스와 자원의 가용성에 대한 공격** : 기업은 주요 네트워크 서비스 제공의 수단으로 점

점 더 인터넷에 의존한다. 그 결과 이러한 서비스를 정당한 사용자에게 거부하는 악의적인 공격에 대한 IT 보안 실무자들의 걱정이 증대하고 있다. 적극적인 예방, 초기 탐지 및 신속한 복구는 허용 가능한 수준의 서비스를 유지하는 핵심이다.

- **생산성과 성능에 대한 공격** : 대량의 이메일(스팸), 스파이웨어, 쿠키 등은 사용자 생산성을 감소시킨다. 혹스와 같은 존재하지 않는 코드 위협에 대한 불필요한 대응도 생산성에 영향을 미친다. 보안전문가는 반드시 이러한 영향을 최소화하기 위해 정기적인 노력을 해야 한다.
- **법적 책임을 생성하는 공격** : 해결되지 않는 취약점으로 인해 조직은 고객과 파트너 등에 대한 잠재적인 법적 책임이 생기고 이는 법적인 한계 이상으로 확장된다.
- **평판에 해를 가하는 공격** : 악성코드 공격으로 인해 기업이나 고객에 관한 민감한 정보가 공개되거나 기업이 곤란해 질 수 있다. 그러한 공격은 기업의 평판에 해를 가한다. 그 결과 고객과 잠재적 사업 손실이 발생할 수 있다.

직원들로 인한 내부 위협

공격자가 외부 네트워크로부터 더 많은 보안 위협을 가하지만 많은 중대한 취약점은 신뢰된 네트워크 내부에 존재한다. 이 부분에 대한 IT 보안 실무자의 관심이 필요하다.

아마도 이러한 취약점의 원인은 직원의 안전하지 않은 컴퓨팅 업무 수행 때문이다. 이러한 안전하지 않은 업무 수행은 다음과 같다.

- 호스트 시스템 간 신뢰되지 않는 디스크 매체의 교환
- 비인가되고 비등록된 소프트웨어(어플리케이션과 OS)의 설치
- 모니터링되지 않는 인터넷으로부터 파일 다운로드
- 통제되지 않는 이메일 첨부의 보급

보안사고도 전 직원과 현 직원에 의해서 주로 조직 내에서 생긴다. 이러한 침해는 취약한 인적 정책과 보안 정책 또는 비효율적인 대책으로 인해 종종 탐지되지 않기도 한다. 종종 관련된 조직이 보고를 하지 않기도 한다. 이러한 보안 위반은 다음과 같다.

- 시스템과 네트워크 자원에 대한 비인가된 접근
- 권한 상승
- 데이터의 도난, 파괴 또는 비인가된 보급
- 외부를 공격 대상으로 하는 악의적인 공격 개시를 위해 기업 네트워크 자원의 사용
- 경계 통제와 침입탐지 대책으로 보호되지 않는 내부 네트워크로 세그먼트로의 악성코드의 사고 또는 의도적인 공개

공격 구조

위협을 이해하고 실질적이고 효과적인 대책을 마련하기 위해 반드시 악성코드 공격의 목적과 공격자가 대상으로 하는 것을 이해해야 한다. 본 절에서는 악성코드 공격의 주요 공격 대상을 식별하는 방법과 공격 형태별 주요 특징과 목적을 살펴보도록 한다. 본 절의 주제는 다음과 같다.

- 공격자의 동기
- 공격의 목표
- 공격 형태
- 공격 단계

공격자의 동기

더 이상 공격자는 자신이 살고 있는 지하같은 곳에서 악성 소프트웨어를 만드는 단순하게 사회적으로 따돌림을 받는 사람이 아니다. 오늘날의 공격자는 훨씬 더 수준이 높다. 공격자의 주요 동기 4가지는 다음과 같다.

- 공격자는 돈을 원한다.
- 공격자는 유명해지길 원한다.
- 공격자는 자신의 정치적 신념 등을 다른 사람에게 알리길 원한다.
- 공격자는 화가 났고 자신을 화나게 한 사람에게 복수하길 원한다.

공격의 목적

공격의 주요 4가지 목적은 다음과 같다.

- **가용성 거부** : DoS나 DDoS 공격과 같은 어떤 공격의 목적은 정당한 사용자가 시스템에 접근하지 못하도록 하는 것이다.
- **데이터 변경** : 공격자는 로컬 또는 네트워크 드라이브에 있는 파일에 접근하여 해당 파일을 새로운 데이터로 변경, 삭제 또는 겹쳐 쓰도록 하는 명령어를 내린다. 또는 공격자는 시스템 설정이나 브라우저 보안 설정을 변경할 수 있다.
- **데이터 노출** : 공격자는 컴퓨터에서 정보를 훔친 후 인터넷이나 이메일을 통해 공격자에게 전달한다. 예를 들어 많은 트로이목마는 사용자이름과 비밀번호를 익명의 공격자 이메일 주소로 전달한다. 이후 공격자는 비밀번호를 이용하여 보호된 자원에 접근할 수 있다.
- **시작점** : 공격자는 다른 컴퓨터를 감염시키고 공격 대상으로 하기 위한 시작점으로 대상 컴퓨터를 이용할 수 있다.

공격 형태

공격의 주요 4가지 형태는 다음과 같다.

- 체계적이지 않은 공격
- 체계적인 공격
- 직접 공격
- 간접 공격

체계적이지 않은 공격

중간 정도의 기술을 가진 공격자는 일반적으로 네트워크 자원에 대해 체계적이지 않은 공격을 수행한다. 종종 공격자의 초기 의도는 단순히 불법적인 접근을 획득했다는 자기 만족감(도전에 대한 스릴)이다. 이러한 성공은 시스템의 훼손이나 의도치 않는 시스템 중단과 같은 더 악의적인 활동으로 이어질 수도 있다. 가끔 체계적이지 않은 공격은 의도하지 않은 취약점을 노출시키기도 한다. 이후 공격자는 좀 더 체계적인 방법을 사용한다. 이러한 공격으로 인해 방어 대책이 손상될 수도 있기 때문에 IT 보안 실무자는 이러한 모든 활동에 주의를 기울여야 한다.

체계적인 공격

의욕이 있고 기술이 뛰어난 공격자들은 복잡한 툴을 이용하고 체계적인 공격을 수행하기 위해 노력한다. 이러한 공격자들은 혼자서 공격하거나 그룹으로 공격하기도 한다. 공격자들은 공격 대상을 식별하고 침투하고 사전조사하고 악의적인 활동을 수행하기 위해 정교한 해킹 기술을 이해하고 개발하여 사용한다. 이러한 공격자들의 동기에는 돈, 분노, 파괴 또는 정치적 목적 등이 포함된다.

공격 동기에 상관없이 이러한 공격자들은 네트워크에 심각한 피해를 가할 수 있다. 보통 공격자는 공격의 목적을 수립한 후 체계적인 공격을 수행한다. 공격은 특정 조직이나 운영체제와 같은 특정 기술을 대상으로 할 수 있다.

직접 공격

공격자는 종종 특정 조직과 같이 특정 공격 대상에 대해 직접 공격을 수행한다. 또한 공격 대상의 종류(즉, 특정 하드웨어를 사용하는 네트워크, 운영체제 버전 또는 서비스)에 대해 직접 공격을 수행하기도 한다. 조직의 특정 웹 서버에 대한 IIS Unicode 공격이 이 예가 된다.

예를 들어, 스크립트 키디가 취약한 사이트를 알아내기 위해 잘 알려진 해커 툴을 사용한 후 손상된 네트워크에 대해 시행착오를 하면서 임의로 익스플로잇(exploit)을 수행했다면 이러한 익스플로잇은 체계적이지 않을 수 있다. 또한 크래커나 조직화된 사이버테러리스트 그룹이 수행하고 공격자가 원하는 목적을 달성하기 위해 여러 단계를 통해 방법을 개선시키면 이러한 익스플로잇은 보다 체계적이 된다.

그림 11-14

직접 공격

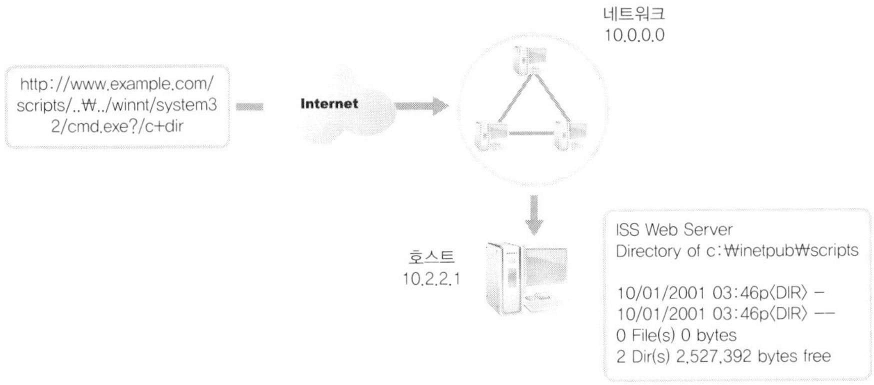

전형적으로 공격자는 원격 로그인 익스플로잇(예, 패스워드 추측이나 세션 하이재킹)을 통해 공격 대상 시스템에 접근하여 실시간으로 직접 공격을 수행한다. 또는 공격자는 공격 대상 운영체제 내에 잘 알려진 취약점(Unicode 취약점 또는 액티브 콘텐트 취약점)을 악용할 수도 있다. (그림 11-14)는 직접 공격을 보여준다.

직접 공격의 주요 특징은 공격이 실시간으로 발생한다는 것이다. 공격자의 정교함에 따라 최종 목적은 단순히 웹 사이트를 훼손시키는 것일 수 있다. 또는 보다 악의적이고 체계적인 공격의 전조일 수 있다. 예를 들어 공격자는 취약하게 보호되는 시스템을 찾아서 손상시킨 후 손상된 네트워크 내 다른 자원(파일이나 시스템)을 악용하기 위해 트로이목마를 삽입할 수 있다.

간접 공격

간접 공격은 인터넷 웜이나 바이러스와 같은 프로그램된 악성 코드 익스플로잇의 결과로 발생한다. 이러한 공격은 무차별적으로 발생한다. 종종 인터넷 웜과 바이러스는 빠르고 널리 전파된다. 웜이나 바이러스가 특정 시스템이나 어플리케이션의 취약점을 악용한다 하더라도 복제와 전송은 무차별적으로 발생한다.

대부분의 경우 특정 대상에 대한 직접 공격의 목적은 보다 널리 분산된 시스템에 대한 간접 공격의 시작점을 구축하는 것이다. 예를 들어 단일 웹 서버를 손상시켜 서비스 거부를 수행할 수 있는 이메일 웜을 설치하는 것이 그들이 의도한 목적일 수 있다.

공격 단계

공격을 하기 위해 공격자는 공격 대상을 알아야 한다. 이를 위해 공격자는 전략을 수립한다. 영리한 공격자는 조사자가 공격자를 식별할 수 있는 증거를 남기기 않도록 한다. 본 절에서는 공격의 단계를 상세히 살펴보도록 한다. (그림 11-15)는 공격의 단계를 보여준다.

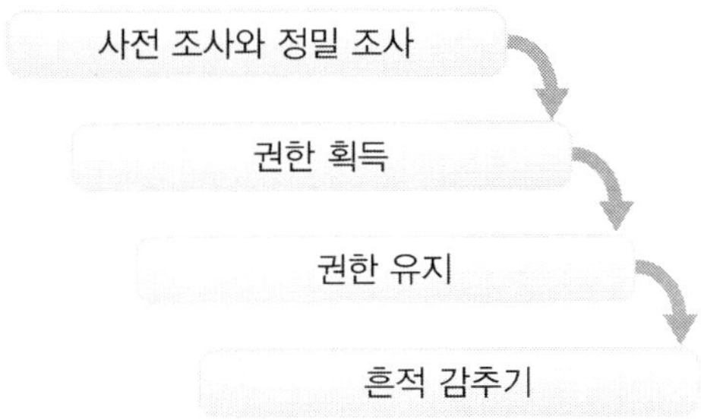

그림 11-15
공격 단계

사전 조사와 정밀 조사

공격자의 목적이 명확할 때 공격자는 가능한 출입 지점 즉, 취약점을 식별하기 위해 공격 대상 네트워크를 반드시 정밀하게 조사해야 한다. 공격의 사전조사와 정밀 조사는 주장하건데 가장 중요한 단계이다. 이 단계에서 공격자는 공격을 하기 위한 모든 정보를 수집한다. 좋은 정보의 수집이 성공적 공격 개시의 가장 좋은 시작점이다. 이 단계에서는 일반적으로 인터넷에서 쉽게 사용할 수 있는 툴을 이용한다. 이러한 툴은 기본 프로토콜의 일부이거나 특정 고객이나 잠재적 공격 대상을 악용하기 위해 개발한 것이다. 이러한 툴로는 다음과 같은 것이 있다.

- TCP/IP 프로토콜 내 DNS와 ICMP 툴
- 표준 및 적절하게 변형된 SNMP 툴
- 포트 스캐너와 포트 맵퍼
- 취약점 검사

공격자는 이러한 툴들을 독립적으로 이용할 수 있다. 또한 공격자들은 대상 네트워크를 완전히 이해하기 위해 이 툴들을 조정해서 통합하여 사용할 수 있다. 이들이 알아내는 정보에는 사용되는 프로토콜과 운영체제, 서버 플랫폼, 열려진 서비스와 포트, 실제 또는 그럴듯한 네트워크 주소와 이름 등이 포함된다.

인터넷과 다른 공개 소스를 통해 공격 대상에 대한 추가적인 정보를 얻을 수 있다. 이러한 정보는 설비의 위치, 주요 직원, 사업 파트너 등이다. 사업 파트너는 별거 아닌 정보처럼 보이지만 심각한 보안침해가 있는 거래 파트너를 통한 간접적인 공격이 가능하다.

DNS, ICMP 및 관련 툴

앞에서 본 것과 같이 도메인 이름 서버는 웹 사이트의 도메인 이름을 IP 주소에 대응시켜 주는 전화번호부와 같은 역할을 한다. 검색이 가능한 수많은 웹 사이트를 이용하면 누구라도 등록된 주소에 관한 정보를 찾을 수 있다. 또한 TCP IP는 whois와 finger와 같은 탐색 툴을 지원한다. 이 툴을 이용하여 공격 사이트에 관한 사전 정보를 모을 수 있다. (그림 11-16)은 whois 탐색 결과를 보여준다.

반대의(reverse) DNS 탐색과 nslookup은 DNS 정보를 탐색한 후 상호 참조를 제공하는 추가적인 유틸리티 명령어이다. 이러한 서비스는 종종 인터넷에서 무료이다. 또한 명령어 이

그림 11-16

whois 탐색 결과

```
WHOIS information for boxtwelve.com :

[Querying whois.verisign-grs.com]
[whois.verisign-grs.com]

Whois Server Version 2.0

Domain names in the .com and .net domains can now be registered
with many different competing registrars. Go to http://www.internic.net
for detailed information.

   Domain Name: BOXTWELVE.COM
   Registrar: FASTDOMAIN, INC.
   Whois Server: whois.fastdomain.com
   Referral URL: http://www.fastdomain.com
   Name Server: NS1.HOSTMONSTER.COM
   Name Server: NS2.HOSTMONSTER.COM
   Status: clientTransferProhibited
   Updated Date: 08-mar-2010
   Creation Date: 07-mar-2007
   Expiration Date: 07-mar-2011

<<

NOTICE: The expiration date displayed in this record is the date the
registrar's sponsorship of the domain name registration in the registry is
currently set to expire. This date does not necessarily reflect the expiration
date of the domain name registrant's agreement with the sponsoring
registrar.  Users may consult the sponsoring registrar's Whois database to
view the registrar's reported date of expiration for this registration.

TERMS OF USE: You are not authorized to access or query our Whois
database through the use of electronic processes that are high-volume and
automated except as reasonably necessary to register domain names or
modify existing registrations; the Data in VeriSign Global Registry
Services' ("VeriSign") Whois database is provided by VeriSign for
information purposes only, and to assist persons in obtaining information
about or related to a domain name registration record. VeriSign does not
guarantee its accuracy. By submitting a Whois query, you agree to abide
```

름 자체를 검색하여 서비스의 위치를 찾을 수 있다.

ICMP ping 명령어와 이와 유사한 여러 툴도 대부분의 컴퓨터 운영체제에서 사용될 수 있다. 이러한 프로파일링 툴을 이용하여 공격자는 대상 시스템이 존재(동작)함을 확인할 수 있다. 예를 들어, 공격자는 수많은 확장 플래그를 갖는 ping 명령어를 사용하여 호스트 사이에 직접적으로 도달할 수 있는지를(호스트가 존재(동작)하는지를) 테스트한다. 또한 공격자는 ping 명령어를 실제 공격의 일부로 사용한다. 예를 들어, 공격자는 취약한 컴퓨터를 중단시킬 수 있는 특별하게 구성한 ping 패킷을 전송하는 ping of death 공격을 수행한다. 일단 대상 네트워크의 정확한 위치를 찾아내면 많은 공격자들은 접근할 수 있는 다른 잠재적인 호스트를 알아내기 위해 주요 네트워크나 서브넷의 모든(또는 범위 내) IP 주소에 대해 ping sweep을 수행한다. 가끔은 이 정보만으로도 네트워크와 토폴로지를 알아낼 수 있다. 추가적으로 많은 네트워크가 체계적으로 번호를 부여하기 때문에 서버와 네트워크 장치의 위치를 알아낼 수 있다.

접근을 획득하는 것이 목적 중 하나라면 공격자는 경계 통제의 보안 강도를 테스트하기 위해 텔넷 로그인을 시도해 본다. 또한 공격자는 RPC(Remote Procedure Call) 서비스가 원

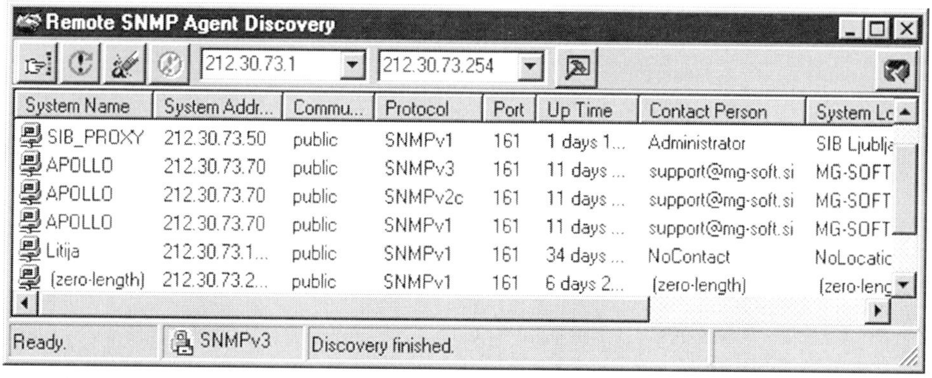

그림 11-17

원격의 SNMP Agent Discovery를 이용하면 네트워크에서 반응하는 SNMP 에이전트를 탐색할 수 있음

격 명령어 수행에 대해 활성화되었는지를 정하기 위해 rpcinfo를 사용할 수 있다.

SNMP 툴

단순한 네트워크 관리 프로토콜(SNMP, Simple Network Management Protocol)은 네트워크 장치 사이에 관리 정보를 교환하는 어플리케이션 계층 프로토콜이다. TCP IP의 일부로 SNMP를 이용하여 네트워크 관리자는 네트워크 성능을 관리하고 네트워크 문제를 찾아서 해결하고 네트워크 확대에 대한 계획을 수립할 수 있다.

OpenNMS, Solarwinds Network Performance Monitor, Ipswitch WatsUp Gold와 같이 많이 사용되는 네트워크 관리 소프트웨어가 SNMP를 따른다. 이러한 소프트웨어는 관리되는 장치, 에이전트 및 네트워크 관리 시스템을 완벽하게 지원한다. 또한 네트워크 장치 정보(플랫폼, 운영체제 버전, 기능 등)를 수집하는 데 이용될 수 있는 많은 유틸리티 프로그램이 있다. 네트워크 관리 설비가 취약하게 설정되면 중간 정도의 기술을 가진 공격자가 중대한 공격 프로파일 정보를 수집할 수 있다. (그림 11-17)은 원격의 SNMP Agent Discovery 툴이다.

포트 스캐닝과 포트 매핑 툴

공격자가 대상 네트워크를 확인한 후 다음 단계는 어떤 시스템과 서비스에 접근할 수 있는지를 알아보는 것이다. 이를 위해 공격자는 많이 사용되는 여러 포트 스캐닝 어플리케이션을 이용할 수 있다. 가장 많이 사용되는 것 중 하나가 Nmap이다. Nmap은 유닉스, 리눅스, 윈도우에서 사용될 수 있다. Angry IP Scanner도 네트워크 조사 툴로 윈도우, 리눅스, OS X에서 사용된다. 이것은 사용하기 빠르고 쉽게 설계되었다. (그림 11-18)은 윈도우의 Nmap 포트 스캐닝 툴이다.

이러한 툴을 이용하여 공격자는 ping sweeps을 수행하고 열린 TCP와 UDP 서비스 포트에 대한 정밀 조사하고 동작하는 운영체제와 어플리케이션을 식별한다.

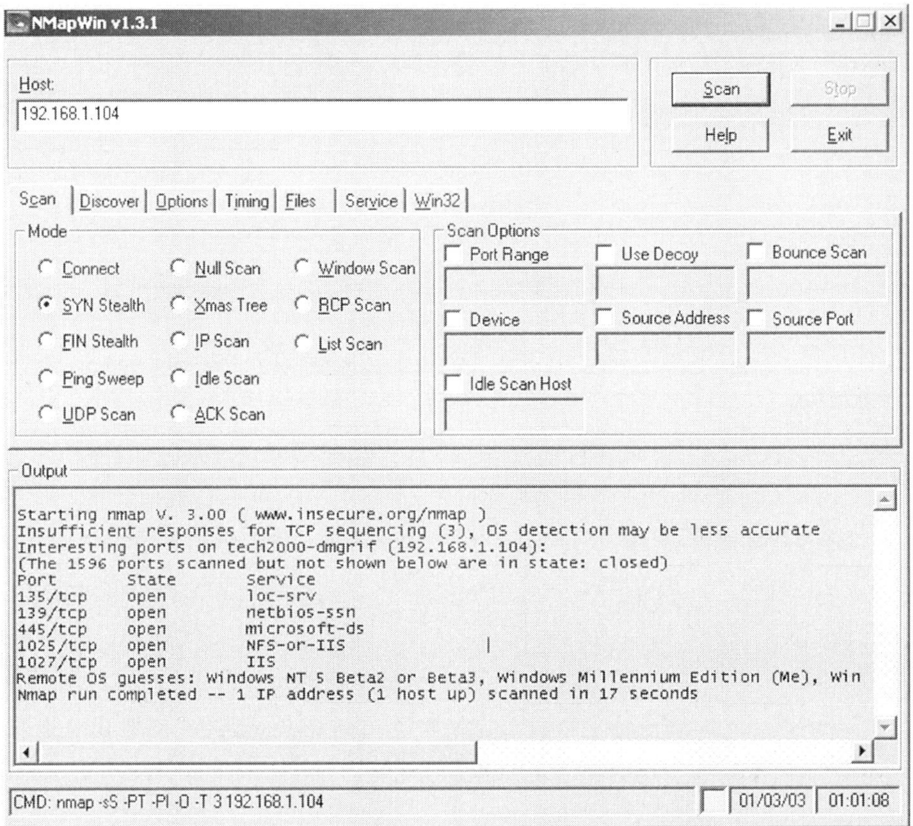

그림 11-18 윈도우에서의 Nmap 포트-매핑 툴

취약점 검사

Nessus 또는 Nessus의 오픈 소스의 변형인 OpenVAS를 이용하여 보안 관리자는 수많은 취약점을 평가할 수 있다. 이를 통해 여러 네트워크 구조, 운영체제 및 어플리케이션과 관련된 보안 문제를 알 수 있다. 이러한 툴은 취약점을 악용하지 않고 문제를 보고한다. Nessus와 OpenVAS는 네트워크에 접근하여 누구나 알 수 있는 정보를 수집한다. 적절하게 구성된 침입차단시스템을 이용하여 비인가된 접근으로부터 이 정보를 보호하기 위한 정책을 적절하게 구현할 수 있다. 그러나 이러한 툴은 다른 많은 툴과 같이 검의 양 날과 같아서 공격자는 이 툴을 보안 전문가처럼 쉽게 이용할 수 있다. Nessus나 OpenVAS를 이용하여 네트워크를 사전 조사할 때 증거를 스캐닝하는 것은 좋은 생각이다.

접근 및 권한 상승

일단 공격자가 대상 네트워크의 잠재적 취약점을 프로파일하고 정밀 조사하면 공격자는 반드시 대상 시스템에 접근해야 한다. 접근의 주목적은 대상 호스트(일반적으로 서버 플랫폼)에 대한 초기 연결을 구축하는 것이다. 은밀하게 해킹 툴킷을 설치하여 추가적인 조사 활동을 수행하기 위해 공격자는 반드시 시스템에 관리 권한을 획득해야 한다.

접근 방법은 대상 네트워크에 도달하기 위해 필요한 연결 기술에 따라 달라진다. 많은 조직들이 웹 중심의 사업 모델로 진보하면서 종종 부수적인 원격 게이트웨이로 또는 이를 간

패스워드 캡처 및 크래킹

접근을 획득하는 한 방법으로 패스워드를 캡처하거나 크래킹하는 것이 있다. 공격자는 공격 대상 머신에 패스워드 로거를 백도어 트로이목마로 설치하여 원격 로그인 프로세스와 관련된 특정 프로토콜과 프로그램 활동을 모니터한다. 또한 공격자가 로그인 스트링을 원격으로 캡처하면 LophtCrack(http://www.www.l0phtcrack.com)과 같은 프로그램을 이용하여 관리자와 사용자 패스워드를 재빠르게 복호화하여 알아낼 수 있다.

RAT(Remote Administration Tool)을 이용한 관리

RAT은 공격자가 원격에서 통제를 할 수 있는 트로이목마이다. RAT를 이용하여 공격자는 손상된 컴퓨터에 대한 접근을 유지할 수 있다. 이를 위해 RAT는 다음을 이용한다.

- 피해 머신의 서버 : 이 서버는 피해 머신으로 전송되는 연결 요청을 확인한다. 연결요청이 수신되면 연결하는 클라이언트에 대한 원격 접근이 제공된다. 이것은 사용자 개입 없이 동작한다.
- 공격자 머신의 클라이언트 : 이것은 공격자가 피해 머신의 서버에 연결하고 관리하는 GUI이다.

서버가 피해 머신에 설치될 때 일어나는 일은 트로이목마의 기능과 공격자의 공격 목적과 또 다른 공격자의 존재 여부에 따라 다를 수 있다. 또 다른 공격자의 공격목적은 완전히 다를 수 있다.
서버, 데스크톱 컴퓨터, 노트북, 모바일 장치를 포함한 모든 종류의 장치의 원격 관리에 의한 감염은 바이러스만큼 빈번해지고 있다. 이 공격은 주로 파일과 프린터 공유로 실행된다. 공격자는 파일과 프린터 공유를 이용하여 하드 드라이브에 대한 접근을 획득한다. 이후 공격자는 시작 폴더에 트로이목마를 설치할 수 있다. 이후 트로이목마는 정당한 사용자가 다음에 로그인할 때 실행된다. 또 다른 공격 방법으로 단순하게 트로이목마를 사용자에게 이메일로 보내는 것이다. 이후 공격자는 사회공학 공격을 이용하여 사용자가 트로이목마를 실행하도록 한다.
이러한 프로그램을 만든 사람들은 종종 이 프로그램은 침입 툴은 아니라고 주장한다. 오히려 이 프로그램은 단순한 원격 통제 툴이거나 운영체제 내 취약점을 알아내는 툴이라고 한다. 그러나 과거의 여러 가지 정황으로 봤을 때 이러한 프로그램의 실제 목적은 비인가 용도로 컴퓨터에 대한 접근을 획득하는 것이 명확하다.

과하여 예전의 다이얼 접속 기반구조를 유지한다. 어떤 경우 조직은 심지어 모뎀 설비를 외부의 전화선이나 PBX에 연결해 놓은 것을 알지 못하는 경우도 있다. 또한 조직은 방치된 모뎀 연결과 관련된 보안 위험을 고려하지 않는다. 방치된 모뎀 연결로 인해 기존 네트워크 경계 방어가 손상될 수 있다. 이러한 연결은 악성코드 공격의 또 다른 통로가 된다.

흔적 감추기

탐지를 피하기 위한 가장 중요한 단계 중 하나는 공격의 모든 흔적을 제거하는 것이다. 공격자가 반드시 취해야 할 행동은 공격마다 다를 수 있지만 기본 단계는 동일하다. 우선 생성한 모든 파일을 제거하고 가능하면 사전 공격에서 영향을 준 많은 파일은 가능하면 복원한다. 두 번째로 공격의 증거를 제공할 수 있는 로그 파일을 제거한다. 일반적으로 두 번째 단계가 첫 번째보다 훨씬 더 어렵다. 대부분의 시스템은 로그 파일이 변경되지 않도록 보호되는 감사 기법을 사용한다. 즉, 공격자는 자신의 흔적을 없애기 위해 로그 파일이나 감사 시스템을 공격해야 한다. 노력과 상관없이 공격자가 남긴 흔적을 지우면 공격이 들키지 않을 확률이 매우 높아진다.

공격 예방 툴과 기술

IT 보안 실무자들은 반드시 악성코드 공격을 방어하는 효과적인 대책을 구현하는 방법을 이해해야 한다. 또한 IT 보안 실무자들은 반드시 이러한 대책을 지속적으로 모니터하고 테스트하고 개선시켜야 한다.

심층 방어는 전체적인 보안 수준을 높이기 위해 영역에 대한 계층화된 방어의 실행이고 사고에 대응하는 데 더 많은 반응 시간을 제공한다. 심층 방어는 사람, 운영, 보안 기술이 결합되어 단일 방어선을 없애고 공격 비용을 효과적으로 높이는 다중 계층을 보호를 구축한다. 개별 대책을 통합된 보호 대책의 일부로 사용하면서 확실하게 모든 취약점을 처리할 수 있다. 관리자는 반드시 핵심 위치에서 이러한 방어력을 강화하여야 한다. 이후 관리자는 반드시 공격을 모니터하고 신속하게 공격에 반응해야 한다.

악성코드 위협 측면에서 이러한 보호 계층은 특화된 핵심 방어 영역까지 확장된다.

- 어플리케이션 방어
- 운영체제 방어
- 네트워크 기반구조 방어

심층 방어의 목적은 다음과 같다.

- 단일 시스템이라도 보안과 탐지의 계층이 존재해야 한다.
- 공격자는 반드시 모든 계층을 무력화시키거나 우회하여야 한다.
- 다른 계층은 다른 계층의 단점을 보완할 수 있다.
- 전체 시스템 보안은 전체 네트워크 보안 내 각 계층의 보안의 합이 된다.
- 공격자가 완벽할수록 이와 함께 보안이 개선된다.

어플리케이션 방어

소프트웨어 어플리케이션은 최종 사용자에게 공유된 데이터에 대한 접근을 제공한다. 이러한 데이터의 일부는 민감하거나 비밀이어서 모든 사용자가 이용할 수는 없다. 주로 공격자들은 민감한 데이터에 접근하거나 해를 가하기 위해 어플리케이션 소프트웨어를 공격한다. 보안전문가는 모든 컴퓨터의 모든 어플리케이션 소프트웨어를 안전하게 지키기 위한 적절한 통제를 마련해야 한다. 이러한 통제에는 다음이 포함된다.

- 모든 호스트 시스템의 정기적인 안티바이러스 검사 구현
- 최신의 바이러스 정의 파일을 유지
- 모든 이동 매체에 대한 스캐닝 의무 수행

- 모든 호스트에 추가적인 보안 계층으로 개인용 침입차단시스템과 IDS 소프트웨어 설치
- 변경 탐지 소프트웨어와 무결성 확인 소프트웨어 설치 및 로그 관리
- 이메일 사용 통제 구현 및 이메일 첨부 파일 스캐닝 의무 수행
- 소프트웨어 설치 및 갱신을 위한 명확한 정책 시행
- 소프트웨어를 획득, 설치 및 갱신 시 전자서명과 다른 검증 기법을 통해 신뢰된 소스만을 사용

운영체제 방어

운영체제는 어플리케이션 소프트웨어와 하드웨어 자원 사이의 인터페이스 역할을 한다. 운영체제를 손상시킨 공격자는 거의 무제한으로 민감한 데이터를 저장한 시스템 자원에 접근할 수 있다. 또한 운영체제 공격에 성공하면 공격자는 컴퓨터를 소유할 수 있고 다목적으로 사용할 수 있다. 운영체제를 안전하게 지키기 위해 통제는 중요하다. 이러한 통제는 다음과 같다.

- 변경 탐지 및 무결성 확인 소프트웨어를 설치하고 로그를 관리
- 모든 서버에 변경 탐지 및 무결성 확인 소프트웨어를 설치
- 모든 운영체제가 일관되고 업체로부터 최신의 업데이트의 패치 수행
- OS 코드를 설치하고 갱신할 때 신뢰된 소스만을 사용
- 보안 취약점이 제기될 수 있는 불필요한 OS 서비스와 프로세스 비활성화

네트워크 기반구조 방어

오늘날 조직의 거의 모든 컴퓨터는 네트워크에 연결되어 있다. 네트워크를 통해 원격으로 공격 대상자에 접근하기 쉽기 때문에 컴퓨터와 장치에 대한 대부분의 공격이 가능하다. 악성 소프트웨어는 종종 네트워크를 통해 전파된다. 최종 사용자 접근에 네트워크가 필요하기 때문에 네트워크 자체가 공격 대상이 될 수 있다. 보안전문가는 반드시 다음 사항을 고려하여 네트워크를 보호하기 위한 통제를 수행해야 한다.

- 네트워크의 관문을 생성
- 프록시 서비스와 방어 호스트를 이용하여 핵심 서비스를 보호
- 트래픽을 검사하기 위해 관문에 컨텐츠 필터링을 이용
- OS 코드를 설치하고 갱신할 때 신뢰된 소스만을 이용
- 보안 취약점이 제기될 수 있는 불필요한 네트워크 서비스와 프로세스 비활성화
- 최신의 IDS 서명 데이터베이스 관리
- 새로운 위협으로부터 보호하고 취약점을 감소시키기 위해 네트워크 장치에 보안 패치 적용

가장 단순한 예방 기술 중 하나는 불필요한 네트워크 서비스 특히 특정 TCP와 UDP 리

스닝 포트를 비활성화하는 것이다. 이렇게 하면 그러한 서비스를 악용하는 공격을 막을 수 있다. 그러나 정당한 사용자가 이러한 서비스를 필요로 하면 이 방법은 효율적인 방법은 아니다.

광범위하게 사용되는 대책과 관례를 이용하여 네트워크 자원에 대한 악성코드를 예방할 수 있다. 이러한 대책은 다음과 같다.

- 네트워크 세그먼트 또는 특정 서비스로 전송되거나 이로부터 출력되는 트래픽을 차단하는 필터링 소프트웨어 설치
- 매우 신속하게 피해를 예방하거나 완화시키도록 반응하는 능동적 센서(침입탐지, 안티바이러스 탐지) 설치
- 보호 영역을 통해서만 트래픽이 흐르도록 네트워크에 관문을 설치
- 보호되는 네트워크로 트래픽 전송을 허용하기 전에 센서와 필터를 통한 트래픽 검사
- 스크립트와 액티브 코드를 처리하기 위해 금지하거나 사용자에게 알리도록 브라우저 내 보안 특성 설정
- 네트워크에 대한 불필요한 원격 연결을 제거하고 효과적인 접근 통제 대책을 사용
- 기존 통제 시스템과 대책의 우회 회피

안전한 복구 기술 및 관례

대책의 효과성과 상관없이 결과적으로 악성코드로 인한 데이터가 손실될 수 있다. 데이터 손실을 복구하기 위한 보안전문가의 능력은 이런 상황에 얼마나 잘 준비했느냐에 따라 다르다. 완전하게 악성코드에 자유로운 복구 프로세스를 보장하지 않는 한 완전히 복구할 수 없다. 다음의 가이드라인은 악성코드에 재 감염되지 않도록 하기 위한 복구 매체와 절차를 마련하는 데 도움이 된다.

- 잠재적 악성코드 감염으로부터 쉽게 복구할 수 있도록 OS와 데이터 파일 백업 이미지를 DVD나 다른 외부 매체에 저장한다.
- 소프트웨어를 재설치하기 전에 새 매체와 대체 매체에 대해 악성코드를 검사한다.
- 보호 소프트웨어나 서비스를 재가동하거나 설치할 때까지, 복원하거나 갱신하는 동안 시스템의 네트워크 접근을 비활성화한다.

효과적인 소프트웨어 모범 사례 구현

모든 조직은 네트워크 서비스와 자원에 대한 허용 가능한 사용 정책(AUP)을 채택해야 한다. 좋은 AUP에서는 소프트웨어 라이센스와 설치 및 전송되는 파일과 매체에 대한 절차와 관련된 특정 네트워크 활동과 컴퓨터 사용자의 습관이 금지된다. 표준화된 소프트웨어를 채택하여 취약점을 처리하도록 패치와 갱신을 통제할 수 있어야 한다.

ISO 17799를 준수하는 보안 정책 구현을 고려하도록 한다. ISO 17799는 널리 인정된 보안 표준이다. 그러므로 ISO IEC 17799 또는 상세한 보안 표준의 준수는 보안 인식이 높

은 조직이라도 시행하기가 어렵다. 심지어 인증은 벅찬 일이다. 좀 더 자세한 사항은 http: 17799.macassistant.com 을 참고하도록 한다.

사고 탐지 툴과 기술

> **참고**
> 비정상 탐지를 위해 서비스나 트래픽 패턴과 같은 정상이나 허용 가능한 활동의 네트워크 기준 프로파일을 사용한 후 실제 네트워크 트래픽을 이 기준과 대비하여 측정한다. 이 기술은 서비스 거부 또는 지속적인 로그인 시도와 같은 공격을 탐지하는 데 유용하나 이를 위해서는 학습 기간이나 미리 설정할 기간이 필요하다.

침입탐지 툴은 심층 방어의 필수적인 요소이다. 조직은 네트워크의 핵심 영역에 초기 경고 시스템으로 심층 방어법을 배치하여야 한다. 구현 방법은 다양하다. 각 구현에는 네트워크와 호스트를 악성적인 활동으로부터 보호하기 위한 고유의 기능이 존재한다.

계층화된 심층 방어법은 네트워크 기반과 호스트 기반의 침입탐지를 사용한다. 또한 서명 기반과 비정상 기반의 탐지 스킴을 허용하는 제품을 사용한다.

안티바이러스 스캐닝 소프트웨어

오늘날 대부분의 컴퓨터 사용자는 특정 형태의 바이러스 보호를 사용하여 감염을 탐지하고 예방한다. 반면 많은 모바일 장치 사용자들은 이를 조심하지 않는다. 여러 조사에 따르면 사용자의 절반 미만이 자신의 모바일 장치에 기본적인 보안과 안티바이러스 소프트웨어를 설치한다. 호스트와 네트워크 수준의 계층화된 침입탐지를 사용하는 것과 마찬가지로 모든 장치에 안티바이러스 보호를 사용해야 한다.

호스트 기반의 안티바이러스 소프트웨어에 대한 주요 취약점은 다음과 같다.

- 모든 호스트 시스템을 가장 최신의 바이러스 정의 파일로 갱신하는 것에 대한 지속적인 요구
- 허가받지 않거나 비인가된 소프트웨어를 설치하거나 감염된 이메일이나 문서 파일의 분별없는 교환과 같은 안전하지 않은 사용자 습관으로 인한 잠재적 손상

네트워크 기반 안티바이러스 소프트웨어가 서버의 파일과 이메일 트래픽을 검사하고 일관성 있게 클라이언트를 원격으로 검사하는 것은 선택 사항이다.

많은 조직들은 네트워크와 호스트 기반의 보호를 사용한다. 어떤 조직은 탐지를 최대화하기 위해 여러 제품들을 사용한다. 반드시 바이러스 정의 파일을 최신으로 유지해야 한다. 현재 대부분의 업체는 새로운 정의를 출시하지 마자 소프트웨어 자동 업데이트를 제공한다.

네트워크 모니터와 분석기

보안 실행을 효과적으로 하기 위해 주기적으로 네트워크 트래픽을 분석해야 할뿐만 아니라 정기적으로 네트워크 소프트웨어와 어플라이언스를 모니터해야 한다. 가끔 Nessus, 마이

허니넷

허니넷은 실제 동작하는 네트워크를 가장하기 위해 만든 허니팟의 그룹이다. 허니넷은 공격자에게 더 많은 데이터를 제공해서 더 매력적으로 보인다. 그러나 허니넷을 설정하고 유지하기 위해 더 많은 기술이 필요하다. 허니넷에는 많은 서버와 라우터와 침입차단시스템이 있다. 허니넷은 상용 네트워크와 동일하거나 이것은 연구 목적일 수 있다. 어쨌든 허니넷은 공격자가 공격하기에 좀 더 실제적인 환경이 되도록 한다.

크로소프트 Baseline Security Analyzer와 같은 취약 스캐너 운영체제를 고려하여 둘을 결합한 취약점 스캐너를 사용해 본다. 공격자자도 이러한 툴을 이용할 수 있다는 것을 명심하도록 한다. 정기적으로 불필요하게 열려진 서비스 포트에 대해 네트워크를 검사해야 한다. 종종 소프트웨어를 갱신하면서 시스템을 기본 설정으로 리셋하는 경우가 간혹 있다.

콘텐츠/컨텍스트 필터링 및 로깅 소프트웨어

콘텐츠를 필터링하는 대책을 구현할 때 프라이버시와 보안 간 균형을 반드시 이루어야 한다. 그러나 허용 가능한 사용에 대한 명확한 기업 정책과 결부될 때 이것은 악성코드에 대한 추가적인 방어 계층이 된다. 네트워크의 라우터의 컨텍스트 기반의 필터링(접근통제목록)뿐만 아니라 이메일 첨부파일과 컨텐츠를 검사하기 위한 플로그인도 안전성 보호의 추가적인 방어 계층을 허용한다.

컨텐츠 기반의 필터링에서는 액티브 코드(자바, ActiveX)에 대한 네트워크 트래픽을 분석하고 웹 브라우저 소프트웨어의 스크립트 처리를 비활성화한다. 컨텍스트 기반의 필터링에서는 활동의 패턴을 기준과 비교하여 가능한 악의적인 활동에 대한 네트워크 행동에서 특이한 변경을 평가할 수 있다.

허니팟과 허니넷

허니팟(honeypot)은 잠재적 해킹 공격에 미끼로 네트워크 가장자리에 존재하는 호스트와 서버이다. 일반적으로 이러한 시스템이 실제인 것처럼 보이도록 구성한다. 실제로 허니팟은 실제 네트워크와는 격리된 허니넷(honeynet)이라 하는 개별 네트워크에 위치한 서버의 일부일 수 있다. 허니팟의 목적은 공격을 위한 통제된 환경을 제공하는 것이다. 허니팟을 이용하면 네트워크의 강도를 테스트하기 위해 공격을 쉽게 탐지하고 분석할 수 있다. 활동을 기록하기 위해 호스트 기반의 침입탐지와 모니터링 소프트웨어를 설치한다.

허니팟으로 전송되거나 허니팟으로 나가는 트래픽 모두 수상쩍다. 왜냐하면 허니팟에는 어떠한 상업용 어플리케이션이 존재하지 않기 때문이다. 허니팟이 중대한 공격을 받지 않으면 허니팟에 대한 약간의 로그를 생성하여야 한다. 로그는 쉽게 읽고 이해되어야 한다. 공격자가 허니팟을 정밀하게 검사할 때 관리자는 실제 네트워크의 예방적 통제를 배치할 수 있다.

허닛팟에는 최소한 다음과 같은 요소가 존재하여야 한다.

- 실제 호스트처럼 보이고 동작한다.
- 어떤 단계에서도 자신의 존재를 드러내지 않는다.
- 손상될 경우 모든 아웃바운드 트래픽을 막는 전용 침입차단시스템이 존재한다.
- 정상적인 트래픽으로 훼손되지 않는 네트워크 DMZ에 존재한다.
- 모든 트래픽이 전송되거나 수신될 때 소리 없는 경고가 울린다.
- 침입을 처음으로 감지할 때 침입자의 모든 활동을 기록하기 시작한다.

저-관여(low-involvement) 허니팟은 HTTP 또는 SMTP와 같은 수많은 위조 서비스를 제공한다. 저관여 허니팟을 이용하면 공격자는 서비스에 연결하지만 그 외에는 아무것도 할 수 없다. 이런 형태의 허니팟을 이용하면 공격자는 보통 운영체제 접근을 획득할 수 없다. 그러므로 공격자는 아무런 위협이 되지 못한다.

고-관여(high-involvement) 허니팟은 공격자에게 실제 운영체제를 제공함으로써 진짜 서비스와 취약점을 야기한다. 이런 형태의 허니팟의 목적은 공격자가 허니팟을 손상시키도록 한 후 실제 데이터를 수집하는 것이다. 고관여 허니팟의 문제는 반드시 환경을 단단히 통제해야 한다는 것이다. 왜냐하면 손상된 시스템이 다른 시스템을 공격하는 호스트가 될 수 있기 때문이다.

요약

본 장에서는 여러 형태의 악성코드와 각 형태별 악성코드가 어떻게 동작하는지를 살펴보았다. 스팸과 스파이웨어 그리고 오늘날 조직에 미치는 영향을 살펴보았다. 다양한 형태의 네트워크 공격과 이러한 공격으로부터 네트워크를 보호하는 방법을 살펴보았다. 또한 키로거, 혹스 및 웹 페이지 훼손의 위험에 관해 살펴보았다. 악성코드의 역사와 위협이 오늘날 조직에게 어떻게 출현했는지를 살펴보았다. 마지막으로 여러 형태의 공격과 공격자가 툴을 사용하여 공격을 수행하는 방법을 살펴보았다.

핵심 용어

- botnet : 봇넷
- data infector : 데이터 감염 바이러스
- file infector : 파일 감염 바이러스
- honeynet : 허니넷
- honeypot : 허니팟
- logic bomb : 논리 폭탄
- macro virus : 매크로 바이러스
- multipartite virus : 다중 바이러스
- polymorphic virus : 다형성 바이러스
- stealth virus : 은폐형 바이러스
- system infector : 시스템 감염 바이러스

연습문제

1. 다음 중 다른 프로그램을 공격하거나 감염시키는 악성코드는?

A. 스파이웨어
B. 바이러스
C. 웜
D. 루트킷

2. (   )은 원치 않는 메시지이다.

3. 다음 중 한 컴퓨터에서 다른 컴퓨터로 전파하는 독립 프로그램은 무엇인가?

A. 스파이웨어
B. 바이러스
C. 웜
D. 스네이크

4. 악성코드 측면에서 다음 중 모바일 코드를 가장 잘 정의한 것은?

A. 웹 사이트 액티브 콘텐트
B. PDA와 스마트폰을 대상으로 하는 악성코드
C. 여러 운영체제에서 동작하는 소프트웨어
D. 네트워크를 이용하여 전파되는 악성코드

5. 다음 중 공격을 개시하고 악성코드를 전파하기 위해 공격자가 사용하는 손상된 컴퓨터의 네트워크를 무엇이라 하는가?

A. 블랙 네트워크
B. 봇넷
C. 공격넷
D. 트로이목마 상점

6. DDoS를 야기하는 TCP SYN 플러드 공격은 무엇인가?

A. 네트워크 데몬을 통해 시스템을 중단시킨다.
B. 호스트 컴퓨터를 중단시킨다.
C. 사용 가능한 네트워크 대역폭을 포화시킨다.
D. 미정인 연결 테이블을 가득 채운다.

7. 다음 중 사용자를 속여 정당한 웹 사이트로 가장한 사이트에 개인정보를 제공하게 하는 공격은 무엇인가?

A. 프리킹
B. 피싱
C. 트롤링
D. 키입력 로깅

8. 키입력 로거로부터 가장 좋은 방어는 로거가 반드시 키보드 케이블에 연결되어야 하기 때문에 컴퓨터를 이용하기 전에 키보드 케이블을 신중하게 검사하는 것이다.

A. 그렇다.
B. 아니다.

9. 악성코드 초기에 바이러스는 어떻게 전파되는가?

A. 유선의 네트워크 연결
B. 펀치 카드
C. 디스켓
D. 프로그램 버그의 형태로 전파

10. 다음 중 공격의 첫 번째 단계는 수행되는 업무는 무엇인가?

A. 취약점 식별
B. 사전 조사와 정밀 조사
C. 대상 선정
D. 증거 봉쇄

11. 다음 소프트웨어 툴 중 대규모의 포트 스캐닝 기능을 제공하는가?

A. ping
B. whois
C. rpcinfo
D. nmap

12. (   ) 전략은 공격자가 반드시 여러 통제를 손상시켜서 보호되는 자원에 접근하도록 한다.

13. 허니팟은 잠재적 해킹 공격에 미끼로 네트워크 가장자리에 존재하는 호스트이다.

A. 그렇다.
B. 아니다.

3부

정보보호 표준

Inforation Security Standars

12장 정보보호 표준

한 업체에서 거의 모든 하드웨어와 소프트웨어를 구매할 수 있다. 오늘날 조직은 IT 기반 구조의 각 요소들을 여러 업체로부터 구매하고 이러한 제품이 서로 잘 동작하기를 기대한다.

여러 업체에서 생산한 제품들이 어떻게 서로 잘 동작할 수 있을까? 제품은 표준을 준수하기 때문에 서로 잘 동작한다. 표준은 하드웨어와 소프트웨어 업체의 경쟁력 있는 시장을 생성하고 유지하는 데 필요하다. 또한 표준은 서로 다른 국가의 제품 간의 호환성을 보장한다. 표준은 오늘날 컴퓨팅 환경에서 제품들이 서로 잘 동작하는 것을 보장하기 위한 가이드라인을 제공한다.

여러 조직들은 컴퓨터에 대한 표준을 개발하고 관리한다. 본 장에서는 컴퓨터와 네트워크 통신 제품과 서비스에 대한 가장 일반적인 표준에 관해 살펴보도록 한다. 특히 보안과 관련된 표준에 대해 살펴본다.

12장 주제

본 장의 주요 주제는 다음과 같다.

- 조직이 정보보호를 위해 적용하는 표준
- ISO 17799
- ISO/IEC 27002
- PCI DSS

12장 학습 목표

본 장의 학습 목표는 다음과 같다.

- 정보보호 표준의 중요 조직을 확인
- ISO 17799에 포함된 내용을 정리
- ISO/IEC 27002와 정보보호와의 관련성을 설명
- PCI DSS 요구사항을 설명

표준 조직

가장 초기의 컴퓨터들은 특정한 목적으로 만들어졌다. 설계자들은 구성요소들을 연결하는 방법과 구성요소들이 특화된 컴퓨터 요구에 기반을 두고 통신하는 방법을 기술한다. 그러나 곧 설계자들은 통신 표준을 구현하면 서로 다른 업체의 구성요소들과 서로 잘 동작할 수 있다는 것을 깨달았다. 이를 통해 고객들은 컴퓨터를 높이 신뢰하게 되었고 표준에 기반을 둔 제품을 좀 더 편하게 구매할 수 있었다. 그러나 일부의 독점 시스템은 표준을 지원하지 않는다.

시장을 증가시키고 대부분의 경우 규정을 준수하기 위해 표준 준수가 필요하다. 컴퓨팅과 네트워크 통신의 다양한 측면을 관할하는 표준을 개발하고 관리하는 가장 영향력 있는 조직에 관해 아는 것이 중요하다.

미 국립표준기술연구원

미 국립표준기술연구원(NIST, National Institute of Standards and Technology)은 1901년 미국 상무부 내에 미국 표준국(NBS, National Bureau of Standards)으로 설립된 연방 기관이다. NIST는 미국 최초의 연방 물리 과학 연구 실험실이었다. NIST의 임무는 "경제 보장을 향상시키고 삶의 질을 개선시키는 방법으로 계측학, 표준, 기술을 발전시킴으로써 미국의 혁신과 산업 경쟁력을 증진시키는 것"이다. NIST는 거의 모든 컴퓨팅 장치가 필요로 하는 측정과 기술에 대한 표준을 제공한다. 추가적으로 NIST는 미국의 공식 시간을 유지하는 원자시계를 관리한다. NIST가 규제 기관은 아니지만 많은 조직은 NIST가 공개하는 문서를 존중하고 받아들인다.

NIST는 4개의 협력 프로그램을 통해 주 임무를 수행한다.

- NIST 실험실 : 실험실은 미국의 기술 기반구조를 개선시키기 위한 연구를 수행한다. 국가 산업체들이 이 기반구조를 이용하여 제품과 서비스의 질을 높인다.
- 국가 품질 프로그램(Baldrige National Quality Program) : 제조사, 서비스 조직, 교육 기관, 의료 서비스 제공자, 비영리 조직을 포함한 미국 조직들 간 우수성을 장려하는 국가 프로그램이다. 또한 품질을 높이고 조직을 인식시켜 높은 품질을 제공하도록 한다.
- 제조 확장 파트너쉽(Hollings Manufacturing Extension Partnership) : 중소 제조업체에 대한 기술적이고 사업적인 지원을 제공하는 국가 차원의 센터 간 네트워크이다.
- 기술 혁신 프로그램 : 국익의 핵심 수요에 적용되는 획기적인 기술을 지원하는 조직과 대학에 상을 수여하는 국가 프로그램이다.

> **참고**
> NIST에 관한 보다 많은 정보는 웹사이트(http://www.nist.gov)에서 찾을 수 있다. NIST SP에 관한 보다 많은 정보는 http://csrc.nist.gov/publications/PubsSPs.html를 참조하도록 한다.

NIST는 컴퓨터 보안에 대한 표준과 출판물의 목록을 관리한다. NIST는 1990년에 이러한 출판물을 SP(Special

표 12-1 NIST SP 800 시리즈 일부 문서

번호	제목
800-61 Rev. 2	Computer Security Incident Handling Guide
800-73-3	Interfaces for Personal Identity Verification (4 Parts) Part 1: End Point PIV Card Application Namespace, Data Model & Representation Part 2: PIV Card Application Card Command Interface Part 3: PIV Client Application Programming Interface Part 4: The PIV Transitional Interfaces & Data Model Specification
800-83 Rev.1	DRAFT Guide to Malware Incident Prevention and Handling for Desktops and Laptops
800-88 Rev.1	DRAFT Guidelines for Media Sanitization
800-94 Rev.1	DRAFT Guide to Intrusion Detection and Prevention Systems (IDPS)
800-107 Rev.1	Recommendation for Applications Using Approved Hash Algorithms
800-121 Rev.1	Guide to Bluetooth Security
800-124 Rev.1	DRAFT Guidelines for Managing and Securing Mobile Devices in the Enterprise
800-133	Recommendation for Cryptographic Key Generation
800-146	Cloud Computing Synopsis and Recommendations
800-153	Guidelines for Securing Wireless Local Area Networks (WLANs)
800-162	DRAFT Guide to Attribute Based Access Control (ABAC) Definition and Considerations
800-164	DRAFT Guidelines on Hardware-Rooted Security in Mobile Devices

Publications) 800 시리즈 문서로 체계화하였다. SP 시리즈는 정보 기술 보안에 대한 사항을 제공한다. 이 시리즈는 정부, 산업, 학계 등의 조직 내 컴퓨터 보안과 관련된 연구 노력의 결과이다.

많은 사람들이 NIST SP 800 시리즈를 참조한다. 예를 들어 많은 사람들이 "NIST SP 800-66"을 참조한다. NIST SP 800-66에는 HIPAA를 준수하기 위한 안내서가 포함되어 있다.

NIST SP 800 시리즈에는 정보 시스템 보안 활동을 안내하는 많은 표준이 포함되어 있다. [표 12-1]은 NIST SP 800 시리즈에서 찾을 수 있는 일부 문서를 보여준다.

국제 표준화 기구

국제 표준화 기구(ISO, International Organization for Standardization)는 1946년에 구성되었다. 이것은 비정부 국제기구이다. ISO의 목적은 국제 표준을 개발하여 발표하는 것이다. ISO 본부는 스위스 제네바에 있으며 163개의 국가 표준 협회가 참여하고 있다. ISO는 정부와 민간 부분 사이에 다리 역할을 한다. 어떤 회원은 정부 단체인 반면 다른 회원은 민간 부문에 속해 있다. ISO의 목적은 두 그룹 간 협의를 통한 표준을 개발하는 것이다.

국제 표준화 기구를 간단히 ISO라고 하고 이것은 약자인 것 같지만 사실은 약자가 아니다.

그림 12-1

OSI 참조 모델

ISO는 국제기구이기 때문에 전체 이름은 언어에 따라 다르다. ISO 회원국은 "동등하다"라는 의미의 그리스 어의 isos로부터 파생된 ISO를 약자로 사용하기로 협의하였다. ISO는 이 이름을 선택할 때조차도 합의를 하고자 노력하였다. 합의에 중점을 둠으로써 ISO는 많은 분야에서 표준을 개발하고 증진시키는 기관으로 성공할 수 있었다.

ISO는 거의 모든 산업 분야에 대한 많은 표준을 발표하였다. 국제 표준 도서 번호(ISBN, International Standard Book Number)가 사례가 될 수 있다. 정보 기술에 대해서 아마도 가장 잘 알려진 ISO 표준은 개방형 시스템 상호연결(OSI) 참조 모델(그림 12-1)일 것이다. 이는 개별 컴퓨터 시스템이 네트워크를 이용하여 통신하는 방법을 관리하는 표준 프레임워크로 국제적으로 수용되었다. 참조 모델에는 네트워크 통신과 관련된 서로 다른 7개의 이슈를 처리하는 7개의 개별 계층이 존재한다. 참조 모델에서는 서로 다른 업체의 컴퓨터와 장치가 통신할 수 있도록 하는 표준이 정의된다.

모델의 각 계층은 관련된 기능의 집합을 나타낸다. 각 기능은 자신의 상위 계층에게 바로 서비스를 제공하고 자신의 하위 계층으로부터 바로 서비스를 수신한다. 예를 들어, 전송 계층(계층 4)은 네트워크상의 오류 정정 통신을 제공하고 세션 계층(계층 5)의 소프트웨어 기능에서 필요한 연결을 제공한다. 추가적으로 바로 아래의 네트워크 계층(계층 3)의 기능을 호출하여 패킷을 송신하고 수신하고 네트워크 통신의 콘텐츠를 구성한다.

보다 새로운 많은 네트워킹 솔루션은 7개의 계층 구조에 딱 들어맞지는 않지만 OSI 참조 모델은 여전히 네트워킹 개념을 가르치는 데 사용되는 주된 도구이다. OSI 참조 모델은 네트워크가 일반적인 서비스를 표준 환경에서 제공하는 방법을 이해하는 기본이 된다. 현재의 소프트웨어에 보다 직접적으로 일치하는 다른 모델이 있긴 하지만 OSI 참조 모델은 여전히 네트워킹 기본을 가르치기 위한 중요한 툴이다.

ISO는 각 표준을 국제표준분류(ICS, International Classification for Standards)와 기술위원회(TC, Technical Committee)에 부과함으로써 많은 표준을 체계화한다. 200개가 넘는 TC 중 하나에 부과되고 40개의 다양한 레벨 1의 ICS 사이에 있는 표준을 찾을 수 있다.

> **참고**
>
> 웹사이트(*http://www.iso.org*)에서 ISO 표준을 검색할 수 있고 조직에 대해 더 많은 정보를 얻을 수 있다.

국제 전기 표준 회의

국제 전기 표준 회의(IEC, International Electrotechnical Commission)는 ISO와 협동하는 표준 기구이다. IEC는 전기 및 전자 장치와 프로세스와 관련된 기술에 대한 국제 표준을 개발하고 발표하는 탁월한 조직이다.

IEC는 1906년에 전기 장치와 관련된 기술을 확장하는 이슈를 처리하기 위해 설립되었다. 오늘날 IEC 표준은 다음 사항을 포함한 광범위한 영역을 다룬다.

- 전력 생성
- 전력 전송 및 분배
- 상업용 및 고객용 가전제품
- 반도체
- 전자기학
- 배터리
- 태양 에너지
- 통신

IEC는 가우스(gauss), 헤르츠(hertz), 베버(weber)를 포함하여 전기 측정에 대한 표준 개발에 중요한 역할을 수행하였다. IEC는 효과를 높이기 위해 ISO와 ITU-T와 함께 작업을 한다. 표준이 국제적으로 수용되고 그 사용을 최대화하기 위해 IEC는 가능하면 많은 국가의 참여를 독려한다. IEC에는 NC(National Committee)라 하는 72개의 정회원이 있다. 2011년 IEC는 보다 많은 개발도상국을 포함하기 위해 회원을 확장했다. 연계 국가 프로그램(Affiliate Country Programme)에 81개의 국가가 포함되어 있다.

> **참고**
> IEC 조직과 표준에 관한 보다 많은 정보는 웹사이트(*http://www.iec.ch*)에서 찾을 수 있다.

IT 전문가로서 물리적 컴퓨터와 네트워킹 하드웨어와 관련된 IEC표준을 많이 접하게 된다. 전기 및 전자 산업의 변화에 따라 IEC의 중점 사항이 창립 이래 확장되었다. 오늘날 IEC는 전력 수요와 다른 기능 영역에 영향을 미치는 방법을 처리하는 표준에 주로 중점을 둔다. IEC는 안전, 성능, 환경 책임, 에너지 효율, 재생 에너지 사용을 지원하는 표준을 적극적으로 개발하고 있다.

월드 와이드 웹 컨소시엄

1990년에 월드 와이드 웹 컨소시엄(W3C, World Wide Web Consortium)이 생기면서 사용자가 인터넷상의 자원에 접근하는 방법이 획기적으로 변화하였다. 인터넷 사용 초기에는 업체들이 서로 경쟁적으로 자신만의 버전의 HTML을 출시하였다. HTML은 웹의 기본 언어이다. 이러한 버전은 업체 간에 호환되지 않았다. 이러한 비호환성으로 인해 웹 브라우저 기능이 제한되었다. 웹이 성장되면서 웹의 기본 언어를 표준화할 필요가 명확해 졌다. 월드 와이드 웹의 창시자로 잘 알려지고 컴퓨터 과학자인 Tim Berners-Lee 경은 1994년에 표준의 부족을 해결하고자 월드 와이드 웹 컨소시엄(W3C)을 설립하였다.

W3C는 바로 월드 와이드 웹에 대한 주요한 국제 표준 기구가 되었다. W3C의 목적은 월드 와이드 웹을 통합하고 장기적으로 성장하는 프로토콜과 가이드라인을 개발하는 것이다. 현재 W3C는 기업, 비영리 조직, 대학 및 다양한 국가 기관을 대표하는 377개 회원사로 구성된다.

W3C는 웹 개발과 운영의 여러 측면을 포괄하고 조정하는 웹과 관련된 많은 표준을 개발한다. W3C가 개발하거나 지지한 표준은 다음과 같다.

- CSS(Cascading Style Sheets)
- CGI(Common Gateway Interface)
- HTML(Hypertext Markup Language)
- SOAP(Simple Object Access Protocol)
- WSDL(Web Services Description Language)
- XML(Extensible Markup Language)

각 표준과 명세서는 웹 어플리케이션이 다른 업체의 웹 구성요소와 확실하고 정확하게 상호 동작하는 데 필요하다.

> **참고**
> W3C, 표준 및 가이드라인 개발에 관한 보다 많은 정보는 W3C 웹사이트(*http://www.w3.org*)에서 찾을 수 있다.

인터넷 엔지니어링 태스크 포스

인터넷 엔지니어링 태스크 포스(IETF, Internet Engineering Task Force)는 인터넷 표준을 개발하고 촉진한다. IETF 웹사이트에 따르면 IETF의 목적은 "인터넷 작업을 더 좋게 만드는 것"이다. IETF는 인터넷 통신에 관한 공학적인 측면에 중점을 두고 정책과 사업적 문제는 다루지 않으려 한다. IETF는 W3C와 ISO/IEC와 함께 작업을 하고 주로 TCP/IP나 인터넷 프로토콜 집합에 대한 표준에 중점을 둔다. IETF는 개방형 조직으로 회원이 되도록 요구하지 않는다. 기고자와 대표를 포함한 모든 참여자는 자발적으로 행동한다.

IETF는 1986년에 주요 인터넷 통신 프로토콜을 공식화하고자 하는 21명의 연구자들의 만남에서 처음 시작되었다. 오늘날 IETF는 작업 그룹(WG, Working Group)으로 구성되고 각 그룹은 특화된 주제를 다룬다. 현재 100개가 넘는 작업 그룹이 있다. 보통 WG는 독립적으로 운영되며 IETF는 각 그룹에 대해 최소한의 기준을 설정한다. 각 WG에는 지정된 회장이나 공동 회장이 있고 그룹의 중점 사항과 예상되는 산출물을 문서화한 헌장이 있다.

모든 WG에는 누구나 가입할 수 있는 전용 메일링 목록이 존재한다. 이러한 WG 메일링 목록은 참여자들의 주요 소통 매체이다. IETF에 참여하기를 원하면 관심 있는 하나 또는 여러 WG 메일링 목록에 가입하면 된다. 또한 WG는 주기적으로 회의를 진행하며 이 회의에는 모든 참여자들이 참석할 수 있다. 일반적으로 회의에 참석하는 것이 유용하며 메일링 목록을 통해 WG에 참여하는 것도 가능하다.

> **참고**
> IETF와 관련 활동에 관한 보다 많은 정보는 IETF 웹 페이지 (*http://www.ietf.org*)를 방문하면 된다.

RFC(Request for Comments)

IETF는 RFC 문서를 생성한다. RFC는 단순한 메모에서부터 표준 문서까지의 문서 시리즈이다. 각 RFC 문서 서론 부분에 RFC의 상태가 기술되어 있다. RFC 체계를 통해 여러 의견을 받을 수 있고 협력과 관련 전문가들의 검토를 독려할 수 있다. IETF는 RFC에 대한 가이드라인을 발표했다. 다음은 RFC에 대한 몇 가지 중요한 사항들이다.

- **일부 RFC만 표준이다** : "이 문서는 ~을 명시한다." 또는 "이 메모는 ~을 문서화한다."와 같은 문장으로 시작되는 RFC만이 표준이나 규범적 문서로 간주되어야 한다.
- **RFC는 절대로 변경되지 않는다** : RFC가 변경되면 새로운 번호가 부여되어 새로운 RFC가 된다. 이전 문서는 쓸모없게 되므로 항상 최신의 RFC를 찾도록 한다.
- **공식적 표준을 정의하는 RFC는 4개의 단계를 거친다** : RFC가 한 단계에서 그 다음 단계로 넘어가면 보다 공식화되고 더 많은 조직에서 수용된다. 단계는 다음과 같다.
  - PS(Proposed Standard) : 표준에 대해 초기의 공식적 단계이다.
  - DS(Draft Standard) : 표준의 두 번째 단계로 표준 개발자들이 해당 표준이 실무에 사용되고 있음을 입증한 이후의 단계이다.
  - STD(Standard) : 표준이 널리 채택된 후 효율적으로 사용되는 것이 입증된 후로 표준의 최종 단계이다.
  - BCP(Best Current Practice) : 공식적 표준이 아닌 운영 명세서를 문서화하기 위한 대안이다.

> **참고**
> RFC와 RFC 연구에 관한 보다 많은 정보는 IETF의 RFC 웹 페이지 (*http://www.ietf.org/rfc.html*)를 참조하도록 한다.

IETF 표준의 예로 RFC 5878, RFC 5910 등이 있다. RFC 5878, "Transport Layer Security(TLS) Authorization Extensions"에는 TLS 핸드쉐이크 프로토콜에 대한 확장 명세서가 포함된다. RFC 5910, "Domain Name System(DNS) Security Extensions Mapping for the Extensible Provisioning Protocol(EPP)"에는 중앙 저장소에 저장된 DNSSEC 도메인 이름에 대한 EPP 확장 대응이 기술되어 있다. 이러한 RFC에는 인터넷 운영 방법이 정의되어 있고 기술적으로 상세한 사항이 포함되어 있다.

> **참고**
> ISOC의 웹 사이트(*http://isoc.org*)에 따르면 ISOC는 "1992년에 인터넷과 관련된 표준, 교육 및 정책을 선도하기 위해 설립된 독립적이고 국제적인 비영리 조직"이다.

인터넷 구조 위원회

인터넷 구조 위원회(IAB, Internet Architecture Board)는 IETF의 분과 위원회이다. 또한 IAB는 인터넷 사회(ISOC, Internet Society)의 자문 기구이기도 하다. IAB는 인터넷 행복에 기술적으로 관심을 갖는 독립된 연구자와 교수로 구성된다. IAB는 IETF의 많은 활동에 대한 감독 위원회의 역할도 수행한다. IAB는 다음을 감독한다.

- 인터넷 프로토콜과 절차에 대한 구조

- 표준을 생성하는 과정
- RFC를 위한 편집과 공개 절차
- IETF와 기술 분야 장의 확인

IAB는 IETF 작업을 수행하는 절차를 고수준에서 관리하고 검증한다. IAB는 많은 표준과 인터넷에 실질적으로 영향을 미치는 중요한 위원회이다.

전기전자 기술자 협회

관련 웹 사이트(*http://www.ieee.org/index.html*)에 따르면 전기전자 기술자 협회(IEEE, Institute of Electrical and Electronics Engineers)는 "기술의 진보를 위한 세계에서 가장 큰 전문가 집단"이다. IEEE는 전기 및 전자 공학과 관련된 표준을 개발하고 배포하는 데 중점을 두는 국제적인 비영리 조직이다. 약 160개국의 425,000명이 넘는 회원이 있으며 기술전문가 조직에서 가장 많은 수의 회원을 보유하고 있다. IEEE는 1912년에 설립된 통신학회(Institute of Radio Engineers)와 1884년에 설립된 미국 전기 기술자 협회가 통합되어 1963년에 설립되었다.

IEEE는 특화된 기술 분야에 대한 활동에 중점을 두는 38개의 협회(societies)를 지원한다. 이러한 기술적 분야에는 자기학, 광기술 및 컴퓨터가 포함된다. 각 협회는 출판물을 개발하고 컨퍼런스를 개최하고 활동과 이벤트를 촉진하여 특정 분야에 대한 이해와 관심을 이끌어 낸다. 또한 IEEE는 광범위한 공학 주제에 대한 많은 훈련과 교육 기회를 제공한다.

IEEE는 가장 큰 표준 개발 조직 중 하나이다. IEEE 표준 협회(IEEE-SA, IEEE Standards Association)는 여러 표준을 관리한다. IEEE 표준 협회는 정보 기술을 포함한 많은 산업 분야를 다룬다. 현재 IEEE는 1,300개 이상의 표준과 프로젝트를 발표했거나 지원한다. 정보 보안과 관련된 가장 잘 알려진 표준은 IEEE 802 LAN/MAN 표준 계열이다. 이 표준에는 다양한 LAN과 MAN 프로토콜이 동작하는 방법이 정의된다. [표 12-2]는 IEEE 802 LAN/MAN 표준 내 작업 그룹의 일부이다.

표 12-2 IEEE 802 표준 작업 그룹

작업 그룹	명칭
802.1	Higher Layer LAN Protocols
802.3	Ethernet
802.11	Wireless LAN (802.11a, 802.11b, 802.11g, 802.11n, 802.11ad)
802.15	Wireless Personal Area Network (WPAN)
802.16	Broadband Wireless Access (WiMAX)
802.18	Radio Regulatory TAG
802.19	Wireless Coexistence
802.20	Mobile Broadband Wireless Access

> **참고**
> 802 작업 그룹은 1980년 2월에 가졌던 첫 번째 회의 날짜로 이름을 지었다.

IEEE는 전문가 자격 요건을 충족하는 기술적 커뮤니티의 회원들에게 개방되어 있다. 정회원은 IEEE 선거에 투표를 할 수 있다. 학생은 IEEE에 학생 회원 자격을 얻는다. 학생 회원은 투표권을 제외하고는 정회원과 동등하다. 학생도 아니고 기술적 자격 요건을 충족하지 못하는 사람에게는 제한된 권한을 갖는 준회원 자격이 부여된다.

국제 전기통신 연합 전기통신 부문

국제 전기통신 연합(ITU, International Telecommunication Union)은 유엔(UN, United Nations)의 단체이다. ITU는 정보와 기술 이슈를 관리하고 촉진하는 것을 담당한다. ITU는 네트워크와 관련 서비스의 정부용과 상업용 개발에 중점을 둔다. ITU는 전신 통신 산업을 위한 국제 표준을 개발하기 위해 1865년에 국제 전신 연합(International Telegraph Union)으로 설립되었다. ITU는 1947년에 유엔 단체가 되었고 1956년에 국제 전신 및 전화 자문 위원회(CCITT, International Telegraph and Telephone Consultative Committee)로 개명하였으며, 1993년에 최종적으로 지금의 이름을 채택하였다. ITU 본사는 스위스 제네바에 있다. ITU는 193개 회원국과 700 개 이상의 각 부문의 회원과 준회원으로 구성된다.

ITU의 가장 오래되고 가장 널리 알려진 활동은 표준을 개발하는 것이다. ITU-T(ITU 전기통신 부문)는 모든 ITU 표준 작업을 수행한다. ITU-T는 모든 국가의 전기통신의 모든 분야에 대한 표준의 효율적이고 효과적인 개발을 담당한다. 또한 ITU-T는 국제 통신 서비스에 대한 관세 및 회계 원칙을 정의한다. ITU 표준은 시기적절성에 중점을 둔다. 2001년에 ITU-T는 표준을 생성하는 데 걸리는 시간을 줄이기 위해 낡은 표준 개발 절차를 개편하였다.

ITU-T는 자신의 국제표준을 권고(recommendation)라고 한다. 권고는 회원국 법의 일부로 채택될 경우에만 의무가 된다. ITU-T는 유엔 단체이기 때문에 표준은 국제적 무게감을 지닌다. 그러므로 ITU-T 표준이 권고라고 해도 상당한 권위를 지닌다.

> **참고**
> ITU와 ITU-T에 관한 보다 많은 정보는 ITU 웹 페이지(*http://www.itu.int*)에서 찾을 수 있다.

ITU-T는 권고를 알파벳 문자로 표현되는 26개의 시리즈로 나눈다. 예를 들어 스위칭과 신호법 권고는 Q 시리즈이다. 데이터 네트워크, 개방형 시스템 통신 및 보안 권고는 X 시리즈이다. ITU-T는 모든 형태의 통신에 대한 기술적 상세 사항을 다루는 많은 통신 권고를 개발하여 발표했다. 정보 보안과 관련된 권고는 X.25, X.75, X.509이다. [표 12-3]은 정보 보안과 관련된 ITU-T 권고를 보여준다.

미국 표준 협회

미국에서 표준을 선도하는 기관 중 하나가 미국 표준 협회(ANSI, American National Standards Institute)이다. ANSI의 목적은 세계 경제에서 미국 시장을 강화시키는 것이다. 동시에 고객의 안전과 건강 및 환경 보호를 보장하는 데 노력한다. 이를 위해 자발적 합의 표

표 12-3 정보 보안과 관련된 ITU_T 권고

ITU-T 권고	설명
X.25	X.25에는 패킷-스위치 광역통신망을 위한 프로토콜 집합이 기술되어 있다. X.25는 탄력적인 광역통신망을 제공하는 계층 3(네트워크 계층) 프로토콜이다. 오늘날 X.25가 여전히 사용되긴 하지만 대부분의 광역통신망은 IP 프로토콜을 사용한다.
X.75	X.75에는 두 개의 X.25 네트워크를 연결하기 위한 프로토콜이 기술되어 있다. 또한 네트워크의 데이터 통신 장비(DCE, Data Communication Equipment) 간 인터페이스를 위한 요구조건이 정의되어 있다.
X.509	X.509는 싱글사인온(SSO) 기능과 권한 관리 기반구조(PMI, Privilege Management Infrastructure)를 다루는 공개키 기반구조(PKI)에 대한 권고이다. 권고에는 공개키 인증서에 대한 표준 포맷, 인증서 관리 기능, 속성 인증서 및 인증 경로 검증 알고리즘이 정의되어 있다.

준과 적합성 평가 체계를 촉진한다.

ANSI는 거의 모든 부문의 기업에 직접적으로 영향을 미치는 많은 표준과 가이드라인의 생성, 공개 및 관리를 감독한다. ANSI 표준은 음향기기, 건설 장비, 유제품 및 가축 생산 및 에너지 분배 등의 사업 분야를 다룬다. ANSI는 1918년 5개의 공학 협회와 3개의 정부 기관이 합쳐져서 형성되었다. 바로 이러한 그룹이 합병되어 미국 공업 표준 위원회(AESC, American Engineering Standards Committee)를 형성했다. 1928년 AESC는 미국 표준 협회(ASA, American Standards Association)가 되었고, 1966년 ASA는 개편 후 USASI(United States of America Standards Institute)가 되었다. 최종적으로 1969년 USASI는 ANSI가 되었다. 오늘날 ANSI는 정부 기관, 조직, 교육 협회 및 개인으로 구성된다. ANSI는 125,000개 이상의 회사와 350만 명의 전문가들을 대표한다.

ANSI는 IT의 거의 모든 분야에 영향을 미치는 표준을 생성한다. 컴퓨팅과 통신 공학이나 기술적 측면에 중점을 두는 다른 조직과 달리 ANSI는 주로 소프트웨어 개발과 컴퓨터 시스템 운영을 지원하는 표준을 다룬다. [표 12-4]는 정보 보안과 소프트웨어 개발과 관련된 ANSI 표준 목록을 보여준다.

ANSI에 관한 보다 많은 정보는 조직의 웹 페이지(*http://www.ansi.org*)에서 찾을 수 있다.

표 12-4 중요한 ANSI 표준

표준	설명
ANSI 코드	ANSI 코드는 컴퓨터 내 문자를 표현하는 데 사용되는 값을 정의하는 표준이다. 여러 컴퓨터가 데이터를 공유하고 서로 통신을 하기 위해 필요한 표준이다. ANSI 코드 집합은 이전 ASCII 7비트 코드 집합의 확장이다.
미국 표준 FORTRAN	미국 표준 FORTRAN은 FORTRAN 66이라 하는 첫 번째 표준 프로그래밍 언어였다. ANSI는 이 표준 언어를 1966년 3월에 공개했다.
ANSI	CANSI는 1989년 프로그래밍 언어 C의 표준 버전으로 ANSI C를 공개했다.

ISO 17799

ISO 17799는 국제적인 보안 표준이다. 이 표준에는 정보 시스템에서 모범 사례가 될 수 있는 포괄적인 통제 집합이 문서화되어 있다. 표준은 두 부분으로 구성된다.

- ISO 17799의 실행 지침(code of practice)
- BS 17799-2 정보보호관리체계에 대한 명세서(specification for an information security management system)

이 표준의 주목적은 오늘날 기업 환경에서 정보 시스템을 위해 필요한 보안 통제를 식별하는 것이다. 이 표준은 원래 영국에서 "DTI 실행 지침"이었고 후에 BS 7799로 개명되었다. 처음에 이 표준은 통제하는 방법이 유연하지 않고 지나치게 단순하여 국제적인 인기를 얻지 못했다. 개발자는 표준의 이러한 취약점을 보완해서 1999년에 버전 2를 출시했고 ISO에 표준을 제출하여 2000년에 ISO는 ISO 17799로 공개했다.

이와 더불어 표준에 대한 관심이 급속도로 증가되었고 여러 회사들이 ISO 17799 구현을 지원하기 위한 툴과 서비스를 제공하기 시작하였다. 이 표준은 빠르게 유력한 정보보호 표준이 되었다. ISO 17799는 많은 조직의 보안 정책을 구축하는 프레임워크가 되었다. 그리고 표준을 완전히 준수하는 것이 조직의 목적이 되었다. 또한 표준 구현여부가 다른 경쟁자와 구별되는 척도가 되었다. 잠재적인 고객은 이 표준을 이용하여 데이터를 안전하게 보호하는 조직의 노력을 평가할 수 있다.

이 표준은 10개의 부분으로 구성된다.

- **보안 정책** : 관리 방향을 기술
- **보안 조직** : 정보 보안의 거버넌스 또는 정보 보안이 시행되어야 하는 방법
- **자산 분류 및 통제** : 정보 자산을 분류하고 관리하는 절차
- **인적 보안** : 인력을 보호하고 제한하는 보안 통제에 대한 안내
- **물리 및 환경 보안** : 컴퓨터 설비의 보호
- **통신 및 운영 관리** : 시스템과 네트워크의 기술적 보안 통제를 관리
- **접근 통제** : 네트워크 자원, 어플리케이션, 기능 및 데이터에 대한 접근 권한을 제한하는 통제
- **시스템 개발 및 유지** : 어플리케이션에 보안을 설계하고 통합하기 위한 가이드라인
- **사업 연속성 관리** : 사업 핵심 프로세스와 시스템을 보호, 유지 및 복구
- **준수성** : 정보 보안 정책, 표준, 법 및 규정의 시행을 보장

보다 새로운 표준인 ISO/IEC 270002는 ISO 17799의 후속 표준이다. ISO/IEC 270002는 규모, 산업 또는 위치에 상관없이, 모든 조직에서 적용할 수 있는 일반적인 정보보안 표준이다. ISO/IEC 27002가 ISO 17799를 대체했지만 정보보안 표준으로 ISO 17799를 참조하도록 한다.

ISO/IEC 27002

ISO/IEC27002는 2005년에 ISO 17799 표준의 갱신으로 개발되었다. 원래 이름은 ISO 17799:2005였는데 2007년에 ISO가 이름을 ISO/IEC 27002:2005로 변경하였다. 이는 다른 27000 시리즈의 ISO/IEC 표준에서 사용되는 명명규약을 준수하는 것이었다. ISO/IEC 27000 시리즈는 일반적인 정보보안 표준 계열이다. ISO/IEC 27002는 "Information Technology Security Techniques Code of Practice for Information Security Management"이다.

이전 표준 ISO 17799와 마찬가지로 ISO/IEC 27002도 조직에게 정보보호 관리에 관한 실행 지침 권고를 제공한다. 이 표준은 경영진과 정보보호관리체계를 담당하는 보안 인력에게 권고를 제공한다. 정보보안은 표준 내에 C-I-A 원칙으로 존재한다.

- 기밀성(Confidentiality) : 인가된 사용자만이 데이터에 접근할 수 있음을 보장
- 무결성(Integrity) : 인가된 사용자만이 데이터를 변경할 수 있음을 보장
- 가용성(Availability) : 인가된 사용자들인 필요할 때 정보에 접근함을 보장

ISO/IEC 27002는 ISO 17799에 두 개의 절을 추가하고 재구성하였다. 이 표준은 12개의 절로 구성된다.

- 위험 평가 : 위험을 식별하고 분류하는 형식적인 방법
- 보안 정책 : 관리 방향을 기술
- 정보보안 조직 : 정보 보안의 거버넌스 또는 정보 보안이 시행되어야 하는 방법
- 자산 관리 : 정보 자산을 획득하고 분류하고 관리하는 절차
- 인적 자원 보안 : 입사, 퇴사 또는 조직 내에서 변경에 대한 보안 가이드라인
- 물리 및 환경 보안 : 컴퓨터 설비의 보호
- 통신 및 운영 관리 : 시스템과 네트워크의 기술적 보안 통제를 관리
- 접근 통제 : 네트워크 자원, 어플리케이션, 기능 및 데이터에 대한 접근 권한을 제한하는 통제
- 정보 시스템 획득 개발 및 유지 : 어플리케이션에 보안을 설계하고 통합하기 위한 가이드라인
- 정보 보안사고 관리 : 정보 보안 침해를 적절하게 예측하고 대응
- 사업 연속성 관리 : 사업 핵심 프로세스와 시스템을 보호, 유지 및 복구
- 준수성 : 정보 보안 정책, 표준, 법 및 규정의 시행을 보장

표준에는 각 절이 권고하는 보안 통제가 기술되고 설명되어 있다. 대부분의 사람들은 정보 보안 통제를 실행 지침으로 생각한다. 이러한 실행 지침은 각 목적을 달성할 수 있는 방법을 제공한다. ISO/IEC 27002도 권고된 통제를 구현하기 위한 안내를 제공한다.

참고

ISO/IEC 27002에 관한 보다 많은 정보는 ISO의 공식 웹 사이트(*http://www.iso.org/iso/catalogue_detail?csnumber=50297*)에서 찾을 수 있다.

PCI DSS

지불 카드 산업 데이터 보안 표준(PCI DSS, Payment Card Industry Data Security Standard)은 지불 카드와 관련된 거래를 처리하기 위한 국제 표준이다. 지불 카드 산업 보안 표준 협의회(PCI SSC, Payment Card Industry Security Standard Council)는 표준을 개발하고 공개하고 유지한다. PCI DSS는 지금까지 봤던 표준과는 다르다. 세계에서 가장 큰 지불 카드 업체 일부가 PCI DSS를 만들었다. 참여하는 업체는 다음과 같다.

- 비자(Visa)
- 마스터카드(MasterCard)
- 디스커버(Discover)
- 아메리컨 익스프레스(American Express)
- 재팬 크레딧 부러(Japan Credit Bureau)

각 조직은 지불 카드 정보를 보호하기 위한 자신만의 표준을 가지고 있었다. 이러한 조직들은 자신들의 노력을 합쳐 2004년에 PCI DSS의 첫 번째 버전을 공개하였다. 가장 최신 버전인 PCI DSS 버전 2.0은 2010년 10월에 출시되었다. 지불 카드 업체들은 PCI DSS를 만들어 지불 카드 사용자를 사기로부터 보호하고 산업의 법적 요구사항을 선점하였다. 이 표준은 처리되고 전송되고 저장되는 모든 지불 카드와 관련된 정보를 보호하기 위해 통제 대책이 필요하다. 이 표준은 지불 카드 처리에 관한 프로세스에 참여하는 모든 조직에 적용된다.

PCI DSS 표준 준수는 회원 조직과 사업을 하기 위한 전제조건이다. PCI DSS 표준을 위반하는 조직은 지불 카드를 처리할 능력을 잃는다. 대부분의 경우 이를 준수하지 않으면 벌

표 2-5 PCI DSS 통제 목적과 요구사항

보안 통제	요구사항
안전한 네트워크 구축 및 관리	카드소유자 데이터를 보호하기 위해 침입차단시스템 설정을 설치하고 관리한다. 시스템 비밀번호와 다른 보안 파라미터에 대해 업체가 제공하는 기본값을 사용하지 않도록 한다.
카드소유자 데이터 보호	저장된 카드소유자 데이터를 보호한다. 카드소유자 데이터를 개방되고 공개된 네트워크를 통해 전송할 때 암호화한다.
취약점 관리 프로그램 유지	악성코드의 영향을 받는 모든 시스템에 안티바이러스 소프트웨어를 사용하고 정기적으로 갱신한다. 보안 시스템과 어플리케이션을 개발하고 관리한다.
강력한 접근 통제 대책 구현	업무의 알 필요 원칙에 따라 카드소유자 데이터에 대한 접근을 제한한다. 컴퓨터에 접근하는 사람에게 유일한 ID를 지정한다. 카드소유자 데이터에 대한 물리적 접근을 제한한다.
네트워크에 대한 정기적인 모니터링 및 시험	네트워크 자원과 카드소유자 데이터에 대한 모든 접근을 추적하고 모니터링한다. 보안 시스템과 프로세스를 정기적으로 테스트한다.
정보보안 정책 유지	정보 보안을 처리하는 정책을 유지한다.

금을 내거나 감사를 자주 받게 된다. 상습적으로 준수하지 않으면 처리 권한이 취소된다. 지불을 수신하는 방법으로 지불 카드를 사용하는 대부분의 조직에 대해 준수한다는 것은 사업 수행의 요구조건이다.

조직이 반드시 준수해야 하는 규칙은 조직이 처리하는 지불 카드 거래의 수에 따라 다르다. 조직은 최소한 1년에 한 번 준수여부를 평가한다. 대규모의 거래량을 처리하는 조직들은 반드시 독립적인 보안 평가사(QSA, Qualified Security Assessor)의 준거성 평가를 받아야 한다. 보다 소량의 거래를 처리하는 조직들은 PCI DSS 자체-평가 설문지(SAQ, Self-Assessment Questionnaire)를 이용하는 자체 인증을 선택할 수 있다.

참고

PCI DSS에 관한 보다 많은 정보는 PCI 보안 표준 협의회의 공식 웹 사이트(*http://www.pcisecuritystandards.org*)에서 찾을 수 있다.

PCI DSS 버전 2.0에는 준수성을 위한 12개의 요구사항이 정의되어 있다. 이러한 요구사항은 통제 목적이라 하는 6개의 그룹으로 구성된다. [표 12-5]는 PCI DSS 통제 목적과 12개의 요구사항의 목록을 보여준다.

요약

수많은 조직들은 규칙, 가이드라인 또는 특성의 정의로 기술적 명세서와 특화된 기준을 문서화한 표준을 정의한다. 조직과 산업체도 표준을 이용하여 제품과 서비스의 일관성을 보장한다. 여러 조직의 다양한 제품이 서로 잘 동작하기 위해서는 표준이 필요하다. IT 산업이 발전하면서 새롭게 갱신된 표준의 필요성도 증가한다. 본 장에서는 표준 기구와 정보보안에 직접적으로 영향을 미치는 표준을 살펴보았다. 이러한 표준 기구를 연구하고 표준 작업에 익숙해지도록 한다.

핵심 용어

- ANSI(American National Standards Institute) : 미국 표준 협회
- IEC(International Electrotechnical Commission) : 국제 전기 표준 회의
- ISO(International Organization for Standardization) : 국제 표준화 기구
- ITU(International Telecommunication Union) : 국제 전기통신 연합
- IAB(Internet Architecture Board) : 인터넷 구조 위원회
- IETF(Internet Engineering Task Force) : 인터넷 엔지니어링 태스크 포스
- ISO 17799
- ISO/IEC 27002
- ITU-T(ITU Telecommunication Sector) : ITU 전기통신 부문
- NIST(National Institute of Standards and Technology) : 미 국립표준기술연구원
- RFC(Request for Comments)
- W3C(World Wide Web Consortium) : 월드 와이드 웹 컨소시엄

연습문제

1. 가장 초기의 전자 컴퓨터는 실험 표준의 결과이다.

A. 그렇다.
B. 아니다.

2. 다음 중 이름이 "동등하다"라는 그리스 어에서 파생된 표준 조직은 무엇인가?

A. IEC
B. ISO
C. PCI
D. W3C

3. 다음 중 1906년에 설립되었고 전지에 대한 표준을 다루는 표준 기구는 무엇인가?

A. IEC
B. ISO
C. PCI
D. W3C

4. 다음 중 CGI, HTML, XML과 같은 표준을 공개하는 표준 기구는 무엇인가?

A. IEC
B. ISO

C. PCI
D. W3C

5. IETF는 주로 (   ) 인터넷 프로토콜 집합의 표준에 중점을 둔다.

6. IETF는 (   )(이)라고 하는 문서를 생성한다.

7. 다음 중 가장 잘 알려진 ISO 표준은 무엇인가?
   A. OSI 참조 모델
   B. TCP/IP 프로토콜
   C. TCP/IP 참조 모델
   D. OSI 프로토콜

8. (   )은(는) 기술의 진보에 대한 세계에서 가장 큰 전문가 협회이다.

9. 다음 중 802.11g 표준을 공개한 표준 기구는 무엇인가?
   A. ISO
   B. IEC
   C. ITU-T
   D. IEEE

10. 다음 중 미국 표준 FORTRAN을 공개한 표준 기구는 무엇인가?
   A. IEEE
   B. ANSI
   C. ITU-T
   D. NIST

참조

Altholz, Nancy, and Larry Stevenson. *Rootkits for Dummies (For Dummies (Computer/Tech))*. New York: John Wiley and Sons Ltd., 2007.

Amoroso, Edward. *Cyber Security*. Summit, NJ: Silicon Press, 2006.

Aquilina, James M., Eoghan Casey, and Cameron H. Malin. *Malware Forensics: Investigating and Analyzing Malicious Code*. Burlington, MA: Syngress, 2008.

Bacik, Sandy. *Building an Effective Information Security Policy Architecture*. Boca Raton, FL: CRC Press, 2008.

Benantar, Messaoud. *Access Control Systems: Security, Identity Management and Trust Models*. New York: Spring, 2005.

Bhaiji, Yusuf. *Network Security Technologies and Solutions (CCIE Professional Development Series)*. Indianapolis: Cisco Press, 2008.

Biegelman, Martin T. and Daniel R. Biegelman. *Building a World-Class Compliance Program: Best Practices and Strategies for Success*. New York: Wiley, 2008.

Brotby, W. Krag. *Information Security Metrics: A Definitive Guide to Effective Security Monitoring and Measurement*. Chicago: Auerbach, 2008.

Bumiller, Elisabeth. "Bush Signs Bill Aimed at Fraud in Corporations," *The New York Times*, July 30, 2002. http://www.nytimes.com/2002/07/31/business/corporate-conduct-the-president-bush-signs-bill-aimed-at-fraud-in-corporations.html?pagewanted=1 (accessed April 16, 2010).

Calder, Alan, and Steve Watkins. *IT Governance: A Manager's Guide to Data Security and ISO 27001/ISO 27002*, 4th ed. London: Kogan Page, 2008.

Carpenter, Tom. *CWNA Certified Wireless Network Administrator & CWSP Certified Wireless Security Professional All-in-One Exam Guide (PWO-104 & PWO-204)*. New York: McGraw-Hill Osborne Media, 2010.

Chabrow, Eric. "Automated FISMA Reporting Tool Unveiled," GovInfoSecurity.com, October 30, 2009. http://www.govinfosecurity.com/articles.php?art_id=1894 (accessed April 24, 2010).

Chandramouli, Ramaswamy, David F. Ferraiolo, and D. Richard Kuhn. *Role-Based Access Control*, 2nd ed. Norwood, MA: Artech House Publishers, 2007.

Children's Internet Protection Act, The, Pub. L. No. 106-554, 114 Stat. 2763A-335 (codified in scattered sections of U.S. Code).

CISM Review Manual 2009. Chicago: Isaca Books, 2008.

Code of Federal Regulations, Title 45, sec. 160.103.

Code of Federal Regulations, Title 45, sec. 164.306.

Code of Federal Regulations, Title 45, sec. 164.316.

Code of Federal Regulations, Title 45, sec. 164.520.

Code of Federal Regulations, Title 45, sec. 164.530(f).

Code of Federal Regulations, Title 45, sec. 164.502(b).

Commission Guidance Regarding Management's Report on Internal Controls Over Financial Reporting, Code of Federal Regulations, Title 17, sec. 241.

Committee on Oversight and Government Reform, "Federal Information Security: Current Challenges and Future Policy Considerations," March 24, 2010. http://oversight.house.gov/images/stories/Hearings/Government_Management/032410_Federal_Info_Security/2010.FISMA.Kundra.testimony.final.pdf (accessed April 21, 2010). See prepared testimony of Mr. Vivek Kundra.

Consumer Sentinel Network Data Book for January–December 2012. Washington: Federal Trade Commission, 2013. http://ftc.gov/sentinel/reports/sentinel-annual-reports/sentinel-cy2012.pdf (accessed June 13, 2013).

Davis, Chris, Mike Schiller, and Kevin Wheeler. *IT Auditing: Using Controls to Protect Information Assets*. New York: McGraw-Hill Osborne Media, 2006.

Douligeris, Christos, and Dimitrios N. Serpanos. *Network Security: Current Status and Future Directions*. New York: Wiley-IEEE Press, 2007.

Ernst & Young, "Emerging Trends in Internal Controls: Fourth Survey and Industry Insights," September 2005. http://www.sarbanes-oxley.be/aabs_emerging_trends_survey4.pdf (accessed April 16, 2010).

Ethics and the Internet (Request for Comments 1087). Internet Activities Board, January 1989. http://tools.ietf.org/html/rfc1087 (accessed May 22, 2013).

Faircloth, Jeremy, and Paul Piccard. *Combating Spyware in the Enterprise*. Burlington, MA: Syngress, 2006.

Federal Information Security Management Act, Title III of the E-Government Act of 2002, Pub. L. 107-347; U.S. Code Vol. 44, sec. 3541 et seq.

Free Software Foundation. http://www.fsf.org (accessed September 17, 2010).

GNU public license agreement Web site. http://www.gnu.org (accessed September 17, 2010).

Hampton, John J. *Fundamentals of Enterprise Risk Management: How Top Companies Assess Risk, Manage Exposure, and Seize Opportunity*. New York: AMACOM, 2009.

"Hazard Identification and Business Impact Analysis." Continuity Central (Portal Publishing Ltd.). http://www.continuitycentral.com/HazardIdentificationBusinessImpactAnalysis.pdf (accessed October 2, 2010).

Health Information Technology for Economic and Clinical Health Act (2009), Pub. L. No. 111-5, sec. 13402.

Hill, David G. *Data Protection: Governance, Risk Management, and Compliance*. Boca Raton, FL: CRC Press, 2009.

Hoopes, John. *Virtualization for Security: Including Sandboxing, Disaster Recovery, High Availability, Forensic Analysis, and Honeypotting. Burlington*, MA: Syngress, 2008.

Howard, Rick. *Cyber Fraud: Tactics, Techniques and Procedures*. Chicago: Auerbach, 2009.

Institute of Electrical and Electronics Engineers (IEEE). http://www.ieee.org (accessed September 17, 2010).

International Information Systems Security Certification Consortium (ISC)^2. http://www.isc2.org (accessed September 17, 2010).

Krause, Micki, and Harold F. Tipton. *Information Security Management Handbook*, 6th ed. (ISC)^2 Press. Chicago: Auerbach, 2007.

Kundra, Vivek. "Faster, Smarter Cybersecurity," The White House Blog, April 21, 2010, http://www.whitehouse.gov/blog/2010/04/21/faster-smarter-cybersecurity (accessed April 23, 2010).

Lauricella, Tom. "Investors Hope the '10s Beat the '00s," *The Wall Street Journal*, December 20, 2009. http://online.wsj.com/article/SB10001424052748704786204574607993448916718.html (accessed April 16, 2010).

Marcella, Albert J., "Electronically Stored Information and Cyberforensics," *Information Systems Control Journal*, Vol. 5 (2008). Available at http://www.isaca.org/Template.cfm?Section=Home&CONTENTID=52106&TEMPLATE=/ContentManagement/ContentDisplay.cfm (accessed April 16, 2010).

Mogollon, Manuel. *Cryptography and Security Services: Mechanisms and Applications*. London: Cybertech Publishing, 2008.

Moldovyan, Alex, and Nick Moldovyan. *Innovative Cryptography (Programming Series)*, 2nd ed. Rockland, MA: Charles River Media, 2006.

National Institute of Standards and Technology, SP 800-37, "Guide for Applying the Risk Management Framework to Federal Information Systems: A Security Life Cycle Approach" February 2010. http://csrc.nist.gov/publications/nistpubs/800-37-rev1/sp800-37-rev1-final.pdf (accessed May 21, 2010).

"Risk Management Framework." EPCB Risk Management Consulting Services (n.d.). http://www.emergencyriskmanagement.com/site/711336/page/248974 (accessed October 2, 2010).

Rose, Adam, and Linda S. Spedding. *Business Risk Management Handbook: A Sustainable Approach*. Oxford: Cima Publishing, 2007.

Sarbanes-Oxley Act of 2002, Pub. L. No. 107-204, 116 Stat. 745 (codified as amended in scattered sections of U.S. Code Vol. 15).

Senft, Sandra. *Information Technology Control and Audit*, 3rd ed. Chicago: Auerbach, 2008.

Standards for Insuring the Security Confidentiality, Integrity and Protection of Customer Records and Information ("Safeguards Rule"), Code of Federal Regulations, Title 16, sec. 314.

Stoneburner, Gary, Alice Goguen, and Alexis Feringa. Risk Management Guide for Information Technology Systems (NIST SP 800-30). National Institute for Standards and Technology, 2002. http://csrc.nist.gov/publications/nistpubs/800-30/sp800-30.pdf (accessed October 2, 2010).

Swenson, Christopher. *Modern Cryptanalysis: Techniques for Advanced Code Breaking*. New York: Wiley, 2008.

Tipton, Hal, Kevin Henry, and Steve Kalman, e-mail conversation with author, June 2008.

Total Disaster Risk Management Good Practice. Asian Disaster Reduction Center, 2009. http://www.adrc.asia/publications/TDRM2005/TDRM_Good_Practices/Index.html (accessed October 2, 2010).

U.S. Code Vol. 15, sec. 6801-6803.

U.S. Code Vol. 15, sec. 6801(b).

U.S. Code Vol. 15, sec. 7213m.

U.S. Code Vol. 15, sec. 7266.

U.S. Code Vol. 20, sec. 1232g.

U.S. Code Vol. 44, sec. 3542(b)(1).

U.S. Code Vol. 44, sec. 3544(a)(3)(A)(ii).

U.S. Government Accountability Office. *Federal Information System Controls Audit Manual*, 1999. http://www.gao.gov/special.pubs/ai12.19.6.pdf (accessed October 2, 2010).

U.S. Office of Management and Budget, Circular No. A-130, "Management of Federal Information Resources," December 2000. http://www.whitehouse.gov/omb/circulars_a130_a130trans4/ (accessed April 21, 2010).

U.S. Securities and Exchange Commission, "Information Matters," February 22, 2006, http://www.sec.gov/answers/infomatters.htm (accessed April 16, 2010).

Vacca, John R. *Computer and Information Security Handbook*. San Francisco: Morgan Kaufmann, 2009.

Verizon Business, *2009 Data Breach Investigations Report*, April 15, 2009. http://www.verizonbusiness.com/resources/security/reports/2009_databreach_rp.pdf (accessed March 1, 2010).

VoIP Security Alliance. http://www.voipsa.org (accessed September 17, 2010).

Whitman, M. E., and Matford, H. J. *Principles of Incident Response and Disaster Recovery*, p. 492. Boston: Course Technology, 2006.

Wright, Craig S. *The IT Regulatory and Standards Compliance Handbook: How to Survive Information Systems Audit and Assessments*. Burlington, MA: Syngress, 2008.

Wright, Steve. PCI DSS: *A Practical Guide to Implementation, 2nd Edition*. Rolling Meadows, IL: IT Governance Ltd, 2009.

찾아보기

ㅅ

ㅇ

ㅌ

ㅋ

ㅌ

ㅍ

ㅎ

기타

부록 A 연습문제 정답

제1장 정보시스템 보안

1. A 2. A 3. 가용성 4. B 5. B 6. E 7. E 8. D 9. A 10. A 11. A
12. A 13. E 14. D 15. B

제2장 사람과 기업 통신방법의 변화

1. A 2. A 3. A: 5; B: 1; C: 3; D: 2; E: 4 4. E 5. B 6. B 7. E 8. A
9. B 10. B 11. E 12. D 13. A

제3장 공격, 위협 및 취약점

1. A 2. C 3. B 4. 스니퍼(또는 패킷 스니퍼) 5. A 6. B 7. C 8. A 9. B
10. A 11. C 12. 위협 13. 취약점 14. B 15. D

제4장 정보 보안 비즈니스의 원동력

1. B 2. A 3. B 4. D 5. B 6. D 7. C 8. A 9. B 10. D
11. 업무 영향도 분석(BIA, Business impact analysis) 12. B 13 HIPAA 14. B

제5장 접근통제

1. A 2. D 3. B 4. A 5. C 6. A 7. B 8. B 9. D 10. B 11. E 12. B
13. D 14. A 15. D

제6장 보안 운영 및 관리

1. A 2. D 3. B 4. C 5. E 6. B 7. D 8. E 9. A 10. B 11. B 12. A
13. E 14. A 15. D 16. A 17. E 18. B

제7장 감사, 시험 및 모니터링

1. A 2. E 3. B 4. C 5. E 6. A 7. A 8. C 9. A 10. B 11. B 12. D

제8장 위험, 대응 및 복구

1. C 2. A 3. A 4. D 5. C 6. E 7. A 8. D 9. B 10. C

제9장 암호기술

1. C 2. A 3. B 4. D 5. A 6. A 7. D 8. E 9. A 10. C 11. D 12. B

제10장 네트워크와 통신

1. C 2. A 3. B 4. A 5. D 6. 라우터 7. B 8. A 9. C 10. B 11. A
12. B 13. B 14. D 15. D

제11장 악성코드와 활동

1. B 2. 스팸 3. C 4. A 5. B 6. D 7. B 8. B 9. C 10 B 11. D
12. 계층방어(Defense in depth) 13. A

제12장 정보보호 표준

1. B 2. B 3. A 4. D 5. TCP/IP 6. RFC(Requests for Comments) 7. A
8. IEEE 9. D 10. B

부록 B 약어

3DES	triple data encryption standard
ACD	automatic call distributor
AES	Advanced Encryption Standard
ANSI	American National Standards Institute
AP	access point
API	application programming interface
B2B	business to business
B2C	business to consumer
BBB	Better Business Bureau
BCP	business continuity planning
C2C	consumer to consumer
CA	certificate authority
CAP	Certification and Accreditation Professional
CAUCE	Coalition Against Unsolicited Commercial Email
CCC	CERT Coordination Center
CCNA	Cisco Certified Network Associate
CERT	Computer Emergency Response Team
CFE	Certified Fraud Examiner
CISA	Certified Information Systems Auditor
CISM	Certified Information Security Manager
CISSP	Certified Information System Security Professional
CMIP	Common Management Information Protocol
COPPA	Children's Online Privacy Protection
CRC	cyclic redundancy check
CSI	Computer Security Institute
CTI	Computer Telephony Integration
DBMS	database management system
DDoS	distributed denial of service
DES	Data Encryption Standard
DMZ	demilitarized zone
DoS	denial of service
DPI	deep packet inspection
DRP	disaster recovery plan
DSL	digital subscriber line
DSS	Digital Signature Standard
DSU	data service unit
EDI	Electronic Data Interchange
EIDE	Enhanced IDE
FACTA	Fair and Accurate Credit Transactions Act
FAR	false acceptance rate
FBI	Federal Bureau of Investigation
FDIC	Federal Deposit Insurance Corporation
FEP	front–end processor
FRCP	Federal Rules of Civil Procedure
FRR	false rejection rate
FTC	Federal Trade Commission
FTP	file transfer protocol
GIAC	Global Information Assurance Certification
GLBA	Gramm–Leach–Bliley Act
HIDS	host–based intrusion detection system
HIPAA	Health Insurance Portability and Accountability Act
HIPS	host–based intrusion prevention system
HTTP	hypertext transfer protocol
HTTPS	HTTP over Secure Socket Layer
HTML	hypertext markup language
IAB	Internet Activities Board
IDEA	International Data Encryption

Algorithm

IDPS intrusion detection and prevention

IDS intrusion detection system

IEEE Institute of Electrical and Electronics Engineers

IETF Internet Engineering Task Force

InfoSec information security

IPS intrusion prevention system

IPSec IP Security

IPv4 Internet protocol version 4

IPv6 Internet protocol version 6

IRS Internal Revenue Service

(ISC)2 International Information System Security Certification Consortium

ISO International Organization for Standardization

ISP Internet service provider

ISS Internet security systems

ITRC Identity Theft Resource Center

IVR interactive voice response

LAN local area network

MAN metropolitan area network

MD5 Message Digest 5

modem modulator demodulator

NFIC National Fraud Information Center

NIDS network intrusion detection system

NIPS network intrusion prevention system

NIST National Institute of Standards and Technology

NMS network management system

OS operating system

OSI open system interconnection

PBX private branch exchange

PCI Payment Card Industry

PGP Pretty Good Privacy

PKI public key infrastructure

RAID redundant array of independent disks

RFC Request for Comments

RSA Rivest, Shamir, and Adleman (algorithm)

SAN storage area network

SANCP Security Analyst Network Connection Profiler

SANS SysAdmin, Audit, Network, Security

SAP service access point

SCSI small computer system interface

SET Secure electronic transaction

SGC server-gated cryptography

SHA Secure Hash Algorithm

S-HTTP secure HTTP

SLA service level agreement

SMFA specific management functional area

SNMP Simple Network Management Protocol

SOX Sarbanes-Oxley Act of 2002 (also Sarbox)

SSA Social Security Administration

SSCP Systems Security Certified Practitioner

SSL Secure Sockets Layer

SSO single system sign-on

STP shielded twisted cable

TCP/IP Transmission Control Protocol/ Internet Protocol

TCSEC Trusted Computer System Evaluation Criteria

TFTP Trivial File Transfer Protocol

TNI Trusted Network Interpretation

UDP User Datagram Protocol

UPS uninterruptible power supply

UTP unshielded twisted cable

VLAN virtual local area network

VOIP Voice over Internet Protocol

VPN virtual private network

WAN wide area network

WLAN wireless local area network

WNIC wireless network interface card

W3C World Wide Web Consortium

WWW World Wide Web

[역자약력]

원동호

성균관대학교 (학사, 석사, 박사)
한국전자통신연구원 전임연구원
일본 동경공업대 객원연구원, UCI 방문연구원
성균관대학교 전산소장, 교학처장, 연구처장, 전기전자 및 컴퓨터공학부장, 정보통신대학원장, 정보통신기술연구소장
국무총리실 정보화추진위원회 자문위원
대검찰청 컴퓨터범죄수사 자문위원
감사원 IT 감사 자문위원
한국정보보호학회장(현 명예회장)
현) 성균관대학교 컴퓨터공학과 행단 석좌교수
정보보호 유공 홍조근정훈장 수훈

이영숙

성균관대학교 정보공학과 공학사
성균관대학교 정보보호학과 공학석사
성균관대학교 컴퓨터공학과 공학박사
호원대학교 기획조정처 경영평가 실장
현) 호원대학교 정보통신원장
현) 호원대학교 사이버보안학과 교수

김지연

성균관대학교 정보공학과 공학사
성균관대학교 정보공학과 공학석사
성균관대학교 전기전자및컴퓨터공학부 공학박사
현) ISMS, PIMS 인증심사원
현) 호원대학교 사이버보안학과 겸임교수

정가 28,000원

정보시스템 보안개론 2/E

2017년 7월 10일 초판 인쇄
2017년 7월 20일 초판 발행
저 자 : DAVID KIM · MICHAEL G.SOLOMON
역 자 : 원동호 · 이영숙 · 김지연
발행자 : 우명찬 · 송 준
발행처 : 홍릉과학출판사
주 소 : 서울시 강북구 인수봉로 50길 10
01093
등 록 : 1976년 10월 21일 제5-66호
전 화 : (02) 999-2274~5, 903-7037
팩 스 : (02) 905-6729
e-mail: hongpub@hongpub.co.kr
http://www.hongpub.co.kr
ISBN: 979-11-5600-531-5

이 도서의 국립중앙도서관 출판예정도서목록(CIP)은 서지정보유통지원시스템 홈페이지(http://seoji.nl.go.kr)와 국가자료공동목록시스템(http://www.nl.go.kr/kolisnet)에서 이용하실 수 있습니다.(CIP제어번호: CIP2017015939)